저자 **손일**

1956년 일본 오카야마에서 태어난 재일교포 3세로, 1961년 귀국 후 부산에서 초중등학교를 다녔다. 서울대학교 사회과학대학 지리학과를 졸업했고, 영국 사우샘프턴 대학에서 지리학박사 학위를 받았다. 1984년 경상대학교 지리교육과에서 전임강사로 교수직을 시작했고, 2017년 2월 부산대학교에서 명예퇴직했다. 그 사이 (사)대한지리학회 회장을 역임했고, 2015년에는 대한지리학회 학술상도 받았다. 초창기 연구주제는 하천수문지형학과 통계지도였으나, 이후 한반도 산맥과 산지체계로 관심이 옮겨갔다.

교수직 후반기에 접어들면서 16세기, 19세기라는 세계사적 전환기에 흥미를 갖기 시작했다. 우선 16세기 유럽의 상업지도학 발달과 메르카토르의 1569년 세계지도의 탄생을 정리해 『네모에 담은 지구』를 출간하였다. 또한 19세기 동아시아 최대 다이내믹이라 할 수 있는 메이지 유신에 관심을 가지면서 마리우스 잰슨 교수의 『사카모토 료마와 메이지 유신』을 번역했는데, 그 와중에 우리나라에 근대 지구과학이 도입되는 과정과 한반도 산맥론을 추적하면서 『조선기행록』과 『한반도 지형론』도 번역하였다.

퇴직을 앞두고 '인생 작업'이라는 각오로 다시금 메이지 유신이란 주제를 끄집어 들었다. 이번에는 메이지 유신의 상징적 인물인 사카모토 료마와는 정반대편, 다시 말해 삿초 사관에 묻혀 버린 막부 측 인물에 대한 이야기를 펼치고 있다. 메이지 신정부에 무력 저항하면서 막부 말기 홋카이도 공화국 총재라는 특별한 이력을 지녔던 에노모토 다케아키의 인생 역정을 통해, 메이지 초기 일본이 경험했던 미증유의 다이내믹을 그리고자 했다. 그 결과가 이 책 『幕末의 풍운아 에노모토 다케아키와 메이지 유신』이다.

이메일 주소 ison56@naver.com

에노모토 다케아키와 메이지 유신

막말의 풍운아
에노모토 다케아키와 메이지 유신

초판 1쇄 발행 2017년 9월 2일
초판 2쇄 발행 2019년 8월 21일

지은이   손 일
펴낸이   김선기
펴낸곳   (주)푸른길
출판등록 1996년 4월 12일 제16-1292호
주소   (08377) 서울시 구로구 디지털로 33길 48 대륭포스트타워 7차 1008호
전화   02-523-2907, 6942-9570~2
팩스   02-523-2951
이메일   purungilbook@naver.com
홈페이지 www.purungil.co.kr

ISBN   978-89-6291-423-8 93910

• 이 도서의 국립중앙도서관 출판시도서목록(CIP)은 서지정보유통지원시스템 홈페이지(http://seoji.nl.go.kr)와 국가자료공동목록시스템(http://www.nl.go.kr/kolisnet)에서 이용하실 수 있습니다.(CIP제어번호: CIP2017020474)

幕末의 풍운아

에노모토 다케아키와
메이지 유신

손 일 지음

푸른길

• 차 례 •

제3부 메이지 최고의 관료

2015 쓰와노

처음 원고를 쓰기 시작할 때 지식의 양과 그 체계는 작업 후반으로 가면 갈수록 점점 축적되고 세련되면서 앞서 쓴 원고의 개작은 불가피해진다. 이는 지금까지 몇 안 되는 경험에서 언제나 직면했던 현실로, 그 원고가 책이 되느냐 아니면 한낱 원고뭉치로 전락하느냐는 초고가 완성된 후 시작되는 개작에 얼마나 치열하게 매달리느냐에 달려 있다고 해도 과언이 아니다. 따라서 앞으로 보내야 할 시간은 두렵지만, 원고가 하루하루 달라지는 과정은 기다려진다.

2016년 9월, 이 책 초고가 완성되면서 그때까지 써 놓은 원고를 꺼내 읽기 시작했다. 그간 다른 일은 내팽개친 채 오로지 이 작업에 매달리면서 읽고 쓰는 일로 1년여를 보냈다. 시계추와 같은 일상이었기에, 원고 역시 나름 일관성을 갖추고 있으리라 기대했다. 1장, 2장을 읽고 1부, 2부로 넘어가면서 더 이상은 읽을 수 없었다. 특히 1부와 그 후반부의 내용은 전혀 딴 세계였다. 게다가 글투, 문단 구성, 내용 조직, 분량은 말할 것도 없고 주인공마저 '일본 지질학의 아버지' 고토 분지로(小藤文次郞)에서, 어느새 '막부 말기의 풍운아, 메이지의 만능인, 하코다테 정권 총재' 에노모토 다케아키(榎本武揚)로 바뀌어 있었다.

이제 주인공이 된 에노모토 다케아키의 이야기 속 어느 시점에 고토 분지로의 이야기를 끌어들여야 할지 막막했고, 설령 적절한 시점을 찾는다고 해도 그 이야기가 전체 구도를 망가트려 놓을 수 있기에 망설여졌다. 당시 당혹감과 난감함에 머릿속이 하얘진 채 어찌할 바를 몰라 한동안 연구실 안을 서성거렸다. 지금까지 써 놓은 원고를 버릴 수도 없고, 그렇다고 주인공을 다시 돌이킬 수도 없는 노릇이었다. 어쨌든 이 상태에서 대대적인 수정은 불가피했지만, 어떻게 해서라도 끝장을 봐야겠다고 스스로 다짐하면서 당시 수첩에 써 놓았던 것이 서두의 글이다. 사실 이 책 주인공 에노모토와 프롤로그의 제목인 '쓰와노'라는 작은 마을은 서로 아무런 연관성이 없다. 하지만 이 책을 쓰게 된 계기가 '쓰와노' 여행이었던지라 여기서부터 출발하고자 한다. 그래야 지리학 교수인 필자가 왜 제 '직'을 내팽개쳐 놓고 엉뚱하게 메이지 이야기에 빠졌는지를 해명할 수 있을 테니까.

고토 분지로를 찾아서

야마구치 현(山口県)은 혼슈(本州)의 최남단에 있으며, 그 현청이 있는 곳이 야마구치 시이다. 여기서 북동쪽으로 1시간가량 자동차로 달리다 보면 제법 높은 산지를 만나고, 이 산지를 넘어 계속 가면 우리의 동해에 연한 시마네 현(島根県) 마스다 시(益田市)로 이어진다. 여기서 다시 해안을 따라 북쪽으로 더 가면 우리나라 대전과 한자 지명이 같은 오다 시(大田市)가 나온다. 오다 시 인

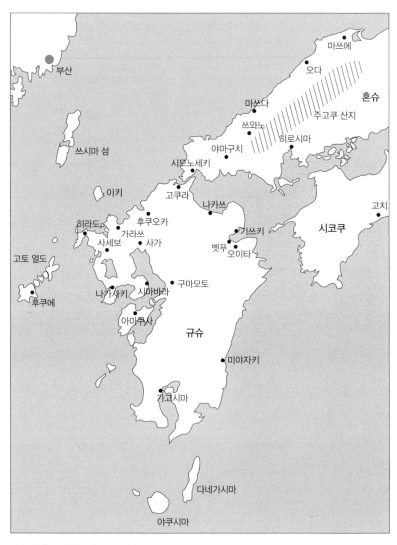

규슈 및 혼슈 서남부의 주요 지점들

근에는 세계문화유산으로 등재된 이와미 은광(石見銀山)이 있는데, 이곳에서 생산되었던 은은 일본이 근세 세계 무역에 참여하는 데 결정적인 역할을 했다. 자동차로 넘게 될 산지는, 혼슈 최남단 야마구치 현에서 시작되어 혼슈가 누워 있는 방향을 따라 혼슈 한가운데를 지나는 주고쿠(中国) 산지이다. 따라서 이 산지에 의해 혼슈의 남서부는 북쪽과 남쪽으로 나누어진다. 남쪽은 시코쿠를 사이에 두고 태평양에 연해 있는 산요(山陽) 지방이며, 히로시마 현(広島県)과 오카야마 현(岡山県)이 여기에 속한다. 한편 주고쿠 산지의 북쪽에는 우리의 동해안에 연한 시마네 현, 돗토리 현(鳥取県)이 위치해 있는데, 이곳을 산인(山陰) 지방이라 부른다. 정리하자면, 동서로 달리는 주고쿠 산지를 경계로 남쪽을 산요, 북쪽을 산인이라 구분하는 것이다. 따라서 산요에서 산인으로 가려면, 마찬가지로 산인에서 산요로 가자면 제법 높은 산지를 가로질러야 한다.

산지에 다가설수록 고도는 점점 높아지고 고개를 여럿 넘게 된다. 처음 고개를 넘으면 넓은 분지가 나타나고, 분지 바닥에는 여러 마을들이 군데군데 흩어져 있다. 도로는 분지 가운데를 지나면서 몇몇 마을을 연결하고는 다시 고개를 넘는다. 계속 가다 보면 고도가 점차 높아지면서 분지가 작아지는데, 거기에 들어선 마을도 덩달아 작아진다. 이제 분지는 마을 하나가 들어설 정도로 작아진다. 마을 외곽으로 길이 나기 이전에는 고개를 넘으면 마을 한가운데를 지나는 도로와 곧바로 연결되었고 그 길은 다시 반대편 고개로 이어졌다. 하지만 이제 새로 난 도로는 마을 외곽을 돌아 산등성이를 자르면서 뻗어 있다. 갑자기 나타난 도로 표지판을 보고 달리던 도로에서 급히 왼편으로 돌아 내려가니, 이미 분지 한가운데에 있는 마을로 들어서 있었다. 바로 이곳이 규슈(九州) 후쿠오카(福岡) 공항에 내려 렌터카로 3시간 이상 달려온 목적지 쓰와노초(津和野町)였다. 오늘날 쓰와노초는 시마네 현에 속해 있는 인구 1만 명도 채 되지 않은 작은 마을로, 분지 한가운데에 파묻혀 있어 이곳이 목적지가 아니라면 그냥 지나치기 쉬울 만큼 평범한 마을이다. 하지만 도쿠가와 막부 시대에는 쓰와노 번이라는 작지만 하나의 독립된 정치체제가 존재했던 곳인데, 당시 쓰와노 번의 석고는 5만이 채 되지 않았다. 도쿠가와 막부를 무너뜨리고 왕정복고에 결정적인 역할을 했던 규슈의 사쓰마 번(薩摩藩) 석고가 77만 석이었으니, 쓰와노 번의 규모나 그 위세를 미루어 짐작할 수 있다.

쓰와노초는 자동차로 갈 수 있지만, 신야마구치–야마구치–쓰와노–마스다로 이어지는 야마구치 선(山口線) 열차를 이용해도 갈 수 있다. 신칸센(新幹線)이 정차하는 신야마구치 역에서 쓰와노초까지는 특급열차로 1시간가량 소요된다. 자그마한 쓰와노 역 광장에 차를 세우고 바로 옆에 있는 관광안내소 안으로 들어섰다. 종이에 적어 둔 주소를 보여 주면서 이곳이 어디냐고 물었더니 안내 데스크의 아가씨가 한참을 머뭇거리다가 옆에 있는 노인에게 물었다. 그리고는 으레 그렇듯이 관광지도를 펼치더니 이곳이라며 지도에 표시를 해 주었다. 5분 남짓 걸었을까, 골목길 한 곁에 일본 근대 지질학의 태두인 고토 분지로의 탄생지를 알리는 표지석이 하나 서 있었다. 그의 생가는 사라지고 없지만 쓰와노초 우와진조(上新丁)의 생가 터에는 화강반암으로 된 높이 2m, 폭 1m, 두께 20cm가량의 제법 그럴듯한 기념비가 서 있었다. 1988년 건립된 이 비석에는 "일본 지질학의 아버지, 고토 분지로 선생(1856~1935) 탄생지"라고 음각으로 새겨져 있었다. 기념비는 쓰와노초와 쓰와노초 교육위원회가 공동으로 건립한 것인데, 비명은 나고야대학 스와 가네노리(諏訪兼位) 교수가 마련했고, 휘호는 구 쓰와노 번 가메이(龜井)가(家) 15대 당주였던 가메이 고레다테(亀井茲建)가 썼다.

먼 길을 달려왔지만 사진을 찍고 나니 더 이상 할 일이 없었다. 찾아오는 데

만 급급했지, 여기 와서 무엇을 할지 사전 준비가 없었다. 사실 몇 년 전 고토 분지로의 논문을 번역해 『조선기행록』이라는 책을 내놓은 터라, 아무도 시키지 않은 의무감에 고토 분지로의 생가 터를 찾았던 것이다. 의외로 많은 관광객들이 마을 전체를 누비고 다녔지만, 어느 누구도 이 기념비에 주목하는 이는 없었다. 기념비 옆에 그 흔한 기념관 하나 없었고, 이곳 관광안내문에도 그에 대한 정보는 없었다. 더 이상의 정보는 어디에도 없을 것 같았고, 누구에게 물어볼 엄두도 나지 않았다. 사실 필자의 전공인 산지지형학에서 고토 분지로라는 일본인 지질학자는 더 없이 중요한 인물이지만, 태어난 지 100년이 훨씬 지난 현재 이곳 평범한 시민이나 관광객에게는 아무런 감정도 느낄 수 없는 그저 먼 옛날의 인물일 따름이었다. 어쩌면 쓰와노는 그저 고토 분지로가 태어난 곳일 뿐이었는지 모르겠다.

작은 마을이지만 여기저기 에도 시대 풍의 거리가 늘어서 있고, 보통 그렇듯이 거리 양쪽에는 작은 가게와 음식점들이 자리 잡고 있었다. 자동차로 여행 온 사람도 많았지만, 단체 관광객을 실을 관광버스도 여럿 보였다. 관광버스라면 당연히 한국인이나 중국인 관광객도 일부 있으려니 예상했지만, 예상과는 달리 거기서 내리는 사람은 모두 일본인이었다. 일본 여행을 제법 한 덕분에 이곳 관광객 대부분이 일본인임을 단번에 알 수 있었다. 사실 관광지에서 동아시아 3국의 관광객 행태는 무어라 딱 꼬집어 이야기할 수는 없지만, 뚜렷이 구분된다. 그렇다면 이곳에는 '일본인들만이 찾는 그 무엇이 있겠구나'라는 예감과 함께 관광객들이 몰려 있는 곳을 살피기 시작했다. 사실 쓰와노초로 오던 길에 들른 미치노에키(道の駅: 도로변 휴게소를 일본에서는 이렇게 부름)에는 눈에 띄는 관광안내판 하나가 걸려 있었다. 거기에는 매년 3월 26일부터 6월 26일까지 3개월간 신야마구치 역에서 쓰와노초까지 'SL 야마구치호'라는

오래된 증기기관차가 회색 연기를 뿜어대며 열차 승객뿐만 아니라 이곳을 찾은 관광객들에게 볼거리를 제공하고 있다는 내용이 들어 있었다. 일본의 웬만한 도시라면 거의 철도 박물관이 있을 정도이니 일본인들의 기차 사랑은 남다르다. 하지만 아무리 기차에 열광하는 민족이라지만, 증기기관차 하나만으로 이렇게 많이 모여든 관광객을 설명하기는 무언가 부족했다.

그 이유를 아는 데는 얼마 걸리지 않았다. 그 관광객들은 모두 메이지 시대 대문호이자 군인으로 『무희(舞姬)』라는 유명한 소설을 쓴 모리 오가이(森鷗外: 1862~1922)와 그의 5촌 당숙이자 일본 근대의 대표적인 철학자 니시 아마네(西周: 1829~1897)의 생가나 기념관을 찾아 이곳 쓰와노에 온 것이었다. 그리고 니시와 모리가 다녔던 번교인 요로칸(養老館)이나, 언덕 위 높은 곳에 자리 잡은 신사에도 많은 관광객들이 찾고 있었다. 널찍한 신사는 고풍스런 모습도 인상적이었지만, 높은 곳에 위치한 덕분에 마을 전체가 한눈에 바라다보이고 멀리서 회색 연기를 뿜어대며 쓰와노초로 달려오는 증기기관차도 쉽게 볼 수 있었다. 물론 당시에는 그 두 사람의 이름 정도만 확인했을 뿐, 정확하게 어느 정도의 인물인지는 알 수 없었다. 돌아와서야 이 책 저 책 들춰 보면서 모리 오가이가 누구인지 니시 아마네가 무얼 했던 사람인지 알게 되었고, 모리의 문학이나 니시의 철학을 연구하는 국내 학자들도 여럿 있음을 확인할 수 있었다. 무심코 지나가던 일본인 관광객들이 고토 분지로의 기념비 앞에서 사진을 찍고 있던 우리에게 오히려 되물었다. 고토 분지로가 어떤 인물이었냐고. 어설픈 일본어로 얼버무리고 만 그때의 난처함은 지금도 잊을 수 없다.

외국 여행을 하면서 이렇게 사전 정보 없이 무작정 들이댄 적이 없었기에 기회가 있으면 다시 찾기로 마음먹었다. 그리고 처음 가 본 지 1년도 채 되지 않은 2016년 4월, 쓰와노초를 다시 찾았다. 일찍 도착해 하루 종일 머물면서 니시 아마네와 모리 오가이의 흔적을 찾아 나섰다. 미리 예습을 한 덕분에, 그렇지 않았다면 훌쩍 지나치고 말 기념관에서도 제법 오랫동안 머물 수 있었다. 그리고 지난번 여행에서 들렀던 식당을 다시 찾아 주인아주머니에게 작년에도 왔다면서 너스레를 떨었고, 주문한 '산채정식'이 나오자 맛있게 뚝딱 해치웠다. 당시는 기차여행 중이었기에 야마구치로 돌아오는 길에 증기기관차 'SL 야마구치호'도 탔다. 석탄 매연이 객차 안으로 스며들어 와 생각만큼 즐거운 기차여행은 아니었다. 하지만 증기기관차가 고개를 넘을 때면 기적과 함께 많은 연기를 뿜어 올리기 때문에, 그걸 찍겠다며 선로 옆에 늘어선 아마추어 사진작가들의 모습은 기차여행 내내 심심찮게 볼 수 있었다.

고토 분지로는 1856년 3월 4일 아버지 고토 하루오(小藤治生)와 어머니 나미(浪) 사이의 장남으로 태어났다. 하루오는 번의 공문서 작성과 기록을 담당하는 유희쓰(祐筆)직을 맡은 번사였기 때문에, 고토는 어릴 적부터 번교인 요로칸을 다닐 수 있었다. 물론 앞서 언급한 니시 아마네나 모리 오가이 역시 이곳 요로칸 출신이었다. 요로칸은 1786년 쓰와노 번 제8대 당주인 가메이 노리가타(亀井矩賢) 때 만들어진 것으로, 여기서 한학과 난학 그리고 궁술, 마술, 검술, 창술, 포술, 유술 등 각종 병학을 학생들에게 가르쳤다. 고토 역시 이곳에서 한학과 난학을 배웠는데, 예상대로 발군의 학업성적을 보였다고 한다. 그가 뛰어난 학생이었음은 1870년에 공진생(貢進生)으로 선발된 사실에서 확인할 수 있다. 메이지 초기 최고 행정기관이었던 태정관(太政官)은 각 번에 다이가쿠난코(大学南校: 여러 차례 이름을 바꾸지만 나중에 도쿄제국대학이 됨)에 보낼 학문과 품행이 뛰어난 16세 이상 20세 이하의 학생을 공진생으로 선발해 보내라는 명령을 내렸다.

공진생이란 글자 그대로 '공물'로서 '진상'할 학생이라는 의미인데, 학비와 생활비 모두를 번에서 부담해야 했다. 석고가 15만 석 이상은 3명, 15만~5만

석 사이는 2명, 5만 석 이하는 1명을 선발해 보내야 했는데, 석고가 43,000석이었던 쓰와노 번의 선발 대상은 당연히 1명이었다. 고토는 요로칸의 관장이었던 야마구치 오카다(山口豪斎)의 천거를 받아 그 1명에 선발되었다. 당시 고토의 나이는 16세보다 두 살이나 어린 14세였다. 그 이듬해인 1871년 폐번치현(廃藩置県)이 실시되면서 번이 없어지자 장학금도 끊겼고, 그에 따라 공진생 제도도 사라졌다. 천신만고 끝에 도쿄대학 지질학과 1회 졸업생이 된 고토는, 그 후 독일 유학을 마치고 도쿄대학 지질학과 교수가 되었다. 그는 1901~1903년 사이에 한반도 전역을 266일간 기마 답사를 하고는, 『조선산맥론(An Orographic Sketch of Korea)』을 발표한 바 있다.

동해에 연해 있는 시마네 현은 한반도에서 그리고 독도에서 가장 가까운 곳이며, 쓰와노초는 시마네 현의 가장 서쪽, 그러니까 야마구치 현과의 경계에 위치한 내륙 마을이다. 시마네 현은 독도 때문에 우리에게 잘 알려진 일본 현 중의 하나이다. 1905년 시마네 현 고시에 의해 독도가 시마네 현에 편입되었기 때문에, 일본은 대한민국의 독도 점유가 불법이라 주장하고 있다. 이에 우리도 온갖 자료를 들이대면서 그들의 주장이 망언이라 반박하고 있다. 필자의 생각으로는 독도가 매각, 조약, 전쟁에 의하지 않고는 일본에 넘어갈 수 없으니, 국면 전환을 위한 양국 위정자들의 선동에 비분강개하거나 호들갑 떨 필요는 없다고 본다. 한편 쓰와노초에서 태어난 고토 분지로는 한반도의 지하자원을 수탈하기 위해 비밀리에 지질조사를 수행했으며, 우리의 지맥을 끊어 놓기 위해 고유의 백두대간 체계를 무시하고 현재 우리가 사용하고 있는 산맥론을 제기했다는 이유로, 세간 특히 '백두대간 옹호자들'로부터 비난받는 인물이다. 고토가 태어난 현재의 시마네 현이나 고토 자신 모두 우리 국토와 관련이 있기에, 이들 사이에 그 어떤 특별한 인연이 있을 것이라 상상해 볼 수 있다. 하지만 그것은 지나친 억측일 뿐이다.

고토는 당대 유명한 지질학자였던 리히트호펜(F. von Richthofen), 펌펠리(R. Pumpelly), 곳체(C. Gottsche) 등이 이미 제시했던 한반도 지질구조를 참조하면서 자신의 현장조사를 기반으로 한반도 산맥을 설정하고 분류하였을 뿐이다. 만약 서구의 지질학자들이 고토 분지로 이전에 우리나라 산맥을 정의했다면, 그 비난의 내용이나 강도가 지금의 고토 분지로의 것과 마찬가지였을까 궁금해진다. 당시 고토의 지질학은 세계적 수준이었으며, 그의 산맥 설정 및 분류 체계 역시 세계적 수준에서 조금도 모자라지 않았다는 사실만은 강조해 두고자 한다.

고토가 태어난 1856년은 아직 막부가 일본 전역을 완벽하게 장악하고 있던 시기였다. 1853년 페리(M. C. Perry)가 다녀간 후 외세에 대한 방비를 어떻게 할 것인지 여러 다양한 논의가 이루어졌지만, 그러한 논의마저 여전히 막부가 주도하였다. 당시는 미토학(水戶学)이란 이름을 내걸고 국수주의적·민족주의적 성향을 띠던 존왕양이(尊王攘夷) 사상이 유행하던 시기였지만, 아직 그것이 토막(討幕: 막부 타도)으로 이어지기 전이라 막부에게 큰 부담이 되지 않았다. 그러나 고토가 공진생으로 선발되어 에도로 유학을 간 1870년은 이미 메이지(明治) 정부가 탄생한 지 3년째 되던 해였다. 1867년 대정봉환(大政奉還)으로 도쿠가와 막부(德川幕府)는 해체되었고, 1868년 왕정복고로 천황의 친정이 시작되었다. 그리고 1869년 판적봉환(版籍奉還)으로 번이 지니고 있던 전국의 인민과 토지가 천황의 것이 되었고, 1871년에는 폐번치현으로 막번 체제가 완전히 해체되면서 이제 일본은 현이라는 지방행정 조직을 통한 중앙집권제 국가로 변모하였다. 상전벽해도 이런 상전벽해는 없다.

시대가 바뀌어 고토 분지로가 태어난 지 정확하게 100년 후인 1956년, 필자는 오카야마 시(岡山市)에서 태어났다. 오카야마 시는 신칸센이 정차하는 주요 도시의 하나이며, 여기서 세토나이카이(瀬戶內海)를 건너면 시코쿠로 연결된다. 최근 돗토리 현에 있는 대규모 모래언덕(돗토리 사구)을 보기 위해 오카야마에서 출발한 기차를 타고 높은 산지를 넘은 적이 있는데, 그것 역시 주고쿠산지였다. 무려 10만에 달하는 재일교포들이 북송선을 타고 북한으로 가던 그 절정기에 우리 가족은 남한으로 귀국했다. 필자가 알고 있는 귀국 날짜가 정확한지 확인할 길은 없지만, 우리 가족은 '은파호'라는 화물선을 타고 1961년 5월 23일 부산항에 도착했다. 우리 가족은 5·16군사정변 후 일본에서 대한민국으로 영구 귀국한 최초의 귀환 가족이었던 셈이다.

약간 옆길로 샜다. 고토 분지로가 필자보다 정확하게 100년 전에 태어났다는 사실을 늘 염두에 두고 살고 있기에, 고토 이야기를 하면서 은근슬쩍 필자의 이야기를 끼워 넣었다. 하지만 고토는 필자가 범접할 수도 없는 대학자임을 분명히 밝힌다. 첫 쓰와노 여행에서 돌아와 다시 일상으로 돌아갔고, 늘 그렇듯이 교수라는 '직(職)'과 학자라는 '업(業)' 사이를 왔다 갔다 하면서 분주히 지냈다. 필자는 필자에게 주어진 '시간'을 남에게 간섭받지도, 남에게 주지도, 남에게 팔지도 않으려고 부단히 애쓰면서 살고 있다. 왜냐하면 교수란 '돈', '건강', '시간' 중에서 '시간'밖에 없는 사람이지만, 가족은 물론 주변 모두가 그 시간을 차지하겠다며 압력을 가하고, 유혹을 하고, 간혹 명령을 내리기 때문이다. 하지만 필자에게 시간이란 영혼과 마찬가지라, 남이 뭔가 제안하면 우선 거절이나 거부부터 하는 버릇이 몸에 배어 있다.

교수라는 '직'과 학자라는 '업'

지리학자로서 필자의 해외지역 연구 대상은 부산에서 가까운 일본의 규슈이다. 늘 다니던 규슈가 아닌 어쩌다 다녀온 혼슈의 쓰와노가 2년 가까이 몰입할 작업의 출발점이 될 줄은 전혀 예상하지 못했다. 이제 역사학을 전공하지 않은 현직 지리학 교수가 막말-메이지 시대 인물의 평전을 쓴 데 대해 무언가 설명, 아니 해명을 해야 할 차례가 된 것 같다. 필자는 지리학 중에서도 지형학을 전공하는 교수라 야외조사도 다녀야 하고 전공과 관련된 사진도 찍는다. 또한 시간이 나면 지리학책이 아닌 역사책, 그중에서도 16세기 유럽과 19세기 동아시아에 관한 책을 즐겨 읽는 역사 딜레탕트로 변신한다. 지리학 교수라는 '직'을 가지고 있으니 전공강의도 해야 하고, 끼리끼리 만들어 놓은 학회라는 높은 울타리 안에서 아무도 읽지 않는 논문도 써야 한다. 또한 그 울타리 안에서도 동료들이 관심을 가지지 않는 자신만의 독특한 분야를 선언해 놓고 줄곧 그 분야로 논문을 써내야 전문가 행세도 할 수 있고 논문 심사에도 큰 문제 없이 통과될 수 있다. 요즘처럼 논문 편수로 연구업적을 산정해 그것으로 봉급을 매기는 대학에서는 느긋하게 보고 싶은 책만 보고 있을 수 없다.

필자는 주로 산지 지형에 관한 논문을 쓰는 지형학자이며, '산경표, 백두대간' 신봉자들이 싫어하는 '산맥론' 지지자이기도 하다. 한반도 산지에 관해서는 20세기 초반 일본인 지질학자들이 제시한 두 가지 아이디어가 현재에도 중등학교 지리교육에서 중요한 지식체계로 자리 잡고 있다. 하나는 우리가 '태백산백', '소백산맥'이라 부르고 있는 산지체계를 처음 제시한 고토 분지로의 「한반도 산맥론」이며, 다른 하나는 '대관령', '세석평전', '남한산성', '상당산성' 등 산정상부가 평탄한 것이 과거 평탄면의 융기 흔적이라 추정하면서 현재의 하천 하류 평탄면과 함께 두 시기의 평탄면이 한반도에서 동시에 나타난다고 주장한 고바야시 데이이치(小林貞一)의 「이윤회성 지형론」이 그것이다.

필자는 이 둘의 원전을 우리말로 옮긴 바 있다. 영문으로 된 고토 분지로의 논문 B. Kotô, 1903, "An Orographic Sketch of Korea," *Journal of the College of Science*, Imperial University Tokyo, Japan, Vol. XIX, Article 1

과 B. Kotô, 1909, "Journeys through Korea," *Journal of the College of Science*, Imperial University Tokyo, Japan, Vol. XXVI, Article 2는『朝鮮기행록』(2010)이란 제목으로, 그리고 일본어로 된 小林貞一, 1931, 朝鮮半島地形發達史と近生代地史との關係に就いての一考察, 地理學評論, 第7卷, pp.523-550, pp.628-648, pp.708-733과 吉川虎雄, 1947, 朝鮮半島中部の地形發達史, 地質學雜誌, 第53卷, 第616-621號, pp.28-32는『한반도 지형론』(2015)이란 제목으로 번역, 출판하였다.

　　지리학 교수로서 자신의 전공인 지형학의 뿌리에 대한 호기심과 기여는 이 정도면 체면치레한 셈이라 자위하면서, 오래된 책 뒤지는 취미는 이제 그만두어야겠다고 생각했다. 하지만 호기심은 지워지지 않았고, 거기서 빠져나오려 하면 할수록 더 깊숙이 빠져들었다. 근대 지구과학이 어떤 경로로 일본에 도입되었으며, 다시 그것이 어떻게 우리의 지리학에 영향을 미쳤는지 등등 궁금증은 계속 이어졌다. 사전 펴 놓고 겨우겨우 읽어대는 일본어지만 늘그막에 익힌 외국어를 어딘가에 활용하고 싶은 욕심에, 학문 뿌리에 대한 궁금증은 이제 도전의 대상이 되었다. 시간이 비면 일본 '야후'에 들어가 이것저것 읽어 보고, 일본 아마존에서 책을 검색하면서 마음에 드는 것이 있으면 주문하기도 했다. 예상보다 책값은 비싸지 않았고, 주문하면 3~4일 만에 연구실에 도착하는 것도 또 다른 즐거움이었다.

　　그중 하나가 스와 가네노리(諏訪兼位)의『지구과학의 개척자들(地球科学の開拓者たち)』(2015)이라는 책이었는데, 그는 앞에서 언급했듯이 고토 분지로 탄생 기념비의 비명을 쓴 사람이다. 이 책에서는 고토 분지로를 비롯해 근대 지구과학을 일본에 전한 라이먼, 나우만, 밀른, 유잉과 같은 외국인 지질학자들에 대해 비교적 자세히 다루었다. 하지만 의외로 '막말에 지질조사가 가능했

던 희귀한 인물'이라는 제목으로 '에노모토 다케아키'라는 인물을 이들 외국인 지질학자들보다 먼저 책 맨 앞에 소개해 놓았다. 당시로서는 저자의 애국심이 지나쳐 근거 박약한 자국인을 일본 근대 지구과학의 선구자로 써 놓은 정도이 겠거니 생각하면서 관심을 두지 않았다. 그리고 그 책에서 고토 분지로의 탄생지 기념비가 쓰와노초에 있다는 것을 확인했고, 언젠가 한번 가 봐야지 하며 노트에 주소를 적어 놓았던 것이 전부였다. 그리고 몇 달 후인 2015년 6월 규슈 여행길에서 잠시 벗어나 쓰와노초를 방문했던 것이다.

지리학 교수가 다른 전공 교수와 다른 것은 연구활동을 위해 야외조사에 나서야 한다는 것이다. 이 역시 '직'에 속한다. 지리학의 대상이 3차원의 공간인지라, 그것을 설명하는 도구로서 이론보다는 도표, 도표보다는 지도, 지도보다는 사진이 일반화나 추상화 정도가 낮아 수강생이나 일반인에 대한 정보 전달력이 높아진다. 교수가 된 1984년부터 시작된 직업적 사진 찍기 작업은 어느덧 생활화되었고, 그 결과물도 차곡차곡 캐비닛 속에 쌓이기 시작했다. 간혹 끄집어내어 교내에서, 학회에서 사진전시회를 열면서 필자의 사진에 대한 자신감을 얻었고, 결국 캐비닛 속에 꽁꽁 쟁여 두었던 전국을 망라한 사진들 중 일부를 추려 내어 『앵글 속 지리학 상·하』(2011)라는 지리사진 설명집 2권을 발간했는데, 이로써 그간 해 오던 사진 찍기 작업의 결실을 맺었다. 그리고 2015년에는 항공사진을 이용한 『하늘에서 읽는 대한민국』이라는 책도 협업을 통해 만들어 낸 바 있다.

지리학 교수로서 '직'과 관련된 또 다른 과제는 해외지역 연구인데, 특정 지역을 대상으로 그곳의 '지역성'을 파악해 나름 지역전문가로서 국내의 다양한 수요에 대비하는 것을 말한다. 물론 아직까지 그런 요청을 받은 적은 없다. 필자의 해외지역은 '규슈'였다. 2000년대 초반부터 지금까지 30여 차례 규슈를 방문해 이제 웬만한 곳은 내비게이터 없이 찾아갈 수 있을 정도가 되었다. 규슈는 일찍부터 한반도와 깊은 관계를 맺어 와, 우리 문화 및 역사와 관련된 곳이 무척 많다. 백제 유민과 관련된 다자이후(太宰府)에 있는 수성(水城) 유적, 임진왜란 당시 왜군 집결지인 가라쓰(唐津)의 나고야(名護屋) 성터, 그리고 일제강점기 징용인들의 애환이 서린 나가사키의 군함도(軍艦島) 탄광 등이 그 대표적인 사례이다. 그리고 아소(阿蘇), 사쿠라지마(桜島), 기리시마(霧島), 운젠(雲仙) 등 우리나라에서 볼 수 없는 활화산 그리고 그것들이 만들어 낸 독특한 자연경관이 존재하고, 근세부터 근대까지 서양과 교류하면서 이루어 낸 독특한 문화와 경관도 규슈 곳곳에서 볼 수 있다. 게다가 19세기 중엽 서양의 위협에 맞서 스스로를 지켜 낸 메이지 유신의 주인공도 이곳 규슈 지역 출신자가 많다.

규슈는 부산에서 가깝다. 운이 좋아 김해공항과 후쿠오카 공항 모두에 남풍이 불면, 이륙부터 착륙까지 30분이면 충분할 정도다. 물론 기온도 따뜻해 겨울철에도 비교적 가벼운 옷차림으로 여행할 수 있다. 학생들 인솔해 답사를 하고, 간혹 동료들이나 친구들에게 안내도 하면서 서비스를 하곤 했다. 몇 년 전부터 그간의 여행에서 얻은 지식을 정리하기 시작했다. 현별로 설명하는 기존의 관광안내서와는 달리 규슈를 대표하는 12개 상징 경관을 바탕으로 자연, 문화, 역사 등을 다루는 『규슈 이야기』를 집필하던 중이었다. 하지만 이 책 『에노모토 다케아키와 메이지 유신』에 밀려 규슈 관련 자료들은 지금 책장 어딘가에 꽂혀 있다. 여기까지가 지리학 교수로서의 '직'에 관련된 일이었다.

하지만 교수라는 '직'과 더불어 우리 같은 무리에게는 학자로서의 '업'도 있다. 학자는 독서를 통해 풍부한 교양을 쌓아 타과 학생들을 위한 교양강의도 해야 하고, 정리된 생각을 책으로 엮어 내 일반인들의 지식욕구도 채워 줘야 한다. 사실 일주일에 10시간 남짓 강의하는 것을 제외하고는 오롯이 연구실을 지켜야 하고(TV나 신문지상에 나오는 교수가 많아 모든 교수들이 바쁠 것 같지만 그런 교수는 백에 하나 정도에 불과함), 아무도 읽지 않는 논문을 쓰고 남는 그 많은 시간이 가져다줄 고독을 이겨 내기 위해 뭔가를 해야 한다. 비교적 돈이 적게 들고 품위마저 지킬 수 있는 것은 독서인지라, 책을 읽을 수만 있다면 그것이 정답이다. 필자의 독서 주제는 다양하지만 역사책을 기본으로 읽는다. 굳이 역사책인 이유는 그 내용이 자의적이지 않아 비교적 담백하고, 쓰는 이 역시 혼신의 힘을 다해 쓴다는 점이 매력적이었다. 어느 구석에 있을지도 모르는 원전을 찾아 역사의 빈구석을 메우는 역사학자의 작업은 필자에겐 성스러운 것으로까지 인식되었다. 또한 오늘 읽다 덮어 두면 내일 와서 다시 읽을 수 있고, 책이 한 권 끝나면 언제나 다음 책이 기다리고 있었다.

　필자에게 매력적인 시대는 대항해시대가 개막된 유럽의 16세기와 제국주의가 절정에 이른 동아시아의 19세기 말이다. 사실 두 시기는 연관이 있다. 16세기 들어 맹아를 선보이기 시작한 자본주의, 과학주의, 민족주의는 나중에 민주주의와 함께 유럽에서 꽃피웠다. 19세기가 되면서 산업혁명으로 일군 군사력과 자본력을 바탕으로 서구의 세력은 동아시아를 침범했는데, 그 결과 조선을 포함한 청국과 일본은 대혼란을 겪게 되었다. 인류 역사에서 다이내믹하지 않았던 때가 없으련만, 이 시대가 유독 매력적인 것은 자의든 타의든 전 인류가 동시다발적으로 이러한 다이내믹에 빨려들었다는 사실 때문이다. 조용하기 그지없던 조선도 16세기 유럽의 다이내믹이 밀려오면서 결국 임진왜란을 겪었고, 19세기 말에도 그 다이내믹의 여파로 20세기 초에 나라를 잃고 말았다. 어떤 때는 이런 다이내믹 속에서 태어나지 못한 필자를 원망할 정도로 그 시대에 빠져들기도 했다. 16세기에 관한 그간의 독서는 결국 네덜란드를 중심으로 발달한 상업지도학과 그 중심에 선 지도학자 헤르하르뒤스 메르카토르 그리고 그의 위대한 '1569년 세계지도'에 대한 이야기로 마무리되면서,

『네모에 담은 지구』라는 책으로 개인적 결실을 맺기도 했다.

한편 대학원생들에게 매주 1권씩 책을 읽히는 수업이 있었다. 어떤 학기에는 지리학책을 읽혔지만, 또 어떤 학기에는 19세기를 주제로 해 다양한 책을 읽히기도 했다. 학생들은 힘겨워했지만, 학기 말 만족도는 후자의 경우가 당연히 높았다. 그중 대표적인 책을 들자면, 캅카스에서 한반도까지 이어지면서 19세기 내내 남진하려는 러시아와 이를 막으려는 영국의 쟁투를 그린 피터 홉커크의 『그레이트 게임』, 자신의 영토 수백 배나 되는 콩고를 개인 식민지로 삼아 온갖 만행을 일삼았던 벨기에 국왕 레오폴드 2세의 탐욕을 그린 아담 호크쉴드의 『레오폴드왕의 유령』, 발트 함대를 이끌고 희망봉을 돌아 결국 쓰시마까지 왔으나 이를 지키고 있던 일본 연합함대 사령관 도고 헤이하치로에게 참패를 당한 로즈데스트벤스키의 일화를 다룬 콘스탄틴 플레샤코프의 『짜르의 마지막 함대』, 영국, 프랑스, 이집트 등 외세를 물리치고 이슬람 원리주의에 따라 수단에 독립국을 건설한 마흐디의 이야기를 다룬 마이클 애셔의 『카르툼』, 마지막으로 태평천국의 난의 여파로 청국의 영향력이 줄어들고 러시아와 영국이 반목하고 있던 틈을 타 지금의 신장웨이우얼 지역에 카슈가르 정권을 세운 야쿱 벡을 다룬 김호동의 『근대 중앙아시아의 혁명과 좌절』 등이 그것이다.

이 책들은 19세기 제국주의를 이해하는 데 큰 도움이 되었고, 결국 학생들과의 토론 초점은 동아시아로 옮아갔다. 특히 청국이 아편전쟁에서 졌다는 소식을 전해 듣고 보여 준 일본과 조선의 반응이 완전히 달랐음에 학생 모두가 놀라곤 했다. 즉 일본은 정치인은 물론 지식인까지 모두가 엄청난 충격과 함께 서양의 기세가 자신들에게 곧 닥쳐오리라 예상하면서 나름 준비를 시작했지만, 우리 '못난' 조선은 별반 반응을 보이지 않았다는 사실에 이르자 한숨 소리만 터져 나왔다. 이런 독서를 통해 필자는 19세기 말 일본의 다이내믹에 매료되었다. 19세기에 이르면 중남미의 에스파냐와 포르투갈 식민지들은 본국의 위세가 줄어들면서 오히려 독립을 하게 되었지만, 아프리카와 아시아에서는 아직 남아 있는 땅을 서로 차지하기 위해 열강들의 경쟁이 뜨거웠다. 이미 중국은 만신창이가 되었고, 마침내 그 제국주의의 마지막 힘이 일본과 한반도로 몰려왔다. 일본은 어떤 식으로든 서구 제국주의 세력의 침입을 막아 내기 위해 혼신의 힘을 다했고, 그 과정에서 막말, 메이지 초기 군상들이 보여 준 다이내믹은 비록 책 속에 있었지만 늘 필자를 흥분시켰다.

메이지 유신에 대한 평가는 다양할 수 있다. 260여 년 평화롭게 권력을 유지해 온 도쿠가와 막부가 서구 세력의 침입을 계기로 체제의 모순과 함께 스스로 무너진 것이라 볼 수도 있고, 겉으론 자주독립을 표방했지만 정권 탈취의 야욕에 불탄 지방의 힘 있는 번[웅번(雄藩)]들의 하급무사들에 의한 무력혁명이라 볼 수도 있다. 막부나 웅번은 외세 압력에 대한 대응에서 방법은 달리했지만, 이들은 모두 외세로부터의 독립과 식산흥업(殖産興業)에 의한 부국강병이라는 공통된 목표를 가지고 있었다. 결국 그들은 이루어 냈다. 막말, 메이지 초기 일본이 보여 주었던 다이내믹은 그 시대 아시아 어느 국가도 보여 주지 못한 엄청난 다이내믹이었다. 필자는 그 다이내믹에 매료되어 이 책 저 책 닥치는 대로 읽었고, 대표적인 웅번인 조슈(長州)가 있던 야마구치(山口), 하기(萩), 시모노세키(下關) 등을 돌아다녔으며, 사쓰마(薩摩)가 있던 가고시마(鹿兒島)를 비롯해 규슈 전역을 구석구석 누비고 다녔다. 이 여행은 해외지역 연구라는 '직'과도 연관이 있어, 가족들의 눈총에도 불구하고 비교적 당당하게 다녀올 수 있었다. 그 와중에 사카모토 료마(坂本龍馬)를 만났고, 2014년에는 마리우스 잰슨 교수의 『사카모토 료마와 메이지 유신』이라는 책을 번역하기도 했다. 여기까지가 학자로서의 '업'과 관련해 진행해 온 그간의 일이다.

에노모토와의 만남

　여러 가지 이유로 조기 정년을 염두에 두기 시작한 것이 5년도 더 되었지만, 2017년 2월이라는 퇴임 날짜까지 정확하게 정해 놓은 것은 2015년 초쯤 된다. 이제 남은 2년 동안 지리학 교수로서 그 '직'에 충실할 것인지, 아니면 학자로서 '업'에 충실할 것인지 결정해야만 했다. 물론 둘 다 안 해도 어느 누구 나무랄 사람은 없었으나, 30년 이상 이어 온 직업의식이 관성으로 작용해 무언가를 하긴 해야만 했다. '직'에 충실하자면 지금까지 써 놓았던 논문들을 총정리하는 논문 한 편을 써도 될 것이고, 아니면 후학들을 위한 전공책 하나를 써도 무방할 것 같았다. 하지만 그 일들은 재미도 없으려니와 혼신의 힘을 다하면서까지 몰입할 것 같지 않았다. 최종 결과는 알 수 없지만 직업인으로서 마지막 작업만은 '인생 작업'이고 싶었던 것이다. 결국 열심히 읽고 다양한 생각을 정리하면서 지리학 전공자가 아닌 일반인에게 의미 있는 작업을 하는 쪽으로 결정하였다. 그렇다면 그 대상은 당연히 19세기의 다이내믹, 메이지 유신일 수밖에 없었다. 게다가 2018년은 메이지 유신 150주년이라, 100여 년 전 우리에게 없었던 하지만 일본에게 있었던 그 다이내믹을 독자들, 특히 커서 나중에 읽게 될 어린 손자 녀석에게 선물하고 싶었다. 여기까지 생각이 미쳤지만 무엇을 주제로 할지, 누구를 주인공으로 할지 오리무중이던 시기에 쓰와노를 다녀왔던 것이다.

　쓰와노를 다녀와서 고민 끝에 내린 첫 결론은 '쓰와노의 메이지 3천재: 니시, 고토, 모리'였다. 니시는 1829년에 태어나 1897년에 사망했고, 고토는 1856년에 태어나 1935년에 사망했으며, 모리는 1862년에 태어나 1922년에 사망했다. 시기적으로는 이들 세 사람의 일생이 막부 말기와 메이지 시대를 관통하고 있어 메이지 유신을 다루기에도 적절하다고 판단했다. 하지만 니시는 막신(幕臣)이었고 메이지 정부에서는 군인으로도 활약했지만 기본적으로 학자였으며, 고토는 처음부터 학자로 시작해 학자로 끝났고, 모리는 군의 총감까지 지낸 군인이었지만 기본적으로 의사이자 소설가였다. 그들이 자신의 일생을 통해 보여 준 다이내믹이 결코 미미하다고 폄하할 수는 없지만, 메이지 유신의 총체적 다이내믹에는 결코 미칠 수 없었다. 다시 말해 그들의 일생으로는 필자가 원하는 메이지 유신의 다이내믹을 표출해 낼 수가 없었던 것이다.

하지만 별 대안이 없었기에 여전히 '니시, 고토, 모리'라는 첫 번째 주제에서 벗어나지 못하고 그 언저리를 맴돌고 있었다. 그러던 중 니시의 이력 중에서 특별한 것 하나를 발견했다. 니시는 쓰와노 번의 명령으로 페리의 내항 및 그와 관련된 막부의 입장을 탐지하러 에도에 온 적이 있었다. 여기서 그는 일본이 시대적 전환기를 맞았음을 자각했고, 지금까지 자신이 알고 있던 지식으로는 이 새로운 시대에 대응할 수 없다는 사실을 깨닫게 되었다. 그는 탈번을 시도했고, 그 후 에도에서 양학(洋学)을 배우기 시작했다. 결국 막부의 양학 연구소인 반쇼시라베쇼(番書調所)의 교수가 되었으며, 1862년 막부 최초 유학생 자격으로 사회과학을 배우기 위해 네덜란드로 유학을 떠났다. 그런데 놀라운 사실은 그 유학 동기생 명단에 '에노모토 다케아키'라는 인물을 발견할 수 있었던 것이다. 앞서 고토 분지로의 탄생지를 찾아가는 배경이 된 스와 가네노리의 책에서 일본 지질학의 최고 선배로 소개된 바로 그 인물이 니시와 함께 네덜란드로 유학을 떠났던 것이다. 도대체 '에노모토 다케아키'라는 인물은 누구지? 하는 의문이 생기기 시작했다. 야후 재팬에서 '에노모토 다케아키'를 쳤다. 예상외로 어마어마한 정보가 쏟아졌고, 위키피디아에서 에노모토라는 인물을 설명하고 있는 항목의 분량이 거의 이토 히로부미 수준이었다.

에노모토의 이력은 특별했다. 그는 막신의 자제였는데, 그의 아버지는 근세 일본 최고의 지도제작자였던 이노 다다타카(伊能忠敬)의 내제자로, 이노가 죽은 후 완성된 『대일본연해여지전도』 제작에도 참가한 인물이었다. 또한 에노모토는 19세라는 어린 나이에 막부의 홋카이도·사할린 조사에 참여했던 별난 이력도 가지고 있었다. 지리학자, 지도학자의 아들이자 어린 나이에 변방 탐험, 벌써 그에게 구미가 당기기 시작했다. 그다음은 더 매력적이었다. 에노모토는 네덜란드에서 후원한 막부 최초의 근대식 군사학교인 나가사키 해군전습소 출신이었다. 여기서 교차되는 인물은 가쓰 가이슈(勝海舟)였다. 가쓰는 막말, 메이지 초기 대정치가이자 사카모토 료마의 후견인 역할을 한 인물이었다. 그 역시 해군전습소 출신이면서 한때 스스로 고베(神戶)에 해군조련소를 만들기도 했던 인물임을 이미 『사카모토 료마와 메이지 유신』의 번역 과정에서 알고 있었다. 에노모토에 관해 자료를 찾으면 찾을수록 그가 의외로 많은 인물들과 교차되고 있음을 확인할 수 있었다. 2015년 1학기를 마치고 대한지리학회에서 발표할 '일본 근대 지구과학의 黎明과 小藤文次郎'라는 제목의 논문을 준비하던 중이었다. '도쿄지학협회'의 창립 발기인이자 부회장 중 한 명이 '에노모토 다케아키'였다는 사실을 확인하는 순간 소름이 돋을 정도였다. 사실 이 도쿄지학협회는 창립 역사가 140년 가까이 되는 일본에서 가장 오래된 학술단체 중 하나이며, 지구과학에 관한 한 가장 오래된 학회이다. 이제 본격적으로 그의 이력을 찾아 나섰다.

그의 이력 중 클라이맥스는, 막부 해군 부총재로서 최신예 군함 가이요마루(開陽丸) 등 8척의 군함을 이끌고 에도를 탈주해 홋카이도의 하코다테(箱館)에서 혁명정부를 수립했고, 선거를 통해 총재(대통령)가 된 후 신정부군과 일전을 벌였으나 패배했다는 사실이다. 우리가 흔히 알고 있는 도호쿠(東北) 지방에서 벌어졌던 신정부군과 구막부군 사이의 전쟁인 보신 전쟁(戊辰戰爭)이 바로 에노모토의 하코다테 전쟁 패전으로 그 종지부를 찍었던 것이다. 의외의 인물에 의외의 사건이었다. 막부 말기 그의 이력을 정리해 보면, 막신의 자제로 태어나 19세에 막부의 홋카이도·사할린 탐험에 참여했고 그 이후 나가사키 해군전습소를 졸업하고 막부의 해군병학교 교수가 되었으며, 막부가 네덜란드에 주문한 최신예 군함 가이요마루의 건조와 운용을 배우기 위해 네덜란드로 유학을 갔고, 귀국 길에 가이요마루를 운행하면서 에도에 당도하였다. 하지만 막부는 이미 웅번들의 힘에 밀리기 시작했고, 결국 대정봉환을 단행하면서 이제 하나의 번으로 전락하고 말았다. 신정부에 무릎을 꿇지 않은 일부 막신들은 에도를 탈주하여 도호쿠 지방에서 신정부군과 혈전을 벌였지만, 막부 육군 총재인 가쓰 가이슈는 신정부군에 굴복하면서 이들이 에도에 무혈입성하는 데 협조했다. 가쓰 가이슈는 에노모토에게도 군함 전부를 신정부에 인계하라고 제안했지만, 에노모토는 거절했다. 그는 하코다테로 탈주해 항전했으나 패하고 말았다.

승자의 역사인 유신사에서 패적이라는 오명을 쓴 에노모토에 대한 평가는 혹독했고, 그에 대한 지면 할애 역시 인색했다. 또한 그 후 에노모토의 이력에는 조선의 패망과 관련된 사건이 거의 없었기에, 에노모토는 우리에게 아주 낯선 인물일 수밖에 없었던 것이다. 우리가 알고 있는 유신사의 주역은 사이고 다카모리, 오쿠보 도시미치, 기도 다카요시 등 '유신 3걸'을 비롯해, 요시다 쇼인, 다카스기 신사쿠, 이토 히로부미, 구로다 기요타카 등 모두 사쓰마와 조슈의 인물들이었으며, 산조 사네토미, 이와쿠라 도모미 등 궁정 실세들이었다. 이들 모두 조선의 패망과 직간접으로 관련이 있는 인물들이고 우리의 일본사는 대개 일본 관찬 역사를 그대로 소개하고 있기에, 각종 문헌에서 이들이 자주 언급될 수밖에 없었다. 반대로 쇼군(將軍)을 비롯한 막부의 인물들은 그저 시대 흐름을 읽지 못한 보수반동 그 자체로 평가되면서 우리의 관심에서 벗어나 있었다. 따라서 메이지 유신에 대한 필자의 인식 역시 그 수준에 머물 수밖에 없었고, 그러한 인식에 영향을 받아 번역했던 『사카모토 료마와 메이지 유신』 역시 마찬가지였다. 따라서 에노모토를 알기 전까지 메이지 유신 공훈자의 반대편에 사람이 있었다는 사실을 전혀 알지 못했던 것이다.

　하지만 이것으로 에노모토의 일생이 끝났다면 보신 전쟁에 참여한 어느 막신 중 하나 정도로 치부되었을 것이다. 일본의 국민작가라 일컫는 시바 료타로(司馬遼太郎)는 기본적으로 막부를 철저히 격멸했고 사쓰마·조슈에 의한 메이지 유신을 극구 칭송하는 입장이라 그럴 수도 있었겠지만, 그의 소설 「불타라 검」에서 에노모토는 신센구미(新選組) 부장 출신의 히치가타 도시조(土方歲三)의 조연 정도에 불과했다. 지위가 그 사람 인생 전부를 말하는 것은 아니겠지만, 에노모토는 하코다테 정권의 총재, 히치가타는 그 밑의 육군 부교대우였다. 에노모토는 하코다테 전쟁에서 진 후 항복했고, 2년 이상 투옥되었다가 적장 구로다 기요타카(黑田淸隆)의 구원으로 사면을 받았다. 그 이후 구로다가 장관으로 있던 홋카이도 개척사에 출사했고, 자신의 지질학적 능력을 발휘해 지하자원 탐사에 나서면서 홋카이도 개발에 큰 족적을 남겼다. 그 후 사할린-쿠릴 열도 교환협정을 위해 러시아 주재 초대 특명전권공사로 러시아에 파견되는 것을 시작으로 해군경, 주청국 특명전권공사, 이어서 체신대신, 문부대신, 외무대신, 농상무대신 등을 맡아 이름뿐인 정치 대신이 아니라 전문 테크노크라트(technocrat)의 진면목을 보여 주었다.
　러시아 주재 공사직을 끝내고 귀국할 당시, 그가 황망한 시베리아를 마차를 타고 횡단했다는 사실에 이르면 도대체 이 사람의 다이내믹은 어디까지인지 할 말을 잃게 만들었다. 또한 도쿄지학협회는 물론 일본전기학회, 일본기상학회, 일본화학공업학회, 가금협회, 식민협회, 러시아협회, 요업회 등 다양한 학술단체와 민간단체의 회장직을 맡으면서 과학자로서의 탁월한 능력과 리더십을 보여 주었다. 결국 일본 근대화의 출발이라는, 그리고 동양 어느 나라도 성공하지 못한 자주독립과 부국강병의 계기가 된 막말과 메이지 초기의 다이내믹을 에노모토의 삶보다 더 '리얼'하게 보여 줄 수 있는 것이 과연 있을까? 라는 결론에 이르게 되었다. 더군다나 메이지 시대 인물 대부분은 어떤 식으로든 조선의 멸망과 관련되어 있는데, 그는 여기서 조금 비켜서 있던 것도 매력적이었다. 또한 우리나라 저서나 포털 사이트 어디에도 그에 관한 이야기는 단지 몇 줄에 불과했기에 신천지를 개척한다는 자부심도 만만치 않았음은 부인하기 어렵다.

이런 과정을 거치면서 메이지 유신을 설명할 주인공으로 에노모토가 선택된 것이다. 일본의 근세와 근대는 특별했다. 그리고 그 정점에 서 있던 것이 바로 메이지 유신이었다. 필자는 19세기 말에 일본이 그 같은 다이내믹을 동원할 수 있었던 데는 나름의 배경과 역사가 있었을 것이라 생각했다. 그리고 일본이 그냥 메이지 유신에 성공하고 청국과 러시아를 상대로 전쟁에서 이긴 것이 아니라는 사실과 그 과정에서 그들이 보여 준 다이내믹을 내 식대로 정리해 보고 싶었다. 또한 일본이라면 무조건 거부반응을 보이는 이들에게, 이렇게 정리된 것을 알리는 것이 학자로서의 마지막 '업'이라고 생각했다.

근대로의 도전과 미망, 그리고 그 흔적

페리의 흑선이 도래하기 전부터 이미 일본 해안에는 서구의 함선들이 끊임없이 출몰하고 있었다. 막부는 이에 대해 '이국선타불령(異国船打払令)', '대선건조금지령(大船建造禁止令)' 등 '양이-쇄국관'에 근거한 기존의 방어정책으

로 일관하였다. 하지만 아편전쟁으로 청이 영국에 맥없이 무너지는 것을 보고
는 바다의 방어(海防)가 얼마나 중요한지 다시금 자각하게 되었고, 특히 이때
지식인들이 제기한 해방론은 19세기 말 일본이 보여 준 다이내믹의 출발점이
되었다. 당시 하야시 시헤이, 아이자와 세이시사이, 사쿠마 쇼잔, 도쿠가와 나
리아키 등이 제기한 해방론에서의 가장 기본적인 입장은, 일본을 산국이 아닌
해국으로 인식하고 지금까지의 대선건조금지령을 폐기해 막번 연합의 대선
건조론으로 대체하자는 것이었다. 하지만 막부는 대선건조령이 웅번들의 해
군력 강화로 이어질 것이며, 또한 그것이 다시 막부에 위협으로 다가올 것을
두려워했다. 결국 흑선의 출현이라는 미증유의 사건 이후에야 비로소 그들이
제기한 대선건조론을 수용하기에 이르렀다.

> 자국을 '산국'으로 규정하는 경우, 지리적인 근접성의 여부가 위협대상을
> 판단하는 중요한 기준이 된다. 그러나 자기를 '해국'으로 인식하는 경우, 바다
> 를 건너서 오는 모든 타자는, 지리적 원근에 무관하게 '해국'의 안전과 생존에
> 직결되는 유의미한 타자가 된다(박영준, 2014, p.173).

이렇게 길게 인용한 이유는, 이 이야기가 19세기 후반 일본의 운명뿐만 아
니라 조선의 운명과도 결코 무관하지 않기 때문이다. 근대 해군을 운용하고
있는 국가는 물론 그렇지 않은 국가라 할지라도, 포함외교(砲艦外交)가 절정에
달한 19세기 후반에 자신의 국가를 여전히 산국으로 인식하고 해방(海防)을
오로지 해안포로 해결하려 들 때, 그 국가의 운명이 어떻게 되었는가를 우리
는 잘 알고 있다. 어쩌면 북한도 이를 잘 알기에 미사일과 핵에 집착하고 있는
것은 아닌지.

1853년 페리의 흑선이 우라가 만(浦賀湾)에 들어서면서 도쿠가와 막부는

200여 년간 이어 온 편의적 고립('쇄국')을 더 이상 유지할 수 없게 되었다. 이제 막부는 자신들의 기존 정치질서를 유지하기 위해 서구 제국들과 맞서 싸우거나, 아니면 그들의 요구를 받아들여 나라를 개방하는 두 가지 방안 이외에는 다른 선택지가 없었다. 막부는 후자를 선택했다. 이로써 그간 유지해 오던 도쿠가와 막부의 찻잔 속 평화는 사라졌고, 흔히 막말이라 통칭되는 일본 역사상 미증유의 대혼란, 대변혁의 시기로 들어섰다. 토막(討幕)−좌막(佐幕), 양이(攘夷)−개국(開國) 등 다양한 입장과 세력이 이합집산하면서 음모, 암살, 배신, 정벌, 전쟁 등으로 하루도 맑은 날이 없는 15년이라는 짧지도 길지도 않은 격동의 세월을 보냈다. 마침내 막부는 대정봉환이라는 미명하에 그 권력을 내려놓았다. 1868년 메이지 원년, 다시 말해 일본의 근대는 이렇게 시작되었던 것이다. 이 격랑의 시기에 태어났거나, 아니면 청장년기를 보낸 사람이라면 그 누구라도 중세적 전통과 근대적 변혁 사이에서 혼란을 경험하지 않을 수 없었으며, 시대는 그들에게 다층적이고 다면적인 요구를 하게 되었다. 근세인에서 근대인이 되라고.

시대의 요구, 아니 좀 더 정확히 말하면 국가라는 이름하에 국민 개개인에게 가해진 명령은 모든 이로 하여금 구각을 벗고 근대화라는 미망을 향해 총력으로 나아가게 만들었다. 먹거나 먹히거나, 또다시 두 개밖에 없는 선택지를 받아 든 메이지 정부는 먹히지 않기 위해 먹어야 한다는 쪽으로 선택하였다. 그들은 청일전쟁, 러일전쟁, 만주사변, 중일전쟁, 태평양전쟁을 일으키면서 반세기 이상 외국과 전쟁만 하는 고약한 나라로 바뀌었다. 모자라는 국력에 '군인칙유', '교육칙어', '황국신민'을 들먹이며 정신교육으로 맞섰지만 그 한계는 분명했다. 예를 들자면, 1889년 도쿄지학협회가 이노 다다타카의 기념비를 도쿄 어느 한 공원에 세웠지만, 그때 동으로 제작된 오벨리스크 형태의 기념비는 모자라는 전쟁물자를 위해 1944년에 징발될 정도였다. 이처럼

기나긴 전쟁으로 국가는 완전히 거덜 났고 민생은 도탄에 빠지고 말았다. 결국 원자탄 피폭이라는 사상 초유의 경험과 함께 대일본제국의 미몽은 막을 내렸다. 이 과정에서 대만, 조선, 중국, 동남아시아 여러 나라들은 길든 짧든 일본의 식민지 혹은 점령지의 신세를 면치 못했다. 이 중에서도 조선은 임진, 병자년의 교훈도 잊은 채 그들에게 또다시 철저히 유린당하고 말았다.

광복 70년이 되었는데도 아직 일제강점기의 흔적은 겉으로도 속으로도 우리에게 남아 있다. 일본 노래를 금지했던 1970년대 조용필의 '돌아와요 부산항에'를 일본에서 즐겨 듣고 부른다는 소식에 뭔가 뿌듯함을 느꼈다면, 그건 당시 서울 시내 고고클럽에서 사이키 조명 아래 '부루라이또 요꼬하마'에 맞추어 젊은이들이 몸을 흔들고 있었다는 사실을 애써 외면한 것이다. 요즘 케이팝 열풍으로 도쿄체육관에 수만의 일본 젊은이들이 열광하고 있는 데 만족한다면, 그건 지금 각종 일본식 음식점이 도심뿐만 아니라 골목길까지 밀려 들어와 우리 젊은이의 입맛을 점령하고 있음을 간과하고 있는 것이다. 얼마 전 부산시립미술관에서 미야자키 하야오(宮崎駿) 감독의 애니메이션 세계를 한눈에 볼 수 있는 '스튜디오 지브리 입체건축전'이 열렸다. 섬세하고 격동적인 애니메이션 그 자체뿐만 아니라 그것을 만들어 낼 수 있는 신화와 전설 그리고 내러티브까지, 우리 모두를 압도했다. 문화마저도 감당할 수 없으니 일본, 정말 불편한 이웃이다. 하지만 분명한 것은 우리의 근대가 1945년 광복부터, 아니 6·25전쟁이 끝난 1953년부터, 더 나아가 4·19혁명이나 5·16군사정변이 있었던 1960년이나 1961년에 시작된 것이 아니라면, 적어도 우리 근대의 출발은 일제강점기 중 어느 시점이었음이 분명하다. 거기서 시작된 근대라면 21세기도 한참이 지났지만 현재 우리에게 낙인처럼 남아 있는 일본의 흔적은 결코 무시할 수 없다.

우리는 쓰든 달든 일본의 흔적이 묻은 근대 유산을 부정하고 싶어 한다. 그러면서도 일본에게 끝없는 사과를 요구한다. 우리 정부는 광복절만 되면, 혹은 정권에 뭔가 숨길 거리가 드러날라치면 또다시 과거 사과를 요구한다. 하지만 그들이라고 매번 우리의 요구에 순순히 응할 것이라 생각한다면 그것은 순진해도 너무 순진한 생각이다. 유태인 학살에 대한 독일의 사과가 우리가 원하는 모델이라고 생각하는지 모르겠으나, 그것은 어디까지나 독일이라는 국가가 처한 대내외적 상황에서 보여 줄 수 있는 최선의 대응이라 보는 것이 옳지 않을까? 우리 눈에 좌충우돌하면서 무례하기 짝이 없어 보이는 일본의 태도 역시 방식은 다르지만 독일의 그것과 본질적으로 얼마나 다를까? 아베 총리는 전후 70주년 담화에서, "미래 세대에게 사죄를 계속할 숙명을 지게 해선 안 된다."라고 주장한 바 있다. 이 이야기로 동아시아 주변 국가들이 반발할 것은 그 역시 바보가 아닌 이상 잘 알고 있었을 것이다. 하지만 현실 정치인인 그로서는 일본의 전후 세대가 인구의 80% 이상을 차지하고 있음을 외면할 수 없다는 점도, 우리가 일본을 바라보는 시각의 근저에 자리 잡고 있어야 할 것이다. 아베는 일본인이며, 일본의 정치인 그 이상도 이하도 아닌 것이다. 좋은 비유가 될지 모르겠다. 불륜으로 파탄 난 부부가 있다고 하자. 복수하는 방법 중 최고는 재혼을 하든 안 하든 상관없이 지난번보다는 더 잘 사는 것이다. 재물로도, 여가로도, 자식으로도 더 행복해지는 것이 복수하는 것이고, 그래야만 상대로부터 진정 어린 사과도 이끌어 낼 수 있다.

여전히 불편한 이웃, 일본

필자는 2016년 9월 삿포로에서 있었던 '한중일 지리학대회'에 참가하였다.

학술발표가 끝나고 마지막 날, 참가자들은 '답사'라는 형식으로 몇 대의 버스에 나누어 타고 대형 암모나이트 화석으로 유명한 '미카사(三笠) 시립박물관'을 견학하고는 그곳에서 운영하는 '미카사 지오파크'를 둘러보았다. 나중에 이야기할 기회가 있겠지만, 이곳은 과거 '호로나이(幌內) 탄광'이 있던 곳으로 이 책의 주인공 에노모토가 이곳 석탄의 화학적 분석을 최초로 했고, 이 탄광의 개발에도 큰 역할을 했다. 주변 한국인 동료들에게 이 이야기와 함께 호로나이의 석탄을 운반하기 위해 삿포로를 거쳐 오타루(小樽)로 철도를 개설한 이야기, 에노모토와 캐프런(홋카이도 개척사의 미국인 고문)과의 논쟁 등등, 이 책을 쓰면서 알게 된 몇몇 이야기를 들려주었다. 그 와중에 동료 한 분이 내 이야기를 끊으면서, "손 교수, 이곳 탄광에서 얼마나 많은 조선인들이 강제노역을 당했는지 알고나 있어요?"라고 가시 돋친 질문을 했다. 필자의 이야기가 그에게는 친일파의 그것으로 들렸던 모양이다.

징용 이야기, 물론 알고 있다. 필자의 집안에도 많은 어른들이 일제강점기에 징용을 다녀왔으며, 부친은 히로시마중학교 3학년 때 강제징집되어 일본군 해군 소위로 근무했고 전쟁이 끝나면서 제대했다. 조선인들이 이곳 탄광에 강제로 동원된 것은 태평양전쟁 말기였지만, 메이지 초기인 1880년대에는 일본 본토의 죄수나 아이누(Ainu) 족을 동원해 강제노동을 시켰다. 그리고 탈주한 죄수들은 오호츠크 해 연안에 있는 아바시리(網走) 근처의 감옥에 수용되었다. 그러니 징용 이야기 꽤 알고 있다. 하지만 필자의 이야기는, 그리고 이 책의 이야기는 일제강점기 일본이 조선 백성들에게 행한 패악을 잊자는 것이 아니다. 제대로 알자는 것이다. 그리고 모든 사안에 대해 과거 피해 운운하면서 단선적으로, 즉흥적으로, 피상적으로 대응하지 말자는 것이다. 그리고 일본에 대해서라면 시도 때도 없이 애국자 코스프레하려 드는데, 그러지 말자는 것이다.

필자가 몇 년 전부터 만나는 일본인이 한 분 있다. 그는 미국 버클리대학에서 박사학위를 받았고, 일본지리학회 회장을 지낸 사람이다. 물론 나이는 아베 수상과 비슷하다. 1990년대 후반 중국을 가기 위해 서울에 잠시 들른 것 이외에 2014년 '한중일 지리학대회'에 일본 측 회장 자격으로 부산에 온 것이 한국에 온 처음이라 했다. 그는 지리학자임에도 불구하고 이웃나라 한국에 대해 관심이 없었다. 처음에는 의아하게 생각했지만 곧 수긍할 수 있었다. 아베 수상을 필두로 현재 일본의 오피니언 리더들은 젊은 시절 일본 전후 번영의 최대 수혜자들이었다. 막강한 엔(円)을 등에 업고 전 세계를 대상으로 생각하며, 여행하면서, 다시금 부강해진 일본의 위세를 즐기던 일본인, 나아가 세계인이었다. 그러니 태평양전쟁을 경험한 세대와는 근본적으로 다른 사람들이다. 그들은 한국인 친구보다는 서양인 친구가 많고, 젊은 시절 미국, 유럽, 호주, 남미, 심지어 동남아시아를 여행했어도 한국 여행을 해 본 적도 없는 사람들이었다. 그러니 그들에게 한국은 세계 정치의 일부분일 뿐이다. 일본의 일부 극우세력은 '제2 탈아론(脫亞論)'을 주장하면서 동북아시아의 나쁜 친구들, 특히 새로이 중국의 조공체제에 들어가려는 한국과는 과감히 결별해야 한다고 주장할 정도다.

일본으로부터 이 정도의 대접밖에 못 받는다면, 우리의 일본에 대한 관심도 그에 상응하는 정도면 충분하지 않겠냐고 반문할 수 있다. 단언컨대 그것은 결단코 아니다. 아니 절대로 그럴 수 없고, 그래서는 안 된다는 사실은 아무리 강조해도 지나치지 않는다. 우리는 일본을 알아야 한다. 그것도 철저하게 알아야 한다. 마치 플레이 중인 야구선수가 늘 아웃카운트를 서로서로에게 되뇌는 것처럼 한시도 잊어서는 안 되는 것이 바로 일본이다. 그들의 일거수일투족에 늘 긴장하면서 철저히 파악하지 않는다면, 우리는 또 다른 모습으로 유린당하거나 또다시 가까운 시일 안에 그들의 손에 휘둘릴 수 있기 때문이다.

실제로 우리는 얼마 전 장롱 속 금가락지까지 내놓았던 외환위기를 겪으면서 그들의 위세를 실감했지만, 언제 그랬냐는 듯이 금세 잊어버렸다. 잃어버린 10년이니 최대 고령사회니 하면서 엄살을 떨고 있지만, 지금도 세계적 불황 속에서 엔저로 호황을 누리는 최대 수혜국가가 일본임을 잊어서는 안 된다. 그리고 얼마 전 그들은 이제 일본이 전쟁을 할 수 있는 '보통 국가'임을 선포하였다.

'일본을 어떻게 이해할 것인가, 그것도 21세기를 사는 우리 한국인이'

사실 우리가 그들을 어떻게 생각하고 있느냐는 별로 중요하지 않다. 그들은 스스로를 어떻게 생각하고 있고, 또 그들이 우리를 어떻게 생각하고 있느냐를 아는 것이 중요하다. 그들과의 대화를 통해 우리와 일본, 나아가 동아시아 인민들을 괴롭히고 있는 실질적인 문제들을 해결하기를 원한다면 일본, 중국, 러시아 등 주변 국가들에 대해 알아야, 아니 철저히 알아야 한다. 이를 위해서는 개별 국가뿐만 아니라 세계사 속의 동아시아 역사에 대해 좀 더 주목할 필요가 있다는 것이 필자가 이런 작업에 수고를 들이는 이유이기도 하다. 다시 말해 우리는 그들이 자신의 역사를 경험하고 이해하는 방식에 대해 좀 더 객관적인 관심을 보일 필요가 있다는 것이다. 그래야만 역사적 실수를 되풀이하지 않을 수 있고 또한 그들과 보다 건강한 관계를 만들어 낼 수도 있기 때문이다. 어쩌면 이것이 21세기를 사는 우리가 일본을 이해하는 한 가지 방법이 될 수 있다.

물론 일본 역시 거대한 역사체이기에 어느 개인이 한 권의 책으로 그 진면목을 밝힌다는 것은 현실적으로 불가능하다. 이는 우리나라도 마찬가지일 것이다. 따라서 어떤 이는 시간의 관점에서, 어떤 이는 공간의 관점에서, 또 어떤 이는 시공간의 관점에서 일본이라는 역사체를 이해하려고 애쓰고 있다. 필자는 일본이란 나라의 최대 다이내믹이 시공간에 펼쳐졌던 바로 19세기 말을 대상으로, 어느 한 인간이 걸어온 발자취를 추적하려는 것이다. 이런다고 일본에 대한 지식적 완전체에 도달할 수 있으리라 기대하지는 않는다. 하지만 시공간을 관통하는 가느다란 실오라기라도 그것들이 쌓이고 쌓여 서로 엮이면 희미하나마 완전체의 원형이 구축될 수 있다고 믿고 있다. 그렇다면 이를 위해 실오라기 하나라도 보태겠다는 한 개인의 노력은 비록 미미할지라도 나름 의미가 있는 것이 아니겠는가?

책을 시작하면서

필자는 1956년 일본 오카야마에서 태어난 재일교포 2.5세쯤 되고, 1961년 군사정변이 나고 남한으로 온 최초의 귀환동포임은 이미 밝힌 바 있다. 당시 대부분의 재일교포가 북송선을 타는 시절이라 우리처럼 대한민국으로 귀국한 가족은 거의 없었다고 부친에게 들은 바 있고, 그런 사실은 테사 모리스-스즈키가 쓴 『북한행 엑서더스』(2008)에서도 확인된다. 양친 모두 일본에서 고등학교 이상을 나온 분들이라 유창한 일본어를 구사하셨고, 어릴 적 먹는 것은 물론 모든 생활, 심지어 의식구조까지 일본식 그대로였다. 귀국 당시 모친과 필자는 우리말을 전혀 못했으며, 현재 80이 넘으신 노모는 아직도 우리말이 서툴다. 하지만 독서력은 대단해 지금도 일간지를 하나도 빠뜨리지 않고 읽고 계신다. 어린 시절, 특히 청소년기에는 일본 문화가 가정사를 비롯해 자신의 뼛속까지 스며드는 것이 너무 싫어 의식적으로 일본, 일본어, 일본인을 멀리했다. 하지만 우리 집에는 하루가 멀다 하고 일본인이 들락거렸다. 부친이 일본과 작은 무역업을 하시기도 했지만, 당시 우리 집은 일본영사관에서 가장 믿고 소개하거나 맡길 수 있는 전형적인 일본통 가정이었기 때문이다. 방문하는 사람들 중에는 사업가도 있고, 여행객도 있고, 간혹 일본 공무원도 있었던 것 같다.

일본어를 도저히 잊어버릴 수 없는 환경이었지만 의도적으로 철저히 잊었다. 더군다나 필자가 고등학교 다닐 적 제2외국어에 일본어가 없었기 때문에 그런 식의 저항 아닌 저항이 가능했다. 사실 요즘처럼 제2외국어에 일본어가 있었다면, 아마 필자의 인생경로는 지금과는 많이 달라졌을 것이다. 대학에 들어가니 일본어의 쓰임새가 남달랐다. 특히 독서할 책이라고는 『창작과비평』 같은 문학 비평지나 황석영의 『장길산』, 이병주의 『지리산』 같은 소설류가 대부분이던 시절, 어딜 가서 아는 척하는 친구 대부분은 일본 책에 의존했다. 쉽게 배울 수 있으리라 생각하면서 몇 번 일본어 학원에 다녔지만 허사였다. 초급에 나오는 단어는 들으면 거의 알았지만, 그것이 오히려 문법이랑 히라가나, 가타카나를 외우는 데 방해가 되었다. 그러다 보니 늘 초반 벽을 넘지 못해 일본어 배우는 것을 번번이 포기하고 말았다. 그 후 40대 후반까지 이런 일이 몇 번 더 반복되었다. 하지만 영문으로 된 마리우스 잰슨 교수의 『사카모토 료마와 메이지 유신』이라는 책을 번역하면서 일어번역본을 참고하기 위해 50대 후반에 또다시 일본어 학원을 찾았다. 이번에는 그 번역 일이 다급했던지, 아니면 50대 후반이라는 나이가 겸손하게 만들었는지 5개월 남짓 학원을 다녔다.

사카모토 료마라는 인간을 이해하기 위해 무작정 읽었던 우리말로 된 일본 근대사 책에다 거의 3년 동안 틈틈이 수련한 일본어 읽기가 더해져, 이제 어려운 책이 아니라면 사전의 도움을 받아 읽을 수 있게 되었다. 메이지 유신이라는 시대사적 다이내믹도 궁금했지만, 그보다는 그 시대 그들의 새로운 도전과 열정이 늘 부러웠다. 지금 필자가 쓰려는 책은 비록 우리에게 잘 알려지지 않은 어느 일본인과 그 주변 인물들의 이야기다. 역사학자로서의 수련이 전무한 이가 그것도 일본 근대사에 대해 글을 쓴다는 것은 도전을 넘어 민족적 금기를 건드릴 가능성도 있다. 당연히 오해도 비난도 받을 수 있다. 하지만 이제 이 나이에 그런 것은 상관없다. 새로운 세상을 만들어 보겠다는 그 시대 젊은이들의 굳은 의지와 열의에서 무언가 의미 있는 것을 찾아낼 수만 있다면, 그 대상이 일본인이든 서양인이든 상관없다고 생각하기 때문이다. 특히 그들은 우리의 근대에 결정적인 영향을 미쳤던 메이지 인들이기에 오히려 시사하는 바가 남다르리라 기대하고 있다.

이 책의 본문은 3부로 이루어져 있다. 제1부에서는 근세 일본과 네덜란드의 관계를 주로 문화, 과학, 외교의 관점에서 살펴보았고, 제2부에서는 페리 내항부터 하코다테 전쟁까지 막부 말기 에노모토의 풍운아적 삶을 그려 보았으며, 제3부에서는 메이지 초기 최고의 '관료'로서 활약하는 에노모토의 두 번째 삶을 이야기해 보려 했다. 사실 이 글을 쓰는 내내 곧장 2부, 3부로 뛰어들고 싶은 유혹을 받았다. 하지만 우선 필자 자신부터 일본 근세사에 대해 공부해야 했고, 그래야만 막부 말기 그리고 메이지 초기에 활약한 주인공 에노모토의 삶을 제대로 자신 있게 그려 낼 수 있을 것 같았다. 제1부에는 해적왕 왕직, 사무라이 윌리엄, 나가사키 통사들과 네덜란드 상관장, 스기타 겐파쿠, 난학과 역법, 천문방 다카하시 부자와 이노 다다타카, 지볼트 사건, 아이누와 러시아 남진 등등 수많은 에피소드들이 실려 있는데, 이들을 얼마나 체계적으로 구조화시켰는지는 자신이 없다. 또한 하나하나의 에피소드마다, 심지어 이 책에 실린 한 문장 한 문장마다 많은 연구자들이 평생 매달리는 주제임을 모르는 바 아니다. 어쩌면 그렇기 때문에 필자와 같은 딜레탕트가 400년이라는 긴 시간을 한 권의 책에 담아내려는 이처럼 무모한 짓을 할 수 있었던 것이 아닌가 위안 삼아 본다.

사실 제1부를 건너뛰더라도 그 이후를 이해하는 데는 별문제가 없다. 게다가 일본사에 대해 조금이라도 소양이 있는 독자라면 굳이 1부에서 힘을 뺄 필요가 없을 것 같기도 하다. 하지만 이 책에는 국내 어느 책에서도 찾아볼 수 없는 이야기도 제법 담겨 있으니, 읽는 수고에 대한 보답은 반드시 있으리라 생각한다. 이 책에서는 특별한 경우가 아니면 주석을 달지 않았다. 이 책의 모든 이야기는 어딘가에서 가져온 것이라 특별하게 주석을 달 수도 없었다. 가급적 남의 글을 통째로 베끼는 일은 삼가려고 노력했지만, 혹시 자신의 글이 일부 무단 도용되었다 하더라도 너그러운 마음으로 양해해 주기 바란다.

이제 막부 말기의 풍운아들을 만나러 가기 전에 우선 먼 과거로 건너뛰어 보자.

제1부..

근세 일본과 네덜란드

제1장

1641 나가사키 데지마 상관

1497년 바스쿠 다가마(Vasco da Gama)는 포르투갈 국왕 마누엘 1세로부터 다음과 같은 명령을 받는다.

동방에 있는 기독교 왕국을 발견하고, '인도'로 가서 향신료를 구해 오라.

그해 7월 8일 리스본을 출발한 다가마는 11월 22일 희망봉을 넘었고, 이듬해인 1498년 아프리카 동쪽 해안의 항시(港市) 모잠비크, 몸바사, 말린디를 거쳐 5월 20일 인도 캘리컷의 북쪽 해안에 도착했다. 캘리컷에 3개월가량 체류한 다가마는 다시 본국을 향해 출발했지만 북동풍이 불지 않아 한동안 서인도양을 오락가락하다가, 다음 해인 1499년 1월이 되어서야 말린디에 도착할 수 있었다. 그 후 천신만고 끝에 기함 가브리엘호가 리스본에 도착했다. 무려 2년이 넘는 대장정이었다. 이후 1500년에 카브랄(P. A. Cabral)이, 그리고 1502년에 다가마가 다시 인도를 다녀옴으로써 리스본–희망봉–캘리컷을 잇는 인도

항로는 이제 동서 문명을 연결하는 새로운 교역로로 확고하게 자리 잡게 되었다. 하지만 불행하게도 포르투갈의 인도항로 개척은 현지의 관습과 상식을 무시한 폭력적인 상거래와 약탈로 이루어진 것이며, 이후 포르투갈의 인도양 정복도 이 같은 방식으로 기존 인도양 해역 질서를 파괴하면서 얻어진 것이다. 어쩌면 그 이후 아시아의 바다와 육지에서 벌어진 유럽인에 의한 식민제국주의의 침탈과 그 잔혹함은 이미 이때부터 잉태된 것이라 볼 수 있다.

포르투갈, 아시아의 바다로

1503년 다가마의 2차 선단이 인도를 떠나면서 캘리컷의 남쪽 코친(Cochin)에 상관(商館)을 설치했고, 이를 방어하기 위해 5척의 배를 남겨 두었다. 이후 1515년까지 인도양 및 동남아시아에 20개 가까운 상관이 설치되었는데, 인도 서해안의 고아(Goa, 1510년)와 말레이 반도의 말라카(Malacca, 1511년)가 그 대표적인 예이다. 초기 포르투갈의 막강한 해군력 앞에 인도양의 항시들이 갖고 있던 군사력은 무기력하기만 했다. 더군다나 1509년 인도 반도 서북부 디우(Diu) 앞바다에서는 인도양에 새로이 등장한 포르투갈과 기존 세력 간에 인도양 패권을 둘러싸고 결전이 벌어졌다. 소위 디우 해전이 그것인데, 베네치아와 오스만튀르크의 지원을 받은 구자라트(Gujarat), 이집트 맘루크(Mamluk), 캘리컷의 연합함대와 포르투갈 함대가 결전을 벌였는데, 예상과는 달리 포르투갈 함대의 완승으로 끝났다. 신식 함포로 무장한 소수 정예의 유럽 함대가 아시아의 대규모 연합함대를 일거에 물리침으로써, 이 해전은 서세동점(西勢東漸)의 서막을 알리는 획기적인 사건이 되었다. 이후 오스만튀르크는 1538년과 1547년에 다시 한 번 디우를 탈환하기 위해 함대를 보냈지만 실패하였다. 더욱이 오스만튀르크와 이란 사파비 왕조 사이에 대립이 격화되면서 인도양 패권을 둘러싼 대포르투갈 공동전선은 무력해지고 말았다. 이로써 인도양을 장악하려던 오스만튀르크의 꿈은 사라졌고, 16세기 후반 이 지역의 새로운 세력으로 네덜란드가 등장할 때까지 포르투갈의 패권은 계속 이어졌다.

1511년 포르투갈이 말라카를 점령한 것은 획기적인 사건이었다. 아시아 해역에서는 이미 15세기부터 말라카를 거점으로 하는 무역망이 형성되어 있었다. 인도의 후추, 인도네시아의 정향, 육두구, 클로브(clove) 등의 고급 향신료와 침향, 백단과 같은 향목, 그리고 중국산 견직물과 도자기 등 거의 모든 것을 이곳 말라카에서 구입할 수 있었다. 그 결과 16세기 초 말라카는, 서쪽의 인도양으로부터 동쪽의 반다(Banda) 해와 남지나해에 이르는 드넓은 해역으로부터 수많은 상인들이 몰려들면서 아시아 최대의 국제무역항으로 번성할 수 있었다. 포르투갈은 바로 이 무역 중심지를 점령함으로써 이후 동남아시아를 거쳐 동아시아에 이르는 '바다의 제국'을 유럽인 최초로 완성할 수 있었던 것이다.

말라카를 차지한 포르투갈은 곧이어 중국 해역을 향해 북상했다. 포르투갈 상인 조르즈 알바르스(Jorge Alvares)가 중국인의 정크 선을 타고 항시 광저우(廣州)를 방문한 것이 1513년이었으니, 말라카를 점령한 지 바로 2년 후의 일이었다. 포르투갈 상인들은 중국의 비단과 도자기를 동남아시아의 향신료와 교환할 수만 있다면 큰 이익을 얻을 수 있음은 이미 알고 있었다. 하지만 당시 명은 해금정책(海禁政策)과 함께 국제무역은 '조공무역'만을 허락하고 있던 상황이라, 포르투갈이 무역을 하려면 우선 명제국과 정식으로 국교를 수립해야만 했다. 1517년 토메 피르스(Tomé Pires)가 광저우로 가서 명제국과의 국교를 요청했고, 1520년에 황제 정덕제(正德帝)를 알현하는 등 일이 쉽게 성사되는 듯했다. 하지만 그사이인 1519년에 페르낭 피레스 드 안드라드(Fernão Pires de

Andrade)를 사령관으로 하는 포르투갈 함대가 광저우 앞바다의 타마오 섬을 점령해 요새를 설치하고는, 연안 주민들을 노예로 사역시키면서 지나가는 선박들을 공격해 약탈을 자행했다. 결국 1521년 중국은 타마오 섬에 있던 포르투갈 요새를 공격했고, 포르투갈은 화력을 총동원해 저항했지만 모든 면에서 중과부적이라 철수할 수밖에 없었다.

중국은 포르투갈이 인도양에서 만난 나라들과는 근본적으로 달랐다. 하네다 마사시(羽田正, 2012)는 이에 대해 다음과 같은 의문을 제기했다. 포르투갈의 '이스타두 다 인디아(Estado da India: 포르투갈령 인도)'가 가장 번성했던 16세기 초반은 북인도에서 탄생한 무굴제국의 전성기와 겹친다. 그렇다면 왜 같은 인도 아대륙에 거점을 둔 두 강대 세력, 포르투갈과 무굴제국이 서로 싸우지 않았던 것일까? 왜 거대한 군대를 가진 무굴제국은 포르투갈 지배하의 연안 항시를 정복하지 않았을까? 결론부터 이야기하면 '이스타두 다 인디아'는 '바다의 제국'이었고 무굴제국은 '육지의 제국'이었기 때문이다. 육지의 왕은 자신의 영역 내에 살고 있는 집단과 강한 정치적 유대가 없었고, 상인들이 영위하던 사업에도 관심이 없었다. 육지의 왕은 상인들이 정해진 세금만 바치면 그들이 다른 집단으로부터 받는 영향이나 위협 따위에는 관심이 없었기에, 막대한 돈을 들여 가면서 그들을 보호해야 한다는 생각은 하지 않았다. 바다와 육지의 제국은 서로 이해관계가 상충되지 않은 채 양립할 수 있었던 것이다.

이와는 달리 동남아시아의 바다는 쉽지 않았다. 이곳 바다는 군주의 정치력과 종교(이슬람, 불교)가 결합된 강력한 중앙집권 체제하에 있었으며, 16세기 초반 유럽인들이 이 바다의 무역을 장악해 나가는 과정에서 이들의 강력한 군사력 저항에 숱한 난관을 겪기도 했다. 하지만 이 정도 난관은 동아시아의 바다에 비하면 약과였다. 명은 해금정책을 추진하면서 외국선 입항은 물론 자국민의 원양 진출까지 철저히 규제했고, 일본 심지어 조선마저도 정치권력이 자신의 바다를 스스로 규제하고 관리하는 것을 당연히 여겼다. 이들 국가에서는, 국가가 무역을 통제하고 해적을 토벌하지 못한다면 그것은 권력의 실정이나 쇠퇴로 받아들여졌던 것이다. 결론적으로 말하면, 포르투갈인과 그 뒤를 이은 유럽의 동인도회사들이 인도양 해역에서 만난 것이 육지의 정치권력이 방기했던 '경제의 바다'였다면, 더 동쪽으로 진입하면서 만난 동아시아의 바다는 육지의 정치권력이 확고하게 장악하고 있던 '정치의 바다'였던 것이다.

한편 우리가 어쩌면 간과하고 있는 사실은 포르투갈이 '동인도' 바다에서 독점하려 했던 것은 향신료 무역이었지, 이 바다에서 벌어지고 있던 무역 모두를 독점하려 한 것은 아니라는 점이다. 실제로 그것은 불가능한 일이었다. 인도양의 향신료 무역을 독점하기 위해서는 호르무즈(Hormuz) 해협이나 홍해를 통한 지중해 통로를 차단해야 했지만, 포르투갈은 그런 차단 작업에 그다지 성공을 거두지 못했다. 당시 인구 100만에 불과했던 포르투갈이 서아시아 바다 전체를 일시적으로 장악하는 것은 가능했을지 모르지만, 그 군사력을 장기간 유지하는 것은 원천적으로 불가능했다. 또한 지중해 무역을 장악하고 있던 베네치아나 1516년과 1517년 이집트와 시리아를 점령하면서 인도양의 새로운 세력으로 등장한 오스만튀르크 역시 이를 용납할 수 없었다. 결국 향신료 무역의 완전 장악이라는 포르투갈의 희망은 예상대로 이루어지지 않았던 것이다. 더군다나 많은 요새와 거점을 건설하고 유지하기 위해서는 막대한 비용이 소요되었는데, 그 결과 향신료 가격도 덩달아 올라가면서 지중해를 통과한 향신료와의 경쟁 우위도 자연스럽게 사라지고 말았다.

결국 포르투갈은 영토를 점령해 총독을 파견하고 조세를 거둬들이면서 원주민을 통치하기보다는, 무역거점이 될 도시나 상관을 확보한 다음 교역이나 징세를 통한 이익을 추구하려 했다. 한편 관무역에 사무역이 따르지 않는다면, 그리고 2년이나 소요되는 위험한 항해에 참가하는 사람들 모두가 국왕에게 충성을 다하리라 생각한다면 그건 오산이다. 선원 대부분은 부랑자, 죄인, 일확천금을 노리는 상인들이라 국가의 이익보다는 개인의 이익이 우선이었다. 또한 현지 여성과의 결혼이 점차 늘어남에 따라 포르투갈령 인도는 점점 공동화되어 갔다.

해적왕 왕직

포르투갈이 중국 해안에 나타나기 시작한 1510년대까지 일본과 명 사이에는 선박, 인원, 화물의 수 그리고 내왕 기간, 입항지, 조공로 등이 엄격하게 규정된 감합무역(勘合貿易)을 실시하고 있었다. 이는 명이 허락하는 한도 내에서 이루어진 조공무역을 의미하는 것이다. 하지만 1520년대 들어서면서 동아시아 바다의 질서를 바꾸어 놓는 두 가지 획기적인 사건이 발생하였다. 하나는 앞서 이야기한 것처럼 포르투갈이 인도양에서 하던 방식대로 중국을 상대했지만, 요새를 설치한 지 2년 만인 1521년에 타마오 섬에서 쫓겨난 사건이 그다. 그 이후에도 몇 차례 무력시위를 하면서 조공무역을 요구했으나 받아들여지지 않자, 이제 포르투갈은 중국 해적들과 손잡고 본격적으로 밀무역에 돌입하였다.

한편 1523년 닝보(寧波)에서는 감합무역에 나선 일본 무역선들 사이에 충돌이 일어났는데, 닝보는 일본 감합무역선에 허락된 유일한 교역항이었다. 당시 무로마치 막부(室町幕府)는 이미 위세가 줄어들어 견명선(遣明船)을 유지할 경제력이 없었고, 대신 다이묘나 유력 상인들이 견명선을 파견하고 있었다. 이 사건으로 명나라는 양쪽 견명선 모두를 추방했고, 일본으로부터의 입공을 금지시킴과 동시에 무역을 통제하고 있던 닝보의 시박사(市舶使: 통관, 관세 업무를 담당하는 관청)를 폐지하였다. 예나 지금이나 이익을 두고 포기할 장사꾼은 없다. 설령 국가가 개입해 밀무역을 차단한다고 하더라도, 밀무역에 따른 위험에 비례하는 독점 이익의 매력은 결코 포기할 수 없었다. 그 결과 중국, 포르투갈, 일본 세 나라 사이에 밀무역을 도모하는 무리들이 생겨나지 않을 수 없었던 것이다. 이제 포르투갈과 일본 상인들은 중국 남동 연안과 해상에서 활동하는 중국인 해적들과 밀거래를 하면서 커다란 이익을 남겼고, 해적집단도 더욱 강성해졌다.

당시 밀무역의 근거지는 닝보 앞바다 류헝 섬(六橫島)의 쌍위 항(雙嶼港)이었다. 닝보에서 외해로 나가는 길목에는 1,000여 개의 크고 작은 섬들로 이루어진 저우산 제도(舟山諸島)가 있었고, 그 섬들 중 하나가 류헝 섬이었다. 이곳을 밀무역항으로 처음 연 해적 총두목이 등료(鄧獠)였고, 1526년의 일이었다. 등료 밑에는 여러 명의 해적 두목들이 있었는데, 그중에는 후이저우(徽州) 출신의 허씨(許氏) 4형제[송(松), 동(棟), 남(楠), 신(柟)]가 있었다. 이들은 일본 및 포르투갈의 상인이나 해적과 소통하고 있었다. 한참 번성기에는 쌍위항 인구가 3,000명에 달했고 그중 포르투갈인이 1,200명 정도였다고 한다. 따라서 당시 이곳은 일본인, 포르투갈인, 동남아시아인 들이 몰려들었던 동지나해 최대의 무역센터 역할을 했다. 하지만 1532년 등료가 관군에 체포되었고, 1538년에는 나머지 해적 두목들이 체포되거나 달아나면서 쌍위 항 밀무역은 일시 와해되었다.

그 틈을 타 허동(許棟)의 부하였던 왕직(王直)이 쌍위 항의 새로운 두목으로 등장하였다. 1540년경부터 왕직은 시암(Siam)에서 일본에 이르는 넓은 해역을 장악하면서 시암과 캄보디아(소목, 호적, 서각, 상아), 마닐라(멕시코 은), 징더

전(景德鎭: 도자기), 후저우(湖州: 생사), 쑹장(松江: 면포), 푸젠(福建: 사견, 소당, 당과)의 교역품을 운반하면서 밀무역을 자행하였다. 놀랍게도 이 시기 왕직의 주거처는 일본이었다. 그는 1540년경부터 규슈 북서부 고토 열도(五島列島)의 가장 서쪽 섬 후쿠에(福江)에 거주하면서 이곳에 당인촌(唐人村)을 건설하여 자신의 무역기지로 사용했고, 1542년에는 인근의 히라도(平戶)로 거처를 옮겼다. 그는 1557년까지 15년간을 히라도에 머물렀는데, 고토 열도가 밀무역의 기지였다면 히라도는 자신의 거처였다. 이후 히라도는 1641년 나가사키의 데지마(出島)에 네덜란드 상관이 마련될 때까지 중국과 서구의 무역상들이 드나들던 주요 항구로 번창하였다.

전성기 왕직의 수하에는 2,000여 명의 부하가 있었으며 수백 척의 선단을 지휘했다고 하는데, 자신의 출신지인 후이저우(徽州)를 휘(徽) 자를 따서 휘왕(徽王)으로도 불렸다고 한다. 일본에 판매하는 왕직의 주요 물품 중 하나는 초석(硝石)이었다. 초석은 철포의 탄환을 생산하는 데 없어서는 안 되는 주요 물품이었지만, 당시 일본에는 나지 않았다. 규슈 남쪽 작은 섬 다네가시마(種子島)는 1543년(혹은 1542년) 포르투갈인에 의해 일본 최초로 철포가 전해진 곳으로 알려져 있다. 당시 이 섬에 표류한 선박은 포르투갈 선박이 아니라 왕직 소유의 밀무역선이었고, 포르투갈인은 단지 이 선박에 승선한 밀무역 상인에 불과했다. 따라서 1543년 다네가시마로의 입항은 '표류'가 아니라 밀무역을 위한 왕직 일당의 의도적인 '내항'으로 보는 견해도 있다. 한편 1550년에 포르투갈 상선이 최초로 히라도에 들어오는데, 이 역시 왕직이 안내한 것으로 알려져 있다.

1548년 절강순시도어사 주환(朱紈)이 중국인과 포르투갈인으로 구성된 밀무역 상인을 토벌할 때까지 밀무역은 정점에 달했고, 일반적으로 이 시기를 후기 왜구의 최전성기라고 한다. 명군의 공격을 받은 쌍위 항의 왜구들은 저우산 제도를 벗어나 다른 섬으로 가거나 저장 성(浙江省), 푸젠 성(福建省) 등으로 거처를 옮겼다. 하지만 왕직은 저우산 제도에 남아 밀무역을 계속 주도하면서 동지나해 전역의 밀무역을 장악하였다. 1550년 이후 『명사(明史)』에 기록된 왕직의 활동을 정리해 보면, 1552년 대만을 습격했고, 1553년 명의 공격을 받아 근거지를 저우산 제도에서 고토 열도와 히라도로 완전히 옮기고는, 1554년과 1555년 중국 동해안의 여러 해안을 공격해 쑥대밭으로 만들어 놓았다고 한다. 가히 바다의 황제였던 셈이다.

한편 1555년 조선의 을묘왜변 당시 왜구들은 70여 척의 배를 이끌고 강진과 진도 일대를 침입했는데, 이들 왜구를 지휘한 수령도 왕직으로 알려져 있다. 『조선왕조실록』 명종 11년(1556) 4월 1일자에 왕직에 관한 기록이 남아 있어, 이를 인용하면 다음과 같다. 예조가 왜인 조구(調久: 대마도주가 적변을 알리기 위해 보낸 사신)와 문답한 것을 왕에게 알린 내용이며, 여기에 나오는 오봉(五峯)이 바로 왕직이다. 1540년 왕직이 고토 열도로 처음 들어올 때 해상에서 본 고토 열도가 5개의 봉우리로 보였다고 하는데, 그 인상이 아주 강렬해서 오봉을 자신의 이름으로 사용했다는 이야기가 고토 열도 내 후쿠에 섬에 전해진다고 한다.

문: 어느 지역 왜인이 노략질을 하려고 하는가?
답: 사주(四州)와 오행산(五幸山) 등처에 사는 사람들입니다.
문: 그 말을 어디에서 들었는가?
답: 올 정월에 박다주(博多州)에 가니 적간관(赤間關)·살마주(薩摩州) 등지의 사람들이 와서 말하였습니다. 중국 사람으로서 오봉(五峯)이라 일컫는 자가 적왜(賊倭)를 거느리고 중국에 입구(入寇)하려 한다고 하였습니다.

문: 너는 오봉을 보았는가?

답: 평호도(平戶島)에서 보았습니다. 300여 명을 거느리고 큰 배 한 척을 타고 있었는데 늘 비단옷을 입고 다녔습니다. 그 무리가 대략 2,000명쯤 되었습니다.

문: 그가 포로가 되어 그곳에 있게 된 것인가, 아니면 스스로 적(賊)이 되기 위해 들어간 것인가?

답: 처음에는 물화의 교역 때문에 일본에 왔다가 적왜와 결탁하여 왕래하면서 노략질을 하고 있습니다.

문: 지난해에 노략질한 것은 어느 지역 사람의 짓인가?

답: 아파(阿波)·이예(伊豫)·찬기(讚岐)·토사(土沙) 4주 사람들과 오행산 왜인들이 무리를 지어 와서 노략질하였습니다.

문: 지난해 적왜 중에도 대마도 사람이 있는 것 같았다는데 어째서 이렇게 했는가?

답: 이는 본도(本島)의 왜인들이 신축년간에 제포(薺浦) 등지에서 매매하다가 죄를 짓자 오행산으로 도망하여 가서 이들과 함께 노략질을 한 것입니다.

문: 너희 도주가 늘 힘써 왜구를 막는 것으로 공을 세웠다고 하나 실제로는 아무 공이 없음을 너는 알고 있는가?

답: 도주가 그들에게 '조선에서 활을 잘 쏘는 사람 1,500여 명을 보내어 대마도와 함께 힘을 합하여 막을 것이다.'라고 드러내 놓고 말하였으니 저 적왜들이 반드시 들었을 것입니다. 지난해 10월에는 중국에서 대인(大人) 둘을 살마주에 보내 와 정박하였는데 공물 진상이나 무역선 외의 모든 적선(賊船)은 일체 금한다는 내용의 칙서(勅書)를 가지고 와서 일본에 전하려 하였으나 적왜에게 핍박당할까 걱정하여 지금 박다주에 머물고 있습니다. 직책을 받은 왜인 가운데 박다주에 살고 있는 자가 매우 많은데, 그들은 적변이 있다는 것을 알고도 한 번도 와서 알리지 않았지만 나만이 두 번이나 와서 고하였으니, 상직(賞職)을 받고 싶습니다. 오래 머무르고 싶지 않으니 내일쯤에 돌아갔으면 좋겠습니다. 그러면 적변이 있을 경우 다시 와서 알

리겠습니다.

동아시아의 바다를 지배하던 왕직의 시대는 의외의 사건으로 마감되었다. 1557년 절강총독 호종헌(胡宗憲)은 왕직의 노모와 처자를 볼모로 잡고 귀순을 촉구하는 편지를 보낸다. 만약 귀순하여 해적 소탕에 협조한다면 저우산 제도에서의 무역을 공식적으로 인정하겠다는 약속도 했다. 천하의 왕직도 가족사 앞에서는 어쩔 수 없었던지 아니면 순진하게 그 약속을 믿었는지 알 수 없지만, 왕직은 1557년 귀순하고는 결국 2년 후인 1559년에 형장의 이슬로 사라졌다. 이 시기 명은 11대 세종 치하의 가정기(嘉靖期: 1522~1566)로, 왜구의 침탈이 절정에 달해 '가정(嘉靖)의 대왜구(大倭寇)'라 불리던 시기였다. 바로 이 시기 동아시아의 바다를 주름잡던 이가 바로 왕직이었던 것이다.

기록에 의하면 1522년부터 1566년까지 40년 동안 무려 548회에 걸쳐 왜구가 중국 남동해안을 침입했다고 한다. 명 13대 목종 융경제(隆慶帝: 재위 1567~1572)가 들어서면서 해금정책이 일부 완화되었고, 1588년 도요토미 히데요시(豊臣秀吉)의 '적선금지령(賊船禁止令)'과 1598년 도쿠가와 이에야스(德川家康)를 비롯한 5다이로(大老)가 히라도에 보낸 해적행위 엄금 문서를 계기로 왜구는 자취를 감추었다. 그 이후 동중국의 바다는 평온을 되찾았다. 16세기 동아시아 바다를 장악했던 왜구를 '후기 왜구'라 부르면서, 14세기와 15세기 한반도 해안에 출몰했던 '전기 왜구'와 구분한다. 전기 왜구가 한반도 남해안 일부 세력과 함께 규슈 북부의 왜인들이 주축을 이루었던 해적이라면, 후기 왜구는 주로 중국인이 주축이 된 무장 밀무역상을 말한다.

한편 왕직이 귀순했던 1557년에는 광저우 만 입구에 있는 마카오 반도에 포르투갈인의 거주가 처음으로 허용되었다. 앞서 언급했던 1548년 주환의 공격 당시, 저우산 제도에 있던 포르투갈 밀무역상들은 광저우 만으로 거처를 옮겄다. 이후 1552년 포르투갈 왕실함대 사령관 리오넬 데 소사(Lionel de Sousa)가 이 지역에 나타나 포르투갈 해적선과 밀무역 상인들을 평정하고는, 그 자리에 눌러앉은 곳이 바로 마카오였다. 이를 계기로 명-마카오-일본의 삼각무역(일본에서는 이를 남만무역이라 한다)이 본격적으로 시작되었다. 명은 1573년에 포르투갈인의 마카오 거주를 공식적으로 승인했지만, 결코 포르투갈인에게 마카오를 할양한 것은 아니었다. 매년 500냥의 지세를 바친다는 조건이 붙어 있었다는 점에서 인도양 해역의 다른 포르투갈 상관이나 요새와는 근본적으로 달랐고, 포르투갈인 역시 명 제국의 법도를 따라야 했다. 마카오가 포르투갈 주권하의 식민지가 된 것은 영국이 아편전쟁을 계기로 홍콩을 획득한 후인 1887년부터이다.

포르투갈은 마카오에 안정적인 거점을 마련한 이후, 이를 배경으로 중국뿐만 아니라 일본과의 무역에 본격적으로 나서기 시작했다. 포르투갈이 일본으로 보낸 주요 상품은 중국산 생사였으며, 그 외에도 중국산 도자기나 동남아시아산 상품들도 있었다. 한편 일본은 수입품에 대한 대가로 자국산 은을 제공하였다. 당시 일본에서 생산되는 은의 양은 세계 생산량의 30%에 이를 정도로 많았고, 금과 은의 교환비율도 낮아 일본 은은 인기가 높았다. 물론 중국으로서도 이 은이 꼭 필요했다. 16세기 중국에서는 장쑤 성과 저장 성 등 양쯔 강 하류의 저지대가 개발됨으로써 곡물을 비롯한 상품작물의 생산이 급증하였고, 견직이나 면직 등 직물업도 비약적으로 발전하였다. 하지만 이러한 상품경제를 뒷받침할 통화 소재인 은과 동이 국내 생산만으로 부족했기에, 일본의 은과 마닐라를 통해 들여온 에스파냐의 은이 절대 필요했던 것이다.

에스파냐의 등장

앞서 카톨릭 사제들이 포르투갈의 동방진출을 단지 무역의 이익만을 목적으로 한 것이라 생각해서는 곤란하다. 여기에는 기독교 포교라는 종교적인 목적이 결부되어 있었고, 이를 현지에서 완수하기 위해서는 자금이 필요했다. 따라서 무역과 포교는 동전의 양면과 같았다고 볼 수 있다.

16세기 초반 유럽을 휩쓸었던 프로테스탄트의 종교개혁 폭풍은 가톨릭 세력의 반종교개혁으로 이어졌다. 에스파냐의 카를 5세와 펠리페 2세 시절 벌어졌던 저지국가(네덜란드도 여기에 포함)의 식민지화와 프랑스와의 갈등 역시, 그 내면에는 반종교개혁이라는 요인이 크게 작용하였다. 이처럼 가톨릭 군주와 성직자들은 종교개혁으로 잃어버린 정치적·종교적·경제적 기반을 되찾으려 다 방면으로 했는데, 16세기 후반 들어 아시아로 눈을 돌리면서 괄목할 만한 성과를 거두기 시작했다. 특히 유능하고 헌신적인 하급 귀족들로 이루어진 예수회 사제들은, 1540년을 기점으로 매우 저돌적이고 지능적인 활동을 전개하면서 인도, 중국, 일본 등지에서 가톨릭 포교의 거점들을 하나하나 마련해 나갔다.

포르투갈 국왕이 예수회에 요청하여 동인도에 파견한 신부 중 한 명이 우리에게도 잘 알려진 프란시스코 사비에르(Francisco Xavier)이다. 그는 1542년 인도 고아에 도착한 후 말라카와 말루쿠 제도를 거쳐 활동하다가 1549년에 일본에 도착하였다. 사비에르는 일본에 체재한 2년 3개월 동안 가고시마, 히라도, 야마구치, 사카이, 교토 등을 방문해 포교활동을 전개했으며, 이후 중국으로 건너가 그곳에서 사망했다. 사비에르에 이어 일본을 방문한 수많은 예수회 신부들도 중국과 일본 간의 무역에 간여하면서 그 수익이나 수수료로 교단의 활동자금을 마련하였다.

당시 일본은 센고쿠다이묘(戰国大名)들이 할거하던 대혼란기였는데, 특히 규슈 각지의 다이묘들에게 포르투갈과의 무역은 아주 매력적이었다. 무역에 따른 높은 수익은 말할 것도 없고, 매력적인 중국산 고급 상품과 함께 철포의 탄환 제작을 위한 연과 초석을 입수할 수 있다는 점에서 포르투갈과의 무역은 더욱 그들의 흥미를 끌었다. 자신의 영토 내 선교사의 체재를 인정하고 가톨릭 포교를 허락하면 포르투갈 선박이 들어왔고, 그러면 포르투갈이나 나중에 에스파냐와의 무역도 가능했기에 다이묘들 입장에서 선교사들의 입국을 마다할 이유가 없었다. 결국 다이묘들이 앞다투어 기독교를 받아들였는데, 이 중 가장 대표적인 인물이 나가사키의 영주였던 오무라 스미타다(大村純忠)였다. 그는 이미 1562년에 가톨릭으로 개종하여 돔 바르톨로메오라는 세례명도 갖고 있었다. 결국 1580년에 이 크리스천 다이묘가 나가사키를 예수회에 기진(寄進)하는 뜻밖의 사건이 일어나기도 했다.

　　한편 1580년은 에스파냐의 펠리페 2세(Felipe II)가 포르투갈을 합병하면서 포르투갈의 왕을 겸하기 시작한 해였다. 합병과 함께 그간 포르투갈이 만들어 놓은 동인도부터 태평양에 이르는 무역 네트워크 모두가 에스파냐의 것이 되었다. 그렇다고 포르투갈이 동인도의 바다를 장악하고 있던 시절, 에스파냐가 아시아의 바다에 대해 손 놓고만 있었을까? 결코 그렇지 않았다. 사실 인도를 향해 먼저 움직인 것은 에스파냐였다. 1492년 베네치아의 항해사 콜럼버스는 에스파냐 왕의 면허와 지원을 받아 인도를 향해 서쪽으로 떠났다. 여기서 인도란 해로로 갈 수 있는 아시아 해역, 다시 말해 현재의 인도뿐만 아니라 동남아시아, 중국, 심지어 일본까지 포함하는 광의의 개념이다. 콜럼버스가 나름의 '인도'를 발견한 바로 그 이듬해인 1493년, 교황은 포르투갈과 에스파냐와의 영토 분쟁을 사전에 방비하기 위해 새로이 발견한 영토에 관해 두 국가 사이의 조약 체결을 주선하였다. 즉, 카보베르데(Carbo Verde) 제도 서쪽 끝을 통과하는 자오선을 기준으로 새로 발견하는 비기독교 국가의 모든 권리를 서쪽은 에스파냐에게, 동쪽은 포르투갈에게 부여한다는 것이었다. 물론 포르투갈의 반발로 이 자오선이 서쪽으로 몇백 마일 옮겨진 새로운 조약이 다음 해인 1494년에 체결되었다. 이것이 바로 '토르데시야스(Tordesillas) 조약'이다. 당시 교황이 에스파냐 출신이었다는 점도 이 조약이 에스파냐에 유리하게 전재된 또 하나의 이유이기도 했다.

이 조약의 결과 에스파냐는 단 한 번의 서쪽 항해로, 지난 100년 동안 인도 항로를 찾아 나섰던 포르투갈과 전 세계를 양분할 수 있었다. 또한 에스파냐로서는 해양 강대국 포르투갈과의 무력충돌을 피할 수 있었으니 일석이조, 아니 그 이상의 과분한 결과를 얻었던 셈이다. 일반적으로 말하는 동인도와 서인도는 여기서 기원한 것임을 알 수 있다. 그러나 아직 어느 누구도 인도에 도달했던 것은 아니었다. 이후 4년이 지난 1498년, 포르투갈이 희망봉을 돌아 인도양으로 들어섬으로써 마침내 동인도에 도착할 수 있었지만, 에스파냐의 경우 자신들의 인도는 여전히 서인도였다. 젖과 꿀이 흐른다는 동인도가 아메리카 대륙을 지나 태평양 건너편에 있다는 사실을 에스파냐가 아는 데는 얼마 걸리지 않았다. 이제 에스파냐는 포르투갈과 분쟁을 일으키지 않으면서 인도로 가는 길을 찾아야 했다. 다시 말해 그들은 포르투갈이 장악한 기존의 인도양 항로가 아니라, 자신들이 장악하고 있던 아메리카 대륙에서 동인도에 이를 수 있는 태평양 횡단 경로를 찾아야 했던 것이다. 그래야만 포르투갈의 독무대였던 향료 무역에 도전장을 내밀 수 있었다.

최초의 세계일주는 1522년 에스파냐의 왕이자 신성로마제국의 황제였던 카를 5세(Karl V)의 지원을 받은 포르투갈 사람 마젤란(F. Magellan)에 의해 완성되었다. 비록 마젤란 본인은 필리핀 해역에서의 사고로 사망했지만, 그의 함대는 우여곡절을 겪으면서 인도양을 지나 기어코 에스파냐로 귀환하였다. 이 항해는 처음부터 세계일주를 전제로 기획된 것이 아니었다. 마젤란과 그의 후임 함장인 엘카노(J. S. Elcano)는 태평양을 건너 필리핀과 향료 주산지 말루쿠 제도에 도착한 뒤 이곳이 에스파냐의 영토임을 선언하였다. 그러나 무역풍과 적도해류로 인해 아메리카로의 귀환이 불가능해지자 어쩔 수 없이 포르투갈이 지배하고 있던 인도양을 지나 희망봉을 돌아 귀환한 것이다. 실제로 마젤란의 항해는 자신들이 이미 점유하고 있던 아메리카에서 태평양 쪽으로 나아가 당시 인도양을 장악한 포르투갈의 간섭 없이 말루쿠 제도의 영유권을 선점하기 위한 항해였다.

이후 에스파냐는 1525년과 1527년 두 차례에 걸쳐 말루쿠 제도에서 태평양을 건너 아메리카로 귀환하는 항로를 찾으려 했지만 실패하고 말았다. 결국 에스파냐는 1529년 포르투갈과 사라고사(Zaragoza) 조약을 체결하면서, 말루쿠 제도의 모든 권리를 포르투갈에 이관하는 동시에 말루쿠 제도 동쪽 17° 지점에 양국의 경계선을 설정하였다. 그 이후에도 에스파냐는 동방에 대한 미련을 버리지 못해 계속 탐험대를 파견하였다. 1542년 빌라로보스(H. Villa Lobos)를 대장으로 하는 탐험대는 태평양의 서쪽 어느 섬에 도착하고는 이 섬을 당시 신성로마제국의 황태자였던 펠리페 2세의 이름을 따 필리핀으로 명명했다. 하지만 이 원정대 역시 아메리카로의 귀환 항로를 찾지 못해 포르투갈에 항복하고 말았다.

카를 5세로부터 제위를 물려받은 펠리페 2세는 비록 향료 제도는 얻을 수 없더라도 동아시아에서의 무역만은 포기할 수 없었다. 그는 필리핀을 기점으로 하는 일본 및 중국과의 삼각무역을 통해 포르투갈과의 경쟁에 나서려 했다. 이를 위해서는 태평양을 왕복할 수 있는 항로를 반드시 확보해야만 했다.

펠리페 2세는 1565년 레가스피(M. L. de Legazpi)를 대장으로 하는 탐험대를 필리핀으로 보내 세부(Cebu) 섬에 에스파냐 최초의 식민도시를 건설했고, 항해 4개월 만에 멕시코 아카풀코(Acapulco)로 귀환하는 쾌거를 이루었다. 이어서 1571년에 마닐라와 멕시코 사이를 연결하는 무역로가 완성되면서, 이제 에스파냐는 동아시아 해역에서 안정적인 무역 루트를 확보하게 되었다. 그 결과 마닐라는 중국과 일본의 실크, 금, 보석, 도자기 등을 멕시코의 은과 교환할 수 있는 동방무역의 거점으로 자리 잡게 되었다.

1580년 펠리페 2세가 포르투갈 왕을 겸함에 따라 두 나라 사이의 경쟁구도는 사라졌지만, 당시 세계 경영을 목전에 둔 에스파냐로서는 자신의 역량을 '동인도'에만 집중할 수 있는 형편이 아니었다. 게다가 곧이어 네덜란드가 독립하고 잉글랜드가 새로운 해상세력으로 부상함에 따라 포르투갈이 1세기가량 장악해 온 동인도 무역에 틈이 생겨나기 시작했다. 더군다나 포르투갈과 에스파냐의 합병으로 정치적 통합은 이루어졌을지 모르지만, 아시아 변방에서의 포교와 상업적 이익을 위한 종교적 경쟁마저 잠재울 수는 없었다. 에스파냐의 프란체스코회 수도사들과 도미니크회 수도사들은 포르투갈계 예수회의 녹섬에 맞서 치열하게 경쟁했고, 일본의 위정자들은 자기와 상관없는 이들의 분쟁에 말려들까 몸을 도사렸다. 가톨릭 세력 간의 경쟁이 정점에 이르렀던 1587년, 규슈를 평정한 도요토미 히데요시가 지금까지의 가톨릭 묵인 정책과는 달리 선교사 추방령을 내렸고, 이를 계기로 일본에서 가톨릭 박해의 역사가 시작되었다. 사실 16세기 말 일본인 가톨릭 신자는 37만에서 50만에 달했다고 한다. 이는 당시 일본 인구의 3~4%에 해당하는 규모로, 위정자 입장에서는 이 같은 가톨릭의 팽창을 더 이상 두고 볼 수만은 없었다. 바로 이 틈을 노려 네덜란드가 막부에 접근해 이베리아 세력을 물리치면서, 마침내 일본과 무역을 할 수 있는 유일한 유럽인으로 등장하게 된 것이다.

새로운 도전자, 네덜란드

네덜란드는 포르투갈, 에스파냐, 잉글랜드에 비하면 아시아 바다로의 진출에서 후발 주자였다. 후발 주자이기는 잉글랜드 역시 마찬가지였지만, 이미 드레이크(F. Drake: 1580년 귀항), 캐번디시(H. Cavendish: 1588년 귀항), 호킨스(J. Hawkins: 1595년 귀항) 등이 세계일주를 하면서 네덜란드보다는 일찍이 아시아의 바다를 경험한 바 있다. 이제 네덜란드의 도전이 시작되었다. 1595년 코르넬리스 드 하우트만(Cornelis de Houtman)이 거느린 4척의 함대가 네덜란드를 떠났고 이듬해인 1596년 자바의 반텐(Banten)과 아체(Aceh: 수마트라 섬 북단)에 도착한 후 후추 등의 화물을 싣고 귀국했는데, 네덜란드로서는 이것이 동인도 무역 최초의 사건이었다. 앞에서 언급했듯이 16세기 초만 하더라도 이 지역의 무역 중심은 말라카였다. 하지만 포르투갈이 말라카를 장악하면서 이곳을 드나들던 상인들에 대한 과세나 규제가 늘어났고, 이를 피하기 위해 새로이 등장한 교역지가 바로 반텐과 아체였다. 다시 말해 하우트만은 포르투갈을 피해 새로운 무역 중심지인 반텐에 입항했던 것이다. 이후 1602년까지 14개의 네덜란드 동방 무역회사가 설립될 정도로 아시아 바다에 대한 네덜란드의 무역 열기는 가히 폭발적이었다.

그렇다면 당시 네덜란드 본국은 어떤 상황이었을까? 현재 네덜란드, 벨기에, 룩셈부르크 그리고 프랑스 일부를 포함하는 지역은 16세기 중엽까지 '저지국가(17개 자치주로 구성)'라 불리던 에스파냐-합스부르크 제국의 일원이었다. 이 지역이 합스부르크가에 귀속된 것은 15세기 후반의 일이며, 나중에 이를 물려받은 이가 카를 5세(1500~1558: 나중에 신성로마 황제로 등극)였다. 그는 1516년 외할아버지를 승계해 에스파냐 국왕이 되면서 마침내 에스파냐-합스

부르크 제국의 황제가 되었다. 대제국을 이끌게 된 카를 5세는 저지국가들에 대해 폭압적인 정책으로 일관했다. 특히 신성로마제국 내 프로테스탄트 제후들을 제압하고 프랑스 및 오스만튀르크와 장기간 전쟁을 치르면서 재정난에 봉착하자, 이를 해결하기 위해 해외무역으로 상업이 발달한 저지국가 일원에 과도한 세금(모든 상업적 거래에 10%)을 부과하였다. 게다가 이 지역에서 프로테스탄트 세력이 증가하고 폭정에 반대하는 폭동이 계속되자, 이를 진압하기 위해 에스파냐로부터 군대를 동원해 피의 살육을 자행하면서 수천 명의 시민들을 학살하였다.

이에 항거해 이 지역 최고의 유력 귀족가문 출신인 오라녀 공 빌럼(Prins van Oranje Willem)의 주도 하에 1568년경부터 저지국가 북부를 중심으로 반란이 일어났으며, 이로써 80년에 걸친 에스파냐와의 독립전쟁이 개시되었다. 1579년 북부 7개 주는 위트레흐트(Utrecht) 동맹을 결성했고, 1581년에는 저지국가들에 대한 펠리페 2세의 통치권을 부인하는 선언을 하였다. 이 독립전쟁 과정에서 북부 7개 주는 당시 신대륙 무역을 둘러싸고 에스파냐의 적대세력이었던 잉글랜드로부터 군사적 지원을 받아 전쟁을 수행하였다. 이후 오라녀 가문 일가들이 7개 주 총독 지위를 계승하면서 하나의 정치적 연합체를 형성하였고, 이로써 에스파냐의 통치를 승인한 저지국가 남부와 자연스럽게 분리되면서 네덜란드 연방공화국으로 발전할 수 있었다. 이 네덜란드 연방공화국이 17세기부터 일본과 관계를 맺은 바로 그 네덜란드였던 것이다.

현재 벨기에에 속해 있는 안트베르펜(Antwerpen)은 당시 네덜란드 연방공화국으로 독립한 북부 7개 주에는 속해 있지 않았다. 16세기 이전까지 안트베르펜은 저지국가 최대 무역항으로, 이탈리아를 중심으로 하는 지중해 무역과 한자(Hansa) 동맹을 기반으로 하는 발트 무역이 교차하는 곳이었다. 16세기에 들어서면서 포르투갈 리스본으로 들여온 향신료와 에스파냐 세비야로 수입된 신대륙의 금과 은이 이곳 안트베르펜으로 모여들었고, 다시 이곳을 거쳐 유럽 여러 나라로 공급되었다. 안트베르펜의 상업적 발전에는 1492년부터 에스파냐에서 추방당한 유태인들이 이곳에 정착하면서 다이아몬드를 비롯한 보석 중계업과 금융, 보험, 창고업이 활발해진 것도 한몫을 하였다. 에스파냐는 독립전쟁에 대한 보복으로 1585년 이곳 안트베르펜을 점령했고, 네덜란드 배의 리스본 입항을 금지시켰다. 안트베르펜 상인 및 금융·무역업자들은 에스파냐의 철권통치하에서 이전과 같은 자유로운 상업활동이 불가능해지자 북부의 무역항인 암스테르담으로 이주하였다. 또한 기존의 암스테르담 상인들과 힘을 모아 새로운 활로를 찾아 나섰는데, 이 기운이 네덜란드가 아시아의 바다로 진출하는 배경이 되었다.

네덜란드가 아시아와의 무역을 시행하는 데는 자금뿐만 아니라 항로 및 항해 그리고 아시아 현지의 지리 및 교역 상황 등에 관한 지식이 필요했다. 하지만 네덜란드 사람 중에는 포르투갈 배의 조타수 등으로 고용되어 아시아 여러 지역으로 도항한 경험 많은 선원들이 다수 있었기에 항로와 현지에 대한 정보는 이미 확보되어 있었다. 그 대표적인 사례가 1596년 암스테르담에서 간행된 린스호턴(J. H. Linschoten)의 『동방안내기』인데, 여기에는 포르투갈인의 각종 교역 상황 등 아시아 무역에 관한 다양한 정보가 수록되어 있었다. 이런 정보들을 바탕으로 암스테르담의 상인들이 출자한 회사는 1595년에 하우트만이 지휘하는 4척의 선단을 아시아에 보낼 수 있었다.

자바 섬의 반텐에 도착한 하우트만 선단은 후추를 싣고 되돌아왔는데, 최초 선단에서 거둔 이익은 예상만큼 크지 않았다. 더군다나 처음 출발할 때 240명이던 선원 중 되돌아온 선원이 87명에 불과할 정도로 험난한 항해였다. 하지만 네덜란드인들은 이 항해에서 장기적인 무역 가능성을 확인할 수 있었다. 또한 그들은 현지 반텐인과의 분쟁을 경험했으며, 이미 그곳에 진출해 있던 포르투갈인으로부터 거래 방해를 받기도 했다. 이는 이후 네덜란드의 아시아 무역이 보다 대규모화되고 더욱 조직화되는 계기가 되었다.

1595년 하우트만 선단으로부터 1601년까지 네덜란드에서는 15개 선단, 65척의 배가 아시아를 향해 출범하였다. 각 선단에 투자한 회사들은 향신료 구입 시장인 아시아 현지와 판매 시장인 유럽 각지에서 가격경쟁을 벌일 수밖에 없었고, 결국 무역 이익은 예상보다 줄어들 수밖에 없었다. 그 결과 네덜란드 연방회의에서 무역회사들의 통합이 거론되기 시작했으며, 결국 1602년 3월 기존 회사들이 통합되면서 네덜란드 동인도회사(VOC)가 탄생하였다. 이 회사는 연방회의로부터 받은 특허장에 의해 '동인도', 즉 희망봉에서 마젤란 해협에 이르는 해역의 무역독점권, 조약체결권, 전쟁수행권 등의 제 권리를 부여받았다. 이는 이 회사가 단순한 무역회사가 아니라 아시아 해역에서 군사적 활동을 통해 적대세력을 축출하고 상권 확대를 통한 무역 독점을 목표로 하는 국책회사의 성격을 강하게 가지고 있음을 의미했다.

초창기 회사의 자본금은 1600년에 설립된 잉글랜드 동인도회사에 비해 10배가량 되었다고 한다. 네덜란드 동인도회사가 이처럼 많은 자본금으로 출발한 이유는, 아시아 해역에서 상권을 확대하려면 현지 세력뿐만 아니라 같은 해역에서 이미 활동거점을 장악하고 있던 이베리아 세력과의 대결이 불가피했기에 충분한 군사적 대비가 요구되었기 때문이다. 결국 이 같은 대규모 투자로 17세기 아시아 진출 초기부터 잉글랜드를 추월할 수 있었을 뿐만 아니라, 기존의 이베리아 세력까지 축출할 수 있었던 것이다. 또한 선단마다 정산을 하는 잉글랜드 동인도회사와는 달리 네덜란드 동인도회사의 주식 만기가 21년이라 지속적인 투자와 재투자를 통한 자본 축적이 가능했다. 또한 민간인 누구나 소액투자가 가능했고 주식의 거래도 가능했기에, 투자자는 이윤 배당이나 경영에 대한 책임에서도 주식 보유액만큼만 책임을 졌다. 다시 말해 네덜란드 동인도회사는 오늘날의 주식회사와 같은 선진적 회사 시스템을 구축하고 있었던 것이다. 그 결과 네덜란드 동인도회사는 17세기 100년 동안 이슬람 상인을 비롯한 아시아 각지의 상인들은 물론, 선두 포르투갈과 뒤따라온 잉글랜드를 누르고 동인도 무역에서 우위를 점할 수 있었다.

사무라이, 윌리엄 애덤스

 네덜란드의 일본 진출은 네덜란드 동인도회사가 아직 설립되기 전인 1598년에 처음으로 개시되었다. 로테르담 무역회사 소속의 호프, 헤로프, 리프데, 트루브, 블라이데 보드스호프 등 5척으로 이루어진 함대는 그해 6월 24일 로테르담을 떠나 1600년 4월 12일 일본에 도착하였다. 무려 20개월 가까이 걸린 이 항해에서 함대는 아프리카 남단 희망봉을 우회하는 기존의 인도양 항로가 아닌 마젤란 해협을 통과하는 전통적인 세계일주 경로를 이용하였다. 처음 출발할 때 5척이던 함대는 이런저런 사고 끝에 리프데호만 최종 목적지 일본에 도착하였다. 리프데호가 도착한 곳은 분고 국(豊後国)의 우스키[臼杵: 현재 규슈 오이타 현(大分県) 우스키 시]였는데, 이곳은 1544년에 핀토를 비롯한 포르투갈인이 상륙한 곳이기도 했다.

 당시 일본에 있던 포르투갈이나 에스파냐의 수도사들은 교황이 이끄는 가톨릭 아래 유럽이 하나의 종교로 통일되어 있다고 일본에 전했고, 당시 일본 정치지도자들도 그렇게 믿고 있었다. 또한 1587년 도요토미 히데요시의 선교사 추방령에도 불구하고, 이후 남만무역의 적극적 수용, 조선과의 임진왜란·정유재란의 발발, 히데요시의 사망 등으로 이미 지하로 숨어 버린 선교사들에 대한 제재는 실효를 거둘 수 없었다. 따라서 포교활동이 공식적으로 금지되었다고는 하지만, 정치지도자들의 묵인하에 어느 정도 자유로운 포교가 계속되고 있었다. 그러던 차에 프로테스탄트이자 신흥 무역대국으로 그 세를 확장하고 있던, 에스파냐의 철천지원수 네덜란드가 도착한 것이었다. 예수회 신부들은 이들이 루터파의 해적들이며 포르투갈을 비롯한 모든 기독교도의 적이라고 말했지만, 당시 5다이로(大老) 중 수석이었던 도쿠가와 이에야스(1600년 세키가하라 전투 직전)는 오히려 리프데호의 표류인들에게 남다른 관심을 보였다. 이들은 리프데호와 함께 이에야스가 있던 오사카 성으로 압송되어 심문을 받았다.

이에야스는 네덜란드 출신의 얀 요스턴 반 로덴스테인(Jan Joosten van Loodensteyn)과 윌리엄 애덤스(William Adams)라는 잉글랜드인에게, 그들의 여정과 항해 목적 그리고 유럽의 사정, 특히 프로테스탄트와 가톨릭 사이의 갈등에 대해서 자세하게 물었다. 이들의 막힘 없는 답변과 높은 지식을 인정한 이에야스는 이들을 석방하고는 자신의 외교정책 상담역으로 받아들였다. 그 이후 에도에 막부를 연 이에야스는 반 로덴스테인에게 에도 성 안의 저택을 하사했는데, 그 저택이 있던 장소가 현재의 도쿄 도(東京都) 주오 구(中央区) 야에스(八重州)이다. 야에스는 로덴스테인의 이름에서 기원하는데, 그의 이름인 '얀 요스턴'이 일본 이름으로 얀요수(耶楊子)로, 그것이 다시 야요스(八代洲), 야에스(八重洲)로 바뀌면서 현재의 지명이 되었다고 한다. 그는 동남아시아 방면의 주인선(朱印船) 무역에 참여했고, 네덜란드로의 귀국 의사가 있었지만 받아들여지지 않았다. 이후 그는 주인선을 타고 바타비아(Batavia)에서 일본으로 돌아오던 길에 좌초되어 사망했다. 1623년 사망할 당시 반 로덴스테인의 나이는 67세였다고 한다.

주인선 제도는 이미 1592년에 도요토미 히데요시에 의해 실시된 바 있었고, 이에야스 역시 히데요시의 주인선 제도를 계승했다. 그는 1601년부터 베트남, 마닐라, 캄보디아, 태국, 바타비아 등 동남아 제국에 사절을 파견해 외교관계를 수립했고, 1604년부터 본격적으로 주인선 제도를 시행하였다. 주인선이란 일본 막부의 쇼군이 교부한 주인장(해외도항 허가증)을 지니고 해외무역을 하는 배를 가리키는데, 이 주인장이 있어야 포르투갈, 네덜란드 및 동남아시아 여러 제국의 항구에 출입할 수 있고 또한 그들의 선박(물론 여기에서 해적선도 포함)으로부터 보호를 받을 수 있었다. 중국의 경우 마카오를 제외하면 주인선이 갈 수 있는 항구가 없었고, 조선과의 무역은 쓰시마 번주에 일임하였기에 주인장이 교부되지 않았다.

한편 윌리엄 애덤스라는 잉글랜드인의 행적은 반 로덴스테인보다 우리에게 더 많이 알려져 있다. 가일스 밀턴(Giles Milton)이라는 세계적 이야기꾼이 쓴 *Samurai William: The Adventurer Who Unlocked Japan*(2002)이 『사무라이 윌리엄』이라는 제목으로 2003년 우리말로 번역된 것이 그 한 가지 이유이기도 하다. 애덤스는 1598년 로테르담 출항 당시 함대 제독 야퀴에스 마후의 기함 호프호의 항해사였으며, 이후 일본에 도착한 리프데호의 항해사이기도 했다. 항해기술과 조선기술로 이에야스에게 인정을 받은 애덤스는 막부 신하인 석고 250석의 하타모토(旗本)에 올라 일본의 외교정책에 대해 자문했는데, 에스파냐와 포르투갈의 견제 속에서도 잉글랜드와 네덜란드가 히라도에 상관을 열고 일본과의 무역을 진행하는 데도 큰 도움을 주었다. 결국 애덤스나 반 로덴스테인과 같이 기독교 포교와는 무관한 선원들이 기존의 가톨릭 선교사들의 역할을 대신하면서, 일본에서의 무역판도는 서서히 포르투갈에서 네덜란드로 대체되기 시작했다고 볼 수 있다.

이에야스는 미우라 반도(三浦半島)의 헤미[逸見: 현재 가나가와 현(神奈川県) 요코스카 시(橫順賀市) 헤미]에 위치한 영지를 그에게 하사했으며, 에도의 안진초(按針町)와 요코스카에도 저택을 하사했다. 또한 미우라 안진(三浦按針)이라는 이름도 주어졌는데, 여기서 안진은 그의 직업인 도선사(導船士)를 의미한다. 이에야스의 사후 쇄국체제가 강화되면서 그의 역할은 줄어들었고, 이에야스의 후임인 도쿠가와 히데타다(德川秀忠)나 도쿠가와 이에미쓰(德川家光) 그리고 막신들의 견제 속에서 애덤스는 우울한 나날을 보내다가 1620년 히라도에서 쓸쓸히 죽음을 맞았다.

한동안 잊혔던 윌리엄 애덤스는 근대에 들어 많은 이들로부터 관심을 받게 되었다. 우선 그가 세상을 떠났던 곳 히라도에는 '미우라 안진이 최후를 맞이한 곳(三浦按針終焉地)'이라는 비가 세워져 있고, 잉글랜드 상관이 있던 곳 부근의 사키가타(崎方) 공원에 미우라 안진의 묘가 세워졌으며, 매년 5월 하순에 '按針忌'라는 제사가 거행되고 있다. 한편 그의 영지가 있던 헤미에는 '按針塚', '三浦按針墓'라 불리던 공양탑이 세워져 있었는데, 1902년 영일동맹을 계기로 공양탑 주변 정화사업과 함께 이 일대를 쓰카야마(塚山) 공원으로 지정하였고, 1923년에는 '三浦按針墓'가 국가 사적으로 지정되었다. 마찬가지로 이곳에서도 '三浦按針祭'라는 이름으로 기념행사가 치러지고 있다. 도쿄 시나가와(品川) 역에서 요코스카 우라가(浦賀) 역을 잇는 게이큐혼센(京急本線)에는 미우라 안진을 기념하는 안진즈카(安針塚) 역이 있고 그다음 역이 헤미 역인데, 이들 모두 도쿄 서남쪽의 미우라 반도에 있다.

미우라 반도의 동쪽이 도쿄 만 입구인 우라가 수로로, 1853년 페리 제독이 흑선을 정박한 곳도 이곳 구리하마(久里浜) 해변이다. 미우라 반도 서쪽에 있는 이토 반도(伊東半島)의 이토 시도 윌리엄 애덤스와 인연이 있다. 애덤스는 이에야스의 명을 받아 자신이 타고 온 리프데호의 축소판인 80톤급과 120톤급의 서양식 범선을 1604년과 1607년에 각각 건조하였다. 일본에서 처음으로 서양식 독(dock)을 사용해 이들 범선을 제작하였는데, 바로 이곳이 현재의 시즈오카 현(静岡県) 이토 시이다. 이곳에는 미우라 안진 동상과 함께 '안진 메모리얼 공원'이 세워져 있다. 그 밖에도 그의 에도 저택이 있던 곳, 리프데호가 처음 도착한 우스키 시 해안 등에도 각종 기념비와 기념공원이 조성되어 있다. 조금 지나치다는 느낌도 없지 않다. 하지만 300년 가까운 네덜란드와의 인연보다는, 자신들의 근대화에 결정적 역할을 한 영국과의 인연이 일본인들의 뇌리에 더 선명하게 남았던 것이 아닌가 생각해 본다.

1609년 체제

애덤스가 일본에 도착한 후 6개월이 지난 1600년 10월, 도요토미 히데요시 사후의 권력을 놓고 향후 일본 정국을 좌우하는 대사건인 세키가하라 전투가 벌어졌다. 아직 오사카 성에 히데요시의 아들인 히데요리(受賴)가 있었지만, 이 전투에서 승리한 도쿠가와 이에야스는 1603년 막부의 수장인 쇼군으로 임명되면서 사실상 일본의 전국을 장악하게 되었다. 외국의 사정과 외국과의 무역에 관심이 많았던 이에야스는 우선 명과의 감합무역을 개선하려 했지만, 명의 거부로 뜻을 이루지 못했다. 하지만 지방 영주들의 자금원이 해외무역에 있다는 것을 누구보타 잘 알고 있던 이에야스로서는 이들의 해외무역을 통제해 그 이익을 독점하는 것이 당연한 수순이었다. 따라서 그 첫 번째 작업이 바로 주인선 무역의 부활이었다.

1604년부터 주인장 제도가 폐지되는 1635년(제3차 쇄국령: 일본 배의 해외도항 금지 및 해외거주 일본인의 귀국 금지)까지 32년 동안 356척의 주인선이 동남아시아로 향했다. 베트남 중부의 교지(交趾)에 73회, 타이 아유타야(Ayutthaya) 왕조의 섬라(暹羅)에 55회, 루손 섬에 있던 에스파냐 식민지 여송(呂宋)에 54회 등이 대표적이다. 주인선으로 무역을 하던 무역상은 일본에 거주하는 누구든 가능했는데, 상인이 가장 많았고 다이묘, 무사, 중국인, 도래 외국인도 있었다. 물론 앞서 언급한 반 로덴스테인이나 애덤스도 주인선 무역에 참여하였다. 한편 일본의 주인선이 도착했던 항시에는 일본에서 생활이 힘들어 흘러 들어간 부랑인이나 기독교도, 현지인이나 외국인에게 고용된 일본인 그리고 무역상 등이 사는 일본인 거주지구가 생겨났다. 소위 말하는 일본인 마을, 니혼초(日本町)가 그것들이다. 가장 많았을 때는 여송에 3,000명, 섬라에 1,500명이 살았다고 한다.

주인선이 동남아시아 여러 나라로 오가고 포르투갈, 에스파냐, 네덜란드 상선이 일본을 드나들었지만, 일본과의 무역에서 거래되는 상품으로 본다면 실제 무역 상대국은 중국이었다. 중국은 일본 배의 도항을 금지하고 있었기 때문에 중국 배가 합법적으로 드나들 수 있는 동남아시아의 항구에서 일본 배와 만나 만남무역을 실시하고 있었던 것이다. 이처럼 막부가 해외무역을 직접 관리할 수밖에 없었던 것은 중국의 조공체계에서 벗어나 이제 스스로의 광역 질서를 구축해야 할 필요가 있었고, 동남아시아나 인도양이 아닌 동아시아의 바다에서 해상무역의 관리는 당연히 육지 정권의 몫이었기 때문이다. 물론 막부로서는 그로부터 발생하는 무역 이익이 최우선의 목표였지만.

1609년은 새로이 등장한 도쿠가와 막부가 자신들의 외교 및 통상 정책을 새롭게 구축함에 있어 획기적인 전기를 맞이한 해이다. 크게 세 가지로 정리되는데, 조선과의 기유조약(己酉條約), 사쓰마에 의한 류큐(琉球) 점령, 네덜란드에 대한 무역 허가 및 네덜란드의 히라도 상관 개설 등이 그것이다. 근세 일본

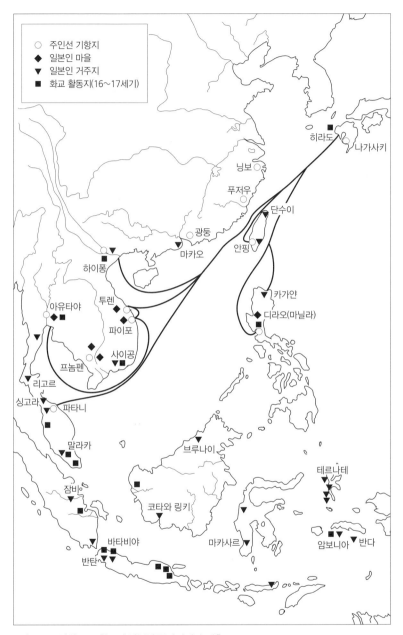

범례:
○ 주인선 기항지
◆ 일본인 마을
▼ 일본인 거주지
■ 화교 활동지(16~17세기)

히라도
나가사키
닝보
푸저우
단수이
광동
마카오
안핑
하이퐁
카가얀
투렌
디라오(마닐라)
아유타야
파이포
사이공
프놈펜
리고르
싱고라
파타니
말라카
브루나이
잠비
테르나테
코타와 링키
바타비야
마카사르
암보니아
반다
반탄

그림 1.1 주인선 주요 항로와 일본인 동남아시아 진출

은 나라를 완전히 개방하지는 않았지만, 그렇다고 한 번도 '나라를 닫은' 적이 없었다. 사실 일본은 쓰시마를 통해 조선, 류큐를 통해 중국, 히라도(나중에 나가사키)를 통해 서구 세력과 국교 및 통상 관계를 맺으면서, 일본 중심의 동아시아를 목표로 '일본형 화이질서(華夷秩序)'를 추구하려 했다. 이러한 시도들은 막부 스스로 주체적으로 선택한 것이라는 점에서 나름의 의미를 둘 수 있다. 이 세 가지 사건의 배경이 된 당시 일본과 동아시아 정국에 대해 알아보자.

일본은 임진왜란·정유재란으로 인해 조선은 물론 명과도 외교 및 교역 등 모든 관계가 단절되었다. 새로이 정권을 장악한 이에야스로서는 이것을 해결하는 것이 남만무역과 가톨릭 포교 문제 못지않은 최우선 과제였다. 일반적으로 일본이 조선을 침략하게 된 이유와 배경에 대해서는 많이 알려져 있으며, 그것들은 이 책의 주제와 약간 비켜서 있다. 더군다나 전쟁을 일으켰던 자의 광기는 논리적 해석의 대상이 될 수 없지만, 어떤 때는 그 광기가 결정적인 역할을 하는 경우도 적지 않아 더더욱 인과론적 접근을 어렵게 만든다. 일본 책 중에 이런 해석도 있다.

히데요시는 명을 정복하여 중국과 그 주변국 사이의 화이질서뿐 아니라 동아시아의 새로운 무역관계를 장악하고, 나아가 인도를 정복함으로써 동아시아 민중 특히 일본 민중들의 심성에 깊이 자리 잡은 불교세계를 장악하려 한 것이다. 혹은 인도에 포르투갈인이 와 있다는 사실을 히데요시가 이미 알고 있었기 때문에, 인도에 근거지를 둔 포르투갈인을 의식하여 천축 정복을 단순히 불교세계의 장악만이 아니라 포르투갈인을 정복하고 이를 통해 지구적 세계를 지배하고자 한 것이 아닌가 추측해 볼 수 있다(야마구치 게이지, 2001).

고대 이래 일본인들은 세계가 일본, 중국, 천축(인도) 세 나라로 이루어져 있다고 생각했으니, 이러한 해석도 무리가 아닐 수 있다. 하지만 이 당시는 이미 인도 너머에서 온 남만인(포르투갈인)과 그들의 배로 함께 온 인도인, 동남아시아인, 아프리카인들을 봐 왔고, 또한 그들이 가져온 지도를 통해 세계가 삼국이 아니라 만국이라는 인식을 갖고 있었다. 히데요시의 침략 배경과 전쟁의 명분 뒤에는, 이 전쟁을 현지에서 실질적으로 주도한 고니시 유키나가(小西行長)와 가토 기요마사(加藤淸正)가 이 전쟁을 일종의 성전(聖戰)으로 인식했을 수 있다는 주장도 있다(김시덕, 2015). 실제로 고니시 유키나가는 예수회 신부를 군종 신부로 데리고 올 정도로 철저한 가톨릭 신자였다. 어쩌면 그 스스로 가톨릭교를 앞세우면서 남아메리카를 정복하고 원주민을 학살했던 에르난데스 코르테스나 프란시스코 피사로를 코스프레하려 했기에, 조선군은 물론이고 조선 백성들까지 무참하게 살해할 수 있었던 것은 아닐까?

한편 가토 기요마사는 니치렌(日蓮)이 개창한 니치렌슈(日蓮宗)의 독실한 신도였다. 니치렌은 『묘법연화경』의 힘으로 몽골·고려 연합군을 패퇴시킬 수 있었다고 주장했는데, 이런 의미에서 니치렌슈는 일종의 호국불교 기능을 했다고 볼 수 있다. 가토는 히데요시가 하사한 '나무묘법연화경(南無妙法蓮華經)'이란 깃발을 앞세우고 이 전쟁 내내 조선반도를 휘젓고 다녔다. 전쟁 후반부에 접어들면서 일본은 조명(朝明) 연합군의 저항과 공세에 힘겨워했고, 1598년 히데요시의 사망을 계기로 조선에서 철병하면서 이 전쟁은 막을 내렸다. 그리고 2년 후 일본열도의 주도권이 히데요시에서 이에야스로 넘어갔다.

전쟁은 끝났지만 수십만 혹은 그 이상이 참혹하게 죽고 주거지 및 농토의 상당 부분이 폐허가 된 조선으로서는 새로이 국교를 맺고자 하는 이에야스의 요구를 들어주기 어려웠다. 하지만 또 하나의 변수가 있었다. 바로 중국 동북부이자 조선과 국경을 맞대고 있는 만주에서 여진족이 발흥하기 시작하면서 점차 조선과 명의 위협적인 세력으로 성장하고 있었다는 사실이다. 남북 모두에서 전선을 형성할 수 없었던 조선으로서는 우선 남쪽의 적이라도 묶어 두기 위해 일본이 내미는 화해의 손을 잡지 않을 수 없었다. 잘 알려져 있듯이 1607년 '회답겸쇄환사(回答兼刷還使)'라는 이름으로 조선통신사가 파견되었다. 그 이후 통신사는, 에도까지 가지 못하고 쓰시마에서 돌아온 1811년 마지막 통신사까지 모두 12차례에 걸쳐 일본으로 파견되었다. 사실 조선통신사를 바라보는 두 나라의 입장은 동상이몽도 그런 동상이몽이 없다. 문화적 우월감으로 일본의 경제적 발전과 정치적 안정을 애써 무시하려는 조선의 태도와 조선이 일본의 조공국이라는 인식을 국민들에게 전파하면서 초기 도쿠가와 정권의 정치적 불안을 돌파하려는 일본의 태도는, 조선통신사를 바라보는 현재의 인식 밑바닥에도 그 앙금의 편린들이 무겁게 쌓여 있다.

왜란 이후 처음 파견된 회답겸쇄환사의 뒤를 이어 조선과 일본은 1609년에 정식으로 국교를 맺었는데, 소위 기유조약이 그것이다. 참고로 1609년 기유년은 광해군의 취임 원년이다. 조약 체결 전 선행조건이었던 ① 일본이 국서를 정식으로 먼저 보내 올 것, ② 왜란 중 왕릉을 발굴한 죄인을 압송할 것, ③ 포로가 된 조선인을 송환할 것 등 세 가지 조건을 일본이 먼저 실행하자, 조선과 일본 사이에 전문 13개조로 된 기유조약이 체결되었다. 13개조 중에서 무역과 관련된 내용을 살펴보면, 쓰시마 번주가 파견하는 세견선(歲遣船)을 20척으로 제한하고 부산포에만 왜관을 개설하며, 세견선의 체류일도 제한하였다. 이에야스는 1605년에 자신의 아들 히데타다에게 쇼군직을 물려주고 오고쇼(大御所)로 물러나지만 여전히 전권을 행사하고 있었다. 1615년 이에야스는 히데요리를 비롯한 히데요시의 잔당을 모두 제거하고는 이듬해인 1616년 사망했다. 뒤이어 2대 쇼군 도쿠가와 히데타다가 막부 정권의 새로운 주인으로 등장하였다.

히데타다는 부친 이에야스와는 달리 가톨릭에 대한 압박을 강화하였고, 남만무역의 창구를 나가사키와 히라도 2곳으로 한정시키면서 남만무역에 대해 적극적으로 개입하기 시작하였다. 한편 히데타다는 조정과 다이묘들에게 자신의 권위를 과시할 목적으로 1617년에 두 번째 회답겸쇄환사를 조선으로부터 초치했고, 6년 후인 1623년 아버지 이에야스와 마찬가지로 오고쇼로 물러났다. 다음 해인 1624년에 3대 쇼군이 된 도쿠가와 이에미쓰(德川家光) 역시 같은 이유로 세 번째 회답겸쇄환사를 다시 초치하였다. 이로써 조선과의 관계는 일단 정리되었다.

현재 오키나와는 1972년 일본이 미국으로부터 반환받은 일본 최남단의 현이지만, 아직도 미군 비행장 후텐마(普天間) 기지 이전 문제 등으로 일본과 미국 간에는 외교 현안이 남아 있다. 하지만 오키나와 아니 류큐의 역사는 이보다 훨씬 이전부터, 이 문제보다 훨씬 복잡하게, 어떤 민족 문제보다 훨씬 심각하게 동아시아 여러 나라, 특히 일본과 엮여 있었다. 1609년 사쓰마 번(薩摩藩)에 의한 침략과 복속, 그 이후 일본과 명·청에 대한 조공, 1879년 메이지 정부에 의한 오키나와 현으로의 편입, 태평양전쟁 말기 일본군 옥쇄(玉碎)의 현장으로 많은 민간인 사망, 1945년 미국 지배와 1972년 반환 등 17세기 초반까지 독립국이었던 류큐가 겪은 격변의 흔적은 아직도 이 땅과 그곳 주민들에게 선명하게 남아 있다.

류큐는 조선 침략을 위한 히데요시의 협조 요청을 거부했으며, 이에야스 시대에 들어서도 조공사절 및 새로이 들어선 막부에 대한 복종 요구를 거부했다. 이에야스는 조선과의 무역 재개와 함께 명과의 무역 재개 방편으로 류큐를 통한 우회 경로를 찾으려 했다. 하지만 류큐가 자신의 의도대로 되지 않자 결국 사쓰마 번주 시마즈 이에히사(島津家久)에서 명하여 류큐를 점령하게 했고, 그에게 류큐를 통한 중국과의 무역을 담당하게 했다. 이는 조선과 일본 사이의 무역을 담당하던 쓰시마 번(対馬藩)과 마찬가지의 역할을 류큐에 맡긴 것이다. 일본은 류큐를 복속시킨 이후에도 류큐로 하여금 명·청에 대해서는 계속 조공을 하게 했고, 일본에 복속된 사실을 애써 숨기면서 명·청과의 무역을 지속시켜 나갔다. 류큐 역시 막부에 사절을 파견했다. 이는 막부 말기까지 계속되었는데 총 18회에 이르렀다. 막부가 모든 외교 및 교역의 창구를 나가사키(막부 직할령: 네덜란드와 중국), 쓰시마(조선, 궁극적으로 중국), 사쓰마(류큐, 궁극적으로 중국), 마쓰마에(松前: 에조치 및 러시아) 4군데로 한정한 것에는 여러 가지 중요한 이유가 있겠지만, 무역을 통한 이익을 막부가 독점하려는 것이 그중 결정적인 것임에 틀림없다. 하지만 류큐와의 무역 이익 일부는 사쓰마 번을 일본 굴지의 웅번으로 거듭나게 하는 기반이 되었으며, 역설적으로 여기서 비롯된 강력한 무력이 도쿠가와 막부의 붕괴에 결정적인 역할을 하였다.

앞서 언급했듯이 1609년 네덜란드와 일본의 국교가 정식으로 체결되었고, 히라도에 네덜란드 상관이 개설되었다. 한편 1609년은 네덜란드 동인도회사가 '동인도 총독제'를 채택하면서, 아시아 전 지역의 상관, 요새, 선단, 회사 직원, 군인 등이 동인도 총독과 그 자문기관인 동인도참사회에 의해 통일적으로 관리되기 시작한 해이기도 하다. 각 지역의 상관은 각자 회계장부를 작성해 동인도 총독과 네덜란드 본국에 보내야 했다. 사실 각 상관이 네덜란드 본국에 보낸 서신의 답신을 받는 데 몇 년이 걸려야 했기에, '동인도 총독제'가 채택되면서 아시아 전역에서 일어나는 동인도회사의 모든 업무는 동인도 총독의 관할하에 있게 되었다. 총독의 전횡이 문제가 될 수 있었지만, 각종 현안에 대해 신속한 결정과 명령을 내릴 수 있었기에 이 제도는 동인도회사의 상권 확대에 큰 도움이 되었다.

1610년대 수마트라 섬과 인도 북서안의 스라트(목면 산지)에 상관을 설치했고, 당시 오스만튀르크령인 아라비아 모카에도 상관을 설치하였다. 1619년 자바 섬 북서안의 자카르타를 점령하고 요새를 건설하고는 이곳에 동인도회사의 본부를 마련하였고, 1621년에는 바타비아로 개칭하였다. 1620년에는 반다(Banda) 제도를 무력으로 점령했으며, 인도 북동안의 벵골과 페르시아에도 상관을 설치하였다. 나중에 이야기하겠지만 1622년부터 중국 무역에 본격적으로 나섰고, 1630년대부터는 실론(Ceylon), 통킹(Tongking), 캄보디아 등지로 교역을 확대해 나갔다. 이 과정에서 포르투갈 세력은 동아시아의 바다에서 자취를 감추기 시작했고, 마닐라를 기점으로 하는 에스파냐 무역 역시 네덜란드에 밀려나면서 그저 명맥만 유지하게 되었다. 이후 동아시아 바다에서 네덜란드의 독점은 19세기 초까지 이어졌다.

히라도 상관 개설

네덜란드는 히라도(平戶)에 상관을 개설하기 전, 반텐과 아체에 상관을 개설하고 있었다. 이 모두 네덜란드가 아시아의 바다에 처음 나타난 1600년대 초의 일로, 포르투갈 상인과 갈등을 빚고 있던 현지 왕을 지원함으로써 상관 설치가 가능했던 것이다. 이후 중국과의 교역을 시도했으나 실패하였고, 대신에 1603년 파타니(Patani: 파타니 왕국), 1608년 아유타야(시암 왕국)에 상관을 개설하면서 이곳을 드나드는 중국 상선과 교역할 수 있었다. 이를 통해 확보한 생사, 견직물, 도자기 같은 중국 상품은 본국으로 보낼 향료 구입에 필수적이었으며, 나중 일본과의 무역을 지속하는 데도 필수적이었다. 게다가 자바 섬과 향료 제도에서 향료를 구입하기 위해서는 중국 상품뿐만 아니라 인도산 목면이 필수적이라 인도에도 상관을 설치하였다.

또한 자신들의 막강한 무력을 바탕으로 고아, 말라카, 마카오, 마닐라 등 이베리아 세력의 주요 상관을 공격했고, 마카오와 나가사키를 왕래하는 포르투갈 배와 마닐라와 아카풀코(Acapulco)를 왕복하는 에스파냐 배를 약탈하기도 했다. 하지만 네덜란드는 1605년에 도쿠가와 이에야스로부터 일본으로 내항해서 무역을 해도 좋다는 주인장을 받았지만 선뜻 나설 수 없었다. 그 이유는 마카오를 차지하고 있던 포르투갈처럼 중국 상품 구매시장을 확보하지 못했고, 일본의 은을 구입할 만한 자본도 부족했기 때문이다. 하지만 1608년 잉글랜드와 프랑스의 중재로 본국에서 에스파냐와의 휴전 교섭이 진행되면서, 휴전 교섭 이전에 가능한 한 많은 교역지를 확보하라는 본국의 훈령에 따라 1609년 7월 동인도회사는 2척의 배를 히라도로 보냈다. 1609년 기유조약에 의해 쓰시마를 매개로 한 조선과의 외교 및 통상 관계 그리고 류큐 점령 후 류큐를 통한 중국과의 무역관계는, 약간의 변화는 있었지만 그 기조는 도쿠가와 말기까지 계속 이어졌다. 하지만 이들 관계는 일본 정국 운영에서 상수일 뿐 결정적인 변수 역할을 했던 것은 아니다. 이에 비해 1609년 네덜란드와의 무역 개시와 히라도 상관 개설이라는 사건은 향후 일본의 행보에 결정적인 영향을 미쳤다.

그렇다면 왜 네덜란드 동인도회사는 히라도를 선정한 것일까? 여기에는 히라도 번주 마쓰우라 시게노부(松浦鎭信)의 역할이 컸다. 마쓰우라는 이에야스에게서 받은 주인장을 하타니에 있던 네덜란드 상관에 보내면서, 자신의 주인선에 이전 리프데호 선장 쿠케르냐크를 동승시켰다. 이는 일본으로 오는 네덜란드 배를 자신의 번으로 오게 하려는 의도였는데, 이 역시 히라도에 네덜란드 상관이 개설되는 배경의 하나라고 볼 수 있다. 하지만 장사꾼에게 이익이 남지 않는다면 마쓰우라의 작전이나 향응도 무의미할 뿐으로, 히라도가 선정된 데에는 또 다른 이유가 있었다. 이에야스는 히라도에 도착한 네덜란드 사절단에게 상관 설치 장소에 관한 한 네덜란드 측에 일임했는데, 네덜란드 역시 히라도가 지닌 무역상의 이점을 확신하면서 상관기지로 히라도를 선정하였다. 즉 히라도에는 이전 견당선 시대부터 동지나해를 건너 중국 연안까지, 다시 남지나해를 지나 동남아시아까지 항로뿐만 아리라 이 해역에 대한 풍부한 지식이 축적되어 있다는 점, 그리고 인근 나가사키에는 중국 및 포르투갈선이 내항하고 있어 무역품에 대한 거래정보를 쉽게 입수할 수 있다는 점이 그것이었다.

게다가 나가사키에서는 이미 일본 측 상인조합에 의해 가격 담합이 이루어지면서, 포르투갈 선박에 불리한 거래가 강요되고 있다는 사실도 네덜란드 측이 간파하고 있었기 때문이다. 초기 거래에 일본으로 수입된 물건은 반텐 상관에서 발송한 향신료, 인도 목면 그리고 본국의 모직물, 파타니 상관에서 발송한 중국의 생사와 견직물, 시암 상관에서 발송한 소목, 녹피 등이었다. 한편 히라도에서의 수출품은 동, 장뇌, 칠기 등과 네덜란드의 다른 상관에 보내는 식량, 무기류, 목재, 용역 일본인 등이었다. 여기서 알 수 있듯이 상관 개설 초기 히라도는 군수물자 보급기지 역할을 했으며, 이베리아 선박에 대한 공격 시 네덜란드 원정 함대의 군수품 보급과 선박 수리를 위한 기항지 역할을 했다. 따라서 히라도 상관 개설 초기는 무역을 위한 상관이라기보다는 군사적 거점의 역할이 돋보인 시기였다.

네덜란드의 등장으로 대일본 무역과 포교에서 몰락을 길을 걷던 에스파냐와 포르투갈 두 가톨릭 국가는 1620년에 일어난 히라야마 조진(平山常陳) 사건으로 결정적인 타격을 입었다. 사건의 전말은 이랬다. 히라야마 조진이라는 주인선 선장이 2명의 가톨릭 선교사(에스파냐 아우구스틴 선교회 베드로 데 스니가와 도미니크 선교회의 루이스 프로레스)를 태우고 마닐라에서 나가사키로 오던 중,

네덜란드와 잉글랜드의 함대에 나포되어 이 배와 함께 히라도에 입항했다. 히라도의 잉글랜드 상관은 '일본 입국이 금지된 선교사를 태웠다'는 이유로 주인선의 화물을 몰수했지만, 히라야마는 '해적행위'라며 나가사키 부교에게 제소해 조사를 요청했다. 선교사들은 자신들이 상인이라 주장했지만, 잉글랜드와 네덜란드 상관장들은 증인을 대동하면서 이들이 선교사임을 주장하였다. 조사는 2년간 계속되었고, 결국 잔혹한 고문과 증거 및 증언을 통해 그들 스스로 선교사라고 자백했다. 히라야마와 2명의 선교사 그리고 12명의 선원 모두 참수에 처해졌다. 결국 이 사건은 에스파냐·포르투갈 가톨릭 세력과 네덜란드·잉글랜드 프로테스탄트 세력이 일본 무역의 주도권을 놓고 벌인 사건으로, 가톨릭에 대한 막부의 불신이 절정에 이르는 결정적인 계기가 되었다.

이 사건에 뒤이어 나가사키의 선교사, 신도 등 교회 관계자 55명을 일제히 처형하는 '겐나(元和)의 대순교' 사건이 발생했다. 결국 1623년에 포르투갈인의 일본 거주가 금지되고, 주인선의 마닐라 도항이 금지되는 등 히라야마 조진 사건이 이후 도쿠가와 막부의 외교정책에 결정적인 영향을 끼친 것으로 평가될 수 있다. 또한 앞서 이야기했듯이, 이해에 대일본 무역에서 적자를 면치 못하던 히라도의 잉글랜드 상관이 개설 10년 만에 폐쇄되었다. 예상보다 수익이 적었고, 기존의 교역 시스템에서 갖는 후발주자로서의 불이익이 폐쇄의 직접적인 원인이 되었다. 이로써 잉글랜드는 1840년 아편전쟁으로 동아시아의 바다에 다시 등장하기까지 아대륙 인도와의 교역에 전념하게 되었다. 이제 히라도에는 프로테스탄트 국가 상관으로는 네덜란드 상관만이 남게 되었다.

한편 1624년 대만에 네덜란드의 요새[질란디아(Zealandia)]가 마련되면서 네덜란드 선박과 일본 주인선 간에 경쟁이 생겨났다. 이곳 네덜란드 상관장 입장에서는 주인선의 대만 도항이 늘어날수록 히라도에서 중국 상품의 가격은 하락할 것이며, 그에 따라 자신들의 은 확보량도 줄어들기 때문에 질란디아에 내항하는 일본 주인선에 대해 무역 규제를 가하기 시작했다. 이에 1628년 질란디아의 상관과 일본 주인선 사이에 분쟁이 발생했고, 이에 대해 일본은 히라도 상관을 봉쇄하고 거래를 정지시켰으며, 히라도의 상관원과 네덜란드 선박을 압류하였다(대만사건). 1632년 네덜란드 측이 대만사건의 책임자 신병을 일본 측에 인도함으로써 그간 중지되었던 히라도를 통한 일본과 네덜란드의 무역이 재개되었다. 그 후 대만을 통한 중국 상품의 수입이 급증하기 시작했는데, 1638년이 되면서 히라도의 무역량은 나가사키를 통해 들어오는 중국 밀항선 무역이나 포르투갈의 무역량을 능가하게 되었다. 어쩌면 이러한 무역량 증가가 이듬해 행해지는 포르투갈 선박 내항 금지의 한 가지 원인이 되었다고 볼 수 있다. 다시 말해 기독교 포교에 적극적이지도 않으면서 포르투갈이 담당하던 해외무역을 충분히 감당해 낼 수 있는 네덜란드가, 막부에게는 포르투갈보다 더 매력적인 무역 파트너로 등장했던 것이다.

상관 개설 초기에는 사카이, 오사카, 교토, 슨푸, 에도 등지에 상관원을 파견해 주재시키면서 상품의 매매업무를 담당하도록 했다. 하지만 1616년부터 막부가 유럽 선박의 내항 및 상품 거래를 나가사키와 히라도로 제한하자, 에도를 비롯한 인근의 나가사키, 오무라, 쓰시마, 고쿠라, 히고 등지에서 상인들이 몰려와 히라도에서 직접 거래했다. 이제 히라도는 나가사키와 더불어 해외무역이 가장 활발한 항구로 부상했고, 네덜란드 동인도회사 측에서 보아도 이제 히라도 상관은 아시아 무역에서 가장 많은 이익을 남기는 상관 중 하나가 되었다.

네덜란드 상관, 데지마 이전

　네덜란드는 1603년 자바의 반텐에 최초의 상관을 마련했고 1609년 히라도에 상관을 설치하였지만, 그 사이의 바다는 너무나 넓었고 중국과의 무역에서도 불리했다. 네덜란드는 1622년에 포르투갈의 무역거점인 마카오를 공격했지만 실패로 끝나자, 1624년 차선책으로 대만 서남부 해안[지금의 타이난(臺南)]에 질란디아 요새를 건설하고는 대중국, 대일본 무역의 거점으로 활용하였다. 대만에 질란디아 요새를 확보하면서 일본 은과 중국 생사를 교환하는 네덜란드의 중계무역이 본격화되었고, 이후 바타비아, 시암, 교지, 캄보디아, 통킹 등지에서 그곳 특산품 및 중국 무역선과의 만남무역을 통한 중국 제품을 일본에 들여왔다. 하지만 이 요새는 1662년 중국의 정성공(鄭成功)에 의해 점령됨으로써 네덜란드는 대만을 거점으로 하는 중국-일본 그리고 동남아시아-일본의 무역 중계지점을 잃게 되었지만, 이 이야기는 뒤로 미룬다.

　막부는 점점 네덜란드 쪽으로 기울기 시작했다. 무역은 원하지만 가톨릭 포교는 불가하다는 막부의 정책기조에 대해, 포르투갈을 대체할 수 있는 상대로는 네덜란드가 최적이었다. 또한 네덜란드는 종교를 강요하지는 않지만 원주민을 폭압적으로 대하던 동남아시아에서의 태도와는 달리, 일본에서는 막부의 여러 가지 무리한 요구에도 완전히 순종하였다. 그 극단적인 예 중의 하나가 바로 1637년 아마쿠사(天草)·시마바라(島原) 난이 일어났을 때 막부의 요청에 따라 반란군이 농성하고 있던 시마바라 성에 군함을 파견해 대포를 발사하기도 했다는 사실이다. 이러한 사실들이 후발주자 네덜란드가 일본 무역에서 약진할 수 있었던 커다란 요인이 되었다. 실제로 1637년 당시 동인도회사의 총 이익 가운데 히라도 상관의 무역이 차지하는 비중이 무려 70% 이상이었다고 한다. 또한 자신들이 가지고 있는 무력으로는 일본을 절대로 제압할 수 없다는 사실도 분명히 인지하고 있었다. 따라서 일본의 요구에 순종할 수밖에 없었고, 1641년 포르투갈이 떠난 나가사키의 데지마(出島)로 상관을 옮기고 모든 활동을 그곳으로 제한한다는 일본의 요구마저도 수용할 수밖에 없었던 것이다.

여기서 한 가지 중요한 사실은 1648년 베스트팔렌(Westfalen) 조약으로 네덜란드가 에스파냐로부터 완전히 독립하였는데, 이 시기에 이르면 네덜란드는 경제적으로나 군사적으로 세계 최강국으로 탈바꿈하였다는 점이다. 어쩌면 일본이 포르투갈이나 에스파냐가 아니라 네덜란드를 교역 파트너로 선택한 것은, 네덜란드가 당시 세계 최강국으로 '쇄국'이라는 자신들의 외교정책을 옹호해 줄 뿐만 아니라, 다른 서방 국가로부터의 침입이나 간섭도 막아 줄 수 있을 것이라는 판단도 있지 않았나 추측해 볼 수 있다.

히라도에서 활발하게 이루어지던 일본과 네덜란드 간의 물적·인적·문화적 교류는 1637년에 발발한 '아마쿠사·시마라바의 난'을 계기로 타격을 입기 시작했다. 이 난은 기본적으로 번주의 극심한 학정과 지나친 과세에 대한 농민 반란의 성격이 강했지만, 막부는 기독교와 연계되었을 개연성을 의심하면서 자신들의 종교정책에 대항하는 종교 반란으로 규정하고는 반란자 전원을 처단하였다. 이후 막부는 히라도의 네덜란드인들이 기독교를 포교하지는 않지만 그들 역시 기독교도라는 사실을 인식하게 되었고, 1639년 3월에는 네덜란드인의 일본인 처자(妻子)의 바타비아 추방, 거류 네덜란드인의 일본 여자와의 교제 및 결혼을 금지시켰다. 이 같은 일본인과의 일상적 접촉 금지 조치는 1636년에 있었던 나가사키 거주 포르투갈인에 대한 조치와 마찬가지였다. 하지만 포르투갈인에게는 일본인과의 잡거를 금하고 새로이 만든 데지마 상관에 격리 수용하는 보다 더 엄격한 조치가 내려졌다.

1640년 11월에는 기독교 금교 정책을 강화한다는 명목으로 전체 네덜란드 상관원의 종교적 의식을 금하는 동시에, 상관 건물에 서역 건조년이 새겨져 있다는 이유를 들어 최근 완공된 석조창고부터 순차적으로 파괴하라는 명령이 내려졌다. 이러한 명령에는 몇 가지 배경이 있었지만, 무엇보다도 막부의 명령에 대한 네덜란드의 순종 여부를 확인해 보려는 의도가 컸다. 이해 8월 막부는 지난해(1639년) 내항금지령을 어겼다는 이유로, 무역 재개를 요청하기 위해 내항한 포르투갈 사절단의 선박을 불태우고 승조원 모두를 처형한 바 있었다. 이제 막부로서는 포르투갈의 무력 보복에도 신경 써야 할 판인데, 당시 히라도에 정박하고 있던 10여 척의 네덜란드 선박과 히라도에 성채처럼 버티고 있는 석조창고가 두려웠던 것이다. 또한 막부로서는 다음 해(1641년)에는 히라도의 네덜란드 상관을 나가사키로 이주시키는 명령을 내릴 예정인데, 과연 네덜란드가 이 명령에 순종할 것인지, 그리고 향후 포르투갈의 대체 세력으로 막부의 외교 및 통상 정책에 협조할 것인지를 확인할 필요가 있었다. 이에 석조창고의 파괴 명령이 내려졌고, 네덜란드 측은 순순히 따랐다.

1641년 5월 막부는 에도로 참부한 네덜란드 상관장에게 히라도 상관의 나가사키 이전을 명령했다. 이에 상관장은 조속히 실행하겠다고 약속하고는 히라도로 돌아와 즉시 이전 준비를 했으며, 6월에는 히라도 주민들의 환송을 받으면서 33년간 히라도 상관시대의 막을 내렸다. 나가사키로의 이전 명령 역시 나름의 이유가 있었다. 이익이 많이 남는 일본 상관을 네덜란드 측이 결코 포기하지 않으리라는 확신과 함께, 향후 기독교 금지와 연안 방비 및 내항선 관리를 보다 철저히 하기 위해 이 모두를 막부 직할령인 나가사키 부교(長崎奉行)의 통제하에 두기 위해서였다. 게다가 네덜란드와의 무역에 의존하고 있는 히라도 번이 네덜란드와의 우호관계를 염두에 두면서 막부의 외교정책을 완벽하게 준수하지 않으리라는 우려도 있었다.

네덜란드 상관 측은 막 신축한 상관을 파괴하라는 막부의 명령도, 이제 나름 안정화된 히라도에서의 무역을 포기하고 나가사키로 이전하라는 명령도 순순히 받아들였다. 또한 히라도에서 주민들과 함께 자유로이 생활하던 것을 접고, 감옥 생활이나 마찬가지인 나가사키의 데지마 생활도 수용하였다. 이러한 네덜란드 측의 순종적 태도는 기본적으로 일본과의 무역에서 많은 이익이 남기 때문에 가능한 것이었다. 그리고 오랜 기간 동안 히라도에 체재하면서 일본, 특히 막부의 기질과 위력을 숙지하고 있던 상관장으로서는, 자신들이 '쇼군' 휘하의 하부기관임을 정중하게 나타내기 위해 견실하게 주관알을 튕긴 측면도 있었다. 이제 히라도 상관의 나가사키 이전을 계기로 서구에 대한 일본의 창구는 나가사키로 단일화되었고, 개방 정도 역시 막부 스스로 완벽하게 통제할 수 있는 수준으로까지 강화되었다. 이러한 막부의 대외정책은 이후 페리의 내항까지 계속되었으니, 그런 의미에서 1641년 네덜란드의 데지마 상관 개설은 일본 근세 외교사에서 대사건으로 간주될 수 있다.

아마쿠사·시마바라 난에 대해 조금 덧붙이자면, 이 반란은 가톨릭교와 관련된 종교 반란으로 알려져 있고, 당시 막부가 이 반란을 그렇게 규정하면서 참여한 모두를 참살하였다. 하지만 이 지역은 원래 가톨릭 영주[아리마 하루노부(有馬晴信), 고니시 유키나개들의 영지였으나, 도쿠가와 막부가 들어서면서 다른 번에 귀속되거나 번주가 바뀐 곳이다. 이제 낭인 신세로 전락한 이전 가신과 농민들은 새로이 등장한 번의 지나친 과세와 영지 몰수에 반발하면서 반란을 일으켰다. 반란 초기 막부 토벌군은 수세에 몰려 시마바라 성에서 농성했지만 함락당하지는 않았다. 이 과정에서 아마쿠사의 반란군이 시마바라로 건너와 시마바라 반란군과 합세하면서 반란군의 세는 확대되었다. 그러나 규슈 여러 번으로부터 파견된 토벌군 수가 점차 늘어나면서 이번에는 오히려 반란군이 하라(原) 성에 갇혀 농성하기 시작했다. 반란군은 초기 토벌군의 몇 차례 공세를 잘 막아 냈지만 결국 함락되었고, 토벌군과 내통하던 1명을 제외한 나머지 37,000여 명 모두가 전투에서 죽거나 체포된 후 참수되었다. 당시 토벌군의 규모는 13만 명가량 되었고 사상자가 1만 명 정도였다고 하니, 가히 도쿠가와 막부 초기 최대의 내란으로 평가될 수 있다. 아마쿠사 반란군의 지도자였다가 나중에 이 반란의 총지휘자가 된 아마쿠사 시로(天草四郎)는 당시 16세로, 고니시 유키나가 휘하의 장수로 세키가하라 전투에서 전사한 마스다 요시쓰구(益田好次)의 아들로 알려져 있다.

이 시기는 포르투갈과 에스파냐로 대별되는 가톨릭의 위세(교역과 포교)가 일본에서 거의 사라지고 있을 무렵이었다. 나가사키 부교는 토벌군에 포 5문을 제공하고 2척의 배를 파견해 하라 성에 포격을 가하라고 네덜란드 측에 요청했다. 함포의 효과는 미미했고 외국으로부터 도움을 받는다는 비판이 높아 포격은 이내 중지되었다. 하지만 당시 네덜란드 배에는 포르투갈의 국기가 게양되어 있었다고 한다. 이는 포르투갈의 원군을 기다리고 있던 반란군의 사기를 떨어뜨리는 데는 일조했을 것으로 예상할 수 있다.

한편 반란군-가톨릭과 토벌군-프로테스탄트라는 두 세력의 대결로 이 반란을 보는 견해도 있다. 하지만 여기에는 당시 외국 상인집단의 무력을 지나치게 과대평가한 측면도 있으며, 이 반란에서 종교전쟁과 순교라는 이미지를 부각시켜 당시 막부의 잔혹한 학살을 미화하려는 의도가 내포되어 있다는 견해도 있다. 물론 막부 스스로 이 반란을 가톨릭 반란으로 규정하면서 반란 참가자 모두를 척결했다는 점에서 종교 탄압의 측면도 있지만, 그보다는 도쿠가와 막부 초기 체제에 반기를 든 집단에 대한 일벌백계의 성격이 그 기저에 깔려 있다고 볼 수 있다. 이런저런 이유로 반란군에 참전했던 가톨릭교도들은 현재까지 순교자로 인정받지 못하고 있다. 이 사건을 계기로 가톨릭에 대한 막부의 거부감은 정점에 달했고, 반란이 완전히 진압된 다음 해인 1639년에 포르투갈 선박의 일본 입항을 완전히 금지하는 극단적인 조치가 내려졌다. 이를 계기로 소위 도쿠가와 막부의 형식적 '쇄국'이 본격적으로 시작되었던 것이다. 한편 막부는 폐성 상태의 하라 성이 반란군의 농성에 이용되었다는 점을 인식하고는, 이 반란을 계기로 일국일성령(一国一城令)을 반포하여 각 번에 1개의 성만 남긴 채 나머지 성을 일거에 파괴하도록 지시했다.

현재 시마바라는 규슈 서쪽의 아주 작은 해안가 마을로 언제 그런 일이 있었냐는 듯이 평온하다. 하지만 시마바라 배후의 운젠(雲仙) 화산에서는 1663~1664년 폭발에 이어 1792년 '시마바라 대변'이라 일컫는 대규모 화산폭발과 해일로 무려 15,000명 이상이 사망하는 대참사가 일어났다. 1991년에도 대규모 화산폭발이 일어나 화쇄류와 토석류에 의해 많은 피해가 발생했고, 이때 새로이 만들어진 운젠 화산의 최고봉이 헤이세이진잔(平成新山: 1,483m)이다.

중국과 일본의 아들이자 대만 건국의 아버지, 정성공

중국, 일본, 대만을 배경으로 17세기 동아시아의 바다를 지배하고자 분투한 바다 사나이의 특별한 이야기가 하나 있다. 그것은 다름 아닌 일본인 어머니와 중국인 아버지 사이에 태어났으며, 후명의 지지세력으로 한때 동아시아의 바다를 지배했고, 네덜란드로부터 대만을 쟁취한 정성공(鄭成功: 1624~1662)에 관한 이야기이다. 그는 외세(네덜란드)를 물리친 중국의 아들이자 대만 건국의 아버지로 중국 본토와 대만에서 공히 영웅으로 추앙받고 있는 인물이다. 물론 그에 대한 관심은 일본에서도 적지 않다. 다행인지 불행인지 이 이야기에서 조선은 거의 등장하지 않지만, 이 마지막 이야기가 17세기 동아시아의 바다를 이해하는 데 도움이 되기를 바라며 덧붙여 본다.

앞서 16세기 중엽 동아시아의 바다를 주름잡던 해적왕 왕직에 대해 언급한 바 있다. 그는 말년에 히라도를 무대로 활약했으며, 을묘왜변(1555) 때 조선을 침범한 왜구의 두목 오봉(五峯)이 바로 그 왕직이다. 왕직은 1558년 형장의 이슬로 사라졌는데, 그가 구축해 놓은 무역 루트를 이어받아 등장한 새로운 동아시아 해적왕은 이단(李旦: ?~1625)이었다. 그의 출생 연도는 정확히 알 수 없으나, 정성공의 아버지인 정지룡(鄭芝龍: 1604~1661)이 17세였던 1621년에 이단의 주인선 무역에 가담했고, 당시 이단이 70대 노인이었다고 하니 대략 1550년 전후로 태어났을 것으로 예상할 수 있다. 따라서 왕직이 죽은 1558년 당시에 이단은 아직 왕직 슬하의 부하는 아니었을 것으로 판단된다. 1621년 정지룡이 어느 상단에 합류해 히라도에 도착했을 당시 히라도 최대의 중국인 상인은 이단이었다. 명이 중국인의 일본 도항을 금지하고 있었기에, 이단은 일본 정부로부터 주인선 허가를 받아 일본의 공식적인 무역업자로 활약했던 것이다. 일본의 주인선 무역에 참가한 일본 거주 중국인 상단은 모두 11개로, 이 중 이단의 상단은 12척의 배를 거느릴 정도로 중국인 상단 중 가장 규모가 컸다. 1613년에 히라도에 개설된 잉글랜드 상관이 이단의 건물을 빌려 썼을 정도였다고 한다.

앞서 이야기했듯이 네덜란드 동인도회사는 1603년 자바의 반텐에 첫 상관을 건설했고, 뒤이어 히라도에 두 번째 상관을 개설하였다. 1619년 네덜란드 동인도회사는 자바 서쪽의 바타비아(현 자카르타)로 본거지를 마련하고, 중국과의 무역거점을 확보하기 위해 다각도로 시도했지만 실패하였다. 결국 포르투갈의 무역거점인 마카오를 무력으로 점령하려 했으니, 그때는 정지룡이 막

이단의 상단에서 발붙이려 하던 1622년 즈음의 일이었다. 네덜란드는 마카오 침공 계획에 실패했지만, 결국 정지룡의 도움으로 1624년 대만에 네덜란드 상관 질란디아가 건설되었다. 이제 네덜란드는 중국, 일본, 필리핀과의 무역을 본격적으로 추진하기 시작했다. 정지룡은 대만과 중국 사이의 중계무역을 한 손에 쥐게 되어 이를 바탕으로 거대한 부와 해상 권력을 장악할 수 있었다. 이에 명 조정도 태도를 바꾸어 1628년에는 정지룡에게 초무(招撫) 벼슬을 내리기도 했다.

한편 이 시기 네덜란드 동인도회사를 아시아 바다에서 절대강자의 반열에 올려놓은 이가 있었으니, 그가 바로 4대(재임 1619~1623), 6대(재임 1627~1629) 네덜란드 동인도회사 총독을 지낸 얀 피터르스존 쿤(Jan Pieterszoon Coen)이었다. 그의 재임 시인 1620년, 당시 육두구 최대 산지였던 반다 제도(인도네시아 술라웨시와 뉴기니 사이에 있는 말루쿠 제도 중 하나) 런(Run) 섬에서 잉글랜드인들을 몰아냈고, 1623년 반다 제도 북쪽 말루쿠 제도의 암본(Ambon, Amboina)에 있던 잉글랜드 상관을 공격했다. 네덜란드인들은 상관을 지키던 일본인 용병을 비롯한 잉글랜드인을 체포하고는 갖가지 고문과 악행을 저지르면서 그들을 처형했다. 소위 '암보니아 학살사건'이 그것이다. 이를 계기로 잉글랜드는 동남아시아로부터 철수하면서 인도의 무굴제국 공략에 집중하기 시작했다.

잉글랜드와 네덜란드의 해상권 쟁패는 이곳 아시아의 바다에서만 일어난 것이 아니었다. 두 나라 사이의 전쟁은 1652년부터 1674년까지 무려 세 차례에 걸쳐 유럽의 바다에서도 일어났다. 제1차 잉글랜드-네덜란드 전쟁(1652~1654)은, 네덜란드가 런 섬을 잉글랜드에 즉시 반환하고 런 섬과 암보니아에서 일어난 사건에 대한 피해 보상을 약속한 1654년 '웨스트민스터(Westmister) 조약'으로 끝이 났다. 하지만 첫 번째 조약의 이행이 지지부진했고, 강력한 두 해양국 사이의 마찰이 세계 곳곳에서 벌어졌기 때문에 또다시 제2차 잉글랜드-네덜란드 전쟁(1665~1667)이 벌어졌다. 1664년 잉글랜드가 당시 네덜란드가 차지하고 있던 뉴암스테르담(현재의 뉴욕)을 침공해 순식간에 점령하면서 두 나라 사이의 긴장이 다시 조성되었고, 결국 네덜란드가 1665년 런던의 템스 강 입구를 봉쇄하고 포격을 개시하면서 전쟁이 발발하였다. 당시 프랑스 루이 14세의 침공을 염려한 네덜란드가 서둘러 협상을 개시하면서 오히려 잉글랜드에 유리하게 전쟁이 종료되었다. 1667년 두 나라 사이의 정전협정인 '브레다(Breda: 네덜란드 남서부에 있는 도시) 조약'으로 네덜란드는 런 섬을, 잉글랜드는 맨해튼을 계속 보유할 수 있게 되었다. 잉글랜드와 네덜란드는 현재 지도에서도 확인이 어려운 동인도 제도의 작은 섬 런 섬과 현재 세계 최대 도시가 된 뉴암스테르담을 맞바꾸면서 이후 두 나라의 희비가 교차되었다. 물론 당시 뉴암스테르담은 인구 1,000명 미만의 작은 무역중계지로, 육두구가 섬 전체를 뒤덮고 있던 런 섬에 비하면 그 경제적 가치는 비교도 되지 않던 곳이었다.

　잠시 이야기가 벗어났다. 하지만 잉글랜드-네덜란드가 세계 해상무역의 판도를 놓고 결전을 벌일 때가 바로 정성공이 동아시아의 바다에서 맹활약하던 시기와 겹치니, 잠시 벗어난 것도 나름의 의미가 있다고 본다. 7세의 정성공이 일본인 어머니 다가와 마쓰(田川 マツ) 곁을 떠나 중국으로 건너간 1630년에는 이미 아버지 정지룡이 명의 수군제독이자, 푸젠 성 일대의 광활한 지역을 다스리는 통치자였다. 또한 무장 상단을 거느린 밀무역자이자 해적이었다. 그는 대만해협을 사이에 두고 네덜란드와의 밀무역으로 큰 이익을 남겼으며, 대만으로 중국인을 데려가 풍부한 자금력을 바탕으로 대만 남부를 개척하였다. 한편 정성공은 15세에 과거에 합격하여 남안현(南安縣)의 생원이 되어 벼슬길에 올랐다.

1644년 이자성의 난으로 명이 몰락하고 일시 대순(大順)이 들어섰으나, 곧이어 다시 후금이 수도 베이징을 점령하면서 명은 완전히 멸망하였다. 산하이관(山海關)을 비롯해 후금과의 국경인 만리장성을 힘겹게 지키고 있던 명의 장수 오삼계(吳三桂)는 이자성이 베이징을 함락한 후 자신의 애첩을 능욕했다는 소식을 듣고는 이제 창을 거꾸로 잡고 후금 세력과 함께 베이징으로 내달았다.

만주족이 세운 청에 명의 황족과 신하들은 순순히 굴복하지 않았는데, 중국 남부를 중심으로 주(朱)씨 성을 가진 황족들을 황제로 추대하면서 각지에서 왕조를 세워 청에 저항하였다. 그중에서 정지룡를 비롯한 푸젠 성 토호들의 세력과 재력을 기반으로 만들어진 임시정부가 있었으니, 바로 '남명(南明)'이었다. 1645년 남명의 초대 황제로 추대된 융무제(隆武帝)는 명을 건국한 태조 주원장(朱元璋)의 9대손인 주율건(朱聿鍵)이었으며, 당시 남명의 연호가 융무였다. 정성공이 일본에 있을 적 이름은 후쿠마쓰(福松)였고 중국에 가서는 삼(森)으로 바꾸었는데, 황제는 용모 수려한 정삼(鄭森)을 보고는 자신의 성인 '朱'를 하사하였다. 하지만 정삼은 이를 거절했고 그때부터 이름을 정성공으로 바꾸었다고 한다. 물론 그가 후세에 국성야(國姓爺), 콕싱가(Koxinga)로 불리는 것은 '황제로부터 성을 하사받은 인물'이라는 그 당시의 상황을 말하는 것이다.

정지룡은 북벌을 감행했지만 대참패했고, 이를 만회하려고 몇 차례 일본에 사신을 보내 군사 원조를 요청하였다. 하지만 일본으로부터는 원하던 소식을 얻지 못했고, 설상가상으로 함께 융무제를 옹립했던 황도주(黃道周)와 노선 문제로 마찰을 빚게 되었다. 결국 그는 남명 정권에 더 이상 재기의 희망이 없음을 깨닫고는 1646년 청에 투항하였다. 하지만 그의 아들 정성공은 아버지를 따르지 않고 '항청복명(抗淸復明)'의 대의를 내걸어 청에 대한 군사적 투쟁을 계속하였다. 1658년에 북벌군을 일으킨 정성공은 폭풍우로 함대를 잃어 실패했으며, 그 이듬해 다시 북벌군을 일으켜 난징(南京) 함락을 목전에 두었지만 결국 뜻을 이루지 못했다. 같은 해 청은 윈난(雲南) 지방을 점령하면서, 정성공의 남명 잔당세력이 여전히 암약하고 있는 푸젠 성 해안을 제외하고 중국 전역을 완전히 통치하게 되었다.

1661년 황제에 등극한 강희제(康熙帝)는 정성공 세력을 일거에 제거하기 위해 천계령(遷界令)을 발효했다. 그 결과 광둥 성에서 산둥 성까지 해안을 따라 바다에서 육지 쪽으로 15km 이내에는 어느 누구도 거주하지 못하고 내륙으로 강제 이주해야만 했다. 이는 정성공의 해상세력 근거지를 완전히 없애려는 정책이었으며, 결국 이에 굴복한 정성공은 북벌을 위한 새로운 기지로 대만을 선택하지 않을 수 없었다. 강희제에 이어 옹정제(雍正帝), 건륭제(乾隆帝)로 이어지는 세 황제의 치세(1661~1795)는 그 위세가 하늘을 찌르던 청의 최전성기였다. 막다른 길에 몰린 정성공은 결국 네덜란드의 대만 상관을 점령하고, 이곳을 '복명정청(復明征淸)'을 위한 새로운 거처로 삼았다. 자신의 아버지 도움으로 건설된 네덜란드 대만 상관을 그 아들 대에 들어서 네덜란드로부터 탈취하는 역사적 아이러니가 벌어졌던 것이다.

대만 상관을 점령하고 그 이듬해인 1662년 정성공은 사망했고, 그 뒤를 아들 정경(鄭經)이 이었다. 정경은 대만 맞은편에 위치한 항시인 샤먼(廈門)에 세력을 두고 있었으나, 아버지가 사망하자 급히 대만으로 들어가 후계자 경쟁에서 승리를 거두었다. 정경은 윈난의 오삼계, 광둥의 상가희(尙可喜)·상지신(尙之信) 부자, 푸젠의 경정충(耿精忠) 등 소위 삼번(三藩)이라 불리던 지방권력자들과 경쟁, 협조하면서 청에 저항했으니 1673년부터 1681년까지 이어진 삼번의 난이 그것이었다. 이들 세력은 한때 양쯔 강 이남의 넓은 지역을 차지하면서 위세를 떨친 적도 있었으나, 1676년 이후 오삼계를 제외한 다른 세력들이 청에 항복했고 오삼계마저 1678년에 사망함으로써 이제 명의 잔당은 자취를 감추기 시작했다. 오삼계의 손자 오세번(吳世璠)에 이어 정성공의 아들 정경마저 1681년에 사망하면서 삼번의 난은 종식되었다. 정경의 아들 정극상(鄭克塽)이 대만 정씨 정권의 대를 이었지만, 1683년 청이 대만을 점령함으로써 대만에 세워진 최초의 왕조는 건국 20여 년 만에 멸망하고 말았다.

18세기 후반 들어 청은 정성공에게 '충절'이란 시호를 내려 명 왕조에 대한 충성과 절개를 추앙하기도 했지만, 그에 대한 본격적인 평가는 그로부터 한 세기가 지난 19세기 후반에 들어서면서부터 시작되었다. 청이 서양 열강의 위협을 받으면서 정성공은 서양 오랑캐를 통쾌하게 물리친 중국인 최초의 전사로 각광 받게 되었고, 이후 그를 기리는 사당이 중국 곳곳에 세워지면서 신격화되기 시작하였다. 이와 마찬가지로 대만에서는 오랫동안 개국의 성군으로서 그의 조각상과 초상이 대만 전역의 제단에 모셔졌다. 한편 청일전쟁을 통해 대만을 복속한 일본은 정성공을 서양의 침략자로부터 대만을 독립시킨 '최초'의 일본인 정복자라 각색하면서, 신사에 모셔 다시금 신으로 부각시켰다. 하지만 분명한 사실은 정성공, 정경, 정극상 모두 스스로를 명나라 신하로 인식해 언제든 청을 꺼꾸러뜨릴 생각을 했음에도 불구하고, 한 번이라도 대만을 독립국가로 만들 생각은 없었다는 점이다.

세월이 흘러 21세기가 되었지만 중국과 대만 사이의 양안문제는 그 매듭이 지어지지 않은 채 독립국가로서 자신들의 운명, 특히 대만의 운명을 각자 저울질하고 있다. 하지만 대만 해군은 자신들의 호위함(프리깃)을 성공급이라 부르면서 정성공의 위상을 부각시키고 있다. 이에 반해 중국은 1683년 대만을 침공했던 청의 장군 시랑(施琅)의 이름을 따서, 최초의 항공모함에 '스랑'(중국어)이라는 이름을 붙였다. 랴오닝호(遼寧號) 항공모함이라 불리는 이 배는 러시아의 항공모함 바랴크를 개조한 것이다.

그렇다면 이 역사적 다이내믹 속에서 우리는? 1623년 인조반정이 있었고, 1626년 홍타이지(皇太極: 청 태종)가 등극하면서 다음 해에 정묘호란이 일어났다. 바로 그해인 1627년, 바타비아에서 출항해 나가사키로 가던 우베르케르크호가 조난을 당해 제주도에 표착했는데, 그 배에 타고 있던 네덜란드인 얀 야너스 벨테브레이(Jan Janes Weltevree)가 바로 우리에게 박연으로 알려진 인물이다. 1636년 병자호란이 일어났고, 1653년 스페르웨르호를 타고 대만 질란디아 상관을 떠나 나가사키로 가다가 표류 끝에 제주도에 표착한 이가 바로 우리에게 하멜로 알려진 헨드릭 하멜(Hendrick Hamel)이다. 그는 14년간 억류 생활을 하다가 1666년 일본으로 탈출해 1668년에 네덜란드로 귀국했다. 귀국 후 자신과 동료의 밀린 임금을 받기 위해 쓴 보고서가 우리에게 『하멜 표류기』로 알려진 그것이다. 이 책을 통해 하멜의 억류생활 14년간의 기록뿐만 아니라 조선의 지리, 풍속, 정치, 군사, 교육, 교역 등이 유럽에 최초로 소개되는 계기가 되었다.

　다시 한 번 되묻고 싶다, 이 시기 우리는? 도대체 우리에겐 세계적 시각을 가지고 시대의 흐름을 읽어 낼 군주나 리더가 이토록 없었는지 답답하기만 하다. 그저 필자의 엉클어진 머릿속에는 오래전 읽었던 책 『못난 조선』(2010)의 제목만이 맴돌고 있다. 한편 일본에서는 명나라 부흥에 전념했던 '일본인'의 위업을 그린 〈고쿠센야갓센(国性爺合戰)〉이라는 연극이 1715년 오사카 초연에서 무려 17개월이나 연속 상연될 정도였다고 한다. 그들은 정성공의 이야기를 자신들의 역사로 받아들였던 것이다. 이제 이 장을 마감하면서 조너선 클레멘츠가 쓴 『해적왕 정성공』(2008)의 마지막 문단을 인용한다.

　정성공은 대만의 장개석 정권에 의해 성스러운 선구자로 추앙되었을 뿐만 아니라, 본토의 중국 공산당에 의해서도 영웅으로 받들어졌다. 정성공은 서양 제국주의자들을 몰아낸 인물임과 동시에 대만을 정복하여 중국의 일부가 되게 한 인물이었던 것이다. 만약 정성공이 그저 해적이었거나 제왕이었다면, 또는 한 왕조의 충신이었거나 광신자에 불과했다면, 아무도 동조하지 않았을 것이다. 오늘날에도 대만 곳곳에서는 주민들이 여전히 정성공에게 비를 내리게 해달라고 빌고 있다.

일본의 자발적 고립, '쇄국'

17세기 초반 일본의 무역 상대국이 포르투갈에서 네덜란드로 교체된 것을, 단지 네덜란드가 포교에 적극적이지 않고 오로지 무역에만 전념하였기 때문으로만 보아서는 안 된다. 또한 일본이 1633년부터 1639년까지 5회에 걸쳐 발표한 '쇄국령'에 의해 세계와 완전히 차단된 채 무려 200여 년이 지난 1853년에 페리의 흑선을 맞이한 것이라 오해해서도 안 된다. 1633, 1634, 1635, 1636년에 발표된 '쇄국령'으로 일본인의 해외내왕 금지와 가톨릭의 단속이 강화되었지만, 그 내용은 기존의 것과 유사했다. 마지막인 1639년의 '쇄국령'은 포르투갈 선박의 일본 입항 금지조치이기 때문에 단지 포르투갈과의 단교를 의미할 뿐이다. 하지만 일본은 여전히 세상을 향해 4개의 창구를 열어 두었다. 쓰시마 번을 통해 조선(궁극적으로는 명과 청)과, 사쓰마 번을 통해 류큐(이 역시 궁극적으로는 명과 청)와, 마쓰마에 번을 통해 에조치(궁극적으로는 러시아)와 인적·물적 교류를 계속했으며, 막부의 직할령인 나가사키를 통해 네덜란드와 중국과의 교역을 지속적으로 유지하였다.

따라서 이들 4개의 창구가 일본의 '쇄국'에서 예외적이었던 것이 아니라, 이들 4개 창구가 막부가 허락한 일본의 현관이자 출입구였던 셈이다. 사실 오늘날에도 자신의 모든 항구를 외국에 개방하는 나라는 없다. 오늘날 외국인이 입국할 때 공항이나 항구 등 해당국에서 지정한 장소를 통과해야 하는 것처럼, 무역품이나 사람의 출입을 관리하는 것은 옛날이나 지금이나 국가로서는 당연한 일이다. 어쩌면 도쿠가와 막부는 자신에게 위협을 가하지 않을 우호적인 나라들을 스스로 선택해 엄격하게 통제하면서 그들과 미래지향적 관계를 유지하려 했다고 보는 편이 좋을 것 같다.

일본이 자신의 외교정책을 스스로 '쇄국'이라 말한 적은 없다. 1801년 나가사키의 네덜란드 통사(通詞: 통역관)이던 시즈키 다다오(志筑忠雄: 1760~1806)가 데지마 상관의 독일인 의사 엥겔베르트 캠퍼(Engelbert Kämpher: 1651~1716)가 쓴 『일본지(The History of Japan, 日本誌)』 부록의 영어판(1727년 간행) 제목을 번역하면서 '쇄국론'이라고 붙인 것이 그 시작이다. 사실 네덜란드를 제외한 서방의 어떤 나라가 일본에 외교 및 통상을 요청할 경우 그 모든 업무는 나가사키 부교에게 일임한 상태니 그곳과 접촉하라고 지시하면서, 막부는 그들과의 직접적인 교섭를 거부했다. 그러니 일본은 결코 대외관계에서 쇄국을 견지하지 않았던 것이다. 하지만 18세기 후반에 접어들면서 '쇄국'(곧이어 막말의 양이)이 막부 외교정책의 기조가 되는 계기가 마련되었다.

막부는 1792년 러시아 예카테리나 2세의 특사로 일본에 파견된 아담 락스만(Adam Laxman)에게 러시아의 국서를 받아들일 수 없는 이유를 제시하면서, 교역을 원한다면 나가사키로 가서 그곳 사정에 따르라고 지시했다. 당시 막부의 수석 로주(老中)였던 마쓰다이라 사다노부(松平定信)는 대외관계를 '통신(외교관계: 조선과 류큐)'과 '통상(무역관계: 네덜란드와 중국)'으로 한정하고, 이것이 마치 도쿠가와 이에야스, 히데타다, 이에미쓰 시대에 만들어진 '조법(祖法)'인양 주장하면서 러시아의 외교요구를 거절했다. 로널드 토비(Ronald Toby, 2013)는 이에 대해 다음과 같이 논했다.

영국의 평론가 조지 오웰이 『1984』에 "현재를 지배하는 자가 과거를 지배한다. 과거를 지배하는 자가 미래를 지배한다"고 쓴 것처럼, 당시의 막부야말로 '현재를 지배하는 자'이며, 그 정치력을 통해 '과거를 지배'하고, 새롭게 창출된 과거를 이용해 미래를 결정하려 했던 것이다.

이 같은 쇄국 기조는 곧이어 일본 근해에 서양 함선의 출몰이 잦아지면서 '해방'과 '양이' 사상으로 이어졌고, 막말 혼란기를 지배하는 사상과 권력구조의 한 축을 차지하게 되었다. 사실 '쇄국론'이 만연하게 된 데는 나름의 이유가 있었다. 근세 일본의 '쇄국'과 미국에 의한 수동적인 근대화 그리고 뒤이어 태평양전쟁의 패배가 한 묶음이 되면서, 그 모든 책임을 막부의 '쇄국'정책에 돌리는 무책임한 역사 해석이 '쇄국론' 기저의 한구석을 차지하고 있기 때문이다. 사실 근세 일본은 나라를 완전히 개방하지는 않았지만, 한 번도 '나라를 닫은' 적이 없다. 따라서 근세 일본 외교정책은 일본 중심의 동아시아를 지향한 '일본형 화이질서'이며, 이는 막부 스스로 주체적으로 선택한 것이라 볼 수 있다.

제2장

1774 『해체신서』

아래 글은 스기타 겐파쿠(杉田玄白)가 나이 83세이던 1815년에 쓴 『난학사시(蘭学事始)』의 첫 부분이다. 그는 네덜란드어로 된 유럽의 해부학 교과서를 번역해 1774년 『해체신서(解体新書)』라는 이름의 책을 발간함으로써 근세 일본의 난학 중흥에 결정적인 역할을 한 인물이다.

이 난학의 시작을 생각해 볼 때 예전 친구 두세 명이 우연히 같이 시작한 일인데, 벌써 50년이 가까이 돼 간다. 지금처럼 되리라고는 전혀 생각지 못했다. 이상하리만치 크게 유행하고 있다.

이 글을 쓴 1815년은 이미 난학숙(蘭学塾)이라는 이름의 사설 난학 강습소가 일본 전역에 세워지면서 네덜란드어 학습 및 난학 연구의 열기가 절정에 달했던 시점이다. 이 시기가 되면 난학에 대한 관심은 천문학, 지리학, 의학, 식물학 등 실학 분야에 한정되지 않고 정치, 경제, 사회, 역사, 민족 등 광범위한 분야에 걸쳐 서양을 이해하려는 움직임으로 나타났다. 또한 난학을 배우는 계층도 초창기 네덜란드 통사(通詞)나 난방의(蘭方醫)에 머물지 않고, 무사나 민간인 나아가 난벽(蘭癖) 다이묘라 불리는 번주들까지 등장할 지경에 이르렀 다. 앞 글에서 스기타 겐파쿠는 난학의 발전에 스스로 놀라면서도, 자신이 새 롭게 일가를 이룬 데 대한 자부심이 묻어나 있다.

하지만 난학의 보급과 발달, 게다가 18세기 말부터 점차 일본 연안에 등장 하는 이국선에 대한 불안 때문에 일부 지식인들 사이에는 일본의 정치체제와 전통적 '쇄국관'에 대한 비판적 의식이 생겨나기 시작했다. 이는 결국 막부의 견제와 규제를 불러들였다. 『난학사시』가 등장하기 4년 전인 1811년, 막부는 역학과 천문학을 담당하던 막부 산하 천문방(天文方)에 만서화해어용괘(蠻書 和解御用掛)라는 외처를 설치하여 외교문서의 조사 및 번역 그리고 난서의 번 역을 담당하도록 했다. 이러한 막부의 조치는, 18세기까지 네덜란드와의 교역 이 서양과의 유일한 접촉이었지만 19세기에 접어들면서 러시아를 비롯해 서 방 제국과의 교섭이 다변화되면서 불가피해졌음을 자각하게 된 결과였다. 또 한 의학, 식물학과 같은 개인적·실학 차원의 정보와는 달리 세계정세에 관한 지리·지정학적 정보가 국가 기밀로 간주되면서, 이제 막부가 이들 정보를 직 접 관리·통제해야 함을 인식하게 된 결과로도 볼 수 있다.

막부는 가급적 서방세계와의 마찰을 피하려 노력했지만, 재야 지식인들로 부터 '해방론'과 '쇄국론'이 대두되면서 막부의 외교방침도 급반전했고 급기야 1825년에는 '이국선타불령(異国船打払令)'이 반포되면서 그 정점에 이르렀다. 더군다나 1828년 '지볼트(Siebold) 사건', 1839년 '만사의 옥(蛮社の獄)' 등을 치 르면서 이제 막부는 민간의 '무분별한' 양학 연구에서 비롯된 신지식의 확산 과 개명적 의견 진술을 더 이상 보고만 있을 수 없게 되었다. 결국 개인적 차원 의 양학 연구에까지 막부의 규제가 가해지기 시작했다. 하지만 이러한 막부의 강경한 입장은 1853년 흑선을 앞세운 페리의 무력시위 앞에서 더 이상 유지될 수 없었고, 결국 일본은 문을 열고 말았다.

이 장에서는 16세기 후반부터 19세기 초반까지 '난학'이라는 이름으로 근세 일본에 등장한 서양 지식의 독특한 이식 과정에 대해 살펴보려 한다. 근세 일본의 난학을 살피다 보면, '조선이나 중국과는 달리 왜 일본에서 난학이 꽃필 수 있었을까?', '의학의 경우와는 달리 왜 천문학 및 지리학이 에도보다는 나가사키에서 시작되고 발달할 수 있었을까?', 제8대 쇼군 도쿠가와 요시무네(德川吉宗)에 의한 1720년 '한역서 금서완화' 정책이 난학의 발달에 어떤 영향을 미쳤을까?, '이노 다다타카(伊能忠敬)의 지도제작과 난학은 어떤 연관성이 있을까?', '난학으로 확립된 서구 지식이 일본의 개국과 막부의 붕괴, 나아가 메이지 초기 일본의 근대화 과정에 어떤 영향을 주었을까?' 등등 많은 이야기가 궁금해진다. 결국 이런 의문에 대한 나름의 답변이 이 장에 이어 다음 몇몇 장의 주요 내용이 될 것이다.

네덜란드 통사(I)

근세 이전은 물론이고 근세에 들어서도 일본인의 정신적 세계를 지배하고 있던 것은 불교와 유교였고, 이는 그 이후에도 마찬가지였다. 따라서 18세기 들어 난학이 꽃피었다고 해도 그것은 어디까지나 천문학, 지리학, 의학, 식물학 등 실학 분야, 즉 '氣'와 관련된 것이었으며, 새로운 '理'가 될 수 있을 것이라 두려워했던 기독교에 대해서는 막부가 철저히 배격했다. 이러한 기조는 도쿠가와 막부 내내 지속적으로 그리고 철저히 유지되었다. 보통 난학은 1774년 스기타 겐파쿠의 『해체신서』가 발간된 것을 계기로 마치 무에서 유가 탄생한 것처럼 이야기되고, 그 결과 '난학=의학'이라는 등식이 부지불식간에 우리의 뇌리에 고착되었다고 일반화한다면, 이는 필자의 과문의 소치일까?

사실 이러한 일반화는 스기타 겐파쿠가 말년에 쓴 『난학사시』가 후쿠자와 유키치(福沢諭吉)에 의해 소개되었고 그것이 지나치게 과대평가된 결과일 수 있다. 또한 지금도 마찬가지이지만 사람의 생명을 다루는 '의학'이 지니고 있는 독특한 학문적 위상과 더불어 에도라는 당시 권력, 돈, 학문 등 모든 것이 집중되었던 곳에서 난학이 발달하였다는 점도 그 이유가 될 수 있다. 게다가 우리나라에서 난학에 관한 저서로 최근 발간된 『일본 난학의 개척자 스기타 겐파쿠』(2013)와 『난학의 세계사』(2014) 모두 '난학=의학'이라는 도식을 강화시키는 데 일조했다고 생각된다. 물론 새로 등장한 서양 의학이 쇼군이나 다이묘와 같은 권력자는 말할 것도 없고 일반 대중에게도 필수불가결한 학문임을 모르는 바 아니다. 게다가 서양 의학이 나가사키를 통해 소개되자마자 여러 유파로 갈라지면서 난의학이 상호경쟁 속에서 발전했고, 스기타 겐파쿠의 제자이자 그의 『난학사시』를 교정·가필한 오쓰키 겐타쿠(大槻玄沢)가 최초의 난학숙 '지란당(芝蘭堂)'을 열기도 했다. 따라서 의학이 난학의 발달과 정착에 기여한 바가 결코 적다고 볼 수 없다. 하지만 의학이 난학의 전부는 아니다.

일본 근세 이전의 의학은 기본적으로 중국 의학서에 기초를 둔 한방이었다. 근세 들어 남만의학, 난의학이 도입되고 발전하면서 한방의 입지는 점차 줄어들었다. 쇄국이 절정에 달했던 1849년에 난방(蘭方) 의술 수학(修學) 금지령이 내리기도 했지만, 새로이 들어선 메이지 정부는 의학에서 한방 철폐 방침을 정했다. 결국 1895년 제8차 제국의회에서 한방의들에 의해 청원된 계속원(繼續願)이 부결되면서 일본 한방은 역사의 뒤안길로 사라졌다. 한편 서양의 의학이 일본에 처음 전해진 것은 포르투갈 선교사들이 나가사키를 중심으로 병원을 세운 데서 시작되었다. 하지만 그곳에서의 의술은 중세적인 초자연적 수준의 임상치료이거나 초보적인 외과수술이 고작이었다. 따라서 당시 이들 남만계 의학이 일본 의학에 미친 영향은 미미하다고 볼 수 있다.

그 이후 일본에 서양의 의술을 본격적으로 전하는 집단이 나타났으니, 그것은 네덜란드 상관에 있던 상관의들이었다. 그들은 상관장을 비롯해 상관원의 진찰과 치료를 담당하는 것 이외에 나가사키 부교가 허락하는 한도 내에서 일본인 환자들을 치료했으며, 일본인 의사와도 의학적 교류를 했다. 두 의사집단 사이 교류의 중개는 당연히 네덜란드 통사들에게 의존할 수밖에 없었고, 이런 과정에서 의사소통이 원활한 통사 자신이 직접 난방의가 되는 경우가 점차 많아졌다. 결국 통사를 시조로 하는 난방의학의 유파가 생겨났으니 니시겐보(西玄甫)를 시조로 하는 니시류, 나라바야시 진잔(楢林眞山)을 시조로 하는 나라바야시류 외과, 요시오 고규(吉雄耕牛)를 시조로 하는 요시오류 외과가 그것들이며, 상관의인 가스파르 샴베르겐(Gaspar Schambergen)을 시조로 하는 가스파르류 외과도 있었다. 특히 니시류는 남만계 의학의 영향을 받았던 유파로, 『해체신서』의 주요 저자인 스기타 겐파쿠도 그 원류는 니시계였다. 따라서 일본 난의학의 출발은 자신이 원했든 원하지 않았든 어학적 능력을 통해 서양의 의술을 중개·수용·수련하게 된 네덜란드 통사의 몫이었던 것이다.

그렇다면 네덜란드 통사란 어떤 사람들이고, 그들의 역할은 어땠을까? 네덜란드 통사로 바로 들어가기 전에 우선 그들이 근무했던 나가사키, 나아가 데지마에 대해 알아본다면 그들의 역할을 보다 더 분명하게 이해할 수 있을 것이다. 막부는 소위 '쇄국'의 기조 아래 일본–네덜란드, 일본–중국과의 무역을 관리하기 위해 그리고 주변 국가들에 관한 정보를 얻기 위해 나가사키를 외국과의 무역거점으로 지정하고는, 나가사키 부교(長崎奉行)라는 관리를 직접 파견해 나가사키를 막부 직할령으로 관리하였다. 따라서 네덜란드 통사를 포함한 나가사키 지방관리(地役人)들은 나가사키 부교의 지휘를 받으면서 이 도시의 운영과 해외무역을 담당하고 있었다. 나가사키에는 지방관리 중 해외무역과 관련된 사람들이 압도적으로 많아 '나가사키 전체가 마치 무역상사'와 같았다고 할 정도였다. 따라서 지방관리들의 수입 역시 외국무역의 성쇠에 따라 좌우되었으므로, 그들은 무역의 활성화에 사활을 걸어야 했다.

네덜란드 상관이 있던 인공 섬 데지마(出島)는 원래 포르투갈 상인들의 특별 거주지역으로 마련된 것으로, 1634년 착공해 1636년 완공되었다. 건설비용은 당시 나가사키 유력인 25명이 출자한 것으로, 그 면적은 약 1.5ha에 이르렀다. 건설 후 이곳에 포르투갈 상관이 개설되었으나, 1639년 포르투갈 상관이 폐쇄된 이후 네덜란드 상관이 들어오는 1641년까지 무인상태로 방치되었다. 그로부터 1859년 일·네덜란드 화친조약이 맺어지기까지 200여 년 동안 데지마는 유럽 국가 중 유일하게 선정된 네덜란드와의 무역창구 역할을 하였다.

한편 나가사키에는 중국인만을 위한 무역창구인 도진야시키(唐人屋敷)도 있었다. 원래 나가사키의 중국 상인들은 일본인과 함께 잡거 상태로 살았다. 하지만 명청 교체기에 많은 중국인들이 몰려들었고, 특히 강희제 때인 1686년 천계령(遷界令)이 폐지되면서 많은 중국인들이 나가사키로 몰려왔다. 일본 정부가 이들을 관리하기 위한 특별 거주구역으로 지정한 곳이 바로 도진야시키였던 것이다. 1689년에 완공된 이곳은 면적이 데지마의 3배가량 되었고, 많을 경우 2,000명 가까운 중국인이 거주했다고 한다. 물론 나가사키에는 네덜란드 통사와 마찬가지로 중국어를 통역하던 당통사(唐通事)도 있었지만, 네덜란드 통사와는 달리 서류 등을 번역할 필요가 없었다. 왜냐하면 당시 일본인 관리의 교양 수준으로는 한문으로 된 중국 측 서류를 충분히 읽을 수 있었기 때문이다.

1720년 한역서 수입금지가 완화되면서 일본인들은 한문으로 된 서양 서적을 통해 서양의 정보를 이해할 수 있게 되었고, 이는 향후 네덜란드 직수입의 난학 발달에 초석이 되었다. 하지만 네덜란드어는 말도, 글도 당시의 일본인에게 생소한 것이었다. 일본에서 서양어의 통역은 이보다 앞선 포르투갈어 통역에서 시작되었다. 특히 포르투갈, 에스파냐, 네덜란드, 잉글랜드, 중국 등의 상관이 함께했던 히라도에서는 다양한 언어를 구사할 수 있는 통역관들이 상주했을 것이며, 이들 모두는 각각의 상관에 고용되어 자유롭게 일하던 전문직업인이었다. 하지만 네덜란드 상관을 제외한 나머지 상관들이 폐쇄되면서 그곳에서 일하던 통사들의 외국어 능력은 무용지물이 되고 말았다. 결국 히라도 네덜란드 상관에 근무하던 일부 통사들이 나가사키로 옮겨 왔고 또한 나가사키에서 새롭게 네덜란드어를 익힌 통사들이 배출되면서, 이제 네덜란드 통사라는 새로운 직업군이 탄생하였다.

그중 히라도 시절과 두드러지게 달라진 점은, 이들 통사가 나가사키 부교의 지휘를 받으면서 월급을 받는 지방관리가 되었다는 사실이다. 이들은 이전처럼 무역거래 시 통역하는 정도가 아니라, 이제 국가로부터 새롭게 부여된 공식적이고도 체계적인 직무를 수행해야만 했다. 네덜란드 통사 연구의 대가인 가타기리 가즈오(片桐一南)에 의하면, 네덜란드 통사에게 부여된 주요 직무는 다음과 같다(阿蘭陀通詞の硏究, 1985). 즉, 어학 수업, 입항 네덜란드 선박 임검, 네덜란드 풍설서 번역, 승선인원 확인 및 승선인 명부 번역, 화물목록 번역, 무역 사무, 네덜란드인 관련 여러 업무, 데지마 근무, 기타 업무 등등이 그것들이다.

난학의 발달과 관련된 자신들의 역할을 근거로 네덜란드 통사들을 크게 두 집단으로 나눌 수 있다. 뛰어난 어학력을 바탕으로 스스로의 학문적 호기심을 채우기 위해 스스로 난학자가 된 집단이 그 하나이며, 지식 전달의 매개자로 난학자들의 부족한 어학능력을 보완해 주는 역할을 한 집단이 또 다른 하나이다. 물론 이 둘을 정확하게 구분하기는 힘든데, 예를 들어 대표적인 네덜란드 통사 요시오 고규의 경우 뛰어난 난방의였던 동시에 에도 난학을 대표하는 아오키 곤요(青木昆陽), 노로 겐조(夜呂元丈), 마에노 료타쿠(前野良沢), 스기타 겐파쿠, 오쓰키 겐타쿠 등과 접촉하면서 자신의 어학력을 바탕으로 조력자로서 그들의 난학 연구와 발전에 크게 기여했기 때문이다. 또한 시대별로는 금서 완화조치로 서양 한역서를 자유롭게 볼 수 있게 된 1720년을 기준으로 그 이전 세대와 이후 세대로 나눌 수 있다.

또한 지역별로는 네덜란드어를 바탕으로 주로 나가사키에서 활약한 통사 출신의 난학자와, 난방의학을 중심으로 주로 에도에서 활약한 난학자로 나눌 수 있다. 전자가 주로 지리학, 천문학 등에 큰 기여를 했다면, 후자는 난방의학 발달과 난학 보급에 이바지했다고 볼 수 있다. 하지만 이러한 구분이 정확하게 적용되지 않는 경우도 허다하기 때문에 오히려 이러한 일반화가 근세 일본에서 난학 발달이 지니고 있는 지역 간, 계층 간 활발한 소통의 의미를 축소시키는 우를 범할 수 있다. 우리나라에 소개된 난학의 기조는 대개 스기타 겐파쿠의 『해체신서』 발간 이후의 난방의학 발달과, 최초 난학숙인 오쓰키 겐타쿠의 '지란당' 이후의 난학 보급 및 발달에 초점을 맞추고 있다. 따라서 이 책에서는 17세기와 18세기 중반 나가사키의 대표적인 통사와 통사 출신 난방의를 소개하는 정도로 난방의학에 대한 이야기를 마치고, 주로 지리학자와 천문학자, 경세가들의 이야기 그리고 19세기 후반에 들어서면서 난학이 점차 공학(公学)이 되어 가는 과정을 다루려 한다.

네덜란드 통사(II)

1609년 히라도에 네덜란드 상관이 설치되면서 네덜란드 통사라는 직업이 등장했고, 히라도 상관이 나가사키로 옮겨 가면서 히라도에 있던 통사들도 함께 왔다. 통사라는 직업은 대대로 세습되는 것이라 대표적인 가문을 열거하면, 히라도에서 옮겨 온 통사 가문으로는 나무라(名村), 기모쓰키(肝府), 니시(西), 시즈키(志筑), 모토키(本木), 요코하마(橫山), 이노마타(猪股), 이시하시(石橋) 등이 있고, 나가사키에서 새로이 발탁된 통사 가문으로는 요시오(吉雄), 이마무라(今村), 가후쿠(加福), 호리(堀), 시게루(茂), 나라바야시(楢林), 나카야마(中山) 등이 있었다. 통사의 계급은 기본적으로 통사목부(通詞目付), 대통사(大通詞), 소통사(小通詞), 계고통사(稽古通詞)의 순으로 나눌 수 있는데, 나중에 세분되면서 예를 들어 대통사와 소통사 사이에 소통사조, 소통사병, 소통사말석 등이 생겨났다.

17세기 대표적인 네덜란드 통사이자 난방의로도 이름을 떨친 나라바야시 진잔의 예를 들어 보자. 『아란타통사의 연구(阿蘭陀通詞の研究)』(1985)에 따르면 그의 이름은 통사 초기에 나라바야시 신에몬(楢林新右衛門)에서 후기로 가면 나라바야시 신고베(楢林新五兵衛)로 바뀌는데, 나라바야시 진잔이라는 이름은 통사를 그만두고 의사로서 살아가던 시기의 이름으로 알려져 있다. 그는 1649년 통사 집안인 나라바야시가에서 태어나 어릴 적부터 네덜란드어를 배웠고, 8세이던 1656년에 계고통사로 임명되었다. 18세(1666년) 때 데지마를 출입하던 300명의 통사들이 응시한 시험에서 합격해 소통사가 되었으며, 38세(1686년)에는 대통사로 승진했다. 1698년 네덜란드인과 내통했다는 의심을 받아 대통사에서 해임되면서 통사 집안으로서의 나라바야시가는 폐쇄되었다. 그는 뛰어난 어학적 재능과 조기교육이 합쳐져 어릴 적부터 통사가 되었고,

무려 43년간 통사직을 계속한 대표적인 네덜란드 통사였다.

통사로서 주요 직책이 두 가지가 있었는데, 하나는 연번통사(年番通詞)이고 다른 하나는 에도번통사(江戶番通詞)였다. 연번통사는 나가사키에서 매일매일 일어나는 주요 사무를 직접 처리하는 통사를 말하는데, '年番訳詞'라는 인장을 관리하면서 연번통사를 맡은 그해는 네덜란드 통사들의 대표자 역할을 했다. 연번통사는 연번대통사(年番大通詞)와 연번소통사(年番小通詞) 2명으로 이루어지는데, 나라바야시 진잔은 1668, 1672, 1676, 1680, 1684년에 연번소통사, 1686, 1692, 1695년에 연번대통사를 맡으면서 무려 8차례의 연번통사직을 역임했다.

한편 나가사키에 있던 네덜란드 상관장은 매년 에도의 막부를 찾아가는, 소위 에도 참부(參府)를 해야만 했고, 이때 상관장을 수행하는 통역관이 에도번통사이다. 에도 참부는 히라도 상관 시절인 1633년부터 시작되어 매년 시행되다가, 네덜란드와의 무역량이 줄어들기 시작한 1790년부터는 4년마다 한 번씩 실시되었고, 1850년까지 지속되었다. 네덜란드 측은 대일 무역을 지속적으로 할 수 있게 허락해 준 막부에 대한 감사의 의미로 매년 상관장을 에도로 파견했고, 쇼군을 알현하면서 헌상물도 바쳤다. 이는 네덜란드 스스로 일본의 배타적 무역 상대국임을 확인하는 절차인 동시에, 막부 역시 기독교를 금지하고 네덜란드만이 유럽 유일의 무역국임을 대내외에 천명하려는 의도에서 실시되었다. 이 과정에서 네덜란드 상관장과 수행원은 외부에 노출될 수밖에 없었고, 또한 이 과정에서 일본인이 서양의 지식과 직접적으로 만날 수 있는 장도 마련되었다. 하지만 두 집단 간의 대화는 오로지 네덜란드 통사를 거쳐야만 했다. 따라서 통역관으로서의 에도 참부는 네덜란드 선박 입항 시 필수 절차인 네덜란드 풍설서의 번역과 함께 통사들의 위상을 높일 수 있는 결정적인 기회가 되었다. 어쩌면 에도 참부 시 가장 주목을 받는 주인공은 상관장이라기보다는 에도번통사일 수 있었다.

　나라바야시 진잔은 1673, 1677, 1681, 1685년에 에도번소통사(江戸番小通詞), 1687, 1690, 1693, 1696년에 에도번대통사(江戸番大通詞)를 지내면서 무려 8차례나 에도 참부에 참여하였으니, 당시 그의 어학적 능력과 통사로서의 업무능력이 얼마나 뛰어났는지 미루어 짐작할 수 있다. 네덜란드 상관장의 에도 참부가 에도의 난학 발달에 미친 영향에 대해서는 좀 더 자세히 이야기할 기회가 있을 것이니, 우선 뒤로 미루어 둔다. 나라바야시는 당시 네덜란드 데지마 상관의 뛰어난 의사였던 다니엘 보슈(Daniel Bosch)와 빌럼 호프만(Willem Hoffman)으로부터 서양 의술을 직접 배웠다. 하지만 앞서 말한 대로 통사직에서 해임된 이후 의사로서 개업을 했다. 그는 진료를 하면서 많은 제자들을 키워 냈고, 나라바야시(楢林)류 외과라는 일가를 이룰 정도로 뛰어난 의술을 선보였다. 개업의가 된 지 8년이 지난 1706년 그의 나이 57세에 프랑스인 앙브루아즈 파레(Ambroise Paré)의 외과의학서 난역본을 참고로 해서 『홍이외과종전(紅夷外科宗伝)』이라는 책을 펴냈다. 6권으로 된 이 책은 나라바야시류 외과의 기본 텍스트로 이후 계속 사용되었다.

　이 책의 서문은 에도 시대 초기 뛰어난 주자학자이자 본초학자 겸 지리학자였던 가이바라 에키켄(貝原益軒)이 쓴 것으로도 유명하다. 후쿠오카 번사의 아들로 태어난 가이바라 에키켄은 일생 동안 에도 12회, 교토 24회, 나가사키 5회 등 많은 여행을 하면서 여러 지방의 자연과 인문 현상을 사실적으로 담아낸 여러 편의 지리서를 편찬했다. 대표적인 것으로는 『동로기(東路記)』, 『기사기행(己巳紀行)』, 『축전국속풍토기(筑前国続風土記)』 등이 있다. 1709년 나이 80세에는 중국의 이시진(李時珍)이 쓴 『본초강목(本草綱目)』(1598) 등을 참고로 일본 최초의 본격적인 본초학 서적 『대화본초(大和本草)』를 펴냈다. 이 책은 기존의 본초학 책처럼 중국의 나무와 풀 이름을 고증하여 나열한 것에 그치지 않고, 일본에서 볼 수 있는 여러 목초들을 현장에서 직접 관찰하여 검정한 결과를 삽입했다는 점에서 실증적 본초학의 효시라 할 수 있다. 또한 이 책에는 약용식물뿐 아니라 농산물과 잡초까지 수록되어 있어 박물학, 나아가 물산지리학적 특색도 지니고 있다.

한편 5대 쇼군 도쿠가와 쓰나요시의 취임을 축하하기 위해 1682년 제7회 조선통신사가 파견되었다. 이때 가이바라 에키켄은 후쿠오카 번 아이노시마(相島)에서 통신사 일행과 만나 필담으로 교우한 적이 있다고 한다. 1712년 제8회 조선통신사 일행은 오사카 거리에서 1695년 에도에서 발간된 『징비록(懲毖錄)』이 팔리는 것을 보고 경악했다고 하는데, 이 일본관 『징비록』의 서문을 쓴 것도 가이바라 에키켄이었다. 이후 조선은 대일본 서적 수출을 금지하였다. 잠시 주제에서 벗어났다. 지리학, 본초학 등 실학에 관심을 보이던 정통 주자학자와 한때 대표적인 네덜란드 통사였던 난방의사 사이에 자유로운 교류가 있었다는 사실이 우리로서는 조금 낯설게 여겨진다. 하지만 이를 통해 근세 일본의 학문적 역동성을 이해할 수 있다고 말한다면 너무 지나친 해석일까?

나라바야시 진잔이 난방의를 겸한 통사였다면, 주로 뛰어난 어학력을 바탕으로 일본 근세 초기 난학 발전의 조력자로서 그리고 막부의 서방 정보 획득의 첨병으로서 활약한 이가 바로 이마무라 에이세이(今村英生)이다. 히라도 네덜란드 상관의 호위무사였던 조부가 1641년 상관 이전과 함께 나가사키로 옮겨 오면서 네덜란드 통사로 전업했고, 그 후 부친 역시 네덜란드 소통사를 지냈다. 그 덕분에 이마무라 에이세이는 일찍부터 포르투갈어와 네덜란드어를 익힐 수 있었고, 데지마를 출입하면서 어학실력을 더욱 연마했다. 10대에는 상관의였던 게오르크 마이스터(Georg Meister)의 조수가 되었으며, 그 후 이마무라 나이 20세 때인 1690년에 후임 상관의로 온 엥겔베르트 캠퍼(Engelbert Kämpher)와의 만남은 이마무라 인생에서 대전환점이 되었다. 그는 25세이던 1695년에 계고통사, 다음 해인 1696년에 소통사, 37세인 1707년에 대통사가 되었으며, 1728년 나이 58세에 통사 최고위직인 통사목부에 올랐다. 이는 그의 어학실력이 출중했음은 말할 것도 없고 막부 실력자 나아가 당시 쇼군이었던 도쿠가와 요시무네(德川吉宗)와도 친밀한 관계를 유지했음을 의미한다. 또한 그는 1691, 1692년 캠퍼의 에도 참부 시 그의 종자로서 동행한 적이 있고, 1698, 1702, 1706, 1709년에 에도번소통사로, 1712, 1716, 1724에 에도번대통사로 7차례나 에도번통사로 에도 참부를 수행하였다. 또한 그는 1697, 1701, 1705, 1708년에 연번소통사로, 1711, 1715, 1719, 1723년에 연번대통사로 지내면서 무려 8차례나 연번통사직을 역임하기도 했다.

앞서 언급한 캠퍼는 1690년부터 1692년까지 2년간 데지마의 상관으로 근무하였다. 이 시기 그는 일본에 관한 지지를 쓸 계획으로 정보를 정력적으로 수집했는데, 각종 도서와 생활도구 심지어 외국인이 가질 수 없었던 지도와 불상까지 구입하였다. 이 모든 일을 도운 이가 바로 이마무라였다. 이마무라는 캠퍼로부터 네덜란드어 문법을 비롯해 양학, 의학, 박물학 등을 철저하게 교육받았다. 캠퍼는 귀국 후 당시 모았던 정보와 견문을 가지고 *Heutiges Japan*(오늘의 일본)이라는 책으로 정리했지만, 생전에 발간하지는 못했다. 이 책은 그가 죽은 지 11년이 지난 1726년에 *The History of Japan*이라는 제목으로, 영국 왕실 의사이자 수집가인 한스 슬론(Hans Sloane) 경에 의해 런던에서 발간되었다. 이 책은 평판이 좋아 프랑스어와 네덜란드어로도 번역되었다. 캠퍼는 원고의 서문에 일본인 조수의 협력을 받았다고 언급은 했지만 이마무라라는 이름은 찾을 수 없었다. 하지만 캠퍼와 이마무라 간의 고용계약서가

1990년 발견됨으로써 그 조수가 바로 이마무라였음이 밝혀졌다.

이 책은 일본 외교사에서 특별한 의미를 지닌다. 바로 근세 일본의 외교정책을 '쇄국'이라는 한 단어로 캡슐화하는 계기가 된 책이 바로 이 책이기 때문이다. 로널드 토비(2008)의 글을 통해 이 이야기를 정리해 보면 다음과 같다.

'쇄국'이라는 단어는 일본의 근세를 이야기할 때 꼭 따라다니는데, '쇄국령' 등으로도 널리 사용되고 있다. 그러나 '쇄국'이라는 용어는 17세기까지 존재하지 않았다. …… 그렇다면 쇄국이라는 용어는 언제 처음 사용되었을까? 1801년 나가사키 통사였던 시즈키 다다오(志筑忠雄)가 외국문서를 번역하면서 표제로 사용한 것이 처음이다. 그 표제의 원뜻대로 번역하면, "지금의 일본인이 전국을 닫고 국민에게 나라 안팎을 가리지 않고 이역 사람과 통상하지 않게 하는 것은 실로 이익인가, 그렇지 않은가"였다. 이것이 너무 길다고 여겼는지 시즈키는 '나라를 닫다'라는 어구를 한자로 채택해 '쇄국'이라는 새로운 용어를 만들고, 그 제목으로 '쇄국론'이라 했다.

시즈키가 번역한 책이 바로 캠퍼 원본(영어본)의 난역판인데, 그는 이 책 부록의 마지막 장인 제6장을 번역했고 거기에 보론(補論)을 첨부하고는 '쇄국론'이라는 제목으로 책을 펴냈다. 그는 보론에서 "일본인은 소크라테스 학문과 마찬가지인 공자의 학문을 유일한 도덕으로 삼아 발달한 문화를 향유하고 있다. 그리고 쇼군 요시무네(吉宗)는 국내를 잘 통치하고 있고 그 덕분에 국민은 번영하고 있다. 따라서 일본이 외국과 불필요한 통교를 피하는 정책을 유지하는 것은 타당하다."고 주장하였다. 즉, 서양인 캠퍼가 지녔던 일본 및 일본인상을 근거로 일본인의 우수성을 지적했고, 러시아 세력이 남하하던 당시의 국제정세하에서 일본 국내의 화합을 도모하려는 의도에서 이 책이 쓰인 것임을 알 수 있다. 이 책은 이후 19세기 중반까지 '쇄국과 양이'라는 일본 외교정책의 기조가 되었을 뿐만 아니라, 최근까지 '쇄국'이라는 그 단어가 주는 의미에 사로잡혀 근세 일본이 쇄국을 했다는 주장으로 이어졌다.

이외에도 통역사로서 이마무라의 활약은 곳곳에서 볼 수 있다. 이마무라의 탁월한 어학 능력은, 6대 쇼군 이에노부(家宣)의 최측근이었던 아라이 하쿠세키(新井白石)가 밀입국한 이탈리아 선교사 조반니 시도티(Giovanni Sidotti)를 심문하는 과정에서도 그 빛을 발했다. 아라이는 심문하면서 얻은 서양에 관한 지식을 자신의 대표적인 저작 『서양기문(西洋紀聞)』과 『채람이언(采覽異言)』으로 결실을 맺었다. 한편 외국 사정에 특히 관심이 많았던 8대 쇼군 요시무네는 이마무라를 자신의 직속통역사(御用方通詞)로 채용했는데, 이마무라는 쇼군의 입과 눈과 귀가 되어 통역사로서 크게 활약하기도 했다.

서양 지식의 전래

앞서 이야기했듯이 일본에서는 1630년대 '쇄국령'과 더불어 횡으로 쓴 책(서양 서적)이나 서양 한역서의 수입이 전면 금지되었다. 천문, 지리, 지도 등에 관한 책도 마찬가지라, 16세기 중·후반 일본에 온 포르투갈, 에스파냐 선교사들이 전했던 세계지리 및 천문학에 관한 일부 지식은 그 이후 계속된 기독교의 탄압과 함께 점차 일본인의 머릿속에서 사라졌다. 하지만 예외가 있었으니, 그것은 중국에 파견된 예수회 신부들의 저작물과 지도였다. 중국은 정화의 원정처럼 일시 예외적인 시기도 있었지만 15세기 이래 명과 청을 해금(쇄국)정책으로 일관하면서 나라의 문을 굳게 걸어 잠그는 바람에 물산 교역은 물론 기독교 포교도 쉽지 않았다. 이러한 상황에서 포교의 단초를 연 사람이 바로 이탈리아 신부 마테오 리치(Matteo Ricci)와 미켈레 루지에리(Michele Ruggieri)

였다. 그들은 천문학, 지리학, 수학 등 고도의 실용지식을 겸비한 교양인이었으며, 중국의 높은 문화를 인정하고는 현지의 습속과 문화에 철저하게 순응하면서 포교활동을 펼쳤다. 중국어를 배우고 중국 고전을 공부해 스스로 한문으로 책을 쓸 정도에 이르자, 중국 지식인들로부터 환대를 받기 시작했다. 결국 조정의 신뢰도 얻어 1601년에는 베이징 거주가 허용되었다. 물론 그 이전에 루지에리는 유럽으로 돌아갔기에, 베이징 정착에 성공한 이는 다름 아닌 리치였다. 또한 한문으로 번역된 서양의 신지식은 중국에서 큰 반향을 불러일으켰을 뿐만 아니라, 일본과 조선 등 동아시아 한자문화권에도 전해졌다. 1605년 9월, 베이징에서 리치가 로마에 있는 어느 예수회 신부에게 보낸 편지에는 다음과 같이 쓰여 있었다.

우리가 한문으로 쓴 책들이 일본에서 크게 도움이 되고 있다는 것을 들으니 매우 위안이 됩니다. 아마 한문이 일본에서도 통하기 때문일 것입니다. ······ 중국에서 온 것이기 때문에 이들 책이 일본에서 대단한 권위를 가진다고 합니다.

이 글에서 우리는, 중국에 정착한 예수회 신부들이 펴낸 한역서가 포교는 물론 서양 지식과 사상의 보급에도 일조하면서 그 영향이 중국에 한정되지 않고 일본과 조선 등 한자문화권에 미쳤음을 알 수 있다. 이들 책은 금서령이 내리기 이전인 17세기 초, 선교사나 중국 무역선을 통해 일본에 적지 않게 들어왔다. 일본 지식인의 경우 한문에 익숙한 탓도 있겠지만 설령 그 내용이 서양 지식이라 할지라도 그 저자가 서양인이라는 사실에 그다지 거부감을 느끼지 않을 것이다. 왜냐하면 일본은 이미 16세기 중엽부터 선교사나 남만무역을 통해 서구의 신지식과 접촉한 경험이 있기 때문이며, 또한 고래로부터 중국에서 선진문물을 받아들였기 때문에 설령 그것이 서양 한역서라 할지라도 또 다른 새로운 지식으로 받아들일 수 있었다. 하지만 금서령에 의해 기존의 모든 한역서는 사라지거나 지하로 숨어들었고, 새로운 한역서는 더 이상 일본으로 들여올 수 없게 되었다.

하지만 유독 리치의 『곤여만국전도(坤輿万国全図)』만은 예외였다. 1602년 중국에서 발간된 이 지도는 이듬해 조선에 전해졌으며, 일본에도 1603년에서 1606년 사이에 전해진 것으로 알려져 있다. 이 지도는 중국인에게 새로운 세계관을 이식시키기 위해 만든 것이지만, 주변 여러 나라에도 재빨리 전해져 부차적인 효과를 거두었다. 이 지도가 한자문화권에 미친 영향으로, 첫째, 지구의 형태가 평평하지 않고 구체라는 지구구체설을 제공했고, 둘째, 대지는 신대륙이 포함된 5대륙으로 이루어져 있다는 세계상을 제시했으며, 셋째, 외국지명 및 지리학 용어의 한자 표기 등을 들 수 있다. 이는 예수회 선교사와 중국인 협력자의 끊임없는 노력의 결과였던 것이다. 특히 이 지도에 표기된 유럽어 음역 한자 표기는 에도 시대 외국지명 표기법으로 정착하여 일본인의 해외지식 보급과 향상에 크게 이바지했다. 물론 리치의 『곤여만국전도』가 조선의 서양지명 표기에도 큰 영향을 미쳤음은 자명한 일이다.

사실 리치의 『곤여만국전도』는 서적이 아니라 지도였기 때문에, 1630년 금서령 반포 당시 금서 32종에 포함되지 않았다. 하지만 『천주실의(天主實義)』를 비롯한 이들 금서 대부분이 리치의 것이었고, 지도에 '이마두찬(利瑪竇撰: 리치의 중국 이름이 利瑪竇)'이라는 글씨와 예수회 문장이 새겨져 있었기 때문에 일반인이 공공연하게 소지하는 것은 아마도 조심스러웠을 것이다. 1602년 초판본 『곤여만국전도』는 현재 모두 4점이 남아 있는데, 이 중 3점이 일본에 있으며, 재판본 내지 개정판이 2점 더 남아 있다. 일본에서 모사된 『곤여만국전도』는 수십 점에 달하지만, 현재 우리나라에 소장된 『곤여만국전도』는 조선시대에 모사된 것으로 서울대학교박물관에 1점 소장되어 있다. 일본에 모사본이 이처럼 많은 것은 금서령 완화 이후 중국으로부터 수입된 리치의 『곤여만국전도』를 모사한 것들이라 생각되지만, 리치의 『곤여만국전도』가 일본 사회에 미친 영향이 중국이나 조선에 비해 매우 컸음을 반증하는 것으로 볼 수 있다.

'쇄국령'이 발효된 지 10여 년이 지난 1645년, 『곤여만국전도』는 「만국총도(万国総図)」라는 새로운 형식의 지도로 탈바꿈하면서 나가사키에서 목판으로 발간되었다. 「만국총도」는 리치의 『곤여만국전도』와 마찬가지로 타원형이지만, 크기도 작고 지명이 다르거나 다른 위치에 있는 것도 있어 『곤여만국전도』의 완전한 복사본은 아니다. 또한 90° 왼쪽으로 돌려져 족자로 사용되었을 것으로 판단되며, 어떤 경우 「만국총도」와 「세계인물도」가 하나로 합체된 것도 있다. 이후 모각본, 이판, 모사본 등이 계속해서 나가사키뿐만 아니라 교토와 에도에서 발간되면서 세간에 유포되었다. 현재 「만국총도」 계열 세계지도는 10점 정도 남아 있다. 이 정도의 지도나 인물도 수준의 세계지리 지식에 만족해야 했던 '쇄국' 초기 일본에 특별한 인물이 등장하였으니, 그가 바로 나가사키의 대표적인 천문학자 니시카와 조켄(西川如見: 1648~1724)이다.

1648년 나가사키 상인의 아들로 태어난 니시카와 조켄은 어릴 적 유학을 배웠고, 특히 고바야시 겐테이(小林謙貞)로부터 천문, 역법, 측량학을 전수받았다. 고바야시는 홍모(네덜란드)류 일반측량술과 남만(포르투갈)류 항해측량술을 모두 전수받은 서양 측량술의 개조(開祖)로 불리는 인물이며, 서양 천문학에도 능했다고 한다. 사실 나가사키는 다른 지역에 비해 서양 천문학이 일찍 도래한 곳이다. 1549년 일본으로 와 2년간 포교하다가 떠난 프란시스코 사비에르(Francisco Xavier)는 로마의 예수회 본부에 다음과 같은 편지를 보냈다.

일본인은 내가 본 다른 어느 이교도 국민보다도 호기심, 지식욕이 많아 제한 없이 질문을 해댄다. …… 일본으로 오는 신부는 학식을 갖추어 질문에 답할 수 있는 철학자(지식이 풍부한 인물이라는 의미)이기를 희망한다. 특히 우주의 현상에 대해 자세히 알수록 좋다. 왜냐하면 일본인은 천체의 운행, 일식, 달이 차고 기우는 이유에 대해 열심히 질문하고, 빗물의 기원, 천둥과 번개, 혜성 등에 대한 설명을 대단히 좋아하기 때문이다.

사비에르의 요청으로 파견된 신부들은 천문학에 대한 지식이 풍부했기에, 일본인들은 그들로부터 서양의 새로운 천문학 지식을 배울 수 있었다. 1580년경 선교사들에 의해 선교사 양성학교인 콜레지오(Colegio)가 개설되었는데, 여기서도 기독교 교리와 서양 천문학이 강의되었다. 천문학 강의 내용으로 현재까지 전해지는 것은 에스파냐 출신 선교사 페드로 고메스(Pedro Gomez)가 강의용 교재로 쓴 『천구론(天球論)』이 있다. 또한 막부의 탄압으로 기독교를 포기한 포르투갈 출신 선교사 크리스토방 페헤이라[Cristóvão Ferreira: 일본 이름은 사와노 주안(沢野忠庵)]가 구술한 『천문비용(天文備用)』, 『건곤변설(乾坤弁說)』 등이 있다. 그는 『남만류외과비전(南蛮流外科秘伝)』이라는 의학서도 남기면서 서양 과학을 일본에 전하는 데 크게 기여했다. 이들이 전한 천문학을 남만천문학이라 하는데, 코페르니쿠스의 태양중심설(지동설)이 아니라 지구를 중심으로 천체가 돈다는 천동설이 바탕이 되었다. 따라서 시대에 뒤떨어진 것이긴 하지만, 사람이 살고 있는 지구가 평면이 아니라 구체라는 것을 일본인에게 처음으로 전했다는 점에서 큰 의미를 지닌다. 이들로부터 남만천문학을 배운 사람 가운데 하야시 기치에몬(林吉右衛門)이라는 자가 있었는데, 그는 기독교 박해 과정에서 처형되었고 그의 제자 고바야시 겐테이도 연좌제로 21년간 복역하다 1667년에 풀려났다. 당시 20세였던 니시카와 조켄은 고바야시로부터 남만천문학을 배울 수 있었다.

니시카와의 가장 큰 업적으로 언급되는 『화이통상고(華夷通商考)』는 일본 최초의 근대식 세계지리서로, 그의 나이 48세이던 1695년에 교토에서 발간되었다. 서양의 학술과 지식을 배우는 것이 엄격하게 제한되던 때였지만, 그는 나가사키라는 장소가 지닌 이점을 활용하면서 해외에 관한 정보를 수집해서 세계지리서를 편집해 출판할 수 있었다. 물론 그는 네덜란드 통사가 아닌 유학자이자 일본 자생의 남만천문학자였기 때문에 난학자로는 분류되지 않는다. 『화이통상고』는 상하 2권으로 되어 있는데, 상권은 중화 15성에 대해, 하권은 외국(外國: 유교, 도교, 불교가 미치는 한자권 국가)과 외이(外夷: 횡문자를 사용하는 국가)에 대해 일본으로부터의 거리, 기후, 물산, 풍속 등을 상세히 기록하였다. 따라서 이 책은 상업주의적 관점에서 만들어진 세계지리서라 할 수 있다. 중화 15성이란 난징, 베이징, 산둥 성, 산시 성(山西省), 허난 성, 후난 성, 산시 성(陝西省), 장시 성, 저장 성, 푸젠 성, 광둥 성, 구이저우 성, 쓰촨 성, 윈난 성을 말한다. 외국은 조선, 류큐, 대만, 베트남 중북부이고, 외이는 중국인과 교역을 하는 나라(동남아시아의 여러 나라)와 네덜란드인과 교역하는 나라(인도양 연안 여러 나라, 유럽 등), 일본에 도항이 금지된 나라(에스파냐, 필리핀, 잉글랜드, 인도 등) 등으로 나누어 기술하였다.

교토에서 출판된 이 책은 나가사키 지식인에게만 머물고 있던 해외 지식을 널리 보급하는 데 기여하면서 일반인의 이국에 대한 관심을 자극하였다. 이 책의 기본 자료가 되었던 책은 나가사키 당대통사(唐大通事) 하야시 도에이(林道栄)가 쓴 『이국풍토기(異国風土紀)』와 또 다른 당통사 에가와 도자에몬(頴川藤左衛門)과 네덜란드 통사 니시 기치베(西吉衛兵)가 쓴 『제국토산서(諸国土産書)』라고 한다. 당통사는 네덜란드 통사와 달리 '통사'의 '사'를 '詞'가 아닌 '事'로 쓰는데, 이는 이들 두 통사를 구분하기 위함이다.

니시카와는 『화이통상고』를 펴낸 지 2년 후인 1697년, 자신의 나이 50세부터 칩거하면서 오로지 집필에 몰두하였다. 그리고 초판이 나온 지 13년이 지난 1708년에 증보판 『증보화이통상고(增補華夷通商考)』을 펴냈다. 일부 교정과 개정은 있으나 내용 면에서 초판과 크게 달라진 것은 없었으며, 다만 외이에 문자가 없는 나라(유럽, 아프리카, 남북 아메리카 등)를 새로 삽입하였다. 이 과정에서 중국 주재 선교사 줄리오 알레니(Giulio Aleni)가 쓴 한역 세계지리서 『직방외기(職方外紀)』를 참고한 것으로 확인되었다. 당시 이 책은 금서 목록에 들어 있던 것이지만, 니시카와가 몰래 어쩌면 공공연한 비밀로 되어 있던 것을 이용했을 것으로 생각된다. 증보판의 또 다른 의의는 이를 통해 남북 아메리카가 일본에 처음으로 소개되었다는 사실이다. 또한 4점의 인물도와 2점의 지도가 삽입된 것이 달라졌다면 달라진 것인데, 2점의 지도 중 하나가 「지구만국일람지도(地球万国一覧之図)」로 리치의 『곤여만국전도』를 간략하게 수정한 것이었다.

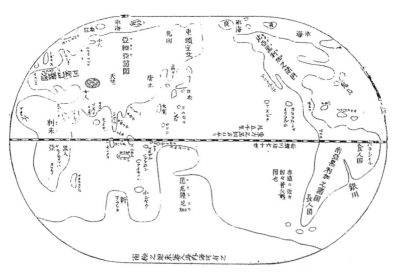

그림 2.1 니시카와 조켄의 「지구만국일람지도」

니시카와는 1712년에 『천문의론(天文義論)』, 1714년에 『양이집설(兩儀集說)』이라는 천문학 및 자연지리 책을 펴냈다. 그는 여기서 남만천문학의 기조에 따라 지구는 구체이나 천체는 지구를 중심으로 회전한다는 천동설을 주장했다. 하지만 조석, 일식, 월식 등에 대해 비교적 정확한 설명을 했으며, 일본에서는 처음으로 기후오대론(氣候五帶論: 한대–온대–열대–온대–한대)을 도입하였다. 이것이 계기가 되어 1719년 호학 군주, 특히 천문 및 역법에 관심이 컸던 쇼군 요시무네의 소환을 받아 에도로 갔고, 당시 개력(改曆: 역법개혁) 추진에 대해 자문을 하였다. 천문방이 되어 달라는 요시무네의 요청에, 자신은 이미 70이 넘었다고 거절하고는 아들 니시카와 마사야스(西川正休)를 천문방으로 대신 추천했다. 하지만 마사야스는 개력을 둘러싼 기존 세력들과의 논쟁에서 밀려나면서 결국 개력 작업에 참여하지 못했다. 이에 대한 자세한 이야기는 다음으로 미룬다.

이 시기를 전후로 니시카와 조켄의 필력이 절정에 오르는데, 1720년 그의 나이 73세에 『일본수토고(日本水土考)』를 펴냈다. 여기서 그는 "……일본은 결코 작은 나라가 아니며, 대국과는 거친 바다로 격리되어 있어 요새가 견고한 나라이다."라고 주장하면서 자신의 국토관을 집약적으로 나타냈다. 또한 일본 국토의 우수성을 지적하면서 그것을 과학적으로 해석하려 했으니, 어쩌면 19세기 말 시가 시게타카(志賀重昻)의 『일본풍경론(日本風景論)』에서 말하는 국수주의적 국토관과 미학관의 원조가 니시카와라고 말한다면 지나친 해석일까? 게다가 그는 이 시기에 『정인낭(町人囊)』(1719), 『정인낭저불(町人囊底払)』(1719), 『백성낭(百姓囊)』(1721)을 펴내는데, 이 책 모두 세계지리에 관한 책으로 사람의 고향 만족, 사람의 수명, 문자와 언어, 풍속과 도덕, 도작농업 등에 대해 비교·고찰하였다.

니시카와의 후기 저작 중에서 특이한 것으로, 세계 각국 민족의 모습을 그림으로 간명하게 소개한 책자인 『사십이국인물도설(四十二国人物図説)』을 들 수 있다. 이는 앞서 언급한 「만국총도」의 「세계인물도」를 근거로 해서, 인도 와 중국 등에 대해서는 그 이후에 얻은 정보로 보완하였다. 네덜란드 상관으 로부터의 풍설서나 에도 참부 시 제공된 해외정보는 기본적으로 막부 관리하 에 극비로 붙여졌으니, 당시 일반인의 해외지식은 거의 상상으로 뒤범벅이 된 흥미 본위의 것일 수밖에 없었다. 게다가 『화이통상고』와 같은 서적을 접할 수 없었던 일반 민중에게 그림으로 된 이 책이야말로 이국 세계에 대한 관심 과 흥미를 불러일으키는 계몽적 역할을 했음은 자명한 일이다.

아라이 하쿠세키

이제 이 시기 또 다른 유형의 세계지리 책에 대해 이야기해 보려 한다. 『서 양기문(西洋紀聞)』과 『채람이언(采覽異言)』이 그것인데, 이 책을 쓴 아라이 하 쿠세키(新井白石: 1657~1725)는 앞서 언급한 평민계급의 시나카와 조켄과는 달리 제6대 쇼군 이에노부(家宣), 제7대 쇼군 이에쓰구(家継) 아래서 막강한 권력을 휘두른 인물이었다. 아라이 하쿠세키는 일본 정통 주자학 계열의 인 물로 고학(古学) 혹은 고의학(古義学)을 주장하면서 주자학에 반기를 들었고, 그 결과 난학 수용의 사상적 기반을 제공할 수 있었던 오규 소라이(荻生徂徠: 1666~1728)와는 동시대 인물이었다.

도쿠가와 막부의 기본 이념은 주자학이었지만, 조선의 주자학과는 근본적 으로 달랐다. 일본의 유학은 12세기 선종의 도래와 함께 일본 불교계에 소개 되었으며, 학승들의 기초 교양으로 보급되어 가르쳤다. 도쿠가와 막부의 성립 초기 주자학이 체제 교학으로서 자리 잡았고, 그 결과 하나의 학파로서 유학,

일군의 학자로서 유학자로 입신하면서 불교로부터 독립해 나갔다. 사실 17세기 초 막부를 연 이에야스를 비롯한 초기 위정자들이 주자학에서 추구하는 계층 간의 엄격한 위계질서와 명분론을 얼마나 매력적으로 받아들였을 것인가는 상상하고도 남는다.

하지만 일본의 주자학을 살펴보면 관학으로서의 조선 주자학과는 여러 면에서 큰 차이를 발견할 수 있다. 기본적으로 일본의 유학은 초기부터 학문의 가업 승계와 같은 가학(家學)적 성격을 지니고 있었다. 이에 하야시(林)가로 대표되는 특정 가문이 대대로 막정(幕政)에 깊숙이 관여하면서 현실정치에도 적극적으로 참여하였다. 주자학이 막부의 비호 아래 '관학'의 반열에 오르고 18세기 후반 주자학 이외의 모든 학문을 금지하는 '이학금지령(異學禁止令)'이 내려지기도 했다. 하지만 도쿠가와 막부 시대 내내 주자학은 양명학파, 고학파, 나아가 일본 신도(神道)와 결합된 유파[안사이학파(闇齋学派)나 미토학파(水戶学派)] 등과 병존하면서, 각자 자기 학문의 정통성과 유효성을 위정자에게 호소하였다. 사실 조선에서의 주자학의 계보와 사상적 영위는 무척 복잡하고, 그것을 논하는 것은 필자의 능력 밖인 동시에 관심 밖이기도 하다. 하지만 조선의 주자학은 주지주의적 경향이 극도로 강해 심오하다고 말할 수는 있겠지만 지나치게 사변적이고 명분론에 집착한 나머지 예학이라는 형식주의에 매몰되었다고 볼 수 있다. 또한 조선의 유학은 주자의 해석 이외에 어떤 해석도 용납하지 않고 나머지는 모두 사문난적으로 몰아붙이는 교조주의적 특성을 지녔다는 정도는 지적되어야 할 것이다.

앞서 언급했듯이 일본에서 주자학이 선승들의 교양에서 하나의 학문으로 독립된 것은 도쿠가와 막부 초기인데, 이에 적극적으로 기여한 이가 하야시 라잔(林羅山)과 그의 스승인 후지와라 세이카(藤原惺窩)였다. 후지와라는 정유재란 당시 왜군의 포로가 되어 일본에 억류되었던 조선 유학자 강항(姜沆)과의 교류를 통해 주자학을 체계화할 수 있었고, 이를 바탕으로 주자학이 막부의 체제 교학으로 채택되는 데 결정적인 기여를 하였다. 한편 하야시 라잔은 후지와라의 천거로 23세의 어린 나이에 이에야스의 브레인 중 한 명이 되면서 막정에 관여했다. 이후 제4대 이에쓰나(家綱)에 이르기까지 막부에 출사하면서 도쿠가와 막부 초기의 토대를 마련하는 데 크게 기여했다. 특히 1630년 제3대 쇼군 때부터 에도의 우에노(上野) 시노부가오카(忍岡)에 토지를 받아 사숙, 문고, 공자사당을 지었다. 건축 당시 처음에는 이곳을 '선성전(先聖殿)'이라 불렀으며, 나중에 '시노부가오카 성당(忍岡聖堂)'이라 불렸다.

초기 하야시 라잔은 제자백가로부터 일본 고전에 이르기까지 다방면에 통달했지만, 스승 후지와라가 죽은 후 주희의 이기론(理氣論)과 일본 고래의 신도론을 제외하고는 모두 배척했다. 특히 불교에 대한 비판은 혹독했는데, 불교가 피안주의(彼岸主義)에 서서 현세의 인간사회 제 문제를 회피하고 내세를 말하는 허망한 종교라 비판했다. 아들 하야시 가호(林鵞峰)는 1657년 라잔의 사후 하야시가를 계승하면서 막정에도 참여했다. 이는 주로 4대 쇼군 이에쓰나 때 일이었고, 부친에 이어 그 역시 대학두(大学頭)라는 명칭을 계속 사용하는 것이 허용되었다. 1680년 하야시 가호가 죽자 그의 아들 하야시 호코(林鳳岡)는 아버지의 직과 녹봉을 이으면서 제4대 쇼군부터 제8대 쇼군까지 막정에 관여했는데, 특히 5대 쇼군 쓰나요시(綱吉)와 8대 쇼군 요시무네(吉宗)의 신임이 두터웠다. 1691년 우에노 시노부가오카에 있던 '시노부가오카 성당'은 유시마(湯島)로 옮기면서 '유시마 성당(湯島聖堂)'으로 바뀌었고, 하야시 호코가 이곳 학문소를 장악하면서 대학두라는 관직은 계속해서 하야시가로 세습되었다. 이것이 나중에 쇼헤이자카(昌平坂)로 이사하면서, 1790년에 세워진 막부 직속 최초의 관학교인 쇼헤이자카학문소(昌平坂学問所)의 기초가 되었다.

그렇다면 하야시 호코가 잠시 정치권에서 배제되었던 6대 쇼군 이에노부, 7대 쇼군 이에쓰구 때 활약한 유학자는 누구일까? 바로 그가 다음에 언급할 아라이 하쿠세키이다. 후지와라 세이카에게는 4명의 걸출한 제자가 있었는데, 하야시 라잔, 마쓰나가 세키고(松永尺五), 나바 갓쇼(那波活所), 호리 교안(堀行庵)이 그들이며, 보통 이들을 세이카 문하의 사천왕(窗門四天王)이라 부른다. 하야시 라잔의 주자학은 앞서 말한 것처럼 아들 하야시 가호와 손자 하야시 호코로 이어졌고, 막부의 관학 반열에 오르면서 승승장구하였다. 하지만 나머지 세 제자 중에서 마쓰나가 세키고에게서만 걸출한 제자가 나오는데, 그가 기노시타 준안(木下順庵)이고 기노시타의 제자가 아라이 하쿠세키이다. 독학에 독학을 거듭하던 아라이 하쿠세키는 나이 30세이던 1686년에 당대 대표적인 주자학자인 기노시타 준안의 문하가 되었고, 기노시타의 천거로 고후 번(甲府藩)에 출사를 하게 되었다. 이때가 그의 나이 37세이던 1693년이었다. 당시 고후 번 번주인 도쿠가와 쓰나토요(德川綱豊)는 하야시가에 제자 천거를 부탁했지만, 당시 쇼군인 5대 쓰나요시로부터 소외되어 있던 쓰나토요에게 미래가 없다고 판단한 하야시 호코는 부탁을 거절했다. 쓰나토요는 어쩔 수 없이 차선책으로 기노시타에게 천거를 부탁했고, 기노시타는 뛰어난 재능을 보인 자신의 제자 아라이 하쿠세키를 천거하였다. 하지만 한 치 앞도 알 수 없는 것이 세상사라, 쓰나토요는 그 후 1704년에 세자가 되었고 이름도 이에노부(家宣)로 바꾸었다.

그 후 1709년 쇼군에 등극했는데 그가 바로 6대 쇼군 도쿠가와 이에노부이다. 하쿠세키는 일개 하타모토(旗本: 에도 시대에 쇼군직속 가신단 중 1만 석 이하의 녹봉을 받던 무사)에 불과했지만 쇼군의 비호 아래 과감한 정치개혁을 단행할 수 있었다. 그중 대표적인 경제정책은 화폐 개주(改鑄)와 나가사키 무역의 축소인데, 이 모두 대외무역 적자로 17세기 연평균 1,500톤에 달하던 은의 유출을 막아 내기 위함이었다. 사실 5대 쇼군 쓰나요시 시대는 유교에 기초한 문치정치로 문화가 고양되고 학문이 장려되던 호학(好學)의 시대였다. 또한 상품경제가 발달하고 도시가 번영함에 따라 경제력을 지닌 신흥 상인들이 늘어나고 소비 역시 활성화되었다. 무사의 화폐 지출은 당연히 늘어났지만 봉록이나 석고에 의존하는 무사들의 생활은 더욱 곤궁해졌고, 막부와 번의 재정은 점점 어려워졌다. 결국 1695년 간조쿠미가시라(勘定組頭: 재정 담당관)였던 오기와라 시게히데(荻原重秀)는 화폐 부족에 대처하고 막부 재정을 튼튼히 하기 위해 은화의 순도를 종래의 80%에서 64%로 떨어뜨리는 통화절하를 실시했다. 그 결과 막부 재정의 일시적 활황으로 국내적으로는 경제가 윤택해졌지만, 대외적으로는 일본의 주요 수출품인 은의 가치를 떨어뜨려 결과적으로는 일본 내 수입품의 액면가 인상을 초래하였다.

6대 쇼군 이에노부 밑에서 막부 권력을 장악한 하쿠세키는 은화에서 은의 함유량을 원래로 되돌리는 화폐 개주를 단행하면서, 은의 유출을 막고 이를 통해 인플레이션을 진정시키려는 노력을 했다. 하지만 실제로는 경제성장에 동반된 통화 수요 증가에 자연스럽게 대응하려던 오기와라의 정책을 백지화시키는 결과를 가져왔다. 그 결과 통화가 위축되고 경제상황도 나빠지면서 다른 막신들과의 갈등을 초래하였다. 또 다른 개혁 중의 하나는 조선통신사 접대에 따른 막부 재정의 악화를 이유로 통신사 접대의 간략화를 시도했고, 대조선 외교문서에서 쇼군가의 호칭을 '일본국대군'에서 '일본국왕'으로 바꾸었다. 1712년 이에노부가 서거하고 후임 이에쓰구도 1716년 서거하면서 8대 쇼군 요시무네가 취임하자, 하쿠세키는 곧장 실각되었다. 또한 하쿠세키 주도하에 이루어진 대부분의 정책은 원상태로 돌아갔는데, 가장 대표적인 사례가 바로 무가제법도(武家諸法度)의 환원이었다.

무가제법도란 도쿠가와 막부가 다이묘나 막부의 가신 등 무가들을 통제하기 위해 만든 법으로, 막번 체제의 근간을 이루는 것이었다. 1611년 막부가 무가들로부터 받아 낸 서약서 3개 조항에 10개 조항을 덧붙이면서, 1615년 2대 쇼군 히데타다가 공포한 것(元和令)이 그 시작이다. 1635년 하야시 라잔이 초안한 간에이령(寬永令)은 19개 조항으로 늘어났는데, 참근교대제(參勤交代制)와 대선건조금지령(大船建造禁止令)도 이때 포함되었다. 1663년(寬文令), 1683년(天和令)에 이어 1710년 아라이 하쿠세키의 주도하에 쇼도쿠령(正德令)이 반포되었다. 여기서는 한문체가 아닌 일문체를 사용해 무가들이 반드시 지켜야 할 사항들을 보다 구체적으로 지시하였다. 하지만 요시무네가 8대 쇼군이 되면서 1717년 쇼도쿠령은 폐기되고 교호령(享保令)이 반포되었다. 이는 이전의 덴호령(天和令)으로 돌아갔음을 의미하며 이후 무가제법도는 개정되지 않았다. 물론 하쿠세키가 추진했던 조선통신사 응대의 간소화 정책 역시 없었던 것이 되고 말았다.

세계지리: 『서양기문』과 『채담이언』

8대 쇼군 요시무네의 등극으로 실각한 아라이 하쿠세키는 칩거하면서 집필에 돌입해 역사서, 철학서, 지리서 등 많은 저술을 남겼다. 그중에서 지리서를 집필하게 된 계기는 남다르다. 1708년 규슈 남단의 야쿠시마(屋久島)에 이탈리아 선교사 시도티(G. B. Sidotti)가 잠입했다. 야쿠시마는 현재 가고시마 현 남쪽에 있는 섬으로 가고시마에서 쾌속선으로 2시간가량 걸린다. 조총 전래지로 유명한 그리고 현재 일본 항공우주센터가 있는 다네가시마(種子島)는 야쿠시마 바로 옆에 있다. 야쿠시마는 일본 세계자연유산 제1호로 선정된 아열대 삼나무가 울창한 섬이다. 수령 3,000년 이상의 삼나무도 많은데 그중 가장 유

명한 것이 '조몬스기(繩文杉)'이다. 또한 이 섬은 미야자키 하야오(宮崎駿) 감독의 인기 애니메이션 '모노노케히메(もののけ姫)'의 배경이 된 곳이기도 하다.

다시 돌아가, 다음 해인 1709년 정권을 잡은 이에노부의 특명으로 아라이 하쿠세키는 시도티의 심문을 맡게 되었다. 둘 사이의 만남은 이렇듯 운명적이었으며, 두 사람은 서로의 인품과 학식에 매료되어 신뢰관계가 구축되었으며 죄인이나 야만인이 아니라 인격적으로 서로 존중하면서 심문이 진행되었다. 하쿠세키는 시도티의 박식함과 솔직한 태도에 감동했으며, 세계에 관한 지식을 넓히는 천재일우의 기회로 삼았다. 이 두 사람 사이의 통역은 이미 언급했던 네덜란드 통사 이마무라가 맡았는데, 그들의 소통 언어는 의외로 라틴어였다. 처음 야쿠시마에서 호송되어 나가사키에 도착한 시도티는 네덜란드라는 나라를 극도로 싫어했기에 네덜란드어 사용을 거부했다. 결국 나가사키 부교는 시도티가 나가사키에 머무는 1년 동안 네덜란드 통사들로 하여금 라틴어를 배우게 했다. 하지만 통사들의 라틴어 실력이 고만고만해서 결국 하쿠세키와의 심문에서는 라틴어와 네덜란드어가 혼용되었고, 나중에 시도티는 통사들의 네덜란드어 오류를 지적하기도 했다고 한다. 하쿠세키는 심문과정에서 시도티의 박식함에 자극을 받아 세계에 대한 탐구심이 발동했고, 앞서 니시카와의 『화이통상고』와 데라시마 요야스(寺島良安)의 『화한삼재도회(和漢三才図會)』를 비롯한 각종 한역서를 참고하면서 기초 지식을 보강하였다. 결국 막부에 보관된 세계지도를 이용했을 뿐만 아니라 유럽을 비롯한 세계 여러 나라의 지리와 정세를 시도티에게 문의했다. 의문이 나면 에도 참부에 온 네덜란드 상관장 등에게 문의하는 등 자신이 구할 수 있는 모든 정보를 동원해 세계지리서 『서양기문(西洋紀聞)』을 완성하였다.

하쿠세키는 시도티의 심문에 세계지도를 사용했는데, 그 지도는 마테오 리치의 『곤여만국전도』였다. 하쿠세키는 '이마두찬'이라고 쓰여 있는 지도를 보여 주면서 이 지도제작자를 아느냐고 물었지만 시도티는 알지 못한다고 대답했다. 이 대답에 하쿠세키는 이마두를 유럽인이 아니라 유럽에서 공부한 중국인일 거라고 오해했다는 일화도 있다. 실제로 심문 당시는 『곤여만국전도』가 나온 지 100년이 넘었으며, 그 지도의 원본으로 이용됐을 오르텔리우스(A. Ortelius)의 세계지도는 이보다 더 오래된 130여 년 전의 것이라 시도티가 모르는 것이 당연했다. 그 이후부터는 막부에 소장된 또 다른 지도를 가지고 심문했다. 이 지도는 1648년 네덜란드의 지도학자 블라외(J. Blaeu)가 만든 양반구도(兩半球図)로, 1672년에 네덜란드 상관장이 막부에 진상한 지도였다. 시도티는 이 지도를 알고 있지만 너무 오래된 것이라 자기 나라에서는 수정해서 쓰고 있다고 말했다 한다.

『서양기문』은 상권, 중권, 하권 모두 3권으로 되어 있다. 상권은 시도티의 밀입국부터 하쿠세키의 심문, 그리고 시도티의 투옥과 병사에 이르기까지 일련의 과정을 담았고, 중권은 세계지리 및 해외 사정, 하권은 로마교황청의 조직, 포교 활동 등 기독교의 개요 및 하쿠세키의 기독교 비판을 담고 있다. 이 책은 기본적으로 밀입국 선교사의 취조서이지만, 간단히 취조 결과만 기술한 것이 아니다. 또한 기독교 및 향후 밀입국 선교사에 대한 대책을 위한 정치적 의도에서 집필된 책이라 단지 세계지리서라고 간주할 수도 없다. 이 책의 원고는 시도티 사망 다음 해인 1715년에 완성되었고, 초고가 실제로 완결본이 되어 나온 것은 아라이 하쿠세키가 은퇴한 이후인 1724년 혹은 1725년경이라 한다. 이 책은 극비에 붙여져 극히 일부의 정치가나 학자들에게만 전사되었다고 한다. 실제로 이 책이 발간되어 세상에 나온 것은 책이 쓰이고 150여 년이 경과한 1882년이었다.

아라이 하쿠세키가 쓴 또 다른 세계지리서로는 『채람이언(采覧異言)』이 있다. 5권으로 된 이 책은 각 대륙별로 분책이 되어 순수한 의미의 세계지리서이자 일본 최초의 체계적인 세계지리서이다. 책 제목인 '채람이언'은 이국의 풍문이라는 의미의 '異言'을 수집한다는 고사에서 유래한 것으로, 만국의 지리를 통람(通覽)한다는 의미이다. 이 책의 초고가 완성된 것은 1713년이지만, 수정과 보완을 거쳐 하나의 책으로 완성된 것은 1725년이었다. 이 책은 『서양기문』의 중권에 서술된 내용을 기반으로 하여 한역 혹은 화역의 각종 지리서를 넓게 참고했으며, 에도 참부 시 네덜란드 상관장 등에게 질문한 내용으로 보완하였다. 그는 서양의 과학과 기술이 천문, 지리, 역법, 수학, 포술, 기예 등 넓은 분야에 미치고 있음을 인식하면서도, 이것들이 뛰어난 것을 기독교와 분리해 평가하였다. 이는 서양 문명에 대한 진취적인 태도라 볼 수 있고, 남만이니 홍모니 하던 기존의 편협한 세계관에서 벗어나 세계에 관해 보다 넓은 시야를 갖게 되었음을 의미한다.

『서양기문』은 기독교 관련 내용이 포함되어 널리 유포될 수 없었던 데 반해, 순수 지리서인 『채람이언』은 필사본으로 넓게 유포되어 식자층의 세계 인식에 큰 영향을 주었다. 또한 『채람이언』은 에도 시대 대표적인 지리학자인 야마무라 사이스케(山村才助)가 1802년 『신정증역채람이언(新正增訳采覽異言)』을 펴낼 때까지 일본에서 가장 권위 있는 독보적인 세계지리서였다. 제1권부터 제5권까지 유럽, 아프리카, 아시아, 남아메리카, 북아메리카의 순으로 대륙별로 정리되어 있는데, 그 당시까지의 지도에 들어 있던 '소인국', '여인국' '일목국', '귀국' 등 『산해경(山海經)』식의 황당무계한 나라 이름은 없어지고, 객관적이고도 과학적인 세계지리서로 탄생하였다. 또한 총 33개 나라를 다루었던 『서양기문』에 비해 『채람이언』에서는 82개국을 소개하고 있어, 정보 면에서도 진일보한 측면이 있었다. 하지만 이 책 역시 필사본 형태로 유포되었는데, 『서양기문』과 마찬가지로 메이지 시대에 이르러서야 인쇄본 『채람이언』을 볼 수 있었다.

앞서 이야기했듯이 『서양기문』이나 『채람이언』의 초고는 아라이 하쿠세키가 막신으로 맹활약할 때 마련되었으나, 수정과 보완을 거쳐 책으로 완성된 것은 그가 정계를 은퇴하고 난 이후였다. 비록 그는 정계를 떠났지만 어디까지나 정치가로서의 입장을 버리지 않고 집필활동을 계속하면서, 세계지리에 대한 지식 확대 및 해외 활동의 파악, 그리고 기독교 및 선교사 밀입국에 대한 대처 등 지정학적 관점에서 국가의 자립과 안전에 기여하려고 노력했다. 특히 『채람이언』에서는 유럽 제국의 식민지 경영 실태와 달단(韃靼: 몽골족)의 동정에 관해 상세히 기술하는 등 국방에 대한 관심도 엿볼 수 있다. 하쿠세키는 현재 네덜란드가 무역의 이익을 위해 막부에 굴종적인 태도를 보이고 있지만, 영토적 야심과 기독교 포교에 대해 경계해야 한다고 주장했다. 나가사키 무역에서 은의 유출을 막기 위한 조치로 '해박호시신례(海舶互市新例)'를 반포하기도 했다. 이 모두 하쿠세키가 세계지리 연구를 통해 얻은 해외정세에 관한 지식이 그 근저에 깔려 있었음은 말할 필요도 없다. 따라서 앞서 언급한 니시카와의 『화이통상고』가 무역과 물산의 기술을 중심으로 한 경제적 관점에서 서술된 것이라면, 『서양기문』이나 『채람이언』은 외환에 대비하기 위한 정치적 관점에서 마련된 것임을 알 수 있다.

하쿠세키는 외국 사정에 대한 글뿐만 아니라 국내 지리에 관한 연구도 많이 남겼다. 그중에서 대표적인 것으로는 『남도지(南島志)』와 『하이지(蝦夷志)』가 있다. 그는 막정에 관여할 당시인 1711년에 류큐의 왕자 2명과 만난 적이 있고, 또한 1714년 류큐의 사절단을 만나면서 청취한 정보를 근거로 류큐가 지닌 국제정치적 위치에 대해 지대한 관심을 갖게 되었다. 이를 바탕으로 중국과 일본의 각종 사서와 지도 등을 참조하면서 1719년에 발표한 것이 바로『남도지』이다. 이 책은 류큐의 역사, 왕실의 구조, 풍속, 생산활동, 교역, 물산 등을 구체적으로 그리고 체계적으로 정리한, 당시까지 최고 수준의 류큐 지리서였다. 또한 『채람이언』을 집필할 당시 달단에 대한 관심과 함께 이와 인접한 에조(蝦夷: 홋카이도), 지시마(千島: 쿠릴 열도), 가라후토(樺太: 사할린) 등 북방영토에 대한 관심이 『하이지』의 집필로 이어졌다. 이 책은 아이누 족에 관한 선구적 연구서인 동시에, 『남도지』와 함께 북방 및 남방 등 주변 영역에 대한 아라이 하쿠세키의 정치지리학적 관심을 또 한 번 확인할 수 있는 중요한 지리서이다.

에도의 난학: 『해체신서』와 『난학사시』

쇼군가의 승계는 7대 이에쓰구까지 모두 이에야스의 3남이자 2대 쇼군 히데타다의 직계였다. 그러나 8대 쇼군 요시무네는 고산케(御三家: 쇼군의 후계가 없을 때 후계자를 낼 수 있는 권한을 가진 세 가문)의 하나인 기슈 번(紀州藩)의 후계로서 히데타다의 직계가 아닌 최초의 쇼군이었다. 따라서 그의 쇼군 승계 과정이 매우 복잡했던 만큼, 그의 치세도 다사다난했다. 막부 재정수입의 안정화, 신전(新田) 개발의 추진, 관료제 개혁, 사법제도 개혁 등 다양한 개혁정치를 추진했기에, 그의 치세를 도쿠가와 막부 3대 개혁의 하나인 '교호(亨保) 개혁'이라 부른다. 개인적으로는 수렵, 무예, 농학, 천문·역법 등 다양한 방면에 관심을 보였으며, 특히 과학 발달 및 난학 중흥과 관련해서는 획기적인 결정을 하였다. 그것은 다름 아닌 1630년에 반포되었던 '금서령(禁書令) 완화'였다. 요시무네가 금서령 완화를 결정하게 된 이유로 개인적인 박물학적 관심, 사탕수수·인삼 등 수입품 국산화를 위한 본초학의 중흥, 개력을 위한 천문역법서의 수입 등을 들 수 있다. 이 모두는 세속적인 실학적 관심을 바탕으로 서양책이 제공하는 실천적 지식을 얻기 위한 요시무네의 선택이었다. 이에 따라 막부는 나가사키 부교에게 기독교와 관계없는 한역서의 수입 및 판매를 허가했다.

당시 네덜란드어를 비롯해 서양어로 된 책을 읽을 수 있는 사람이 거의 없었던 상황에서, 유통되는 책은 대개 한서거나 서양 한역서였다. 서양에 대한 관심이 많았던 요시무네는 자신의 막신인 아오키 곤요(靑木昆陽)와 노로 겐조(野呂元丈)에게 네덜란드어를 직접 배우라고 지시했다. 아오키 곤요의 초기 관심은 주로 관직제도나 법제도와 같은 경세제민(經世濟民)에 관련된 것이었다. 그는 요시무네의 명을 받아 당시 서일본 지역의 구황작물로 알려진 고구마를 현재의 지바 현(千葉県) 부근에서 시험 재배하는 데 성공하면서, 간토(関東) 지방에 고구마를 보급한 인물로도 유명하다. 또한 아오키는 네덜란드 언어와 문자에 대한 여러 가지 성과를 남겼는데, 그의 네덜란드어 지식이『해체신서』번역의 실질적 공헌자인 마에노 료타쿠(前野良沢)에게 전수됨으로써 난학의 발달에 결정적 기여를 하였다. 한편 노로 겐조는 막부 시의(侍醫)로서 요시무네의 명을 받아 호쿠리쿠(北陸) 지방의 식물을 채집해서 기록한『북륙방물(北陸方物)』에 가타카나로 표기된 네덜란드어를 사용했을 정도로 네덜란드 본초학에 대한 관심이 컸다. 그는 네덜란드 상관장의 에도 참부에 동행한 에도번 통사의 도움을 받아, 여러 해에 걸쳐 네덜란드의 동물도감과 본초학 책을 발췌, 번역해『아란타금수충어도화해(阿蘭陀禽獸虫漁図和解)』와『아란타본초화해(阿蘭陀本草和解)』로 정리해서 요시무네에게 보고하였다. 이때면 이미 1750년경의 일이다.

우리는 흔히 역사는 승자들의 기록이라 말한다. 조금 비약일지 모르나 난학의 경우도 마찬가지이다. 난학은 나가사키에서 시작되어 에도로 전파된 것이다. 이 당연한 이야기가 당연하게 들리지 않는 것은, 난학의 출발이 바로『해체신서』에서 출발했다는 에도 난학자들의 주장(특히『난학사시』를 통해)이 받아들여졌기 때문이다. 일본의 중등교과서는 말할 것도 없고, 앞서 언급했듯이 심지어 우리나라에 소개된 난학 관련 저서에서도 스기타 겐파쿠 등이 1774년에 번역한『해체신서』와 그가 죽기 2년 전인 1815년에 쓴『난학사시』에 관한 내용이 주를 이루고 있다. 사실『난학사시』는『해체신서』번역을 주도한 마에노 료타쿠나 번역에 참여했던 가쓰라가와 호슈(桂川甫州), 나카가와 준안(中川淳庵)이 모두 사망한 뒤에 발간되었다. 따라서 스기타 겐파쿠가 노년에 에도 난학의 독보적인 지위에 올라 자신의 업적을 자랑 삼아 이야기한 것으로도 볼 수 있다.

여기서 간과해서는 곤란한 사실은 겐파쿠의 제자인 오쓰키 겐타쿠(大槻玄沢)가 최초의 난학숙 지란당(芝蘭堂)을 열었고, 난학 입문서인『난학계제(蘭学階梯)』를 내면서 처음으로 '난학'이란 용어가 사용되었다는 점이다. 또한 그는 스승의 글을 '난동사시[蘭東事始] 혹은 '화란사시(和蘭事始)]'라는 제목으로 정리했지만, 이 글이 현재의『난학사시』로 세상에 널리 알려지는 데 결정적인 역할을 한 이가 바로 후쿠자와 유키치(福沢諭吉)이다. 후쿠자와는 더 이상 설명이 필요 없는 메이지 일본 제일의 양학자, 계몽사상가, 교육자, 저널리스트로 현재 일본 화폐 최고 고액권인 1만 엔의 모델이다. 그는 젊은 시절 난학에 입문했고 난학숙을 열기도 했지만, 네덜란드어가 세상에 통용되지 않는다는 것을 알고는 영어로 전향했다. 1860년 이후 몇 차례 해외여행을 경험한 뒤『서양사정(西洋事情)』을 비롯한 여러 선구적인 계몽서를 남겼다. 그는 우연히 '난동사시'에 대해 알게 되었고 이를『난학사시』로 출판해 세상에 최초로 소개하면서, 이 책은 단순히 일본 의학의 한 가지 사건이 아니라 일본 문명사에서 가장 중요한 사건이라 주장하였다. 또한 말년에 고향 나카쓰(中津)로 돌아와 일본 문명개화의 선구자인 난학자들을 헌창하는 '난화당(蘭化堂)'을 세울 계획까지 했지만 그 뜻을 이루지는 못했다. '난화'는 마에노 료타쿠의 호이며, 마에노 료타쿠의 고향 역시 후쿠자와와 같은 규슈의 나카쓰였다.

그 결과 현재 우리가 인식하고 있는 난학은 에도의 네덜란드류 의사들이 나가사키 통사나 의사들의 힘을 빌리지 않고 독자적으로 네덜란드 책을 읽고 번역하고 나아가 가르칠 수 있게 된 이후의 서양 과학을 총칭하는 단어가 된 것이다. 하지만 외국 언어라는 것이 그렇게 쉽게 익힐 수 있는 것은 아니며, 실제로 나가사키 주재 네덜란드 통사들의 영향은 막말까지 계속 이어졌다. 이제 스기타 겐파쿠를 필두로 한 에도 난학의 중흥에 결정적인 역할을 한 요시오 고규(吉雄耕牛: 1724~1800)의 예를 통해 에도 난학 대두의 실상과 그 의미를 살펴보고자 한다.

요시오 고규는 네덜란드 통사 가문의 하나인 요시오(吉雄)가 태생으로, 역시 통사였던 부친에게서 어릴 적부터 네덜란드어를 배웠다. 14세에 계고통사가 되었고 25세에 파격적으로 대통사가 된 인물인데, 연번소통사를 2회, 연번대통사를 10회 역임하였다. 대부분의 대통사가 40~50대에 된 것으로 미루어 보면 그의 언어능력이 얼마나 탁월했는가를 짐작할 수 있다. 또한 네덜란드어로 된 의학서를 읽고 그 의문점을 상관에 있는 네덜란드 의사에게 직접 질문하면서 연구한 최초의 의사가 바로 요시오 고규였다고 오쓰키 겐타쿠가 지적했을 정도였으니, 요시오의 어학능력과 의술은 당대 최고였음을 알 수 있다. 그는 전 생애를 통해 13번 에도 참부를 수행했는데, 에도번소통사 2번(1743, 1747년)을 제외하고는 11번 모두 에도번대통사(1749, 1752, 1757, 1761, 1765, 1769, 1773, 1777, 1781, 1785, 1789년)로 참가하였다. 요시오의 에도 참부 횟수는 앞서 언급했던 네덜란드 통사 나라바야시 진잔이나 이마무라 에이세이보다 더 많았다.

이 과정에서 에도의 난방의에게 큰 영향을 미쳤는데, 대표적인 사람들을 열거하자면 아오키 곤요, 마에노 료타쿠, 스기타 겐파쿠, 가쓰라가와 호슈, 나카가와 준안, 오쓰키 겐타쿠 등 에도 난학의 주요 인물들이다. 1765년, 그러니까 요시오의 7번째 에도 참부 당시 나카쓰 번주는 요시오가 모친의 골절상을 완치시키는 것을 보고는 자신의 시의인 마에노 료타쿠에게 난방의를 배우도록 명령하였다. 이것이 마에노가 난방의와 네덜란드어를 배우는 계기가 되었으며, 어쩌면 에도 난학의 출발점이 되었다고 볼 수 있다.

마에노는 다음 해에 에도 참부를 수행한 대통사 니시 젠자부로(西善三郎)에게 네덜란드어 습득에 대해 상담했지만, 니시는 에도에서 네덜란드어를 배우기란 쉽지 않다고 설명했다. 같이 갔던 스기타 겐파쿠는 그 말을 듣고 포기했지만, 마에노는 당시 네덜란드어를 배우고 있던 아오키 곤요 밑에서 네덜란드어를 배우기 시작했다. 물론 아오키 곤요 역시 에도 참부를 수행하는 네덜란드 통사가 에도에 올 때 겨우 배우고 있던 터라 그 실력은 보잘것없었다. 그 후 마에노는 나가사키로 유학을 가서 난방의와 네덜란드어를 배우고 에도에 돌아왔다. 이후 스기타 겐파쿠와 함께 시체 해부를 참관하면서 각자 가지고 있던 해부도『타펠 아나토미(Tafel Anatomie)』의 상세함과 정확함에 놀랐고, 이에 자극을 받아 이 책의 번역작업을 시작했다. 그해가 1771년이었다. 낫 놓고 기역 자도 모르는 처지의 사람들이 모여 천신만고 끝에 번역한 책이『해체신서』이며, 그 책의 서문을 쓴 이도 바로 요시오 고규이다. 1773년 요시오의 에도 참부 시『해체신서』의 서문을 받은 것으로 알려져 있는데, 번역과정에서 요시오의 도움을 받았음은 자명한 일이다.『해체신서』의 원본과 번역과정은 이종찬의『난학의 세계사』나 이종각의『일본 난학의 개척자 스기타 겐파쿠』에 자세히 나와 있으므로 여기서 더 이상의 언급은 불필요하다고 생각한다.

당시 의술의 주류는 여전히 한방의였다. 하지만 일거에 난방의가 각광을 받게 된 데는 요시오의 역할이 자못 컸다. 1775년 스웨덴 출신 의사 슌베리가 나가사키 상관의로 부임하면서 당시 일본 전국에 퍼져 있던 매독을 치료할 수 있는 비법(염화제2수은)을 요시오에게 가르쳐 주었다. 슌베리는 현재도 쓰고 있는 생물학 명명법의 제창자 린네의 제자로, 일본의 식물 조사를 위해 린네가 파견한 인물이었다. 슌베리는 당연히 식물 조사를 위해 요시오의 도움이 필요했기에 그에게 매독 치료법을 가르쳐 주었다. 그 결과 요시오뿐만 아니라, 매독 환자가 가장 많던 에도에서 요시오로부터 매독 치료법을 배워 치료에 활용한 스기타가 돈방석에 앉게 되었고, 이 신약으로 난방의가 일거에 각광을 받게 된 것이다. 요시오의 사숙인 '성수관(成秀館)'에는 1,000명에 달하는 제자들이 전국에서 모여들어 네덜란드어와 외과의 그리고 매독 치료법을 배웠다. 이는 소위 나가사키로의 유학이 본격적으로 열렸음을 의미할 뿐만 아니라, 난학이 일본 전역에 보급되고 보편화되는 결정적인 역할을 한 것이다. 흔히 18세기 말부터 19세기 중반까지의 난학의 보편화를 오쓰키 겐타쿠의 '지란당'을 계기로 이후 만들어진 많은 난학숙에 그 공을 돌리지만, 요시오 고규 개인의 역할도 결코 그에 못지않음을 우리는 알 수 있다.

서구의 지리학과 천문학의 도입

이제 이 장 마지막으로 18세기 말 나가사키 통사들에 의한 서구의 지리학과 천문학의 도입에 대해 이야기하고자 한다. 가장 대표적인 인물로 두 사람을 들 수 있는데, 모토키 료에이(本木良永: 1735~1794)와 그의 제자인 시즈키 다다오(志筑忠雄)이다. 모토키 료에이 역시 대표적인 통사 집안 출신으로 15세(1749년)에 계고통사, 53세(1787년)에 소통사, 54세에 대통사로 승진했다. 연번소통사 1번(1784년), 연번대통사 1번(1793년), 에도번소통사 2번(1785, 1788년), 에도번대통사 1번(1790년)을 역임했다. 15세에 계고통사에 올랐으나 소통사로 승진하는 데 무려 38년이 걸렸고, 그 결과 연번통사나 에도번통사에 발탁되는 것도 앞서 언급한 요시오에 비해 적었다. 하지만 그가 이 38년간 이루어 낸 업적을 감안한다면, 난학자로서 그의 역할이 결코 적다고 할 수 없다.

그는 1771년에 지리학 관련 최초의 번역서 『화란지도약설(和蘭地図略說)』을 집필했다. 이 책은 독일인 휘브너(J. Hübner)가 쓴 *Algemeine Geographie*의 난역본(1722년 간행) 중에서 '지도이용' 장만을 발췌, 번역한 것이었다. 다음 장에서 언급하게 될 18세기 말 일본의 대표적인 경세가 하야시 시헤이(林子平)가 나가사키에 유학을 와서는 이 책을 필사해서 가지고 돌아갔다고 한다. 다음 해인 1772년에는 『아란타지구설역(阿蘭陀地球說訳)』과 『아란타지구도설(阿蘭陀地球図說)』을 펴냈는데, 이는 프랑스인 르나르(L. Renard)가 쓴 *Atlas de la navigation et du commerce*(1715년 간행)라는 세계 항해지도집 난역판(1745년 간행)의 설명문을 별도로 발췌, 번역한 것이었다. 여기서는 새로이 발견한 육지, 수리지리학적 내용, 천동설·지동설 등에 대해 소개했는데, 특히 지동설의 존재를 일본에 최초로 소개했다는 점에서 그 의미가 크다.

하지만 그의 업적 중에서 특별히 돋보이는 것은 바로 1774년에 번역한 『천지이구용법(天地二球用法)』인데, 그는 이 책에서 코페르니쿠스의 지동설을 처음으로 그리고 구체적으로 일본에 소개하였다. 1774년은 『천구이구용법』과 더불어 『해체신서』가 최초로 번역된 해여서 그 의미 또한 각별하다 할 수 있다. 이 번역본의 원저는 네덜란드인 블라외(J. Blaeu)가 쓴 *Tweevoudigh onderwijs van de hemelsche en aerdsche globen*(1666년 간행)의 초반부를 번역한 것으로, 코페르니쿠스의 지동설에 관한 한 일본이 중국보다 앞섰다.

스기타 겐파쿠는 『난학사시』에서 나가사키의 난학에 대해 다음과 같이 언급했다.

메이와(明和: 1764~1772), 안에이(安永: 1772~1781) 무렵이었을까. 나가사키의 통사 모토키 에이노신(本木榮之進: 모토키의 또 다른 이름)이란 사람이 천문역설을 한두 개 번역했다고 한다. 그 이외엔 들은 바가 없다. 이 사람의 제자 중 시즈키 주지로(志筑忠次郎: 시즈키 다다오의 또 다른 이름)라는 통사가 있었다. …… 주지로라는 사람은 우리나라에서 통사라는 말이 생긴 이래 가장 통변을 잘하는 사람이었을 것이라고 한다. 그런데 이 사람이 만약 은퇴하지 않고 그 직에 있었다면, 오히려 지금과 같이 되지 않았을지도 모른다. 또는 에도에서 우리 동료들이 선생도 없이 네덜란드 책을 번역하는 일을 시작했기 때문에 이 사람이 자극을 받아 분발한 결과라고도 생각한다.

이 글에서 보듯이 스기타 겐파쿠는 자신에게 부와 명예를 한꺼번에 가져다 준 나가사키 난학의 도움을 망각했거나 아니면 폄하하고 있다. 이종찬은 이에 대해 두 가지 이유를 들고 있는데, 하나는 모토키의 번역이 완역이 아니라는 점이고 다른 하나는 에도 난학자들이 천문학에 문외한이었다는 사실이다. 하지만 이는 에도(서울)에서 떵떵거리며 사는 의사가 나가사키(지방)에서 엉뚱한 공부(천문학)를 하는 이에 대한 경멸에서 비롯되었던 것은 아닐까 생각해 볼 수 있다. 물론 이런 모드는 지금 이 땅에서도 진행형일 수 있다.

이들 번역본 이외에도 모토키 료에이는 1777년에 『여지국명역(輿地国名訳)』이라는 세계지명 해설서, 1781년에 『아란타해경서(阿蘭陀海鏡書)』라는 항해술에 관한 책, 1790년에는 당시 로주(老中)였던 마쓰다이라 사다노부(松平定信)의 명을 받아 『아란타전세계지도서역(阿蘭陀全世界地図書訳)』을 번역했다. 또다시 사다노부의 명을 받아 잉글랜드인 애덤스(G. Adams)가 쓴 천구의와 지구의 해설서 *A treatise describing and explaining the construction and use of new celestial and terrestrial globes*(1766년 간행)의 난역본(1770년 간행)을

1793년에 완역해 『신제천지이구용법(新制天地二球用法)』이라는 책을 완성했지만, 사다노부의 사임으로 막부에 제출하지는 못했다.

이 책에서는 지동설에 의한 천문학의 발전과 혹성들로 이루어진 태양계의 개념을 여러 가지 그림을 통해 설명하였다. 모토키는 이 책에서 현재 우리가 쓰고 있는 혹성이라는 용어를 처음으로 만들어 냈다. 혹성을 제외한 다른 별들은 지구의 자전 때문에 늘 북극성을 중심으로 시계 방향으로 선회한다. 하지만 혹성은 별들 사이를 서에서 동으로 움직일 뿐만 아니라 정지하기도 하고 동에서 서로 움직이기도 한다. 영어로 혹성을 'planet'이라 하는데, 이는 '방랑하다'라는 의미의 그리스어를 모태로 한 것이다. 모토키는 "네덜란드인이 이들 별을 혹성이라 했는데, 이 별들은 있을 것으로 예견한 곳이 아닌 다른 곳에 있어 천문학자들이 그 위치를 계산하는 데 어려움(迷惑)을 겪는다."라고 자신의 작명 이유를 설명했다. 사실 'planet'이란 그 별의 움직임이 갈팡질팡한다(惑)는 의미에서 지어진 이름이지만, 별이 그러하든 그 별을 찾는 사람이 그러

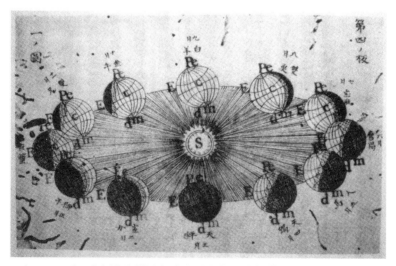

그림 2.2 모토키 료에이의 『신제천지이구용법』에서 지구공전과 지축 경사에 따른 계절 변화

하든 여하튼 갈팡질팡한다는 의미에서 보면 모토키 료에이의 해석 역시 나름의 의미가 있다고 볼 수 있다.

한편 시즈키 다다오는 1760년에 태어나 1806년 사망한 대표적인 난학자로 네덜란드 어학, 세계지리와 역사 그리고 천문·물리학 세 분야에서 탁월한 업적을 남겨 난학 발달에 새로운 지평을 연 사람이다. 네덜란드 통사 시즈키(志筑)가의 양자로 들어가 제8대를 이으면서, 1776년 17세 나이에 계고통사가 되었다. 모토키가 1784년 연번소통사를 맡고 있을 즈음 시즈키는 나가사키 상관에서 근무했는데, 이때 모토키로부터 난학에 대해 사사받은 것으로 알려져 있다. 1786년 27세 되던 해에 시즈키는 말주변이 없고 몸이 허약하다는 이유를 들어 통사직을 사임했는데, 난학에 몰두하기 위해 사임했다는 설도 있다. 그 이후로는 사람들과의 교유를 자제하면서 난서의 번역과 연구에 전념하였다.

시즈키의 첫 작품은 1782년 그의 나이 23세에 쓴 세계지리지 『만국관규(万国管闚)』인데, 독일인 고트프리트(J. L. Gottfried)가 편집한 *Historische Kronyck*(1698년 간행)의 난역본(1706~1707년 간행)을 근간으로 해서 페르비스트(F. Verbiest)의 『곤여도설』, 잉글랜드인 케일(J. Keill)의 *Introductiones ad veram Physicam et veram Astronomiam*(1725년 간행)의 난역본(1741년 간행), 캠퍼의 *The History of Japan*의 난역본(1733년 간행) 등을 참조하였다. 전반부는 천문, 측량 및 세계의 지리, 기상, 기후, 풍속, 동식물, 광석, 물산 등을 광범위하게 다루었고, 후반부에서는 남아메리카, 북아메리카, 지중해 연안, 서역 등에 대한 지리서를 기술하였다. 18세기 말부터 본격적으로 시작된 러시아의 남하라는 외압에 대해 에도의 난학자나 경세가 못지않게 나가사키의 통사나 난학자들도 깊은 관심을 갖고 있었는데, 『로서아지내력(魯西亜志来歴)』(1795),

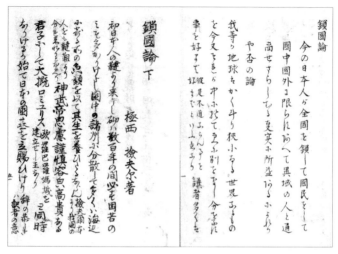

그림 2.3 시즈키 다다오의 『쇄국론』, 왼편은 하권 속표지, 오른편은 상권 속표지

『쇄국론(鎖国論)』(1801), 『이국회맹록(二国会盟錄)』(1806) 등이 러시아에 관한 시즈키의 대표적인 저작들이다. 특히 오쓰키 겐타쿠는, 『로서아지내력』은 가쓰라가와 호슈의 『로서아지(魯西亜志)』(1793)와 함께 꼭 읽어야 한다는 의미에서 『로서아지부록(魯西亜志附錄)』이라는 제목을 붙이기도 했다. 이들 저서를 비롯해 해방과 관련된 경세론에 대해서는 제4장에서 자세히 다룰 예정이라 여기서는 이 정도로 끝맺으려 한다.

한편 당시는 네덜란드와의 교류가 시작된 지 2세기 가까이 지난 18세기 말이지만 회화, 작문, 독해 등은 모두 한문훈독식이라는 변칙적 방법에 의존하고 있었고, 네덜란드어에 대한 조직적인 문법 연구와 교육도 전무했다. 시즈키는 당시 조사로 일괄 이해되던 전치사, 부사, 대명사, 접속사 등 총 150여 개에 대해 그 의미와 용례를 제시했다. 또한 일본어에 대비해서 네덜란드어의 동사와 조동사 그리고 그것들의 시제를 분석하여 번역법을 제시하는 등 일본 최초로 서양 문법체계와 품사의 개념을 연구하였다. 그의 연구는 나가사키로 유학을 와서 그에게 사숙한 오쓰키 겐타쿠의 아들 오쓰키 겐칸(大槻玄幹)을 통해 에도로 전해지면서 에도 난학계의 수준 향상에 크게 기여했다. 그 외 명사의 성(남성, 여성, 중성)과 격, 관사, 지시대명사, 분사에 대한 설명을 비롯해 직설법, 명령법, 접속법, 부정법 등 4법과 과거, 현재, 미래의 3시 및 완료형까지 언급했다. 현재 우리가 사용하고 있는 '동사', '자동사', '대명사' 등의 품사명과 '현재', '과거', '미래' 등의 시제 명칭 모두 시즈키가 만들어 낸 것이다.

하지만 시즈키가 인생을 걸고 도전했던 것은 다름 아닌 천문학이었다. 그는 앞서 언급한 바 있는 케일의 난역본을 번역한 『역상신서(曆象新書)』를 펴냈는데, 1798년에 상편, 1800년에 중편, 1802년에 하편을 완성하였다. 원저자 케일은 뉴턴의 제자였으며, 이 책에서는 일반천문학뿐만 아니라 지동설을 바탕으로 천체의 운동과 관련된 뉴턴의 역학에 대해서까지 언급했다. 시즈키는 케플러의 법칙과 뉴턴의 역학을 수학적으로 정확히 이해하면서 번역을 해야 했기에, 이 번역을 위해 무려 20년 이상 사투를 벌여야만 했다. 그는 '인력', '구심력', '원심력', '동력', '속력', '중력', '탄력', '물질', '분자' 등의 물리학 용어를 만들어 냈으며, 근대 과학 용어로서 '진공'의 개념을 도입한 것도 그가 최초였다. 『역상신서』에서 가장 주목받는 것은 책 말미에 있는 시즈키의 독자적 논지인 '혼돈분관도설(混沌分判図説)'이다. 이는 태양계가 성운(星雲) 모양의 물질로부터 탄생했다는 이론을 다룬 것으로, 칸트와 라플라스의 '성운설'에 필적하는 내용을 라플라스와 거의 같은 시기(1796년)에 독자적으로 제안했던 것이다.

모토키나 시즈키 모두 서양의 지동설을 일본에 최초로 소개한 사람들이지만, 그것이 책으로 인쇄되어 일반인에게 소개된 것은 아니다. 이에 공헌한 이가 바로 시바 고칸(司馬江漢)이다. 그는 서양 화법과 유채화의 선구자이며 동판화 제작에도 탁월한 재능을 보였고, 에도의 난방의와 난학자 그리고 나가사키의 상관장과 난학자들과도 폭넓게 교제하였다. 그는 1788년 에도 참부에 동행한 네덜란드 상관의 스툇저르(J. A. Stutzer)가 소지했던 프랑스인 자일로(H. Jaillot)의 세계지도(1694년 H. Jailot에 의해 제작, 1720년 암스테르담에서 재간행)를 필사했다. 이를 바탕으로 1792년『여지전도(輿地全図)』를 동판으로 제작하고 그 해설서인『여지약설(輿地略説)』을 간행했으며, 그 이듬해 다시 지명과 지도를 개정해서 동판『지구전도(地球全図)』와 그 해설서『지구전도약설(地球全図略説)』을 간행하였다. 바로 이 책에서 위도 1°의 길이와 지구의 크기, 경위선의 구분과 기후의 변화를 알기 쉽기 도해했으며, 코페르니쿠스의 지동설도 소개하였다. 일본에서는 지동설이 별다른 저항 없이 받아들여졌다고 한다.

모토키와 시즈키가 지동설을 번역해 소개하던 시기는 에도에서 오쓰키 겐타쿠를 중심으로 난학열이 극도로 높아지던 시점이었다. 어쩌면 에도에서의 난학 흥기가 오히려 어학을 전문직업으로 하는 통사들을 자극했던 것이 아닌가 생각된다. 다시 말해 나가사키 통사들은 자신들만의 독자적인 분야를 창안하여 에도의 난학자들과 대항해 보려는 의식이 발흥한 것이 아닌가 추측해 볼 수 있다. 포르투갈 상선이 도래하면서 소개된 남만 천문학의 전통을 간직한 통사들에게는 서양의 새로운 우주론과 지동설이 신선해 보였을 뿐만 아니라 탁월한 어학능력으로 그것들을 이해하기가 에도의 난학자보다 더 쉬웠을 수 있다. 여하튼 난서를 통해 서양의 지식을 직접 받아들일 수 있게 됨에 따라 이 시기에 이르면 중국보다 서양 지식의 입수가 더 빠르고 편리해졌는데, 코페르니쿠스, 케플러, 뉴턴의 이론이 일본에 도입된 것도 그 한 가지 예라고 볼 수 있다.

제3장

1829 지볼트 사건

 앞서 언급한 바와 같이 17세기 초 이후 일본은 나가사키에 설치된 네덜란드 상관이라는 좁은 창구를 통해 세계를 받아들였다. 이 과정에서 이질적이긴 하지만 서양 근대과학이라는 측면에서 격차가 분명한 두 문화의 중계자로서 나가사키 주재 네덜란드 통사들의 역할이 적지 않았음을 확인할 수 있었다. 이들이 데지마의 상관원들로부터 배우고 연구한 네덜란드어를 비롯해 의학, 지리학, 천문학 등은 18세기 후반에 들어서면서 난학이라는 이름으로 에도 등 대도시에서 꽃을 피웠다. 하지만 이 시기에 이르면 누적된 막부 체제 나름의 모순과 러시아를 필두로 한 외세에 대한 반동으로, 막부는 주자학 이외의 학문을 금하는 '이학금지령'을 반포하기에 이르렀다.

 혹자는 막부 체제를 강화하기 위해 도입된 주자학이 오히려 체제의 모순을 극대화시키면서 막부의 붕괴를 초래했다고 주장하기도 한다. 이런 주장의 대표적인 국내 학자로는 박훈을 들 수 있는데, 그는 막말 대변혁을 '사대부적 정치문화의 도전'이라는 테제로 설명하려 했다. 그는 18세기 말 '서구문명의 충격' 이전에 이미 유교적 영향으로 병영국가의 주도세력인 막부가 동요하기 시작했는데, 이는 유교 특히 주자학이 지닌 정치문화의 결과라 설명했다. 이 시기가 되면 서리에 불과했던 사무라이는 유교적 소양으로 무장하면서 이제 사대부로 자처하게 되었고, '천하 대사'에 관여하는 것이 자신의 의무이자 권리가 되면서 일본의 새로운 정치주체로 등장하게 되었다는 것이다. 즉 사무라이들 스스로가 시무와 시정에 대한 토론, 상서(上書)의 활성화, 군주 친정(親政) 요구 등을 당연시하면서 사대부로 자리매김하는, 다시 말해 '士化'되었다는 것이다. 결국 이러한 정치문화는 막말 존왕양이파의 대두와 상서와 건백(建白)이 난무하는 대소용돌이로 이어졌고, 결국 이로 인해 260여 년 유지된 도쿠가와 막부가 무너지고 말았다고 보는 것이다. 소위 '유교적 근대론'의 연장이다. 그러나 이는 막발 대변혁에 대한 한 가지 설명방식일 뿐이다. 이 사건을 바라봄에 있어 너무나 다양한 설명방식이 존재하는데, 이는 이 사건이 지닌 시대사적 중요성뿐만 아니라 그것이 보여 주는 다면적·다층적 특성 때문일 것이다.

물론 이 책에서도 '메이지 유신'이란 미증유의 대변혁에 일차적 관심이 있음은 자명하다. 하지만 정치적 대변혁에 이르는 과정을 정치사상사나 제도사적 관점이 아니라 가급적 과학, 그것도 난학자들의 지적 행보를 통한 문화사적 관점에서 엿보려는 것이 이 책 제1부에서 의도하는 바이다. 왜냐하면 도서관이나 서점의 서가에 꽂힌 책들 대부분은 정치사상사나 제도사의 관점에서 19세기 말 일본의 대변혁을 바라보고 있기에, 또다시 그런 류의 책 하나를 보태는 것이 무슨 의미가 있을지 의문이다. 필자로서는 그들 책에 버금가는 것을 쓸 능력도, 의도도, 필요도 없기 때문이다. 따라서 필자 역시 이 책의 주인공 '에노모토 다케아키'와 그가 활약했던 막말 그리고 메이지 초기로 곧장 들어가고 싶은 유혹도 없지 않다.

하지만 '천하 대사'와 학문이 별개로 움직이지 않았음을 보여 주는, 또한 '서양 과학의 도입과 난학의 발달'이라는 대명제에서 때로는 연계되고 때로는 별개로 움직였던 또 하나의 과학 분야가 있었으니, 그것은 다름 아닌 천문학이었다. 이제 일본 근세에 관한 필자와 독자 사이의 소통이 보다 연착륙되길 기대하면서, 에도 시대 천문학에 관한 이야기를 펼쳐 보고자 한다. 17세기 초반만 해도 조선에 비해 낙후되었던 일본의 역법이 결국 18세기 후반에 이르면 대등해지거나 실질적으로 추월하게 된다. 물론 여기에는 서구 천문학의 직접 수입과 독자적 해석이라는 조선과는 또 다른 경험이 존재하기 때문이다. 또한 이 역법을 관할하던 천문방(天文方)에서 이노 다다타카(伊能忠敬)라는 걸출한 지도제작자를 배출하면서 우리의 예상을 훌쩍 뛰어넘는, 아니 결코 인정하고 싶지 않을 정도의 획기적인 지도가 만들어졌다. 이 모두 '오타쿠' 정신 한마디로 설명될 수 있는 것이 아니다. 새로운 문화와 기술의 탄생은 탄탄한 경제력을 기반으로 한 오랜 기간 지속된 평화를 전제로 하는 것이라, 여기 이 이야기가 우리의 폐부를 건드리는 따가운 가시가 아니라 우리를 건강하게 뒤돌아보는 거울이 되길 빌어 보면서 세 번째 이야기를 시작하고자 한다.

수시력

조선과 일본의 역법 수준을 일차적으로 비교할 수 있는 기준은 수시력(授時曆)의 도입과 그것의 자국화로 볼 수 있다. 조선의 경우 822년 당(唐)에서 만든 선명력(宣明曆)을 사용하다가 수시력으로 교체한 것이 고려 말이며, 이를 조선의 경위도를 고려해 자국화한 것이 세종 대인 1444년의 그 유명한 『칠정산 내

외편(七政算 內外篇)』이다. 한편 일본은 선명력을 862년부터 도입해서 17세기 후반까지 써 오다가 수시력을 자국화하여 1684년부터 정향력(貞享曆)이라는 이름의 역법을 사용하기 시작하였다. 조선이 수시력을 도입해 사용하다가 그 것을 다시 자국의 역법으로 바꾸었다면, 일본은 수시력을 도입해 자국화하면 서 곧바로 수시력 체계로 들어갔다는 점이 다르다. 하지만 수시력 체계로 들 어선 시기만을 본다면 조선과 일본 사이에는 무려 240년 정도 차이가 난다. 수 시력이 처음 반포된 것은 원대인 1281년이며 곧장 고려에 알려졌지만, 고려 조가 500여 년 상용해 오던 선명력을 수시력으로 교체하기 시작한 것은 14세 기 초에 들어서면서부터이다. 수시력은 중국 전통 역법의 정수이며, 17세기에 도래한 서양 역법에 따라 바꾼 것이 시헌력(時憲曆)이다. 수시력에 대한 이야 기를 쉽게 정리한 글이 있어 이를 옮기면 다음과 같다.

고려 개국 이래 조선 초까지 이 땅에서 당 장경 2년 임인년(822)에 제정된 선명력에 매달려 있는 동안 중국에서는 22차례의 개력이 있었다. 왕조의 교 체가 개력의 원인인 적도 있지만 송대에 명멸한 유수한 역법들이 남긴 자취 는 천상의 정확한 예측이 얼마나 난제였는지를 단적으로 드러내는 증거이기 도 하다. 거듭 드러나는 천운의 미묘한 변화를 당시에 가능했던 만큼의 수식 으로 담아낼 수밖에 없었으므로, 이에 따른 오차를 줄이기 위한 시도의 결과 가 측험 도구와 추산 방식의 개선으로 이어질 수밖에 없었다. 북송에서만 수 차에 걸쳐 대형 혼의가 제작되면서 정세한 관천을 통해 천문상수들이 정밀해 지고, 한편으론 양적술이나 개방법, 고차방정식의 해법 등 새 산법들이 역산 의 도구로 활용되었다. 수시력이 중국 전통 역법의 최고봉으로 평가되는 것 은 송원대에 걸쳐 펼쳐진 적극적인 역법 개선 활동의 정수가 최종적으로 집 결된 작품으로 태어났기 때문이기도 하다(한영호·이은희, 2011).

이처럼 역법에 관한 한 일본이 조선에 비해 뒤처진 이유는, 우선 9세기 말

이후 견당사(遣唐使)를 더 이상 파견하지 않아 중국의 새로운 역법 수입이 이루어지지 않았던 데서 찾을 수 있다. 사실 중국의 역법을 받아서 사용한다는 것은, 장기간 천문관측을 기반으로 복잡한 수학적 난제를 해결해 만든 첨단과학을 상위 문명국으로부터 수입하는 정도를 의미하는 것이 아니다. '천상수시(天象授時)', 다시 말해 천문·역산학을 발전시키고 매년 역서(曆書)를 반사하는 일은 황제국의 임무인 동시에, 황제국과 제후국 간의 지배·복종 관계를 명시적으로 나타내는 동아시아 지역 고도의 정치행위였던 것이다. 따라서 일본이 중국으로부터 보다 정련된 역법을 계속해서 받을 수 없었다는 사실은 어쨌든 일본이 중국과의 지배·복종 관계에서 한 발짝 벗어나 있었음을 의미하는 것일 수 있다.

수시력을 추진하는 과정에서도 몇 가지 난제가 있었다. 당시 역법 개정을 주도한 천문학자는 시부카와 하루미(涉川春海)였는데, 그의 첫 번째 제안은 일본과 중국 사이의 경도차를 고려하지 않아 일식 예보에 실패함으로써 채택될 수 없었다. 이후 이를 보정해 새로운 역법인 대화력(大和曆)이 제안되었는데, 이번에는 대화력의 기본원리가 원의 수시력이라는 이유로 받아들여지지 않았다. 일본은 13세기에 원의 침공을 받았고, 명의 해금정책과 명까지 참전한 임진왜란 등등으로 중국과의 관계가 조선이 경험한 것과는 사뭇 달랐다. 물론 두 번째 제안이 받아들여지지 않았던 데는 역의 반포권을 둘러싼 막부와 조정 간의 권력투쟁이라는 변수가 숨어 있었다. 이때까지 막부의 묵인하에 조정이 가지고 있던 역법의 반포권은, 황제국과 제후국 사이의 지배·복종 관계와는 달리 조정과 막부 사이의 형식적인 지배·복종 관계를 상징적으로 보여 주는 것에 불과했다. 어쩌면 상징적 권력에 불과한 조정이 역법 반포권을 가지고 있는 이상, 새로운 역법을 받아들여 그것을 자국화할 의지나 역량이 조정에 없었던 것도 개력 지체의 또 다른 원인으로 볼 수 있다. 사실 원대인 1281

년에 『수시력경(授時曆經)』이 반포된 이래 수시력에 대한 정보를 일본이 모르지 않았겠지만, 1336년부터 1573년까지 이어진 무로마치 막부(室町幕府)와 그 뒤를 이은 전국시대를 고려한다면 조정이 자발적으로 개력에 나선다는 것은 쉽지 않았을 것으로 판단된다. 1684년 정향력을 계기로 역법의 반포권이 막부로 이관되면서 이를 담당하는 관직으로 천문방이 설치되었다. 이후 천문방은 역법뿐만 아니라, 서양 지리학의 도입과 양서 번역 등에 관여하면서 서양 과학 도입의 창구 역할을 하게 되었다.

시부카와 하루미와 정향력

시부카와 하루미를 이야기하자면, 우리의 입장에서는 우선 박안기(朴安期)라는 인물이 떠오른다. 박안기는 1643년 독축관(讀祝官)의 자격으로 제5차 조선통신사 일원으로 일본에 사행을 갔던 사람이다. 박안기의 아버지 박희현, 자신, 그리고 그의 아들 박기량 모두 문과에 급제할 정도로 뛰어난 문재를 지닌 가문이지만, 서얼 출신이라 당상관 이상의 관직에 오를 수 없었다. 따라서 박안기는 옹진현령 등 종5품직 지방관에 그쳤다. 제4차 조선통신사 일행은 일본의 강력한 요구에 못 이겨 닛코 산(日光山) 유람과 도쿠가와 이에야스의 사당인 도쇼구(東照宮)를 참배했다. 이어 박안기가 참가했던 제5차 사행에서는 일본의 요구로 닛코 산에서 제례를 올리기로 미리 합의했는데, 이때 축문을 읽은 사람이 바로 독축관 박안기였다. 그는 475명 일행 중 네 번째 지위에 있었다. 정우봉(2015)은, 박안기와 에도 지식인의 교류에서 천문학과 관련된 내용이 있었음을 지적한 바 있다. 즉, 초대 천문방 시부카와 하루미가 죽은 후 양자에서 양자로 이어진 4대 천문방 시부카와 히로나리(澁川敬也)가 쓴 『춘매선생실기(春海先生實記)』에 있는 내용이 그것이다.

　조선의 객 나산(螺山)이라는 사람이 겐테이(玄貞)를 만나서 칠정사여(七政四餘)의 운행에 대해 토론을 한 다음 귀국하였다. 겐테이는 더욱 분발하여 그 술법에 대해 여러 해 동안 근실하게 공부했다. 선생(渋川春海)이 이를 듣고 알현하고는 청하여 스승으로 삼고 그를 좇아 배웠다.

이 글에서 나산은 박안기의 호이며, 겐테이를 만난 것은 앞서 말한 제5차 조선통신사 독축관으로서 일본에 왔을 당시인 1643년의 일이다. 겐테이는 오카노이 겐테이(岡野井玄貞)를 말하는데, 그는 역학에 밝았던 의사로서 시부카와 하루미에게 역법과 천문학을 가르쳐 주었다. 또한 칠정(七政)은 해와 달, 수성, 금성, 화성, 목성, 토성을 말하며, 사여(四餘)는 황도와 백도가 만나는 달의 승교점인 라후(羅睺)와 계도(計都) 그리고 달과 지구의 거리 중 가장 먼 원지점인 월폐(月孛)와 가장 가까운 근지점인 자기(紫炁)를 의미한다. 여기서 라후와 계도는 일식과 월식에 관한 것이다. 따라서 박안기가 겐테이에게 알려 준 것은 수시력을 해석한 『칠정산내편』과 아라비아의 역법인 회회력(回回曆)을 해석한 『칠정산외편』의 내용이었던 것으로 볼 수 있다. 일반적으로 일식과 월식을 예측하는 데는 내편보다 외편이 더 정확하다고 알려져 있다.

　한편 『춘매선생실기』에 실린 작은 오류 때문에 박안기가 일본에서는 용나산(容螺山)이라는 이름으로 소개되고 있다는 웃지 못할 사실이 하나 있다. 실제로 그 글에는 '조선의 손님 나산'을 의미하는 '朝鮮客螺山'이 '朝鮮容螺山'으로 오기되어 있고, 1940년에 발간된 니시우치 다다시(西內雅)의 『시부카와하루미 연구(渋川春海の研究)』에서 '容螺山'으로 소개되면서 일본에서는 '용나산'으로 통한다. 한편 하야시 라잔(林羅山)이 박안기를 초대해 나눈 이야기가 하야시의 문집에 남아 있는 덕분에, 박안기는 국내보다는 오히려 일본에서 더

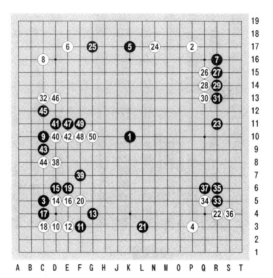

그림 3.1 시부카와 하루미와 혼인보 도사쿠 간의 기보

잘 알려져 있다.

　다시 시부카와 하루미로 돌아가 보자. 1670년 쇼군 앞에서 벌어진 '오시로고(御城碁: 매년 네 가문 기사들이 쇼군 어전에서 벌이던 대국)'에서 혼인보 도사쿠(本因坊 道策)와 시부카와 하루미의 대국이 시작되었다. 흑을 잡은 시부카와는 첫수로 천원(天元: 바둑판의 중앙)에 놓으면서 "만약 이 판에 패한다면 다시는 천원에 놓지 않겠다"고 선언했지만, 그는 이 바둑에서 9집 차로 패하고 말았다. 시부카와는 당대 바둑 최고 고수 중의 한 명이었으며, 바둑을 가업으로 삼는 야스이(安井)가의 일원이었다. 사실 막부를 연 도쿠가와 이에야스는 바둑을 아주 좋아했고, 이에야스 이후 2대 쇼군 히데타다부터는 혼인보(本因坊), 이노우에(井上), 하야시(林), 야스이 4가문에 녹봉을 지급하면서 바둑을 지원·육성했다. 시부카와의 아버지 야스이 산테쓰(安井算哲: 1590~1652)는 11세에 이에

150

야스가 에도로 초청할 정도로 기재가 출중했던 인물인데, 나중에 4가문을 대표하는 명인인 고코로(碁所)에 임명되었다.

천문학자 시부카와 하루미는 바로 바둑 명인 야스이 산테쓰의 장남으로 1636년에 태어났다. 하루미는 16세에 아버지를 여의고 가업을 이으면서 처음에는 자신의 이름을 아버지와 같은 '야스이 산테쓰'로 바꾸었다. 따라서 아버지 야스이 산테쓰는 2대 산테쓰와 구분해 '古算哲'로 불리기도 했다. 시부카와는 어릴 적부터 부친에게 바둑을 배웠으며, 천문현상에도 관심이 컸다고 알려져 있다. 가업을 이은 그는 2대 산테쓰라는 이름으로 에도에서 전문기사로 활약했지만, 1년 내내 바둑만 두는 것은 아니었다. 주로 가을과 겨울에 쇼군이나 다이묘들에게 바둑을 가르치거나 같이 두기도 했고, 이들이 관전하는 가운데 다른 전문기사들과 바둑을 두기도 했다. 하지만 나머지 봄과 여름에는 특별한 일이 없어 주로 교토로 가서 자신의 관심사인 역학과 산술 등을 그곳 지식인들로부터 배웠다.

시부카와는 당대 대표적인 주자학자인 야마자키 안사이(山崎闇斎)로부터 주자학에 음양도(陰陽道)와 기학(氣學)을 가미한 '수가신도(垂加神道)'를 배웠고, 와산가(和算家: 일본 독자적 수학의 전문가) 이케다 마사오키(池田昌意)와 의사 오카노이 겐테이(岡野井玄貞)로부터 역법을 배웠다. 그리고 역법을 총괄하는 관직인 '음양두(陰陽頭)' 쓰치미카도 야스토미(土御門太福)로부터는 '토어문신도(土御門神道)'를 배웠다. 다시 말하면 에도에서는 바둑을 통해 쇼군을 비롯해 많은 다이묘들과 관계를 맺었고, 교토에서는 그곳의 문화인, 지식인, 궁정 귀족과 교제하면서 권력자들과 지면을 넓혀 갔다. 이러한 인맥은 나중에 일본의 독자적인 역법 정향력(貞享曆)이 탄생하는 배경이 되었다. 시부카와의 개력 성공에 결정적인 도움을 준 이는 2대 쇼군 히데타다의 아들이자 아이즈(会津) 번주 호시나 마사유키(保科正之: 1611~1673)였다. 그는 이복형제인 3대 쇼군 이에미쓰의 유언에 따라 11세에 쇼군이 된 4대 쇼군 이에쓰나를 무려 20년 가까이 보좌하였다. 호시나 마사유키 역시 야마자키 안사이로부터 주자학과 '수가신도'를 배웠기 때문에 시부카와 하루미와는 동문수학한 처지라 그를 더욱 높이 평가했다고 한다.

1673년 호시나 마사유키가 죽으면서 개력은 꼭 시부카와에게 맡겨야 한다고 막부에 유언했다고 하는데, 바로 그해 시부카와는 수시력으로의 개력을 막부에 처음으로 상신하였다. 이즈음에 이르면 선명력의 예보력은 한계에 다다랐다. 왜냐하면 선명력에서는 1태양년을 365.2446일로 정하였지만 오늘날의 근사치는 365.2422일로 연간 0.0024일의 차가 생긴다. 일본에서는 당시까지 무려 800년 이상 선명력을 계속 사용해 왔기 때문에 그 누적 오차는 무려 2일에 달했다. 또한 일식과 월식의 예보도 거의 맞지 않아 지방의 천문가들로부터 선명력의 무능에 대한 비판이 높아만 갔다. 하지만 이때는 중국은 물론이고 조선도 이미 서양 역법을 근간으로 한 시헌력을 사용하고 있을 때였다. 하지만 이 시기 일본은 '쇄국'정책에 따라 금서, 해금이 절정에 달했던 시절이라 서양인이 만든 역법이 도입될 수 없었다. 따라서 시헌력이 도입되려면 이후 한 세기가 더 흘렀어야 했다.

시부카와가 상신한 새로운 역법은 불행히도 1675년 나타난 일식을 맞추지 못했다. 하지만 그는 실망하지 않고 계속해서 천문 관측을 시도하면서 8년 후인 1683년에 수시력을 보완한 새로운 역법을 제안했다. 당시 시부카와는 이 새로운 역법에 '대화력'이라는 이름을 붙였다. 하지만 이번에도 그해 월식 예보에 실패하고 말았다. 물론 그 원인은 수시력이 선명력에 비해 예측능력이 떨어져서가 아니라, 수시력이 만들어진 14세기 후반에 우연히 동지점과 태양의 근일점이 일치했으나, 400년 후인 당시에는 근일점이 6° 이상 이동했음에도 불구하고 이를 보정해 주지 않았기 때문이다. 결국 막부의 개력 작업은 시부카와와 당시 음양두였던 쓰치미카도 야스토미의 공동 개력으로 낙착되었다. 그후 달과 혹성의 위치를 관측한 결과 쓰치미카도 야스토미의 대통력, 기존의 선명력, 시부카와의 대화력 중에서 대화력이 그 위치를 가장 정확하게 예측하였다.

1684년 막부는 시부카와의 대화력으로 개력하라는 명령을 내렸고, 다음 해인 1685년에 새로운 역이 실시되었으니 그것이 바로 정향력이다. 시부카와의 관측에 의해 일부 천문 정수가 수정되고 중국과 일본과의 경도 차가 고려되었지만, 시부카와의 정향력은 수시력에서 크게 벗어나지 못했다. 하지만 단순한 역법의 수입이 아니라 수시력 이론을 바탕으로 일본이 독자적으로 역법을 만들어 냈다는 점에서 그 의미를 찾을 수 있다. 시부카와는 개력의 공을 인정받아 원래의 고코로(碁所)직을 면하고 대신에 천문방이라는 새로운 직을 맡게 되었다. 이후 그는 에도에서 거주하면서 천문방직을 시부카와 가문의 가업으로 잇게 되었다. 이 개력의 성공에는 시부카와의 다양한 인맥과 평판 그리고 쓰치미카도 가문과의 공동 작업이 결정적인 역할을 했음은 주지의 사실이다. 하지만 이를 계기로 역법의 개정권이 교토 조정으로부터 도쿠가와 막부로 이관되었다는 정치적 의미도 무시할 수 없다.

시헌력 등장

일본에서는 17세기 후반에 들어서야 비로소 수시력을 받아들여 새로운 역법을 완성하였다. 하지만 중국에서는 이 시기에 들어서면 서양의 새로운 역법 시헌력(時憲曆)으로 전환하기 시작하였다. 시헌력 시행을 요약해 보면 다음과 같다. 『숭정역서(崇禎曆書)』는 1635년 서양 역법에 준해 제작된 신역법이었지만 명의 멸망으로 빛을 보지 못했다. 이는 청조가 들어선 직후인 1644년에 『서양신법역서(西洋新法曆書)』로 재간행되었고, 이를 바탕으로 이듬해인 1645년부터 시헌력이 시행되었다. 이후 『서양신법역서』를 개편한 것이 1723년 『역상고성 상하편(曆象考成上下編)』이며, 이를 바탕으로 1726년부터 새로운 역법을 사용했다. 1742년 이를 다시 개편한 것이 『역상고성 후편』이다. 『서양신법역서』, 『역상고성 상하편』, 『역상고성 후편』으로의 개력을 지휘했던 사람들이 각각 탕약망(湯若望: 아담 샬: Adam Schall), 매각성(梅殼星), 대진현(戴進賢: 쾨글러: Ignatius Kögler)이라, 그들의 이름을 따서 이들 역법을 탕(湯)법, 매(梅)법, 대(戴)법이라 부르기도 한다.

1645년 청조에서 시헌력이 반포되자 조선에서도 이에 대한 연구가 시작되었다. 이 과정에서 베이징에서 볼모 생활을 하고 있던 소현세자와 봉림대군을 수행한 한흥일(韓興一)이라는 사람의 역할이 주목된다. 그는 조정에 장계를 올렸다. 시헌력의 정밀성을 눈으로 확인한 그는 조선에서도 보다 정밀한 역법의 사용이 절대 필요하며, 또한 중국의 개력으로 조선 역시 개력이 불가피함을 보고하였다. 또한 명청 교체기에 사신으로 중국을 4번 다녀오면서 서양 학문의 우월성을 확인한 관상감 제조 김육(金堉)의 주장도 시헌력 채택에 일조하였다. 사실 김육은 임진왜란과 병자호란 이후 피폐해진 백성들의 삶을 구제하고자 대동법을 주장했던 인물로도 유명하다. 이후 1651년부터 본격적인 준비를 거쳐 1654년 시헌력을 반포하면서, 이제 조선도 서양 천문학에 근거한 역법을 가지게 되었다. 이는 일본에 비해 무려 140여 년이나 앞선 것으로 볼 수 있다. 하지만 달과 해의 운행과 위치에 관한 것만 완비되었지, 일식이나 월식 그리고 나머지 5행성에 관해서는 추보(推步)할 수 없어 여전히 기존의 칠정산법에 의존해야만 했다. 결국 조선이 5행성 추보까지 완벽하게 습득하여 완전한

154

형태의 신역법을 수행할 수 있게 된 것은 1708년부터라 볼 수 있다.

이처럼 늦어진 것은 조선의 역산술이 미비한 탓도 있겠지만, 명에 대한 대의명분을 강조하는 세력들이 권력을 장악하고 있어 청의 역법에 비우호적인 것도 한몫을 했다. 또한 청 역시 명에 우호적인 조선을 위협세력으로 간주했고 조선 사신과 선교사들의 접촉을 통제하고 있었기 때문이다. 조선 정부는 시헌력으로의 개력을 위해 수차례에 걸쳐 천문관을 중국 사신단에 포함시켜 파견하였다. 그들은 현지에서 청의 흠천관 천문학자들 그리고 서양 선교사들과 접촉하면서 시헌력의 원리를 은밀히 배우기도 했고, 필요에 따라서는 장기간 체류하기도 했다. 또한 고액을 지불하면서까지 몰래 역서를 구입해 귀국했지만, 조선에서는 더 이상 전문가적 조언을 구할 수 없어 이 책들의 해석을 놓고 전전긍긍하지 않을 수 없었다.

조선은 1708년에 와서야 비로소 시헌력을 우리 실정에 맞게 운용할 수준에 이르렀지만, 청은 또다시 1723년에『역상고성 상하편』, 그리고 1742년에『역상고성 후편』체계로 전환하였다. 이제 조선은 또다시 이들 서적을 구해 고단한 연구를 계속해야만 했다. 결국 1760년대 후반에 이르러 조선 역시『역상고성 후편』체계를 기반으로 독자적인 역서를 편찬하면서, 한양을 기준으로 천체의 운행을 정확하게 추보할 수 있는 능력을 갖추게 되었다. 조선 천문학의 정수를 보여 준다는 남병철(南秉哲)의『추보속해(推步續解)』가 발간된 것이 1862년인데, 여기에는 케플러의 타원궤도 운동론을 적용하여 태양과 달의 운동을 계산하는 방법이 담겨 있다.

앞서 언급했던 8대 쇼군 요시무네(재위 1716~1745)의 치세에서 가장 특기할 만한 업적 중 하나는 '금서령의 완화'일 것이다. 수입농산물 국산화를 위한 농서의 수입을 위해, 서양 천문학에 의한 개력을 위해, 좋아하던 말의 수입과 사육을 위해 등등 그 이유는 다양하지만, 요시무네는 당시까지 금지된 서양 한 역서나 서양 책이라 할지라도 기독교와 관계없다면 수입을 허락했다. 그는 천문·역학에도 남다른 관심을 보였다고 하는데, 1726년에는 3년 전 중국에서 발간된 서양 역법서인『역산전서(曆算全書)』를 수입해 번역을 지시할 정도였다고 한다. 그는 중국에서 이미 서양 역법에 의해 시헌력으로 개력되었음을 알고는, 일본 역법도 서양의 선진적인 역법으로 개력하고자 했다. 하지만 막부의 천문방에는 그것을 실행에 옮길 만한 인재가 없었다.

요시무네는 당시 에도에 와 있던 네덜란드 통사이자 뛰어난 천문·지리학 자인 니시카와 조켄(西川如見)에게 개력을 위한 천문방 취임을 권했다. 하지만 그는 고령을 들어 사양하고는 자신의 차남 니시카와 마사야스(西川正休)를 천거하였다. 물론 아들 역시 1675년에 중국에서 간행된『천경혹문(天經或問)』이 라는 서양 천문학 책에 주해를 붙일 정도로 뛰어난 난학자였지만, 그 책은 어디까지나 서양 천문학 입문서에 불과했다. 사실 이 책은 천문학뿐만 아니라 기상 및 지리학에 관한 문답형식의 저서로, 중국에서는 거의 유포되지 않았지만 일본에서는 오랫동안 많은 사람들에게 영향을 미쳤다. 요시무네는 니시카 와 마사야스를 에도로 소환해 당시 시부카와가 5대 천문방이었던 시부카와 노리요시(澁川則休)를 보좌하면서 개력을 추진하라고 명령했다. 1750년 이들 두 천문방은 교토에 있는 조정 측 음양두인 쓰치미카도 다카쿠니(土御門太邦) 와 개력 협의를 위해 교토로 파견되었으나 별다른 성과 없이 에도로 돌아오고 말았다.

사실 니시카와 마사야스는『천경혹문』의 주석서를 만들 정도의 천문학적 지식은 가지고 있었지만, 역법의 수학적 계산능력까지 갖추고 있지는 않았다. 마찬가지로 쓰치미카도 다카쿠니 역시 지난번 정향력 개력 시 개력의 주도권 을 시부카와가에 빼앗긴 것을 만회할 욕심만 있었지, 개력을 담당할 만한 실력을 갖추고 있지 않았다. 하지만 쓰치미카도 다카쿠니는 니시카와 마사야스가 서양 역법을 이해할 만한 수학적 능력이 없음을 그리고 새로이 내놓은 신역법에 많은 오류가 있음을 집요하게 공격하였다. 그 결과 니시카와 마사야스는 에도로 송환되었고, 이제부터 개력의 주도권은 다시 쓰치미카도 다카쿠니가 장악하게 되었다. 이후 우여곡절 끝에 쓰치미카도 다카쿠니에 의해 새로운 역법이 만들어졌는데, 그것이 바로 1754년의 보력력(宝曆曆)이었고 1755년에 반포되었다. 이런 수준의 역법을 요시무네가 요구하지 않았음은 분명한 사실이지만, 요시무네는 이 역이 완성되기 3년 전에 이미 세상을 떠나고 말았다. 개력이 있은 지 겨우 9년이 지난 1763년에 일식이 일어났는데, 보력력에는 이 일식이 기재되어 있지 않았다.

하지만 지방의 천문가들은 독자적인 계산으로 이 일식을 예측하고 있었다. 막부는 이 사태를 쓰치미카도가와 천문방에게 따져 물었지만 애매한 답변만 반복될 뿐이었다. 막부는 다시 사사키 나가히데(佐々木長秀)를 천문방에 임명하여 개력을 명령했고 그 결과 만들어진 것이 1769년의 수정보력력(修正宝曆曆)이다. 하지만 이 역법은 서양 천문학에 기반한 중국 명대의 『숭정역서』를 약간 수정한 것에 지나지 않았다. 결국 요시무네가 열망했던 서양 천문학에 기반한 일본 독자의 개력은 뛰어난 수학 실력과 천문관측 능력을 갖춘 인물이 나올 때까지 기다려야만 했다. 한편 개력의 주도권을 둘러싼 에도의 천문방과 교토의 음양두 간의 경쟁과 갈등은 시부카와 하루미 시절에 이어 이번에도 재현되었다. 그러나 이들의 악연은 막부가 무너지고 메이지 신정부에 들어서면서 또 한 번 재현된 바 있다.

일본 천문학의 정수, 아사다 고료

　니시카와 조켄, 그의 아들 니시카와 마사야스, 모토키 료에이, 시즈키 다다오 등으로 대표되는 나가사키 천문학은 지동설, 태양계, 우주의 성립 등 천문학의 기초 이론을 이해해서 이를 소개하는 정도의 천문학 수준이었다. 따라서 새로운 역법, 특히 세밀한 이론과 정교한 수학적 계산을 전제로 한 새로운 역법을 만드는 데는 한계가 있었다. 한편 교토 조정의 음양두 쓰치미카도가나 막부의 여러 천문방들 역시 실력 부족으로 한계가 있기는 마찬가지였다. 다시 말해 서양 천문학에 의거한 일본의 독자적인 역법 탄생은 정밀한 역법의 이해와 출중한 계산기법을 갖춘, 이제까지와는 차원을 달리하는 새로운 천문학자가 등장하지 않으면 불가능했던 것이다. 하지만 이런 상황을 알고나 있다는 듯이 혜성처럼 나타난 이가 있었으니, 그가 바로 아사다 고료(麻田剛立: 1734~1799)였다.

　지금은 규슈 동북부 오이타 현(大分県) 기쓰키 시(杵築市)이지만 당시는 분고 국(豊後国) 기쓰키 번(杵築藩)으로 아사다는 이곳에서 태어났다. 본명은 아야베 야스아키(綾部妥彰)로 뛰어난 유학자였던 아버지 밑에서 어릴 적부터 신동소리를 들으면서 학문에 정진했고, 천문관측에도 많은 관심을 가졌다고 한다. 나이가 들면서 독학으로 천문·역법 및 의학을 공부했고 스스로 만든 관측기기를 이용해 천체관측을 계속했는데, 앞서 말한 1763년 일식을 예측했을 정도로 그의 천문·역법 실력은 뛰어났다. 1767년 그의 나이 34세에 번주의 시의로 임명되었다. 하지만 번주가 참근교대(参勤交代) 등으로 오사카나 에도를 방문할 때면 수행해야 했기에 천문관측과 천문학 공부를 계속할 수 없었다. 이에 아야베는 시의직 사임을 요청했으나 허락되지 않자, 1772년 나이 39세에 탈번하고는 자신의 이름을 아사다 고료로 개명하였다. 그는 당시 상업과

학문의 중심지였던 오사카에서 의사로 생계를 유지하면서 천문역학 공부를 계속했고, 선사관(先事館)이라는 일본 최초의 천문학 사숙을 열어 제자들에게 천문학을 가르쳤다. 그들은 명대 말의 『숭정역서』, 청대 초의 『역상고성 상하편』 등 서양 천문학에 기반을 둔 한적(漢籍)을 보면서 서양 천문학의 발전 정도를 확인할 수 있었고, 관측기기를 고안하고 개량해 나름의 천문관측을 계속해 나갔다.

그렇다면 아사다 고료와 그의 제자들이 보았다는 천문서는 대체 어떤 내용이었을까? 처음에는 수시력과 정향력 이외에 『역산전서』와 『천경혹문』 등이 있었을 것으로 판단되지만, 나중에는 주로 『역상고성 상하편』과 『역상고성 후편』을 집중적으로 연구하였다. 『역상고성 상하편』은 명대 말인 1634년 편찬된 서양 천문학 이론서인 『숭정역서』를 1723년 중국인 학자들이 재편성한 것으로, 내용은 튀코 브라헤(Tycho Brahe)의 천문학이 주를 이룬다. 『상편』은 이론, 『하편』은 계산법을 다루고 있다. 튀코 브라헤의 천문학은 별에서 연주시차가 발견되지 않는다는 사실을 설명하기 위해 고안된 것으로, 그리스 시대의 천동설과 코페르니쿠스의 지동설을 절충한 천문이론이었다. 하지만 『역상고성 후편』은 1742년 청조의 천문대장으로 임명된 예수회 선교사인 독일인 쾨글러(I. Kögler) 등이 완성한 역산서이다. 『상하편』에서는 그리스 시대 모델에 따라 혹성의 운동을 계산했지만, 『후편』에서는 케플러의 타원운동 이론을 도입하면서 태양과 달의 운동만을 언급했다는 점이 크게 차이가 난다.

『후편』이 일본에 도입된 것은 1780년대였고, 이 책을 입수해 가지고 있던 것은 막부와 구와나(桑名) 번주 마쓰다이라 다다토모(松平忠和)뿐이었다. 이 책을 아사다의 제자 중 하나인 하자마 시게토미(間重富)가 다다토모로부터 어렵게 입수한 것이 1792년의 일이었다. 아사다, 하자마 그리고 또 다른 제자 다

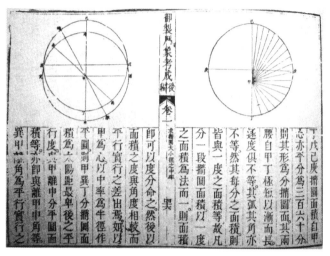

그림 3.2 쾨글러의 『역상고성 후편』

카하시 요시토키(高橋至時) 3인은 이 책을 이해하기 위해 필사적으로 매달렸다. 결국 이 책을 거의 완벽하게 이해한 사람은 다카하시였고, 자신들이 이전에 만들어 놓았던 시중력(時中曆)은 바로 폐기했다고 한다. 이제 이들 세 사람을 비롯해 아사다 휘하의 천문학자들은 아사다파(麻田派)라 불리면서 일본 전국의 천문학자들 사이에 최고의 실력파로 인정받게 되었다.

도쿠가와 막부 260여 년 동안 여러 차례 개혁이 있었지만, 가장 대표적인 것으로 1720년대 8대 쇼군 도쿠가와 요시무네의 '교호(享保) 개혁', 1790년대 11대 쇼군 도쿠가와 이에나리(德川家齊) 시절 로주 수좌였던 마쓰다이라 사다노부(松平定信)가 주도했던 '간세이(寬政) 개혁', 그리고 1840년대 12대 쇼군 도쿠가와 이에요시(德川家慶) 시절 로주 수좌였던 미즈노 다다쿠니(水野忠邦)가 주도한 '덴포(天保) 개혁'을 들 수 있다. 셋 모두 근검절약을 바탕으로 한 중농주의가 기본이었지만, 다이묘, 막신, 신흥 거상, 심지어 백성들로부터도 저항을 받아 모두 실패로 끝났다. 이러한 정치적 개혁에 늘 역법의 개력이 동반되었다는 점이 눈에 띈다. 앞서 언급했듯이 요시무네의 교호 개혁 당시 서양 천문학을 기반으로 한 개력을 적극적으로 시도했으나, 이를 실천에 옮길 능력을 가진 천문·역법학자가 없어 미완에 그치고 말았다.

그다음 간세이 개혁을 주도했던 마쓰다이라 사다노부는 개력과 개혁에 실패했던 요시무네의 손자였고, 앞서 '이학금지령'을 설명하면서 언급한 바 있다. 또한 그는 자신의 개혁에 적극 동참하면서 주로 재정을 담당했던 홋타 마사하쓰(堀田正敦)에게 막부의 천문방 관리까지 맡기면서 개력에 강한 의지를 보였다. 그는 홋타와 함께 앞서 언급했던 구와나 번주 마쓰다이라 다다토모와도 절친한 관계였다. 따라서 이들로부터 아사다파의 뛰어난 천문학적 능력을 익히 전해 들은 사다노부는 조부 요시무네의 염원이었던 서양 천문학에 기반을 둔 역법 개정을 단행하기로 결심했다. 시부카와의 정향력 경우와 마찬가지로, 개력에 참여하기 위해서는 실력도 실력이거니와 정치적 배경이 필수적임을 또 한 번 알 수 있는 대목이다. 1795년 막부는 아사다파의 실력자인 다카하시 요시토키를 천문방에 그리고 하자마 시게토미를 그 보좌역에 임명하고는, 1796년 이들에게 개력을 명령했다. 물론 개력의 기반이 된 것은 당연히『역상고성 후편』이었다. 개력 작업에 발맞추어 1년여 동안 천문관측이 계속되었고, 마침내 1797년『역법신서(曆法新書)』라는 역법서가 막부에 제출되었다. 그 역의 명칭은 관정력(寬政曆)으로 결정되었고, 실제로 이 관정력이 실행된 것은 그다음 해인 1798년부터였다.

관정력으로의 개력에 성공한 다카하시 요시토키에 관한 이야기 중에서 빠뜨릴 수 없는 것이 두 가지가 있다. 하나는 그의 끝없는 탐구열이며, 다른 하나는 그보다 열아홉 살이나 많은 제자인 일본 지도제작의 영웅 이노 다다타카

(伊能忠敬)에 관한 이야기이다. 우선 그의 탐구열에 대해 이야기해 보자. 일반적으로 천문방의 업무는 역법의 계산식에 매년 수치를 바꾸어 넣어 새로운 역서를 편찬하는 것이라, 역법 원리의 수학적 개선과는 거리가 멀었다. 또한 새로운 역법을 만들었다 하더라도 그 이후의 업무는 마찬가지였다. 하지만 다카하시 요시토키는 달랐다. 처음 관정력으로 해결한 것이 해와 달의 운행에 관한 것이라 나머지 5행성에 대한 연구는 이루어지지 않았다. 왜냐하면 『역상고성 후편』에는 5행성의 운동에 관한 내용이 없었기 때문이다. 따라서 관정력에서는 해와 달의 운동 그리고 일식과 월식은 케플러의 타원궤도로, 나머지 5행성의 운동은 과거처럼 원궤도로 해석될 수밖에 없었다. 그는 이에 머물지 않고 계속해서 5행성의 타원운동을 관측·연구하여 결국 1803년에 『신수오성법(新修五星法)』이라는 책으로 정리하였다.

사실 천문학 연구방식에서 이전의 천문방과 아사다파는 그 차원부터 달랐다. 아사다파는 전국의 천문학자들과의 네트워크를 마련하여 보다 많고 보다 정확한 자료를 수집하려고 했다는 점이 하나의 특징이다. 다른 하나는 천체관측을 통해 천문현상을 확인하고 그것의 메커니즘에 대한 가설을 세우고는 그 가설을 검정하기 위해 정점관측(定点観測)을 실시했다는 사실이다. 여기서 정점관측이란 매일 동일한 장소에서 그 현상을 관측해 자료를 집적하는 방식으로, 근대 천문학에서도 마찬가지의 연구방법을 사용하고 있다. 따라서 아사다 고료를 비롯한 그의 제자들은 일본 근대 천문학의 기초를 처음으로 마련했다고 볼 수 있다.

『신수오성법』이 완성된 이듬해인 1804년, 천문방을 총괄하던 홋타 마사하쓰가 『라랑데 천문서』를 입수하고는 다카하시 요시토키에게 보여 주었다. 그것을 본 다카하시 요시토키는 이 책의 구입을 막부에 요청했고, 막부는 거금을 들여 구입해 주었다. 다카하시는 네덜란드어를 읽을 수 없었음에도 불구하고 촌음을 아끼고 침식을 전폐하면서 무려 반년 동안 이 책의 해석에 매달렸다. 결국 그는 난해한 서양 천문학을 거의 독파하면서 『라랑데 역서관견(曆書管見)』이라는 해설서로 정리했는데, 이는 일본이 서양 천문학을 직접 도입하는 계기가 되었다. 다카하시가 그 해석에 매달렸던 『라랑데 천문서』란 프랑스 천문학자 조제프 제롬 랄랑드(Joseph Jérôme Lalande, 1732~1807)가 펴낸 Astronomie 중 1771년에 편찬된 제2판을 네덜란드어로 번역한 Astronomia of Sterrekunde를 말한다. 랄랑드는 프랑스 경도국장과 파리천문대장을 지낸 뛰어난 천문학자로, 1792년부터 1799년까지 프랑스의 자오선측량 원정대를 이끈 들랑브르(J. Delambre)와 메셍(P. Méchain)의 스승이기도 했다. 들랑브르는 파리에서 됭케르크(Dunkerque)까지, 메셍은 파리에서 바르셀로나까지 자오선을 측량해서 이를 환산해 지구의 둘레를 구했고 그 길이를 4000만 분의 1로 나눈 것이 현재의 1m 기준이 되었다.

이 책에는 시차, 일식, 월식, 혹성의 운동 등에 대한 내용이 담겨 있을 뿐만 아니라 지구가 구가 아닌 타원체라는 사실도 소개하고 있는데, 지구타원체설은 이 책을 통해 처음으로 일본에 소개되기도 했다. 이 책은 지금까지의 전문가용 천문서와는 달리 최신 천문 정수에 기반을 두면서도 천문학자들이 바로 사용할 수 있는 편리한 공식과 도표를 다수 게재해 많은 호평을 받았다. 또한 네덜란드어, 일본어뿐만 아니라 독일어, 러시아어, 이탈리아어, 터키어, 아라비아어 등으로 번역될 정도로 큰 인기를 끌었다.

당시는 일본에 네덜란드어 사전이 아직 만들어지지 않았던 시점이라, 과연 다카하시가 어떻게 네덜란드어로 된 책을 읽었을까 하는 의문이 생길 수 있다. 그러나 앞서 언급했듯이 이 책에는 공식과 도표가 많이 실려 있었기에 『역상고성 후편』을 스스로 독파한 다카하시 실력이라면 충분히 이해할 수 있었지 않았을까 여겨진다. 하지만 이 책 해석에 몰두하느라 다카하시는 그만 건강을 잃어버렸다. 그는 폐결핵을 앓고 있었으며, 이 책 해석이 마감된 1804년 초, 41세의 나이에 불귀의 객이 되고 말았다. 그의 천문학과 학풍은 천문방 다카하시가를 이은 장남 다카하시 가게야스(高橋景保)와 천문방 시부카와가를 이은 차남 시부카와 가게스케(渋川景佑: 시부카와가로 양자)로 이어졌으며, 또한 일본 전국을 측량해 지도를 만든 이노 다다타카로도 이어졌다.

지도제작자 이노 다다타카

　일본 아마존에서 '伊能忠敬'을 검색해 보면 '일본을 측량한 남자', '4000만 보를 걸은 남자', '걸으면서 일본 지도를 만든 남자' 등등의 다양한 타이틀이 붙은 어린이용 만화부터 위인전, 소설, 평전에 이르기까지 무수한 책들이 쏟아진다. 어떤 문헌에 의하면 '伊能忠敬'이라는 타이틀이 들어간 책이 무려 150종이 넘는다고 하니, 일본을 대표하는 역사적 인물인 것만은 분명하다. 다시 우리 교보문고에서 '김정호'를 검색해 보면 이기봉의 『근대를 들어올린 거인, 김정호』를 제외하고는 소설이나 어린이용 책뿐이다. 사실 김정호의 생몰연대는 물론 그가 남긴 문집이나 『대동여지도』 제작과정을 기술한 글이 없으니, 그에 관해 제대로 된 평전을 쓴다는 것이 과연 가능할까, 뭐 그런 의문이 든다. 2016년 가을 개봉한 강우석 감독의 영화 '고산자, 대동여지도'가 차승원이란 배우의 열연에도 불구하고 관객으로부터 큰 반향을 얻지 못한 데는 '팩트'의 부족이 한몫을 했던 것이 아닌가 생각된다. 이제라도 고지도 연구자들의 분발이 필요한 시점이다. 한편 이노 다다타카의 가장 대표적인 업적인 『대일본연해여지전도(大日本沿海輿地全図)』가 막부에 헌상된 것은 그의 사후 3년 뒤인

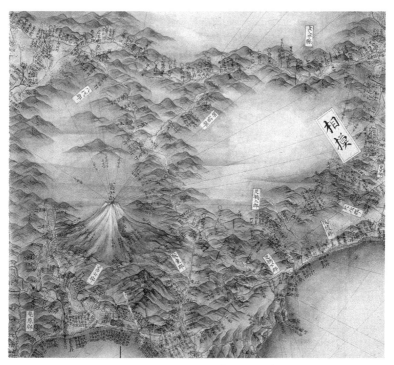

그림 3.3 이노 다다타카의 「대일본연해여지전도」 중도(후지 산 부근)

1821년이었다. 『대동여지도』가 완성된 것이 1861년이니 이노의 지도보다 정확하게 40년 이후에 나온 것이다.

두 지도를 비교할 생각은 없다. 하지만 이노의 경우 실지 측량과정에 사용한 각종 기구와 기록이 남아 있을 뿐만 아니라, 지도의 바탕이 된 실측자료인 『대일본연해실측록(大日本沿海実測録)』을 지도와 함께 막부에 제출하였다. 지도제작 전통, 국가의 경제력 등에서 비롯되는 결과물의 차이야 어쩔 수 없다 하더라도, 어떠한 상상도 불허하게 만드는 기록 부재는 지적받아 마땅하다고 본다. 또한 그는 1800년부터 1815년까지 16년간 자신의 측량일지인 『이능충경측량일기(伊能忠敬測量日記)』를 남기기도 했다. 물론 이노 다다타카의 지도가 세상에 나오자마자 즉시 각광을 받은 것은 아니다. 막부 도서관 깊숙이 보관되어 오던 것이 세상에 알려지고 그것을 바탕으로 새로운 지도가 만들어지기 시작한 것은 막말인 1867년부터였다. 또한 이노의 지도가 근대식 측량에 의한 새 지도로 완전히 교체된 것이 1929년이었으니, 무려 60년 동안 여러 다양한 형태로 편집·이용되면서 근대식 측량이 완료될 때까지 그 공백을 메웠다는 점에서 이 지도가 지닌 또 다른 가치를 엿볼 수 있다.

　이노는 1745년 가즈사 국[上総国: 현재 도쿄 동쪽의 지바 현(千葉県) 중부] 구주구리하마(九十九里浜) 고세키 촌(小関村)에서 묘슈(名主: 하급 지방관리)의 차남으로 태어났다. 그의 이름이 태어나서부터 1762년 나이 18세에 이노(伊能)가의 데릴사위가 될 때까지, 小関三治郎, 神保三治郎, 平山忠敬, 伊能忠敬으로 바뀐 것으로 보아 어릴 적 삶이 그다지 평탄하지 않았던 것으로 볼 수 있다. 그가 데릴사위로 들어간 이노가는 원래 양조업을 하던 집안이었는데, 결혼 후 자신의 상업적 재능을 발휘해 양조업뿐만 아니라 운송업, 땔감과 미곡의 매매업, 금융업 등을 통해 많은 부를 쌓을 수 있었다. 그러고는 50세가 되던 1794년에 은퇴를 선언했고, 이듬해 자신의 오랜 꿈인 천문학에 도전하기 위해 에도로 갔다. 어떤 기록에 의하면, 학문하기로 선택한 이유는 이제 재산도 모을 만큼 모았고 후세에 이름을 남기려면 학문을 하는 것이 첩경이라 판단했기 때문이라고 한다. 또한 굳이 천문·역법을 선택한 이유는 결과가 확실하기 때문에 재야의 많은 지식인들이 매달렸듯이 그도 그랬다는 것이다. 물론 그가 이 방면에서 이름을 남기게 된 가장 큰 이유 중 하나는 당대 최고의 천문학자이자 막부 천문방에 임명된 다카하시 요시토키의 제자가 될 수 있었다는 점이다.

　이노에게 1795년은 여러 가지 의미를 지닌 해였다. 그해 세 번째 처인 오노

부(ぉ信)가 사망했고, 자신은 천문학을 위해 에도로 간 해였다. 또한 다카하시 역시 천문방이 되어 에도로 거처를 옮기고 막부로부터 임명장을 받았던 것도 1795년이었다. 시기적으로 우연이 겹치는 듯한 인상을 지울 수 없다. 새로이 천문방에 임명된 자가 개력이라는 막중한 임무를 눈앞에 두고 있었는데도, 자신보다 열아홉 살이나 많은 이노를 제자로 맞이한 데는 나름의 이유가 있었을 것이라 예상할 수 있다. 사실 이노의 세 번째 장인은 센다이(仙台) 번의(藩醫)로 에도에 근무하던 유력한 의사였는데, 다카하시 요시토키가 새로이 천문방에 임명된다는 정보를 미리 알고는 이노에게 알려 주었다고 한다. 이노는, 다카하시가 임명장을 받기 위해 쇼군을 알현할 때 갖추어야 하는 의복, 창 등 각종 도구를 마련해 주었다. 어쩌면 다카하시는 처음부터 이노를 제자가 아니라 경제적 후원자로 받아들였던 것이 아니었나 하는 생각도 든다. 여하튼 51세의 이노 다다타카는 32세 천문방 다카하시 요시토키의 제자가 되었던 것이다.

이노 다다타카의 이름이 일본 역사에 뚜렷이 각인된 것은 바로 1800년부터 시작된 일본 전국 측량여행과 그 결과 만들어진 『대일본연해여지전도』때문이다. 그가 다카하시의 제자로 들어간 1795년부터 1800년 사이에는 열심히 천문관측을 하면서 천문학 공부에 매달렸다는 이야기만 전해질 뿐이다. 다만 이 시기는 스승 다카하시가 정향력의 개력에 몰두하던 시기였으며, 이노 역시 『역상고성 후편』을 이해하고 일식과 월식을 추보할 수 있을 정도로 천문학에 관한 한 상당한 수준에 이르렀다고 한다. 이노의 지도제작은 위도 1°의 길이에 대한 의문에서 시작되었다. 이노 혹은 다카하시가 역법을 개선하기 위해 지구의 크기를 알 필요가 있어 이 작업을 시작했을 것이라 보통 이야기하지만, 당시 역법 계산에는 지구의 크기가 그다지 필요 없었다. 어쩌면 오로지 이노의 개인적 관심에서 비롯된 것으로 보는 것이 타당할 것 같다. 그는 에도에 있는 자신의 집과 천문대 사이의 거리는 보폭의 수와 길이로, 위도 차이는 북극성의 고도 차이로 측정하여 위도 1° 길이를 추정하였다.

이노나 다카하시 모두 정확한 지구의 크기를 모르고 있었는데, 당시 측정치의 오차는 11.8%가량 되었다고 한다. 스승은 도심에서의 거리 측정이 정확하지 않을 뿐만 아니라 북극성의 고도차 역시 너무 작아 추정 결과에 의문이 있을 수 있으니, 사방이 트여 있는 개활지에 가서 거리를 보다 길게 잡아 측정하는 것이 좋을 것이라고 조언해 주었다. 결국 이렇게 해서 그의 위도 1° 측정과 지도측량 사업이 시작된 것이다. 어쩌면 천문학이나 역법 개력보다는 이 과업이 후세에 이름을 남기고 싶다는 그의 공명심과 일치하는, 다시 말해 이노가 다카하시 천문방에 입문하게 된 숨겨진 의도였을 수도 있다. 하지만 막부로부터 이노의 에조치(蝦夷地: 홋카이도) 탐험에 대한 승낙을 얻기가 쉽지 않았다. 다카하시와 그의 이전 장인이 막부 담당자를 설득하기 위해 백방으로 노력한 결과 1800년에 비로소 허락을 받았다. 하지만 모든 비용은 이노가 부담한다는 조건이었다. 여기에는 이 탐험이 개력 작업에 필수적이라는 막부 천문방인 다카하시의 보증도 있었겠지만, 당시 러시아의 남하를 두려워하고 있던 막부 입장으로서는 북방의 방비를 위한 에조치 조사 및 지도제작 사업이 급히 요구되었기 때문이라 추측해 볼 수 있다.

내제자 3명과 종자 2인과 함께 시작된 이노의 측량여행은 에도를 출발해 후쿠시마(福島)-센다이(仙台)-아오모리(青森)를 거쳐 혼슈 최북단 민마야(三厩)에서 쓰가루(津軽) 해협을 건너 홋카이도에 도착한 다음, 하코다테(函館)-무로란(室蘭)을 지나 홋카이도 동안을 따라 북상해 베쓰카이(別海)까지 간 후 다시 에도로 되돌아왔다. 1차 측량에서 거리는 보폭으로 측정했는데, 왕복 3,224km의 거리를 180일 만에 주파하였다. 에도에 돌아와서는 즉시 지도제작에 착수했고, 축척 1:44,000 대도 21매와 1:440,000 소도 1매를 막부에 제출하였다. 기존의 편집지도와는 달리 측량하지 않은 곳은 '불측(不測)'이라 표시할 정도로 실측을 고집한 지도를 보고 스승 다카하시는 물론 막부 고관들도 칭찬을 아끼지 않았다고 한다. 다음 해인 1801년 2차 측량부터는 이노 탐험대에 대한 대우가 달라졌는데, 막부의 지시로 이노 탐험대가 경유하는 마을의 촌장이 직접 마을 경계까지 나와 안내할 정도였다. 1차와 달리 2차 측량부터는 보폭 대신 줄자로 거리를 측정하였다. 관동지방의 내륙을 관통한 후 동해안을 따라 내려오면서 1차 때와 마찬가지로 주로 해안을 측량하였다. 총 거리 3,122km를 230일이 걸려 주파하였다. 다음 해인 1802년에는 2차 측량 결과로 1:36,000 대도 32매, 1:432,000 소도 1매와 1:216,000 중도 2매를 막부에 제출하였다. 2차 측량 결과 제출한 소도의 축척 1:36,000은 이후 이노의 지도제작에서 표준이 되었고, 최종본인 『대일본연해여지전도』에도 같은 축척이 적용되었다. 참고로 『대동여지도』의 축척은 1:160,000 혹은 1:216,000으로 알려져 있다.

1802년 실시된 3차 측량에서는 관동지방 서해안을 측량했는데, 총 거리 1,701km를 주파하는 데 132일이 걸렸다. 다음 해인 1803년에 실시된 4차 측량에서는 에도 서쪽, 일본의 중부지방 내륙과 해안을 측량했는데 총 2,176km의 거리를 219일 걸려 돌아왔다. 그러고는 당시까지의 측량 성과를 토대로 대도 69매, 중도 3매, 소도 1매(216×254cm)로 정리해 막부에 제출하였다. 한편이 과정에서 위도 1°의 길이가 110.85km로 측정되어, 이노는 이를 다카하시에게 보고하였다. 하지만 다카하시는 이 값이 다소 크지 않느냐는 반응을 보였다고 한다. 이노는 서운한 마음에 측량을 보이콧하겠다고 항변하기도 했지만 측량은 계속되었다. 나중에 『라랑데 천문서』에서 확인한 결과 이노의 위도 1° 길이는 프랑스의 그것과 0.1%밖에 차이가 나지 않는 것으로 밝혀져 다카하시가 오히려 무안해했다는 이야기도 있다.

막부는 4차 측량 성과를 보고는 지도의 거리가 정확하고 그 내용이 상세한 것을 높게 평가해, 그의 나이 60세인 1804년에 막신(小普請組)으로 등용하였다. 이는 또 다른 의미를 지니는데, 지금까지 4차례에 걸친 측량은 모두 이노의 개인사업으로 수행되었지만, 5차 측량부터는 막부 직할 사업으로 진행되었던 것이다. 5차 측량부터 8차 측량까지는 모두 장거리 여행에 작업기간도 길었는데, 주고쿠(中国), 시코쿠(四国), 규슈 등 주로 서일본 지역이 그 대상이었다. 5차는 5,383km(1805~1806년: 640일), 6차는 3,442km(1808~1809년: 377일), 7차는 7,005km(1809~1811년: 631일), 8차는 11,530km(1812~1814년: 914일)로 한 번 나가면 1년 이상, 심지어 8차의 경우 3년 가까이 걸리기도 했다. 8차 측량 때 규슈 남단의 야쿠시마(屋久島)와 다네가시마(種子島) 그리고 서쪽의 고토(五島) 열도와 쓰시마 섬이 완결됨으로써, 일본 전국의 대략적인 측량이 종료되었다. 측량을 다녀와서는 빠짐없이 대도와 중도 그리고 소도를 제출했는데, 특히 6차 측량을 마치고는 1:862,000(소도 축척의 1/2)의 일본전도 '일본여지도교(日本輿地図藁)'(251×121cm)를 제출했고, 당시까지 자신이 측량하지 못한 규슈 등에 대해서는 다른 지도를 참조하여 만들었다. 이 지도는 이노 사후인 1824년에 370×125cm 크기의 『일본국지리측량지도(日本国地理測量地図)』로 개정되었다.

1815년 9차 측량은 에도 남쪽 이즈(伊豆) 반도와 그 아래 도서에 대해 실시했는데, 이 작업은 자신의 제자들에게 맡겼다. 10차 측량은 그의 나이 72세였던 1816년 에도 부에 대해 실시했는데, 그 결과는 다음 해 1:6,000 '에도시가도(江戸市街図)'(2×3m)로 정리하여 막부에 제출하였다. 이노는 1815년 막부로부터 '일본여지전도(日本輿地全図)'를 제출하라는 명을 받고 이를 위해 전념하다가 지도의 완성을 보지 못한 채 1818년 74세에 숨을 거두었다.

『대일본연해여지전도』

이노의 사후에도 지도제작 작업은 계속되었다. 이노의 스승 다카하시의 천문방 가업은 그의 아들 다카하시 가게야스(高橋景保)가 물려받았고, 지도작업 역시 그의 지휘하에 계속 진행되었다. 이노 사후 3년이 지난 1821년에 비로소 『대일본연해여지전도』가 완성되었는데, 속칭 『이노도(伊能図)』라 불리기도 한다. 이노의 아들 역시 이미 죽은 뒤라 이노의 손자 이노 다다요리(伊能忠誨: 1806?~1827)에 의해, 『대일본연해여지전도』로는 축척 1:36,000의 대도 214 매, 1:216,000의 중도 8매, 1:432,000의 소도 3매 그리고 실측자료 목록인 『대일본연해실측록』 14권이 막부에 제출되었다. 이 자료를 보면 대도가 제작되지 않은 지역이 곳곳에 나타난다. 이는 『이노도』가 해안선과 주요 도로를 따라 측량해 만들어진 지도이기 때문에, 측량하지 않은 지역에 대해서는 지도를 제작하지 않았다.

사실 일본의 지도제작 역사에서 『이노도』는 예외적인 사건이었다. 1603년 도쿠가와 이에야스가 막부를 창업한 이래, 도쿠가와 막부가 실시한 전국 단위의 지도제작 사업은 모두 4번 이루어졌다. 막부의 명령을 받은 각 번은 자신의 번 지도를 제작하여 막부에 제출하였는데, 이를 총칭해 국회도(国絵図)라 부른다. 1605년 게이초(慶長) 국회도, 1645년 쇼호(正保) 국회도, 1697년 겐로쿠(元録) 국회도, 1831년 덴포(天保) 국회도가 그것인데, 1633년 간에이(寛永) 국회도를 포함해 5번이라 주장하는 학자도 있다. 여기에 적용된 축척은 1:21,600 으로 『이노도』의 대도보다 축척이 크며, 선, 기호, 색채 등 지도제작 기법은 『이노도』와 그다지 차이를 보이지 않는다. 이노가 측량하면서 항상 국회도를 지참했을 정도로 국회도 역시 실측지도라 나름의 정확성을 지니고 있었지만, 결정적인 차이는 실측의 정밀성과 일관성이라 할 수 있다. 국회도가 제작되면

뒤이어 1장으로 된 전국도가 제작되었는데, 게이초 일본도, 간에이 일본도, 쇼호 일본도, 겐로쿠 일본도, 교호 일본도가 그것들이다. 마지막 제작된 교호 일본도는 8대 쇼군 요시무네가 일본 최고의 수학자였던 세키 다카카즈(関孝和)의 제자 다케베 가타히로(建部賢弘: 1664~1739)에게 명령해 1728년에 완성된 지도이다. 이 지도에서는 교회법(交會法)을 사용해 전국 203개 주요 지점의 위치를 정확하게 보정했고, 섬들 간의 거리와 방향도 수정하였다. 마지막 덴포 국회도(1831)에 대해서는 일본도가 제작되지 않았는데, 이는 이노의 소도로 대신할 수 있었기 때문이라 한다.

『이노도』의 가장 큰 특징은 이용하기 편리하도록 세 가지 축척으로 지도가 제작되었다는 점이다. 축척이 가장 커서 세밀한 대도의 경우, 축척은 1:36,000이고 제작된 지도는 총 214매이다. 해안선과 내륙 하천의 형상이 자세히 그려져 있고, 지도에는 지명, 경계, 영주의 이름, 촌락과 절 이름, 하천명, 그리고 해안 절벽과 사빈이 구별되어 있으며, 논밭 및 염전 등도 기입되어 있다. 하지만 대도에는 경위선이 표시되어 있지 않다. 한편 중도는 그 축척이 1:216,000으로 대도에 비해 길이는 1/6, 면적은 1/36로 줄어들었고, 제작된 8매의 지도로 일본 전국을 담을 수 있다. 대도에 비해 내용은 약간 간소화되었지만, 대신 경위선이 그려져 있다. 실측치를 기반으로 하여 각 위선은 실제 길이와 같은 평행 직선이며, 교토를 지나는 자오선을 직선의 중앙자오선으로 하여 모든 위선과 직각으로 교차한다. 하지만 중앙자오선에서 주변으로 갈수록 자오선의 곡선은 더 휘면서 왜곡도 증가한다. 일설에 의하면 중도의 경위선망의 작도법이 시누소이달(sinusoidal) 도법과 유사하다는 주장도 있다.

한편 『이노도』에서 나타나는 경위도 오차의 일부는 이노가 지구를 완전한 구로 가정해 지도를 제작했기 때문에 비롯된 것이다. 이외에도 당시 경도 측

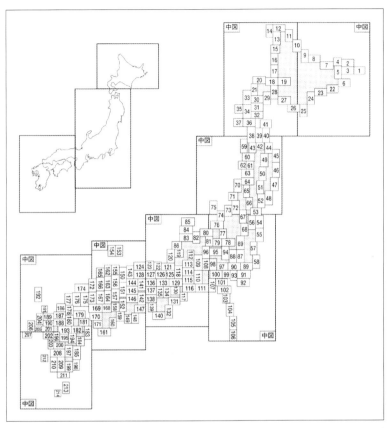

그림 3.4 『이노도』의 대도(大図 1:36,000) 214매, 중도(中図 216,000) 8매, 소도(小図 1:432,000) 3매 색인도

정에 필수적인 크로노미터(chronometer: 천문용 정밀시계, 서양의 경우 18세기 후반에야 등장함)가 없어 위도보다는 경도에 더 많은 오차가 나타났다고 한다. 따라서 지도의 주변부인 홋카이도와 규슈 남부가 실제 위치보다는 약간 동쪽으로 치우쳐 있다. 한편 축척이 가장 작은 소도의 경우 중도의 절반인 1:432,000이며, 총 3매의 소도로 일본 전역을 담고 있다. 『이노도』의 경우 정밀한 측량에 의해 평면적 위치는 정확해졌지만 고도 측량을 하지 않았다. 이는 『대동여

지도』의 경우도 마찬가지이다. 따라서 국회도와 마찬가지로 기복을 조감도 형식으로 나타내고 있는 점이 이 지도의 한계이지만, 당시까지의 지도와 비교해 보면 정밀, 상세, 정확이라는 측면에서 비약적인 발전을 했다고 평가할 수 있다.

이노의 지도에 대한 본격적인 연구는 1917년 오타니 료키치(大谷亮吉)가 쓴 『이노 다다타키(伊能忠敬)』에서 비롯되었으며, 지금까지도 이노 연구에서는 가장 중요한 문헌이다. 이후 수많은 연구가 진행되어 측량대 구성, 측량방법, 측량기구 등 지표 측량에 관한 것, 지도의 축척, 선, 기호, 지명, 색채, 범례 등 지도 자체에 관한 것, 경위도 측정 방법과 기구에 관한 것 등등 많은 사실이 이미 밝혀졌다. 또한 『대일본연해실측록』과 이노 본인이 작성한 『이능충경측량일지』가 온전히 남아 있기 때문에 측량 자료와 일정도 소상히 밝혀졌다. 막부에 진상된 원본 지도는 막부 도서관 격인 홍엽산문고(紅葉山文庫)에 보관되었고, 그 부본 역시 이노의 집안에 보관되었다. 하지만 원본은 황거(皇居)의 화재로, 부본은 간토대지진(関東大地震)으로 모두 뜻하지 않은 사고 때문에 소실되었다. 하지만 소실되기 이전의 정본과 부본을 기반으로 하여, 다양한 형태의 근대 일본 지도가 이미 제작되어 있었다.

『이노도』가 일반인에게 처음 소개된 것은 소축척의 이노 소도를 기본으로 해서 1867년 막부 개성소[開成所: 양학연구소, 반쇼시라베쇼(蕃書調所)의 후신으로 나중에 도쿄대학이 됨]가 발간한 『관판실측일본도(官板実測日本図)』였다. 막부 도서관에 꽁꽁 숨겨 둔 『이노도』를 일반에 공개한 데는 나름의 사연이 있었다. 개국 이후인 1861년 막부는 액티언(Actaeon)호를 비롯한 3척의 영국 해군 측량선에 일본 근해의 측량을 허락했지만, 존왕양이파들의 격렬한 반발을 두려워한 나머지 일장기를 달고 측량에 임하라고 명령했다. 승선한 일본 사관은 산과 곶의 이름에 대한 영국 측의 질문에 답을 할 수 없자, 막부 해군에 보관된

174

『이노도(소도)』의 반출을 신청했다. 하루라도 빨리 이 측량선을 돌려보내고 싶은 막부로서는 이 신청을 승낙했다. 지도를 확인한 영국 측은 지도의 정확함을 인정하고는 요코하마에 있는 자국 공사를 통해 『이노도』의 양여를 막부와 교섭하였다. 막부가 일장기를 달게 한 이유와 마찬가지의 이유로 이를 허용하면서 『이노도』는 영국 해군의 손에 들어가게 되었다. 덕분에 측량 일정이 대폭 줄어들었음은 자명한 일이다.

이 지도가 영국에 돌아가 1863년 영국 해군 해도(British Admiralty Nautical Chart) 2347호 'Southern Japan and adjacent Seas'로 편집되었고, 이것이 일본으로 역수입되었다. 이 지도가 1867년에 가쓰 가이슈(勝海舟)에 의해 번역되어 목판으로 발간된 것이 『대일본국연해약도(大日本国沿海略図)』인데, 막말과 메이지 초기에 가장 인기 있는 지도 중 하나였다. 이 지도가 발간되면서 막부는 이제 더 이상 『이노도』를 비밀에 부칠 필요가 없다고 판단했고, 따라서 일본 전국을 4매의 지도로 편찬한 것이 앞서 말한 『관판실측일본도』였던 것이다.

메이지 초기 일본의 지도제작은 내무성 지리국과 육군참모본부 측량국이 담당하고 있었다. 1884년이 되면서 이제까지 이원화되었던 지도제작 업무가 전적으로 육군참모본부 측량국으로 이관되었고, 1888년에 측량국이 육지측량부로 독립하면서부터 지금까지의 삼각측량 성과가 점차 실측도에 반영되기 시작했다. 1884년 측량국은 일반인에게 시판하기 위해 『이노도』를 편집한 1:200,000 지도를 제작했는데, 이 지도는 『이노도』에서 측량이 이루어지지 않았던 내륙부를 급히 조사해 제작한 잠정적인 지도였다. 1892년부터 시작된 1:50,000 지형도 제작 사업은 1924년에 이르러 완료되었고, 이에 따라 『이노도』를 편집한 1:200,000 지도도 점차 삼각측량에 의한 실측지도(帝国図)로 바

꿰어 나갔다. 마지막으로 바뀐 것이 1929년 야쿠시마(屋久島) 도엽인데, 이노 역시 8차 측량에서 마지막으로 이곳을 측량함으로써 규슈 지역의 측량을 마감한 곳이기도 했다.

참고로 육지측량부는 우리와도 깊은 관계가 있다. 1870년대 후반부터 일제는 조선에 첩보원을 잠입시켜 보측, 목측, 천문관측 등을 비밀히 수행하면서 지도제작을 위한 정보를 수집하였다. 그 결과 참모본부 측량국은 1884년에서 1885년 사이에 『한성근방지도(漢城近傍之図)』, 『부산근방지도(釜山近傍之図)』, 『원산근방지도(元山近傍之図)』를 발간할 수 있었다. 이 지도들은 측량국이 공식적으로 간행한 지도이지만, 첩보원들이 비밀리에 제작한 지도는 이보다 훨씬 많았다. 청일전쟁이 끝난 직후인 1895년 9월 일본 측량국은 제1차 임시측도부를 편성하고 총 200여 명의 첩보원들을 4개 반으로 나누어 한반도 전체를 6개월간 비밀리에 측량하였다. 이후 1896년에도, 1898~1899년에도 계속해서 첩보원을 보내 측량을 계속하였다. 그 결과가 바로 『군용비도(軍用秘図)』라 불리는 1:50,000 지형도이다. 여기에는 부산, 원산, 진해 등의 요새 지역과 압록강, 두만강 일대의 국경지대가 제외되었지만 한반도 거의 전역이 지도화되었다. 제작연도는 1911년이라 기재되어 있으나 측량연도는 삭제되어 있다.

이 분야의 전문 연구자인 남영우 전 고려대 교수는 측량은 1895년부터, 제작은 1899년부터 시작되었다고 주장하면서, 이 시기는 을사늑약 체결 이전이라 일제는 주권 독립국가였던 대한제국에 대해 범법행위를 저지른 것이라 항변하였다. 지금은 우리나라의 기본도가 1:5,000으로 바뀌었지만 1960년대까지 우리나라의 기본도는 1:50,000이었다. 우리의 지도제작사에는 국가 기본도의 원류가 일제 참모본부의 첩보원들에 의해 최초로 제작되었다는 아픔이 남겨져 있다. 게다가 당시 이 작업에 참여했던 조선인 측량사도 50~60명가량 되었고, 이들과 함께 200~300명가량의 보조원이 동원되었다. 일제 첩보기관의 불법적 지도제작에 조선인들이 협조한 것 역시 불행한 역사의 한 단면을 보여 준다.

 이노 측량대는 도선법(導線法)과 교회법을 바탕으로 비교적 정확한 지도를 제작할 수 있었다. 이렇게 제작된『이노도』는 근대 일본에서 기본도가 완성되는 1924년까지 그 공백을 메울 수 있었고, 그 여력으로 조선, 대만, 만주에 이르기까지 군사적 목적을 위한 근대적 지도제작 사업을 확대해 나갈 수 있었다.『이노도』의 정본과 부본 모두 소실되었다. 따라서 현재 우리가 보고 확인할 수 있는 이노의 지도는 모두 제작과정에서 만든 원고본, 사본, 모사본 혹은 일부 원본이나 부본들이다. 이는 지도가 제작된 지역의 다이묘나 제작자들이 일부 보존하고 있던 것이 대부분이며, 해외로 반출되어 영국, 미국, 이탈리아 등지의 도서관이나 박물관에 소장되어 있던 것도 있다.

 이노와 관련된 몇 가지 에피소드를 언급하면서 이노에 관한 이야기를 마감하려 한다. 이노의 총 10차 측량 중에서 7차 측량대 때부터 하코다 료스케(箱田良助: 1790~1860)라는 내제자가 등장한다. 그는 나중에 에노모토 엔베(榎本円兵衛)로 이름을 바꾸는데, 그가 바로 이 책의 주인공 에노모토 다케아키의 부친이다. 에노모토 다케아키가 세상에 관해 눈을 뜨게 되는 것은 그의 나이 19세에 홋카이도−사할린 탐험에 참가하고부터였다고 한다. 이 역시 그의 아버지가 이노의 내제자였던 것이 그토록 어린 나이에 이 탐험에 발탁되는 계기가 되었다고 한다. 한편 이노는 죽으면서 자신의 업적 모두가 스승인 다카하시 요시토키의 덕분이라 말하고는 죽으면 스승 옆에 묻어 달라고 유언했다고 한다. 그들 모두 현재 도쿄 우에노(上野)의 원공사(源空寺)에 안장되어 있다. 마지막으로 스승 다카하시가 동료 천문방인 하자마 시게토미(間重富)에게 보낸 편지에서 이노의 여자 이야기가 나온다.

이노의 내연녀는 꽤 재주 있는 여자인 것 같다. 한문을 소리 내어 읽기를 좋아하고, 사서오경도 거침없이 읽어 내며, 산술 역시 잘한다. 지도를 잘 그리며, 상안의의 눈금도 잘 만들었다고 한다. 이처럼 유능한 조수를 둔 이노는 정말 행운아야. 현재 제작 중인 지도도 그 여성이 훌륭하고 거뜬하게 한몫을 하고 있어.

어쩌면 스승 다카하시의 시샘마저 엿볼 수 있는 대목이다. 이 여성에 대해서는 정설이 없다. 다만 전하는 이야기로는 어릴 적 양친을 잃고 성인이 된 후 이노의 친구이자 학자였던 구보 기세이엔(久保木淸淵)의 제자가 되어 한학을 배웠다고 한다. 이것이 인연이 되어 이노가 에도에 온 1~2년 후에 그들은 만났고 내연의 관계가 되었다. 그녀의 이름은 오에이(お榮)로 알려져 있다. 한시 공부에 전념하기 위해 이노를 떠났다는데, 그녀의 것으로 추정되는 한시가 남아 있다고 한다. 1818년 병사했다고 하니 이노와 같은 해 세상을 떠난 두 사람의 묘한 인연도 있다. 어쩌면 오에이는 일본 최초의 여성 천문학자가 아니었나 생각되지만 그녀에 관한 사료가 전혀 남아 있지 않아 아쉽다.

천문방 다카하시 가게야스

천문방 다카하시 요시토키에게는 아들이 둘 있었는데, 장남은 자신의 가업을 이은 다카하시 가게야스(1785~1829)이고 차남은 천문방 시부카와가를 이은 시부카와 가게스케였다. 학자풍의 섬세한 성격은 아버지에게서 차남에게 이어져 도쿠가와 막부 마지막 역법인 덴포력의 개력을 주도하였으나, 장남 가게야스는 호방한 성격에 정치력도 뛰어나 천문방 조직의 확대에 크게 기여하였다. 가게야스는 천문학보다는 지리학에 더 많은 관심을 보였고, 탁월한 어학능력을 바탕으로 서양 지리지식의 수입에 크게 기여했다. 그는 아버지 요시토키가 천문방에 임명되고 2년 후인 1797년에 에도로 올라왔는데, 당시 그의 나이는 13세였다. 아버지로부터 천문 역학과 측량 그리고 지리학을 배웠으며, 당시 막부 관리들의 자제가 다니던 관학교인 쇼헤이코[昌平黌: 쇼헤이자카 학문소(昌平坂学問所)의 다른 이름]에서 한학을 배웠다. 1804년 요시토키가 사망하자 아버지 뒤를 이어 20세의 어린 나이에 천문방에 임명되었다. 후견인으로서 아버지의 친구이자 천문학 동료였던 하자마 시게토미를 에도로 모셔 와 서양 천문학에 관한 자문을 얻었다.

가게야스의 업적은 크게 두 가지로 나누어 볼 수 있는데, 그중 하나가 지도제작과 관련된 것이다. 물론 앞서 언급했듯이 이노의 사후 그의 지도제작 사업을 지휘하면서 『대일본연해여지전도』를 완성한 일도 지도제작과 관련해 매우 중요한 업적임에 틀림없다. 그러나 그것에 못지 않는 업적이 있었으니, 1810년에 제작된 양반구 세계지도 『신정만국전도(新訂万国全図)』가 그것이다. 이 지도와 관련된 이야기는 다음 절 '지볼트 사건'에서도 다루어지겠지만, 여기서는 주로 당시 세계지리 지식과 지도제작에 관한 이야기를 언급하려고 한다.

1792년 러시아의 사절 락스만(A. E. Laksman)은 당시 러시아의 여제 예카트리나 2세의 명령을 받들어 일본에 온 러시아 최초의 사절이었다. 그는 11년이나 러시아에 머물고 있던 일본 표류민 3명과 함께 시베리아 총독의 통상요청서를 가지고 통상교섭을 하러 왔다. 락스만의 함대가 도착한 곳은 에조치의 북동쪽 끝에 있는 네무로(根室)였다. 그들은 이곳에서 통상교섭을 요구했고 막부의 허락을 기다리면서 그해 겨울을 보내야 했다. 다음 해인 1793년 막부는 외국과의 모든 교섭은 나가사키에서 실시하니 그곳으로 가서 통상교섭을 요구하라고 전달했다. 락스만은 그들이 데리고 온 일본인 표류자들만 내려놓고는 나가사키로 가지 않고 러시아로 돌아갔다.

막부는 락스만의 통상요구에 대응하기 위해 즉시 가쓰라가와 호슈(桂川甫周: 1751~1809)를 소환했다. 그는 『해체신서』 번역작업에도 참여했던 에도 후기 난방의였고, 게다가 세계지리와 러시아 지리에 대해 연구하던 난학자이기도 했다. 그는 막부가 의뢰한 『로서아지(魯西亜志)』를 집필해 막부에 제출했는데, 이는 통칭 『제오그라피(ゼオガラヒ一)』라 불리는 책의 러시아 부분을 단지 10일 만에 번역한 것이라고 한다. 『제오그라피』는 독일인 휘브너(J. Hübner)가 쓴 *Algemeine Geographie*의 난역본(1769년 간행), 즉 『일반지리학(一般地理学)』의 또 다른 이름인데, 실제로 일본어 번역에 사용된 난역판의 독일어 원본은 같은 이름을 쓰는 아들 휘브너가 개정한 책이었다. 이 책은 당시 일본에 널리 알려진 서양 지리책 중 가장 대표적인 것이었다.

한편 가쓰라가와는 막부의 명령으로 표류민이 머물고 있던 집을 수차례 방문해 러시아 체재 시 체험과 견문에 대해 질문했다. 표류민 중 특히 다이고쿠야 고다유(大黑屋光太夫)는 현지에서 써 놓았던 메모를 보면서 호슈의 질문에 담담하게 대답했다고 한다. 가쓰라가와 호슈는 그들의 현지 관찰과 경험 그리고 다양한 서적을 참고해서 한 권의 책으로 정리해 막부에 제출했는데, 그것이 바로 『북차문략(北槎聞略)』이다. 이 책은 막부가 러시아의 남하에 위기를 느끼면서 러시아에 관한 정보를 처음으로 집대성해서 만든, 대러시아 대응 전략서의 성격을 띤다. 또한 이 책에는 표류민들이 가져온 세계지도를 모사하고 지명은 가급적 일본어로 바꿔 제작한 10종의 지도가 첨부되어 있는데, 〈그림 3.5〉는 그중 하나인 20×68cm 크기의 지구전도이다.

이와 비슷한 일이 또 발생했다. 1804년 러시아의 사절 레자노프(N. P. Reza-nov)가 나가사키에 나타나 일본과의 통상을 요구했다. 그는 데지마에서 6개월

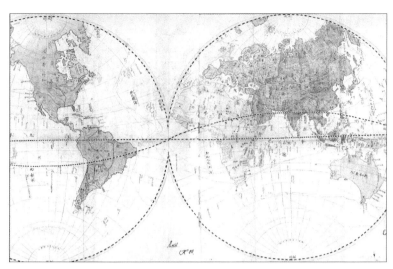

그림 3.5 가쓰라가와 호슈의 『북차문략』 내 세계지도

간 머물면서 일본과의 통상교섭에 적극적으로 노력했지만, 별다른 성과를 얻지 못한 채 돌아갔다. 러시아 측은 이번에도 일본인 표류민 4명을 데리고 와서 인도했는데, 그들 모두 센다이 번(仙台藩) 출신이었다. 막부는 센다이 번더러 표류민들을 취조하라고 명령했다. 센다이 번은 우리가 이미 알고 있는 난학자 오쓰키 겐타쿠(大槻玄澤)에게 이들 표류민의 취조를 담당하게 했고, 취조 결과와 기존의 서적을 참고해 집필한 것이 『환해이문(環海異聞)』이다. 이 책은 1807년 센다이 번에 제출되었다. 여기에도 지도가 부록으로 첨부되어 있는데, 표류민들이 가져온 4장으로 된 러시아제 세계지도와 그것을 번역한 또 다른 지도 4장, 마지막으로 표류민들이 러시아 배로 거쳐 온 항로와 일정에 관한 세계지도 등 총 9장의 지도가 그것들이다.

이들 지도에 자극을 받은 막부는 같은 해인 1807년, 천문방 다카하시 가게야스에게 서양 정보에 기초한 세계지도 제작을 명령했다. 당시 그의 나이 23세.

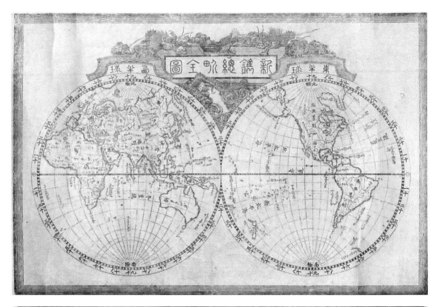

그림 3.6 다카하시 가게야스의 『신전총계전도』와 『일본변계약도』

우선 그는 나가사키의 뛰어난 네덜란드 통사이자 난학자인 바바 사다요시(馬場貞由)를 불러 자신의 작업을 보좌하게 했으며, 주로 서양 지리서의 번역을 맡겼다. 1809년 시범적으로 『신전총계전도(新鐫総界全図)』를 제작했는데, 직경 16cm 크기로 된 양반구도여서 세세하게 지명을 담지는 못했다. 하지만 제작된 지도는 동판으로 인쇄해 그 정밀도는 탁월했는데, 향후 제작될 지도 역시 동판으로 인쇄할 예정이라 이를 위한 예비 시도였다고 볼 수 있다. 이 과정에서 또 하나의 지도를 만드는데, 우리에게도 잘 알려진 『일본변계약도(日本辺界略図)』가 그것이다. 22×34cm 크기에 불과하지만, 일본, 만주, 조선을 중심으로 북쪽으로는 시베리아, 오호츠크 해, 캄차카 반도 남부, 남쪽으로는 중국의 장시 성, 저장 성부터 류큐 열도까지 담고 있다. 지도를 보면 우리의 동해가 '조선해(朝鮮海)'로 표기되어 있어, 일본과의 동해 지명 논의에서 우리가 제시하는 중요한 증거 중의 하나이다.

다카하시 가게야스는 막부의 명을 받은 지 3년이 지난 1810년에 『신정만국전도』를 완성하였다. 동판으로 인쇄된 직경 93cm 크기의 양반구도로, 지도의 폭이 2m가량 되는 대형지도이다. 하지만 기존의 세계지도와는 달리 유라시아 대륙과 아프리카 대륙 그리고 오세아니아까지를 하나의 원에 나타내면서 서반구라 칭하며 좌측에 두고, 나머지 남북 아메리카 대륙을 동반구라 칭하면서 우측에 위치시켰다. 지도제작에 주로 참고했던 지도는 영국인 애로스미스(A. Arrowsmith)가 메르카토르 도법을 이용해 1799년에 간행했던 세계지도이며, 쿡(J. Cook)과 라플라스(P. S. Laplace)의 태평양 탐험 성과도 지도에 표시하였다. 특히 마미야 린조(間宮林蔵)에 의해 확인된 사할린과 아시아 대륙과의 이격까지 지도에 포함시켜 당시로서는 세계적 수준에 이른 정확한 지도로 볼 수 있다. 또한 이 지도의 네 모서리에는 직경 16cm 크기의 반구도가 각각 그려져 있는데, 우상단 모서리에서 시계방향으로 북극 중심, 남극 중심, 교토 중

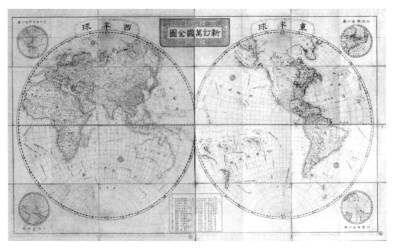

그림 3.6 다카하시 가게야스의 『신정만국전도』

심, 그리고 그 대척점 중심의 반구도가 각각 그려져 있어 세계 속에서 일본의 위치를 나타내려 노력하였다.

가게야스 이력 중에서 독특한 것이 또 하나 있는데, 그것은 만주어이다. 1804년 그가 천문방에 임명된 바로 그해에 러시아 사절 레자노프가 나가사키에 도착해서는 나가사키 부교에게 당시 러시아 황제 알렉산드르 1세의 국서를 건넸다. 이 국서는 러시아어와 만주어로 되어 있었는데, 당시 일본에는 만주어를 읽을 수 있는 사람이 하나도 없었다. 일설에 의하면 러시아는 1689년 청과의 국경조약인 네르친스크 조약에서 러시아어와 만주어로 된 협정문을 교환했기 때문에, 같은 한자를 쓰는 일본 역시 만주어를 알 것이라 판단했다고 한다. 1808년 막부로부터 번역을 명받은 가게야스 역시 만주어를 몰랐지만, 당시 홍엽산문고에 소장되어 있던 중국에서 출판된 만주어사전을 참고해서 번역에 매진하였다. 그로부터 2년 후인 1810년, 가게야스는 번역을 완료하고는 그 결과를 막부에 제출하였다. 그 후 만주어 공부를 계속해 1816년에는 화·한·만·란어 사전인 『아구어정(亞欧語鼎)』을 만들기도 했는데, 여기서도 그의 뛰어난 어학능력을 엿볼 수 있다.

지도제작과 더불어 천문방으로서 가게야스의 가장 두드러진 활약은 천문 방 내에 만서화해어용(蛮書和解御用)이라는 기관을 설치한 것이다. 1810년 『신정만국전도』의 제작이 완료되자, 막부는 다음 해인 1811년에 다시 가게야 스에게 프랑스의 백과사전을 번역하라는 명령을 내렸다. 이 방대한 작업을 담 당할 기관이 필요하다고 판단한 가게야스는 만서화해어용의 설치를 요청했 고, 막부로부터 이를 승인받았다. 이 시기 서양과의 교섭이 증대하면서 이제 막부는 서양의 학문과 문화 그리고 국제정세를 나가사키 통사를 거치지 않고 직접 파악해야 할 단계에 이르렀다고 판단했는데, 만서화해어용의 설치는 이 러한 판단의 결과라고 볼 수 있다. '蛮書和解御用'에서 '蛮書'란 남만서(南蛮 書)를 뜻하지만, 여기서는 포르투갈 책을 의미하는 것이 아니며 또한 네덜란 드 책에 한정하지 않은, 넓은 의미의 서양서 모두를 말한다.

1811년 만서화해어용이 세워지면서 『신정만국전도』의 제작을 위해 소환 된 바바 사다요시는 계속에서 이곳에 근무하게 되었다. 사실 바바 사다요시는 나가사키 상관장으로부터 네덜란드어, 프랑스어, 영어를 배웠으며, 나중에 언급하겠지만 고로닌 사건으로 에도에 끌려왔던 러시아 해군 고로닌으로부 터 러시아어를 배우기도 했다. 가게야스는 이처럼 뛰어난 어학능력을 지닌 바 바 사다요시를 자신의 수하에 두기 위해 만서화해어용을 설치했다는 이야기 도 있다.

어쨌든 일류 난학자들이 가게야스 휘하에 몰려들면서 번역사업이 가게 야스의 주요 업무의 하나가 되었다. 이후 가게야스의 관리하에 바바 사다요 시와 오쓰키 겐타쿠 등 당시 일류 난학자들이 참여해서 사전 번역작업을 실시하였는데, 그 결과가 바로 『후생신편(厚生新編)』이다. 이 사전은 프랑스인 쇼멜(N. Chomel)이 펴냈고 샤르모(J. A. de Chalmot)가 난역한 *Huishoudelijk Woordenboek*(가정백과사전: 전 7권, 1778년 암스테르담 간행)을 번역한 것이다. 이처럼 일류 난학자들의 노력과 막부의 지원 및 통제가 결합되면서 에도의 난학 수준은 일거에 높아졌다. 난학자들은 점차 막신으로 신분이 바뀌었고, 난학 역시 '공학(公學)', '관학(官學)'의 수준에까지 이르렀으며, 결국 쇄국이 본격화되는 막말에는 난학이 막부에 의해 독점화되기 시작했다.

지볼트 사건

가게야스가 네덜란드 상관의인 필리프 프란츠 폰 지볼트(Philipp Franz von Siebold: 1796~1866)를 만난 것은, 지볼트가 1826년 네덜란드 상관장의 에도 참부에 동행할 당시였다. 지볼트는 의사인 동시에 뛰어난 박물학자로 에도를 왕복하면서 이동로 주변의 지리, 식물, 기후, 천문 등을 관찰했고, 식물의 경우 1,000점 이상을 수집했을 정도였다. 그는 일본 도착 이듬해부터 데지마 밖에 나루타키주쿠(鳴滝塾)를 설치해 서양 의학을 가르쳤는데, 일본 전국에서 몰려든 의사와 학자들로 인산인해를 이루었다고 한다. 오쓰키가 1786년에 세운 지란당이 일본인이 세운 최초의 난학숙이라면, 나루타키주쿠는 외국인이 세운 유일한 난학숙이었다. 따라서 가게야스는 지볼트의 명성을 이미 알고 있을 것으로 판단된다.

지볼트는 에도에 와서 여러 학자들과 만났는데, 가게야쓰뿐만 아니라 당시 홋카이도와 사할린을 탐험하고 돌아온 모가미 도쿠나이(最上德內)와도 교류했다. 가게야스는 당시 지볼트가 가지고 있는 크루젠슈테른(I. F. Kruzenshtern)

의 『세계항해지(世界舟航誌)』 난역판을 비롯한 몇 권의 책을 보았는데, 해외정보를 파악하고 입수해야 했던 자신의 업무상 그것들이 필요했다. 결국 가게야스는 이들 서적을 입수하기 위해 해외반출이 금지된 『이노도(소도)』를 다시 1/2로 축소한 지도 사본과 북방지도 몇몇을 지볼트에게 건네주었다.

여기서 크루젠슈테른은 1804년 나가사키에 입항한 러시아 사절인 레자노프를 싣고 온 함대의 함장이었다. 그는 러시아인 최초로 세계일주를 한 함장으로 당시 우리의 동해를 통과하였다. 후년 자신이 만든 지도에 동해를 'MER DU JAPON'이라 기입하면서 동해를 '일본해'로 명명한 최초의 인물이라고 일본 야후의 '위키피디아'에서는 소개하고 있다. 하지만 1787년 프랑스 함대를 이끌고 동해를 항해한 라페루즈(La Pérouse)가 자신의 항해를 기록한 지도첩에 남긴 것이 최초의 것임이 지금까지의 정설이다. 1810년 크루젠슈테른이 항해를 마치고 귀국하고는 당시의 항해기록을 다음과 같은 이름으로 남겼다. *Reise um die Welt in den Jahren 1803, 1804, 1805 und 1806 auf Befehl Seiner Kaiserliche Majestät Alexanders des Ersten auf den Schitten Nadeschda und Newa*. 이 책의 난역본이 바로 가게야스가 지볼트로부터 입수한 『세계항해지』였다.

지볼트 사건에 대한 지금까지의 통설은 지볼트가 귀국하기 위해 짐을 실어 둔 배가 항구에서 폭풍우를 만나 좌초되었고, 그 속에 해외반출이 금지된 『이노도』를 비롯한 무기류가 발견되었다는 것이다. 하지만 이는 사실이 아니다. 이 사건에는 마미야 린조(1780~1844)라는 인물이 개입되어 있었다. 우선 마미야 린조에 대해 살펴보자. 그는 18세기 말부터 19세기 초 홋카이도와 사할린 탐험에 뛰어난 업적을 남긴 인물인데, 이곳의 탐험과 측량, 도로 개설과 정보 탐지 등 여러 방면에서 활약했던 일본 북방 해역에 관한 한 당대 최고의 현장

전문가였다. 그는 1800년 1차 측량 당시 홋카이도에 와 있던 이노 다다타카를 만나 측량술을 배우기도 했고, 1812년 마쓰마에(松前)에 유폐 중이던 러시아 해군장교 고로닌으로부터 경도측정법을 배우기도 했다. 그의 업적 중 가장 빛나는 것은 1808~1809년 사이에 이루어진 사할린 탐험이었다. 그는 1808년 동료 마쓰다 덴슈로(松田伝十郎)와 함께 사할린의 남쪽 끝에 도착한 후, 자신은 사할린의 동안을 따라, 마쓰다는 서안을 따라 돌면서 마침내 둘은 해협을 사이에 두고 연해주와 마주하는 곳에서 만났다. 즉, 사할린은 연해주에 붙어 있는 반도가 아니라 섬이라는 사실이 최초로 밝혀진 것이다.

이듬해 마미야 린조는 단독으로 사할린 서안을 따라 북쪽 끝까지 올라가면서 사할린이 섬이라는 사실을 다시 한 번 확인하였다. 이번에는 해협을 건너 내륙으로 들어가 아무르 강 하류의 청국 기지에서 청국 관리와 만나기도 했다. 그는 당시의 경험과 관찰을 배경으로 사할린과 이곳에 사는 주민에 대한 실증적인 민족지『북이분계여화(北夷分界余話)』와 연해주 지방에서 관리의 언행과 교역 상황에 대한 관찰을 근거로『동달지방기행(東韃地方紀行)』을 펴내 1811년 막부에 제출하였다. 후자에는 21매의 사실적 지도가 삽입되어 있으며, 이것 이외에도 마이야 린조 스스로 1:36,000의「북하이도지도(北蝦夷島地図)」7매를 제작하였다. 이미 언급했듯이 사할린이 섬이라는 마미야 린조의 정보는 1810년 가게야스가 만든『신정만국전도』에 정확하게 반영되어 있으나, 1809년에 간행된『일본변계약도』에 반영되어 있지 않은 것은 이상과 같은 이유에서 비롯된 것이다.

다시 지볼트 이야기로 돌아가 보자. 일본 북방의 식물에도 관심이 많았던 지볼트는 마미야 린조가 홋카이도에서 채집해 말린 표본을 입수하였다. 그에 대한 감사의 표시로 마미야에게 편지와 소포를 보냈는데, 외국인의 사적인 선물이 국법에 어긋난다고 판단한 마미야는 그것을 개봉도 하지 않은 채 막부에 제출하였다. 그 편지에 어떤 이야기가 담겨 있었는지는 알 수 없다. 그러나 그 편지가 발단이 되어 곧이어 다카하시 가게야스와 그 일문이 체포되어 심문을 받게 되었다. 일설에 의하면 가게야스와 마미야 사이에는 불화가 있었다고 하는데, 결국 마미야의 밀고가 지볼트 사건의 계기가 된 것이 아닌가 추측도 해 볼 수 있다. 이 사건으로 가게야스는 투옥되었고 다음 해인 1829년 옥사하였다. 그 후 재판에서 사형선고가 내려졌는데, 그의 아들 2명은 귀양을 떠났고, 나머지 50여 명의 문하생들도 처벌을 받았다. 물론 그가 가업으로 이어받은 천문방직도 단지 2대로 끊어지고 말았다.

한편 막부는 네덜란드와의 외교관계를 고려해 지볼트에게는 국외추방명을 내렸고, 이에 지볼트는 일본을 떠났다. 당시 그가 프로이센의 스파이일 수도 있다는 의혹이 제기되었다. 왜냐하면 지도가 반출될 수 없다는 사실은 지볼트가 누구보다 잘 알고 있었을 것임에도 불구하고 그것을 가져가려 시도했다는 사실 때문이다. 이외에도 그가 스파이였을 것이라는 정황은 제자와의 면담, 일본 근해의 수심 측정 등 여럿 있다고 한다. 하지만 이후 지볼트는 막말에 두 번이나 일본에 다시 들어왔다. 그는 어마어마한 양의 문헌과 식물 및 동물 표본을 수집해 네덜란드로 돌아갔다. 이들 자료를 이용해『일본(日本)』,『일본동물지(日本動物誌)』,『일본식물지(日本植物誌)』를 간행하였다. 특히『일본』에서 조선을 소개하고 있는데, 이는 하멜의 표류기에 이어 조선이 유럽에 알려지는 중요한 계기가 되었다.『하멜 표류기』는 직접적인 관찰에 의거한 것이라 하지만, 어디까지나 견문기 수준에 지나지 않는다. 하지만 지볼트의 조선 소개는, 비록 그가 조선을 방문한 것은 아니었지만 서양의 학문체계를 바탕으로 과학적·총체적으로 기술했다는 점이『하멜 표류기』와는 다르다.

지볼트의 조선 기록에 대한 연구는 고영근(1989)의 것이 충실하며, 지볼트의 원본이 일본어로 번역된 것도 있어 여기서는 그것을 간략히 정리한 수준으로 마무리할까 한다. 지볼트의『일본』의 원저명은 *Nippon, Archiv zur Beschreibung von Japan und dessen Neben-und Schutzländern: Jezo mit den Südlichen Kurilen, Krafto, Kooraï und den Liukiu-Inseln, nach japanischen und europäischen Schriften und eigenen Beobachtungen*이다. 이를 우리말로 옮기면,『일본, 일본과 그 인근 및 보호국가: 홋카이도, 남쿠릴 열도, 사할린, 조선, 류큐 제도의 기술을 위한 기록. 일본과 유럽의 문헌 및 자신의 관찰에 의거』이다. 지볼트의『일본』은 모두 7부로 되어 있고, 조선에 관한 것은 마지막 7부에 실려 있다. 조선 기록은 다시 기술, 자료, 도록 3장으로 구성되어 있으며, 일본 해안에 표착한 조선인으로부터 얻은 조선의 사정은 제1장(기술) 첫 부분에 나온다. 이어 조선 어민의 생활상과 민족지를 서술했고 언어, 문자, 기후, 작물, 가축, 제도, 역사, 주변국과의 관계 등을 기술하였다. 제2장(자료)에서는 어휘, 천자문, 민요, 시, 가사, 한글 음절표 등이 제시되어 있고, 제3장(도록)에는 인물화와 지도, 문자, 의복, 불상, 로마자 표기 지도 등이 수록되어 있다.

러시아어로 번역되기도 한 이 책은 19세기 중후반 서양인의 조선 인식에 결정적인 영향을 주었으며, 우리가 잘 알고 있는 오페르트(E. J. Oppert)의『금단의 나라: 조선기행』(1880)이나 그리피스(W. E. Griffis)의『조선: 은자의 나라』(1882) 등의 집필에 크게 기여했다. 1832년 레이던(Leiden)에서 처음 발간된 지볼트의『일본』제1부에는 다카하시 가게야스의『일본변계약도』를 기본으로 해서 지명을 로마자로 바꾼 지도가 게재되어 있다. 이 지도에서 처음으로 사할린과 연해주 사이의 타타르 해협을 마미야 해협(間宮瀬戸)이라 이름 붙이고는 처음으로 유럽에 소개했다. 또한 그는 1852년에 간행된『일본』의 최종본에서 마미야 린조의 지리학적 공적을 상찬하면서『동달지방기행』과『북하이도설』을 번역, 게재하였다.

　가게야스가 지볼트 사건에 연루되어 1829년 옥사할 때는 이미 막부가 서양
세력, 특히 러시아의 남하에 대한 불안감 때문에 지금까지의 외교적 태도에서
완전하게 탈바꿈하던 시절이었다. 특히 1825년 '이국선무이념타불령(異国船
無二念打仏令)'으로 상징되는 강경노선은, 뒤이어 일어난 '만사의 옥(蛮社の獄)'
으로 세상의 흐름과는 정반대로 더욱더 나라의 문을 걸어 잠그려는 외교적 모
순에 빠지고 말았다. 물론 무조건 나라 문을 닫아야 한다는 의미에서 제안한
것이 아니라 할지라도, '이국선무이념타불령'을 막부에 상주한 자가 바로 다카
하시 가게야스라는 사실을 안다면 외세에 대한 당시 막부와 지식인의 당혹감
과 고뇌를 엿볼 수 있다. 이제 다음 장으로 넘어간다. 다음 장에서는 18세기 중
엽부터 일본 근해에 등장하는 서양의 여러 세력과 이에 대응하는 막부와 재야
지식인들의 인식을 살펴보면서, 페리에 의한 일본 개국까지의 이야기를 정리
하고자 한다.

제4장

1853 페리 내항

18세기 말엽까지 에조치(蝦夷地: 지금의 홋카이도)는 도쿠가와 막부 스스로도 자신의 영토라 인정하지 않던 곳이었다. 바로 이곳에서 향후 일본 정국의 향방을 가늠할 두 가지 사건이 발생했다. 이 두 사건은 1771년 같은 해에 발생하였다. 나중에 좀 더 자세히 언급하겠지만, 하나는 캄차카 반도에서 유형(流刑) 중이던 한 헝가리인이 탈주하여 벌인 소위 베뇨프스키 사건이며, 다른 하나는 쿠릴 열도에서 러시아인이 아이누인을 살해한 데 대한 보복으로 아이누인이 러시아인을 습격해 많은 인명을 살상한 사건이 그것이다. 이 두 가지 사건 모두 시베리아를 횡단해 캄차카 반도까지 도달한 러시아가 이제 그 방향을 남쪽으로 돌리기 시작했음을 의미하는 동시에, 러시아와 일본의 조우가 머지않았음을 암시하는 것이었다.

이 장에서는 18세기 말 러시아를 비롯한 외세의 압력에 대해 그리고 200년 가까이 지속된 막부 체제의 내부 모순에 대해 막부가 어떻게 대처하였는가를, 지리지식의 확대 및 국방정책의 변화 등 주로 대외적인 관점에서 바라보고자 한다.

러시아의 등장

　사실 러시아의 시베리아 진출은 17세기부터 시작되었으며, 1633년 건설된 야쿠츠크(Yakutsk)를 거점으로 동진을 계속한 결과 아무르 강 유역, 오호츠크 해 연안, 캄차카 반도까지 나아갔다. 동진의 주목적은 모피 획득이었는데, 당시 시베리아산 모피는 러시아가 유럽 여러 나라와 교역하는 데 필요한 주요 상품 중 하나였다. 이 과정에서 청과의 충돌은 피할 수 없었으며, 그 결과 1689년 청으로서는 최초의 근대적 국경조약인 네르친스크 조약이 러시아와의 사이에 체결되었다. 당시 러시아와 청 간의 국경은 아무르 강 이북이며, 아무르 강 유역과 연해주가 러시아의 판도에 들어온 것은 19세기 중반 이후의 일이다. 청 역시 러시아의 모피 무역에 자극을 받아 아무르 강 유역 부족들과의 조공무역을 정비했다. 일본에는 청-조선-쓰시마 섬, 청-중계업자-나가사키, 청-류큐-사쓰마 등의 루트를 통해 도입되는 비단 이외에 '에조니시키(蝦夷錦)'라 불리던 비단도 있었다. 이를 통해 청-아무르 강 유역 부족-아이누-마쓰마에를 통한 북방무역이 확고하게 존재했음을 확인할 수 있다. 또한 당시 연해주, 사할린, 홋카이도 북부, 쿠릴 열도를 아우르는 오호츠크 해 연안의 무역은 아이누에 의해 주도되고 있었고, 연해주 역시 청의 영토였다. 따라서 사할린에 러시아인들이 등장한 것은 18세기 중반이 되어서야 가능했다.

　17세기 말 캄차카 반도에 이른 러시아인들은 모피 획득뿐만 아니라 식량을 비롯한 일상 생필품을 해결하기 위해 남쪽으로 진출하지 않을 수 없었다. 그 결과 캄차카 반도-쿠릴 열도-홋카이도로 이어지는 회랑을 따라 러시아와 아이누의 접촉은 점점 더 확대되었고, 18세기 말에 이르면서 이들의 교역이 본격화되었다. 하지만 평화로운 교역만 있었던 것은 아니다. 러시아는 쿠릴 열도의 섬들을 무력으로 장악하고는 주민들로부터 세금을 거두어들였는데, 이때 모피로 세금을 납부하게 했다고 하여 모피세(러시아어로 야사크)라 불린다. 또한 그들은 아이누들의 기존 교역 루트에 편승해 점차 그 영역을 남쪽으로 확대해 나갔던 것이다. 그 결과 양 집단 간에 분쟁이 나타날 수밖에 없었고, 그 대표적인 사례가 앞서 언급한 1771년 우루프 섬 사건이다. 러시아의 남하를 인지하게 된 막부로서는 당혹감을 감출 수 없었다. 왜냐하면 러시아의 막강한 군사력에 대해서는 이미 알고 있었으나, 자신들의 북방에 나타난 세력이 바로 러시아라는 사실을 이 시기에 이르러서야 비로소 알게 되었기 때문이다. 또한 사실 러시아인이 출몰한 곳은 자신의 영토 바깥이라 인식하고 있던 에조치여서, 그 지역의 전모에 대해 거의 백지상태였기 때문이다.

그 후 18세기 말부터 아편전쟁의 결과가 일본에 전해졌던 19세기 중반까지 일본과 러시아 사이에 많은 접촉이 이루어졌다. 이 두 나라 간의 접촉은 다음 세 가지 관점에서 일본의 향후 정국과 북방정책에 결정적인 영향을 미쳤다(藤田覺, 2003). 첫째, 쇄국과 그것을 조법으로 보는 쇄국조법관이 성립되고 확립되었다는 사실, 그리고 그 대척점인 무역용인론 다시 말해 개국론도 성립되었다는 점, 둘째, 대외적 위기의식의 타개책으로 양이론이 성립되었다는 점, 셋째, 러시아와 국경을 접하게 되면서 에조치에 대한 정책이 본격화되었다는 점이 그것들이다. 다시 말하면 러시아의 남하는 막번 체제와 일본 사회가 해체되는 결정적인 대외적 요인이었으며, 막부 말기에 분출된 쇄국, 개국, 존왕, 양이, 토막, 좌막 등 국내 정치 및 대외정책과 관련된 주요 이슈들은 바로 러시아의 남하에서 비롯된 대응책들이었던 것이다.

아이누

18세기 이후 일본의 북방에서 벌어진 일본과 러시아의 관계를 이해하기 위해서는 우선 이 둘 사이의 공간을 점유하고 있던 아이누에 대한 이해가 필요하다. 일본에서는 혼슈의 북동부인 도호쿠(東北) 지방과 현재 홋카이도에 거주하는 사람들을 시기를 달리하면서 '에미시', '에조', '아이누' 등의 호칭으로 불렀다. 우선 '에미시'라는 호칭은 야마토(大和)−율령국가 시기의 호칭으로, 한자로는 야마토 시대인 7세기까지 '毛人', 7세기 이후 율령국가 시기에는 '蝦夷'라 썼다. '에미시'의 유래에 대해서는 다양한 설이 있는데, 이 사람들의 털이 길어 마치 '에비(蝦: 새우)'를 연상케 해서 그렇게 불렸다는 설도 그 하나이다. '에미시'라는 이름은 당시 사람들의 이름에도 사용되고 있어, 반드시 기피적이거나 차별적인 뉘앙스가 있는 것은 아니고 오히려 용맹한 사람이라는 의미를 지니고 있었다.

한편 '蝦夷'를 '에조'라 읽기 시작한 것은 도호쿠 지방에서 '에미시'라 불리는 집단이 사라지면서, 주로 홋카이도에 거주하는 사람들을 염두에 두면서부터라고 한다. 약 11~12세기경의 일로 이때부터 도호쿠 지방에 거주하는 사람과 홋카이도에 거주하는 사람 사이, 다시 말해 고대 '에미시' 세계가 2개로 구분되었다. '에미시', '에비시'에서 '에조'로 바뀌었다는 설도 있지만, '에조'의 어원 역시 분명하지 않다. 이 같은 호칭의 변화는 왜(倭: 야마토 정권)와 '에조(蝦夷)' 사이의 지리적 경계 변화, 즉 북방으로의 일본 영토 확장과 그 궤를 같이한다고 볼 수 있다. 6~7세기 왜와 '에미시'의 경계는 대략 현재로 치면 니가타(新潟), 후쿠시마(福島), 미야기(宮城) 현의 남부를 잇는 선 정도로 볼 수 있어, 현재 일본 도호쿠 지방이라 일컫는 대부분의 지역이 당시는 왜의 영토 바깥, 즉 '에미시'의 영역이었다. 그 이후 집요하게 '정이(征夷)'를 추진하면서 9세기경에는 아키타(秋田), 모리오카(盛岡), 미야기 현을 잇는 선까지 북상하였다. 그 후 가마쿠라 막부(鎌倉幕府) 초기인 13세기에 이르면 혼슈 북단까지 일본의 영역으로 인식하게 되었는데, 이제 도호쿠 지방의 '에미시'는 사라지고 홋카이도의 '에조'만 남게 된 것이다.

12세기 말부터 15세기 중반까지, 다시 말해 가마쿠라–무로마치 막부 시기에 도호쿠 지방의 북방은 쓰가루(津軽)의 도사미나토(津軽十三湊)를 거점으로 한 무장집단인 안도(安藤)씨가 장악하고 있었다. 물론 이들은 막부에 귀순한 에미시의 후손들로 홋카이도로 보내는 유형자들을 막부로부터 인계받고, 홋카이도 산물을 가마쿠라나 교토로 상납했으며, 또한 본토의 여러 구니(国)에서 온 선박들을 관장하는 역할을 담당하였다. 그 결과 쓰가루 도사미나토는 도호쿠 지방의 주요 교역창구로 성장했고, 이곳을 통해 도자기, 철제품, 의류, 쌀, 술 등이 도호쿠 지방 북쪽과 홋카이도 등지로 보급됨에 따라 주민들의 삶과 생활양식은 이전과는 완전히 달라졌다.

한편 홋카이도 거주민들은 이들 물품을 확보하기 위해 자신들이 내놓을 교역품 준비에 매진했다. 이들은 본래부터 하던 채집, 수렵, 어로, 농경 등 다전략적 생활양식을 버리고, 이제 스스로 사냥을 하거나 북방 주민들과의 교역을 통한 모피 획득에 경쟁적으로 매달릴 수밖에 없었다. 이 시기 중국 문헌에서 사할린 거주 아이누와 중국인의 접촉에 대한 언급을 찾을 수 있다. 물론 13세기 몽골의 침입을 받은 사할린 거주 아이누가 일본으로 건너와 도호쿠 지방 일대에 세력을 확대했다는 설도 있지만, 이보다는 일본과의 교역 확대로 아이누의 수렵권이 쿠릴 열도나 사할린까지 확대된 것으로 보는 것이 타당하다. 하지만 15세기 중엽이 되면서 도호쿠 지방 북쪽의 판도는 급격히 달라졌다. 1443년 난부(南部)씨의 공격을 받아 쓰가루의 도사미나토가 함락되면서, 안도 모리스에(安藤盛季)는 쓰가루 해협을 건너 홋카이도의 남쪽으로 도주하였다.

그 후 1445년에 모리스에의 아들 야스스에(康季)가, 그리고 1453년에 야스스에의 아들 요시스에(義季)가 각각 해협을 건너와 쓰가루에서 난부씨와 결전을 벌였으나 모두 패하고는 사망하고 말았다.

결국 안도 모리스에의 직계가 절멸되면서 방계인 마사스에(政季)가 안도가를 이어받았다. 어쨌든 안도가가 홋카이도의 최남단인 오시마(渡島) 반도에 정착하면서 이곳에 일본식 정치질서가 확립되지만, 이를 받아들이지 못하는 현지 집단과는 마찰을 빚을 수밖에 없었다. 그 결과 1457년 일본인에 대한 아이누 최초의 봉기인 '고샤마인 봉기'가 일어났던 것이다. 고샤마인은 일본식 정치질서에 반대하는 현지 집단의 지도자인데, 이후 일본인과 아이누 사이의 대립과 반목은 1550년대까지 무려 100년가량 지속되었다. 이 과정에서 이 지역의 맹주로 떠오른 가문이 가키자키(蠣崎)씨였다. 1550년 가키자키 스에히로(蠣崎季広)는 아이누와 강화를 맺으면서 100년간 지속된 도래인(和人)과 현지인(蝦夷人) 사이에 잠정적인 평화가 찾아왔다. 가키자키 스에히로는 아이누 촌장들에게 연봉을 지급했는데, 이는 마쓰마에(松前: 당시 오시마 반도의 중심 항구)로 건너오는 일본 상인들에게 부과한 세금으로 충당하였다. 물론 이 지역의 명목상 군주는 여전히 안도(安東)씨였는데, 안도(安藤)씨에서 안도(安東)씨로 바뀐 것은 1454년 마사스에가 쓰가루 해협을 넘어올 즈음에 자신의 성을 安藤에서 安東으로 바꾸었기 때문이다.

1590년 도요토미 히데요시가 도호쿠 지방을 평정한 후 가키자키 스에히로에게 주인장을 교부했고, 이때부터 가키자키는 오시마 반도의 실질적 지배자로 인정받게 되었다. 그 이듬해 가키자키는 히데요시의 마지막 국내 전장인 구노헤 마사자네(九戸政実)의 난에 독화살을 지참한 300명의 아이누 궁사를 끌고 참전하기도 했다. 1599년 가키자키라는 성을 마쓰마에(松前)로 바꾸었는데, 여기에는 자신이 마쓰마에의 실질적 영주라는 의미가 내포되어 있었다. 1604년 마쓰마에가에 도쿠가와 이에야스의 흑인장이 부여됨으로써 아이누와의 교역 독점권이 보장됨과 동시에 외부 세계로 열려 있는 막부의 4개 창구 중하나를 담당하는 임무가 마쓰마에 번에 주어졌다. 그 결과 홋카이도는 마쓰마에(松前(地))와 에조치(蝦夷地)로 완벽하게 구분되었다. 다시 말해 이제 에조치는, 쓰시마 번에 의해 연결되는 조선과 마찬가지로 마쓰마에 번과 연결된 일본 영역 바깥임이 막부에 의해 선언된 것이라 볼 수 있다.

막번 체제 초기 마쓰마에 번은 가신들에게 토지 대신 아이누와의 교역권을 나누어 주었다. 아이누가 물물교환을 하러 오는 특정 장소를 가신들에게 할당하는 방식인데, 이들 장소는 대부분 배로 가야 하는 해안가 마을로 점차 일본인 정착촌으로 바뀌어 나갔다. 이러한 방식의 교역을 상장지행제(商場知行制)라 하는데, 실제로는 에조치로부터 수입되는 물화가 많지 않아 수익은 신통치 않았다. 18세기가 되면서 아이누와의 교역을 관리할 능력도 흥미도 잃은 마쓰마에 번 가신들은 교역권 전부를 오사카나 센다이의 상인들에게 위임했고, 그로부터 세금을 받는 것에 만족해야만 했다. 소위 장소청부제(場所請負制)가 시작된 것이다. 하지만 청부인들, 다시 말해 상인들의 눈은 가신들과는 달라도 확연하게 달랐다. 그들 중에는 일확천금을 노리는 자들도 많았는데, 에조치의 산물을 전국 시장과 연계시킬 수만 있다면 엄청난 수익이 보장될 수 있다는 사실을 간파했던 것이다. 18세기 중반 이후 에조치의 산물로서 가장 각광을 받는 것은 국민적 음식이 된 염장 연어와 비료의 원료가 되는 정어리였다. 이렇게 확보된 정어리는 일본 중부지방의 논에 뿌리는 소중한 비료 원료가 되었고, 그 덕분에 일본 본토에서는 상업적 농업이 전개될 수 있었다. 하지만 이 과정에서 상인과 에조치 주민들 간의 갈등은 더욱 고조되어 수시로 대립하거나 봉기가 발생하기도 했다.

198

아이누에 대해 하나 더 짚고 넘어가야 할 사항은 바로 아이누라는 호칭에 관한 것이다. 앞서 언급했듯이 에미시, 에조 등의 호칭은 모두 일본인이 북방에 거주하는 이민족을 지칭하던 호칭이었다. 그렇다면 그들은 자신들을 어떻게 불렀을까? 아이누 언어로 '카무이'는 범신론적 의미에서 '신'을 말하는데, 바로 그 반대어인 '사람'을 가리키는 말이 바로 '아이누'였던 것이다. 여자에 대한 남자, 자식에 대한 아버지, 아내에 대한 남편의 의미로도 사용된다고 한다. 민족집단을 지칭하는 단어로 '아이누'가 문헌에 등장한 것은 18세기 말부터라 한다. 1790년대에 쓴 어느 여행기를 보면 '蝦夷'라는 한자에 '아이노'라는 훈을, 아이누가 일본인을 부르는 호칭인 '샤모'에는 '和人'이라는 한자가 붙어 있다. '샤모'는 아이누 어로 '이웃'이라는 의미이며, 19세기 말 20세기 초까지도 '아이누'보다 '아이노'라는 표현이 더 많이 나온다고 한다. 아이누에게 '에조'라 부르면 오히려 화를 냈다는 기록도 있는데, 그들은 일본인의 '에조'라는 호칭에서 민족차별을 느꼈던 것으로 볼 수 있으며, 한편으로는 스스로 아이누라는 자의식도 고양되어 왔던 것으로 볼 수 있다. 그리고 '蝦夷'-'日本人'이라는 관계 호칭이 '아이누'-'和人'으로 바뀌게 된 것도 18세기 후반 혹은 19세기 초반이라 하니, 이 시기부터는 아이누라는 호칭이 일반화된 것으로 볼 수 있다.

다누마 오키쓰구와 마쓰다이라 사다노부

한편 이 시기 막부 외교정책의 핵심을 이해하기 위해서는 다누마와 사다노부를 둘러싼 막부 권력구조를 이해할 필요가 있다. 도쿠가와 막부의 최고 절정기는 지속적인 평화, 대규모의 신전 개발, 왕성한 경제활동 등으로 맞은 겐로쿠(元禄: 1688~1704) 연간이다. 그 이후부터 막부와 번의 재정 악화를 해결하기 위해 내핍과 소비 사이를 큰 폭으로 출렁이는 정책들이 제안되었고, 그에 따라 막부와 일본의 정국도 요동쳤다. 특히 농업을 기반으로 한 기존의 막번 체제를 공고히 유지하고 내핍과 검약으로 막부 재정을 안정화시키려는 시도 가 여러 차례 있었지만, 대도시를 중심으로 고도로 발달된 상품경제와 화폐경 제의 도도한 흐름을 막을 수 없었다. 도시의 화려함과 풍요로움 뒤에는 저항 으로 점철된 농촌의 불안이 존재했고, 성공한 상인들의 엄청난 부 뒤에는 가 난에 찌든 사무라이들이 존재했던 것이다. 앞서 언급했듯이 이러한 모순을 해 소하고자 많은 시도들이 이루어졌으며, 그중에서 대표적인 사례에 대해 '개혁' 이라는 이름을 붙여 시기별로 각각 18세기 초 '교호 개혁', 18세기 말 '간세이 개혁', 19세기 초 '덴포 개혁'이라 칭하고 있다. 이들 개혁은 대부분 초기 막번 체제를 이상으로 삼아 추진된 회귀적 보수반동이라 볼 수 있으며, 반대파 정 치세력뿐만 아니라 무사, 상인, 농민 등 다양한 계급의 반발에 부딪혀 모두 실 패하고 말았다.

막부의 재정을 단단하게 뒷받침해 주던 수입 중의 하나는 광산물의 수출로 얻은 수입이었다. 하지만 1630년대에 접어들면서 은의 생산량이 줄어들었고, 은의 대체재로 등장한 구리마저 17세기 말을 정점으로 생산량이 급격히 줄어 들었다. 결국 막부는 18세기 초에 접어들면서 만성적 재정위기를 맞게 되었 고, 이를 해결하기 위한 수단으로 화폐개혁까지 실시하였다. 하지만 물가 상 승에 각종 자연재해가 겹치면서 막부의 재정은 이제 내리막길을 걸을 수밖에 없었다. 바로 이때 뛰어난 리더십을 갖춘 정력적인 쇼군 요시무네가 등장했 고, 그가 주도한 개혁조치를 '교호 개혁'이라 부른다. 그는 생사, 설탕, 인삼 등 의 수입품을 국산화했고, 농지세 등 주로 농민층에 대해 과중한 세금을 부과 했으며, 막부뿐만 아니라 서민생활까지 내핍을 강조하는 등 주로 행정적 조치 로써 당시 막부가 안고 있는 재정문제를 해결하려 들었다. 하지만 이미 이 시기에 이르면 대도시를 중심으로 하는 화폐 및 상품 경제가 본격적으로 전개되던 시기라, 이에 대한 거시적 경제정책 이외에는 백약이 무익한 시대가 이미 도래했다는 사실을 당시 지도층은 몰랐던 것이다. 요시무네가 주도한 중농주의에 입각한 개혁은 당시의 경제적·사회적 상황을 일시적으로 완화하는 데 그쳤고, 이후 요시무네의 리더십이 사라지자 막부의 재정은 더욱 악화되었다. 이때 기존의 경제정책을 일신하고 새로운 실력자로 막부의 정책을 주도한 이가 바로 다누마 오키쓰구(田沼意次: 1719~1788)였다.

다누마가 활약했던 시기는 9대 쇼군 이에시게(家重: 재임 1745~1760), 10대 쇼군 이에하루(家治: 재임 1760~1786)의 재임기이며, 특히 그가 로주를 맡아 막정을 장악했던 것은 이에하루 재임기 중 1772년부터 1786년 사이였다. 한편 다누마가 소바요닌(側用人: 쇼군의 명을 로주에게 전달하는 역) 겸 사가라 번(相良藩) 번주가 된 1767년부터 그가 실각한 1786년까지 20년간을 특별히 '다누마 시대'라 한다. 이 시기는 8대 쇼군 요시무네의 교호 개혁과 마쓰다이라 사다노부(松平定信)의 간세이 개혁 사이에 놓여 있는 시기라, 개혁의 신선한 이미지와는 달리 부정부패와 정실정치로 얼룩진 시대로 평가되어 왔다. 과연 그런가? 지금까지의 로주와는 달리 다누마의 출신 신분은 아주 낮았다. 어쩌면 이러한 신분인지라 권력을 잡자마자 기존의 정책과 다른 획기적인 정책을 제시할 수 있었는지도 모른다. 그의 아버지는 기슈 번(紀州藩) 가신이었지만, 그중에서도 가장 낮은 계급인 아시가루(足經)였다. 하지만 기슈 번 번주였던 요시무네가 8대 쇼군이 되자 그의 아버지는 주군과 함께 에도로 가서는 막부의 고위급 막신인 하타모토(旗本)가 되었다. 덕분에 다누마는 쇼군의 내전에 들어가 시동인 고쇼(小生)가 되어 차기 쇼군이 될 이에시게를 모시게 되었다. 이후 다누마는 승승장구하여 막부 최고위직인 로주에 오를 수 있었는데, 고쇼 직책에서 로주까지 오른 것은 극히 예외적인 일이었다.

'다누마 시대' 정책의 핵심은 중상주의적 정책을 통해 경제 활성화를 도모하려는 것이라 말할 수 있다. 동업자들로 이루어진 상인조합을 장려하여 상인들에게 전매권을 허용하는 등 상업을 활성화하고 그들로부터 각종 세금을 받아들임으로써, 막부 직할령으로부터의 연공미(年貢米)에만 의존하던 막부 재정에 현금이 들어올 수 있는 길을 열었다. 또한 화폐제도를 정비하고 상인들의 자본을 끌어들여 농지 간척 및 개량을 하는 등 식산흥업에 힘썼다. 한마디로 말해 요시무네의 교호 개혁과는 정반대의 길을 걸었던 것이다. 또한 나가사키에서의 무역을 장려했고, 『해체신서(解体新書)』의 간행에서 보듯이 난학 장려를 비롯해 상품작물이나 신기술 도입 등이 장려되기도 했다. 이처럼 자유롭고 활기찬 기풍이 진작되면서 에조치의 탐험과 개발, 그리고 러시아와의 교역이 고려되었던 것이다. 하지만 떡을 만지다 보면 떡고물이 묻는 법. 다누마를 비롯한 막부 실력자들이 각종 이권과 인허가에 개입하면서 부정부패가 만연했고, 뇌물을 주지 않으면 아무것도 할 수 없는 시절이 되기도 했다.

이러한 개혁적·개방적 분위기가 기존의 보수세력에게는 불편할 수밖에 없었다. 특히 쇼군 후보까지 거론되다가 다누마 때문에 좌절하고 만 마쓰다이라 사다노부로서는 다누마의 정책에 반감을 품을 수밖에 없었다. 일설에 의하면 사다노부가 막각(幕閣)에 들어가기 위해 다누마에게 뇌물을 바쳤다고 하는데, 이쯤 되면 다누마에 대한 사다노부의 악감정은 충분히 짐작하고도 남는다. 또한 사다노부는 다누마가 완전히 부정했던 '교호 개혁'을 선두에서 추진했던 요시무네의 손자이기도 했다. 사다노부는 다누마가 추진했던 경제정책, 사회정책, 외교정책 등 모든 것을 일거에 뒤집어 놓았다. 모든 개혁이 그러하듯 사다노부에 의해 추진된 간세이 개혁 역시 보수적·회귀적 이상주의를 기반으로 한 중농주의 정책을 추진했고, 무사나 서민 모두에게 검약과 절제를 권장했다. 사다노부의 개혁은 잇따른 자연재해와 다양한 집단의 반발에 부딪혀, 로주가 된 1787년부터 사임한 1793년까지 10년도 지속하지 못한 채 좌절되었다. 북방 해역에 대한 정책도 마찬가지였는데, 에조치를 막부 직할령으로 하고 이주정책을 통해 에조치를 개발하면서 러시아와의 교역을 확대하려는 다누마의 정책은 사다노부에 의해 정반대 노선으로 바뀌고 말았다.

러시아의 남하와 막부의 대응

이상과 같이 일본 북방의 원주민인 아이누와 18세기 말 막부 권력에 대한 이해를 바탕으로, 이제 다시 18세기 후반 에조치에 등장하는 러시아인 이야기로 돌아가자. 18세기 들어 일본 북방 해역에 러시아인들의 출몰이 잦아지면서 러시아 탐험대나 일본인 표류민과 관련된 사건들이 소규모로 자주 발생하였다. 하지만 막부가 위협적으로 느낄 정도의 본격적인 사건은 18세기 후반에 들어서야 나타나기 시작했다. 1770년 모피를 구하기 위해 남하하던 러시아인은 쿠릴 열도 한가운데쯤 위치한 우루프 섬(Urup: 일본명 得撫島)의 아이누 수렵장을 침입했고, 이를 저지하는 아이누인을 살해하는 사건이 일어났다. 다음 해인 1771년에는 이에 분노한 이투루프 섬(Iturup: 일본명 択捉島)과 라슈아 섬(Rasshua: 일본명 羅処和島)에 거주하던 아이누가 우루프 섬에 있던 러시아인들을 습격해 수십 명을 살해하는 일이 벌어졌다. 이 사건이 막부에 즉시 알려졌는지는 알 수 없다. 왜냐하면 1778년 러시아의 샤베린 일행이 교역을 하기 위해 노카맛프[현 홋카이도 동단 네무로(根室) 부근]와 그다음 해 앗케시(厚岸: 네무로 남쪽)에 왔을 때도 마쓰마에 번 관리는 이를 막부에 보고하지 않은 채 돌려보냈기 때문이다.

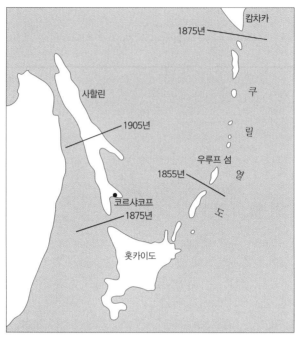

그림 4.1 일본-러시아 국경(1855: 일러화친조약, 1875: 사할린-쿠릴 열도 교환조약, 1905: 러일전쟁 종전 포츠머스 조약)

하지만 1771년에 일어난 또 다른 사건은 막부나 당시 지식인들에게 러시아에 대한 불안과 공포를 불러일으키기에 충분했다. 헝가리 출신으로 러시아에서 사기, 살인, 반정부활동 등으로 체포되어 캄차카 반도에 유형 중이던 모리츠 베뇨브스키(Móric Benyovszky, 1746~1786)가 간수를 살해하고 탈주했다. 범선을 탈취해 일본을 향해 출항한 후 1771년 7월에 도쿠시마 번(德島藩) 히와사[日和佐: 현재 도쿠시마 현 미나미초(美波町)]에 도착했다. 도쿠시마 번은 막부의 문책을 두려워한 나머지 상륙을 불허한 채 무상으로 음식과 연료를 제공하고는 추방하였다. 여기서 베뇨브스키는 나가사키 네덜란드 상관장에게 보내는 편지를 도쿠시마 번에 건네고는 떠났는데, 바로 이 편지가 문제가 되었던 것

204

이다. 이후 도사 번(土佐藩: 현 시코쿠의 고치 현)에서도 마찬가지의 대접을 받자 베뇨브스키는 목표를 나가사키로 정해 다시 출항하였다. 하지만 방향을 잃고 규슈와 오키나와의 중간에 있는 아마미오시마(竜美大島)에 도착하고 말았다. 여기서도 다시 추방되자 대만을 거쳐 마카오로 갔다. 베뇨브스키가 도쿠시마 번에 보낸 편지는 신성로마제국 육군중좌의 명의로 된 것으로, 러시아 제국이 마쓰마에 부근을 점거하기 위해 쿠릴 열도에 요새를 축조하고 있다는 황당무계한 내용이었다. 막부는 이를 비밀에 부치고자 했으나, 지식인들 사이에서는 이미 공공연한 비밀이 되어 있었다.

당시 막부는 일본 북방에서 남하하는 세력에 대해 정확하게 알지 못했다. 이러한 사실은 이들 세력이 당시 '아카히도(赤人)' 혹은 '아카에조(赤蝦夷)'로 불렸던 것만으로도 알 수 있으며, 또한 근대 서양 지리학에 근거해 1785년에 간행된 일본 최초의 본격적인 러시아 지리서 『적하이풍설고(赤蝦夷風説考)』의 제목에서도 확인할 수 있다. 이 책은 막부의 지시로 당시 러시아 남하에 대비해 간행된 것인데, 저자인 구도 헤이스케(工藤平助, 1734~1800)는 의사이자 북방문제에 착목했던 경세가였다. 그는 와카야마 번(和歌山藩) 번의의 아들로 태어나 13세에 에도의 센다이 번(仙台藩) 번의의 양자가 되어 21세 때 가독을 물려받았다. 에도에 거주하면서 아오키 곤요(青木昆陽)에게서 유학을, 노로 겐조(野呂元丈)에게서 의학을 배웠는데, 이 둘은 앞에서 언급했듯이 쇼군 요시무네가 네덜란드어를 배우라고 지시했던 막부의 관리 및 의사였다.

구도 헤이스케는 20세 중반부터 의사로서 명성이 높아 30세가 되면서 전국 각지에서 제자를 자청하며 많은 지원자들이 몰려왔다고 한다. 자신은 난의학을 배우지 못했지만, 난학자이자 난방의인 마에노 료타쿠(前野良沢), 오쓰키 겐타쿠(大槻玄沢), 나카가와 준안(中川淳庵), 가쓰라가와 호슈(桂川甫周) 등 에도 난학의 초기 인물들과 넓게 교제하면서 이들로부터 서양 사정을 흡수했다. 또한 일찍부터 에조치에 대한 관심이 높아 마쓰마에 번의 번사와도 교류하는 등 북방 사정에 정통했다. 또한 네덜란드 통사 요시오 고규(吉雄耕牛)와 연결되면서 다이묘와 대상들을 상대로 한 네덜란드 수입품 거래에도 뛰어들어 막대한 수익을 챙겼고, 이를 기화로 쇼군의 궁중과도 연결되었다. 당연히 당시 최고 권력자였던 다누마 오키쓰구와도 가까울 수밖에 없었는데, 다누마 측근의 의뢰로 에조치 사정에 관한 구도의 집필이 시작되었다.

여기에 이용된 자료는 두 가지였다. 하나는 스기타 겐파쿠가 소유하고 있던 『일반지리학(一般地理学)』(*Algemeene Geographie*: 독일인 J. Hübner의 *Kurtze Fragen aus der Neuen und Alten Geographie*의 난역판, 1769년 암스테르담 간행)을 오쓰키 겐타쿠와 가쓰라가와 호슈가 빌려 와 그것을 번역해 구도 헤이스케에게 제공한 것이다. 다른 하나는 요시오 고규가 소유하고 있던 『러시아誌』(J. Broedelet의 *Beschryvinge van Rusland*, 1744년 위트레흐트 간행)의 주요 부분을 자신이 초역하고는 1781년 네덜란드 상관장의 에도 참부를 수행하면서 구도 헤이스케에게 제공했던 것이다. 『러시아誌』는 원본을 일본에서 약칭해서 부르는 이름인데, 이 책의 원명은 *Oude en Nieuwe Staat Van't Russische of Moskovische Keizeryk, Behelzende Eene Uitvoerige Historie Van Rusland en Deszelfs Groot-vorsten*으로 '러시아-모스크바 국가사' 정도가 된다.

구도 헤이스케가 처음 펴낸 『로서아지(露西亜誌)』는 1781년에 완성되었는데, 여기에는 러시아의 동방에 대한 계략과 역사가 소개되었고, 러시아, 캄차카 반도, 쿠릴 열도, 홋카이도의 지리적 관계를 최초로 정확하게 나타냈다. 이 책을 본 일본인들은 홋카이도 북쪽에 있는 가라후토(樺太: 현재 사할린) 끝 북서부에서 동쪽으로 펼쳐진 대부분의 땅이 러시아 영토라는 사실에 놀라지 않을 수 없었다. 연이어 그는 또 한 권의 책을 썼는데, 1783년에 완성된 『적하이

풍설지사(赤蝦夷風說之事)』가 그것이며, 그 속에 포함된 일부 내용을 살펴보면 다음과 같다.

러시아는 일본에 금과 은이 많이 산출되는 것으로 알고 교역을 희망하고 있다. 그것이 실현된다면 나가사키 네덜란드 무역의 지위가 낮아질 것이다. 그것은 국가의 퇴조와 연결되기 때문에 네덜란드가 두 나라 사이의 통상관계를 원하지 않는다는 등의 여러 가지 잡설이 돌고 있다. 네덜란드는 극북의 국가이기 때문에 자국의 산물은 가공품밖에 없고, 해상 수만 리를 운행해 남아시아로 와서 상품을 구입하고 일본으로 오기 때문에 경비가 많이 들고 상품들이 비싸다. 그 반대로 러시아는 아카에조(赤蝦夷: 현재 캄차카 반도)까지 육로로 연결된 영토라, 그곳부터 일본까지는 바다로 떨어져 있지만, 섬들 때문에 내해나 마찬가지이다. 모스크바에서 캄차카까지는 멀지만 큰 강이 있어 자유롭게 운항할 수 있고, 북극해로 나온다면 해상의 운항도 자유롭다. 상품은 전적으로 자국의 영토를 통과하기 때문에 일본으로의 수송이 용이하다. 통사들로부터 들었던 네덜란드인의 이야기에 의하면, 네덜란드도 일본으로 오는 데는 북극해를 둘러 오는 것이 가깝지만 해상에 빙산이 많이 떠 있어 항해가 곤란하며 시베리아 주민들은 고분고분 통과시켜 주지 않는다. 그것이 두려워 북극해 항로를 이용하지 않는다고 한다.

지금 아카에조는 러시아라는 대국의 일부가 되었다. 러시아는 경계해야만 하는 대국이며, 표착한 일본인을 너그럽게 대하고 그들로부터 일본어를 배우고 일본의 지세까지 조사하고 있다. 이 같은 나라와는 정식으로 통상해야만 한다. 이를 통해 밀수를 방지하고 러시아의 인정, 풍토도 알고 대응책을 세울 수도 있는 것이다. 에조치에는 금광이 많다. 금은을 채굴해 이것으로 러시아와 무역을 하고 그 이윤을 광산개발비에 투입해야 한다. 이 무역은 중국, 네덜란드와의 무역을 자극해 교역품은 싸질 것이며, 그 결과 나가사키로부터의 동 유출이 줄어들 수 있다. 에조치의 금광개발과 러시아와의 무역에 의한 이익을 가지고 에조치 개발에 착수하고, 금은동에 한정하지 않고 상품 전반의 생산에 임해야 한다. 일본 국력의 향상에는 에조치 개발밖에 없다.

당시로는 아주 뛰어난 지정학적·경제학적·지리학적 탁견인데, 특히 21세기인 지금도 구상단계에 머물고 있는 북방항로에 대한 식견은 놀라울 따름이다. 『로서아지』가 하권으로, 『적하이풍설지사』가 상권으로 합본되어 1785년 막부에 정식으로 진상된 것이 바로 『적하이풍설고』이다. 이 책에는 러시아와의 무역과 에조치 개발을 근간으로 하는 구도 헤이스케의 견해가 집약되어 있는데, 이미 막부는 1784년부터 이 문제를 검토하고 있었다. 당시 권력의 핵심이던 다누마가 구도의 제안을 채택하면서 즉시 대규모 에조치 조사대가 꾸려졌다. 조사의 주목적은 세 가지로 정리할 수 있는데, 에조치와의 교역, 에조치의 지리와 물산, 나가사키로 가는 건어물의 산출 상태가 그것이다. 이 시기에 이르면 화폐의 소재인 금과 은은 수입해야 할 상황이었고, 더군다나 구리의 수출량도 현격이 줄어들어 이제 나가사키의 대외 수출품으로 에조치의 건어물이 중요한 부분을 차지하고 있었다. 따라서 에조치 조사에서 건어물에 대한 관심은 나가사키, 나아가 일본 전체 무역과도 밀접한 관계가 있었음을 알 수 있다.

1785년 마쓰마에에 도착한 조사대는 에조치 동안을 지나 쿠나시르(Kunashir: 일본명 国後島), 이투루프, 우루프 등 쿠릴 열도를 조사하는 동에조치 조사대와 에조치 서안을 지나 에조치 북단 소야(宗谷)에서 사할린까지를 조사하는 서에조치 조사단으로 나누어졌다. 특히 동에조치 조사단에는 향후 일본 북방 해역 탐험에서 가장 혁혁한 공적을 세우는 모가미 도쿠나이(最上德內: 1754~1836)가 막부의 공식 에조치 조사단에 처음부터 참여하였다. 1786년 막부는 구도 헤이스케의 『적하이풍설고』와 조사단의 중간 보고서에 의거해 대규모의 에조치 개발계획을 수립하였다. 에조치 면적의 10%를 논이나 밭으로 개간하고, 여기에 필요한 인력은 본국의 각 번에서 7만에 달하는 천민과 죄수를 징발할 계획이었다. 하지만 이 계획은 여기까지였다. 다누마를 비호했던 10대 쇼군 이에하루가 서거하자 다누마는 실각했고, 그 후임으로 등장한 마쓰다이라 사다노부는 지금까지의 모든 북방 개발계획을 철회하고 말았다. 에조치 조사단을 지원하던 재정담당 관리는 해임되었고, 조사단에게는 중도 귀환 명령이 떨어졌다. 귀환 후 제출된 보고서마저 막부는 수리하지 않았다.

사다노부는 기존의 대외 교역정책을 완전히 바꿀 심산이었다. 전임자인 다누마는 나가사키에서 네덜란드 및 중국과의 무역을 확대하고 러시아와의 무역도 구상하는 등 전반적으로 대외관계를 확대하려는 움직임을 보였다. 하지만 사다노부는 정반대로 움직였다. 우선 나가사키로 입항하는 중국 무역선을 1년 10척으로 고정시켰고, 네덜란드 무역선은 2척에서 1척으로 줄였으며, 총 무역액 상한선도 대폭 줄였다. 그 결과 전체적인 무역량은 대폭 감소했는데, 이에 따라 매년 요구하던 나가사키 네덜란드 상관장의 에도 참부도 5년에 한 번으로 줄였다. 또한 당시로는 쇼군 취임 3년 후 쇼군 습직 축하사절단으로서의 조선통신사 방문이 상례화되어 있었지만, 1787년 11대 쇼군 이에나리(家齊)의 습직을 축하하기 위한 조선통신사의 도일을 쓰시마 번주에게 지시해 우선 연기시켰다. 결국 1811년 12회로 막을 내린 마지막 조선통신사는 에도가 아닌 쓰시마에서 응대하는 것으로 끝내고 말았다.

대외정책의 급반전은 여기에 그치지 않았고, 에조치에 대한 기존의 정책도 완전히 바꾸어 놓았다. 즉, 사다노부는 '에조치를 개발하지 않은 채 내버려둬야 러시아의 손이 미치지 않을 것이며 일본의 안전도 보장된다'는 에조치 완충지대론을 내세웠다. 그리고 이전과 마찬가지로 에조치를 마쓰마에 번에 위임했고 개발개획을 중단하였다. 또한 그는 아오모리(靑森) 부근에 막부의 직할 관청인 홋코쿠군다이(北国郡代)를 설치하고는 북방 경비를 쓰가루 번(津輕藩)과 난부 번(南部藩)에 맡겨 쓰가루 해협 이남에 일본 본토 방어선을 구축하고자 했다. 다시 말해 이 같은 북방 방어책은 후쿠오카 번(福岡藩)과 사가 번(佐賀藩)의 군사력을 바탕으로 나가사키 부교가 지휘하는 나가사키 방어책을 모방한 것이었다. 이제 에조치를 적극 개발해 내국화(식민지화?)하려는 다누마 시대의 꿈은 완전히 사라지는 듯했다.

하지만 사다노부의 판단과는 달리 북방문제는 그리 간단하지 않았다. 1789년 쿠릴 열도 최남단 쿠나시르(国後島)와 홋카이도 동북단의 메나시(目梨)에서 대규모의 아이누 봉기가 일어났다. 이는 120년 전에 일어났던 1669년 '샤크샤인 전투' 이래 최대의 봉기로 막부에게 커다란 충격을 주었다. 이후 1792년에는 제3장에서 언급했듯이, 러시아 황제의 국서를 지참하고 에조치에 도래한 락스만이 통상을 요구하는 사건이 있었다. 이에 사다노부는, 락스만에게 통상문제는 나가사키 부교와 교섭하라고 전하고 나가사키 입항을 허가하는 신표를 발부하라고 마쓰마에 번에 지시했다. 이해에 사다노부는 로주 직에서 물러났다. 1796년에는 잉글랜드의 프로비던스호가 해도 제작을 위해 에조치 근해를 측정하면서 우치우라(内浦) 만에 그 모습을 드러냈다. 이같이 이국선의 출현이 잦아지자 막부는 위기대응책으로 사다노부 등장 이후 덮어 두었던 에조치 개발계획을 다시 꺼내 들었다.

1798년 막부는 180명으로 구성된 제2차 에조치 탐험대를 파견했는데, 이번에도 동에조치와 서에조치 두 분견대로 나누어 조사를 진행하였다. 막신 곤도 주조(近藤重蔵: 1771~1829)와 함께 동에조치에 파견된 모가미 도쿠나이(最上德内)는 쿠릴 열도의 이투루프 섬까지 건너가 러시아인의 진출에 대해 조사했으며, 그곳에 '대일본혜등여부(大日本惠登呂府)'라는 표식을 세워 이곳이 일본 영토임을 선언하기도 했다. 모가미로서는 이번 에조치 조사가 7번째였다. 조사단의 보고를 받은 막부는 사태의 심각성을 깨닫고는, 그 이듬해인 1799년에 하코다테(箱館)에 에조치 담당관(蝦夷地御用掛)을 설치하고 동에조치를 막부령으로 직할 관리하기 시작했다. 그리고는 1804년에는 마쓰마에 번에 위임했던 서에조치마저 막부령으로 귀속시키면서, 에조치 전체가 막부의 직할지가 되었다. 마쓰마에 번은 1807년 무쓰 국(陸奥国) 다테 군(伊達郡) 야나가와[梁川: 현재 후쿠시마 현(福島県) 다테 군]에 9,000석으로 전봉되었다.

돌이켜 보면 1800년 천문방의 이노 다다타카가 동에조치를 답사하고 에조치 동해안의 지도를 제작해 막부에 상신한 것이 바로 1799년 동에조치 직할화 직후의 일이라, 막부로부터 이 여행에 대해 허가를 받을 수 있었던 것으로 판단된다. 또한 막부가 사할린의 지리적 파악을 위해 마미야 린조를 사할린에 파견한 것도 막부가 에조치 전체를 직영하기로 결정한 다음 해(1805년)였다.

하야시 시헤이의 해방책

이 시기 러시아에 대한 두려움과 이를 극복하기 위한 방안을 제시하는 경세가들이 여럿 등장했지만 가장 대표적인 사람은 바로 1786년 『삼국통람도설(三国通覧図説)』과 1791년 『해국병담(海国兵談)』을 연이어 간행한 하야시 시헤이(林子平: 1738~1793)였다. 막부는 하야시의 탁월한 식견을 곧장 채택하기는커녕 책 내용이 불온하고 허망하다며 판본과 책자를 모두 몰수하였고, 저자인 시헤이에게 칩거하라는 명을 내렸다. 다누마 시대에 구도 헤이스케의 아이디어는 즉각 채택된 데 반해, 그다음 사다노부 시대에 하야시의 아이디어는 완전히 거부당했다.

여기서 잠시 이야기를 돌려, 이 시기 대표적인 경세가이자 지리학자인 하야시 시헤이의 '해국(海国)'관에 대해 살펴보자. 일본을 '해국'으로 인식하는 그의 입장은 『해국병담』에 있는 다음과 같은 구절에 함축적으로 표현되어 있다.

> 곰곰이 생각해 보면 에도의 니혼바시(日本橋)에서 중국이나 네덜란드까지 는 경계가 없는 수로이다.

니혼바시는 당시 에도의 중심지이며, 그곳이 바다를 통해 세계 각지와 직접 연결되어 있다는 인식이다. 그에 따르면 '해국'이란 이웃 나라와 육지로 연결 되지 않고 사방이 전부 바다에 접해 있는 나라를 의미하며, 따라서 나가사키 만 엄중히 방비해 보아야 아무런 의미가 없으니 전국의 항만 모두를 방어해야 할 필요가 있다는 설명이다. 이 책 프롤로그에 인용된 것을 다시 제시해 보면 '해국'의 의미는 보다 뚜렷해진다.

> 자국을 '산국'으로 규정하는 경우, 지리적인 근접성의 여부가 위협대상을 판단하는 중요한 기준이 된다. 그러나 자기를 '해국'으로 인식하는 경우, 바다 를 건너서 오는 모든 타자는, 지리적 원근에 무관하게 '해국'의 안전과 생존에 직결되는 유의미한 타자가 된다(박영준, 2014, p.173).

현재의 관점에서 하야시의 '해국'관은 당연한 것이며, 러시아의 남하에 대한 두려움에서 비롯된 아이디어일 뿐 특별한 의미로 우리에게 다가오지는 않는 다. 하지만 바다 저편 외국 사정을 전혀 염두에 두지 않고 지냈던 17세기라면 결코 상상할 수 없는, 그리고 막부 입장에서는 위험하고도 불경스런 생각이었 다. 앞서 언급했듯이 17세기 말이 되면 일본은 농업생산력이 증대되고 경공업 및 광산업이 확대되었는데, 이를 바탕으로 화폐경제가 활성화되면서 오사카, 교토 등 대도시를 중심으로 하는 상업문화가 절정에 이르렀다. 이러한 정치적·외교적 평화와 경제적 번영은 국토 인식에서도 확인되는데, 17세기 대표적인 지리학자이자 병학자인 야마가 소고(山鹿素行)나 당시 대표적인 난학자이자 네덜란드 통사였던 니시카와 조켄(西川如見)에게서도 찾아볼 수 있다. 우선 야마가 소고는 자신의 저서 『중조사실(中朝事実)』에서 중국과 일본의 역사를 지리적 관점에서 고찰하였다. 즉, 중국은 영토가 넓고 사방이 이민족으로 둘러싸여 있기 때문에 땅을 구획해 성벽을 쌓고 이를 각 제후들이 다스리지만 역성혁명이 자주 일어난다. 하지만 일본(中朝)은 소국이지만 대해로 둘러싸여 천연의 요새로 방비하고 있기 때문에 이민족의 지배를 받지 않았고 황통이 연속해 지속되고 있다는 것이다. 한편 시나가와는 자신의 저서 『일본수토고(日本水土考)』에서 일본이 대국과 험한 바다로 떨어져 있어 요새가 견고한 나라라고 주장하였다. 여기서는 일본 국토의 우수성을 지적하고 있지만, 중화 차별주의나 변경 의식은 찾아볼 수 없다.

하지만 이 모두는 러시아의 위협이 없었던 태평성대의 인식일 뿐, 이제 사정이 달라졌다. 하야시는 바다를 장애물이나 요새가 아니라 외국과 직접 연결시켜 교류와 교섭을 촉진시킬 수 있는, 하지만 언제든지 우리를 침입할 수 있는 통로로 인식했던 것이다. 더 나아가 이를 방비하기 위해서 새로운 국방정책(해방책)이 필요하다는 사실을 절감하게 되었다.

우선 해국은 외적이 쳐들어오기 쉬우면서도 동시에 쳐들어오기 어렵다. 군함을 타고 순풍을 만나게 되면 일본까지 200~300리 떨어진 먼 곳에서도 하루, 이틀이면 쉽게 쳐들어올 수 있기 때문에 그에 대한 대비를 해두어야 한다. 반면 사방이 모두 험난한 큰 바다이기 때문에 함부로 쳐들어오지 못하기도 하지만 그것만을 믿고 방비를 게을리해서는 안 된다. 이러한 점들을 잘 생각해 보면 일본의 국방이 당면한 급선무는 외적을 막아 내는 기술을 터득하는 것임을 알 수 있다.

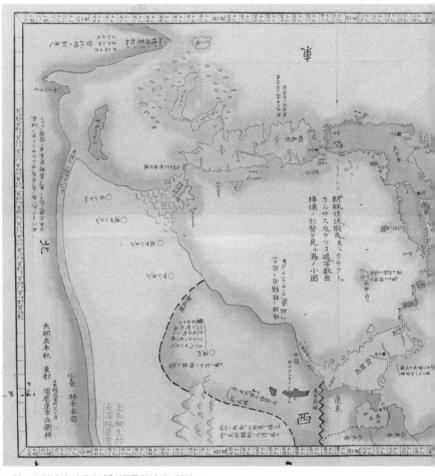

그림 4.2 하야시 시헤이의 「삼국통람여지노정전도」

　하야시 시헤이는 막신의 아들로 에도에서 태어났지만, 아버지가 막부로부터 처벌을 받아 낭인이 되면서 그 역시 에도를 떠나야 했다. 그때 하야시의 나이 3세. 이후 20세이던 1758년 센다이 번의 번사가 된 형과 아버지를 따라 센다이로 거처를 옮겼다. 그는 한 번도 관직에 오르지 못해 경제적으로는 불우했지만, 오히려 자유스럽게 여행하면서 많은 지식인과 교류할 수 있었다. 그

214

와 교류한 난학자로는 가쓰라가와 호슈와 오쓰키 겐타로 등
을 들 수 있는데, 누구보다도 그의 세계관과 향후 생애에 영향
을 준 인물은 스스로 형처럼 모시던 구도 헤이스케였다. 구도
의 영향을 받은 하야시는 에조치에 대한 관심이 많았다. 그는
1771년 베뇨브스키의 소식을 듣고는 이듬해인 1772년에 에
조치로 건너가 그곳의 풍토와 아이누의 생업, 풍속 등을 단기
간에 조사했으며, 그 결과를 센다이 번에 보고하였다. 그 이후
3차례에 걸쳐 나가사키로 유학을 가서 그곳의 상관장과 네덜
란드 통사들로부터 세계지리와 북방지역의 정치정세에 대한
지식을 습득하였다.

　하야시를 18세기 말 탁월한 경세론자로 부각시킨 책은 앞
서 말한『해국병담』이외에도 하나 더 있는데, 그것은『해국
병담』보다 5년 전인 1786년에 발간한『삼국통람도설』이라는
지리서이다. 이 책의 서문은 난학자인 가쓰라가와 호슈가 썼
는데, 여기서 삼국이란 일본과 인접하고 있는 조선, 류큐, 에
조를 말한다. 이는 당시까지 막부는 물론 지식인마저 에조를
'이국'으로 인식하고 있었음을 일러 준다. 하야시는 여기에 오
가사와라(小笠原) 제도까지 포함해 각 지역의 지리, 역사, 풍
속, 물산 등을 기술하였다. 특히 에조치에 대해서는 시베리아와 캄차카 반도
에 이르는 지역의 자연환경과 아이누의 생업, 풍속, 교역 등에 관해 자세히 묘
사하면서, 그것들의 개발과 식민정책에 대해 논했다. 이 책에는 부록으로 에
조치, 류큐, 조선, 오가사와라 지도 4매와 이들을 합성한「삼국통람여지노정
전도(三国通覧輿地路程全図)」가 실려 있었다. 그가 이 같은 범위의 정치지리서
를 펴낸 것은 러시아의 압력이 점점 강해짐에도 불구하고 주변 나라조차도 제

대로 알지 못하고 있는 현실에 대한 초조함에서 비롯되었다고 볼 수 있다.

이 책은 나가사키를 통해 프랑스, 독일, 러시아 등지로 전해졌고, 독일어와 프랑스어 그리고 네덜란드어로 번역되어 세계적으로도 널리 알려졌다. 또한 이 책에 실린 지도 중에서 「삼국통람여지노정전도」는 일본과의 영토분쟁에서 주변국들이 항상 거론하는 지도이다. 중국의 경우 댜오위다오[釣魚島: 일본명 센카쿠(尖閣) 열도]가 중국 대륙과 같은 분홍색으로 칠해져 있어 이를 근거로 댜오위다오를 자국 영토라 주장하고 있다. 한편 우리의 경우 이 지도에는 울릉도와 독도가 조선과 같은 색으로 표시되어 있고 그 옆에 '조선의 것(朝鮮ノ持之)'이라고 표시되어 있어, 당시 일본이 독도와 울릉도를 조선의 영토로 인정했다는 확실한 증거로 제시하고 있다. 여기서 더 나아가 일부 학자들은 일본이 1854년 미일화친조약 당시 독일어와 프랑스어로 된 이 지도를 근거로 오가사와라 제도를 자신들의 영토 획정에 증거로 사용했듯이, 우리도 이 지도를 근거로 독도뿐만 아니라 대마도도 대한민국의 영토라고 주장해야 한다는 것이다.

물론 이러한 주장에 토를 달거나 반박할 생각은 없다. 다만 이 책과 지도는 일본 막부의 공식적인 문서가 아니라는 점에 유념할 필요는 있다. 『삼국통람도설』이 발간된 것은 1786년이라, 사다노부가 정권을 잡아 다누마의 개방적인 대외정책 기조를 완전히 전복시키기 직전이다. 이 책이 사다노부 막부의 관심 밖이었는지 아닌지는 알 수 없으나, 이 책을 발간한 지 5년 후인 1791년에 하야시는 다시 『해국병담』을 펴냈다. 이때 두 책 모두 발간금지 처분을 받았기 때문에 그사이 5년간 『삼국통람도설』이 일본 지식인들 사이에 널리 읽혔을 수도 있다. 하지만 어디까지나 이 책은 하야시 개인의 저작이며, 발간 5년 만에 막부에 의해 발간금지 처분까지 받았다. 실제로 하야시는 발간 다음 해인 1792년에 칩거를 명받고 이듬해에 세상을 떠났다.

쇄국조법관과 이국선타불령

하야시에게 칩거하라는 명령이 떨어진 바로 그해, 러시아 사절 락스만(A. Laxman)이 에조치 네무로에 도착하여 통상을 요구하였다. 로주 사다노부는 마쓰마에로 관리를 파견해 락스만 일행을 맞이하고는 '국법서'를 건넸다. 여기에는 다음과 같이 쓰여 있었다. "예부터 국교가 없는 나라(異国)의 배가 일본 땅에 들어오는 경우 추포하거나 해상에서 격퇴하는 것이 국법이라, 지금도 그 법을 어길 수 없다." 이는 일본이 국교가 없는 나라의 배를 격퇴한다는 소위 '이국선타불(異国船打仏)', 즉 양이(攘夷)가 예부터 전해 온 국법(祖法)이라고 천명한 것으로 볼 수 있다. 일본에서 '쇄국'이라는 단어를 가장 먼저 사용한 것은 19세기 첫해인 1801년에 시즈키 다다오(志筑忠雄)가 엥겔베르트 캠퍼의 The History of Japan(1726)의 난역판 제6장을 번역하여 『쇄국론』이라 이름 붙인 데 따른 것임은 이미 언급한 바 있다.

실제로 '쇄국'이라는 말이 공식적으로 사용된 것은 막부 말기인 1857년 고메이 천황(孝明天皇)의 개국 반대 의견에 대해 막부가 조정에 보낸 다음과 같은 답신에서 처음 나온다. "간에이(寛永: 1624~1643) 이래 조법이라도 쇄국의 조법은 개정되어야 한다." 물론 쇄국의 조법이 처음부터 성문법화된 것은 아니었으며, 이것이 가장 간결하면서도 구체적으로 정리된 것은 1845년 당시 로주였던 아베 마사히로(阿部正弘: 1819~1857)가 네덜란드 국왕이 보낸 친서에 대한 답신에서였다. "통신(국교)은 류큐와 조선에 한정되고, 통상(무역)은 귀국(네덜란드)과 중국에 한정된다. 그 외, 다시 말해 새로운 교류는 허락할 수 없다." 즉, 사다노부의 국법서에 담긴 조법이라는 관점(새로운 교류의 불허)이 막말까지 이어져, 이를 어기거나 바꿀 생각이 없음을 로주 아베 마사히로가 재확인했던 셈이 된다.

1792년 락스만의 도래로 조법화된 '이국선타불'은 사실 막부의 원래 방침은 아니었다. 락스만이 오기 1년 전인 1791년 9월, 일본 남부지방에 정체불명의 이국선 1척이 며칠간 출몰하였다. 막부는 이를 계기로 이국선 처리법을 제시하는 한편 각 다이묘들에게 해안 방어를 명령했다. 이때 이국선 처리법은 1639년 포르투갈선의 입항을 금지하는 법이 제정된 이후 150년 만에 처음 나온 이국선에 관한 조치였다. 왜냐하면 그간 이국선 출몰이 문제가 될 정도는 아니었기에 그때까지 막부로서는 이러한 조치를 낼 필요도 없었기 때문이다. 이때 제시된 이국선 처리법은 '이국선이 도래할 경우 우선 배의 성격을 확인하기 위해 임검을 해야 하는데, 이를 거부할 경우 격퇴하되 응할 경우 원만하게 처리하라'는 수준이었다.

사다노부의 '국법서'에서의 '이국선타불'은 1년 전 이국선 처리법에 비해 강화된 것으로 판단된다. 어쩌면 러시아의 출몰이 잦아지고 그런 와중에서 러시아가 공식적인 교역을 요구함에 따라 즉흥적 혹은 임시방편적으로 끄집어낸 것이 바로 통상 거절의 명분으로서 '쇄국조법관' 그리고 국방 차원의 '이국선타불'일 수 있다. 하지만 사다노부의 대러시아 통상정책이 단순히 쇄국조법관에 의한 통상 거절이라 단정하기에는 무언가 석연치 않은 부분이 있다. 사실 그는 러시아와의 분쟁을 피하기 위해 락스만에게 신표(무역허가장)를 교부하면서 나가사키로 가서 그곳 부교와 상담하라고 지시하였다. 신표를 교부했다는 사실은 막부가 무역을 허가하겠다는 의사표시임에 분명하다. 만약 러시아 선박이 나가사키에 가서 그곳에서도 거절당한다면 분쟁이 일어날 수 있기 때문에, 당시 막부의 로주들은 나가사키 부교가 에조치에서의 대러시아 무역까지 담당하는 것을 인정하겠다는 방침을 가지고 있었다고 한다. 하지만 사다노부는 곧이어 실각되었다. 만약 사다노부의 재임 중에 러시아가 나가사키로 가서 신표를 제시하면서 통상을 요구했다면 무역이 허락되었을 가능성은 높았을 것이다. 더군다나 러시아는 그 신표를 가지고 나가사키로 가면 언제든지 무역이 허락되는 줄 알고 있었다고 한다. 만약 러시아와의 통상이 허락되었다면 네덜란드, 러시아 이외의 다른 서구 국가들의 통상요구도 거절하기 어려웠을 것이다. 따라서 자유무역은 어떨지 몰라도 개국과 함께 일본이 많은 나라들과 통상관계를 맺는 것이 1850년대보다 좀 더 이른 시기에 이루어졌을 가능성도 있었다.

이처럼 사다노부가 구상한 '국법서' 정국은 쇄국과 무역 허가를 동시에 시도했다는 점에서 모순되지만, 이는 당시 막부의 대외정보 부재와 정책 혼란이 빚어낸 결과로 볼 수 있으며, 향후 대외정책을 결정하는 중요한 계기가 되었다. 사다노부가 이 당시 세계정세를 얼마나 정확하게 인지하고 있었는지는 알 수 없다. 하지만 사다노부는 대러시아 정책에서 전임자의 그것과는 완전히 상반된 에조치 개발 보류 그리고 통상요구 거절로 러시아와 맞섰다. 전자는 막강한 군사력을 지닌 러시아와 국경을 맞대고 갈등하는 것보다 에조치를 완충지대로 두는 것이 오히려 러시아와의 전쟁에 휘말리지 않는 전략이라 판단한 데 근거했을 수 있다. 또한 중상주의를 바탕으로 재정 확대—통상 확대를 주장하던 전임자와는 달리, 중농주의를 바탕으로 근검절약과 무사도 본연으로의 복귀를 주장하던 사다노부로서는 막대한 재정을 투입해야 하는 에조치 개발이 자신의 기본 정책과 부합될 수 없었던 것이다.

1793년 사다노부가 실각한 이후에도 대러시아 통상정책은 요지부동이었다. 즉, 에조치 막부 직영 방침이 확대되고 통상은 나가사키로 한정시켰으며, 신규 통상은 불허한다는 방침이 확정되었다. 이런 와중에 1804년 러시아 사절 레자노프가 락스만에게 건네줬던 신표를 가지고 나가사키에 나타났다. 많은 지식인들의 반대에도 불구하고 막부는 통상을 거절하고는 '교유서'를 건넸다. 여기서도 쇄국조법관이 그대로 반영되었으며, 이후 페리에 의한 개항까지 이러한 대외통상 기조는 지속되었다. 한편 사다노부가 실각한 이후 1797년 이국선 처리법은 보다 완화되었고, 1806년에 이르면 '러시아 배가 도래하면 원만하게 돌려보내고 표류선일 경우 장작과 물을 주라'는 보다 완화된 '신수급 여령(薪水給與令)'을 발효하기에 이르렀다. 물론 러시아 배 이외의 다른 나라의 배도 이 같은 조치에 따라 처리되었다.

1804년 나가사키에 온 레자노프의 선박은 신표를 지녔기에 이국선 처리법과는 무관했으며, 단지 조법에 따라 통상을 거부당한 것뿐이었다. 레자노프는 캄차카로 돌아간 후 이전 부하들에게 명을 내려 사할린과 이투루프의 일본인 거류지를 습격하면서 나가사키에서의 통상 거부에 대한 분풀이를 했다. 이에 대해 막부는 동에조치를 직할령으로 삼으면서 '러시아선 타불령'을 발효했는데, 이때가 1807년이었다. 러시아선이 해안에 나타나면 격퇴하고 접근해 오면 승무원을 체포하거나 살해해도 좋다는 명이 내려졌고, 표착한 경우 감시하고는 막부에 보고하라고 지시하였다. 그리고 러시아선 이외에는 종전과 같은 신수급여령이 적용되었다. '러시아선 타불령'이 발동할 기회는 1811년에 있었다. 하지만 구나시리 섬(国後島)에 근무하던 마쓰마에 번 관리는 이 섬에 접안하는 러시아선을 격퇴하지 않고 섬에 상륙한 고로브닌(V. M. Golovnin) 일행을 체포해 구금하는 계책을 사용했다. 마쓰마에 번의 이러한 조치는 러시아선 타불령의 엄정한 운용이 아니었지만, 막부는 이번만은 임기응변으로 간주하겠으니 향후 어떠한 표류선도 격퇴하라는 지시를 다시 내렸다.

하지만 1812년 일본인이 러시아 측에 포로가 되는 사건이 벌어지자 막부는 고로브닌 일행과 맞교환하기로 방침을 정했다. 교섭과 포로 교환을 위해 러시아선의 입항을 허락해야 했고, 다시 한 번 '러시아선 타불령'은 유예될 수밖에 없는 상황을 맞았다. 결국 1810년까지 '러시아선 타불령'이 발휘된 경우는 한 번도 없었다. 하지만 네덜란드, 중국, 조선, 류큐 이외의 다른 나라와는 새로운 교류를 하지 않는다는 소위 쇄국조법관과 표류선을 포함한 모든 이국선을 격퇴한다는 '이국선타불'은 여전히 막부의 법으로 존속하고 있었다. 이후 막말까지 러시아가 에조치에서 그 모습을 감추었다. 이는 러시아가 나폴레옹의 침입을 받아 잠시 혼란에 빠진 후, 캅카스-중앙아시아-아프가니스탄을 사이에 두고 영국과 '그레이트 게임(The Great Game)'에 몰두하면서 잠시 제국의 관심이 일본에서 벗어나 있었기 때문이다.

1807년 에조치 전 지역이 막부의 직할령으로 바뀌었지만, 그 후 막부의 에조치 직영은 순탄하게 진행되지 않았다. 러시아와의 교역 없는 에조치 개발은 막부에 부담만 줄 뿐이었다. 게다가 러시아와의 긴장이 완화되고 에조치 해안 경비를 맡고 있던 난부, 쓰가루 양 번의 부담이 과중되었으며, 게다가 마쓰마에 번의 반환운동이 전개됨에 따라 막부로서는 더 이상 에조치를 직영할 명분도 능력도 잃고 말았다. 1821년 다시 마쓰마에 번으로 에조치 경영권이 환속되었고, 이는 1855년 시모다(下田)와 하코다테(箱館)가 개항되면서 어쩔 수 없이 에조치 전체가 다시 막부로 귀속될 때까지 계속되었다. 1821년 에조치가 막부 직할령에서 다시 마쓰마에로 환속된 데는 이즈음 막부 정책에 커다란 변화가 있었음을 암시해 준다. 사실 사다노부의 실각 이후 에조치를 둘러싼 정책에서는 혼선을 빚었지만, 간세이 개혁을 주도했던 로주들은 계속 막정을 담당하면서 사다노부의 개혁을 이끌어 나갔다. 하지만 계속된 재정 적자를 긴축재정만으로 해결할 수 없었고, 부족한 막부 재정으로는 쇼군 이에나리의 방만한 생활과 사치를 감당해 내기 어려웠다. 사다노부의 간세이 개혁을 계속 이어 가면서 사다노부 사후 막정을 장악했던 로주 마쓰다이라 노부아키라(松平信明)가 사망하면서, 사다노부의 간세이 개혁은 완전히 사라졌다. 이때 등장한 이가 미즈노 다다아키라(水野忠成)였다. 전임 로주 노부아키라는 재정 적자를 타개하기 위한 화폐개혁을 막부의 수치라며 완강히 반대했지만, 신임 로주 미즈노 다다아키라는 화폐개혁을 1818년부터 1820년까지 단행하였다.

사실 8대 쇼군 요시무네 시절 단행된 화폐개혁은 당시(1736년) 통화부족을 타개하기 위한 거시정책의 일환으로 실시되어 나름의 성공적인 화폐정책으로 인정받았다. 그 결과 이후 80년 동안 막번 체제의 기반이 되는 화폐정책은 비교적 안정세를 유지하였다. 하지만 막부의 재정 적자를 메우기 위해 단행된 1818년 화폐개혁(文政의 改鐩)은 단지 금 함유량을 줄여 그만큼의 화폐를 남발한 결과 통화유통량이 40% 이상 늘어났다. 이후 1820년을 기점으로 해서 물가는 장기적 상승국면에 들어섰다. 이는 완전하고도 노골적인 경제 수탈에 지나지 않는 화폐정책이었다. 하지만 막부의 재정지출 증대로 소비를 자극해 전국적인 상품 생산과 유통을 활성화시켰고, 풍작도 계속되어 경기는 활황세였다. 또한 이러한 화폐개혁은 그 후 일관되게 이루어지면서, 막말에 이르면 이름만 금화이지 금이 거의 들어 있지 않은 금화가 유통되었다.

이상을 정리해 보면, 도쿠가와 막부 260여 년 동안 경제의 성쇠에 있어 3번의 산과 3번의 골짜기가 있었다. 3번의 산은 겐로쿠(元禄: 1688~1704), 메이와·안에이(明和·安永: 1764~1781), 분카·분세이(文化·文政: 1804~1830)의 고도성장기이며, 3번의 골짜기는 교호(亨保: 1716~1726), 간세이(寬政: 1789~1801), 덴포(天保: 1830~1845)의 불황기이다. 도쿠가와 막부를 장악한 15명의 쇼군 중에서 쇼군직을 가장 오랫동안 유지한 이는 11대 쇼군 도쿠가와 이에나리(德川家斉)였다. 그는 1787년 쇼군에 취임해 1837년 사임했으니 무려 50년간 쇼군직에 있었고, 이후 1841년 사망 때까지 오고쇼(大御所)로 있어 실제 정권을 장악한 기간은 무려 54년 가까이 된다. 따라서 그는 간세이 기의 골짜기(간세이 개혁), 분카·분세이 기의 산, 덴포 기의 골짜기(덴포 개혁) 모두를 경험한 쇼군이 기도 했고, 마쓰다이라 사다노부-마쓰다이라 사다아키라-미즈노 다다아키라-미즈노 다다구리 등 도쿠가와 막부 후반기의 뛰어난 로주를 거느리기도 했다. 이 시기 대외정책 중 에조치 정책은 국내 경제적 상황을 비롯해 여러 대내외적 상황에 따라 마쓰마에 위임과 막부 직할 사이를 반복했지만, 통상에 관해서는 쇄국조법관으로 일관하면서 외세의 격랑에 맞섰다.

영국의 등장

이 당시 유럽의 상황을 잠시 살펴보자. 1789년 프랑스 혁명이 발발하였다. 프로이센과 오스트리아를 비롯한 주변 군주국들은 혁명의 여파가 자신들에 미칠까 전전긍긍하였고, 특히 오스트리아가 프랑스 혁명정부와 공화제에 적극 반대했다. 이에 1792년 프랑스 혁명정부가 오스트리아에 선전포고를 하면서 혁명전쟁이 시작되었고, 네덜란드를 비롯한 유럽 전역이 대혼란에 휩싸였다. 1795년 네덜란드가 함락되고 빌럼 5세(Willem V)는 영국으로 도주했으며, 그곳에 바타비아공화국이 세워졌고 브라반트(Brabant)와 마스트리흐트(Maastricht)가 프랑스에 할양되었다. 1802년 프랑스와 영국이 '아미앵(Amiens) 조약'을 맺으면서 혁명전쟁은 일단락되었다. 하지만 1799년 권좌에 오른 나폴레옹은 영국의 패권을 인정할 수 없다며 결국 정복전쟁(1803~1815)을 시작하였다. 프랑스는 대프랑스 동맹군과 일진일퇴를 벌이면서, 1810년에는 네덜란드를 완전히 점령하였다. 하지만 나폴레옹(Napoléon I)은 1812년 러시아 원정 실패로 엘바(Elva) 섬으로 유배되었다가 다시 복귀했지만, 1815년 워털루(Waterloo) 전쟁을 마지막으로 그의 꿈은 수포로 돌아가고 말았다.

1815년 빈 회의 결과 영국의 적극적인 후원을 받아 네덜란드 왕국이 새로이 탄생하였다. 바로 이 시기, 다시 말해 18세기 말에서 19세기 초반 러시아가 일본의 개항에 적극적으로 나섰던 시기는 바로 프랑스 혁명전쟁이 시작된 1792년부터 러시아가 나폴레옹의 침공을 받기 직전인 1812년까지였다. 사실 17~18세기 네덜란드가 일본과의 독점거래가 가능했던 것은 막부의 낙점도 있었겠지만 어디까지나 네덜란드의 막강한 해군력이 바탕이 되었고, 한편으로는 네덜란드가 유럽 여러 나라로부터 일본을 지켜 준다는 암묵적인 인식도 없지 않았던 것이다. 하지만 18세기 후반이 되면 네덜란드는 동아시아의 바다를 마음껏 휘젓던 17세기 초의 네덜란드가 아니었다. 18세기 후반에 들어서면서 네덜란드는 영국과 세계의 바다를 두고 계속 부딪치면서 점점 그 지배권을 영국에 빼앗기기 시작했다. 18세기 말 프랑스에 의해 유럽이 대혼란에 빠지고 네덜란드의 제해권이 점차 약해지기 시작한 바로 그 무렵에, 러시아가 일본으로의 남진을 본격적으로 개시하였던 것이다. 더군다나 1804년 레자노프의 통상요구를 비롯해 19세기 들어 일본에 대한 러시아의 통상요구가 증대된 것은, 당시 네덜란드 본국이 프랑스의 수중에 들어감에 따라 네덜란드를 대신해 러시아가 일본과의 무역을 독점하려던 의도도 있었다.

19세기에 접어들면서 막부는 러시아 이외에 영국이라는 또 다른 변수를 상대해야만 했다. 1803년 영국이 프랑스에 선전포고를 하면서 나폴레옹의 정복 전쟁이 다시 시작되었다. 영국 해군은 희망봉 동쪽의 네덜란드와 프랑스의 식민지를 공략했고, 이들의 함선을 추포하기 시작했다. 이에 네덜란드 동인도회사 총독은 바타비아를 영국으로부터 지키기 위해 저항했으며, 네덜란드 선박의 나가사키 입항도 극도로 어려운 상황에 처하고 말았다. 이 때문에 바타비아 총독은 중립국인 미국의 배를 빌려 일 년에 한 번 정도로 나가사키 상관과의 연락을 유지할 정도였다. 사실 1797년부터 1807년까지 11년 동안 미국 배가 나가사키에 입항한 것은 겨우 9회에 지나지 않았다.

당시 막부는 미국이 영국으로부터 독립한 사실을 알지 못했기에, 미국 국적의 배를 영국의 배로 오인하고 있었다. 당시 지식인들 사이에서 영국의 출몰에 대한 두 가지 상반된 시각을 확인할 수 있다. 구도 헤이스케, 하야시 시헤이와 더불어 당대 대표적인 경세가인 혼다 도시아키(本多利明: 1743~1820)는 영국을 모델로 한 평화적인 무역 입국을 주장한 반면, 대표적인 난학자인 오쓰키 겐타쿠는 영국을 세계 제패를 꿈꾸는 침략주의적 국가로 인식하면서 국방을 튼튼히 해야 한다고 주장했다. 겐타쿠의 예측이 적중하는 데는 많은 시간이 필요하지 않았다. 1808년 네덜란드 국기를 단 배 한 척이 나가사키에 나타났다. 임검을 위해 나선 배가 다가서자 갑자기 태도를 돌변해 임검선에 탄 네덜란드인 2명을 체포하고는 마스트에 달린 네덜란드 국기를 내리고 바로 영국 국기를 게양하였다. 이 배는 영국 동인도함대 소속의 페튼호였다. 그들은 나가사키 항내에 네덜란드 배가 없다는 것을 확인하고는 장작과 물, 식품을 포로 2명과 교환한다는 조건으로 포로를 석방하고 곧장 항구를 떠났다. 이 사건은 영국과 일본이 본격적으로 관계를 맺는 최초의 사건이었지만, 영국의 호전성이 일본 사회에 깊게 각인되는 계기가 되었다.

1810년 네덜란드가 프랑스에 병합되자 바타비아를 필두로 자바 섬 일대에서 프랑스와 영국의 전투는 격화되었고, 1815년 프랑스의 패전과 함께 바타비아의 동인도회사는 다시 네덜란드에 환속되었다. 나폴레옹 전쟁으로 영국은 무려 10만 명에 가까운 전사자가 발생하였지만, 전장이 본국이 아니었기에 막 시작된 산업혁명은 큰 피해를 입지 않았다. 제임스 와트(James Watt)가 증기기관을 만든 것이 1781년이고, 이를 이용한 증기선이 개발된 것은 1807년이며, 증기기관차가 상용화된 것은 1829년이다. 증기기관 덕분에 대량생산이

가능해졌고, 이제 '세계의 공장'이 된 영국은 상품판로를 위해 전 세계에 걸쳐 새로운 시장을 개척해야 했다. 또한 영국은 당시 기계 윤활유를 비롯해 다양한 용도로 사용되던 고래기름을 획득하기 위해 태평양으로 나아가야만 했다. 따라서 나폴레옹 전쟁 이후 1820년대부터 영국의 배가 일본 근해에 자주 등장할 수밖에 없었던 것이다.

당시 일본 근해에 출몰하는 영국 그리고 미국 배는 대부분 포경선이었다. 이들은 조업 도중 장작, 물, 식품이 떨어지면 이를 구하기 위해 일본 근해로 접근하였다. 1824년에는 이 포경선 선원들이 신선한 식품을 얻기 위해 연안에 상륙해 소동을 일으키는 사건이 두 차례 발생하였다. 이에 당시 막부로부터 큰 신임을 얻고 있던 천문방 다카하시 가게야스는 막부의 문의에 대해 다음과 같이 자문하였다.

도래하는 영국 배가 포경선인 이상 그다지 염려할 필요가 없다. 포경선이 오늘 이후 일본 근해로 접근하지 못하도록 네덜란드인을 통해 영국 관헌에게 경고하는 것이 좋다. 그럼에도 불구하고 해안 10리(40km) 이내로 접근한다면 위험하기 때문에 격퇴할 수밖에 없다.

즉, 가능하면 무력을 사용하지 말고 쇄국방침을 관철하자는 것이었다. 이에 대해 막부는 접근하면 시비를 따지지 말고 격퇴하라는 강경책을 내놓았다. 소위 두 번 생각하지 말고 격퇴하라는 '이국선타불령' 혹은 '무이념타불령'이 그것이다. 1825년 막부는 세계적 시류와는 동떨어진 무모한 결정을 내린 것이다. 이후 막부의 강경책에 기름을 붓는 사건이 또 발생했는데, 1829년 일어난 지볼트 사건이 그것이다. 그 후에도 막부의 대외 강경책은 계속되었지만, 실제로 이국선타불령이 시행된 것은 미국 상선 모리슨호가 에도 만에 나타난 1837년의 일이었다.

막부의 위기의식과 덴포 개혁

1818년에 로주가 된 미즈노 다다아키라는 과거 미천한 신분에서 로주까지 오르며 막정을 좌지우지했던 다누마와 거의 빼닮은 듯이 같은 경로를 밟았다. 게다가 미즈노는 쇼군 측근으로 쇼군의 뜻을 로주에게 전하는 쇼바요닌(側用人)까지 겸함으로써 절대적 권력을 장악했고, 그 결과 전제적이고도 독재적으로 막정을 운영하였다. 마치 다누마가 다시 살아 돌아온 것 같았다. 하지만 이 둘 사이에는 또 다른 공통점이 있었는데, 다누마 집권하의 메이와·안에이 연간과 미즈노 집권하의 분카·분세이 연간 모두 고도성장기였다는 점이 그 하나이고, 두 기간 모두 뇌물과 부패로 얼룩진 시기였던 것으로도 유명하다.

사실 미즈노 다다아키라가 막정을 장악했던 1810년대 후반부터 200년을 유지해 오던 막번 체제가 본격적으로 와해되기 시작하였다. 막부는 재정적자를 메우기 위해 품위가 낮은 화폐로 바꾸는 화폐개혁을 단행하였다. 이 같은 방식의 화폐개혁은 이후 계속되었고, 물가가 지속적으로 오를 수밖에 없었다. 또한 막부보다 재정위기가 더 빨리 찾아온 번 정부는, 식산흥업(殖産興業)과 국산 전매제를 통해 번정 개혁을 추진하였지만 몇몇 번을 제외하고는 큰 성과를 거두지 못했다. 게다가 쇼군을 비롯한 막부 상층부에 뇌물을 바치지 않고는 아무것도 얻을 수 없었으며, 무이자로 빌려주는 막부의 대여금은 쇼군가와 관련 있는 몇몇 번에만 제공되어 막부와 번의 관계는 심각한 균열이 일어나기 시작했다. 이제 번의 행태는 막부와 쇼군의 권위에 절대복종이던 이전과는 확연히 달라졌다. 이 같은 상황에서 중과세에 반발하는 농민봉기는 끊임없이 이어졌다. 이 같은 내부적 위기와 영국을 필두로 끊임없이 들이닥치는 외세의 위협으로 인해 이제 일본의 지식인뿐만 아니라 일반 백성까지도 막번 체제의 허약화와 민족적 위기감을 인식하게 되었다. 이러한 내우외환에도 불구하고 미즈노 다다아키라가 막정을 주도했던 분세이 연간(1818~1830)은 풍작 등을 이유로 어렵지 않게 위기를 넘기는 듯했다. 하지만 일본 근세 최대 기근이라는 덴메이(天明) 연간의 기근을 연상할 정도의 대기근이 1833년에 시작되었다.

기근은 1836~1837년에 걸쳐 최고조에 달해 백성들의 삶에 지대한 영향을 미쳤다. 물론 기후가 그 원인이었지만 모든 비난의 화살은 막부에게 돌아갔다. 농민폭동은 일 년에 100회가 넘을 정도로 다반사가 되어 버렸고, 특히 1837년에는 오사카에서 오시오 헤이하치로(大塩平八郎)라는 이전 막부 관료가 대규모 반란을 일으켰다. 이 반란은 막부군의 위세에 곧 진압되었지만, 3,000여 채의 집과 3~4만 석의 쌀이 화재로 소실되었다. 이곳 오사카는 일본 상업 배급망의 중추적인 곳이라, 이 사건은 일본 전역에 순식간에 알려졌다. 이제 일본은 내우외한의 소용돌이에 더 깊이 빠져들었고, 목전에 둔 사회·경제적 위기를 더 이상 방치할 수 없는 지경에 이르렀다.

한편 1820년에 이르면 영국 민간 상인들이 중국의 광둥(廣東)으로 몰려들었고, 중국 시장을 놓고 이들 간의 경쟁이 치열해졌다. 이들의 자금원은 아편밀수였는데, 1831년 이래 아편 가격이 폭등하자 민간 상인들이 결속해 중국 무역 개방과 영국 동인도회사의 독점 폐지를 본국 정부에 요청하였다. 1833년 동인도회사의 독점이 폐지되자 더 많은 상인들이 동아시아로 몰려들었고, 영국 정부도 중국과의 무역 확대를 위해 매진하는 한편 일본과의 통상과 동아시아 해역의 탐사에도 적극적으로 나섰다. 마찬가지로 중국 광둥에서 무역업을 하고 있던 올리펀트 회사는 일본인 표류민 7명의 송환과 통상을 목적으로 선박 모리슨호를 일본에 파견하였다. 올리펀트 회사는 영국 중심의 아편무역에 종사하지 않았고 아메리카 선교단을 지원하면서 독자적인 무역업무를 전개하고 있었다.

1837년 모리슨호는 쇄국 일본을 자극하지 않기 위해 선박에 탑재된 무기를 철거한 뒤 중국어에 능통한 선교사도 태우고 오키나와 나하(那覇)를 거쳐 에도 만에 도착하였다. 다음 날 이국선 출현을 보고받은 우라가(浦賀) 부교는 즉시 막부에 보고하고는 경비를 맡고 있던 여러 번에 출병 및 포격 명령을 하달하였다. 이틀 연속으로 포격을 받은 모리슨호는 어쩔 수 없이 에도 만을 벗어나 이번에는 가고시마로 뱃길을 돌렸다. 여기서도 포격을 받은 모리슨호는 아무런 목적도 이루지 못한 채 마카오로 돌아갔다. 이것이 1837년에 일어난 모리슨호 사건의 전말이다.

막부는 모리슨호가 일본에 온 목적이 표류민 송환이었다는 사실을 다음 해 나가사키에 입항한 네덜란드 정기선으로부터 알게 되었다. 막부는 모리슨호 사건을 애써 숨기려 했으나 이를 인지한 난학연구 그룹 쇼시카이(尚齒会) 소속의 한 막부 관원이 쇼시카이 회원들에게 알리면서 세상에 알려지게 되었다. 쇼시카이의 주도적인 인물은 다카노 조에이(高野長英)와 와타나베 가잔(渡辺華山)이었다. 이 소식을 들은 다카노는 『무술몽물어(戊戌夢物語)』를 집필하면서 작금의 이국선타불령은 국제적 도의상 있을 수 없는 일이라며 막부 정책을 비판하였다. 다카노 조에이는 지볼트가 나가사키에 설립한 나루타키주쿠(鳴滝塾)에서 수학한 난학자로, 지볼트 사건 당시 주요 제자들이 체포될 때 다행히 화를 면할 수 있었다. 와타나베 역시 『신기론(慎機論)』을 썼는데, 그는 해방이라는 관점에서 쇄국정책을 비판하였다. 이 두 책 모두 현실감각이 떨어져 있던 당시의 해방론을 자신들의 뛰어난 세계 인식에 근거해 합리적 현실론으로 바꾸어 놓은 역할을 하였다.

와타나베 가잔은 젊은 시절 유학과 그림을 공부했으며, 한때 저명한 유학자 사토 잇세이(佐藤一斎)의 문하에 있기도 했다. 다하라 번(田原藩) 번사로서 영주의 신임이 두터웠으며 뛰어난 화가로도 이름을 날렸는데, 서양풍의 그림을 모사하면서 그림의 영역을 넓히기도 했다. 1832년 40세에 번의 해방담당관(海防事務掛)이 되면서 국제정세에 관해 본격적으로 관심을 갖기 시작했다. 그는 네덜란드어로 된 세계지리서와 그 번역서를 구입했고, 다카노 조에이 등 난학자들과 교류하면서 그들로부터 세계지리와 국제정세에 대한 정보를 입수했다. 모리슨호 사건을 기화로 그가 펴낸 『신기론』에 드러난 쇄국 비판과 해방론을 살펴보면 다음과 같다.

> 세계 5대주 중에서 아메리카, 아프리카, 오세아니아는 이미 유럽 제국의 소유가 되었다. 남아 있는 아시아주에서 독립을 보유하고 있는 나라는 우리나라, 중국, 페르시아뿐이다. 이 세 나라 중에서 서양인과 통신을 하지 않는 것은 우리나라뿐이라 걱정이 되어 견딜 수 없다. 우리나라는 사방이 바다로 둘러싸여 있다. 바다는 만국이 국경으로 하고 있고, 우리나라의 해안방어는 불비한 곳이 많은 데다가 외적은 한 곳으로 침입해 온다고 한정할 수 없다. 무사안일한 작금의 상황에서 단지 손을 놓고 외적의 침입을 기다리는 수밖에 없는가.

또한 와타나베는 뒤이어 쓴 『재고서양사정서(再稿西洋事情書)』에서 서양 여러 나라의 부강의 근원인 합리적 정신과 그것을 지지하는 사회체계에 주목하면서, 이제 일본도 그들의 '변혁의 정신'을 본받아 자기변혁에 임하지 않는다면 국가 자체의 존립이 위험에 처할 수 있다고 필사적으로 경고하였다. 하지만 막부는 이들의 경고를 무시했고, 오히려 난학계 지식인들을 탄압하는 계기로 삼았다. 막부는 이들이 오가사와라 제도의 무인도로 도항하려 했다는 터무니없는 죄를 씌워 와타나베에게 칩거를 명했고, 그는 칩거 중이던 1841년 10월에 자결하고 말았다. 한편 다카노 조에이는 투옥 중이던 1844년 감옥에 불

이 나서 탈주했고, 6년 가까이 은신하다가 1850년에 체포되어 죽음을 당했다. 일반적으로 이 사건을 '만사의 옥(蛮社の獄)'이라 부르는데, 여기서 '만사'란 서양학문을 공부하는 무리라는 의미이고 '옥'은 박해를 의미한다. 이 사건은 영국 선박의 잇따른 출몰과 모리슨호 사건을 계기로 위기를 느낀 막부의 위정자들과 일부 보수적 지식인들이 막정 비판에 대한 방어와 대외 강경론으로 일관하면서 벌인 필화사건으로 볼 수 있다.

오시오 헤이하치로의 난, 모리슨호 사건 그리고 '만사의 옥'은 대기근으로 휘청거리던 막부로서는 충격적인 사건이었지만, 막부의 정책기조를 흔들 정도는 아니었다. 하지만 1840년 네덜란드 상관장으로부터 전해진 '별단풍설서(別段風說書)'에 담긴 정보, 다름 아닌 아편전쟁에서의 중국 패전 소식은 당시 막부로서는 청천벽력과 같은 것이었다. 아편전쟁이 끝난 1842년, 이제 영국의 다음 목표는 일본이라는 네덜란드 상관으로부터의 정보에 따라 막부는 우선 기존의 '이국선타불령'을 철회하고 '신수급여령'으로 전환해야 했다. 이와 더불어 이제 막부로서는 일대 변혁이 필요했다. 실제로 앞선 두 번의 개혁보다 대내적 그리고 대외적 위기상황은 더 절박했다.

마침 12대 쇼군 이에요시(家慶) 뒤에서 막정을 장악하고 있던 11대 쇼군이자 3년 전 오고쇼(大御所)가 된 이에나리가 사망했다. 1841년 쇼군 재직 50년을 비롯해 어고쇼 3년 등 반세기 이상 막정을 장악했던 이에나리가 사라진 것이다. 이를 계기로 당시 로주였던 미즈노 다다쿠니(水野忠邦)가 도쿠가와 막부 3번째 개혁인 덴포 개혁을 단행하였다. 농촌정책, 재정정책, 문화정책, 대외정책 등 전방위에 걸친 개혁이 실시되었고, 특히 대외정책으로는 서양식 포술의 채용, 군비 증강, 증기선 수입 등이 제시되었다. 하지만 막번 체제를 전제로 한 그 어떤 새로운 개혁정책도 실시 이전에 이미 모순을 내포하고 있었고, 개혁

대상들 역시 그것을 회피하거나 무용화시킬 내공으로 단련되어 있었다. 따라서 엄청난 외부 충격과 같은 근본적인 변화가 주어지지 않는다면. 불안해 보이는 막번 체제라 할지라도 오랜 관성으로 제법 길게 그 목숨을 이어 나갈 것처럼 보였다. 마리우스 잰슨(Marius B. Jansen)의 아래 글은 페리 내항 직전 일본의 모습을 잘 나타내고 있다.

각각의 개혁기는 문제처리가 더 힘들어지고 선택의 여지가 더 줄어들었음을 분명하게 보여 주고 있다. 일본 중부—막부의 심장지대인 오사카-교토와 에도 평야—는 점점 '봉건적' 색채를 탈피해 나갔다. 정부의 선언은 위태로울 정도로 공염불에 가까워졌다. 서민문화는 허례허식에 대한 조롱으로 가득했다. 상업화된 농촌은 도시 상인조합의 배를 불려 줄 뜻이 더 이상 없었다. 힘없는 다이묘와 하타모토는 행정합리화와 중앙집권화에 드는 비용을 부담하려 들지 않고, 수입이 절실했던 막부는 자신이 거느리는 가신들에 대한 지원을 줄여야만 겨우 수요를 충족시킬 수 있었을 것이다. 관직을 얻을 수 있었던 극소수를 제외한 나머지 사무라이들은 소비만 할 뿐 부를 생산하지 않는 쓸모없는 존재가 되어 갔다.

페리 내항과 일본의 개국

미국은 1830년대 정치 안정과 경제성장을 배경으로 1840년대 들어서면서 신생국의 티를 벗고 이제 선진국의 면모를 갖추기 시작했다. 특히 면직물의 중국 수출이 급격히 증가하였고, 아편전쟁 이후인 1844년 중국과 통상조약을 체결함으로써 이제 동아시아 시장 개척을 위해 직접 일본으로 눈을 돌리게 되었다. 사실 아메리카의 '흑선(黑船)'이 에도 만 입구에 나타난 것은 페리(M. C.

Perry)의 내항보다 7년이나 앞선 1846년이었다. 여기서 '흑선'은 1853년 페리가 타고 온 '흑선'이 아니라, 청과의 조약 비준을 위해 파견된 미국 동인도함대 사령장관 제임스 비들(James Biddle)의 '흑선'으로, 비준 이후 일본과의 통상교섭을 위해 들렀던 것이다. '흑선'이란 부식을 방지하기 위해 콜타르를 칠한 검은색 배를 말하는데, 16세기부터 일본에 들른 거의 모든 서양 선박의 외장이 그러했기에 '흑선'은 이국선을 지칭하는 용어이기도 했다. 배의 색상뿐만 아니라 그 크기와 탑재된 위압적인 무장 때문에 '흑선'은 일본인에게 공포와 경외의 대상이었다.

비들의 '도항이유서'를 건네받은 막부는 '통상을 원하지 않으니 장작과 물, 식품 이외의 어떤 물품도 주지 말고 즉시 돌아가라'며 우라가 부교에게 지시하였다. 조법을 지키겠다는 일본의 입장은 단호했고, 미국으로서도 일본의 태도를 살피는 수준이라 강한 요구를 하지 않았다. 게다가 때마침 미국에서는 멕시코와 텍사스 국경문제를 둘러싸고 전쟁이 일어나 즉시 돌아가야 할 입장이었다. 미국 군함이 돌아간 이후 막부를 비롯해 여러 번에서는 해군 창설과 군함 증설에 대한 논의가 본격적으로 이루어지는데, 이 이야기는 다음 장으로 미룬다. 1846년에 발발한 멕시코-미국 전쟁은 1848년 미국의 승리로 끝났고, 미국은 멕시코로부터 현재의 뉴멕시코, 캘리포니아, 콜로라도, 애리조나, 네바다, 유타 주를 할양받았다. 이제 미국은 명실공히 태평양 국가가 되었으며, 캘리포니아에 금광이 발견됨으로써 골드러시(gold rush)로 많은 사람들이 미국 서해안에 몰려들었다. 1848년까지 인구 2만에 불과했던 캘리포니아가 이듬해인 1849년에는 전년의 5배인 10만 명으로 늘어났다. 이때 늘어난 이주민들을 포티나이너스(Forty-niners)라 하며, 이들이 캘리포니아 개척의 근간이 되었다. 프로 미식축구팀 샌프란시스코 포티나이너스(49ers)의 애칭은 여기서 기원한 것이다.

이제 태평양은 동아시아와 서양, 특히 미국을 잇는 중요한 바닷길이 되었고, 19세기 중엽이 되면서 증기선이 범선을 본격적으로 대신하게 되었다. 당시 증기선은 증기기관의 효율도 낮고 배 양쪽에 있는 커다란 수차를 돌려 나아가는 외륜증기선이라 엄청난 양의 석탄을 소모하였다. 따라서 항해 도중 석탄보급지를 확보하는 것이 필수적이었다. 특히 샌프란시스코에서 중국으로 가는 최단거리가 바로 일본 본토와 홋카이도 사이의 쓰루가 해협을 지나는 항로였기에, 미국은 석탄보급지로서 일본의 개항장이 필요했던 것이다. 게다가 태평양에서 활동하는 포경선의 재난대피지로도 일본의 개항장이 최선이었기에 미국으로서는 일본의 개국 및 통상 교섭이 절실했다.

1851년 나가사키에 구류 중이던 미국 포경선 선원을 인수해 뉴욕으로 귀환한 그린 중령과 당시 동인도함대 사령장관 오릭크 제독의 건의에 따라 미국은 일본과의 개국 교섭에 임하기로 결정했다. 그해 6월 견일특사로 임명된 오릭크는 4척으로 된 함대를 이끌고 일본으로 향했으나, 항해 도중 여러 가지 문제가 발생하면서 견일특사 겸 동인도함대 사령장관에서 경질되었다. 그 대신 임명된 자가 바로 멕시코-미국 전쟁에도 참전했으며 당시 뉴욕 주재 우편장관이었던 페리 제독이었다. 1852년 3월에 임명된 페리에게는 이전 오릭크에 비해 충분한 무력과 재량권이 주어졌다. 당시 미국 해군이 가지고 있던 총 5척의 증기선 중에서 3척이 배당될 정도였다. 미국 함대의 일본 방문에 대한 정보는 그해 9월 네덜란드 동인도회사가 보낸 '별단풍설서'를 통해 막부에 전달되었다.

미국은 국력도 세고 군함도 많으며 증기선도 가지고 있다. 미국이 일본에 와서 어떤 태도로 나올지 예측하기 쉽지 않다. 네덜란드 국왕 역시 이를 크게 우려하고 있다. 다른 여러 나라와의 교역이 더 일찍 시대의 추이로 인정되지 않아 벌어진 일이기도 한데, 무슨 일이 있어도 개국을 고려했으면 좋겠다.

이어 1년도 채 되지 않은 1853년 6월, 페리가 이끄는 4척의 군함이 우라가(浦賀) 앞에 나타났다. 일본으로서는 페리의 내항을 알고 있었지만, 미국이 무엇을 요구할지, 어떤 태도를 보일지는 알 수 없었다. 설령 알고 있었다고 할지라도 별 대책이 없기는 마찬가지였다. 일본에 나타난 페리의 증기선은 요즘으로 치자면 핵추진 항공모함과 같은 것이었다. 이 막강한 무력과는 전쟁할 엄두가 나지 않았다. 결국 막부는 200년 이상 이어 왔다며 스스로를 세뇌하던 쇄국조법관도 포기할 수밖에 없었다. 이렇게 일본은 세계를 향해 문을 열었던 것이다.

이제 다음 장부터는 본격적으로 메이지 유신(明治維新) 이야기가 전개된다. 메이지 유신이라 함은 1850년대부터 1870년대에 걸쳐 나타난 사회변동을 지칭하는 용어로 페리의 흑선 도래, 안세이 대옥(安政の大獄), 사쿠라다 문 밖의 사건(桜田門外の変), 공무합체와 존왕양이, 8월 18일 정변, 금문(禁門) 사건, 조슈(長州) 정벌, 대정봉환, 왕정복고, 보신 전쟁(戊辰戦争) 이후 신정부에 의한 국가 구축 작업 등등, 이 같은 역사적 사건들에 의해 형상화되어 가는 사회변동을 말하는 것이다. 아시아의 근대화 과정에서 메이지 유신이라는 일본의 독특한 경험과 성공담은 주변 동아시아 국가들에게 자극이 되었지만, 한편으로는 그 이웃들을 식민화함으로써 고통을 안겨 주기도 했다.

메이지 유신을 어떤 시각으로 보느냐에 따라 다양한 이야기가 전개될 수 있다. 정치, 경제, 사회, 문화 등 개별 영역으로 파악할 수 있고, 전쟁, 상업, 외교, 군사, 문학, 궁정 비사 등 보다 미세한 관점에서도 파악할 수 있으며, 통시적 혹은 동시적으로도 읽어 낼 수 있다. 그러니 일본에서 메이지 유신과 그 시대에 관한 책은 엄청나게 많으며, 일본인이 아닌 사람들에 의해서도 많은 글이 발표되었다. 이제 제5장부터는 막말의 혼돈을 온몸으로 겪었고 이어진 메이지 시대에서도 커다란 족적을 남긴 막말의 풍운아 그리고 메이지의 만능인, 에노모토 다케아키(榎本武揚)의 인생 역정을 그릴 예정이다. 필자는 이를 통해 메이지 시대가 지닌 활력과 이 시대인들의 고뇌를 살펴보고자 한다. 어쩌면 지금까지의 이야기는 메이지 시대를 이해하기 위한 주입식 배경지식으로 볼 수 있으나, 필자가 독자와 그리고 독자가 필자와 눈높이를 맞추려는 과정의 일환으로 이해하기 바란다.

제2부..

막부 말기의 풍운아

제5장

1860 간린마루, 태평양을 건너다

에노모토 가마지로: 아버지, 무슨 일입니까?

에노모토 엔베: 앉아라, 중요한 일이다.

에가와: 에노모토 가마지로인가?

에노모토 가마지로: 예, 에노모토 가마지로 다케아키라고 합니다.

에가와: 여기 있는 분은 메쓰케 호리 도시히로 님이네. 해안포대 건설을 담당
　　하고 계시는 분이지.

호리: 갑자기 정해진 일인데, 북방 시찰의 명을 받아 에조치(홋카이도), 가라후
　　토(사할린)에 다녀오게 되었네. 함께 갈 생각이 없는가?

에가와: 러시아 함대가 다시 방문해서, 막부는 북방 해역의 방어에 대해 조
　　금도 지체해서는 안 된다고 판단하였네. 러시아의 진출만을 확인하는 것이
　　아니라 에조치와 가라후토의 사정을 자세히 파악해서 해안 방어의 묘책을
　　구해야만 한다네.

에노모토 가마지로: 러시아가 진출하고 있습니까?

에가와: 듣지 못했는가? 작년에 미국 함대가 다녀간 직후 러시아의 푸탸틴
　　제독도 군함 4척을 이끌고 나가사키에 나타나 개항을 요구하였다네. 우리

일본을 둘러싸고 열강들이 줄다리기를 시작했다는 의미네. 러시아는 아무르 강 유역의 경영에 힘을 쏟고 있지만, 바로 그 앞에 있는 것이 바로 가라후토와 에조치야. 개항 요구도 남하하겠다는 야심으로 봐야 할 것이네.

에노모토 엔베: 이노 선생님도 에조치와 가라후토로 러시아가 진출하는 것만은 염려하셨습니다.

에가와: 그래서 내가 호리 님을 에조치 담당자로 추천하였다네. 좋은 기회라 이노 다다타카 문하였던 분에게 안내를 부탁하고 싶어 엔베 님에게도 의향을 여쭙고 있는 것이라네.

에노모토 엔베: 다다타카 님의 문하라 해도 모두 고령이라 안내는 어려울 것 같다고 말씀드렸다. 그리고 내가 이노 다다타카 님으로부터 들었던 에조치의 사정은 지금 생각나는 대로 말씀드렸다.

에가와: 이런 형편이네, 가마지로 군. 자네는 집에서 난학을 배우고 있으리라 짐작하네. 신체 건강하고 지식 왕성하니 이 같은 사업에도 관심을 가지고 있을 것 같은데 어떤가?

에노모토 엔베: 나처럼 서양식 측지술을 배우고 있다고 조금 전 말씀드렸다. 본초학에도 꽤 지식이 있다고도. 어떠냐, 가마지로?

에노모토 가마지로: 네, 그렇게 하겠습니다.

호리: 자네 같은 젊은이가 있으면 편할 거야. 안내하지 않아도 좋아. 시종으로서 시찰에 함께 간다는 기분이면 돼. 어쨌든 에조치와 가라후토는 완전 미개의 땅이라, 제법 장기간의 불편한 여행이 될 거야.

사사키 조(佐々木讓)가 쓴 소설 『무양전(武揚伝)』의 내용 중 일부 대화만을 재편집해 보았다. 과연 이런 대화가 이루어졌을지 알 수 없으나, 대화 속 이야기는 이 책의 주인공 에노모토 다케아키가 홋카이도와 인연을 맺게 되는 출발점인 동시에 페리 내항 전후의 시대상황을 적절하게 설명해 주기에 제법 길게 인용하였다. 이런 대화를 나누었으리라 예상되는 시점은 대략 1854년 초일 것이다. 왜냐하면 호리 도시히로(堀利熙)를 대장으로 한 에조치·가라후토(蝦

夷地·樺太) 조사단이 에도를 출발한 것이 미일화친조약을 맺은 날로부터 3일 후인 1854년 4월 3일이었기 때문이다. 또한 페리 내항 한 달 후인 1853년 7월 에 러시아의 푸탸틴이 나가사키에 와서 협상을 요청했지만, 협상이 시작된 것 은 그해 12월이고 해를 넘겨 1854년 1월 4일에 협상이 종료되었기 때문이다. 협상내용은 조만간에 일러화친조약을 체결하고 쿠릴, 사할린 지역에 국경을 획정한다는 것이었다. 따라서 호리의 조사단은 러시아와의 국경 획정을 위한 사전조사단의 성격이 강했기 때문에, 상기 대화의 시점은 일본과 러시아 간에 협상이 끝난 1854년 1월부터 3월 사이 어느 날로 볼 수 있다.

이 대화에서 젊은이로 등장하는 에노모토 가마지로(榎本釜次郎)는 당시 18 세로, 막부의 가신 자제들만 다닐 수 있던 쇼헤이자카학문소(昌平坂学問所)를 막 졸업한 상태였다. 그의 아버지 에노모토 엔베(榎本円兵衛)는 대화에 나오 는 것처럼 한때 이노 다다타카(伊能忠敬)의 내제자로, 1809년 제7차 규슈 측량 부터 이노를 수행해 지도제작을 위한 측량작업에 매진했던 인물이다. 1818년 이노가 사망한 이후 당시 천문방이었던 다카하시 가게야스(高橋景保)를 도와 『대일본연해여지전도』 제작에 헌신했고, 이후 수학자 및 측지가로 이름을 떨 쳤다. 그의 원래 이름은 하코다 료스케(箱田良助)였으나, 쇼군의 한 가신으로 부터 신분을 매입하고는 그 집안인 에노모토(榎本)가의 데릴사위이자 나중에 양자가 되면서 쇼군의 궁정가신으로 발탁되었다. 그 후 신분이 상승해 하타모 토의 신분이 되었고, 이름도 에노모토 엔베타케노리(榎本円兵衛武規)로 바꾸 었다. 그는 주로 11대 쇼군 이에나리의 궁정신하로 근무하면서 쇼군의 총애가 남달랐기에 누구보다도 쇼군가에 대한 충성과 보은의 마음이 깊었다. 막말 대 혼란기에 그의 차남 에노모토 다케아키가 보여 준 쇼군가, 나아가 막부에 대 한 충성과 경애심은 이러한 가정환경에서 비롯되었을 것으로 판단된다.

에노모토가 북방조사에 참여한 것은 그의 나이 18세 때인 1854년이며, 근대식 막부 해군 창설을 위해 네덜란드의 도움을 받아 나가사키 해군전습소가 만들어진 것은 다음 해인 1855년이었다. 에노모토 다케아키가 이 해군전습소 제1기 청강생으로 들어가게 된 것은 이후 막말, 메이지의 대소용돌이로 빨려 들어간 계기가 되었다. 곧장 에노모토의 북방조사단 참여와 해군전습소 입소 이야기로 들어가기 전에, 우선 페리 내항 전후의 일본을 둘러싼 정세에 대해 간략히 살펴보자.

페리 내항 직전

영국은 아편전쟁으로 유럽 어느 나라보다 중국 및 동아시아의 상업적 이익에서 한발 앞서 나갔다. 이에 뒤질세라 프랑스도 동아시아 시장 개척에 뛰어들었다. 프랑스에는 1830년 7월혁명의 결과 부르주아 정권이 들어섰고, 새로 옹립된 프랑스 왕 루이 필리프 1세(Louis Philippe I)는 부르주아들의 뜻에 따라 해외시장 개척에 열을 올리기 시작했다. 이에 따라 1843년 전권공사 드 라그르네(T. de Lagrene)는 왕으로부터 통상조약을 체결하고 포교의 자유를 확보하라는 명령을 받고 중국으로 건너갔다. 드 라그르네를 수행한 프랑스 인도·지나함대 사령관 세실(J. T. Cécille) 제독은 이 기회를 이용해 베트남, 조선, 일본, 류큐 등과 국교를 맺으려 시도했다. 프랑스의 배가 류큐에 처음 나타난 것은 1844년이었으며, 이러한 사실이 류큐를 관할하고 있던 사쓰마를 통해 막부에 보고되었다. 한편 그해 네덜란드 국왕이 쇼군에게 보낸 개국을 촉구하는 한 통의 친서가 막부에 도착하였다. 이 친서에 대한 답변은 다음 해인 1845년 6월에 보내졌는데, 당연히 쇄국조법관을 네덜란드 측에 상기시키면서 개국 제안을 거부하였다.

1846년 세실은 영국 함선 1척이 선교사를 싣고 류큐의 나하(那覇)에 기항했다는 소식을 듣고는, 이번에는 직접 프랑스 함대 3척을 이끌고 류큐에 나타나 류큐 정부에 화친과 통상을 요구했다. 이에 대해 막부는 당시 에도에 있던 사쓰마 번(薩摩藩) 세자 시마즈 나리아키라(島津斉彬: 1809~1858)에게 속히 사쓰마로 돌아가 "적절하게 응대해 국위를 손상시키는 일이 없이, '관맹(寬猛)'한 조치를 취하라."라고 명령했다. 여기서 '관맹'이란 단어에는 류큐에서의 국제무역을 묵인하겠다는 의미가 포함되어 있었다. 하지만 류큐 개국의 문제는 류큐 왕국의 반대로 무산되었다. 무역용 물산도 부족할 뿐만 아니라 주민의 생활이나 중국과의 조공 무역에도 지장을 줄 것이라는 것이 그 이유였다. 지나가는 이야기지만 이 당시 세실이 마카오 소재 파리 외방전교회(外邦傳敎會)에 조선어 통역관을 소개해 달라고 할 때 소개된 이가 바로 김대건 신부였으며, 1846년 박해를 받고 있던 김대건 신부를 구하기 위해 조선으로 향한 이도 세실 제독이었다. 물론 세실이 조선에 가까이 가기 전에 김대건 신부는 이미 순교하였다.

프랑스와 류큐의 무역은 실현되지 않았다. 하지만 1840년대 후반, 다시 말해 페리의 내항 직전, 무언가가 두껍기만 했던 일본의 쇄국 벽이 점점 흔들리기 시작했다는 느낌을 감출 수 없었다. 이 당시 막부의 로주 수좌는 아베 마사히로(阿部正弘)였는데, 그는 1843년에 로주가 되었다. 텐포 개혁을 추진했던 미즈노 다다쿠니(水野忠邦)가 개혁 당시 부정을 저질렀다는 이유로 1845년에 파면되자, 그 뒤를 이어서 로주 수좌에 올랐다. 이때부터 아베 마사히로는 페리 내항 전후의 일본 정국을 수습하느라 동분서주했으며, 특히 개항 이후 해방대책을 마련하는 등 다양한 개혁정책을 실시했지만 1857년 갑자기 사망하였다. 아베 12년간의 집권기간 동안 때로는 동지로 때로는 경쟁자로 등장하면서 막말 정국 흐름에 결정적 영향을 미친 이가 둘 있었으니, 한 사람은 미토 번

(水戸藩)의 도쿠가와 나리아키(德天齊昭: 1800~1860)이고 다른 한 사람은 사쓰마 번의 시마즈 나리아키라이다.

우선 도쿠가와 나리아키에 대해 살펴보자. 그는 1829년에 미토 번 제9대 번주가 되었으며, 도쿠가와 막부 마지막 쇼군인 도쿠가와 요시노부(德川慶喜)의 부친이기도 했다. 막부의 덴포 개혁을 본받아 자신의 영지를 재조사했고, 번교 홍도관(弘道館)을 개설했다. 또한 하급무사층으로부터 다양한 인재를 등용하고 국민개병제(国民皆兵帝)를 주장했으며, 서양 무기 국산화를 시도하는 등 대대적인 개혁을 추진하였다. 하지만 불교를 탄압하고 신교를 옹호하는 바람에 1844년 막부로부터 근신처분을 받고는 번주직을 장남 요시아쓰(慶篤)에게 양위하였다. 1846년 근신이 해제되었고, 1849년부터 번정의 관여가 허락되었다. 그는 1838년, 1843년, 1846년 계속해서 막부에 대해 '이국선타불령'의 복원(1829년 해제)과 무가제법도에 명시된 '대선건조금지령'의 폐지를 강력히 주장하였다. 특히 1846년 건의서에서는 프랑스의 류큐 교역 요구에 대해서도 반대의사를 표명하였다.

하지만 나리아키의 해방론은 외국과의 교역을 전제로 했으니, 그의 주장에는 일관성이 없었다고 볼 수 있다. 즉, 이국선을 격퇴하기 위한 군함 건조 비용은 네덜란드 등과의 교역을 통해 해결하고, 건조기술 역시 네덜란드에 의존하는 것을 전제로 했다. 또한 군함 건조의 주체는 막부가 아니라 막부와 여러 번이 연합한 '막번 연합 대선건조론'을 주장하였다. 하지만 막부의 정책결정자들은 대선건조금지령 폐지가 웅번들의 해군력 강화로 이어질 것이고, 이것이 다시 막부의 안전에 위협이 될 수 있다는 우려 때문에, 대선건조론을 전제로 한 나라아키의 해방론은 페리 내항 직전까지 받아들여지지 않았다.

하지만 아베 정권이 들어서면서 류큐와 프랑스의 무역이 묵인되었고, 여러 번주와 지식인들은 대선건조 금지에 대한 반대의견을 제시하였다. 또한 나중에 언급하겠지만 사쓰마를 비롯한 여러 번에서 대선건조에 대한 여러 가지 구상이 등장하는 등, 당시 쇄국정책의 핵심 일부가 서서히 붕괴되고 있었다. 이는 아베 정권이 정확한 국제정세를 읽고 있었다고도 볼 수 있다. 즉, 일본으로서는 중국마저 꺾어 버린 영국의 위협에 대해 어떻게 해서든 전쟁을 피하고 프랑스와 류큐 간 교역을 계기로 프랑스와의 우호관계를 유지하는 것이 어쩌면 영국의 일본 진출을 막는 또 다른 방법일 수 있다고 판단했던 것이다.

한편 영국과 프랑스가 류큐에 등장함에 따라 류큐를 관할하고 있던 사쓰마 번으로서는 이에 대응할 필요를 느끼게 되었다. 1851년 막말 최고의 개명(開明) 군주로 일컬어지는 시마즈 나리아키라가 사쓰마의 번주가 되면서 사쓰마는 일약 초거대 웅번으로 등장하였고, 또한 그가 발탁했던 하급무사 사이고 다카모리(西鄕隆盛)와 오쿠보 도시미치(大久保利通) 그리고 가로(家老) 고마쓰 다데와키(小松帶刀) 등이 메이지 혁명에 결정적인 역할을 하였다.

시마즈 나리아키라는 아편전쟁 이후의 세계정세를 정확하게 인지하고 있었고, 자신의 관할하에 있는 류큐의 방어문제에 대해서도 고민하고 있었다. 그는 번 내에 집성관(集成館)이라는 서양식 근대공장을 세웠고, 여기에 반사로와 용광로를 설치해 제철, 조선, 방직, 유리 등 근대산업을 일으켰으며, 해안포진지를 구축하고 서양식 포술을 훈련하는 등 해방에도 힘썼다. 1852년 9월 네덜란드 동인도회사 총독의 공문(별단풍설서)이 나가사키 부교의 손을 거쳐 막부에 전해졌다. 조만간에 미국의 군함 수척이 일본으로 올 것이라고. 10월 말 아베는 시마즈 나리아키라를 은밀히 자택으로 불러 대책을 논의하였다. 면담 후 나리아키라는 번의 가로에게 편지를 보냈다.

'미국 사태'에 대해서 여러 가지 이야기를 들었다. '선박 건'도 이야기했더니, 지당하다고 말씀하신다. 모형도 보일 예정이다. '미국 사태'에 대해서도 꽤 걱정이신 모양인데, 회의도 한쪽 방향으로 결정되지 않은 것 같다.

여기서 '미국 사태'는 향후 있을 페리 함대의 내항을 말하며, '선박 건'은 류 큐를 방어하기 위해 긴급히 건조해야 할 범선형 서양식 군함을 말한다. 나리 아키라는 1852년 12월 군함 건조 요청서를 막부에 제출했고, 다음 해 4월 막 부는 류큐에서만 사용한다는 조건으로 조선을 허락하였다. 가고시마 앞 사쿠 라지마에 있는 작은 조선소에서 배가 만들어지기 시작한 것은 5월 29일인데, 페리가 우라가에 나타나기 3일 전이었다. 이 배가 준공된 것은 1854년 12월이 지만, 일본 최초의 서양식 군함인 것은 아니었다. 페리 내항 직후인 1853년 8 월 8일, 막부는 미토 번에 '아사히마루(旭日丸)'를, 9월 8일 우라가 부교에게는 '호오마루(鳳凰丸)'를 건조하라고 명하면서, 그해 9월 15일을 기해 대선건조금 지령을 폐지하였다. 이 두 군함에 대한 이야기는 에필로그에 나와 있다. 실제 로 가장 먼저 준공된 서양식 군함은 '호오마루'이며, '쇼헤이마루(昇平丸)'로 명 명된 사쓰마의 군함보다는 7개월이나 앞선 1854년 5월에 준공되었다. 쇼헤이 마루는 1855년 막부에 헌상되었으며, 그 후 막부 해군의 연습함이나 수송선 등으로 사용되었다.

사쿠마 쇼잔

이제 페리의 내항 이후 일본 정국을 살펴볼 차례이나, 막말 해방정책에서 꼭 짚고 넘어가야 할 인물이 한 사람 더 있다. 일개 번의 신하로서, "천하를 위 해 세워진 무가제법도라 할지라도 천하를 위해 고치는 데 무슨 거리낌이 있는

가?"라며 과감하게 '대선건조론'을 제시하면서 막말 해방정책의 흐름을 바꾸어 놓은 이가 있으니, 바로 그가 사쿠마 쇼잔(佐久間象山: 1811~1894)이다. 그의 해방정책은 앞서 언급한 도쿠가와 나리아키에게 이어졌고, 이는 다시 페리 내항의 충격과 함께 막부 정책에 반영되면서 대선건조금지령이 폐지되었다. 사쿠마 쇼잔은 마쓰시로 번(松代藩)의 하급무사 출신으로 어릴 적부터 주자학을 배웠고, 1833년 에도로 유학을 와 당대 최고의 유학자였던 사토 잇사이(佐藤一齋) 문하에도 있었다. 1839년 나이 28세 때 주자학 사숙인 '상산서원(象山書院)'을 열었을 정도이니 시쳇말로 뼛속까지 주자학자였던 셈이다. 하지만 번주 사나다 유키쓰라(真田幸貫)가 로주 겸 해상방어 담당자(海方掛)로 임명되면서 사쿠마가 번주의 고문으로 발탁되었고, 이후 사쿠마는 지금까지와는 전혀 다른 새로운 길로 접어들었다.

그는 서양 포술을 배우고 와타나베 가잔이나 미쓰구리 겐보(箕作阮甫)와 같은 당대 일류 양학자 겸 지리학자와 교류하면서, 서양 여러 나라의 정세와 과학기술을 습득하였다. 그러고는 그해 말 번주 사나다에게 「해방에 관한 번주 앞으로의 상서(海方に關する藩主宛上書)」라는 장문의 의견서를 제출했는데, 사쿠마 쇼잔을 상징하는 '해방팔책(海方八策)'이 여기에 실려 있다. 그는 아편전쟁 이후 영국을 당면한 경계대상으로 인식했다. 또한 네덜란드를 통한 동 수출을 중지하고, 이를 이용해 대포를 주조해서 연안 포대를 정비해야만 하며, 서양식 군함을 보유한 해군의 편성이 급무라고 설명했다. 하지만 번주 사나다가 1844년 로주를 사임하였기에 사쿠마 쇼잔의 해방론이 막부 정책에 얼마나 반영되었는지는 알 수 없다.

기본적으로 그는 양이론자였지만, 외국에 대한 정보를 확보하고 외국과의 교류 없이는 진정한 의미의 양이를 실현할 수 없다는 '개국을 통한 양이'로 자신의 입장을 수정하였다. 그는 33세이던 1844년부터 네덜란드어를 배우기 시

작했는데, 얼마 지나지 않아 서양 책을 원서로 읽을 수 있게 되었다고 한다. 또한 그는 많은 사람들이 네덜란드 서적을 읽고 서양 사정을 이해하기 위해서는 사전 편찬이 필수적이라 판단했다. 결국 기존의 『하루마(ハルマ: Halma)和解』라는 일난사전의 증보판인 『증정화란어휘(增訂和蘭語彙)』가 완성되었지만, 네덜란드 서적의 번역에 대한 막부의 규제 때문에 출판이 허락되지 않았다.

사쿠마 쇼잔은 서양 서적을 바탕으로 대포 주조에 성공하면서 서양포술가로도 명성을 얻었고, 일본 최초로 전신기를 이용한 전신을 시도했다. 또한 유리 제조와 지진예측기 개발에도 성공했다. 이로써 그는 동양 철학과 서양 과학기술 모두를 섭렵한 당대 최고의 지식인 반열에 올랐던 것이다. 사쿠마 쇼잔은 번주의 특별한 배려로 1851년 에도에서 유학과 난학 그리고 포술을 가르치는 오월숙(五月塾)이라는 사숙을 열어 후진을 양성하기 시작했다. 가쓰 가이슈(勝海舟), 요시다 쇼인(吉田松陰), 고바야시 도라사부로(小林虎三郎), 사카모토 료마(坂本龍馬) 등 막말에 뛰어난 활약을 보인 인물들이 계속해서 이 사숙을 거쳐 나갔다.

1853년 페리가 내항하자 사쿠마 쇼잔은 번의 군사평의원 자격으로 우라가를 방문하고는, 1842년 번주에게 제출한 '해방팔책'과 유사한 '급무십조(急務十條)'를 당시 로주 수좌인 아베 마사히로에게 제출하기도 했다. 1854년 페리의 재내항 시 제자 요시다 쇼인의 밀항사건에 연루되면서 칩거를 명받았고, 1862년이 되어서야 칩거에서 벗어날 수 있었다. 칩거 중에도 그는 손에서 책을 놓지 않고 독서에 매달렸으며, 서양은 기술뿐만 아니라 정치, 교육, 사회 등 각 제도에서도 일본보다 뛰어나다는 사실을 인식하게 되었다. 1862년 막부가 '공무합체(公武合体)냐 양이(攘夷) 결행이냐'를 놓고 제후들에게 의견을 묻자, 자신의 생각을 번주의 의견으로서 막부에 상신하였다.

바야흐로 전 세계의 학술과 사상은 점차 확대되어 각국의 병력 상황이 이러한 정세로 되어 가는 것도 참으로 거역할 수 없는 운명으로 여겨지는 바, 황국(일본) 단독으로 이러한 상황을 어찌할 수 있겠는가. 또한 쇄국의 수단도 충분한 국력과 기량 없이는 이룰 수 없고, 학술과 사상 역시 서로 연마하면서 성장해 가는 것이므로 이대로 계속 쇄국을 강행한다면 국력과 기량 모두 결국 외국에 뒤처져 종국에는 쇄국을 할 수 없는 지경에 이를 것으로 사료된다. 따라서 지금 이 나라가 이러한 형세로 되어 가는 것이므로 이를 명확히 알아 두어야 할 것이다.

양이론이 압도적으로 우세하던 당시, 그는 이처럼 조리 있게 개국론을 주창하였다. 그의 폭넓은 시야와 예리한 상황 인식을 여실히 보여 주는 대목이라 아니할 수 없다. 하지만 그의 개국론은 힘에 눌린 굴욕적인 개항이나 막번 체제의 타도(討幕)가 아니라 주자학적 인식에 바탕을 둔 연대의식, 다시 말해 좌막(佐幕)의 입장에서 공무합체론을 주장했던 것이다. 이러한 그의 입장은 주자학자이자 양학자인 그의 학문적 배경이 큰 몫을 했겠지만, 한편으로는 자신의 번주가 쇼군가와 혈연으로 이어져 있던 것도 한 원인이 되었을 것으로 판단된다. 사실 번주 사나다 유키쓰라는 간세이 개혁을 주도했던 마쓰다이라 사다노부의 둘째 아들이었다. 1864년 사쿠마는 히토쓰바시 요시노부[一橋慶喜: 나중에 15대 쇼군이 된 도쿠가와 요시노부가 히토쓰바시(一橋)가에 양자로 가면서 얻은 이름]의 초청을 받아 그에게 개국론과 공무합체론을 설명하기 위해 교토로 왔다. 하지만 당시 교토는 양이파 낭인들의 본거지라 '서양 앞잡이'라는 인상을 받고 있던 사쿠마 쇼잔에게는 위험천만한 곳이었다. 결국 그곳에서 합리적 양이론자였던 그는 어느 격정적 양이론자의 칼에 암살되고 말았다. 당시 그의 나이 53세.

미국국서 평의 정국

다시 페리 내항 당시로 돌아간다. 흔히 일본의 근대가 시작되었다고 말하는 페리의 일본 내항은 그 자체만으로는 큰 사건이 아니었다. 1853년 6월 3일 에도 만 우라가 앞바다에 페리의 함대 4척이 나타났다. 나가사키로 가라는 막부의 요청을 거부한 페리의 함대는 에도 만 깊숙이 들어가 무력을 과시했다. 위세에 압도된 막부는 결국 관리를 보내 우라가 남쪽 구리하마(久里浜) 해안에서 미국 대통령 필모어(M. Fillmore)의 친서를 접수했다. 접수하는 데 1시간도 채 걸리지 않았고, 페리는 답신을 듣기 위해 6개월 후 다시 오겠다는 이야기를 남기고는 6월 12일 에도 만을 떠났다.

하지만 이 사건은 두 가지 점에서 특별한 의미를 지닌다. 그 하나는 막부가 지난 200여 년 동안 고수해 왔다고 주장하는 쇄국조법관을 포기했다는 사실이다. 다른 하나는 페리 함대가 떠난 후 막부가 대외정책을 스스로 결정하지 않고 조정에 이 사태를 상신했으며, 이후 대책에 대해 제후 및 막신 그리고 지식인들에게 자문을 구했다는 사실이다. 소위 아베 마사히로의 '미국국서 평의 정국(米国国書評議政局)'이라는 것으로, 이제껏 막부로서는 한 번도 보여 준 적이 없는 어떤 의미에서는 유약한, 또 다른 의미에서 개혁·개방적 입장을 취했던 것이다. 하지만 이러한 태도는 예상치 못한 결과를 자아냈다. 지금까지 정치적 의사결정에서 배제되었던 도자마 다이묘(外様大名)나 신판 다이묘(親藩大名)가 이제는 하나의 정치단위가 되면서 자신들의 목소리를 내기 시작했으니, 소위 이들이 막말의 유지 다이묘(有志大名)들이다. 또한 막부가 개인적 의견마저 청취하면서 지사(志士)를 자청하는 인물들까지 등장하게 되었다. 또한 이제까지 막부의 위세에 눌려 있던 천황이나 조정의 대신들도 하나의 정치단위로 독립해 자신들의 성가를 높이기 시작하였다.

지금껏 쇼군을 정점으로 해 주로 후다이 다이묘(譜代大名)로 구성된 가신단에 의해 주도되었던 막부의 정치체계가 이제 새로이 등장한 정치단위들과 경쟁해야 하는 상황을 맞이하게 되었다. 막부가 의뢰한 자문단으로부터 올라온 대답은 다양했는데, 대부분은 쇄국의 지속을 원했지만 그렇다고 당장에 미국의 통상요구를 거절할 필요는 없다는 애매한 태도를 보였다. 간단히 말하면, 현재 일본의 무력으로는 미국을 상대할 수 없으니, 가급적 시간을 벌어 해안 방어를 강화하자는 논리였다. 결국 해안 방어를 위해서는 당연히 대선건조금지령을 폐지해야 하고, 또한 실제로 해안 방어를 담당하고 있는 각 번이 그 비용을 염출하기 위해서는 참근교대제(參勤交代制)를 완화해야 한다는 결론에 이르게 되었다. 이는 막번 체제의 약화와 각 번들의 자립화를 의미하는 것으로, 외부 방어 강화를 위한 정책이 오히려 내부 약화로 이어지는 모순에 빠지게 되었다.

페리가 에도 만을 떠난 지 10일 후인 6월 22일에 12대 쇼군 이에요시(家慶)가 사망했고, 그 후임으로 이에사다(家定)가 즉위했다. 새로이 즉위한 쇼군의 보좌역으로 도쿠가와 나리아키가 선임되었으며, 쇼군의 해방 상담역인 해방참여(海防參與)직도 겸하게 되었다. 이제 아베 마사히로와 도쿠가와 나리아키라는 쌍두마차로 혼돈의 페리 내항 정국을 타개해야만 했다.

페리 내항 한 달 후 푸탸틴(Y. V. Putyatin)이 러시아 함대를 이끌고 나가사키에 도착했다. 푸탸틴이 막부와의 회담을 기다리고 있던 1853년 11월, 러시아와 오스만튀르크 사이에 전쟁이 발발하였다. 소위 말하는 크림 전쟁이 발발한 것이다. 오스만튀르크에 거주하던 1,200만 명에 달하는 그리스정교회 신도들에 대한 러시아의 보호권 요구가 전쟁의 발단이었지만, 그 근본적인 배경은 러시아 남하정책이었다. 발칸 반도로의 러시아 진출을 지켜볼 수 없었던 영국이 1854년 3월 프랑스, 오스트리아와 함께 오스만튀르크에 합세하면서 이제이 전쟁은 국제전 양상을 띠게 되었다. 이때는 이미 푸탸틴의 함대가 추후 협상을 재개하기로 합의한 후 일본을 떠난 뒤였고, 페리가 다시 일본에 내항하여 일미수호통상조약을 맺은 이후였다. 발칸 반도에서 일어난 영국·프랑스와 러시아의 전쟁은 이제 캄차카 반도에서 오호츠크 해까지 확대되었다. 영국·프랑스 함대가 캄차카 반도의 페트로파블롭스크(Petropavlovsk) 요새를 한 차례 공격하였다. 이후 영국의 동인도·지나함대 사령장관 스털링(J. Stirling) 제독이 전 함대를 이끌고 러시아 함대를 찾아 상하이 남쪽 저우산(舟山) 열도를 수색했고, 이어 1854년 9월에 나가사키로 입항하였다. 스털링 제독은 일본에 전시중립을 요구했다. 즉, 러시아 함대가 일본의 항구에 기항하는 것은 영국·프랑스 양국의 이익을 침해하는 것이기 때문에, 이를 막기 위해 영국 함대가 일본의 여러 항구로 입항하는 것을 허용해 달라는 것이었다. 일본으로서는 수락 이외에 다른 선택지가 없었다. 아베 마사히로는 영국 군함에 나가사키, 하코다테(箱館), 필요하다면 시모다(下田)로의 기항도 허락하였다. 또한 이를 기반으로 나가사키 부교 미즈노 다다노리(水野忠徳)와 스털링 사이에 일영협약 7개조가 조인되면서, 일본과 영국 사이에 국교가 맺어졌다.

영국이 물러나자 푸탸틴이 다시 일본에 나타났는데, 이번에는 나가사키가 아니라 하코다테였다. 미국에 선수를 빼앗겼다는 것을 알게 된 러시아는 미국과 동일한 조건의 조약을 일본에 요구하였다. 바로 이 시기에 에노모토 다케아키가 호리 도시히로의 에조치·가라후토 조사단에 참가해 푸탸틴의 하코다테 입항을 목격했다고 한다. 이후 푸탸틴 함대는 오사카를 거쳐 시모다 앞바다에 모습을 드러냈고, 일본과 러시아 간에 회담이 시작되었다. 수차례 회담 끝에 1854년 12월 마침내 일러화친조약 9개조가 조인되었는데, 이때 처음으로 일본과 러시아 간에 국경이 획정되었다. 그림 5.1에서는 일러화친조약이

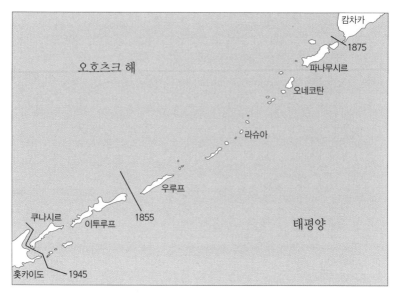

그림 5.1 쿠릴 열도의 일본-러시아 국경(1855: 일러화친조약, 1875: 사할린-쿠릴 열도 교환조약, 1945: 태평양전쟁 종전, 소련 점유)

1855년으로 되어 있다. 이는 양력으로 이 책 본문에서는 일본이 양력을 본격적으로 사용하기 시작한 1873년까지는 음력이 적용되고 있다. 우선 쿠릴 열도의 경우 이투루프(Iturup, 択捉島)와 우루프(Urup, 得撫島) 사이에 국경을 획정하였고, 홋카이도는 일본 영토, 사할린은 국경을 획정하지 않고 러시아인, 일본인, 아이누가 잡거하고 있는 현 상태를 유지하는 쪽으로 결정하였다.

현재 러시아와 일본 간의 국경분쟁의 핵심인 북방 4개 도서(이투루프 이남)는 이 당시 일본으로 귀속된 것이다. 나중에 에노모토가 맹활약했던 사할린-쿠릴 열도 교환조약에 의해 쿠릴 열도 전체가 일본으로 귀속되었다가, 제2차 세계대전 이후 러시아가 쿠릴 열도 전체를 다시 차지하면서 현재 러시아 영토가 되어 있다. 결국 일본으로서는 북방 4개 도서가 원래부터 자신들의 것이었으니 다시 돌려달라는 것이 현재 일본-러시아 간의 국경문제인 것이다.

252

네덜란드의 제안

페리 내항 이전부터 아베 마사히로는 해방을 위해서 대선건조금지령을 해제해야 하고 근대식 해군도 창설해야 한다고 인지하고 있었다. 그는 '미국국서 평의 정국'을 기화로 자신의 구상을 본격적으로 추진하기 시작하였다. 우선 13대 쇼군 이에사다의 집정 개시일인 1853년 9월 15일에 대선건조금지령을 해제했으며, 뒤이어 막부 스스로 서양식 범선과 증기선의 건조를 시도하였다. 또한 미토 번이나 사쓰마 번, 사가 번(佐賀藩), 도사 번(土佐藩)과 같이 대선건조에 적극 나서는 번들에 이를 허락하고 적극 장려하기도 했는데, 이들 번의 적극적 태도와 이를 지원할 수 있는 경제력은 결국 막말 막부 타도의 근간이 되었다. 이와는 별도로 '미국국서 평의 정국'에서 제안된 해방정책 중에는, 네덜란드 군함을 구입해서 막부 해군을 창설하고 네덜란드 조선공을 도입해 함선의 건조와 수리를 맡기자는 안도 적지 않게 제출되었다. 이는 앞서 언급한 사쿠마 쇼잔이나 도쿠가와 나리아키의 해방책과도 그 궤를 같이하는 것이었다. 아베 마사히로는 대선건조금지령을 해제하면서 나가사키 부교 미즈노 다다노리에게 함선 도입에 관련해서 네덜란드 상관과 상담하라는 지시를 내렸다. 당시 네덜란드로서는 일본과의 무역량이 격감한 데 대한 대책이 필요했으며, 자바에 있는 네덜란드 동인도회사의 위상도 하향세라 무언가 특별한 계기가 필요했던 시점이었다.

막부의 제안에 당시 네덜란드의 나가사키 상관장 퀴르티위스(J. H. D. Curtius)는 막부의 조급함과 무지에 대해 지적하면서 역제안을 했다. 즉, 서구식 해군 건설에는 단지 군함을 구입하고 조선공을 도입하는 것만으로 가능한 것이 아니라, 다양한 자연과학에 대한 기초지식이 필요하고 해군 사관과 수병 그리고 병참 지원을 위한 전문적 교육이 필요하며, 이를 위해서는 외국어 습득이 절대적이라 강조하였다. 하지만 막부는 이 제안을 수용하지 않았고, 자신들의 원안대로 1854년 여름까지 8~12척에 달하는 서양식 증기선과 범선을 인도하고 그 대가는 현물로 지급하겠다는 약정을 네덜란드와 맺었다.

이후 1954년 7월 함장 파비위스(G. Fabius)가 슴빙(Soembing)호를 이끌고 나가사키에 입항했는데, 이 배는 동인도 해역에 취역 중이던 네덜란드 동인도회사 소속의 증기선이었다. 파비위스는 네덜란드 정부의 명령을 상관장 퀴르티위스에게 전했고, 퀴르티위스는 이를 다시 나가사키 부교에게 전했는데, 그 내용은 크림 전쟁 때문에 일본이 주문한 선박의 건조가 지연되어 그 대신에 이 배(슴빙호)를 일본에 기증하겠다는 것이었다. 또한 퀴르티위스는 함장 파비위스가 나가사키에 체재하는 동안 조선술, 함선 지휘 및 운용술, 증기기관학 및 포술을 전수할 의향이 있다는 사실을 나가사키 부교에게 알렸다. 이리하여 나가사키 현지 관리와 나가사키의 방어임무를 맡고 있던 사가 번과 후쿠오카 번(福岡藩) 그리고 히고 번(肥後藩), 사쓰마 번 등 규슈 지역 번사와 선원들에게만 제한적으로 약 3개월간 단기 해군전습이 실행되었다.

이 시기 나가사키 부교 미즈노 다다노리가 퀴르티위스에게 보낸 서양 군함에 관한 질문에 대해 파비위스가 답신을 보냈다. 그는 여기서 군함뿐만 아니라 당시 세계 해군의 대세와 막부 해군 창설에 관해 적극적으로 의견을 개진하였다. 그의 의견서 내용을 정리하면 다음과 같다.

1. 일본의 지리적·인적 조건은 해군에 최적이다. 개국은 서양식 해군을 창설하는 호기이다.
2. 서구에서는 범선 군함의 시대가 막을 내렸고, 군함은 증기선 시대로 변했다. 하지만 그것도 지금부터는 스크루식 시대로, 외륜식은 이미 신규로 건조해서는 안 된다.

3. 선체는 당분간 목제라도 좋지만, 세계의 대세는 철선 방향으로 나아가고 있다.

4. 장래 조선을 고려한다면 조선소와 기계공장에 대해서도 알고 있을 필요가 있다.

5. 사관 및 하사관, 그리고 병의 승조원 양성에는 학교(전습소)가 도움이 되는데, 특히 사관의 경우 그러하다. 사관과 기술자의 교육에는 선진국 해군으로의 유학이 도움이 된다. 네덜란드는 그 방면에서 일본에 도움을 줄 수 있다.

파비위스는 이후 계속된 미즈노 다다노리의 질문에 대해서도 의견서를 제출했는데, 이를 정리하면 다음과 같다.

6. 앞서 네덜란드 측이 제안했던 코르벳(corvette) 함의 선가에는 선체, 기관, 의장, 운용상의 필수품이 포함되어 있으나, 함포는 포함되어 있지 않다.

7. 금후의 함포는 작열탄포이다. 재료 면에서 청동포는 시대에 뒤처진 것이라 서양에서는 대부분 이전부터 주철포 시대가 되었다.

8. 네덜란드 해군전습소에서는 기선 운용법, 대포의 조정법과 제조법, 증기기관의 취급법과 제조법에 대해 배운다. 이를 위해 전습생은 적어도 수학, 천문학, 물리학, 화학 등의 보통학과와 측량학, 기계학, 운용술, 조선술, 포술, 이외의 군사학을 배우게 될 것이다.

9. 이 교육을 받음에 있어 일본 측은 나가사키에 네덜란드어 학교를 세우고 생도들에게 미리 언어학습을 하도록 하는 것이 도움이 될 것이다.

10. 이상 군함 건조, 해군전습소 교관단 파견, 사관 및 기술자 유학 허용 등 네덜란드의 원조를 받는 데에는 전제조건으로 일본·네덜란드 양국 사이에 조약을 체결하는 것이 필요하다.

이상 몇 차례에 걸친 문답을 통해 미즈노 다다노리는 군함 도입, 막부 해군 창설, 해군전습소 설립에 대한 구상을 확정했고, 이를 정리해서 다음과 같이 막부에 상신하였다.

1. 작년 네덜란드에 발주했던 군함(범선)과 상선(증기선)의 건조는 네덜란드인의 의견을 들으니 부당하다고 판단되어 스크루식 코르벳 함과 스크루식 증기선 각 1척을 주문하는 것으로 바꾼다.
2. 이들 선박의 승조원 양성을 위해 나가사키에 해군전습소를 열고 네덜란드 해군의 교수단을 초빙한다.
3. 네덜란드 측이 권유하는 네덜란드어 학교 설립안은 채택하지 않고, 전습소 수업은 통역을 통해 이루어진다.
4. 유학안 역시 이번에는 채택하지 않는다.
5. 본 안은 나가사키 메스케(目付) 나가이 나오유키(永井尙志)와도 잘 상담해서 그의 의견을 구한 것이다.

막부는 미즈노의 구상에 즉각 찬성했고, 선체를 반드시 목선으로 제약할 필요는 없다고 지시했다. 또한 당시 선박은 함포를 탑재하지 않는다면 군함이나 상선이 서로 다른 것이 아니었기에, 최종 단계에서는 함포가 빠진 군함 2척으로 주문이 바뀌었다. 왜냐하면 주문 당시는 크림 전쟁 기간이라 네덜란드로서는 전쟁중립국의 규약을 지켜야 했다. 하지만 선박이 완성되고 일본에 인도될 즈음에는 전쟁이 끝나 함포가 탑재된 군함을 인도할 수 있었다. 이로써 네덜란드로부터 기증받은 슨빙호 그리고 새로이 네덜란드에 발주한 2척의 군함을 운용할 사관, 부사관, 기관원 등을 양성할 나가사키 해군전습소의 설립도 구체화되었다. 또한 해군전습소는 향후 일본의 해군사관학교와 해군병학교를 만들어 나간다는 장기 목적의 출발점이 되기도 했다. 일본이 서구식 해군을 창설하는 데 이처럼 네덜란드에 의존하게 된 것은 지난 200여 년간 지속된 관계도 한몫을 했지만, 네덜란드에서 보내 준 별단풍설서 등을 근거로 네덜란드 해군이 여전히 동아시아 최대, 최고의 해군이라는 잘못된 정보를 막부가 가지고 있었기 때문이었다.

나가사키 해군전습소(I)

　파비위스는 3개월간의 단기 전습을 끝내고 자바로 돌아갔고, 그 이듬해인 1855년 6월 다시 헤데호를 이끌고 슨빙호와 함께 나가사키에 입항했다. 슨빙호에는 나가사키 해군전습소에서 교육을 담당하게 될 펠스 레이컨(Pels Rijcken) 이하 22명의 승조원도 타고 있었다. 2척의 네덜란드 배가 입항하고부터 해군전습소 활동은 본격화되었다. 우선 시급한 것은 누구를 교육시킬 것인가에 관한 것이었다. 3척의 배를 운용하려면 적어도 270명에 이르는 사관, 부사관, 기관원이 있어야 했는데, 이를 한꺼번에 양성할 수는 없었다. 우선 기관 요원만 양성하기로 하고, 네덜란드 해군의 교관단장에 펠스 레이컨 대위, 일본 측의 전습소 총독에 나가이 나오유키를 지명하였다. 그리고 막부가 직접 우라가 부교, 나가사키 부교, 간조(勘定: 막부 재정 담당) 부교, 대선건조 담당관(大船製造掛) 등에게 해군전습생의 인선방침을 하달하였다.
　막부가 직접 지명한 함장 후보자는 나가모치 고지로(永持亨次郎), 야타보리 고(矢田堀鴻), 가쓰 린타로(勝麟太郎) 등 모두 3명이었는데, 이들은 학교 당국이나 교관의 지시사항을 전습생들에게 전달하는 학생장 역할도 맡았다. 원래 함장 후보자는 오메미에(御目見) 이상의 신분으로 정했지만, 가쓰 린타로[나중에 가쓰 가이슈(勝海舟)로 개명]가 그 이하의 신분이라 이번 기회에 오메미에로 승진시켜 전습소로 파견하였다. 또한 당시 나가모치 29세, 야타보리 26세로 둘다 30세 이하였지만, 가쓰는 32세라 원래의 선발기준이었던 30세 이하보다 나이가 많았다. 이는 '미국국서 평의 정국'에서 보여 준 난학자로서 그리고 경세가로서 가쓰 린타로의 경륜과 실력을 막부가 높이 평가했음을 의미하는 것으로 볼 수 있다. 이외에 20명가량의 함포 및 기관직 사관요원, 10명가량의 하사관요원, 그리고 10명 남짓의 직인, 수부, 화부 등의 병요원도 선발되었는데, 이들은 모두 비전투요원이었다. 그리고 전투요원인 해병대요원으로 부사관 및 고수 20명 남짓도 선발하였다. 이외에 청강생도 20명가량 수용했다. 이들은 전습생의 시종으로 따라왔지만 청강이 허용된 자들로, 이 중에는 정규 전습생보다 성적이 우수했던 자도 적지 않았다고 한다.

1854년도 단기 전습 때와 마찬가지로 각 번에도 전습을 허용하였는데, 이번 제1차 전습에도 사가, 후쿠오카, 히고, 조슈 번이 참가하였다. 특히 사가 번의 경우 48명의 대규모 전습원을 파견했는데, 이는 1854년부터 사가 번이 네덜란드로부터 함선을 구입할 의향을 가지고 있었기 때문이다. 실제로 1856년 네덜란드에 증기선을 주문하였다.

육로와 해로를 이용해 전습생들이 나가사키로 모여들었다. 야타보리와 가쓰는 막신 전습원 22명과 함께 해로를 통해 나가사키로 왔는데, 이때 타고 온 배는 얼마 전 사쓰마가 막부에 헌상했던 서양식 범선 군함 쇼헤이마루(昇平丸)였다. 전습소 개소식은 1855년 10월 22일 현 나가사키 현청 자리에 있던 나가사키 서역소(西役所)에서 열렸다. 그리고 나가사키 해군전습소 개설의 전제조건이던 일본·네덜란드화친조약은 두 달 후인 12월 23일 나가사키 부교와 상관장 퀴르티위스 사이에 맺어졌다.

제1차 교관단은 자바에 있던 네덜란드 동인도 정청의 해군에서 선발해 편성한 것으로, 단장인 펠스 레이컨 대위를 비롯해 총 22명의 교사들로 이루어졌다. 이들은 각자의 담당과목이 정해져 있었는데, 단장 레이컨의 경우 항해술, 운용술, 조선학을 담당했다. 그 외 조선, 포술 실습, 선구(船具) 운용, 측량실습, 수학, 증기기관학, 총포훈련, 고수훈련 등도 각각의 전문교관이 담당하였다. 강의가 시작되자 네덜란드어와 수학이 최대 난제였다. 항해술과 측지술을 배우기 위해서는 산술, 기하, 삼각함수, 평면삼각법, 구면삼각법 등 고급수학이 필요했으며, 각종 용어와 일상어, 포술 및 함선 운용 그리고 선구 등의 명칭은 아무리 뛰어난 통사라 할지라도 일본어로 번역하기란 불가능했다. 그뿐만 아니라 증기기관을 배우는 기관직, 육전술의 배우는 해병대요원, 그 외 수부 및 화부 등 전습생 모두 이곳에서 실시되는 새로운 교육이 힘들기는 마찬가지였다.

어느덧 전습이 시행된 지 1년 가까이 지난 1856년 10월, 함장요원이자 학생

그림 5.2 나가사키 해군전습소 그림지도(鍋島報效会 소장, 전습소 옆에 있는 섬이 네덜란드 상관이 있던 데지마(出島)이다.)

장으로서 가장 신분이 높았던 나가모치 고지로가 전습을 끝내지 못하고 나가사키 부교소의 시하이긴미야쿠(支配吟味役: 감사관)로 영전하였다. 또한 1기 전습생 중 기관직이 부족하다고 판단하면서 2차 전습을 구상하게 되었고, 나가사키, 니가타(新潟), 시모다 등의 개항장을 경비할 해방 및 연안 경비요원도 요구되었다. 따라서 기관직 요원으로 막부가 직접 12명의 젊은 막신 자제들을 2기 전습생으로 선발했으며, 해안 방어요원으로는 주로 나가사키 현지 공무원 중 84명을 모집해 총 96명으로 이루어진 제2차 전습단을 구성하였다. 제1차 전습 기간이 당초 16개월이었기에 1기 졸업식은 1857년 3월 1일에 있었고, 제2기 전습이 시작된 것이 그해 1월이라 1기생과 2기생은 두 달가량 함께 있었다. 제1기 졸업생 중 일부는 전습소의 연습함이던 간코마루(観光丸: 슨빙호에서 개명)를 직접 몰고 에도로 돌아갔다. 당시 간코마루에 탔던 승조원 전원이 16개월간 나가사키 전습소에서 한솥밥을 먹었던 1기 전습생들이었으며, 함장은 함장 후보였던 야타보리 고였다. 16개월의 전습 끝에 이들은 직접 배를 운용할 수 있는 수준에 이르렀던 것이다.

로주 수좌 아베 마사히로는 군 개혁정책의 일환으로 1854년 무예 훈련기관인 고부쇼(講武所)를 에도의 쓰키지(築地)에 설치했다. 막부는 해군전습소 1기생이 졸업하는 1856년에 맞추어 이곳을 군함교수소(軍艦敎授所)로 이름을 바꾸고는, 간코마루를 몰고 온 제1기 해군전습생 중 일부를 교수로 임명했다. 막부로서는 에도에서 멀리 떨어진 나가사키에 전습소를 유지하는 데 재정 부담이 컸고, 해방을 위해서라도 에도 가까이에 해군 관련 시설을 두는 것이 당연한 처사라고 판단했다. 따라서 막부는 처음부터 해군전습소를 에도 부근에 설치하려 했지만, 나가사키를 근거지로 하는 네덜란드의 요구를 뿌리칠 수 없었다. 이 때문에 나가사키 해군전습소와 쓰키지 군함교수소로 해군사관 양성소가 잠시 이원화되기는 했지만, 이후 나가사키 해군전습소가 폐쇄되면서 군함교수소로 일원화되었다. 군함교수소는 나중에 군함조련소(軍艦操鍊所)로 개칭되었다.

1기생 중 일부 졸업생은 나가사키에 잔류했다. 네덜란드에 발주해 곧 입항 예정인 2척의 배는 모두 스크루식이라, 외륜식인 연습함과는 달라 이에 대한 교육이 필요했던 것이다. 또한 2기생의 효과적인 교육을 위해 일부 졸업생이 조교로 남게 된 것도 또 다른 이유였다. 후자는 대개 가쓰 가이슈의 경우를 두고 하는 말이다. 하지만 일부 책에서는 가쓰가 히라도의 유곽에서 너무 놀다 보니 낙제를 해 2기생과 함께 전습을 받았지만, 이번에도 탈락하여 마지막까지 해군전습소에 남아 있을 수밖에 없었다는 이야기도 있다. 한편 가쓰 가이슈가 2차 전습생 시절 연습항해에서 함장을 맡기도 했고, 해군전습소 폐쇄 이후 군함조련소 교수로도 발탁되었다는 점으로 보아 낙제와는 무관했을 것이라는 생각도 든다. 하지만 2차 전습생으로 구성된 보쇼마루(鵬翔丸)의 에도 회항 시 가쓰 대신 2기생 이자와 긴고(伊沢謹吾)가 함장을 맡았다. 해군전습소 당국으로서는 가쓰에게 대사를 맡기기에는 무언가 꺼림칙한 부분이 있었던 것이 아니었나 예상해 볼 수 있다.

사실 보쇼마루 회항을 맡은 사관들은 1기생의 간코마루 회항과 마찬가지로 장차 군함조련소 교수 예정자들로 구성되었다. 가쓰는 자신이 함장이 될 것으로 기대하고 있었고, 당시 교관 단장이었던 카텐데이커(Huijsen van Kattendijke)도 당연히 가쓰가 함장을 맡을 것으로 예상했다. 그러나 이번에도 가쓰는 나가사키에 남았다. 보쇼마루는 원래 사가 번 소속의 범선 군함인데, 이를 막부가 구입해 나가사키 해군전습소의 범선 연습함으로 쓰던 것이었다. 이번에는 보쇼마루를 쓰키지의 해군조련소 훈련함으로 쓰기 위해 에도로 송환한 것이다. 사실 에노모토는 제1기 전습에 청강생 자격으로 이미 입교해 있었는데, 야타보리 고의 시종 신분이었다. 그러고는 제2기 전습에서는 당당하게 막부 추천 전습생 자격으로 입교했고, 이번 보쇼마루 회항 시 기관직 사관으로 참여하였다. 그렇다면 호리 도시히로를 대장으로 한 에조치·가라후토 조사단과 그 이후 해군전습소 입교까지 주인공 에노모토 이야기가 궁금해질 수 있다.

에노모토 가마지로

1836년생인 에노모토 가마지로는 막신 에노모토 엔베의 차남으로 에도에서 태어났다. 12세였던 1848년경에 막신이나 궁정가신의 자제들이 다니는 쇼헤이자카학문소(昌平坂学問所)에 입학해 주로 주자학을 배웠다. 1852년 말 졸업시험에서 '병(丙)'을 받았다. 주자학에 흥미가 없었든지 아니면 재능이 일찍 열리지 않은 것인지 알 수 없으나, '병'을 받고는 막신이 될 수 없었다. 사실 그는 그 전 해부터 에가와 다로자에몬(江川太郎左衛門) 사숙에서 난학을 배우고, 존 만지로(ジョン 万次郎)로부터 영어를 배우고 있었다.

에가와 다로자에몬은 이 장의 맨 앞 대화에 나오는 바로 그 에가와로, 1801년에 태어난 그는 30대 후반에 와타나베 가잔(渡辺崋山), 다카노 조에이(高野長英) 등 난학자들과 가까이 지내면서 해방문제에 관심을 갖게 되었다. 40대 초반 나가사키로 가서 당대 최고의 서양식 포술가인 다카시마 슈한(高島秋帆)의 제자가 되어 다카시마류의 포술을 배웠다. 나중에는 그의 포술이 일본 전역에 알려지면서 사쿠마 쇼잔, 오토리 게이스케(大鳥圭介), 하시모토 사나이(橋本左内), 가쓰라 고고로[桂小五郎: 유신 3걸의 하나인 기도 다카요시(木戸孝允) 젊은 시절 이름] 등도 다카시마 밑에서 포술을 배웠다. 에가와는 1853년 아베 마사히로에 중용되어 막신이 되었고, 아베의 명을 받아 해안포대를 건설하고 반사로 및 철포류를 제작하는 데 매진했다.

그간 만든 포대 중 하나가 지금까지 남아 있는데, 도쿄 만 레인보우브리지 아래 시나가와 제3포대 유적(品川第三砲台跡)이 그것이다. 최근 도쿄의 새로운 관광지로 각광을 받고 있는 오다이바(お台場)는 여기에 기원하는 지명이다. 물론 페리의 재내항에 대비해 만든 포대이지만, 1854년 미일화친조약이 맺어지면서 이 포대가 실전에 활용된 사례는 없다. 한편 그는 자신의 집 부근에 사람들을 모아 일본 최초로 서양식 군대를 만들어 훈련시켰다고 하는데, 지금도 당시 흔적이 남아 있는 '차렷', '우향우', '좌향좌'는 그가 조어한 것이라고 한다. 바로 그가 만든 사숙에 에노모토가 다니고 있었지만, 당시 에가와 다로자에몬이 너무 바빠 에노모토는 그의 아들인 에가와 히데토시(江川英敏)에게 배웠다.

한편 막말, 메이지 초기 외교 및 국방 부문에서 활약하는 독특한 이력의 인물이 한 사람 있었으니, 그가 바로 존 만지로이다. 그는 1827년 현재 시코쿠 고치 현(高知県)인 도사 번(土佐藩)에서 태어났으며, 14세인 1841년에 조업 중 태풍을 만나 무인도에 표착하여 동료들과 함께 미국 포경선에 구조되었다. 나머지 동료들은 모두 하와이에 내렸지만, 존 만지로는 포경선 선장의 양자가 되어 미국으로 건너갔다. 그는 미국에서 영어, 수학, 측량, 항해술, 조선학 등을 배웠고, 학교 졸업 후 포경선 선원으로 일하기도 했다. 1850년 귀국을 결심하고는 호놀룰루, 상하이, 류큐를 거쳐 사쓰마 번에 도착했다. 처음 도착해서 나가사키 부교와 고향 도사 번으로부터 계속해서 심문을 받았지만, 그가 가진 뛰어난 해외정보와 기술 덕분에 당시 사쓰마 번 세자였던 시마즈 나리아키라로부터 환대를 받았다. 그는 도사 번으로부터 무사 신분을 부여받고 번교 '교수관(教授館)'의 교수로 임명되어, 막말과 메이지 초기 도사 번을 대표하는 정치가인 고토 쇼지로(後藤象二郎)와 미쓰비시 재벌의 창시자인 이와사키 야타로(岩崎弥太郎) 등을 가르치기도 했다.

페리가 내항하자 막부는 미국에 대한 지식이 필요해짐에 따라 도사에 있던 만지로를 에도로 불러올렸다. 만지로에게 막신 하타모토(旗本)의 신분을 주고는 에가와 다로자에몬 집에 기숙하면서 그의 일을 돕도록 했다. 당시 에가와의 사숙에 다니던 에노모토가 만지로로부터 영어를 배울 수 있었던 것은 바로 이러한 이유였다. 1854년 페리가 두 번째로 나타나 일미수호통상조약을 체결하려 할 당시 미국과의 통역은 당연히 만지로의 몫이었다. 하지만 페리 내항과 더불어 해방참여직을 맡으면서 다시 막정에 참여하게 된 도쿠가와 나리아키가 만지로의 미국 스파이 혐의가 의심된다고 주장하는 바람에 만지로의 통역 참여가 무산되었다. 하지만 이후에 외교, 국방, 교육 등 다양한 분야에서 그의 활약은 계속되었다.

사실 에노모토는 보신 전쟁(戊辰戦争: 1868~1869) 당시 막부 군함을 인솔해 홋카이도로 탈주해 에조공화국 총재가 되었고, 이후 신정부군과의 하코다테 전쟁에서 패하고 고료카쿠(五綾郭)에서 항복하면서 세상에 알려지기 시작했다. 스스로 자서전을 쓰지도 않았고 메이지 신정부에 저항했다는 이유도 있고 해서, 그의 젊은 시절에 관한 기록은 많지 않을 뿐만 아니라 정확하지도 않다. 에노모토에 대한 여러 평전을 종합해 보면 그가 쇼헤이자카학문소를 마친 것은 17세 전후였던 1852년 말이나 1853년 초이고, 호리 도시히로의 시종으로서 에조치·가라후토 조사단에 참가한 것이 18세이던 1854년이었다. 12명의 조사단 대원은 에도에서 혼슈 최북단 쓰가루(津軽)의 민마야(三厩)까지 도보로 올라가서 배로 쓰가루 해협을 건넜고, 마쓰마에 번의 후쿠시마(福島) 성에 도착했다. 이후 서해안을 따라 홋카이도 최북단 소야(宗谷)에서 배로 가라후토로 건너가 남쪽 일부만 조사하고, 다시 홋카이도로 건너와서 홋카이도 동해안을 따라 내려와 하코다테에 도착했다. 무려 4개월에 걸친 장거리 여행이었다. 에노모토는 당시 일본의 젊은이로서는 거의 불가능한 아주 희귀하고도 귀중한 경험을 했고, 이때 받은 북방 영토에 대한 인식과 감동은 향후 그의 인생에서 여러 방면에 걸쳐 커다란 영향을 미쳤다.

북방 여행에서 돌아온 이후 그는 새로운 활로를 모색해야만 했다. 에노모토가 어떤 동기로 해군전습소의 입소를 결심했는지는 정확히 알 수 없다. 에노모토는 1기생들과 함께 처음부터 청강생 자격으로 전습에 참가했는데, 당시 그는 함장 후보였던 야타보리 고의 시종 신분이었다. 이처럼 그가 청강생 자격으로라도 이 전습에 참가하려 했다는 사실로 보건대, 해군전습소 입소에 대한 에노모토의 의지는 강렬했던 것으로 판단할 수 있다. 에노모토는 쇼헤이자카학문소 동기인 이자와 긴고와 함께 해군전습소 2기생으로 입소했다. 이자와의 아버지인 이자와 마사요시(伊沢政義)는 1854년 미일화친조약 체결에 참가했던 전권위원 중 하나였으며, 시모다 부교, 외국부교 등을 지낸 당시 외교가에서 맹활약하던 인물이었다. 어쩌면 에노모토가 12명의 막부 추천 기관직 전습생으로 제2차 전습단에 참가할 수 있었던 것은 이자와 마사요시의 후광 덕분이 아니었을까 추측해 볼 뿐이다. 물론 자신이 시종으로 참가했던 에조치·가라후토 조사단 단장 호리의 천거도 있었을 것으로 예상된다. 이리하여 1855년 에노모토의 나이 19세에 이번에는 일본 최북단이 아니라 최남단에 위치한 나가사키로 거처를 옮겨 해군사관이라는 새로운 꿈을 향해 나아가게 되었다.

일미통상조약

호리 조사단의 보고서가 막부에 상신되었고, 이를 바탕으로 1854년 러시아와의 국경 획정을 포함한 일러화친조약이 체결되었다. 그리고 에조치는 마쓰마에 번의 관할에서 벗어나 막부의 직할령이 되었다. 일본은 1855년까지 미국을 비롯해 러시아, 영국, 네덜란드 등 교역을 원하던 대부분의 나라와 화친조약을 맺음으로써 당장의 외교현안은 사라졌다. 향후 외교과제는 조약 18개월 후 일본으로 파견될 미국의 외교관에 대한 대응책이었다. 이제 미국 측이 요구하게 될 것은 통상조약이기 때문에, 이를 계기로 '개국이냐 양이냐'의 논쟁이 실질적으로 그리고 본격적으로 재개될 수밖에 없었다. 왜냐하면 화친조약과 통상조약은 그 의미가 완전히 다르기 때문이다.

1855년 8월 마쓰다이라 노리야스(松平承全)와 마쓰다이라 다다마스(松平忠優) 두 로주가 파면되었다. 이들은 페리 내항 직후 개국방침을 표명했고, 도쿠가와 나리아키의 해방참여직 수임을 반대한 이력이 있었다. 통상조약과 함께 전면 개국으로 나아가려는 막부의 입장에 대해 이제 양이를 주장하는 도쿠가와 나리아키를 필두로 한 도쿠가와 가문의 막정 간섭이 시작되었던 것이다. 그해 10월 안세이(安政) 대지진이 일어나 막각의 업무량이 크게 증가했고, 파면된 로주의 충원 겸 새로운 로주로 홋타 마사요시(堀田正睦)가 취임하였다. 당시 로주 수좌였던 아베 마사히로의 천거가 있었고 아베보다 먼저 로주를 역임한 경력이 있었기 때문에, 홋타는 로주가 되자마자 새로운 로주 수좌가 되면서 막정을 책임지게 되었다. 이제 막부는 후다이 다이묘의 지지를 받는 홋타 일파와 도쿠가와 일문의 지지를 받는 나리아키 일파에 의해 그럭저럭 세력 균형을 이루게 되었다. 하지만 이는 향후 '개국이냐 양이냐', 그리고 현 13대 쇼군 이에사다(德川家定)의 후임으로 '요시토미(慶福)냐 요시노부(慶喜)냐'를 두고 두 세력이 격렬하게 대립할 소지를 안고 있었다.

화친조약을 맺은 후 18개월이 지난 1856년 7월, 미국 총영사 해리스(T.

Harris)가 시모다에 나타났다. 해리스는 쇼군 면담을 요청했는데, 면담의 목적은 당연히 통상조약 체결이었다. 막부는 그의 면담요청에 대해 결정을 내리지 못하고 미적거리고 있었다. 그런 와중에 1857년 2월 애로(Arrow)호 사건을 계기로 영국과 청국의 갈등이 재현되었고 이후 영불 연합군의 광둥 점령 소식이 전해졌다. 제2차 아편전쟁의 발발이었다. 중국에서 서양의 무력시위가 재현되자 막부는 이에 대처하지 않으면 안 되었고, 그 대응책이 바로 일미 간의 통상조약 체결이라 판단했다. 즉, 막부로서는 미국과의 통상조약이 채결되고 그 수준에서 다른 나라와도 관계를 맺는다면 외세의 침입으로부터 벗어날 수 있으리라는 계산이었다. 하지만 아베 마사히로가 갑자기 사망하고 도쿠가와 나리아키도 사임하면서, 이제 막부는 새로운 국면을 맞이하게 되었다.

1857년 10월 21일 해리스는 쇼군 이에사다를 접견했고, 이어서 로주 홋타 마사요시를 방문해 세계 및 아시아 정세의 변화에 대해 설명했다. 물론 해리스는 통상조약 체결의 필요성도 강조했는데, 이후 양자는 회담을 계속하면서 조약문을 다듬어 나갔다. 조약의 핵심은 두 가지였다. 하나는 일미 양국 정부가 대표 외교관을 각국의 수도에 상주시키는 것, 다른 하나는 무역활동을 위해 요코하마, 나가사키, 하코다테, 니가타, 고베를 개항장으로, 에도와 오사카를 개항시로 정하는 것이었다. 로주 수좌 홋타 마사요시를 필두로 한 막부의 대외정책은 통상조약의 조인, 달리 말하면 본격적인 개국이었다. 하지만 개국은 밖으로부터의 위기를 경감시킬 것이라는 자신들의 의도와는 달리, 그 위기가 내부화되면서 일상화된다는 것을 의미했다.

1858년 홋타 마사요시는 통상조약 체결에 대한 조정의 승낙을 얻기 위해 교토로 갔다. 지난번 미국국서 평의 때는 당시의 상황을 상신해 조정의 의견을 구하는 정도였다면, 이번은 완전히 달랐다. 조정의 칙허, 다시 말해 승낙을 얻어 자신들의 정치행위에 대한 책임의 일부를 전가하거나 그 정당성을 확보하려 했던 것이다. 이럴 경우 승낙하는 쪽에 권한이 생기면서 정치적 가치도 상승하게 되는 것은 당연한 일이었다. 조정은 기본적으로 현상 유지의 보수 지향적 존재이다. 황통의 존속은 막번제에 의해 보장받고 있었고 막번제는 쇄국을 근간으로 하고 있었으니, 당연히 조정은 개국에 반대하는 입장이었다. 막부는 쇄국을 유지하다가는 외국과 전쟁을 할 수밖에 없고, 전쟁에 패한다면 황통의 존속도 불가하니 개국해야 한다고 조정을 설득했다. 하지만 조정의 답은 예상 밖이었다. 전국 다이묘들의 의견을 감안해서 다시 그 시비를 결정하겠다는 것이었다. 전국 다이묘의 의견을 묻고 있을 시간이 없었던 막부로서는 '노중봉서(老中奉書)'라는 막부 최고 격식의 문서를 조정에 보내면서 다시 조약 체결 승인을 요구했다. 조정은 이번에도 이런저런 이유를 들면서 반대의사를 표명했다. 하지만 거기에는 쇼군 계사(후계) 문제에 대해서만은 도쿠가와 요시노부를 지지한다는 내용도 들어 있었다.

　페리가 내항하고 얼마 있지 않아 12대 쇼군 이에요시가 사망하고 그 뒤를 이은 이가 13대 쇼군 이에사다이다. 그는 어릴 적부터 뇌성마비 증상이 있어 부실했기에 취임 초부터 후사문제가 대두되었다. 엎친 데 덮친 격이라고 쇼군 후사문제는 개항문제와도 연계되어 막부·조정·지방 번주들 사이에 복잡한 정치상황이 연출되었다. 일본 드라마 팬이라면 익히 알고 있을 것이라 생각되는데, 13대 쇼군 이에사다의 정실부인이 바로 덴쇼인(天璋院) 아쓰히메(篤姬)이다. 2008년 NHK 주말사극 '아쓰히메'에서 아쓰히메 역을 맡았던 미야자키 아오이의 단아하면서도 당찬 모습이 아직도 생생하다. 아쓰히메가 시마즈 나리아키라의 양녀가 된 것은 1853년이고, 가격을 높이기 위해 시마즈가와 밀접한 관계를 맺고 있던 조정의 최고위 공가(公家)인 고노에(近衛)가의 양녀가 되면서 이에사다와 결혼할 수 있었다. 1856년 11월의 일이었다.

당시는 아베 마사히로와 요시노부의 아버지 나리아키가 막정 일선에서 물러나고 홋타 마사요시가 막정을 주도하던 시절이었다. 물론 해리스가 시모다에 부임해서 쇼군과의 면담을 요구하고 있었고, 막부 주도 세력은 개국을 당연한 것으로 생각하던 시절이기도 했다. 또한 지방의 주요 번주들의 입장에서는 향후 개국의 미래를 생각한다면 일본의 안전은 막부의 힘만으로 불가능하며 당연히 자신들의 참여가 불가피하다는 것도 인지하고 있었다. 따라서 이 난국을 타개해 나갈 지도자로서는 적절한 나이에 영민하다고 소문난 요시노부가 제격이라 판단하면서 일단의 정치세력이 뭉쳤는데, 이것이 바로 히토쓰바시(一橋)파라 불리는 일단의 정치세력이다.

에치젠(越前) 후쿠이(福井) 번주 마쓰다이라 요시나가[松平慶永: 마쓰다이라 슌가쿠(春嶽)라고도 불림]를 필두로 한 신판 다이묘들과 사쓰마 번주 시마즈 나리아키라, 도사 번주 야마우치 도요시게(山内豊信), 우와지마(宇和島) 번주 다테 무네나리(伊達宗城) 등의 도자마 다이묘, 그리고 가와지 도시아키라(川路聖謨), 이와세 다다나리(岩瀬忠震), 나가이 나오유키(永井尚志) 등 아베 마사히로가 등용한 외교관료 등이 요시노부 추대 파벌의 주축이 되었다. 따라서 시마즈 나리아키라가 아쓰히메를 이에사다의 정실로 앉히려고 노력한 배후에는 요시노부 추대라는 정치적 목적이 있었다고 볼 수 있다. 하지만 1858년 7월 나리아키라가, 8월에는 이에사다가 급사하면서 소기의 목적은 이루어질 수 없었다. 여기서 한 가지 짚고 넘어가야 할 것은, 설령 홋타 마사요시가 히토쓰바시파를 지지했을지라도 어디까지나 막정을 책임지고 있는 집단은 후다이 다이묘이며, 이들에게 히토쓰바시파는 쇼군의 전권사항인 후사문제를 거론하는 일종의 모반세력이나 마찬가지였다는 사실이다. 더군다나 쇼군 이에사다의 의향 역시 혈통이 가까운 자신의 종제 '요시토미'에게 기울어져 있었다. 그럼에도 불구하고 홋타 마사요시와 도쿠가와 나리아키 그리고 히토쓰바시

파라 불리던 집단은 조정으로부터 '개국'의 칙허를 받지 못했지만 '쇼군 후사'에 요시노부를 추대하려는 희망만은 버리지 않고 있었다.

1858년 4월 20일 홋타는 빈손으로 에도로 귀환했는데, 이번에는 후다이 다이묘들의 반격이 기다리고 있었다. 홋타가 에도에 도착한 지 3일 후, 후다이 다이묘들의 수장이었던 이이 나오스케(井伊直弼)가 다이로(大老)에 취임하게 되었다. 이이(井伊)가는 후다이 다이묘 최고의 명문가로, 당시의 정치적 상황에서 이이 나오스케를 막정의 감시자로서 막부 최고위직인 다이로에 임명했던 것은 당연한 일로 볼 수 있다. 왜냐하면 쇼군이 건강하지 못해 후사가 없는 상황에서 관례상 막정에 관여해서는 안 되는 집단인 신판 다이묘와 도자마 다이묘가 막정에, 그것도 쇼군 후사라는 문제에 조정까지 동원하면서 적극적으로 개입하고 있었기 때문이다. 이이 나오스케는 현안인 '개국'과 '쇼군 후사' 문제를 일사천리로 진행하였다. 우선 이이는 5월에 쇼군으로 하여금 자신의 의지가 '요시토미'에 있음을 공포하게 했고, 6월에 공포하였다. 또한 같은 달에 에도 만에 정박 중이던 미국 군함에 전권위원을 파견해 일미수호통상조약을 체결하였고, 로주 홋타 마사요시와 마쓰다이라 다다카타(松平忠固)를 파면하였다.

이제 남은 것은 조정에 조약 조인을 설명하고 히토쓰바시파를 처단하는 것이었다. 7월 마쓰다이라 요시나가, 도쿠가와 나리아키, 도쿠가와 요시노부 등 히토쓰바시파에 가담한 신판 다이묘들을 은거, 근신, 등성 금지에 처하는 대숙청작업이 진행되었고, 그 이듬해에 이에사다도 사망했다. 막부의 다음 과제는 조정에 대한 조약 조인의 보고였다. 보고를 받은 조정은 고산케(御三家) 당주나 다이로 중 한 사람을 교토에 보내라고 요구했다. 개국 칙허 정국에서 천황은 물론 조정의 신하들까지 정치화되면서 자신들의 정치적 능력을 과신하고 있었던 것이다.

조정은 막부에 조칙을 내리면서 조약 조인을 비난했고, 대숙청에 대해 의문을 제기하면서 한 가지 꼼수를 부렸다. 바로 '보고의 밀칙(戊午の密勅)' 사건이었다. 조정의 조칙에는 막부를 비난했다는 내용상의 문제도 있었지만, 그보다는 막부 관리에게 조칙을 전달하기 이전에 미토 번(水戶藩) 번사에게 먼저 조칙을 전달했다는 방식상의 문제가 있었던 것이다. 게다가 그 밀칙에는 다른 번주들에게도 전달해 달라는 별지가 첨부되어 있었다. 또한 조정의 최고 공가들은 자신들과 인연이 깊은 오와리(尾張), 에치젠(越前), 가가(加賀), 사쓰마(薩摩), 히고(備後), 지쿠젠(筑前), 조슈(長州), 히젠(備前), 쓰(津), 아와(阿波), 도사(土佐) 등 11개 다이묘들에게도 밀칙 내용을 알리면서 이제 밀칙의 존재와 내용은 일본 전역에 두루 알려지게 되었다. 밀칙도 밀칙이거니와 막부로서는 당장에 해결해야 할 문제가 있었으니, 그것은 14대 쇼군에 대한 천황의 추인이었다. 막부는 다양한 방법으로 공가들에게 압박을 가하면서 결국 10월에 추인을 이끌어 냈고, 이를 계기로 쇼군은 '요시토미'에서 '이에모치(家茂)'로 개명하였다. 이제 또 하나 남은 과제는 조약 조인에 대한 조정의 양해를 이끌어 내는 것이었다. 이번에도 조약 체결에 반대하는 조정에 압력을 가해 가까운 시일 내에 쇄국으로의 복귀를 전제로 조약 조인의 양해를 받아 냈다.

쇼군 계사 문제가 발생했고, 다양한 집단으로부터 조약 체결에 대한 반대에 직면하였으며, 더군다나 생각지도 않았던 '보고의 밀칙' 사건까지 겪게 된 이이 막부로서는 더 이상 물러설 수 없었다. 이이 나오스케는 이 모든 사건을 통치질서 문란행위로 간주하고는 대대적인 반격을 개시하였다. 소위 '안세이 대옥(安政の大獄)'이라는 지금까지 막정에서 볼 수 없었던 강력한 대숙청 작업이 전개되었다. 우선 조정에서는 막부의 뜻을 받들어 천황의 명의로 총 12명의

조정 신하들에 대해 강력한 처분이 내려졌다. 막부 역시 총 69명에 대해 처벌을 내렸는데, 이 중 밀칙 교부에 관련되거나 막부의 처분에 강력하게 반발한 8명은 사형에 처해졌다. 이때 요시다 쇼인이 처형되었다. 도쿠가와 나리아키는 영구 칩거, 요시노부는 은거·근신 처분을 다시 받았고, 도사 번의 야마우치 도요시게도 은거·근신 처분을 받았다. 한편 개국 정국에서 서양 제국과의 외교교섭에 탁월한 능력을 보였던 막부 관료인 가와지 도시아키라, 이와세 다다나리, 나가이 나오유키 모두 이때 은거·근신 처분을 받거나 파면되었다. 이로써 페리 내항 이후 현안이었던 통상조약의 체결과 쇼군 후사의 선정이라는, 막부 체제 존립과 관련된 문제가 해결되었다. 그리고 막부의 결정에 반하는 조정과 막부의 최고위직들이 천황과 쇼군의 이름으로 처분을 받았다.

이제 이이 나오스케가 가진 권력은 막번 체제가 만들어진 이후 최강의 것이라 해도 지나친 이야기가 아니었다. 대숙청이 있은 지 채 1년도 지나지 않은 1860년 3월 3일, 절대권력자인 이이 나오스케가 암살을 당했다. 그것도 백주 대낮에 에도 성으로 들어갈 수 있는 공식적인 문인 사쿠라다문(櫻田門) 앞에서. 암살자들은 주로 존왕양이를 신봉하는 미토 번의 과격파 번사들로, 주군인 도쿠가와 나리아키와 요시노부를 비롯해 자신들의 동료가 받은 처분에 대한 반발이 사건의 핵심이었다. 개국에 반대하는 천황의 의사를 무시한 것은 '존왕'에, 이를 무시하고 개국을 한 것은 '양이'에 위배된다는 것이 그들 거사의 명분이었다. 한 사람의 암살이 향후 정국에 엄청난 영향을 준 경우는 막번 체제에서 매우 드문 사건이었다.

이제 천황은 막부 권력에 공백이 생기자 과거 막부가 약속했던 '조속한 시일 내 쇄국을 실시하겠다'는 사실을 들이대면서 막부를 곤경으로 몰아넣었고, '웅번'을 자처하는 지방 번주들은 이에 동조하면서 조정과 손잡고 막부를 흔들기 시작했다. 그뿐만 아니라 암살을 주도했던 번사나 탈번 낭인들은 이제 '지사'를 자처하면서 교토로 몰려와, 막부 및 조정 요인은 물론 외국인들까지 마구잡이로 암살하면서 정국을 통제불능 상태로 몰고 갔다.

나가사키 해군전습소(II)

일본이 '개국이냐 양이냐', '요시토미냐 요시노부냐'를 두고 미증유의 혼돈 속에 빠져 있던 1850년대 후반, 일본 최남단 나가사키에서는 예정된 일들이 순조롭게 진행되고 있었다. 어찌 보면 이 시기를 일본 역사상 대혼돈의 시기라 생각할 수 있지만, 막부의 대외정책 기조가 흔들렸던 것은 결코 아니었다. 명분론에 치우쳐 양이를 하겠다며 외국과의 전쟁도 불사하겠다는 과격세력과는 달리, 막부는 나라를 파국으로 몰아넣지 않으면서 가급적 개국을 늦춰 외세에 대처할 수 있는 시간을 벌려고 노력했다. 막부는 반사로(反射爐)를 만들어 대포를 주조했고 이를 바탕으로 해안포대를 설치했으며, 총으로 무장한 서양식 육군을 육성하려 했다. 또한 해방을 위해 대선건조금지령을 폐지하면서 막부와 번에서는 군함을 건조하기 시작했다. 게다가 이 시기에는 양학소, 이를 이은 반쇼시라베쇼(蕃書調所)를 만들어 네덜란드어뿐만 아니라 영어, 프랑스어, 러시아어로 된 서적을 번역했고, 이를 수행할 요원들을 배출하기 위한 교육도 실시했다.

이러한 개혁 시도 대부분은 나가사키로부터 수입된 각종 서적을 바탕으로 일본인 스스로 서구의 문물과 제도를 구현해 보자는 것이었다. 하지만 이와는 반대로 외국인에 의한 개혁도 실시되고 있었는데, 그 하나가 바로 나가사키에 설립한 해군전습소였다. 자체적으로 만든 증기선은 실제 군함으로 쓰기에는 한계가 있었고, 당시는 어제의 최신식 군함이 내일이면 구식이 되어 버리는 해군혁명의 시기였다. 결국 해방의 기반이 되는 해군만은 외국으로부터 군함을 직접 수입하고, 이를 운용할 해군은 해외로부터 교수단을 직접 초빙해 훈련시킴으로써 해결하려 했던 것이다.

막부가 네덜란드 해군 전습을 1회에 그치지 않고 1년째를 맞은 1856년에 2기생을 선발한 것으로 미루어, 나가사키에서의 해군 전습 성과와 의의를 높게 평가했던 것으로 볼 수 있다. 이 밖에도 막부가 네덜란드에 주문해 다음 해 도입될 예정이었던 군함은 지난해에 기증받은 외륜식 증기선이 아니라 스크루식 증기선이었기에, 새로운 함선에 새로운 교육이 필요하다고 판단했던 것이다. 1857년 3월 1기생이 졸업한 이후, 2기생에 대해 펠스 레이컨 대위 이하 교수단의 교육이 계속되었다. 그해 8월 카텐데이커 중좌를 단장으로 하는 새로운 교관단이 막부가 주문했던 군함 야판[Japan: 간린마루(咸臨丸)로 개명]호와 함께 나가사키로 입항했다. 제1차 전습생의 교육은 항해술, 선구 운용, 전술 등 주로 실전 위주였다면, 제2차 전습에서는 젊은 생도들을 위한 기초학문 교육을 강화하면서 서구의 해군사관학교 교육내용과 교육방법에 보다 더 가깝게 되었다. 또한 1차에 비해 기관학 교육이 강화되었는데, 이는 범선시대가 저물고 군함에서 증기기관 운용의 중요성이 점차 증대되고 있었기 때문이다.

한편 카텐데이커는 일본인이 승마술, 활판인쇄술, 양모 처리법 등을 배우고 싶어 한다는 이야기를 듣고, 이를 가르칠 수 있는 요원들을 자신의 교관단에 포함시켰다. 이외에 교관단 일행 중 하르데스(H. Hardes)의 나가사키 제철소 계획과 폼페(J. L. C. Pompe van Meerdervoorf)의 나가사키 양성소 계획은 비교적 장기간 프로젝트였는데, 해군전습소가 폐쇄되고도 계속 진행되면서 향후 일본-네덜란드 양국 관계가 오랫동안 지속되는 데 기여하였다. 전자는 기관수리 공장으로서 나중에 미쓰비시 나가사키 조선소의 전신이 되었으며, 후자는 군의관 양성기관으로서 메이지 시대 육해군 군의관 양성에 크게 기여한 의학교인 세이토쿠칸(精得館)의 전신이었다.

카텐데이커는 네덜란드를 떠나 2년 2개월간 일본에 머물면서 자신이 보고 들은 일본의 정세와 문화 그리고 전습소의 일상을 한 권의 책으로 묶어 펴냈는데, 『나가사키 해군전습소의 나날들(Uittreksel uit het dagboek van W. J. C. Ridder H. v. Kattendyke gedurende zijm verblijf in Japan in 1857m 1858m 1859)』이 그것이다. 카텐데이커는 사관들의 실습을 위해 간린마루를 타고 규슈 근해를 모두 5번 항해했다. 주로 1857년 말부터 이듬해 초까지 실시되었다. 이 중 두 번째 순항은 1858년 3월 8일부터 13일간 진행되었는데, 규슈를 일주하면서 사쓰마 번에 들러 당시 번주였던 시마즈 나리아키라를 만나기도 했다. 주로 해안 방어에 대해 이야기를 나누었는데, 에도에서는 쇼군 계사와 일미수호통상조약 조인으로 정국이 한창 복잡한 시기였다. 하지만 시마즈 나리아키라는 이로부터 4개월 후에 급사하고 말았다. 카텐데이커의 책 제11장 '사쓰마 번주를 만나다'에는 다음과 같은 구절이 있다.

그날 밤 일본인 사관들은 당직자를 제외하고는 모두 상륙하였다. 나는 감기가 심해 선내에 남아 있었다. 가쓰 씨(가쓰 가이슈)는 나 때문에 예상처럼 상륙하지 않았다. 나는 그럴 필요 없다고 거절했지만, 결국 아무 소용이 없었다. 그것은 일본의 관습, 다시 말해 그가 지키지 않으면 안 되는 예의였던 것이다. 우리 두 사람은 거기서 우리들 배 옆에 묶여 있는 작은 외륜 증기선을 보러 갔다. 사람 키 2배 정도 길이의 목조 기선인데, 구리로 마감되어 있었다. 그 배에는 1851년 일본, 즉 에도에서 만든 증기기관이 설치되어 있었는데, 그 기관은 휘르담 교수의 저서에 실려 있는 도면만을 의존해 만든 것이었다. 어쨌든 처음 시도한 것이라 아주 불완전한 것이었다. 실린더 길이로 보니 그 증기기관은 약 12마력 정도이지만, 콘덴서에 누출이 있고 그 외 여기저기 결점이 있어 실제로는 겨우 2, 3마력밖에 나오지 않았다. 그 이후 일본인은 더 좋은 것을 만든 것으로 알고 있다.

이 책에는 가쓰 가이슈가 자주 등장한다. 3기생의 전습이 끝날 때까지 가쓰는 계속 전습소에 남아 있었고, 나이로나 신분으로나 다른 전습생과는 격이 달랐다. 또한 가쓰는 당시 일본 정국에 대해 그리고 세계정세에 대해 탁월한 식견을 지니고 있었기에 카텐데이커에게 깊은 인상을 남겼던 것으로 볼 수 있다. 항해에서 가쓰는 함장 역할을 했으며, 나리아키라와도 개인면담을 한 것으로 알려져 있다. 당시 항해 도중 가쓰가 사쓰마 번에 들른 것은 막부로서는 불편한 인물이었던 나리아키라를 정탐하려는 의도가 있었지 않았나, 그리고 나리아키라와의 면담에서 그의 뛰어난 정치적 안목에 큰 감동을 받은 것이 향후 자신의 정치적 활동에 영향을 끼쳤던 것이 아닌가 주장하는 이도 있다. 하지만 그것은 어디까지나 상상에 불과하다. 이 항해 당시 에노모토는 기관직 사관 후보였지만 아직 어린 나이라 정치현장에 끼어들 계제가 아니었다. 하지만 해군전습소에서 그의 학업 수행은 발군이었던지, 카텐데이커의 책에 특별히 에노모토에 대한 언급이 있다.

나는 이번 항해에서 어떻든 일본인이 항해술에 숙달되어 가고 있다는 것을 알고 놀랐다. 유럽에서는 왕족이라 할지라도 해군사관이 되면 함상생활의 부자유를 인내해 내는 것이 결코 진기한 것이 아닌데, 일본인, 예를 들어 에노모토 가마지로와 같이 그 선조가 에도에서 중요한 역할을 한 가문 출신이 2년 만에 일개 화부, 단연공, 기관부원으로 근무하고 있다는 것은 그의 뛰어난 성품과 절대적인 노력을 말해 주는 증거임에 틀림없다. 이는 무엇보다도 이 순수하고 쾌활한 청년을 한번만 본다면 바로 알아볼 수 있다. 그가 기획력이 뛰어난 인물이라는 사실은, 그가 북위 59도 지점까지 북쪽으로 여행을 했다는 점으로 입증된다.

이처럼 에노모토의 인품과 능력이 점차 주변 동료들에게 각인되기 시작했다. 일설에 의하면, 1858년 졸업과 동시에 해군조련소 교수로 임용되었지만 가쓰와 마찬가지로 3기생 훈련을 맡아 나가사키에 계속 남아 있었다고 한다. 하지만 2기생 졸업과 함께 에도로 귀환한 보쇼마루(鵬翔丸)에 승선했고, 이 배로 귀환한 사관들과 함께 해군조련소 교수가 된 것으로 보는 것이 타당할 것 같다. 왜냐하면 이미 나가사키 해군전습소의 폐쇄는 막부로서는 기정사실이라 한번 귀환한 교수를 다시 나가사키로 보낸다는 것은 이해할 수 없으며, 또한 이후 나가사키 해군전습소의 항해기록에 에노모토의 이름이 나오지 않기 때문이다. 여하튼 에노모토는 처음으로 막신이 되었다.

2기생이 떠난 이후 1858년 10월, 막부가 네덜란드에 간린마루와 함께 주문했던 쌍둥이 함 에도호[조요마루(朝陽丸)로 개칭] 그리고 사가 번이 독자적으로 네덜란드에 주문한 나가사키호[덴류마루(電流丸)로 개칭]가 나가사키에 입항했다. 1859년 1월에는 연습함으로 사용하던 간린마루가 1기생 야타보리 함장의 지휘하에 에도로 떠났고, 2월에는 가쓰 함장의 지휘를 받으면서 조요마루가 에도로 떠났다. 이제 나가사키 해군전습소는 파장 분위기였다. 결국 그해 4월 막부 전습생 전원이 전습소를 떠났고, 8월에는 사가 번 전습생이 마지막으로 떠남으로써 5년간 이어져 왔던 나가사키 해군전습소는 문을 닫았다. 카텐데이커가 간직한 가쓰에 대한 인상은 남달랐다. 카텐데이커는 가쓰를 떠나보내면서 다음과 같이 기록했다.

나는 기선 나가사키호를 타고 함장 가쓰 린타로를 전송했는데, 이 존경할 수밖에 없는 일본인과는 두 번 다시 만날 수 없을 것이다. 나는 이 친구를 그냥 성실하고 경애할 만한 인물로 보는 것이 아니라 실로 진정한 혁신과 투사로 생각하고 있다. 한마디로 말하면 나는 그를 여러 가지 점에서 존경하고 있다. 그가 탄 배와 헤어져 귀로에 오르자 그는 나에게 7발의 예포를 쏘아 주었다.

카텐데이커는 막말 그리고 메이지 초기에 정부 요로에서 맹활약하는 가쓰가이슈의 면모를 일찍부터 발견할 수 있었던 것이다. 해군전습소에 관여한 교관, 전습생, 막부 관리 등 이 모든 개개인에게 나가사키 해군전습소에서의 경험은 특별한 것이었다. 그뿐만 아니라 나가사키 해군전습소의 설립은 막부가 페리의 내항이라는 절체절명의 위기를 맞아 스스로 나라를 지켜야겠다는 판단하에 이루어진 다양한 개혁조치 중 하나였지만, 일본의 근대화라는 측면에서 보아도 정말 특별한 것이었다. 막부의 재정 지원하에 멀리 네덜란드로부터 수십 명의 교관단을 유치하여 막부 신하뿐만 아니라 요청하는 모든 번의 번사 (북으로 하코다테부터 남으로는 가고시마까지)에 이르기까지 수백 명의 전습생을 양성할 수 있었던 것은 당시로서는 기적에 가까운 일이었다. 어쩌면 예상치 못한 부작용을 낳을 수도 있는 이러한 대규모의 문화접촉을 막부가 수용할 수밖에 없었던 것은, 국방의 책임자로서 막부에게 해군력 배양이 얼마나 절실했는가를 여실히 보여 주는 대목이다.

한편 네덜란드가 최정예 교관단을 일본에 파견했다는 사실도 유념해야 할 것이다. 제1차 전습 교관단 단장이었던 레이컨은 귀국 후 해군대신이 되었고, 제2차 전습 교관단 단장 카텐데이커 역시 해군대신과 외무대신을 맡았을 정도로 자국에서 총망받던 해군장교들이었다. 군의관으로 부임한 폼페 역시 뛰어난 의사이자 화학자였는데, 이들은 계속해서 네덜란드 친일파로서 일본의 근대화에 일조하였다. 따라서 이들이 제공한 학문은 주자학 일색의 교육과는 근본적으로 다른, 당시 최고 수준의 과학을 일본 젊은이들에게 직접 전해 준 것이었다. 이는 마치 대규모 해외유학단을 현지에 보낸 것과 같은 효과를 거둘 수 있었다. 이곳 해군전습소에서 서양의 합리적·조직적 훈련을 받은 젊은이들은 이를 계기로 서로 끈끈한 동지애를 구축했고, 이들의 연대의식은 개인으로나 집단으로나 막말과 메이지 기를 헤쳐 나가는 큰 원동력이 되었다. 해군전습소 출신자들은 일본 해군 건설에만 기여한 것이 아니다. 그들이 받은 다양하면서도 실용적인 사관생도 교육은 이후 일본의 철도, 조선, 중화학공업, 천문·기상 분야, 수로국, 수학 및 과학 교육, 선원 양성 등에서 크게 이바지하였다. 에노모토의 경우 여기서 맺은 동료들 간의 끈끈한 인연은 향후 그의 인생 여정에서 큰 도움이 되었고, 자신의 교관이었던 카텐데이커와 폼페와의 교류도 계속해서 이어 나갔다.

간린마루

앞서 언급했듯이 1858년 7월 일본과 미국 사이에 수호통상조약이 조인되었다. 이 조약에서 미국 공사 해리스의 상대역으로 미국 군함 포해튼호에 승선했던 일본 측 전권위원은 당시 해안방어 담당관(海方掛)이었던 이노우에 기요나오(井上清直)와 이와세 다다나리(岩瀬忠震) 두 사람이었다. 조약 체결 이후 막부는 해방괘(海方掛)를 폐지하고 대신에 외교문제 전담기구인 외국부교(外国奉行)를 설치했고, 그 자리에 처음으로 5명의 외교 전문가를 임명하였다. 이와세 다다나리, 이노우에 기요나오, 나가이 나오유키, 미즈노 다다노리, 호리 도시히로가 그들이다. 수호통상조약은 14조로 되어 있었는데, 외교 대표의 에도 주재, 가나가와·나가사키·니가타·고베의 개항 및 에도 및 오사카의 개시,

자유무역(아편 수입은 금지), 영사재판권, 개항장 밖 40km부터 통행 제한, 거류지 설정, 협정관세제 등으로 이루어져 있다. 중국의 톈진 조약에 비하면 가혹한 것은 아니었지만 불평등조약인 것만은 분명했다.

이 협상에서 이와세 다다나리가 강력히 주장하면서 조약 비준을 위해 일본 정부의 사절이 워싱턴을 방문한다는 조항이 마지막 14조에 명기되었다. 조약 직후 막부는 비준서 교환을 위한 견미사절단을 구상하였는데, 정사는 미즈노 다다노리 그리고 부사에 나가이 나오유키였다. 이들은 사절단 승선용으로 미국에서 파견될 함선 이외에 막부에서 별도로 증기선 1척을 파견할 것을 막부에 건의하였다. 사실 통상조약을 즈음해서 막부는 증기선 4척, 양식 범선 10척 이상을 보유하고 있었기에 이들의 활용도 고민거리의 하나였다. 이에 막부 관료뿐만 아니라 일부 다이묘들도 수동적으로 외국의 통상요구를 받아들이기만 해서는 안 되며, 보유 상선을 이용해 중국 및 조선과도 대등한 방식으로 교역을 시도해야 한다고 주장하였다. 따라서 견미사절단에 일본이 보유한 증기선을 파견해야 한다는 주장도, 이러한 주장의 연장선상에 있었다고 볼 수 있다.

그 이듬해인 1589년, 견미사절단의 정사와 부사는 새롭게 외국부교가 된 신미 마사오키(新見正興)와 무라가키 노리마사(村垣範正)로 바뀌었다. 이는 안세이 대옥 때 아베 마사히로에 의해 발탁된 외교관들이 일거에 제거되면서, 가와지 도시아키라, 이와세 다다나리, 나가이 나오유키 등이 칩거 및 근신 처분을 받았기 때문이다. 최초로 외국부교에 선정된 바 있고 당시 외교가의 실세였던 미즈노 다다노리는, 미국으로 갈 막부의 별선 파견을 다시 거론하면서 승조원 인선을 재촉했다. 이에 막부는 신임 군함부교(軍艦奉行)였던 이노우에 기요나오에게 인선을 명령했고, 당시 군함부교대우(軍艦奉行並)였던 기무라 가이슈

(木村芥舟)를 사령관으로, 가쓰 가이슈를 함장으로 선임했다. 일부 책에서는 가쓰가 간린마루의 파견을 막부에 요구했다고 소개하고 있지만, 이는 사실이 아니다. 이후 막부와의 조정을 거쳐 총 96명의 별선 승조원을 선발했는데, 사관들은 대부분 해군전습소 참가 경력이 있는 군함조련소의 교수들이었다.

기무라 가이슈는 1857년 메쓰케로 나가사키 표어용취제(表御用取締)에 임명되면서 나가사키 부교의 직무를 감찰하는 임무를 맡았다. 이후 초대 나가사키 해군전습소 총독 나가이 나오유키의 후임이 되면서 해군업무와 처음으로 인연을 맺게 되었다. 미국을 다녀온 이후 기무라는 막부의 해군 창설과 발전에 일익을 담당하면서 맹활약을 펼쳤는데, 그 결과 막부 해군의 중추로 성장하는 에노모토와는 여러 모로 인연을 맺게 되었다. 또한 일본 근대화의 핵심적 인물로 현재 일본 최고액 화폐의 모델인 후쿠자와 유키치는 이때 기무라의 시종으로서, 그리고 미국 사정에 정통한 존 만지로가 통역으로 참여하였다. 후쿠자와 유키치는 견미사절단에 참가하게 된 것이 평소 알고 지내던 난학자 가쓰라가와 호슈(桂川甫周)의 소개로 가능했다고 자신의 자서전에 밝히고 있는데, 기무라와 가쓰라가와는 아주 가까운 친척 사이였다.

미국과의 통상조약 체결에 힘썼던 최초 5명의 외국부교들은 이런저런 사정으로 한 명도 견미사절단에 오르지 못했고, 그중 이와세 다다나리는 칩거 중이던 1861년에 세상을 떠났다. 하지만 이노우에 기요나오, 미즈노 다다노리, 나가이 나오유키는 이이 나오스케가 죽은 후 다시 막부에 중용되었다. 한편 에노모토를 시종으로 데리고 1854년 에조치·가라후토 조사단을 인솔했던 호리 도시히로 역시 최초 외국부교로 선임되었는데, 외국 대사들과의 교섭이 주 임무였다. 그는 1860년 독일연방 성립 이후의 조약문제와 관련해 프로이센 및 오스트리아와 비밀교섭을 했다는 사실이 알려지면서 이에 책임을 지고 자결하였다.

미국 함선 포해튼호를 탄 사절단은 2월 13일 요코하마를 출발해 하와이를 거쳐 3월 28일에 샌프란시스코에 도착했다. 그 후 일행은 파나마 지협을 통과해 5월 15일 워싱턴에 도착했으며, 일주일 후인 5월 22일에 비준서를 교환하였다. 6월 8일 워싱턴을 출발해 볼티모어, 필라델피아를 거쳐 6월 29일에 뉴욕을 떠났고, 대서양을 횡단해 8월 27일 희망봉을 지나 인도양에 진입하였다. 그 후 바타비아, 홍콩을 거쳐 11월 9일 시나가와(品川) 앞바다에 도착해서는 다음 날인 11월 10일 하선하였다. 한편 기무라는 일본인 승조원으로 태평양을 건너는 것은 불안하다고 판단하였다. 그는 반대하는 일본인 승조원을 설득한 후 난파되어 요코하마에 정박 중이던 미국 군함의 함장 해군대위 브룩(J. H. Brooke)과 그 부하들을 간린마루에 승선시켰다. 간린마루는 2월 10일 포해튼호보다 일찍 출발했다. 기무라의 예상대로 태풍 앞에 일본인 승조원들은 아무런 역할을 하지 못했고, 미국인 승조원에 의해 간신히 3월 18일 샌프란시스코에 도착할 수 있었다. 후쿠자와 유키치의 자서전 중에 이러한 기록이 있다.

남의 힘을 조금도 빌리지 않고 출항을 결심한 그 용기와 기량, 이것만큼은 일본의 명예로 전 세계에 자랑할 만하다고 생각한다. 앞서 언급한 바와 같이, 항해 중에는 외국인 캡틴 브룩의 도움을 빌리지 않겠다며 측량도 일반인 스스로 했다. 미국인 역시 자기들끼리 측량을 했으므로 서로 측량한 것을 나중에 비교해 보는 정도였지, 미국인의 도움을 받겠다는 생각은 추호도 없었다. 그 점만큼은 크게 자랑해도 좋으리라고 생각한다.

후쿠자와 유키치의 이야기가 전설처럼 전해진 것인지 어떤지 알 수 없으나, 간린마루의 태평양 횡단은 최근까지 일본인 승조원 자력으로 이루어진 것으로 알려져 왔다. 하지만 당시 항해 실태는 후쿠자와의 진술과는 전혀 달랐는데, 이는 간린마루에 승선했던 미 해군대위 브룩의 유언에 따라 1960년까지 그의 일기가 공개되지 않았기 때문이다. 간린마루의 임무는 끝났지만 항해 도중 파손된 배를 수리해야 했기에 샌프란시스코에 머물렀다. 이 기간 동안 승조원들은 현지인들과 다양하게 교류하면서 얻은 각자의 개인적 경험을 토대로 서구문명에 대한 나름의 편린들을 갖고 귀국하였다. 후쿠자와는 사진관에 들러 미국 소녀와 함께 사진을 찍기도 했고, 존 만지로와 함께 영중사전을 구입해 이를 바탕으로 나중에 영일사전을 만들 수 있었다. 당시 일본인들이 처음 만난 서구의 문명와 문화, 그리고 관습 등에 놀라 당황하는 모습은 충분히 상상할 수 있다. 하지만 이렇게 계속된 서양과의 접촉이 점차 일본을 바꾸어 놓기 시작하였다.

나중에 이야기하겠지만 가쓰 가이슈에 대한 후쿠자와 유키치의 혐오는 자신이 죽는 순간까지 이어졌다. 막신이었다가 메이지 정부에 봉사했던 자는 가쓰 가이슈 한 사람뿐이 아니었다. 하지만 후쿠자와는 말년에 '두 임금을 섬겼다'는 이유로 가쓰 가이슈와 에노모토를 극도로 비난하였다. 사실 자신에게 미국 구경이라는 천금의 기회를 안겨 준 간린마루 사령관(제독) 기무라 가이슈는, 막부가 멸망한 후 신정부가 그의 출사를 계속 권유했지만 결코 신정부에 봉사하지 않고 은거하였다. 하지만 간린마루 함장이었던 가쓰는 신정부에 출사하여 백작 작위를 받고 추밀원 고문에 오르는 등 승승장구하였다. 이에 대한 불만이 가쓰에 대한 극도의 혐오로 표출된 것이며, 그 불똥이 에노모토에게도 튀었던 것이다. 가쓰에 대한 이러한 혐오는, 어쩌면 간린마루의 태평양 횡단 시 가쓰가 보여 준 태도에 실망한 데서 비롯된 것이 아닌가 추측해 볼 수 있다. 후쿠자와의 자서전에는 다음과 같이 쓰여 있다.

가쓰 린타로라는 사람은 기무라 함장의 바로 아래 지휘관이었는데, 배에는 아주 약한지라 항해 중에는 거의 환자나 다름없어서 자기 방 밖으로 나오지도 못했다. 하지만 항구에 도착한 뒤에는 지휘관으로서 모든 일을 지시했는데, 축포 문제가 발생하자 "그건 도저히 안 된다. 어설프게 응포하려다가 실수하기보다는 이쪽은 쏘지 않는 게 좋겠다."는 의견을 냈다. 그러자 조타수인 사사쿠라 기리타로(佐々倉棟太郎)가 "아니, 쏘지 못할 것도 없지. 내가 쏴 볼게." 하며 나섰다. 그러자 "헛소리하지 마. 너희들이 해낸다면 내 목숨을 내 놓지."라고 사사쿠라를 조롱하니, 그는 더욱 물러서지 않았다. 무슨 일이 있어도 응포하겠다며, 수부들에게 지시하여 대포를 청소하고 화약을 준비한 뒤 모래시계로 시간을 측정하여 멋지게 응포하였다. 그러자 이번에는 사사쿠라가 큰소리를 쳤다. "무사히 성공했으니, 이제 가쓰의 목숨은 내 거야. 하지만 항해 중에 여러 모로 필요하니, 그 목숨은 당분간 본인에게 맡겨 두지." 하며 배 안의 사람들을 크게 웃긴 적이 있다. 하여간에 축포만큼은 훌륭하게 발사했다.

막부 사절단과 간린마루 승조원들은 미국 측에서 안내하는 병원, 신문사, 조폐창, 제철소, 조선소, 각종 해군시설 등 많은 곳을 방문하였다. 이외 그들의 활동 중에서 돋보이는 것이 있었으니 그것은 바로 서적 구입이었다. 사절단 일행은 미국 정부와 관계기관으로부터 적지 않은 책을 기증받기도 했고, 자체 판단에 따라 통사들을 동원해 막부의 각 관청에 필요한 서적을 대량 구입하였다. 이들이 구입한 서적은 영어, 지리서, 무역과 항해 관련 서적에 집중되어 있었다. 귀국 시 간린마루에는 브룩 대위는 없었지만 일본 출국 때 함께 했던 수부들이 다시 고용되어 항해에 나섰다. 간린마루는 샌프란시스코에서 10여 일 머문 뒤 3월 31일 출발했고, 귀로에 하와이에 들렀다가 5월 17일 우라가로 귀환하였다. 사절단보다는 훨씬 일찍 귀환했지만, 떠날 당시 절대권력을 휘두르던 이이 나오스케는 이미 사라진 지 오래되었다. 이제 양이와 개국을 둘러싼 일본의 정국은 더욱더 혼돈의 안개 속으로 빨려 들어가고 있었다.

제6장

1866 가이요마루와 함께

1860년 3월 이이 나오스케의 암살 이후 1869년 5월 하코다테 전쟁을 마지막으로 막말의 대혼란기가 종식될 때까지 정확히 10년 동안 일본이 과연 이 사태를 수습할 수 있을지, 설령 수습한다고 하더라도 어떤 모습의 국가가 되어 있을지는 아무도 예측할 수 없었다. 흔히 개국과 양이, 좌막과 토막의 이분법적 틀로 이 시기를 쉽게 설명하기도 하는데, 어쩌면 이 복잡한 시대상황을 이 같은 이분법적 프레임이 아니면 윤곽마저 붙잡을 수 없는 데 따른 궁여지책일 수도 있다. 실제로 X축의 양극단에 개국과 양이를, Y축의 양극단에 좌막과 토막을 놓고 10년간 이 혼란기에 참여했던 인간들의 정치적 좌표를 이차원 공간에 펼쳐 놓는다면, 복잡한 분포 속에서 몇몇 집단으로 그루핑이 가능할 것이다. 그리고 이 혼돈기에 참여한 자들 역시 자신들이 바꾸어 놓은 매 순간의 정치적 상황에 따라 스스로 변신을 꾀하면서 적응해 나갔기에, 어제 그루핑 된 집단은 언제나 오늘의 새로운 상황을 맞이해 해체되면서 재그루핑 될 수밖에 없었다.

하지만 이러한 혼돈 속에서도 분명한 사실은 막번 체제라는 철옹성 같은 정치질서 속에서 그것에 순응하거나 숨죽이고 살아온 개인이나 집단이, 이러한 혼돈을 빌미로 자신들의 목소리를 내기 시작했다는 사실이다. 웅번의 다이묘들은 이 시기 자신의 군사적·경제적 기반을 배경으로 '유지 다이묘(有志大名)'라는 이름으로 그 이전과는 달리 막정에 적극적으로 관여하기 시작했으며, 어쩌면 테러리스트에 불과했던 하급무사마저도 '지사(志士)'라는 이름으로 이 대혼란에 참여하였다.

개국·양이 그리고 좌막·토막

이 시기를 대변하는 극적인 사건은 바로 메이지 유신이다. 일본 역사 중에서도 비교적 평온을 유지하고 나름의 독특한 경제, 문화, 사회를 이룩하면서 260여 년을 이어 온 강력한 정치체제가 일순간에 붕괴된 사건이다. 정치적 색채를 가감하지 않고 메이지 유신을 간략하게 정의해 보면, "도쿠가와 막부와 그 사회체제의 전복을 노리고 천황 친정을 기도하면서 그것들을 실현한 조슈, 사쓰마에 의한 일련의 정치·군사 활동"이라 할 수 있다. 하지만 이러한 설명과는 달리 이 시기를 설명하는 대부분의 일본 역사책 내용은, 이 혼돈에서 살아남아 정권을 장악한 사쓰마·조슈 번의 입장을 대변하는 소위 삿초사관(薩長史觀)에 입각한 것들이다.

좀 더 자세히 살펴보면 공무합체운동(公武合体運動), 이케다야(寺田屋) 사건, 나마무기(生麦) 사건, 존왕양이 운동, 교토수호직(京都守護職), 신센구미, 8·18 정변, 금문의 변(禁門の変), 시모노세키(下関) 전쟁, 사쓰에이(薩英) 전쟁, 제1차 조슈 정벌, 제2차 조슈 정벌, 삿초동맹, 대정봉환, 왕정복고, 보신 전쟁 등으로 이어지는 에도(막부)가 아닌 교토(조정 및 천황) 중심의 역사 전개로 일관하고 있다. 즉, '사쓰마와 조슈의 하급무사들을 중심으로 한 존왕양이파 지사들이 막부와 좌막파 세력의 탄압에 굴하지 않고 최종 전투인 보신 전쟁에서 승리함으로써 토막을 달성할 수 있었다. 그 결과 폐습으로 일관하던 봉건적 도쿠가와 막부를 타도하고 근대 일본의 개막을 알리는 군사적 혁명을 성취함으로써 근대 제국주의 체제의 일원이 될 수 있었고, 오늘날의 번영도 이룩할 수 있었다.'라는 논리이다. 좀 더 노골적으로 말하자면 메이지 유신이 있었기에 구미 열강에 의한 식민지화를 막을 수 있었고, 메이지 유신이 있었기에 일본의 근대화는 물론 지금의 번영도 가능했다는 논리이다.

그 후 지금까지도 소위 유신 3걸이라는 기도 다카요시, 사이고 다카모리, 오쿠보 도시미치를 비롯해 조슈, 사쓰마, 사가, 도사 출신의 여러 인물들이 유신의 공로자로 거론되면서, NHK 대하드라마의 주인공으로서 그리고 일본의 사표로서 현직 정치인들은 말할 것도 없고 전 국민적인 추앙을 받고 있다. 메이지 유신 150주년을 맞아 기획된 2018년 NHK 대하드라마는 사이고 다카모리를 주인공으로 하는 '세고돈(西郷どん)'이다. 메이지 유신에 대한 일본인, 일본 정부의 태도와 입장을 가감 없이 보여 주는 대목이다.

그렇다면 이 시기 막부는 그저 두 손 놓고 있다가 조슈와 사쓰마가 기획한 정치적 소용돌이에 휩쓸리면서 패배하고 만 것인지, 또한 이 같은 공교육을 받은 지금의 일본인 모두가 이러한 역사인식에 동의하고 있는지 궁금해진다. 왜냐하면 메이지 유신을 계기로 근대 제국국가가 된 일본의 이후 행보는 세계사는 물론 바로 우리의 근대 그리고 그 운명과도 직결되었기 때문이다. 결론적으로 말하자면 이 시기 막부는 결코 손 놓고 있지 않았다. 오히려 적극적으로 화급한 대외문제를 해결하려 진력을 다했다. 사실 막부는 대정봉환, 왕정복고 대호령이 발효되던 그 순간까지 자신들이 일본이라는 국가의 정권 담당자로서 그 책무를 통감하고 있었고, 조슈·사쓰마의 하급무사들이 일으킨 군사행동 정도는 쉽게 제압할 수 있으리라 확신하고 있었다. 이 시기 막부는 서구 제국들과 화친조약, 통상조약을 체결하면서 뛰어난 관료들을 발굴·배출하였으며, 초기에 맺은 불평등조약을 해소하기 위해 동분서주했다. 또한 서양 열강의 외교적·군사적·경제적 압박을 스스로 극복하기 위해 '부국강병'이란 기치 아래 육해군 육성의 근간이 된 고부쇼(講武所)와 해군조련소를 창설했고, 경제, 교육, 산업, 문화 등 다방면에 걸친 개혁을 추진하였다. 앞 장에서 언급했듯이 막부는 1842년 '이국선무이념타불령'을 폐지하고 '신수급여령'을 내리면서 개국을 현실로 받아들였을 정도로 국제정세에 어둡기만 했던 것은 아니었다.

사실 이미 나라가 열릴 대로 열린 1860년 이후에도 그저 명분론에 따라 '양이'를 부르짖던 일단의 젊은 과격파 행동주의자들은 그저 테러리스트에 불과했다고 볼 수 있다. 이들은 정의를 수행한다는 미명하에 자기와 다른 정치적 신조를 가진 자를 '천주(天誅: 하늘을 대신해서 벌한다는 의미)'라는 이름으로 마구 암살했던 것이다. 어쩌면 혁명에 성공한 삿초(薩長) 연합의 지도자들은 이들 테러리스트에 편승했거나 이들을 정치도구로 이용한 기회주의자로 볼 수 있다. 그렇다면 이 정도 수준의 인물들인 메이지 유훈들이 감당해 낼 수 있었던 근대국가로의 개혁조치라면, 뛰어난 행정조직과 훌륭한 인재를 보유하고 있던 기존의 막부가 감당해 내지 못할 이유가 없었을 것이라는 상상도 가능하다. 물론 이러한 상상은 '만약 ~했더라면'과 같이 역사에서 무의미하거나 불필요한 것에 불과할 뿐이다.

천황의 뜻이 '양이'이고 이를 실천하는 것이 '존왕'이라 판단한 과격파 지사들은 계속해서 교토로 몰려들었다. 막부는 광기와 살기로 점철된 정치도시 교토와 정치적 상징인 천황을 테러리스트와 군사 모반자로부터 지켜 내기 위해 아이즈 번(会津藩)에 교토수호직(京都守護職)이라는 직책을 내렸다. 이로써 아이즈 번은 막말 대소동에 전면적으로 참여하게 되었다. 한편 '존왕, 존왕'을 외치면서도 황궁을 향해 포격을 하고, 천황을 볼모로 해 막부를 무너뜨리고 권력을 장악하려 했던 조슈 번은 두 번이나 '조적(朝敵)'으로 몰리면서 막부의 군사적 공격을 받았다. 교토에는 막번 체제를 유지하고 '존왕'을 성취하기 위해 아이즈 번을 주축으로 구축된 '좌막(佐幕)' 세력과, 이미 '조적'으로 몰린 그리고 겉으로는 '존왕'을 외치면서 '천황'을 정치적 도구로 이용하려 한 조슈 번 사이에는 이제 전운이 감돌 뿐이었다. 결국 위기에 몰린 조슈는 철천지원수였던 사쓰마 번과 군사동맹을 맺으면서 기어코 막부를 무너뜨렸다.

만 14세에 불과한 메이지 천황을 볼모로 잡고 거짓 칙서를 이용해 '관군' 행세를 하면서 막부와 그 지지세력을 차례차례 굴복시켜 나간 것이다. 어쩔 수 없이 '좌막'의 선봉에 섰던 아이즈 번에 대한 '토막(討幕)' 세력의 보복은 참혹 그 자체였다. 바로 이 과정에서 '이기면 관군, 지면 패적'이라는 이야기가 나온 것이다. 이는 계기나 과정이 어떻든, 그리고 수단이 어떻든 이기는 쪽이 정의라고 생각하는 집단의 사고구조를 잘 반영하고 있다. 결국 이러한 왜곡된 사고구조와 경험이 이후 끝없이 이어진 청일전쟁, 러일전쟁, 만주사변, 중일전쟁, 태평양전쟁의 기저에 깔려 결국 일본을 파멸로 이끌었다며 안타까워하는 인식이 작금의 일본인 사이에 없는 것도 아니다. 이들은 막부가 저급한 하급무사의 테러와 군사 쿠데타에 의연하게 대처하고 서양세력의 압박을 유연하게 대처할 수 있었다면, 지금의 일본은 청일전쟁부터 태평양전쟁까지 60년간의 질곡과 같았던 전쟁을 겪지 않았을 것이며, 스위스나 북구의 세 나라와 같은 평화를 누릴 수 있지 않았을까 상상해 보기도 한다. 하지만 이 역시 역사에서 불필요한 '만약 ~했더라면'에 불과할 뿐이다.

공무합체운동

1858년 나가사키 해군전습소를 졸업하고 같은 해 스키치의 해군조련소 교수가 된 에노모토는 마침내 막신이 되었다. 당시 나이 22세. 그리고 1860년 24세 때 아버지 엔베(円兵衛)가 세상을 떠났고, 1862년 11월 막부 파견 최초의 유학생 자격으로 네덜란드로 떠났다. 그가 소임을 마치고 막부가 네덜란드에 주문한 당시 최강의 군함 가이요마루(開陽丸)와 함께 요코하마 항에 도착한 것은 1867년 3월이었다. 그는 막말 대혼란기 최절정기에 일본을 떠나 있었기에, 어떤 입장이든 어떤 방식으로든 그 혼란기를 국내에서 직접 겪으면서 막말기를 보낸 인물들과는 아주 다른 경험과 인식을 지녔을 수밖에 없었다. 어쩌면 자신의 국내 부재와 외국 경험에 따른 편향된 국내 정치상황 인식이 이후 그의 특별한 인생 여정의 원인이 되지 않았나 생각해 볼 수 있다. 유학 이야기에 앞서 우선 그가 떠나기 전 일본의 정국상황에 대해 살펴보자.

1860년 3월 이이 나오스케가 미토 번 번사가 주축이 된 집단에 의해 암살되었다. 막부 최고위직에 있던 자가 에도 성문 앞에서 암살되었다는 사실은 막부로서는 커다란 충격이었다. 이제 막부는 더 이상 안세이 대옥에서 보여 준 것과 같은 개국 반대세력에 대한 무자비한 강경책을 유지할 수 없었다. 우선 필요한 것은 땅에 떨어진 막부의 위신과 정치력의 회복이었다. 이를 위해 막부는 우선 조정과의 관계를 정상화하려 했다. 소위 공무합체운동이 그것이다. 우선 막부는 쇼군 이에모치와 당시 고메이 천황(孝明天皇)의 이복 여동생 가즈노미야(和宮)와의 혼인을 요청하였다. 하지만 조정에서는 가즈노미야의 형식적 지위가 높고 이미 다루히토 친왕(熾仁親王)과 약혼한 사이라는 등의 이유를 들면서 막부의 요청을 거부하였다. 하지만 막부의 강력한 요청에다가 정국의

290

안정과 양이 실현을 갈망하던 천황은, 막부가 향후 10년 이내에 원래의 쇄국 체제로 복귀시킨다는 조건과 함께 이에모치와 가즈노미야의 결혼을 승낙하였다. 실제로 이들의 혼인은 1862년 2월에 에도에서 거행되었다. 졸지에 약혼녀를 빼앗긴 다루히토 친왕은 이후 보신 전쟁 때 스스로 신정부군의 동정대총독(東征大総督)에 올라 구막부군 토벌에 앞장서기도 했다.

당시 막부와 조정의 관계를 좀 더 자세히 이해하기 위해 '대정(大政)'과 '국사(国事)'에 대해 잠시 살펴보자. 실제로 조정이 막부에 '대정'을 위임한 적은 없으나 막부는 천황으로부터 '대정'을 위임받았다는 사실에 근거해 일본 전국에 대해 군사적·행정적 통치행위를 해왔던 것이다. 하지만 페리의 내항 이후 특히 외교문제는 조정이 최종 결정을 내리는 '대정' 밖의 통치행위, 즉 '국사'라고 막부나 조정이 서로 인식, 인정하게 되었다. 이는 조정의 정치화에 따른 하나의 결과였지만, 페리 내항이라는 전대미문의 사건 앞에 위기를 느낀 막부가 책임을 분담하려는 소치에서 이를 조정에 허락한 측면도 없지 않았다. 하지만 조정으로서는 최종 결정을 집행할 행정력도 군사력도 없었기에 결국 막부의 힘을 빌리지 않으면 그 집행이 불가능했다. 조정의 최종 결정에 대해 막부가 동의할 경우 문제가 없지만, 의견이 불일치할 경우 양자의 협력이 필요했으며, 이를 달성하기 위해 '운동'이 발생하였던 것이다. 어쩌면 유지 다이묘의 뜻을 수용한 막부와 조정 간의 '공무합체'나 지사들이 조정을 통해 막부에 양이를 재촉하는 '존왕양이' 모두 운동의 성격을 지니고 있었다고 볼 수 있다.

막말 혼란기 초반에 막부와 조정 사이의 의견 조정을 위해 시도된 공무합체운동은 사실 막부로서는 멸망할 때까지 계속 추진했다고 보는 것이 정확할 것이다. 왜냐하면 막부는 멸망하는 그 순간까지 한 번도 천황의 존재를 무시하거나 타도할 의도가 없었기 때문이다. 한편 존왕양이운동이 결국 막부 타도로 이어졌다는 점에서 공무합체운동과는 목적과 수단에서 근본부터 달랐음을 엿볼 수 있다. 이이 나오스케의 암살에서 알 수 있듯이 지사를 자처하는 과격 테러리스트들이 그 모습을 드러내기 시작한 것은 1860년 이전부터였지만, 이들이 조슈 번의 비호를 받으면서 조직화되어 운동의 형식을 갖추게 된 것은 대략 1863년 이후라 볼 수 있다. 따라서 이이 나오스케 암살 후 1862년 말까지, 다시 말해 에노모토가 유학을 떠나기 전까지는 공무합체운동이 본격적으로 추진되기 시작한 시기로 보면 될 것이다.

막부의 요구로 성사된 쇼군 이에모치와 가즈노미야의 결혼과는 달리, 이 시기에 이루어진 3건의 중요한 공무합체운동은 모두 주체나 목적 그리고 수단이 각기 달랐지만 조정을 통한 막부로의 제안이라는 점에서 공통점을 지니고 있었다. 첫 번째는 조슈 번사 나가이 우타(長井雅楽)의 '항해원략책(航海遠略策)'으로부터 비롯되었다. 그가 번주의 명을 받아 자신의 책략을 조정에 상신한 것은 1861년 5월의 일이었다. 조슈는 삼면이 바다로 둘러싸여 있고 시모노세키를 중심으로 관무역 및 밀무역이 활발해 외국 선박의 왕래도 활발했다. '양이냐 개국이냐'와 같은 해외정책의 혼돈, 그로 인한 조정과 막부 사이의 분란은 무역에서 큰 이익을 얻고 있는 조슈 번으로서는 가장 바람직하지 않은 정치상황이었다. 그래서 외국에 문을 열 것인가 말 것인가라는 수동적인 자세가 아니라 적극적으로 해외시장을 개척하자는 제안을 했다. 만약 이것이 성사된다면 무역의 이익뿐만 아니라 막부와 조정 간의 협력관계도 마련될 수 있을 것이라는 구상이었다. 조정은 쇄국의 유지를 원하지만 실현가능성이 낮은 것으로 판단했기에, 막부와의 관계 정상화를 위해서 이 제안에 찬성했다. 나가이 우타는 조정의 명을 받아 이 제안을 막부에 상신했고, 막부는 이 제안이 성사된다면 조정마저 개국을 기정사실로 받아들일 수 있는 계기가 된다는 점에서 찬성했다.

1862년에 들어서면서 조슈의 번주 모리 요시치카(毛利慶親)가 참근교대로 에도에 오자, 막부는 이 제안을 바탕으로 조정과의 융화를 위한 절충을 그에게 의뢰했다. 하지만 이 제안의 성사는 순탄치만은 않았다. 이번에는 사쓰마 번이 등장하였다. 사쓰마 번의 유지 다이묘였던 시마즈 나리아키라는 안세이 대옥 직전인 1858년 8월에 갑자기 사망했고, 그 후임으로 나리아키라의 이복 동생인 시마즈 히사미쓰(島津久光)의 아들 모치히사(茂久)가 번주로 즉위했다. 번주의 후견인으로서 실제 사쓰마를 움직이는 히사미쓰는 나리아키라의 유지를 받들어 공무합체를 달성하는 것이 자신의 소임이라 자청하면서, 1862년 3월 1,000명의 병사를 이끌고 교토에 들어섰다. 그는 우선 도쿠가와 요시노부를 쇼군에 올리려다 안세이 대옥에서 근신 처분을 받았던 히토쓰바시(一橋)파 제후들과 조정 신하들을 복권시키고, 고노에 다다히로(近衛忠熙)를 간파쿠(関白)에 그리고 마쓰다이라 요시나가(松平慶永)를 다이로(大老)에 올려 조정과 막부의 최고위직 인사를 통해 공무합체를 추진한다는 구상이었다.

당시 막부는 조약국과의 협상을 위해 교토에서 가까운 효고(兵庫) 항의 개항과 오사카의 개시를 연기시켜 조정과의 협력관계를 마련하려 했다. 이에 막부는 1862년 1월 다케우치 야스노리(竹内保德)를 정사로 하는 제1차 유럽사절단(文久遣欧使節 혹은 第1次遣欧使節)을 파견했다. 이들 일행은 프랑스, 영국, 프로이센, 러시아, 포르투갈, 네덜란드를 1년 동안 순방하고는 1863년 1월에 귀국하였다. 사절단은 영국과의 협상을 통해 일미수호통상조약에 따른 기존의 개항지 중에서 효고와 니가타의 개항과 에도와 오사카의 개시 기한을 기존의 1863년 1월 1일에서 5년 후인 1868년 1월 1일로 연기하는 쪽으로 합의했다. 1862년 6월에 맺은 소위 '런던각서'가 그것인데, 이를 근거해 유럽의 다른 조약국들과도 같은 조약을 맺을 수 있었다. 막부로서는 갑자기 정치적 위상이 높아진 천황을 비롯한 조정 대신들 그리고 양이파 다이묘에게 양보하지 않을 수 없었던 것이다. 물론 그 대신 조약국들에 관세율을 낮추어 주는 손해는 당연히 막부의 부담이 되었다.

영국 총영사 올콕(R. Alcock)은 1860년 견미사절단 파견으로 일본에 대한 외교 주도권을 미국에 빼앗길지 모른다는 우려와 함께, 조정과의 관계에서 곤경에 빠진 막부의 부담을 덜어 주려는 배려로 사절단 파견을 주선하였다. 또한 자신의 휴가 일정도 사절단 일정에 맞추면서 현지에서의 교섭에 적극 협조하였다. 덕분에 사절단 일행은 당시 런던에서 열린 만국박람회를 관람했으며, 런던의 국회의사당, 버킹엄 궁전, 대영박물관을 견학했다. 기차, 철강업, 조선업 등 산업혁명으로 부강해진 영국에 감탄을 금할 수 없었고, 자신들에게 서양 지식과 기술을 공급해 준 네덜란드와는 현격한 차이를 확인할 수 있었다. 어쩌면 사절단의 귀국이 에노모토의 네덜란드 유학 파견 일보다 빨랐다면, 유학 선이 네덜란드가 아닌 영국으로 바뀌었을 것이라는 가정도 해 볼 수 있다. 게다가 효고 항의 개항 연기 마감일인 1868년 1월 1일은 막말−유신 정국에서 중요한 의미를 지니게 되는데, 사실 1867년 말 개항을 강행하려는 쇼군 요시노부와 이를 저지하려는 사쓰마·조슈 세력 간의 갈등이 결국 '대정봉환'과 '왕정복고 대호령'이라는 각자의 정치적 승부수로 표현되었던 것이다. 이에 대해서는 다시 언급할 기회가 있을 것이다.

한편 교토에 몰려 있던 소위 '지사'들은 히사미쓰의 상경에 흥분을 감추지 못했다. 그들은 히사미쓰가 천황의 칙서를 받아 병력을 이끌고 에도로 가서 지난 안세이 대옥의 죄를 막부에 물을 것이라 기대했다. 하지만 지사들의 기대는 거기까지였다. 히사미쓰는 하급무사가 직접 천황에 대한 충성을 표현하는 것, 탈번 낭사로서 타번 번사와 교제하는 것, 조정에 접근하여 의견서를 제출하는 것 모두가 기존 신분질서를 왜곡시키는 행위라 판단했다. 그는 어디까지나 신분적 질서를 중시하는 철저한 군주였다. 지사들은 교토에 모여들었다. 히사미쓰는 경거망동을 자제하라고 지시했으나, 이미 지사들은 번주보다 격이 훨씬 높은 천황을 받들고 있다는 착각에 히사미쓰의 말을 무시했다. 결국 히사미쓰는 교토 후시미(伏見)의 이케다야(寺田屋: 여관)에 모여 있던 지사들을 공격해 참살하였다. 소위 '이케다야 사건'이 바로 그것이다. 이로써 히사미쓰의 정치적 위상은 높아졌고 조정도 그의 구상을 받아들였다. 조정 칙사 일행이 사쓰마 번병의 호위를 받으며 에도에 도착한 것은 1862년 6월이었다.

막부는 이케다야 사건이 일어나자 바로 마치 사쓰마 번의 건의내용을 알고 나 있었던 것처럼 작업에 착수했다. 히토쓰바시파 제후들의 근신을 해제했고, 고노에 다다히로를 비롯한 조정 대신들의 사면을 조정에 요청했으며, 마쓰다이라 요시나가와 마쓰다이라 가타모리(松平容保)에게 막정 참여를 명령하였다. 이제 마지막 남은 과제인 도쿠가와 요시노부의 쇼군후견직(將軍後見職) 임명에는 막부 측의 반대가 격렬했지만, 이 역시 받아들여졌다. 1862년 7월 쇼군후견직에 도쿠가와 요시노부, 정사총재직(政事総裁職)에 마쓰다이라 요시나가, 8월에는 교토수호직(京都守護職)에 마쓰다이라 가타모리가 임명됨으로써 막말 대혼란기 교토에서 활약하게 될 막부 측 진용이 갖춰지게 되었다. 지금까지 사쓰마는 웅번이라 하지만 막정에 참여할 수 없었던 도자마 번(外樣藩)에 불과했다. 하지만 막강한 군사력과 조정 대신들과의 유대를 바탕으로 교토와 에도의 정치무대에 화려하게 등장한 히사미쓰를 이제 막부마저 인정하지 않을 수 없었던 것이다. 결국 사쓰마 번의 힘이 어디와 손을 잡는냐에 따라 정치적 판도가 달라지면서, 이제 사쓰마 번은 막말 정국의 최대 변수로 작용하게 되었다.

히사미쓰는 2개월에 걸친 막부와의 절충을 끝내고 사쓰마로 돌아왔다. 그런데 도중에 행렬로 끼어든 영국인 상인이 히사미쓰의 번사에게 살해되는 소위 '나마무기(生麦) 사건'이 발생하였다. 이에 대해 영국은 막부와 사쓰마 번에 범인 처벌과 배상금 지불을 요구했으며, 이를 계기로 프랑스와 영국은 자국 국민을 보호한다는 명분으로 요코하마(橫濱)에 해병대를 상륙시켰다. 현재 요코하마 구시가지의 야마테(山手) 언덕에 있는 프랑스와 영국의 영사관 유적지는 이때 파견된 해병대의 주둔지가 나중에 영사관으로 바뀐 것이다. 또한 이 사건을 빌미로 영국과 사쓰마 사이에 사쓰에이(薩英) 전쟁이 발발했고, 영국 해군의 엄청난 위력을 체험한 사쓰마 번은 양이에서 개국 쪽으로 그 노선을 변경하였다.

히사미쓰의 상경으로 이루어진 막부와 조정 사이의 공무합체는 조슈가 원하던 모습과는 완전히 달랐다. 조슈의 경우 번이 조정에 의견을 제시하고 조정이 받아들인다면, 그것을 제안한 번이 막부에 상신해 둘(조정과 막부) 사이의 절충을 거치는 것이 운동의 절차이며, 방침이나 정책 차원에서 합의 형성이 운동의 목적이었다. 하지만 사쓰마 번의 경우 정책이나 방침이 아닌 인사 개입이 목적이었고, 조직화된 군사력이 수단이자 절차였던 것이다. 여하튼 히사미쓰의 상경으로 조슈의 시도는 무산되고 말았다. 또한 지사들의 활동도 이제 자신의 번에서 양이 세력을 구축하는 쪽으로 바뀌었는데, 지사들을 배출한 대표적인 번인 사쓰마 번과 도사 번이 그러했다. 하지만 미토 번은 이 과정에서 내란에 빠지고 말았다. 한데 조슈 번은 완전히 다른 행보를 보였다. 얼마 전까지만 해도 기세등등했던 번의 위세를 잊을 수 없었지만, 조슈의 번주는 유지 다이묘가 아니었다. 막부나 조정으로의 교섭력이 없었고, 명문가 다이묘를 자처하면서 스스로 나설 수도 없었다. 결국 양이파 지사들과 손잡지 않을 수 없었던 것인데, 조슈 번은 이들을 통해 조정의 신하들 그리고 타 번 지사들과의 교류를 확대해 나갔다. 마침내 1862년 7월 조슈 번은 양이를 번의 기본정책으로 삼았다. 나가이 우타는 번으로 돌아와 근신 처분을 받았고, 이듬해 2월 자결했다.

1862년 10월, 이번에는 조슈 번의 제안이 반영된 칙서를 전하는 조정의 칙사가 에도로 파견되었다. 그간 조정 신하들을 움직이려는 조슈의 노력이 마침내 성과를 본 것이었다. 이 칙서에는 막부에게 양이를 재촉하고 조정에 친병을 설치하겠다는 요청 이외에 또 다른 중요한 요구가 포함되어 있었다. 즉, 안세이 대옥, 사쿠라다 문 밖의 변, 이케다야 사건과 관련되어 참살된 지사들의 복권을 요청하며 그들의 유지를 계승하겠다는 것이었다. 이 경우 지사 처벌의 책임은 당연히 막부에 있으며, 이를 언급하는 것은 공무합체운동과의 결별을 의미하는 것이자 히사미쓰를 비판하는 것이었다. 이로써 사쓰마 주도의 공무합체운동과 조슈 주도의 존왕양이운동이 대립하게 되었고, 기존 웅번 사쓰마와 새로이 정치화된 웅번 조슈의 막말 쟁패는 그 서막을 알리게 되었다.

칙사의 호위 임무를 이번에는 도사 번(土佐藩) 16대 번주 야마우치 도요노리(山内豊範)에게 맡겼다. 도요노리는 12대 번주의 아들로 13대, 14대 번주가 된 형들이 일찍 죽자 후사를 이으려 했으나 당시 나이 3세. 어쩔 수 없이 분가에서 번주가 된 인물이 바로 유지 다이묘로 유명한 야마우치 도요시게(山内豊信)였다. 그가 안세이 대옥으로 은거·근신 처분을 받자 번주는 자연스럽게 도요노리로 넘어갔다. 하지만 도요노리는 번을 장악하지 못했고, 도요시게의 심복으로 번정을 개혁하고 있던 요시다 도요(吉田東洋)는 다케치 즈이잔(武市瑞山)이 주도하던 양이 세력인 도사 근왕당(佐土勤王堂)의 모반으로 척살되었다.

이제 도사 번에서 양이파 세력의 위세는 절정에 다다랐고, 도사 근왕당의 책임자였던 다케치는 상급무사로 승격하였다. 도사 근왕당은 에도에 있는 전 번주 야마우치 도요시게의 의중이 '양이'라고 판단하고는 도요노리의 호위단에 참가하면서 교토로 향했다. 이를 계기로 도사 출신 양이 지사들이 교토의 존왕양이운동에 본격적으로 참여하게 되었지만, 그 일원이었던 사카모토 료마(坂本龍馬)는 이 호위단에 참여하지 않았다. 상급무사 자격으로 번주 일행을 교토까지 수행했던 다케치는 다시 에도행 수행단의 일원이 되어 정사 아네가코지(姉小路)를 호위하는 임무를 맡았다. 1년 전만 해도 하급무사에 불과했던 그가 이제 가마를 타는 신분으로 바뀌었다. 그는 당시의 감격을 아내에게 편지로 보냈다.

에도에 도착하면 나는 성에 들어가 쇼군을 알현하고 공물을 헌상하게 된다오. 쇼군께서는 답례로 의복을 하사하실 것이오. 그야말로 놀랄 만한 일이 아니겠소? …… 내가 어디를 가든 이자들(자신의 수행원)이 나를 따른다오, 마치 꿈만 같소.

뭐 이 정도의 인식이었다. '양이'니 '존왕'이니 부르짖었지만 당시 양이파 지사들의 대표적 단체인 도사 근왕당 책임자의 인식이 이 정도 수준이었으니, 다른 양이파 지사들의 수준이야 미루어 짐작할 수 있다. 당시 지사라는 젊은 이들은 그저 막부의 우유부단한 대응에 불만을 품은, 외세의 압박에 감정적으로 반항하는, 양이라는 민족주의 정서에 부화뇌동하는, 어찌 보면 순수한, 또 다른 측면에서 보면 무모하기 짝이 없는 과격주의 행동파에 불과했다고 볼 수 있다. 막부는 조정의 요구에 대해 일부를 제외하고는 대부분 수용했으며, 친병 설치는 군사지휘권에 관련된 것이라 향후 쇼군의 교토 행차 때 협의하기로 했다. 칙사는 에도를 떠나 교토로 돌아갔으니 이때가 1862년 12월 말경이었다.

막부 네덜란드 유학단

1860년대 초반 '개국이냐 양이냐'라는 막말 대혼란기 최대의 정치 프레임을 둘러싸고, 막부와 조정 그리고 새로운 정치세력으로 등장한 웅번과 지사들 사이에 격한 정쟁이 벌어지고 있었다. 그 와중에도 막부는 '부국강병'을 위한 기조를 늦추지 않았다. 그 한 가지 예로 1861년 초 막부는 해군을 확대하고 군함을 제조하는 등 군제를 개혁하는 방향으로 가닥을 잡아 나갔고, 특히 해군부교로 하여금 '유학생 및 조선 전습 건의안'을 마련하도록 했다. 그 내용은 '전습생들은 나가사키 해군전습소에서 항해술을 배웠고, 태평양 횡단에도 성공할 정도로 기량이 뛰어나지만 그에 더해 해상 전술을 배우는 것이 급하니, 그들을 병술과 외국 사정 탐구를 겸해서 해외유학을 보내야만 한다'는 것이었다. 이 건의안은 막부의 재정문제로 난색을 표하던 간조부교(甚定奉行)의 반대로 한때 좌절되는 듯했다. 그러나 귀국길에 오른 주일 미국 공사 해리스의 제안, 다시 말해 일미수호통상조약 제10조에 의거해 조선 및 무기 제도 등을 미국에 위탁하라는 권고에 따라 '건의안'은 새로운 국면을 맞이하게 되었다.

막부는 1861년 7월 미국에 서양식 군함 2척의 건조를 의뢰하는 문서를 정식으로 발송하였다. 그리고 여기에는 공사 감독관(유학생) 파견 문제도 포함되어 있었으나, 추후 결정하기로 합의했다. 일부 책에서는 1860년 일미수호통상조약 비준을 위해 파견된 간린마루의 승조원에 에노모토가 포함되지 않은 것은 바로 당시 미국 파견 유학생에 포함되었기 때문이라 지적하기도 한다. 하지만 그것은 시기적으로 맞지 않은 것으로 판단된다. 왜냐하면 나중에 유학생 대표(취재역)를 맡게 되는 우치다 마사오(內田正雄)의 미국 유학 파견이 내정된 것이 1860년 12월이며, 에노모토가 선발된 것은 그 이후인 1861년이기 때문이다. 물론 이 시기는 간린마루가 미국으로 출항한 이후이다. 우치다, 에

그림 6.1 막부 네덜란드 유학단(뒷열 오른쪽부터 첫 번째 쓰다 마미치, 세 번째 에노모토, 네 번째 하야시 겐카이. 앞열 오른쪽부터 첫 번째 니시 아마네, 두 번째 아카마쓰 노리요시, 네 번째 사와 다로자에몬)

노모토와 함께 군함조련소 교수로서 유학생에 선발된 사람은 사와 다로자에 몬(沢太郎左衛門), 다카하시 사부로(高橋三郎), 다구치 준페이(田口俊平), 아카마 쓰 노리요시(赤松則良) 등 모두 5명으로, 이들은 해군반 혹은 군함조 등으로 불 렸다. 또한 반쇼시라베쇼 교수로서 2명이 유학생에 선발되었는데, 쓰다 마미 치(津田真道)와 니시 아마네(西周)가 그들이며 양학반으로 불렸다.

미국 유학생으로 내정된 7명의 유학생 선발자들이 영어를 비롯해 각종 유 학준비를 하던 중에, 1861년 봄부터 미국의 남북전쟁이 격화되었다. 1862년 1 월 미국 당국은 군함 제조 및 유학생 수용이 불가함을 일본에 알렸다. 이에 대 처하기 위해 당시 외국부교와 군함부교는 네덜란드에 증기 군함 1척을 주문 하고 유학생을 파견해야 한다는 의견서를 막부에 제출하였다. 이를 승인한 막부는 기존 미국 파견 유학생 중 해군반에서 다카하시 사부로 대신에 아카마쓰 노리요시로 교체한 것을 제외하고는 나머지 6명 모두 네덜란드 유학생으로 선발하였다. 여기에 나가사키 양생소(長崎養生所) 소속 의사였던 하야시 겐카이(林研海)와 이토 호세이(伊東方成) 2명을 추가 선발했는데, 이들은 의학반으로 불렸다. 이로부터 2개월 지난 1862년 5월 사무라이 계급이 아닌 전문기술자 7명을 추가로 선발했는데, 이들은 해군반 직방(기술자)들로 모두 군함의 건조와 수리 그리고 해군 관련 각종 기술을 연마하기 위해 선발되었다. 이들의 파견을 네덜란드 국무대신에게 공문서로 알린 것이 1862년 6월이었다.

해군반, 양학반, 의학반 사관 총 9명 중에서 의학반에 속한 하야시 겐카이가 1844년생 18세로 가장 젊었고, 해군반에 속한 다구치 준페이가 1818년생 44세로 유학생 전체에서 가장 나이가 많았다. 9명 중 8명은 모두 막신인 데 반해, 다쿠치만은 로주 구제 히로치카(久世広周)의 세키야도 번(関宿藩) 가신이었다. 그는 네덜란드어가 부족했고 몸도 약해 다른 젊은 유학생처럼 수업을 따라갈 수 없었고, 귀국 후 얼마 있다가 사망하였다. 직방 중 구보타 이사부로(久保田伊三郎)는 출발 직전 폐병으로 탈락했는데, 이듬해인 1863년 사망하였다. 따라서 전체 유학생은 16명에서 1명이 줄어든 15명이었다.

한편 1862년 3월 막부로부터 군함 주문을 받은 네덜란드 총영사 빗(K. de Wit)은 이 주문을 외교사안이 아닌 무역문제로 판단하였다. 그는 이 사실을 나가사키에 있던 네덜란드 상사의 주재원에게 알렸고, 주재원은 암스테르담 본사에 막부의 주문을 전달했다. 네덜란드 상사는 다시 네덜란드 해군대신이었던 카텐데이커에게 자문을 구했고, 결국 1863년 봄 네덜란드 남서부 도르드레흐트(Dordrecht)에 있는 조선소에서 군함을 건조하기로 결정했다.

유학생이 에도를 떠난 것은 1862년 7월 14일이었다. 당시는 유럽으로 가는 직항노선이 없었기에 우선 나가사키로 가야 했다. 유학생 16명 중 나가사키 양생소에 근무하고 있던 의학반 2명을 제외한 14명은 간린마루에 승선해 에도를 출발했다. 도중에 기관 고장, 기후 불순도 이유였지만 무엇보다도 당시 간토지방에 유행하던 홍역이 선박 내에도 만연하면서, 감염자를 도중에 치료하느라 항해 일정에 차질이 생겼다. 당시 9명의 사관 중에서 에노모토, 사와, 아카마쓰, 우치다의 순으로 홍역에 걸렸는데, 직방 중에서도 홍역에 걸린 이가 있었다. 이들이 나가사키에 도착한 것이 9월 16일이었으니 무려 64일간의 여정이었다. 구보타는 나가사키로 오는 배에서부터 감기 기운이 있었다. 나가사키에 도착해서는 해군전습소 교관이었다가 당시 나가사키 양생소에 근무하던 폼페의 진단을 받았고, 결핵으로 판정되면서 네덜란드 유학생단에서 제외되었다. 결국 1862년 11월 2일, 일행 15명은 200톤 규모의 작은 범선 칼리프소(Calijpso)호를 타고 나가사키를 출항해 바타비아(지금의 자카르타)로 향했다.

  남지나해를 지나 바타비아로 가려면 수마트라 섬과 보르네오 섬 사이에 있는 방카(Bangka) 섬과 빌리톤(Billiton) 섬 사이 가스페르 해협의 작은 섬들을 통과해야 했다. 항해를 시작한 지 25일 지난 11월 27일 칼리프소호는 이 해협의 암초에 걸려 침몰했고, 일행은 인근 무인도에서 5일을 보내야 했다. 유학생 일행은 인근 섬 주민의 도움으로 구조되었고, 바타비아에 도착한 것은 12월 9일이었다. 일행은 바타비아에서 14일 동안 머물렀는데, 마차, 벽돌로 지은 등대, 고층건물, 가스등, 상점, 질서정연한 대로를 보고 놀랐고, 파인애플, 바나나, 망고와 같은 과일과 얼음과 아이스크림 같은 진기한 음식을 즐기면서 망중한을 보냈다. 이사이에 우치다와 에노모토는 일행을 대표해 네덜란드 총독 관저를 방문하기도 했으며, 일행들은 각자의 기호에 따라 학교, 병원, 공장 등을 방문하면서 처음으로 서양문명을 접했다. 1862년 12월 22일, 일행은 400톤 규모의 범선이지만 정기여객선인 테르나테(Ternate)호를 타고 바타비아를 떠나 유럽으로 나아갔다.

　일행을 실은 배가 아프리카 남단 희망봉을 돌아 인도양에서 대서양으로 들어선 것은 1863년 3월 9일이었다. 이어 3월 26일에는 서경 5°, 남위 16° 부근, 다시 말해 대서양 한가운데에 위치한 세인트헬레나(Saint Helena) 섬의 제임스타운(Jamestown) 항에 도착했다. 바타비아를 떠난 지 94일 만에 처음으로 육지에 상륙했던 것이다. 이상한 복장을 한 동양인을 처음 보는 현지 유럽인들은 이들을 환대해 주었다. 우치다, 사와, 이토, 아카마쓰 4명은 영국인 프리처드(Fritchard) 씨 집에 초대를 받아 기념앨범에 서명을 하기도 했다. 네덜란드어로 "1863년 3월 26일 세인트헬레나 섬을 방문하다"라고 쓰고 그 아래에 각자 영어와 일어로 이름을 적어 넣자, 주인 프리처드 씨도 그 아래에 다음과 같이 써넣었다.

　26 March 1863
　Signature of Japanese naval officers arrived at St. Helena, March 26th 1863.
　Visited Cambrian Cottage on the 26th and again on the 28th.

　이로부터 50년 가까이 지난 1913년, 도쿄고등상선학교 실습선 '다이세이마루(大成丸)'가 원양항해를 떠나면서 세인트헬레나 섬에 기착할 예정이라는 사실을 사와 다로자에몬의 아들이 알게 되었다. 그는 선장에게 이 섬에서의 아버지 일기 일부를 건네주었다. 세인트헬레나 섬에 도착한 선장과 실습생들은 당시 일본인 유학생을 신기하게 바라보았던 미세스 프리처드라는 여성을 찾아낼 수 있었다. 그녀는 당시 7~8세쯤 되었던 프리처드 씨의 3녀로, 그때의 유학생들의 서명이 담긴 앨범을 보여 주면서 눈물을 흘리며 재회를 기뻐했다고 한다.

한편 에노모토 일행은 보나파르트 나폴레옹이 유폐되어 머물던 가옥과 이미 프랑스로 가져가 버려 유해가 없는 묘를 찾아 섬 중앙에 있는 롱우드(Longwood)를 찾았다. 여기서 에노모토는 나폴레옹 전성기의 영광과 무상한 인생을 가슴에 품으면서 다음과 같은 칠언절구를 남겼다고 한다.

長林烟雨鎖孤栖	고독한 삶 롱우드 안개비에 둘러싸여
末路英雄意転迷	말년의 영웅 그 뜻 전할 길이 없네
今日弔来人不見	오늘 온 조문객 알아보지 못하고
覇王樹畔鳥空啼	선인장 위 나는 저 새 울부짖기만 하네

1863년 3월 29일 유학생 일행을 실은 테르나테호는 제임스타운을 떠나 네 덜란드로 향했다. 이들은 마침내 세인트헬레나를 떠난 지 68일, 바타비아 항을 떠난 지 164일, 나가사키를 떠난 지 215일 만에 목적지인 네덜란드 제2의 도시 로테르담(Rotterdam)에 도착하였다. 1863년 6월 4일 오후 5시 45분.

네덜란드에서

1년 전 효고 항 개항과 오사카 개시의 연기를 위해 막부의 제1차 유럽사절 단(1862년 第1次遣欧使節) 일행이 로테르담을 다녀간 이후지만, 시민들은 여전히 이상한 복장을 한 동양인들을 신기하게 바라보았다. 하루를 로테르담에서 머문 일행은 다음 날 기차 편으로 레이던(Leiden)으로 갔다. 테르나테호가 로테르담의 외항에 도착할 때부터 선상까지 올라와 유창한 일본어 실력을 과시했던 레이던대학교 호프만 교수는 계속해서 일행을 레이던까지 안내했다.

레이던에서 유학생은 두 그룹으로 나누어졌다. 우치다, 에노모토, 사와, 아카마쓰, 다구치 등 해군반 사관 5명과 하야시, 이토 등 의학반 2명 등 총 7명은 덴하흐(Den Haag, 우리나라에서는 이 도시를 헤이그라 부르지만 현지에서는 하흐 혹은 덴하흐로 부름)로 갔고, 쓰다와 니시 등 양학반 2명과 해군반 직방 6명 등 총 8명은 레이던에 그대로 남았다. 그리고는 각자의 전공에 맞는 네덜란드인 사관, 교수, 직인들로부터 선진문물을 배울 수 있었다. 사관들과는 달리 네덜란드어를 할 수 없었던 직방들의 네덜란드어 교육은 일본어가 유창한 호프만 교수가 맡았다. 이처럼 완벽하게 유학생들을 배려할 수 있었던 것은 나가사키 해군전습소 제2차 교관단 단장이었던 카텐데이커가 당시 네덜란드의 해군대신이었고, 함께 교관단에 포함되어 화학과 의학을 가르친 폼페도 카텐데이커의 명을 받아 유학생들의 현지 적응을 세밀하게 도울 수 있었기 때문이다. 예를 들어 기관학 전공인 에노모토는 기계 상인의 집에, 포술 전공인 사와는 총포 면허 상인 집에 하숙을 시킬 정도였다.

카텐데이커와 폼페가 나가사키에서 가르친 제자는 5명의 해군반 사관 중에서 에노모토(해군전습 2기), 우치다, 사와, 아카마쓰(해군전습 3기) 등 모두 4명으로, 이미 서로를 잘 알고 있던 사이이기도 했다. 이런 환경에서 에노모토는 사와, 우치다, 다구치 등과 함께 덴하흐에 있는 네덜란드 해군병학교의 장교들로부터 증기기관학, 선박운용술, 포술 등을 배웠고, 여유가 생기면 레이던으로 가서 하야시, 이토 등과 함께 화학을 배우기도 했다. 또한 니시와 쓰다가 사사를 받던 시몬 피세링(S. Vissering: 1818~1888)으로부터 국제법 강의를 듣기도 했다. 이때 사용했던 교재는 프랑스 국제법학자 장 펠리체-테오도르 오르톨란(Jean Féliché-Theodore Ortolan)의 『바다의 국제 법규와 외교(Règles Internationales et Diplomatie de la Mer, Paris)』 제4판을 네덜란드어로 번역한 초고로, 해양과 관련된 전시 및 평시 국제규범에 관련된 것이다. 이 초고는 에노모토가 귀국할 때 가지고 와 늘 애독했는데, 후술하겠지만 나중에 자신의 목숨을 살리는 데 결정적인 역할을 하게 된다.

가이요마루를 제작하고 있던 힙스 엔 조년 조선소(C. Gips en Zonen)는 로테르담에서 동남쪽으로 얼마 떨어지지 않은 도르드레흐트에 있었다. 이 도시는 내륙에 있지만 수로로 바다까지 이어질 수 있었다. 유학생들의 1차 소임은 막부가 주문한 가이요마루의 제작과정을 감독하고 이를 통해 선진 조선기술을 배우는 것이었다. 따라서 조선학이 전공인 사관 아카마쓰와 대선공인 직방 우에다 도라기치(上田寅吉)는 1863년 12월 초 처음 머물던 덴하흐와 레이던을 떠나 도르드레흐트로 거처를 옮겼다. 그러고는 이곳 조선소에서의 작업을 견학하면서 가이요마루의 제작과정을 감독하기 시작했다.

이 시기를 즈음해 슐레스비히-홀슈타인(Schleswig-Holstein) 지역에 전운이 감돌고 있었다. 이 지역은 함부르크 북쪽 유틀란트 반도 하단에 위치하고 있고, 북쪽으로는 덴마크와 경계를 이루고 있었다. 그중 북쪽이 슐레스비히, 남쪽이 홀슈타인이었다. 당시는 크림 전쟁 결과 러시아와 오스만튀르크 같은 세계 제국이 잠시 무대 뒤로 물러나 있었고, 비스마르크의 프로이센, 나폴레옹 3세의 프랑스, 디즈레일리(B. Disraeli)의 영국이 국제정세를 주도하고 있던 시기였다. 영국은 1852년 덴마크와 맺은 런던 조약을 근거로 프로이센이 덴마크를 침공한다면 언제든지 개입할 수 있었다. 또한 이 조약에서 영국은 슐레스비히-홀슈타인 2개의 공작령에 대해 덴마크의 영유권을 인정하였다. 1863년 덴마크가 이 지역을 자신의 영토에 포함시킨다는 내용을 헌법에 포함시키자, 이를 빌미로 프로이센과 오스트리아가 덴마크를 침공했던 것이다.

프로이센으로서는 영국이 개입하지 않은 상태에서 전쟁을 끝내고 싶었다. 결국 비스마르크는 1864년 2월 독일관세동맹에 포함된 조약(국제법)을 덴마크가 준수하지 않았다는 사실을 이유로 들어 전쟁을 일으킴으로써, 다른 나라의 개입을 허락하지 않을 수 있었다. 국민개병제의 정예병과 우수한 화력을 바탕으로 한 프로이센군은 덴마크군을 격파한 후 이 지역을 오스트리아와 나누어 가졌다. 이후 프로이센은 대오스트리아, 대프랑스 독일 통일전쟁을 이어 가면서 마침내 유럽 신흥 강국의 반열에 올라서게 되었다.

에노모토는 아카마쓰 그리고 네덜란드인 2명와 함께 관전무관(観戦武官)의 자격으로 이 전쟁을 관찰할 수 있었다. 이는 군인으로 귀중한 체험일 뿐만 아니라 국제법의 중요성과 국제정치 감각을 얻을 수 있는 중요한 경험이었다. 그가 국제법에 관심을 갖고 공부하기 시작한 것도 관전무관으로 덴마크·프로이센 전쟁을 직접 경험한 이후의 일이었다. 또한 함께 참전한 네덜란드인은 모두 제철업 관련 종사자들로, 당시 그들과의 교류가 향후 에노모토의 인생 여정, 특히 야하타제철소(八幡製鉄所) 설립에 직간접으로 영향을 미쳤다.

1864년 2월 막부는 이케다 나가오키(池田長発)를 정사로 하는 제2차 유럽사절단(第2次遣欧使節)을 파견하였는데, 요코하마 항 폐쇄를 협상하기 위한 사절단이라 '요코하마 항 폐쇄사절단(横浜鎖港談判使節)'이라 불리기도 한다. 그해 5월 덴하흐에 체재 중이던 유학생 단장 우치다는 막부 사절단 수행원으로부터 한 통의 편지를 받았다. 즉, 네덜란드에 유학 중인 하야시를 막부 사절단에 합류시키라는 것이었다. 당시 사절단은 의사를 동반하지 않았고, 이미 수행원 중 하나인 요코야마 게이이치(横山敬一)가 마르세유에 상륙한 후 사망했다는 소식도 편지에 들어 있었다. 우치다는 사절단이 지명한 하야시에게 연락을 해 함께 파리의 그랜드호텔로 갔다.

여기서 잠시 이 시기에 막부가 사절단을 유럽에 파견하게 된 국내 사정부터 살펴보자. 1862년 말 에노모토 일행이 일본을 떠날 무렵 나름의 공무합체를 성취한 히사미쓰가 사쓰마로 돌아갔고, 이번에는 조슈 번의 주도로 막부에 양이를 재촉하는 칙서가 전달되었다. 이에 대해 막부는 명확한 확답을 주지 않으면서도, 칙서의 내용을 수행하려면 막부와 조정 사이에 협의가 있어야 한다며 쇼군의 교토 상락(京都上洛: 교토 행차) 때로 확답을 미루었다. 1863년 3월 쇼군 이에모치가 교토에 와서는 천황을 알현했고, 대정위임(大政委任)을 확인하는 의식을 거행하였다. 막부로서는 국가의 명령이 막부와 조정 양쪽에서 나오는 것을 막고 실추한 막부의 위신을 높이기 위한 어쩔 수 없는 조치였다. 그러나 앞서 이야기했듯이 이제까지의 대정위임은 막부의 전국 지배 정당성을 위해 막부 스스로 천명한 대의명분에 불과했지만, 이제 대정이란 천황이 막부에 위임한 것임을 막부 스스로 확인해 준 셈이 되었다. 이렇게 천황에 의한 대정위임이 가능하다면 결국 막부에 의한 대정봉환(大政奉還)도 가능해지므로, 막말 대정봉환의 불씨는 여기부터 싹트고 있었는지 모르겠다.

대정위임에 대한 보답으로 막부는 고메이 천황의 요구에 따라 양이 실행 일시를 1863년 6월 25일로 확약해 주었다. 막부는 외국과 전쟁을 하겠다는 의도도 없이, 개항장을 폐쇄하겠다는 통보를 외국 공사들에게 해야만 했다. 물론 외국 공사들은 이를 받아들이지 않았다. 하지만 엉뚱하게도 조슈 번은 양이 실행 확약을 근거로 6월 25일에 시모노세키 앞바다 간몬(関門) 해협을 폐쇄했고, 이를 통과하는 미국, 프랑스, 네덜란드 함선에 대해 경고 없이 포격을 감행했다. 소위 1863년 '시모노세키 사건'이 그것이다. 이에 프랑스와 미국 해군은 조슈의 해군과 포대를 파괴했지만, 오히려 조슈는 포대를 복구하고 해협 건너편 고쿠라(小倉) 해변을 점거해 포대를 축조하면서 해협 봉쇄를 이어 나갔다.

여기서 잠시 이야기를 돌려 보면, 조슈는 당시 이 해협을 지나는 영국의 함선에 대해서는 포격을 하지 않았다는 사실이 확인된다. 사실 첫 번째 포격이 있었던 이틀 후인 6월 27일은 이토 히로부미(伊藤博文), 이노우에 가오루(井上

馨)를 비롯한 조슈의 젊은이 5명(흔히 조슈 파이브라 불림)이 조슈 번의 밀명을 받고 영국으로 밀항 유학을 떠난 날이었다. 영국과의 내통도 내통이거니와, 번의 공식정책인 양이와 영국 유학은 어딘가 서로 모순된다고 볼 수 있다. 영국에 도착한 이토와 이노우에는 다른 3명과는 달리 공부에 전념하지 않은 채 세월을 보내다가 도착한 지 6개월 만에 조국이 전쟁에 휩싸였다(1864년 시모노세키 전쟁)는 석연치 않은 이유를 들고는 돌연 귀국해 버리고 말았다. 이후 조슈는 양이보다는 토막에 집중하게 되었다. 한편 사쓰에 전쟁, 사쓰마 영국 유학생, 그 이후 양이에서 토막으로의 변신 등 사쓰마 역시 마찬가지 과정을 겪었다. 일부에서는 이 같은 근거를 들면서 막말 정국을 주도한 조슈와 사쓰마 번의 젊은이들이 단지 외국 무기상, 외국계 은행, 로스차일드(Rothschild) 가 등 세계 금융재벌의 에이전트로 활약했을 뿐이라는 음모론을 제기하였다. 그 후 이어지는 태평양전쟁까지 전쟁 정국의 모든 책임을 외부화하려는 일본 내 극우적 시각도 엄존하고 있다. 더 나아가 물론 여기서 더 나아가는 것은 이야기만 복잡하게 만들 뿐이지만, 이런 상상도 충분히 가능하다는 점만 확인하고 다시 본래 이야기로 돌아간다.

그해 8월에는 나마무기 사건에 대한 보상을 이행하지 않는 사쓰마에 대해 영국이 군함을 동원해 가고시마(鹿兒島)를 공격했으니, 바로 사쓰에(薩英) 전쟁이 그것이다. 물론 시마즈 나리아키라 시절부터 준비한 사쓰마의 포대가 영국 해군에게 피해를 주었지만, 가고시마는 영국 군함의 포격을 받아 큰 피해를 입으면서 서양의 군사력과 과학 수준을 실감하게 되었다. 또한 그해 10월, 프랑스 사관 1명이 양이파에게 피살되는 사건이 발생하였다. 막부는 발등의 불과 같은 작금의 외국과의 마찰을 해소하고 양이파의 요구를 일부 수용하면서, 효고 항이라도 폐쇄하겠다는 안을 조정 측에 약속했던 것이다. 따라서 막부로서는 이 안을 관철시키기 위해 다시 한 번 해외사절단을 파견하지 않으면

안 되었다. 바로 이 사절단으로부터 유학생 단장 우치다가 하야시의 사절단 합류 명령을 받았던 것이다.

사절단은 상하이, 인도, 수에즈, 카이로를 거쳐 지중해를 지나 마르세유에 도착했다. 이집트에서는 피라미드와 스핑크스도 견학했고, 이 당시 찍은 사진이 지금도 남아 있다. 사절단은 나폴레옹 3세와의 회담에서 요코하마 항 폐쇄안을 성사시키지 못했고, 오히려 서구문명의 강대함과 개국의 중요성만 인식하게 되었다. 결국 프랑스 정부와의 협상 끝에 '파리 약정'을 체결하고 더 이상 요코하마 항 폐쇄가 불가능하다는 판단 아래 다른 나라 방문을 취소하고는 8월 23일 전격 귀국하고 말았다. '파리 약정'의 주요 조항을 살펴보면, 첫째, 조슈 번의 프랑스 함선 포격에 대해 막부와 조슈 번이 각기 배상금을 지불한다. 둘째, 프랑스 함선의 간몬 해협 자유통행을 보장한다. 셋째, 수입품의 관세율을 낮춘다, 등 막부로서는 기대 이하의 결과였다. 정사 이케다는 귀국 즉시 막부에 협약내용을 보고하면서 대외 화친정책을 막부에 건의했다. 하지만 막부는 이틀 후인 8월 25일 조약 파기를 통보하였고, 이에 대해 영국, 프랑스, 네덜란드, 미국 4개국 군함 17척으로 구성된 연합함대는 8월 28일 출동하여 조슈의 포대를 완전히 파괴했고 육전대를 상륙시켜 포대를 점령하였다.

일본 사절단의 의사가 된 하야시는 1864년 5월 7일부터 근 한 달간 파리에 체재하면서 수행원들 중 환자를 돌보았다. 하지만 스승 폼페로부터 '아직 미숙한 솜씨로 환자를 보는 것은 무리이고 현재는 학업에 열중해야 할 시기'라는 질책의 편지를 받고는 다시 네덜란드로 돌아왔다. 하야시와 함께 파리로 갔던 우치다는 며칠 머물지 않고 바로 네덜란드로 귀환했지만, 다시 사절단으로부터 호출을 받았다. 이번에는 프랑스가 양도하겠다는 철갑함에 대한 사전 점검을 위한 것이었고, 우치다는 에노모토를 동반해 파리로 갔다. 이미 1854

310

년에 네덜란드가, 1858년에 영국이 일본에 함선을 기증한 바가 있어 프랑스로서는 늦은 감도 없지 않았다. 하지만 조사 결과 프랑스가 양도하려던 군함은 대형함으로, 흘수선(吃水線)이 깊어서 수심이 얕은 에도 만에서의 경비업무에 부적당하다고 판명되었다. 우치다와 에노모토는 사절들의 명을 받아 신조(新造) 군함 발주서를 막부에 제출했지만 결실을 맺지 못했다.

한편 사절단 일원으로 온 하라다 이치도(原田一道)는 서양의 병제 및 병학을 연구할 목적으로 사절단에서 이탈하여 네덜란드 유학단에 합류했으며, 20개월가량 머문 후 에노모토 일행과 함께 귀국하였다. 하라다의 큰아들 하라다 도요키치(原田豊吉)는 14세 때인 1874년에 독일로 유학을 가서 하이델베르크 대학교에서 지질학 박사학위를 받은 일본 최초의 지질학자로 유명하며, 둘째 아들 하라다 나오시로(原田直次郎)는 메이지 시대 대표적인 서양화가였다.

에노모토는 제2차 유럽사절단이 귀국한 후 잠시 한가한 틈을 타 1864년 9월 27일에 영국 여행을 떠났다. 그가 보낸 편지를 10월 7일에 받은 아카마쓰는 우치다와 함께 10월 15일에 런던으로 떠났으며, 이들 3명은 10월 23일에 런던에서 만났고, 11월 1일에 네덜란드로 돌아왔다. 에노모토로서는 한 달 이상의 장기간 여행이었다. 영국에서의 에노모토 행적에 대해 이런저런 이야기가 있으나 실제 그 자신의 기록은 남아 있지 않고, 아카마쓰의 다음과 같은 기록을 통해 추측해 볼 따름이다.

나는 도르드레흐트에서 있을 당시 에노모토와 함께 1개월간 영국 여행을 한 적이 있다. 당시 네덜란드 해군대신 카텐데이커 등으로부터 소개장을 받아 먼저 런던으로 갔다. 에노모토는 일본에 있을 때부터 영어를 배워 충분히 대화가 되었고, 나 역시 어쨌든 일상생활에 부족하지 않을 정도였다. 런던 주재 네덜란드 총영사는 니콜슨(Nicolson)이라 하는 60세 가까운 백발의 노인으로 대신의 소개장을 지참하고 방문하자 대단히 극진하게 대우해 주었고, 영사관 내의 방 하나를 우리들 체재 중에 숙소로 제공해 주었으며, 만찬 시에는 그의 가족과 같은 식탁을 사용했다. 각 방면으로 다양하게 배려하고 소개해 준 덕분에 시종 큰 신세를 졌다. 셰필드와 리버풀 등을 돌아보았고, 주로 견학한 곳은 조선소, (증기)기관 등의 기계공장과 광산 등이었다.

에노모토가 일본에 있을 당시 존 만지로로부터 배운 영어가 이때 빛을 발했음은 말할 필요도 없다. 또한 유학생들은 영국에 가서도 당시 해군대신이었던 카텐데이커 덕분에 특별한 대우를 받았음을 알 수 있다. 네덜란드 유학 중임에도 불구하고 에노모토가 장기간에 걸쳐 영국을 방문한 것에는 나름의 이유가 있었을 것이다. 즉, 에노모토는 이제 모든 측면에서 유럽의 대세가 네덜란드에서 영국으로 기울고 있음을 인지했고, 이를 확인하기 위해 스스로 현지를 방문했던 것이다. 따라서 에노모토의 영국 방문은 그가 지닌 국제감각과 실천력을 엿볼 수 있는 장면이기도 했다. 어쩌면 에노모토의 영국 여행이 이 시기를 즈음해서 막부가 네덜란드에 파견했던 히다 하마고로(肥田浜五郎)의 임무와 관련이 있지 않을까 상상해 볼 수 있다. 히다는 에노모토와 마찬가지로 해군전습소 2기생으로 해군조련소 교수직을 맡고 있었고, 견미사절단의 호위함인 간린마루의 기관장으로서 태평양을 건넌 경험을 가지고 있었다.

히다는 1864년 이시카와지마조선소(石川島造船所)의 근대화를 위해 네덜란드에 파견되었는데, 영국과 네덜란드에 공작기계를 발주하고는 그 완성을 기다리고 있었다. 이시카와지마조선소는 막부의 최초 근대식 조선소로, 미토 번주였던 도쿠가와 나리아키가 해방참여직에 부임하면서 만든 조선소였다. 이조선소에서 막부의 서양식 범선 군함인 아사히마루(旭日丸)와 증기 군함 지요다마루(千代田丸) 등이 건조되었다. 이시카와지마는 도쿄 만 내측 스미다 강

(遇田川) 하구에 있던 섬으로 현재는 쓰키지(築地) 시장 건너편의 하중도에 편입되었다. 당시의 조선소는 사라졌지만 그곳에 세워진 이시카와지마하리마 중공업(石川島播磨重工業)의 후신인 IHI의 건물에는 이시카와지마 자료관(石川島資料館)이 있으며, 이곳 전시물에서 이곳이 과거 막부의 조선소가 있던 곳임을 확인할 수 있다.

1865년 막부는 이시카와지마조선소를 확대·발전시킨다는 당초 계획을 변경하여 요코스카(橫須賀)에 제철소와 조선소를 건설하기로 하고 이를 추진하기 위해 시바타 다케나카(柴田剛中)를 프랑스로 파견하였다. 그는 이미 1863년 제2차 유럽사절단의 일행으로 유럽을 다녀온 바 있으며, 당시 외교부교직을 맡고 있던 고위 막신이었다. 막부는 히다에게 그간 맡아 온 일을 중단하고 시바타 밑에서 그의 일을 도우라는 명령과 함께 영국과 네덜란드에 주문한 공작기계를 시바타에게 인계하도록 했다. 이시카와지마조선소의 근대화 방침이 요코스카 제철소와 조선소 신설로 바뀐 데는 새로이 부임한 프랑스 총영사 로슈(Roches)의 역할이 컸다. 또한 바로 이 시점을 즈음해서 막부의 외교가 서서히 프랑스 쪽으로 경도되고 있음을 감지할 수 있다.

요코스카조선소

레옹 로슈(Léon Roches: 1809~1900)는 아프리카 여러 나라의 영사를 거쳐 1864년 4월에 주일 프랑스 공사로 부임했고, 5월 막부에 신임장을 제출한 전문 외교관 출신이었다. 일본의 외교무대에서 자신의 역량을 보여 준 첫 번째 사건이 바로 영국과 협조하면서 이루어 낸 시모노세키 전쟁이었다. 이후 막말 정국에서 로슈의 활약을 설명하기 위해서는 다른 2명의 인물에 대한 이야기가 선행되어야 할 것이다. 하나는 막말 막부의 개혁정책을 주도한 오구리 다다마사(小栗忠順: 1827~1868)이고, 다른 하나는 요코스카 제철소와 조선소를 맡아 완공시킨 프랑스 기술자 레옹스 베르니(Léonce Verny: 1837~1908)이다. 오구리는 1860년 견미사절단 일행으로 일찍부터 다양한 서양문물을 경험한 바 있었다. 그는 이후 41세라는 비교적 젊은 나이에 생을 마감할 때까지 막말 정국의 크고 작은 사건 때마다 등장하였다. 1861년 외교부교였던 시절, 그는 러시아 군함의 쓰시마 섬 점령 사건을 맡아 처리했다. 이듬해인 1862년 간조부교(勘定奉行)로 취임해 막부의 재정 자립을 추진했고, 이를 바탕으로 해군력 강화를 위해 외국으로부터의 함선 구입을 주도하였다. 또한 1864년 근대적 제철소 건설계획을 입안해 쇼군 이에모치로부터 승낙을 받았고, 건설 예정지를 요코스카로 결정하였다. 당시 일본의 기술력과 경제력으로 근대식 제철소를 세운다는 것은 무리한 일이라, 오구리는 협력 파트너로 로슈를 선정해 협상을 시작하였다.

한편 프랑스 측은 중국 닝보(寧波)에서 자국의 조선소 건설을 담당했던 레옹스 베르니를 조선소 건설 책임자로 추천했고, 베르니는 1865년 1월 일본으로 파견되었다. 그는 로슈와 함께 제철소 건설계획안을 작성해 2월 11일 막부에 제출했으며, 같은 달 24일에 막부가 이를 승인함으로써 제철소 건설계획이 확정되었다. 이 계획안에서는 제철소와 조선소를 함께 건설하기로 했고, 그 입지를 요코스카로 확정하였으며, 건설 총책임자로 베르니가 선정되었다. 베르니는 그해 4월 건설 자재와 프랑스인 기술자를 섭외하기 위해 잠시 프랑스로 귀국하였다. 앞서 언급한 시바다 일행이 물자 구입과 조선기술 견학을 위해 프랑스로 출발한 것이 두 달 후인 6월 27일이었고, 마르세유에 도착한 것은 8월 26일이었다. 베르니는 시바다 사절단과 동행해서 그들이 프랑스를 떠난 12월 7일까지 해군 관련 시설을 안내하였다.

당시는 요코스카로 건설입지가 확정된 상태였지만, 프랑스에 와 있던 일본인들 사이에서는 이를 두고 논쟁이 벌어졌다. 이시카와지마조선소 근대화계획으로 먼저 네덜란드에 와 있던 히다와 요코스카 건설 책임자 베르니 사이에는 건설입지뿐만 아니라 군함건조 방식에 대해 이견이 있었다. 물론 에노모토는 히다의 견해에 동조했으며, 이들 둘은 프랑스에 방금 도착한 시바다와 베르니를 만나러 파리로 갔다.

우선 히다는 당장 일본에 필요한 군함은 철갑선이라면서, 이를 위한 공작기계를 구입해야 한다고 주장하였다. 이에 대해 베르니는 조선소 건설에 많은 비용이 들기 때문에 철갑선을 위한 공작기계 구입에 비용을 많이 투입할 수 없으며, 요코스카조선소에서 우선 건조해야 하는 것은 목조 경비함이라 주장하였다. 이러한 주장에는 자신의 과업이 제철소와 조선소 건설이라는 점이 한 몫했다고 볼 수 있다. 하지만 히다는 '현재 철갑함의 이점은 유럽 해군의 공론이며, 일본에서 군함을 건조한다면 10척의 목선 군함보다는 2척의 철갑함이 더 타당하다'고 주장하면서 베르니의 주장에 맞섰다. 또한 요코스카는 명승지이며 요코하마 만 밖에 있어 외적에게 탈취당할 위험이 있으니, 도쿄 만 깊숙이 자리 잡고 있는 이시카와지마, 어쩌면 스미다 강을 거슬러 올라가 무코지마(向島)가 더 적합하다고 히다는 주장하였다. 하지만 베르니는 이시카와지마의 경우 예산 및 기술적인 문제가 있고, 요코스카 주변에 요새나 포대를 건설한다면 외적의 침입에 대비할 수 있다고 맞섰다. 이를 듣고 있던 시바다는 히다와 에노모토의 견해로 기울어져 막부에 이들의 논의내용을 상신했지만, 기존 계획안을 바꾸지는 못했다.

1865년 11월부터 제철소 건설을 시작하였다. 1866년 6월 베르니가 일본에 도착했고, 이후 요코스카 제철소 및 조선소 건설이 순조롭게 진행되었다. 하지만 1868년 보신 전쟁으로 일시 중지되었고, 결국 신정부에 의해 계속 추진되어 1871년 완공되었다. 곧이어 1872년 소류(蒼龍, 1937년에 준공된 같은 이름의 항공모함도 있음), 1875년 아오키(靑輝)가 진수되었다. 그 후 요코스카조선소는 일본 해군 건설의 중추적인 역할을 담당했고, 이는 태평양전쟁까지 이어졌다. 패전 후 요코스카조선소는 미국 해군기지(U.S. Fleet Activities Yokosuka FAC3099)로 바뀌었고, 핵추진 항공모함 '로널드 레이건'의 모항으로 이용되고 있다.

로슈는 요코스카제철소 건설을 추진하면서 막부와 가까워질 수 있었고, 자신보다 한 해 뒤인 1865년에 부임한 영국 공사 해리 파크스(Harry Parkes: 1828~1885)와의 경쟁의식 때문에 노골적으로 막부 개혁정책에 관여하였다. 로슈는 1868년 6월 공사직에서 해임되어 일본을 떠날 때까지 4년이라는 짧은 기간 동안 막부 개혁사업에 크게 공헌했다. 몇몇 주요 업적을 살펴보면, 1865년 요코스카제철소 건설 착수, 1865년 요코하마 불어전습소 설립, 파리 만국박람회 참가 권유(1867년 막부 참가), 프랑스 경제사절단 파일(차관 및 무기 계약), 1867년 프랑스 군사고문단 초빙 및 훈련 개시 등이 그것이었다. 로슈로서는 암암리에 사쓰마·조슈 등 토막세력을 지원하고 있던 영국에 대항해서, 15대 쇼군 도쿠가와 요시노부를 주축으로 한 막부 중심의 통일정권을 수립하려고 마지막까지 진력을 다했다. 하지만 로슈는 그 뜻을 이루지 못하고 귀국할 수밖에 없었다. 한편 해리 파크스는 이후 1883년까지 무려 18년 동안 주일 영국 공사(나중에 대사)를 지내면서, 막말 그리고 메이지 초기 일본의 근대화에 큰 영향력을 행사하였다. 그 후 1883년부터 사망한 1885년까지 주청 영국 대사를 역임했는데, 1883년부터 1884년까지 주조선 초대 영국 대사를 겸임하기도 했다.

한편 오구리는 로슈의 주선으로 막부 육군 강화를 위한 프랑스 군사고문단의 초빙과 함께 무기체제 개혁을 위해 대포 90문, 후장식 소총 25,000정, 군복

316

27,000인분 등 막대한 양의 군수품을 프랑스로부터 구입하였다. 후술하겠지만 최신예함 가이요마루를 기함으로 한 막부 해군은 사쓰마·조슈 해군이 넘볼 수 없을 정도로 막강했다. 또한 프랑스의 지원을 받은 막부 육군 역시 사쓰마·조슈 육군에 비해 병력이나 장비 면에서 우세하면 했지 못할 것이 없었다. 1868년 1월 신정부군과 구막부군 사이의 첫 전투였던 도바(鳥羽)·후시미(伏見) 전투에서 구막부군이 패배했다. 하지만 여전히 구막부군에게는 많은 예비병력이 남아 있었고, 도호쿠(東北) 지방의 친번(親藩)이나 후다이 번(譜代藩)으로부터의 지원이 보장되어 있었다. 오구리와 에노모토를 비롯한 구막신들은 철저 항전을 주장했지만, 쇼군 요시노부는 항복하고 말았다.

오구리는 구막신들로부터 쇼기타이(彰義隊: 1868년 쇼군 요시노부의 경호를 위해 만들어진 구막부 부대로, 우에노 전투에서 신정부군에 패해 해산됨. 현재 우에노 공원에는 신정부군의 총지휘자 사이고 다카모리 동상 뒤편에 쇼기타이 전몰자를 위한 비가 세워져 있음) 대장으로 추대되었지만, "도쿠가와 요시노부에게 사쓰마·조슈와의 항쟁 의사가 없는 한, 나는 이름 없는 선비로 남겠으며 대의명분 없는 전쟁은 하지 않겠다."라고 거절했다. 그는 고향으로 돌아가 은거하던 중 농병을 훈련시켰다는 이유로 신정부군에 체포되어 참수되었다. 그의 나이 41세. 이야기가 시기적으로 조금 앞서간 느낌도 없지 않으나, 오구리에 대한 이야기는 막말 정국의 이해에 필수적인 사항이라 조금 더 나아가 보자.

『사카모토 료마와 메이지 유신』을 집필한 미국의 대표적인 일본학 연구자 마리우스 잰슨 교수는 1860년 견미사절단에 참가했던 3명의 인물을 비교한 바 있다. "이들 3인은 일본의 당면문제에 대해 각기 다른 시각을 가졌으며 나름의 해결책을 제시했는데, 어쩌면 막말의 정국은 이들 3명의 견해 사이를 오갔던 시기"라고, 그는 지적했다. 후쿠자와 유키치, 가쓰 가이슈, 오구리 다다

마사가 바로 그들이다. 일본 최고액권 1만 엔짜리 지폐의 모델이기도 한 후쿠자와 유키치는, 일본이 당면한 문제는 주로 교육과 계몽의 문제라 결론짓고 자신의 전 생애를 해박한 서양 지식을 널리 보급하는 데 바쳤다. 그는 정치나 정치가에 대해서는 별다른 직접적인 관심을 보이지 않고 오로지 시대에 뒤떨어진 동포들에게만 관심을 집중했다. 한편 가쓰 가이슈는 근대화와 자유주의라는 목표로의 전진이 지니는 중요성에 대해 확신하고 있었다. 그는 다양한 계급과 지역의 인물들과 폭넓게 교류하면서 인습에 얽매이지 않은 채 자유롭게 자신의 사상을 발전시켜 나갔다. 결국 막신이면서도 막부보다는 일본이라는 통일국가를 먼저 생각했기에, 일부에서는 막부 내 '토막파'라는 비난을 받기도 했다. 마지막으로 오구리는, 일본의 근대화는 막부의 지원 아래에서만 이루어질 수 있고 또한 그것이 바람직하다고 믿었다. 그는 막부가 필요로 하는 도움을 외부로부터 받아 반대자들을 분쇄하고 봉건체제를 종식시킨 다음, 독재지배를 바탕으로 근대적 통일국가를 세워야 한다는 입장을 견지했다.

이들 모두 종국적으로는 막부 해체를 목표로 했고 결국 막부는 해체되었지만, 마지막까지 막부의 끈을 놓지 않으려던 오구리만이 통일국가의 일원이 되지 못했다. 하지만 와세다대학교의 창설자이자 초대 총장이었으며 두 번(8, 17대)에 걸쳐 총리대신을 역임한 오쿠마 시게노부(大隈重信)는 "메이지 정부의 근대화 정책은 오구리의 것을 모방한 데 지나지 않는다."라고 말했고, 일본의 국민작가 시바 료타로(司馬遼太郎)는 "오구리는 메이지의 아버지"라고 칭송했으며, 러시아 발트함대를 동해에서 격침시켜 결국 러일전쟁을 승리로 이끈 일본 연합함대 사령관 도고 헤이하치로(東鄕平八郞)는 "동해에서 승리한 것은 제철소, 조선소를 건설한 오구리의 공이 지대하다."라고 상찬했다고 한다. 부국강병을 온몸으로 실천하면서 끝까지 막부를 지키려 했던 오구리 다다마사에 대한 메이지 실세들의 평가가 뜻밖이지만, 아픈 과거 속에서 '건국절'을 둘러싸고 설전을 벌여야만 하는 이념 과잉의 우리로서는 부러운 부분이 없는 것도 아니다.

귀국

오구리 다다마사의 이야기를 하느라 잠시 샛길로 들어섰지만, 이 역시 에노모토를 그려 내고 막말을 이해하기 위한 배경지식이 될 것으로 생각한다. 다시 에노모토가 머물던 네덜란드로 돌아가자. 우치다, 에노모토, 아카마쓰 일행이 영국 여행을 마치고 돌아온 지 얼마 지나지 않은 1864년 11월 18일, 막부가 주문한 가이요마루가 제작되고 있던 도르드레흐트 소재 힙스 엔 조넌 조선소에서 명명식이 거행되었다. 일본 측에서 사관은 우치다, 사와, 아카마쓰, 그리고 직방이었던 우에다 등 모두 4명이 참석했는데 에노모토의 이름은 없었다. 네덜란드 측에서는 회사 임직원과 도르드레흐트 시장 등이 참석하였다. 유학생 대표인 우치다가 '가이요마루(開陽丸)'라고 손으로 쓴 간판이 뱃머리에 붙여지면서 명명식은 막을 내렸다. 이후 1865년 11월 2일에 가이요마루의 진수식이 거행되었다. 에노모토는 사와와 함께 파리로 출장을 갔다가 진수식 전날 조선소가 있던 도르드레흐트에 도착했다. 시기로 보아 요코스카제철소 관련 사절단과의 회의차 파리로 출장 갔던 그 무렵이 아니었을까 상상해 볼 수 있다.

진수식에 드러난 가이요마루는 당당한 위용을 갖추고 있었다. 배수량 2,600톤의 증기 군함이며 3본 마스트에 400마력의 증기기관이 장착된 스크루 추진식 함선으로 포 26문이 장착되어 있었다. 원래 설계에는 26문 중 크루프 (Krupp) 사가 만든 강선[腔線: 총열이나 포열 안쪽에 나 있는 나선형의 홈, 시조(施条)

라고도 함] 대포 6문이 장착될 예정이었다. 그러나 강선 대포의 위력을 프로이센·덴마크 전쟁에서 확인한 에노모토와 아카마쓰의 노력 덕분에 14문이 교체되어 20문의 강선 대포가 장착되었다. 크루프 사는 19세기 후반부터 전 세계적으로 알려진 중화학기계 기업으로, 나중에 티센(Thyssen) 사와 합병을 해 현재 티센크루프 사가 되었으며, 우리나라 건물에 장착된 엘리베이터에서 간혹 그 이름을 확인할 수 있다. 실제로 가이요마루는 네덜란드 사설 조선소에서 건조한 배로는 당시까지 최대 선박이었으며, 시험운항을 한 네덜란드 해군 대위 디노(J. A. E. Dinaux)는 "현재 네덜란드 해군에서 가이요마루를 능가할 군

그림 6.2 건조 중인 가이요마루(위), 완공 후 가이요마루(아래)

함은 없다."라고 단언할 정도였다.

진수식에 네덜란드 측에서는 카텐데이커 해군대신과 일본으로부터 선박을 수주해서 힙스 엔 조년 조선소에 발주한 네덜란드 상사 회사 임직원을 비롯한 많은 관계자들이 참석했으며, 일본 측에서는 우치다, 에노모토, 사와, 아카마쓰, 다구치 등 해군반 사관들과 후로가와 쇼하치(古川庄八), 우에다 도라기치(上田寅吉), 야마시타 이와기치(山下岩吉) 등 직방들이 참석하였다. 진수식을 마치고 저녁에는 성대한 만찬이 있었는데, 당시의 초대장과 메뉴는 지금도 남아 있다. 다시 1년여가 지난 1866년 12월 1일, 가이요마루는 마침내 네덜란드를 출발해 귀국길에 올랐다. 떠나기 직전 에노모토는 지난 3년간 자신에게 화학을 가르쳐 준 교관에게 다음과 같은 감사의 편지를 보냈다.

오늘 한가한 틈을 타 지난 3년간 귀하로부터 받았던 가르침에 대해 다시 한 번 진심 어린 감사의 말씀을 드리는 것은 다음의 글을 인정하려 하기 때문입니다.

화학의 지식은 각종 학문과 국민의 번영을 기획하려 할 때 진정 없어서는 안 되는 것입니다. 저는 지난날 말씀드린 대로 귀국하자마자 화학을 우리나라에 소개해서 일본의 물질적 이익의 증진을 도모할 책임을 스스로 간직하고자 합니다. 저는 어떻게 해서라도 귀하의 가르침에 보답할 수 있기를 간절히 바라는 동시에, 귀하의 명성이 극동에서 화학을 지망하는 자에게 영원히 기억되기를 희망합니다.

이처럼 에노모토는 일찍부터 화학이 국가 산업 발전에 얼마나 중요한가를 충분히 인식하고 있었으며, 본인 역시 메이지 초기에 화학적 지식을 산업에 응용하는 데 일익을 담당하였다. 네덜란드로 떠날 때 15명이었던 일행은 이제 9명으로 줄어들었다. 우선 반쇼시라베쇼의 교수로 서구의 인문·사회과학을 공부하러 왔던 쓰다와 니시는 이미 1865년 12월 귀국길에 올라 1866년 2월에 일본에 도착했다. 이들은 레이던대학에서 피세링 교수로부터 법리학, 국제공법학, 국법학, 경제학, 통계학을 배웠으며, 서구의 자유주의적 사상과 실증주의를 온몸으로 받아들였다. 그리고 그들은 네덜란드에서 프리메이슨(Freemason)에 가입하기도 했다. 에노모토와 같은 해군반이었던 아카마쓰는 유학 연기원이 막부로부터 받아들여져 의학반인 이토, 하야시와 함께 계속 네덜란드에 머무를 수 있었다.

불행히도 직방 가운데 오카와 기타로(大川喜太郎)는 병으로 유학 중 사망하여 귀국길에 오를 수 없었다. 그의 묘지는 지금도 암스테르담에 있다. 이와 함께 더욱 유감스러운 일은 카텐데이커의 사망이었다. 그는 가이요마루의 건조에 큰 역할을 했으며, 유학생들의 편의를 위해 성심을 다했던 유학생들의 대스승이었다. 1866년 2월 6일 향년 50세를 일기로 사망하였는데, 그는 가이요마루의 완공을 보지 못했다. 결국 우치다, 에노모토, 사와, 다구치 등 4명의 해군반 사관과 오카와를 제외한 나머지 직방 5명 등 모두 9명만이 새로이 건조된 가이요마루를 타고 귀국길에 올랐다. 그리고 도중에 네덜란드 유학생으로 합류했던 하라다 이치도 역시 이때 귀국하였다. 총 승조 인원이 400명인 가이요마루는 이들 유학생만으로 움직일 수 없었다. 가이요마루를 시험운행했던 디노 대위를 지휘관으로 해 네덜란드 해군사관 2명, 하사관 14명, 수부·화부 160명, 의사 1명으로 구성된 승조원이 가이요마루를 실질적으로 움직였다.

플리싱언(Vlissingen) 항을 떠난 가이요마루는 차가운 북해의 공기를 뚫고 천천히 움직이기 시작했다. 도버 해협을 통과하고는 방향을 남쪽으로 잡아 대서양을 횡단하면서 브라질의 리우데자네이루를 향해 나아갔다. 출항한 지 17일째 되던 날(1866년 12월 17일) 포르투갈의 외해를 지났고, 1867년 1월 7일에 적도를 지나 남반구에 들어섰으며, 1월 21일 리우데자네이루에 도착하였다. 여기서 그들은 항해 중 파손된 장비를 수선하고 석탄을 비롯해 식품과 음료수를 배에 실었다. 이 시기에 즈음해서 에노모토가 가이요마루의 증기기관 설계자인 하위헌스(H. Huygens) 해군대좌에게 보낸 편지가 있다.

삼가 말씀드립니다.

우리는 51일간의 항해 끝에 1월 21일 이곳(리우데자네이루)에 선박과 승조원 모두 무사히 도착했음을 이렇게 보고 드립니다. 저는 이곳까지 진정한 의미의 시험항해를 했는데, 배의 속도, 견고함, 엔진의 안정적 움직임, 증기기관의 양호한 상태 등에 대해서는 디노, 하르데스 두 사람이 귀하에게 보고했기에 더 이상 아무것도 말씀드릴 것이 없습니다. 그저 가이요마루가 무엇보다도 뛰어난 군함이며 선박으로서의 장점을 모두 갖추고 있다고 말씀드릴 뿐입니다. 이 배는 막부의 목적에 대한 완벽한 답이라고 우리는 생각합니다.

하지만 우리에게는 단지 이 배 한 척밖에 없습니다. 제가 수년 전부터 지적했듯이 이 같은 배를 더 가져야 한다는 것을 막부에 진언하는 것이 우리의 임무입니다. '다른 사람의 안경으로 사물을 보기보다는 자신의 눈으로 보는 편이 낫다'고 하는 속담도 있습니다.

참, 귀하와 가족들은 잘 지내고 계신지요? 추운 날씨에 몸조심하시기 바라며, 이 편지가 제대로 전달되기를 기원합니다.

가족분들, 토우르크 씨, 오브레인 씨, 그 외 다른 사람들에게도 아무쪼록 안부 부탁드립니다.

대양을 건너면서, 생도이자 친구인 에노모토 가마지로(榎本釜次郎).

에노모토는 이 당시까지만 해도 '다케아키(武揚)'라는 이름을 쓰지 않고 어릴 적부터의 이름인 '가마지로'를 쓰고 있었다. 육지에서 11일 동안 머문 후, 2월 1일 리우데자네이루를 출항해서 인도양에 들어선 것은 3월 1일이었다. 이후 근 한 달을 항해해서 3월 29일 말루쿠 제도 중 세람(Ceram)의 남동쪽 작은 섬 암보이나(Amboina)에 기항했는데, 네덜란드 플리싱언을 출항한 지 120일째 되던 날이었다. 원래 이곳은 향료 집산지로 포르투갈이 점령하고 있었으나, 1605년 네덜란드인이 도착해서는 포르투갈인을 축출하고 점령하였다. 이후 1623년 향료쟁탈 과정에서 영국인을 학살하고 향료무역을 독점하게 되었는데, 소위 '암보이나 대학살사건'이 벌어졌던 현장이 바로 이곳이었다. 물론 이 사건을 계기로 네덜란드의 동아시아 진출, 특히 일본 진출이 본격화되었다. 4월 10일 암보이나를 떠난 가이요마루는 4월 29일 오전 8시 시모다 앞바다를 통과하고는 마침내 오전 10시 반 무사히 요코하마에 닻을 내렸다. 네덜란드 출발 157일째 되던 날이었다.

귀국 후 에노모토는 사와와 함께 가이요마루 인수준비위원이 되었고, 마침내 6월 22일 일본 측에서는 해군부교대우(海軍奉行並) 오다 노부요시(織田信愛), 군함부교 가쓰 가이슈(勝海舟), 기무라 가이슈(木村芥舟)가 인수위원이 되었다. 네덜란드 쪽에서는 네덜란드 총영사와 영사 겸 네덜란드 상사회사 대리인이 참석했다. 일본 국기가 올라가고 예포 21발이 발사되었으며, 마침내 네덜란드 국기가 하강했다. 이로써 가이요마루는 일본 해군의 최강 군함이 되었다. 하지만 가이요마루가 도착하고 두 달 가까이나 지나서 일본 측에 인도된 데는 나름의 이유가 있었다. 앞서 언급했듯이 가이요마루가 도착하기 전 막부 육군은 프랑스의 지원을 받아 군제 개혁이 진행 중이었고, 해군은 영국의 지원을 받기로 합의해 조만간 영국의 군사고문단이 입국할 예정이었다. 프랑스로서는 영국과의 마찰을 피하기 위해 해군 관련 사항은 영국에 양보했고, 영국도 사쓰마·조슈를 후원하면서 막부를 배외시키고 있다는 혐의를 벗고 또한 막부를 적으로 돌리지 않기 위해 이를 수락하였다. 하지만 가이요마루에는 디노 함장을 비롯해 180명에 가까운 네덜란드 해군 소속의 승조원이 타고 있었다. 결국 누가 일본 측 가이요마루 승조원을 훈련시킬 것인가를 놓고 막부, 영국, 네덜란드 사이에 문제가 발생했던 것이다.

가이요마루를 타고 귀국한 에노모토를 비롯한 막부 사관 4명, 그중에서 다구치는 몸이 좋지 않았기에 귀국 후 얼마 있지 않아 사망하였다. 사실 3명의 사관 그리고 5명의 직방으로는 3,000톤에 가까운 배를 움직일 수 없었다. 게다가 이들 사관마저도 해군사관학교에서 막 교육을 끝낸 정도의 수준이라 지휘관으로서의 훈련이나 경험은 전무한 상태였다. 설령 그들이 나가사키 해군전습소의 경험이 있었다고 하더라도, 그 당시의 군함과 가이요마루는 차원이 다른 배였다. 가이요마루급 군함을 제대로 운용하려면 함장의 경우 적어도 15년 이상의 경험이 필요했고, 승조원이 새로운 배에 적응해서 전투를 하려면 1년 이상의 훈련기간이 필요했다. 하지만 어느 누구도 이러한 경험과 훈련을 받은 바 없기에 아직 도착하지도 않은 영국 군사고문단을 기다려야 할 처지였다.

우치다, 에노모토, 사와 등은 당연히 함께 온 네덜란드 사관으로부터 교육받기를 원했고, 그것이 불가능하다면 적어도 영국 군사고문단이 도착할 때까지라도 네덜란드 사관으로부터 교육받기를 원했다. 하지만 막부로서는 영국과의 외교적 마찰을 피하기 위해 허락할 수 없는 상황이었다. 군함 구입과 사관 유학은 네덜란드로, 조선소 건설은 프랑스로, 해군 교육은 영국으로, 그야말로 막말의 혼란을 여실히 보여 주는 장면이다. 나중에 설명하겠지만, 에노모토는 가이요마루를 비롯한 막부 해군을 이끌고 홋카이도로 탈주해 신정부군과 전투를 벌이면서 12척의 군함 중 거의 대부분을 잃는다. 하지만 침몰원인이 상대 군함의 포격에 의한 것이 아니라 대부분 항해 부주의나 미숙 그리고 악천후에 대한 대비 소홀 등으로 좌초된 것이었다. 이는 외국으로부터 최신예 군함을 구입했지만, 연합함대를 운용하는 대양해군으로서의 경험과 훈련이 절대적으로 부족했음을 확인시켜 주는 증거가 된다.

귀국 유학생들의 절절한 요구에도 불구하고 가이요마루를 끌고 온 네덜란드 사관 전원이 하선해서 귀국길에 올랐다. 결국 사관훈련 주도권을 놓고 막부, 영국, 네덜란드 사이에 논쟁이 벌어져 가이요마루의 인수가 늦어졌던 것이다. 이어 막부는 가이요마루를 막부 함대의 기함으로 발령을 내렸고, 함대 사령관에 야타보리 고(矢田堀鴻: 해군전습소 1기생), 가이요마루 함장에 에노모토, 부함장에 사와, 기관장에 나카지마 사부로스케(中島三郎助: 해군전습소 1기생), 그리고 함께 네덜란드를 다녀온 직방 출신의 우에다 도라기치와 후루카와 쇼하치(古川庄八)를 하사관으로 가이요마루에 승선시켰다. 이들 모두는 나중에 가이요마루를 타고 에노모토와 함께 홋카이도로 갔다.

우치다 마사오

네덜란드 유학 도중 사망한 오카와 기타로(大川喜太郎)를 제외하고 에노모토를 비롯한 14명의 유학생 대부분은 귀국 후에도 자신의 원래 전공을 살려 다방면에서 일본 근대화에 크게 이바지하였다. 하지만 예외가 한 사람 있었으니 그는 다름 아닌 유학생 단장 우치다 마사오였다. 1838생으로 에노모토보다 두 살 연하인 우치다는 그와 마찬가지로 막신 자제들이 다니던 쇼헤이자카 학문소를 다녔으며, 18세 때 졸업시험에서 갑과(甲科)에 급제할 정도로 뛰어난 영재였다고 한다. 유학뿐만 아니라 일찍부터 난학과 네덜란드어를 배웠고, 1857년 12월에는 주로 막신의 어린 자제들로만 구성된 나가사키 해군전습소 3기로 입학하였다. 그는 그곳에서 포술, 선구 운용, 항해술, 보병 조련, 조선학, 수학, 지리, 네덜란드어를 배웠다. 그는 특히 미분이나 적분과 같은 고등수학에 관심이 있었는데, 해군전습소가 폐쇄된 이후에도 3개월가량 나가사키에

그림 6.3 우치다 마사오

남아 전습소 교관 중 항해술과 항해용 수학을 담당한 비헤르스(H. O. Wichers)로부터 수학을 배웠을 정도였다. 그 뒤 에도로 돌아가 에노모토와 마찬가지로 군함조련소 교수로 부임하였다.

1862년 우치다는 에노모토와 함께 네덜란드로 유학을 떠났는데, 15명 유학생 중에서 신분이 가장 높아 유학생 단장 역할을 맡기도 했다. 하지만 그는 호감이 가는 성품이 아니라 속된 말로 '모난 사람'이었다. 그는 높은 신분을 내세워 자기보다 신분이 낮은 사람을 업신여기고 '이래라저래라' 명령을 내리는 스타일이었다. 따라서 일행으로부터 호평을 받지는 못했다고 한다. 하지만 품행이 방정하고 술도 마시지 않으며 금전적인 면에서 깨끗하여 어려운 유학생 살림을 꾸려 나가는 데는 적격이기도 했다. 우치다는 인간적으로 매력은 없었지만, 사무라이들에게서는 찾기 힘든 점도 많았다. 그는 골동품과 고미술을 좋아했고, 그림 그리기를 좋아해 항해 중이나 기항지에서 풍경, 과일, 현지인 등을 스케치하기도 하고 네덜란드에 도착해서는 유화를 배우기도 했다. 사실 그는 네덜란드에 도착하고부터는 해군 관련 학문보다는 미술, 지리학, 박물학 등에 더 많은 관심을 가졌다고 한다.

귀국 후 잠시 막부 군함의 함장으로 해군과 관련된 일을 했으나 곧 사임했다. 막말 대혼란기에 에노모토를 비롯한 동료들이 막부 재건을 위해 홋카이도에서 신정부군과 혈투를 벌일 때 그는 에도에 머물고 있었다. 신정부가 들어서면서 그는 자신의 이름을 즈네시로(恒次郎)에서 마사오(正雄)로 바꾸고, 신정부에 출사하였다. 1868년에 창평학교(昌平学校: 쇼헤이자카학문소 후신), 개성소(開成所) 근무를 명받았다. 이듬해인 1869년부터 1873년 의원면직될 때까지 문부성에서 근무했는데, 주로 교과서 편찬과 학제제정 업무를 담당하였다. 그는 1869년에『해군연혁사(海軍沿革史)』와『화란학제(和蘭学制)』를 펴냈다. 후자는 네덜란드의 소·중학교법을 편역한 것으로, 이후 1870년 메이지 정부의「중소학규칙(中小学規則)」, 「대학규칙(大学規則)」제정에 크게 기여했다. 특히 소·중·대 3단계 학교제도와 각 학교의 취학연령 및 학과내용 선정에 큰 도움을 주었다.

이후 저술활동을 계속하면서 1870년부터 자신의 필명을 후세까지 남긴 역작『여지지략(輿地誌略)』이 간행되기 시작했다. 1~3권(총설, 아시아)은 1870년에, 4~7권(유럽)은 1871년부터 1873년 사이에 간행되었고, 8~10권(아메리카) 중 8~9권은 그의 생전에 그리고 10권은 사후에 간행되었다.『여지지략』은 질적·양적 면에서 당시 다른 세계지리서를 압도했다. 당대 유명한 영국과 네덜란드의 세계지리책을 참고하였고, 유학 중 수집한 3,000여 점에 달하는 그림엽서, 사진, 풍속·풍경화 중에서 400여 점을 선별해 자신의 저서에 수록하였다. 그는 이미 지리정보를 전달함에 있어 사진과 그림 등의 시각적 자료가 지닌 가치를 충분히 숙지하고 있었던 것이다. 그리고 이를 요약한 교사용 지리지도서『지학교수본(地学教授本)』을 1875년에서 1878년 사이에 간행했는데, 당시 '지학'이란 '근대 지리학'을 의미하는 것이었다.『지학교수본』은 모두 6권으로 간행할 예정이었으나, 우치다가 1876년 사망하였기에 3권까지 집필을 마쳤다.

서양에 대해 본격적으로 문을 연 메이지 시대부터는 세계지리 지식은 더이상 지식인이나 전문가들의 전유물이 아니었다.『여지지략』은 초판이 나온

1870년부터 1874년까지 15만 4,200부가 팔려, 후쿠자와 유키치의 『서양사정(西洋事情)』과 나카무라 마사나오(中村正直)가 번역한 『서국입지편(西国立志編)』과 더불어 메이지 초기 3대 베스트셀러가 될 정도로 절찬리에 판매되었다. 『서국입지편』은 1866년 막부 유학생으로 영국을 다녀온 나카무라가 300명 이상의 서구인 성공담을 수록한 새뮤얼 스마일스(Samuel Smiles)의 *Self-Help*를 번역한 책으로, 1880년 초까지 교과서로도 사용될 정도였다. 『서양사정』, 『서국입지편』과 더불어 『여지지략』까지 모두 서양의 정치, 경제, 사회, 문화, 역사, 인물, 지리 등에 관련된 내용이었다. 막부가 멸망하고 메이지 신정부가 들어서면서 서양문명이 물밀 듯이 일본에 들어왔는데, 이들 3권의 책에서 보듯이 서구에 대한 일본인의 지적 열망이 우리가 상상하는 그 이상이었음을 단적으로 말해 준다.

우치다 마사오는 비록 무관에서 문관으로 바꾸면서 원래 전공이었던 해군, 조선 관련 지식에서는 멀어졌다. 하지만 유학 때 익히고 배우며 수집했던 자료가 결국 일본 근대화, 특히 교육이라는 측면에 이바지했다는 점에서 또 다른 의미를 지닌다. 하지만 그는 아쉽게도 38세란 젊은 나이에 요절하고 말아 재능이 완전히 만개하지 못한 아쉬움도 있다.

7장

1868 에도 탈주

1867년 4월 에노모토가 귀국할 당시 일본의 정세는 5년 전 떠날 때의 그것과는 완전히 딴판이었다. 출국 당시 막부 최고위직인 다이로가 백주에 탈번 낭사들에게 테러를 당했고, 공무합체란 명분으로 그 이전까지 정치에 관여할 수 없었던 조정 대신이나 도자마 다이묘들이 제 목소리를 내기 시작했지만, 이들이 막부에 도전할 것이라고는 더군다나 이들의 도전으로 막부가 무너질 것이라고는 추호도 생각할 수 없었다. 왜냐하면 일본의 정권 담당자로서 막부의 위신과 권위 그리고 군사력은 감히 어느 세력도 넘볼 수 없을 정도로 절대적이었기 때문이다.

사실 에노모토를 비롯한 유학생들은 비록 먼 이국땅에 있었지만 간간이 전해 오는 소식으로 지난 5년간의 국내 정치상황을 단편적으로 알고 있었다. 또한 몇 차례 막부 사절단이 유럽에 파견되었고 출장차 유럽에 들른 막부 관리도 적지 않았기에, 당시 정치상황에 대한 막부의 입장과 대응도 나름대로 이해하고 있었다. 하지만 당시의 혼란을 국내에서 온몸으로 체험하면서 그리고 무엇보다도 막부의 무기력함을 절감하면서 점차 정치화된 개인이나 집단, 혹은 좌막(佐幕)파나 토막(討幕)파 모두가 생각하는 막부의 위상과 미래는 에노모토 일행의 그것과는 달라도 너무나 달라져 있었던 것이다. 특히 조슈와 사쓰마를 정점으로 하는 토막파는 이제 공공연히 막부의 타도를 부르짖었고, 이를 위해 힘과 조직을 기르고 있었다. 네덜란드로부터 귀국한 에노모토 일행이 받았을 충격을 이해하기 위해서는 지난 5년간 일본열도에서 벌어진 일들을 파악하는 것이 우선인데, 이는 이 책 독자들이 막말의 혼돈을 이해하는 데도 도움이 될 것이라 판단된다. 물론 건너뛰어도 줄거리를 이어 가는 데는 큰 문제가 없기에, 여기서는 단지 독자의 선택만 필요할 뿐이다.

조슈와 이치카이소

막말 대혼란기의 주인공은 무어라 해도 조슈 번이었다. 어떤 의미에서는 막말 대혼란기는 '조슈의', '조슈에 의한', '조슈를 위한' 시기라 정의해 볼 수도 있다. 우선 조슈 번 자체의 정책주도권을 놓고 보수파와 개혁파 간에 벌인 당쟁, 나아가 무력대결이 결국 전국적으로 확산되었다는 점에서 막말 대혼란은 '조슈(내부 갈등)의' 전국화였던 셈이다. 다음으로 8·18정변, 금문의 변, 시모노세키 전쟁, 제1차 및 제2차 조슈 정벌 등 막말 대혼란기의 주요 사건들은 대개 '조슈 번에 의해' 주도되었거나 조슈 번이 그 대상이었다. 마지막으로 막말 대혼란기를 거쳐 탄생한 메이지 정부의 주도권이 결국 조슈 번으로 귀착되었다는 점에서, 막말 대혼란기는 결국 '조슈를 위한' 것으로 볼 수 있다. 하지만 조슈 번이 다른 번들과는 달리 막말 대혼란기에 이 같은 역할과 연출을 할 수 있었던 것은 조슈 번만이 가진 독특한 특징 때문이다.

도쿠가와 막부가 탄생하기 전 전국시대(戦国時代) 모리(牟利)가는, 50만 석 상당의 일본 최대 이와미(石見) 은광을 포함해 200만 석을 가진 최대 다이묘로서, 지금의 야마구치 현(山口県)을 비롯해 시마네, 히로시마, 돗토리 현을 포함하는 주고쿠(中国) 지방 일대와 규슈 북부 일부를 장악하고 있었다. 하지만 세키가하라 전투에서 이에야스의 반대편인 서군의 주도세력이었기에 패전 후 37만 석으로 감봉되었다. 그 결과 현재의 야마구치 현 정도의 면적만이 영지로 남았던 것이다. 따라서 모리가와 그 가신들 사이에는 도쿠가와 막부에 대한 반감이 처음부터 존재하고 있었다고 볼 수 있다. 조슈 번의 번청이 오랫동안 하기 성(萩城)에 있었기에 하기 번으로도 불렸으며, 1863년 막부의 허락 없이 번청을 야마구치로 옮기면서 야마구치 번으로도 불렸다.

사실 요시노부의 쇼군 후사문제를 둘러싼 막말 정치혼란기의 초반에 조슈 번은 하나의 웅번으로서 자신의 존재감을 드러내지 못했다. 하지만 공무합체의 분위기가 조성되면서 조슈 번이 처음으로 중앙 정계에 목소리를 내기 시작했다. 앞 장에서 언급했듯이 소위 나가이 우타(長井雅楽)의 '항해원략책(航海遠略策)'에 의한 공무합체운동이 그것인데, 이는 사쓰마의 또 다른 공무합체운동(조정과 막부의 인사 개입)에 의해 무산되었다. 웅번으로서 그리고 유지 다이묘로서 대접받지 못했던 조슈 번과 번주는 자신들의 번 정책을 중앙 정계에 반영하기 위해 또 다른 선택을 해야만 했다. 결국 조슈 번은 존왕양이 쪽으로 번의 정책을 바꾸면서 소위 '지사'들과 연계할 수 있게 되었다. 그 결과 막부 및 사쓰마 번과의 대립은 불가피했지만, 대신에 조정과는 돈독한 관계를 유지할 수 있었다. 대략 여기까지가 에노모토가 일본을 떠나기 직전의 상황이다.

이 시기부터 막부 패망까지 정치무대는 에도에서 교토로 옮겨 왔다. 그 시발점이 된 것이 바로 1863년에 이루어진 쇼군의 교토 상락(京都上洛)으로,

1634년 3대 쇼군 이에미쓰(家光)의 상락 이래 229년 만의 대사건이었다. 쇼군 이에모치(家茂)는 3,000명 병력의 호위를 받으면서 교토에 있는 막부의 성인 니조 성(二條城)에 진을 쳤다. 당시 교토는 무법천지였다. 존왕양이를 부르짖으면서 테러를 자행하던 교토의 탈번 낭사들에게 전년도 이케다야 사건으로 철퇴가 가해졌다. 하지만 그 기세는 수그러들지 않고 천주(天誅)라는 미명 아래 반대파에 대한 테러는 더욱 기승을 부렸다. 원래 교토는 막부의 직할령이라 교마치부교(京町奉行)가 행정을 관할했고, 치안은 교토소사대(京都所司代)가 맡고 있었다. 그러나 석고 5만 석 정도의 번이 맡았던 교토소사대의 군사력으로는 당시 횡행하던 존왕양이파 테러리스트들을 막을 수 없었다. 그래서 1862년에 교토수호직(京都守護職)이 신설되면서 아이즈(会津) 번주 마쓰다이라 가타모리(松平容保)가 그 직을 맡았고, 그는 쇼군이 상락하기 전에 미리 자신의 군사를 끌고 교토로 진주해 있었다. 교토소사대가 경시청급이라면, 교토수호직은 수도경비사령부급이라 생각하면 될 것 같다.

이후 쇼군 이에모치의 양이 실행 확약(막부는 효고 개항 연기를 받아들여 이를 조약국들과 교섭하기 위해 앞 장에서 언급한 제2차 견구사절단을 파견하였음), 시모노세키 전투, 사쓰에 전쟁 등이 진행되면서 1863년 전반은 양이가 정국을 주도하였다. 그 결과 조슈에 대한 조정의 의존도는 점점 높아만 갔다. 하지만 양이, 쇄국이라는 당시의 정책기조와는 달리 조슈가 벌이고 있는 외국과의 전쟁은 천황이나 조정이 원하는 바가 아니었다. 게다가 존왕양이파 탈번 낭사들은 조슈 번과 일부 조정 신하들의 비호를 받으면서 암약하고 있었고, 사쓰마 번은 조슈 번과 적대관계에 있었다. 교토수호직을 맡고 있던 아이즈 번은 이러한 혼란을 타개하기 위한 하나의 방책으로 친막부 경향의 조정 대신 및 사쓰마 번과 공모하여 조슈와 친조슈 조정 대신들을 축출하였다. 소위 1863년의 '8·18정변(쿠데타)'이 그것이다.

이제 공무합체운동은 운동의 차원을 넘어서서 '군사력'을 동원한 힘의 대결로 변질되었고, 페리 내항 이래 정치력이 급상승했던 천황의 칙서는 조정 신하들이 만든 '가짜 칙서'라는 소문이 대두되면서 이제 천황의 칙서가 가지는 구속력은 점차 저하되기 시작했다. 1863년 말과 1864년 초, 천황 및 조정 대신 그리고 유지 다이묘들이 참석하는 '조정회의'와 쇼군 및 유지 다이묘가 함께 하는 '참여회의'라는 형태로 본격적인 공무합체가 시도되었다. 하지만 각자의 이해관계가 상충되는 바람에 별다른 결실을 맺지 못한 채 쇼군과 유지 다이묘들은 교토를 떠났다. 참여회의가 무산되면서 요시노부는 당시까지 자신이 맡고 있던 '쇼군 후견직(將軍後見職)'을 사임하고 대신 '금리수위총독(禁裏守衛総督)'이라는 직을 신설해 스스로 맡았다. 이는 여러 번이 나누어 맡고 있던 오사카 연안의 방위와 황궁의 경비를 총괄하는 직책이었다. 막부, 조정, 유지 다이묘 모두 요시노부의 취임에 큰 기대를 걸고 있었다. 왜냐하면 요시노부가 이들 사이의 의사소통과 조정자 역할을 할 것으로 기대했기 때문이다.

요시노부의 취임과 더불어 이제 조슈 번이 사라지고, 쇼군을 비롯한 유지 다이묘들이 떠난 1864년의 교토 정치공백에 새로운 세력으로 등장한 집단이 있었으니 그것은 바로 이치카이소(一会桑)였다. 여기서 '一'은 요시노부를 의미하는 '一橋(히토쓰바시)', '会'는 교토수호직을 맡은 마쓰다이라 가타모리의 '会津(아이즈)', 마지막으로 '桑'은 새로이 교토소사대에 임명된 '구와나(桑名)' 번주 마쓰다이라 사다아키(松平定敬)를 말한다. 어쩌면 '이치카이소'는 교토에 세워진 또 하나의 독자적 막부 정권과 유사한 역할을 하면서 막부 붕괴 때까지 교토의 정국을 장악하였다. 좀 더 자세히 설명하면 이 시기 좌막파와 토막파 사이의 정치적 행위 대부분이 교토와 그 서쪽에서 일어났으며, 그 결과 토막파에 대한 막부의 의사결정 대부분이 교토를 지배하고 있던 이들 '이치카이소'에 의해 결정되었다. 하지만 당시 요시노부 27세, 가타모리 29세, 사다아키 18세에 불과했으니, 이들의 경험이나 경륜의 부재가 막말의 또 다른 변수로 작용하게 되었음은 말할 것도 없다.

1864년에는 교토에서 '지사'들의 거병이 몇 차례 있었지만 모두 좌절되었다. 또한 도사 번의 양이파 지도자였던 다케치 즈이잔(武市瑞山) 역시 숙청됨으로써 이제 존왕양이운동의 거점은 조슈를 제외하고 모두 사라져 버렸다. 궁지에 몰린 조슈 번으로서는 자신들의 입장을 정리해야 할 시점에 이르렀다. 두 가지 방안이 대두되었는데, 하나는 할거론, 다른 하나는 진발론이었다. 할거론이란 후일을 도모하면서 번의 영역 내에서 숨죽이고 있는 것이고, 진발론이란 번의 군사를 일으켜 교토로 진군한 다음 번의 복권을 조정에 요구하는 것이었다. 조슈 번은 후자를 택했다. 이에 조정은 '금리수위총독'인 요시노부에게 조슈 번병의 진압을 일임했다. 요시노부는 조슈에 철병을 명했지만, 대규모 병력을 이끌고 온 조슈가 이에 응할 리 없었다. 결국 황궁 출입문의 하나인 긴몬(禁門)에서 이를 지키고 있던 아이즈, 구와나, 에치젠(越前), 사쓰마 번병과 조슈 번병 사이에 교전이 벌어졌다. 몇 시간 만의 교전 끝에 조슈의 패배로 끝났지만, 이 사건이 바로 막말 정국을 돌이킬 수 없는 대소용돌이로 몰고 간 '긴몬의 변(禁門の変)'이다. 조슈는 황궁을 향해 발포했다는 치명적인 약점과 함께 이제 '조적(朝敵)'으로 몰렸고, 이를 만회할 수 있는 방법이라고는 다시 쿠데타를 일으켜 성공하는 것뿐이었다. 조정은 요시노부에게 조슈 번 정벌을 명령했고, 친조슈 조정 대신들은 처벌을 받았다. 막부도 쇼군의 진발(進發: 군사 원정)로 조정의 결정에 호응했다. 본영을 일본 서부 최대의 군사시설인 오사카 성에 두고, 조슈 정벌 총독에 오와리(尾張) 번주 도쿠가와 요시카쓰(德川慶勝), 부장에 에치젠 번주 마쓰다이라 모치아키(松平茂昭)를 임명하였으며, 총 35개 번에 출진명령이 하달되었다.

하지만 조슈는 이미 달라져 있었다. '긴몬의 변'이 있은 지 보름 만인 1864년 8월 28일 영국, 프랑스, 미국, 네덜란드 4개국 군함 17척으로 구성된 연합함대에 의해 조슈의 포대는 완전히 파괴되었고, 육전대가 상륙해서 포대를 점령하였다. 조슈 번은 이들과 강화를 맺을 수밖에 없었고, 이제 양이 방침을 포기하고 개국 및 조약 이행을 선언하였다. 몇 달 후 다시 막부의 공격을 받게 되자 더 이상 저항할 수 없어 막부의 요구를 순순히 받아들일 수밖에 없었다. '긴몬의 변'에 관여한 기도 다카요시(木戶孝允), 다카스기 신사쿠(高杉晋作) 등은 모습을 감췄고, 번의 중추였던 스후 마사노스케(周布政之助)를 비롯한 많은 신하들이 처분을 받았다. 양이를 추진한다면서 하기에서 야마구치로 옮긴 번청도 다시 하기로 옮기기로 했으며, 기헤이타이(奇兵隊)와 같은 군사집단들에도 해체 명령이 내려졌다.

1865년 초 조슈 정벌을 위해 출진했던 번들은 각자의 번으로 돌아갔고, 이제 남은 것은 '조슈(번주에 대한) 처분'에 관한 것이었다. 막부는 조슈에 다시 명령을 내렸다. 조슈 번주 부자 그리고 '긴몬의 변' 당시 조슈의 패잔병과 함께 조슈로 가서 후쿠오카의 다자이후(太宰府)에 은신하고 있던 산조 사네토미(三條実美)를 비롯한 조정 신하 5명을 에도로 압송하라는 것이었다. 그리고 이제부터 조슈 처분건은 도쿠가와 막부에서 직접 진행할 것이며, '참여회의'로 느슨해진 참근교대제(參勤交代制)는 원상대로 강화시키기로 결정하였다. 다시 말해 막부는 지금까지 '이치카이소'에 맡겼던 교토 및 조정의 정치를 직접 관장하기로 결정했던 것이다. 하지만 한번 흐트러진 막부의 명령체계는 돌이킬 수 없었고, 조슈가 약속한 어느 것 하나도 지켜지지 않았다. 게다가 조슈 처분이 지나치다는 이유를 들면서, 이웃한 여러 도자마 다이묘들이 조슈에 대해 동정적인 태도를 보이기 시작했다. 이에 위기를 느낀 막부는 제1차 정벌 후 내려졌던 '조슈 처분'을 재확약하기 위해 다시 쇼군 진발을 포고했다. 이어 쇼군

이에모치는 조슈 번에 대한 막부의 군사행동을 허가받기 위해 교토로 갔다. 소위 '조슈 재정벌의 칙허'를 받기 위해서였다.

조슈 재정벌과 삿초동맹

조슈 재정벌을 위해 쇼군 이에모치가 다시 상락했던 1865년 후반부터 삿초 (薩長: 사쓰마·조슈)동맹이 이루어지고 조슈 처분안이 결정된 1866년 초까지 몇 개월간은, '조슈 처분'의 정치적 의미를 둘러싸고 그리고 조정으로부터의 '조약 칙허'와 '효고 즉시 개항' 문제를 둘러싸고 정국이 다시 요동치기 시작했다. 조슈의 입장에서 '긴몬의 변'은 막부에 대한 반역이 아니었고, 막부로서도 그런 이유로 조슈를 징계한 것도 아니었다. 조정에 대한 반역 및 적대 행위가 조슈 처분의 이유였다. 하지만 조슈로서는 변명의 여지가 있었다. 자신들은 존왕양이운동을 추진했고, 조정의 뜻을 받아 그 위신을 높이기 위해 노력했으며 그 과정에서 외국과 전쟁도 수행했다는 것이다. 그 과정의 결과가 '긴몬의 변'이라면, 그 과정은 막부 권한 밖의 '국사'이기 때문에 막부의 전제적인 처분 방식은 부당하다는 것이었다.

한편 쇼군의 상락과 함께 영국, 프랑스, 미국, 네덜란드 외교단이 함선을 타고 오사카 만에 나타나 '조약 칙허'와 '효고 즉시 개항'을 요구했다. 조약국 외교단으로서는 막부가 일본의 대표정부로서 조약체결 당사자임을 부정하는 것은 아니었지만, 그 이행능력에 대해 이제 불신하기 시작했음을 보여 주는 사건이었다. 또한 그들은 천황이 세속적인 권력자로서 막부를 거치지 않고 직접 제후나 지사들에게 명령하고 있으며, 천황의 재가 없이는 조약이 체결될 수 없음을 인지하게 되었던 것이다. 하지만 오사카에서 실시된 막부 각료회의에서 '효고 즉시 개항'을 외교단에 통보하기로 결정하였다. 논리적으로는 조정의 '조약 칙허'가 먼저이고, '개항'은 그 후속 조치이다. 하지만 막부가 조정의 칙허 여부와 관계없이 '개항'을 결정함에 따라, 막부가 일본의 주권정부임을 재천명한 셈이 되고 말았다. 이는 조정, 유지 다이묘, 심지어 '이치카이소' 정권 모두의 바람에 반하는 결정이었다. 이에 조정은 이러한 결정을 내린 막부의 로주에게 관위 박탈과 영지에서의 근신 처분을 내렸고, 막부는 이를 인사 개입이라 판단해 격분했다. 또한 막부의 분노는 막부 결정에 불복하고 이를 조정에 보고한 요시노부에게도 예외는 아니었다. 결국 쇼군 이에모치는 쇼군직을 사임하고 오사카를 떠나 에도로 귀임하겠다고 조정에 통보했다.

지금까지 쇼군으로서 도쿠가와가의 당주가 아닌 이가 없었고, 도쿠가와가 당주로서 쇼군이 아니었던 이가 없었다. 하지만 쇼군직 사임은 도쿠가와가의 할거인 셈이었다. 이에모치의 이 같은 선언은 국가권력의 포기가 아니라 오히려 도쿠가와 막부의 권력 강화를 위한 계기가 될 수 있다고 판단했던 것이다. 왜냐하면 쇼군은 이미 성인으로 쇼군직을 맡은 지 7년이 지났으며, 그간 자신이 임명한 막신들의 충성을 바탕으로 막부를 완벽하게 장악하고 있었기 때문이다. 또한 그간 시행해 온 군사 및 경제 부문의 개혁에서 나름의 성과도 있었기에, 토막파의 도전에 대해 나름 자신감도 가지고 있었다. 곤란해진 것은 요시노부였다. 설령 자신이 쇼군직에 오른다고 해도 이를 지탱할 군사력도 자금력도 없었다. 그저 쇼군이라는 허명만 지닌 채 고립된 무가 귀족에 불과할 가능성이 높았다. 왜냐하면 막부에서 요시노부의 지위가 독특했기 때문인데, 이에 대해서는 나중에 설명할 예정이다.

'이치카이소'는 쇼군을 만나 쇼군직 사임의 철회를 간청했고, 이에모치는 이를 받아들이고는 에도로 떠났다. 물론 요시노부는 이에모치에게 천황으로부터 '조약 칙허'를 얻어 낼 것을 약속했다. 이제 요시노부가 바빠졌다. 사실 1년 전 '참여회의'에서 개국에 반대했던 쪽이 요시노부였기에, 조정은 당연히 요시노부의 요구에 반대했다. 게다가 사쓰마는 '칙허'가 국사이기 때문에 제후회의를 열어야 한다며 제동을 걸었다. 결국 요시노부는 막부의 지원을 받으면서 자신의 정치생명을 걸고 '조약 칙허'에 매달렸고, '효고 개항'을 허가하지 않는다는 조건으로 조정으로부터 '칙허'를 얻어 낼 수 있었다. 여하튼 요시노부의 승리였다. 이제 요시노부는 정국 주도권의 한쪽 끝을 잡게 되었고, 막부 내에도 요시노부를 지지하는 세력이 나타나기 시작했다. 한편 반대편 끝은 사쓰마 번이 잡고 있었기에, 이제부터 요시노부와 사쓰마 번의 대결구도가 생겨나기 시작했다.

이때쯤 이미 조슈의 개혁파는 막부의 '조슈 처분'에 불복하고 번의 방침을 항전으로 결심하였다. 다카스기 신사쿠가 주동이 되어 기헤이타이(奇兵隊)를 비롯한 여러 부대를 통합했지만, 이에 대해 번청을 장악하고 있던 보수파는 적대감을 드러냈다. 결국 양 진영은 조슈 번의 중앙에 위치한 카르스트 대지인 아키요시다이(秋吉台)에서 맞붙었는데, 다카스기 쪽의 승리로 끝났다. '긴몬의 변' 때 은거했던 기도 다카요시도 이때 다시 돌아와 다카스기와 함께 번의 새로운 집행부로 등장하였다. 이제 기도가 등용한 오무라 마스지로(大村益次郎)가 군정을 맡았고, 영국에서 돌아온 이토 히로부미(伊藤博文)와 이노우에 가오루(井上馨)가 대외절충 업무를 담당하였다. 이로써 조슈는 공순도, 진발도 아닌 할거 태세를 갖추었다. 한편 사쓰마 번은 개국을 원하지 않는 것은 아니었지만, 요시노부가 주도하는 정국에서 사쓰마 번의 입지는 좁아질 수밖에 없었다. 이에 사쓰마는 '칙허' 제정과정에 문제가 있어 '칙허'로서 받아들일 수 없다면서, '칙허'에 대한 불복종의 태도를 보이기 시작했다. 불복종은 조정 그리고 막부로부터의 제재로 이어질 것인데, 이 경우 사쓰마 번이 할 수 있는 것 역시 할거뿐이었다. 조슈와 사쓰마가 할거라는 동일한 정치입장을 취할 경우, 할거의 목적만 같다면 지난 과거와 관계없이 제휴의 가능성은 얼마든지 있었다. 토막, 바로 여기에 삿초동맹의 출발점이 있었던 것이다.

사카모토 료마와 나카오카 신타로(中岡慎太郎)의 활약, 이노우에 가오루와 이토 히로부미의 나가사키 출장, 사쓰마의 비호 아래 료마가 만든 회사인 가메야마사추(亀山社中)를 통한 무기 구입 등이 1865년 중·후반에 벌어진 사쓰마와 조슈 사이의 화해과정이다. 결국 1866년 초 료마를 증인으로 해 사쓰마 번저에서 조슈 측의 기도 다카요시와 사쓰마 측의 사이고 다카모리 및 고마쓰 다테와키(小松帶刀) 사이에 삿초동맹이 체결되었다. 여기서 가장 중요한 내용은 당면한 상황에서의 역할 분담이었다. 조슈는 막부와의 타협 여지를 끊고 철저 항쟁하며, 사쓰마는 정치사회에서 조슈의 이익을 대변하면서 그 복권을 위해 노력한다는 것이었다. 만약 복권이 거부되면 '이치카이소' 정권에 대해 결전을 각오하고, 복권이 된다면 향후 진로를 함께 모색해 나간다는 것이었다.

두 정치세력의 합체는 지난 10여 년간 두 번이 추구했던 공무합체운동과 존왕양이운동의 유산이 합쳐지는 의미를 지녔을 뿐만 아니라, 군사력에서도 막부에 비견될 정도의 막강한 힘을 갖게 되는 것을 의미했다. 삿초동맹이 이루어지던 시기와 때를 같이해 막부는 영지 10만 석 삭감, 조슈 번주 부자의 근신 및 칩거 처분 등의 '조슈 처분' 안을 확정했고, 이를 조슈에 알렸지만 당연히 조슈는 불응했다. 이에 막부는 제2차 조슈 정벌을 공포하고 총독에 기이(紀州) 번주 도쿠가와 모치쓰구(德川茂承)를 임명하면서 32개 번에 출동을 명했다. 사쓰마는 당연히 이 명령을 거부했다. 1866년 6월에 시작된 전투는 8월이 되면서 교착상태에 빠졌는데, 근대식 무기로 무장된 조슈 군이 정벌군 공격에 선방하면서 버틴 것도 한 원인이지만, 명분 없는 전쟁에 참여한 각 번들의 전쟁

의지가 무뎌진 것도 또 다른 원인이었다. 이 와중인 7월 20일, 14대 쇼군 이에모치가 사망하였다. 향년 19세. 하지만 후사가 없었기에 요시노부 이외에 쇼군직을 승계할 사람이 없었다.

요시노부는 도쿠가와가의 당주직은 상속하겠지만 쇼군직은 승계할 의사가 없다고 고사하였다. 쇼군이 없는 상황을 전쟁 중에 맞이하게 되었던 것이다. 하지만 이 전쟁을 총지휘하고 있던 요시노부로서는 정국을 무작정 바라보고만 있을 수 없었다. 결국 본인의 진두지휘하에 결전을 선언하였다. 하지만 고쿠라 성(小倉城)이 떨어지자 전쟁이 장기간 진행될 것이며, 그 결과 교토의 정치가 사쓰마의 손에 휘둘릴 것을 두려워한 나머지 요시노부는 출진을 중지하고는 제후회의 개최를 제안하였다. 8월 20일 한 달간 이에모치의 발상이 있었고, 요시노부는 도쿠가와가의 상속자로서 49재를 올렸다. 8월 20일 조정은 전쟁 중지를 선포했고, 9월 2일 가쓰 가이슈는 사절단 대표로서 조슈 번 대표와 교섭을 벌였으며, 이후 전쟁은 종식되었다. 우여곡절 끝에 1866년 12월 5일, 요시노부가 제15대 쇼군직을 승계하는 의식이 거행되었다.

이로부터 정확하게 20일 후 고메이 천황이 서거했고, 이듬해인 1867년 1월 9일에 메이지 천황(明治天皇)이 등극하였다. 메이지 천황은 1852년생이라 당시 나이 15세. 대대적인 사면이 이루어졌는데, 다자이후에 있던 5명의 조정 신하 중 산조 사네토미를 제외하고 모두 복권되었고, 숨어 지내던 이와쿠라 도모미(岩倉具視)도 이때 처분이 경감되어 교토에 나타날 수 있었다. 이들이 다시 등장하면서 조정의 정치력은 회복되었는데, 이는 요시노부에게 부담으로 다가왔다. 또한 요시노부로서는 사쓰마 번을 필두로 한 웅번이나 유지 다이묘들과의 화해도 불가능했다.

요시노부는 에도를 떠난 지 오래되었기에 도쿠가와 가신단이나 막부 최상

층과의 교류도 원만하지 않아 내정을 장악하기가 쉽지 않았다. 이에 대한 반발로 요시노부는 국제사회, 즉 외교가에서 자신의 정당성을 강조하는 일에 몰두했다. 요시노부는 4개국 공사를 오사카 성에 초치해 자신의 취임을 통보했다. 또한 프랑스 공사 로슈의 권고에 따라 파리 만국박람회 참석을 결정했고, 사절단의 대표로 친동생인 도쿠가와 아키타케(德川昭武)를 지명했다. 해외 주둔 외교관을 파견했으며, 사할린 국경회담을 위해 러시아에 외국부교를 파견하기도 했다. 이제 남은 과제는 곧 닥쳐올 '효고 개항' 건이었다. 조정은 '조약 칙허'의 조건으로 '효고 개항' 금지를 약속받았지만, 요시노부는 조약국들에 '효고 개항'을 확약해 주었다.

개항 기한은 1868년 1월 1일이라 개항에 앞서 6개월 전에 개항을 포고해야 했기에, 요시노부로서는 시간이 많지 않았다. 요시노부는 2월 19일 사쓰마, 에치젠, 도사, 우와지마 등 9개 번에 대해 '효고 개항'에 대한 의견을 구했고, 이어 3월 5일에 '효고 개항 칙허'를 조정에 상신했지만 거절당했다. 요시노부가 다시 상신을 하자, 조정은 25개 번들로부터 의견을 구하라며 조정안을 냈다. 이에 사쓰마 번이 제안한 4제후회의[四侯会議: 마쓰다이라 요시나가(후쿠이 번), 야마우치 도요시게(도사 번), 다테 무네나리(우와지마 번), 시마즈 히사미쓰(사쓰마 번)]가 열리면서 '효고 개항'에 대한 조정의 칙허가 내려졌다. 또한 비교적 관대한 '조슈 처분'이 내려지면서 요시노부가 취임 후 당면했던 문제들이 꽤 순조롭게 해결되었다. 하지만 사쓰마 번이 의도한 것은 이것이 아니었다. 사쓰마 번은 4제후회의를 통해 그간의 요시노부 실정을 질책하고, 이에 대한 반성으로 쇼군직을 버리게 하여 다른 제후들과 함께 회의체를 창설해 공화정치를 구현하려던 것이었다. 요시노부는 사쓰마의 덫을 교묘하게 빠져 나갔지만, 실제 참석한 4명의 제후들 모두가 사쓰마의 생각과 일치하는 것도 아니었다. 이제 사쓰마 번으로서는 외길 수순밖에 남지 않았다. 바로 무력에 의한 토막.

군함두 에노모토 다케아키

바로 이 시기를 즈음해서 에노모토가 가이요마루와 함께 에도에 도착했던 것이다. 에노모토가 에도를 떠나기 전만 하더라도 막부의 서슬 퍼런 위세에 숨죽이고 있던 집단이나 개인이 이제 웅번, 지사를 자처하면서 하나의 정치세력으로 할거하고 있었다. 또한 정신적 지도자에 불과했던 천황이 이제는 세속적 군주로서 정치력을 과시하고 있었으며, 웅번의 비호 아래 '지사'들을 거느리면서 하나의 정치세력화한 조정의 신하들, 그리고 도쿠가와 막부와는 또 다른 정치노선을 걷고 있던 '이치카이소' 정권도 교토 정치공간의 한 축을 맡고 있었다. 하지만 일본열도는 여전히 260여 년을 이어 온 도쿠가와 막부의 리더십 아래 개방과 개혁, 부국과 강병을 향해 나아가고 있었다. 귀국 후 에노모토가 이런 정국의 현실을 어떻게 받아들였을지는 알 수 없다. 분명한 것은 그가 지난 5년간의 대혼란기에서 한 발짝 물러나 있었고, 서구의 기술과 문명의 성취를 직접 경험하였으며, 아직 29세 약관의 막부 해군장교라는 사실이었다. 어쩌면 에노모토는 양이를 주장하고, 개항과 개시에 반대하고, 자신의 뜻과 다르다고 테러를 저지르고, 서구 열강과 전쟁을 하려 드는 집단이나 개인의 무모함에 통탄했을 것이며, 설령 서구식 무기로 무장했다 하더라도 시대착오적인 오합지졸에게 막부가 무너지리라고는 꿈에도 생각하지 못했을 것이다. 하지만 교토를 중심으로 한 정치소요의 파장은 예상보다 거셌다.

1867년 5월 20일 가이요마루가 네덜란드로부터 막부로 인도되었는데, 그전인 5월 12일 에노모토는 군함역(軍艦役: 소령)으로 진급하면서 가이요마루의 함장에 임명되었다. 파격적인 인사였지만 막부로서는 가이요마루를 직접 이끌고 온 데다가 서구의 해군 병제와 조선술에 대한 5년간의 경험을 높이 샀던 것이다. 그는 해군의 복장을 서구 해군식으로 바꾸었고, 이즈음 자신의 이름을 가마지로(釜次郎)에서 다케아키(武揚)로 바꾸었다. 또한 에노모토는 승진을 거듭해 1867년 9월 19일 군함두병(軍艦頭並: 중령)에서 군함두(軍艦頭: 대령)로 승진하였다. 1867년 후반, 이제 막말 대혼란기의 막바지에 도달해 있었다. 막부로서는 유사시에 사쓰마·조슈의 해군에 비해 월등한 전력을 가진 막부 해군이 맹활약해 주길 바랐다. 하지만 막부 함대의 기함인 가이요마루가 제 기능을 찾아 언제든지 출동할 수 있는 태세를 갖추려면 아직 긴 시간이 필요했다.

막부는 1868년 1월 1일을 주목했다. 막부로서는 조약국들에 효고 개항을 약속한 날이라 어떻게 해서든 개항하려 했지만, 조정이나 사쓰마·조슈의 입장에서는 막부의 주도로 개항이 이루어질 경우 막부 타도의 명분을 잃을 수 있기에 효고 개항에 결사반대였다. 결국 그날이 막말 대소동의 D-Day가 될 가능성이 있다는 것은 이제 양 진영에게는 상식이 되어 있었다. 에노모토는 정상적인 함대 운용을 위해 사관 및 수병의 훈련, 전술 운용 등 자신에게 맡겨진 임무에 최선을 다했다.

에노모토는 그해 6월 다쓰(多津)와 결혼했다. 네덜란드 유학생 중 의학반에 속했던, 그리고 프랑스에 도착한 제2차 견구사절단의 의료진으로 합류했던 하야시 겐카이(林研海)의 소개로 그의 여동생과 결혼을 하게 된 것이다. 당시 에노모토의 나이 31세, 다쓰의 나이 16세. 장인이 된 하야시 도카이(林洞海)는 나가사키에서 네덜란드 의학을 배웠고 막부, 나중에 쇼군가의 의사가 되었으며, 메이지 유신 이후에는 오사카의학교(大阪医学校)의 교장으로 근무한 바 있다. 도카이의 처 즈루 역시 난의사로 유명했고 준텐도대학(順天堂大学)을 설립한 사토 다이젠(佐藤泰然)의 장녀였다. 장남 겐카이는 네덜란드 유학 이후 메이지 정부에 출사하여 육군 군의총감을 지냈다. 장녀 다쓰는 에노모토와 결혼했다.

에노모토가 귀국한 후에도 네덜란드에 계속 남은 의학반의 하야시 겐카이와 유학을 연장한 아카마쓰 노리요시는 1868년에 함께 귀국했는데, 아카마쓰 노리요시는 하야시 도카이의 차녀이자 겐카이의 여동생인 사다(貞)와 결혼함으로써 겐카이와 아카마쓰는 처남매부 사이가 되었다. 물론 에노모토와 아카마쓰는 동서지간이 되었다. 아카마쓰의 장녀 도시코(登志子)는 유학 동기생 니시 아마네의 중매로 니시의 조카 모리 오가이(森鴎外)와 결혼했지만 이내 이혼했다. 하야시 도카이의 6남 신로쿠로(紳六郎)는 니시 아마네의 양자가 되었으며, 나중에 도카이의 양자로 들어온 다다스(董)는 사토 다이젠의 5남이니 도카이의 처 즈루에게는 동생이었지만 이제 자신의 양아들이 되었다. 따라서 하야시 다다스(林董)는 에노모토와는 처남매부 간이 되었고, 이 둘의 인연은 이후 여러 방면에서 계속되었다. 잠시 옆길로 샜지만, 에노모토가 신정부에 대항한 대역적의 수괴에서 다시 메이지 정부에 출사하게 된 배경에는 이 같은 혼맥도 일부 작용하지 않았을까 상상해 볼 수 있다.

대정봉환

사쓰마와 조슈 사이의 밀약은 이제 공공연한 비밀이었다. 정국의 주도권이 점점 이들 두 번의 손에서 좌우되고 있었다. 하지만 이런 상황을 그대로 내버려 둘 수 없는 번이 하나 있었으니, 그것은 바로 도사 번(土佐藩)이다. 도사 번의 전 번주 야마우치 도요시게(山內豊信)는 요시노부의 쇼군 옹립에 관여했던 히토쓰바시파의 한 사람으로 1858년 안세이 대옥 때 근신 처분을 받았다. 또한 1867년 봄 쇼군 요시노부가 개최한 4제후회의에 4명의 제후 중 한 사람으로 참석할 정도로 당대 최고의 정치력과 판단력을 가지고 있다고 평가받고 있었다. 막부에 대한 도사 번의 생각, 다시 말해 충성도는 같은 도자마 번인 조슈나 사쓰마 번과는 달랐다. 도쿠가와 이에야스가 1600년 세키가하라 전투에서 승리한 이후, 도사를 지배했던 조소카베 모리치카(長宗我部盛親)를 몰아내고 그 영지를 야마우치 가즈토요(山內一豊)에게 수여했다. 이에야스 쪽에 서기는 했지만 전투에 참가한 적이 없는 가즈토요로서는 자신이 받은 보은이 공적에 비해 과분하다고 여겼고, 이는 야마우치 가문 대대로 도쿠가와 막부에 대한 부채 의식으로 작용했다.

하지만 도요시게는 이런 상황마저 정치적으로 이용할 수 있는 인물이었다. 토막에 가담하라는 요구가 있을 경우 '자신의 가문 이야기'를 꺼내면서 거절했고, 토막에 가담한 데 대해 '배은망덕'한 일이 아니냐고 비난을 받으면 어쩔 수 없는 상황이었다고 발뺌했을 정도로 능수능란한 정치가였다. 한편 도사 번에는 한때 존왕양이운동의 한 축으로 막말 정국을 주도하기도 한 도사 근황당과 그 지도자 다케치 즈이잔의 전통도 있었고, 사쓰마와 조슈 사이의 가교 역할을 하고 있던 당대 최고의 로비스트 사카모토 료마와 나카오카 신타로(中岡慎太郎)도 이곳 도사 출신 낭사들이다. 이제 이들이 하나가 되어 막말 정국의 또다른 변수로 등장하였다.

5월이 되면서 먼저 움직인 쪽은 이타가키 다이스케(板垣退助)였는데, 그는 도사 번의 중신으로 군무를 담당하고 있었다. 이타가키는 나카오카 신타로를 대동하고 사이고 다카모리를 만났고, 그 자리에서 무력토막론을 제시하면서 거사 시에 도사 번의 병력을 동원할 수 있다고 장담했다. 6월에는 번의 또 다른 중신인 고토 쇼지로(後藤象二郎)가 교토에서 사카모토 료마의 주선으로 사이고 다카모리와 오쿠보 도시미치를 만났다. 몇 차례 회의 끝에 구체적인 결론에 도달했으니, '삿도맹약(薩土盟約)'이 그것이다. 쇼군이나 막부를 부정하는 대정봉환(大政奉還: 막부 권한의 조정 반납), 공의정체(公議政体: 의회제도)의 지속 및 그 권한의 확대, 상하원제 등이 삿도맹약의 주요 내용이었다. 즉, 무력 토막이 아니라 대정봉환에 의한 평화적 권력 이양이 그 핵심이었다. 사쓰마로서는 그간 자신들이 주장해 온 제후들로 구성된 회의제도와 일치하고, 평화적 정권교체를 하자는 데 반대할 명분도 없었기에 도사 번의 제의를 우선 받아들였다. 하지만 사쓰마는 이런 방식의 대정봉환이 결코 성공할 수 없을 것으로 판단했기에, 또한 실패할 경우 도사 번의 병력이 토막에 기꺼이 참여할 수밖에 없을 것이라 판단했기에 순순히 도사 번의 요구를 들어주었던 것이다.

고토 쇼지로는 번으로 돌아가 야마우치 도요시게로부터 재가를 얻은 후 병력을 이끌고 돌아오겠다는 약속을 하고 교토를 떠났다. 고토 쇼지로의 대정봉환 계획은 도요시게로부터 재가를 받아 번의 정책으로 확정되었다. 문제는 10일 안에 돌아온다고 장담을 했지만 번 내에 다른 문제[이카루스(Icarus)호 사건: 영국 군함 이카루스호의 수병이 나가사키에서 살해되었는데, 도사 번사에게 혐의가 있다고 판단한 파크스 영국 공사가 도사 번을 방문했고, 고토 쇼지로가 이를 절충하느라 시간을 보냄. 무혐의로 결론이 남]가 발생하여, 쇼지로가 교토로 돌아온 것은 무려 두 달이 지난 9월 3일이었다.

그사이 교토에서는 두 가지 방향으로 정국이 진행되고 있었다. 대부분의 번들은 대정봉환에 호의적이었고, 교토에 있던 유지 다이묘들은 대정봉환을 번론으로 확정하기 위해 교토를 떠났다. 이런 상황에 당황한 것은 오히려 사쓰마 번 쪽이었다. 만약 대정봉환이 도사 번의 뜻대로 이루어진다면 사쓰마 번의 정치입지가 줄어들 수밖에 없기 때문이었다. 이제 사쓰마 번으로서는 다른 선택지가 없었다. 사쓰마 번은 거병하기로 확정하고 조슈와 본격적으로 이 문제를 논의하기 시작했으며, 이윽고 9월 18일 거병계획이 마련되었다. 즉, '우선 토막에 뜻을 같이하는 조정 신하들과 제휴하여 정변을 일으키고 천황의 신병을 확보한 다음, 즉시 거병을 해 오사카 성을 탈취한다. 전황에 따라 천황을 모시고 동맹 번들의 영지로 후퇴한 다음 막부와의 대치 정국을 구축한다'는 정도의 기본계획이었다. 이 같은 계획이 수립되었음에도 불구하고, 오쿠보는 9월 28일 대정봉환의 건백서를 제출하는 것을 막을 생각이 없다고 고토 쇼지로에게 전했다. (이 책에서는 이 순간 갑자기 오쿠보 도시미치가 등장하는 것 같지만, 그는 사이고 다카모리와 함께 당시 사쓰마 번의 정책을 주도하던 또 다른 인물이었다.)

그 이후부터는 대정봉환을 주도하는 요시노부와 무력토막을 준비하는 사쓰마·조슈가 서로 완전히 다른 방향을 향해 질주하게 되었다. 대정봉환을 받아들일 수밖에 없는 요시노부의 사정도 이해할 수 있다. 막부의 위신과 권위는 추락했고, 토막의 목소리는 높아만 갔으며, 대정봉환을 거부할 경우 도사 번마저 토막으로 돌아설 가능성도 있었다. 게다가 설령 대정봉환 이후 제후회의가 열린다 하더라도 행정력과 군사력을 가진 도쿠가와가를 배제하고는 회의 결과를 집행할 능력이 없었기에, 결국 제후회의 수반에 자신이 오를 수밖에 없다는 기대도 있었다. 또한 전국 다이묘들이 모여 제후회의를 구성한다고 하더라도 여전히 도쿠가와가를 추종하는 친번, 후다이 번들이 절대다수를 이루고 있었음도, 요시노부가 내심 대정봉환을 수용하려는 배경이 되었던 것이다.

요시노부로서는 대정봉환에 이어 제후회의를 열고 그곳에서 자신의 정치 입지를 재확약받기 위해서는 가능한 한 빨리 제후회의를 소집해야 했다. 하지만 그것은 쉬운 일이 아니었다. 이제 막부의 권위는 이전과 달라도 너무 많이 달라져 있었다. 게다가 겉으로는 스스로 일개 영주로 복귀하겠다고 했지만, 요시노부 나름의 정치적 노림수를 알아채지 못할 영주는 아무도 없었다. 다급해진 요시노부는 제후들의 상경을 유도하는 일련의 의식을 진행할 수밖에 없었다. 요시노부는 10월 12일 마쓰다이라 가타모리와 마쓰다이라 사다아키 그리고 교토에 있던 막부 각료들을 초치해 대정봉환의 뜻을 전했고, 이를 에도에 알리러 사자를 보냈다. 다음 날인 13일, 10만 석 이상 번들의 중신을 초치해 번주들의 상경을 명령했다. 나중에 언급하겠지만 이날 조정으로부터 사쓰마의 번주 부자에게 '토막 칙서'가 전해졌고, 조슈 번주 부자에게는 조슈 번의 전면 복권을 승인하는 '사면령'이 내려졌다.

그다음 날인 10월 14일 사쓰마 번에 내린 동일한 '토막 칙서'가 조슈 번주 부자에게도 하달되었다. 그리고 같은 날 요시노부는 조정에 대정봉환의 상서를 제출했다. 다음 날(15일) 조정은 이를 허락하면서 도쿠가와 요시카쓰(오와리 번), 마쓰다이라 요시나가(후쿠이 번), 시마즈 히사미쓰(사쓰마 번), 다테 무네나리(우와지마 번), 야마우치 도요시게(도사 번), 나베시마 나리마사(鍋島齊正: 사가 번) 등의 제후들과 함께 10만 석 이상 번주들에게 상경을 요청했다. 16일에 막부는 10만 석 이상 번의 중신들을 초치해 대정봉환이 칙허되었음을 알렸고, 17일에는 이들에게 번주의 상경을 명령했다. 이제 제후회의 개최 여부는 제후들이 얼마나 빨리, 얼마나 많이 교토에 오느냐에 달려 있었는데, 상경 마감일은 11월 말이었다.

한편 10월 24일 요시노부는 쇼군직 사임서를 조정에 제출하였다. 막부 체계란 기본적으로 쇼군과 제후들의 군사적 주종관계를 전제로 하는 것이라, 대정이 봉환된 이상 쇼군직도 당연히 사임해야 하는 것이었다. 표면적으로는 당연한 것이었겠지만 요시노부에게는 또 다른 복선이 깔려 있었다. 즉, 조정이 이를 각하할 경우 적어도 제후회의 개최 때까지는 자신의 군사지휘권, 다시 말해 쇼군과 제후들 간의 주종관계가 유지될 수 있다는 것이었다. 물론 조정은 이를 각하하였다. 사쓰마와 조슈의 눈치를 봐야 하는 규슈와 주고쿠(中國)지방 그리고 시코쿠(四國)의 작은 번들은 선뜻 나설 수 없었고, 후다이 다이묘가 많은 도호쿠(東北) 지방 역시 교토의 요시노부보다는 도쿠가와 막부의 눈치를 봐야 했다. 결국 마감일인 11월 말 교토에 도착한 번은 모두 16개 번에 불과했고, 이들도 교토 가까이에 있는 작은 번의 번주뿐이었다. 결국 제후회의 구상은 무산되고 말았다.

여기서 짚고 넘어가야 할 사항은 도쿠가와 막부(도쿠가와 가신과 후다이 다이묘)가 대정봉환 정국에 반기를 들고 나왔다는 사실이다. 그리고 이들은 대정봉환을 주도하고 있거나 토막을 노리는 사쓰마, 도사, 히로시마(이 번은 대정봉환과 토막의 양다리를 걸치고 있었음) 번들, 그리고 지사들에게 적대감을 드러냈다. 이들은 천황으로부터 받은 관직을 반납했고, 요시노부에게 에도 복귀를 요청했으며, 자신들의 불만을 직접적인 행동으로 표현하기 시작했다. 바로 사카모토 료마와 나카오카 신타로의 암살이 그 한 가지 예인데, 교토수호직 관할하에 있던 미마와리구미(見廻組: 치안유지 조직)의 사사키 다다사부로(佐々木唯三郎)와 그 부하들이 자행했던 것이다(물론 료마의 암살에는, 더 이상 쓸모가 없어졌다고 판단한 사쓰마·조슈의 소행으로 보는 견해를 비롯해 여러 다양한 견해가 있다).

조정이 정식으로 발행한 조슈 사면과 요시노부 토벌령 칙서는 각각 1867년 12월 8일과 1868년 1월 7일자이니, 그 이전 발행된 '토막 칙서'와 '조슈 사면령'은 결론적으로 말해 '위칙', 허위조작 문서였던 것이다. 토막 거병 이외에 다른 선택지가 없고 또한 번주의 결심이 필요 없는, 다시 말해 정국에 대한 영향력이 없어 번주가 없는 것과 마찬가지인 조슈의 경우 거병은 즉시 이루어져 11월 말에는 이미 오사카에 주둔하고 있었다. 하지만 사쓰마는 달랐다. 어쩌면 '위칙'은 사쓰마에게 필요했던 것이다. 사이고 다카모리, 오쿠보 도시미치, 고마쓰 다테와키 등 교토의 정치무대에서 활약하고 있던 이들은 이 기회에 막부를 꺼꾸러뜨려야 한다고 판단했다. 하지만 사쓰마 번에 있던 번주 부자와 중신들은 막부에 맞서 전쟁을 일으키면서까지 얻어 내야 할 그 무엇이 있었던 것은 아니었다. 이들을 설득해서 병력을 움직이려면 뭔가 그럴듯한 근거가 있어야 했는데, 그것이 바로 '위칙'이었던 것이다.

당시 섭정으로서 메이지 천황을 보필하고 있던 최고위 조정 대신은 니조 나리유키(二条齊敬)였는데, 요시노부와는 외사촌 간이라 막부와는 협조관계에 있었다. 따라서 공개적으로 천황으로부터 '토막 칙서'를 얻기란 불가능했다. 하지만 조정에는 니조만 있는 것이 아니었다. 조정 중신 중에는 메이지 천황의 외조부인 나카야마 다다야스(中山忠能)라는 자가 있었는데, 그를 통한다면 천황의 날인을 받아 낼 수 있었다. 사쓰마·조슈의 비호 아래 재기를 노리던 이와쿠라 도모미는 나카야마를 움직이기 위해 산조 사네토미와 접촉을 했고, 결국 '위칙'에 가까운 문제의 '토막 칙서'를 받아 내었던 것이다. 이렇게 해서 칙허를 얻어 낼 수 있었을 뿐만 아니라, 사쓰마·조슈 그리고 조정 중신들로 이루어진 강력한 응집력을 지닌 집단이 만들어졌다. 그들은 토막이라는 공통의 이해관계를 가지고 있었다.

11월 하순이 되면서 사쓰마의 병력이 도착했고, 히사미쓰도 교토에 도착했다. 이제 결전의 날이 12월 8일로 정해졌는데, 이날은 효고 개항 예정일보다 나흘 전이었다(개항일이 1월 1일이라고 앞서 이야기한 것은 양력 날짜임). 그들은 개항으로 효고 항이 어수선해지기 이전에 거사를 치르기로 작정했다. 정변계획은 니조 성에 있던 요시노부에게도 전해졌지만, 그로서는 대정봉환이 무산되지 않도록 그저 제후들이 상경하기만을 기다릴 수밖에 없었다. 12월 8일 교토에 있던 다이묘와 각 번의 중신들이 참석한 가운데 조정회의가 열렸고, 주로 조슈 번의 복권과 산조 사네토미와 이와쿠라 도모미 등 1863년 8·18정변 때 도망간 조정 신하들의 복권이 결정되었다. 그리고 다음 날인 12월 9일 사쓰마, 히로시마, 오와리, 에치젠, 도사 번병들의 경호 아래 천황이 임석하고 이와쿠라 도모미, 시마즈 히사미쓰, 야마우치 도요시게를 비롯한 조정 신하와 제후들이 참석한 가운데 왕정복고령이 내려졌다. 에도에 막부가 열린 지 264년 만에 막부는 폐지되었고, 막번 체제의 근간을 이루던 모든 기구들이 사라졌다. 그리고 총재(総裁), 의정(議定), 참여(参与) 3직이 신설되었다. 물론 그 어디에도 요시노부의 이름은 없었다.

도바·후시미 전투와 가이요마루 출동

이제 쇼군 사직 및 대정봉환에 따른 후속조치를 놓고 신정부 내 갈등이 일어나기 시작했다. 우선 요시노부가 갖고 있던 조정 내대신이라는 관직을 반납[사관(辞官)]하고, 원래 도쿠가와가 영지를 제외하고 대정의 운영을 위해 갖고 있던 막부 직할령(天領)을 반납[납지(納地)]하라는 것이었다. 야마우치 도요시게를 비롯한 좌막 성향의 참석자들은 이에 반대했지만, 시마즈 히사미쓰를 비롯한 정변의 주도 세력들은 당연한 조치라며 반대주장에 맞섰다. 결국 요시노부에게 스스로 사관, 납지를 신청하도록 촉구하는 선에서 결정이 내려졌다. 12월 10일 신정부의 참의가 된 도쿠가와 요시카쓰(徳川慶勝)와 마쓰다이라 요시나가(松平慶永)가 이를 전하러 니조 성을 찾았고, 불의의 사태를 미연에 방지하기 위해 오사카 성으로 옮기기를 요시노부에게 권했다. 12월 12일 요시노부는 니조 성에서 오사카 성으로 거처를 옮겼다.

정변에 성공한 삿초의 병력과 산조 사네토미를 비롯한 조정 대신들은 교토로 올라왔고, 교토에 머물던 좌막파 세력들은 오사카 성으로 모여들면서 이제 두 세력은 지리적으로도 분리되었다. 사관과 납지 그리고 요시노부의 신정부 참여를 놓고 두 진영 사이를 도쿠가와 요시카쓰와 마쓰다이라 요시나가가

왕래하면서 서로의 의지를 전했다. 하지만 두 진영 모두 상대에 대한 적개심을 놓지 않고 있어 교섭이 성립된다 하더라도 무력충돌의 가능성은 상존해 있었다. 결국 12월 27일 요시노부가 사관 및 납지 신청서를 두 사자에게 건넸고, 다음 날 이 신청서가 조정에 전달되었다. 하지만 3일 후인 1868년 1월 1일, 요시노부는 태도를 바꾸어 '타도 사쓰마'를 내걸고 신정부와의 결전의 의지를 밝혔다. 그러고는 1월 2일 15,000명의 막부군이 오사카 성을 떠나 교토로 향했다. 다음 날인 1월 3일 신정부군이 막부군을 급습함으로써 사쓰마·조슈 거병의 명운을 건 보신 전쟁(戊辰戦争)의 서전인 도바·후시미 전투(鳥羽·伏見の戦い)가 개시되었다.

요시노부가 갑자기 태도를 바꾼 데 대한 무언가 설명이 필요하다. 일반적으로는 요시노부가 사관, 납지 신청서를 제출한 바로 그날 에도로부터 세키호타이(赤報隊)에 대한 소식을 듣고 격분한 나머지 경솔하게 거병해 사태를 망쳐놓았다는 것이 일부 역사책의 설명이다. 하지만 또 다른 설명도 있다.

처음 신정부의 사관, 납지 요구에 요시노부가 반발하자, 야마우치 도요시게의 발의로 신정부는 요시노부에게 신정부 참여를 제안하였다. 이에 요시노부가 동의하면서 신정부에 제법 많은 돈을 하사하였다. 하지만 오사카 성에 주둔하고 있던 가신단과 제후 그리고 각 번 가신들의 반발은 점차 거세어졌다. 그리고 도쿠가와 막부 각료들로부터도 공순(恭順)에 대한 반대여론이 전해졌다. 이제 요시노부가 공세를 취하기 시작했다. 12월 16일 오사카 성으로 미국, 영국, 프랑스, 네덜란드, 프로이센, 이탈리아 6개국 공사를 초치했고, 여기서 요시노부는 내정불간섭과 도쿠가와 막부의 외교권 보유를 승인받았다. 3일 후인 19일, 요시노부는 조정에 대해 '왕정복고 대호령의 철회'를 요구했다. 이에 조정이 도쿠가와 막부의 대정 위임을 재승인하는 답서를 보내자, 12

월 28일 요시노부가 사관, 납지에 대한 최종 답신을 보냈다. 거기에는 도쿠가와 요시노부 내대신 사임, 최고집권자로서 다이묘 회의 주재, 조정 비용의 분담 분할 등이 주 내용이었다.

만약 이것이 사실이라면 왕정복고령은 완전히 실패한 것이라 볼 수 있다. 즉, '토막 칙서'의 위조에 대해 '대정봉환'으로 대처했고, '왕정복고 대호령'에 대해 역공을 가한 요시노부의 승리라 볼 수 있다. 사쓰마·조슈가 조정 대신들과 함께 오랜 시간 토막을 노리면서 정치공작을 시도했다면, 요시노부 역시 이에 대응해 나름의 전략을 가지고 있었다고 보는 것이 당연한 논리가 아닐까? 공격하는 자의 과감하고 무모하리만치 보이는 저돌성, 이에 대해 체제 유지를 전제로 한 극단적 보수성이 양 진영의 입장이지 않았을까 생각해 볼 수 있지만, 역사는 언제나 승자의 편이라 막말 정국에서는 언제나 요시노부의 우유부단함만 돋보일 뿐이다.

사실 어렵게 거병을 해서 가까스로 정변에 성공한 사쓰마 특히 사이고 다카모리의 입장에서는, 만약 사관과 납지가 이루어지고 요시노부가 신정부에 참여할 경우 여전히 막강한 세력을 유지하고 있는 도쿠가와가의 입김에 자신들의 구상대로 신정부를 움직일 수 있을지 장담할 수 없었다. 무력으로 도쿠가와가를 무너뜨리지 않고는 정변이 성공할 수 없음을 일찍부터 간파한 사이고는 정변의 시작 이전부터 이미 전쟁의 명분을 만들고 있었다. 사이고는 사가라 소조(相楽総三)를 대장으로 하는 세키호타이라는 낭사대를 만들어 에도 일대에서 방화, 약탈, 강간, 강도 행각을 벌였고, 이들은 나중에 반드시 산다(三田)에 있는 사쓰마의 번저로 사라졌다. 막부는 이를 제압하기 위해 사나이(庄內) 번주 사카이 다다즈미(酒井忠篤)를 '에도 시중취제(江戶市中取締)'직에 임명하였다. 결국 이 직 때문에 교토수호직을 맡은 마쓰다이라 가타모리의 아이즈 번과 마찬가지로 사나이 번도 나중에 신정부군으로부터 처참한 보복을 받게 되었다.

1867년 후반 들어 정국이 혼미에 빠지자 세키호타이의 테러는 더욱 기승을 부리기 시작했으며, 12월 22일 밤 사나이 번 부대를 향해 총격이 가해지기에 이르렀다. 23일에 사나이 번저가 총격을 받았고 에도 성 일대에 불이 났는데, 모두 세키호타이의 소행이었다. 이에 막부는 25일 사나이 번병을 필두로 막부군을 편성해 산다에 있는 사쓰마 번저를 포위하고는 테러 하수인의 신병 인도를 요구했다. 사쓰마 측이 이를 거절하자, 막부군은 사쓰마 번저에 대한 포격을 개시했다. 소위 '사쓰마 번저 화공' 사건으로, 이 사건을 보고받은 사이고는 오히려 막부가 미끼를 물었다며 미소를 지었다고 한다. 중과부적의 사쓰마 번사와 세키호타이 낭사들은 에도 만의 시나가와(品川) 항에 정박 중인 쇼호마루(翔鳳丸)를 타고 탈주했다. 나중에 세키호타이는 정식 토벌군의 한 부대로 편성되어 보신 전쟁 때 동산도군(東山道軍)의 선봉으로 맹활약하였다. 이들은 '세금 반감'을 내걸고 도호쿠 지방 주민 교화에 나섰고, 이에 많은 주민들이 협조하였다. 하지만 전쟁이 끝나고 신정부는 '세금 반감'은 이들이 제멋대로 떠든 것이라 들어줄 수 없으며, 세키호타이는 관군이 아니라면서 오히려 이들을 토벌하였다. 1869년 3월, 대장 사가라 소조를 비롯한 세키호타이의 간부들이 처형되었다. 토사구팽.

12월 26일 막부 해군은 시나가와 항을 출범한 사쓰마 번의 쇼호마루를 격파하기 위해 간린마루(咸臨丸)와 가이텐마루(回天丸)를 출동시켰다. 쇼호마루는 사쓰마 번이 1864년에 영국에서 구입한 배수량 461톤의 스크루식 철제 무장 수송함이었다. 반면에 막부의 가이텐마루는 1865년에 구입한 배수량 710톤의 외륜식 목제 포함이었고, 간린마루는 네덜란드로부터 1857년에 구입해

1860년 태평양을 건넌 바로 그 함선이었다. 간린마루는 당시 속도가 느려 가이텐마루만 쇼호마루의 추격에 나섰다. 더 이상 피할 수 없다고 판단한 쇼호마루가 방향을 바꾸어 충돌해 함께 자폭할 기세로 덤벼들자, 오히려 가이텐마루가 후퇴하고 말았다. 그사이에 쇼호마루는 사쓰마 번 쪽으로 무사히 회항할 수 있었다.

양측이 별다른 전과 없이 끝난 12월 26일 해전 이후 막부 해군은 교토-오사카 사이의 심상치 않은 분위기 때문에 막부군을 지원하기 위해 가이요마루, 후지야마마루(富士山丸), 반류마루(蟠竜丸), 쇼가쿠마루(翔鶴丸) 등 4척의 군함을 효고 항에 정박해 놓았고, 사쓰마 측도 12월 31일 가스가마루(春日丸), 히라운마루(平運丸), 쇼호마루를 효고 항에 입항시켰다. 이들 군함 중에서 함포가 탑재되어 있는 배는 막부 측의 가이요마루와 사쓰마 측의 가스가마루뿐이었고, 나머지는 모두 수송함이었다. 당시 가이요마루의 함장은 군함두(대령)에노모토였다. 1월 1일 히라운마루가 항내를 빠져나가자 에노모토는 가이요마루와 반류마루를 출동시켜 히라운마루에 공포를 쏘며 정선명령을 보냈다. 하지만 히라운마루가 이에 응하지 않고 도주하자 실탄 포격을 했고, 반류마루가 쏜 포탄에 선미를 맞은 히라운마루는 어쩔 수 없이 효고 항으로 귀환했다. 다음 날 히라운마루의 함장이 에노모토를 방문해 어제 일에 항의하자, "지난 12월 25일 이래 귀 번과는 이미 전시상태에 있으며, 더군다나 해군 규정을 무시하고 공포에 불응할 경우 포격은 당연한 조치이다."라고 답했다.

1월 3일 도바·후시미에서 전투가 시작되었다. 사쓰마 측 군함은 효고 항에서 출항 준비를 하고 있었고, 막부 측 군함은 오사카에서 도바·후시미 전투를 관전하고 있었다. 다음 날 아침 새벽을 기해 히라운마루는 단독으로, 가스가마루와 쇼호마루는 함께 효고 항을 빠져나와 각기 다른 방향으로 달아났다. 이를 확인한 에노모토는 가이요마루를 이끌고 가스가마루와 쇼호마루 쪽으로 추격하기 시작했다. 가스가마루가 쇼호마루를 예인하고 있었기에 속도가 빠른 가스가마루(16노트)를 가이요마루(12노트)가 추적할 수 있었던 것이다. 이제 예인선을 끊어 버린 가스가마루와 가이요마루의 본격적인 해전이 시작되었다. 시종 해를 등지고 싸우던 가스가마루가 유리하게 해전을 이끌었다. 가이요마루는 가스가마루를 향해 모두 25발을 발사했고, 이에 응전한 가스가마루도 18발을 쏘면서 맞섰다. 두 함의 거리가 가장 가까웠을 때는 1,200m에 불과했다. 가이요마루가 쏜 포탄 하나가 가스가마루의 외륜 상부에 적중했지만 큰 손실은 입지 않았다. 이후 함포력에서 밀린 가스가마루는 더 이상 전투를 계속할 의사가 없어 가고시마 쪽으로 도주했다. 도중에 기관 고장으로 좌초된 쇼호마루는 자폭했고, 승조원 모두는 지나가던 도사 번의 선박에 의해 구조되었다.

이 해전에서 인명피해는 없었다. 하지만 이 해전은 서양식 군함으로 함포전을 벌인 일본 최초의 해전이었다는 점에서 의미가 있다. 최강함 가이요마루로서는 싱거운 전투였지만, 당시 해군의 함포사격 능력이 그다지 정교하지 않았음을 여실히 보여 주었다. 한편 에노모토로서는 처음 치른 실전이었고 사쓰마 해군에 맞서 나름대로 승리한 전투라, 막부 측 해군력에 대해 자신감을 갖는 계기가 되었다. 이 당시 가스가마루에는 러일전쟁 당시 러시아 발트 함대를 동해에서 격침시켜 일본의 승리로 이끈 일본 연합함대 사령관 도고 헤이하치로(東鄕平八郎)가 3등 사관으로 승선해 있었다.

다시 도바·후시미 전투로 돌아가 보자. 1868년 1월 1일 요시노부는 갑자기 태도를 바꾸어 신정부에 대한 공세로 전환하였다. 앞서 언급했듯이 12월 후반에 들어서면서 요시노부에게 여러 모로 유리한 환경이 조성되었다. 게다가 에도로부터 '사쓰마 번저 화공' 소식이 오사카 성으로 전해지면서, 이제 성내에

는 사쓰마 번과의 본격적인 전쟁으로 접어들었다는 인식하에 교토 진격을 주장하는 목소리가 한층 높아졌다. 이에 더욱 자신감을 얻은 요시노부는 군사적 모험을 강행하기로 결심했다. 1월 2일 막부군은 진격을 개시했다. 본영을 교토 분지의 남쪽에 있는 요도(淀)에 두고, 아이즈 번병을 선봉으로 하는 본대는 후시미(伏見) 가도를, 구와나 번병을 선봉으로 하는 별동대는 도바(鳥羽) 가도를 따라 북상하였다. 신정부군도 이에 대치했는데, 후시미 방면에 조슈 군 본영이, 도바 방면에 사쓰마 군 본영이 설치되었다. 15,000명으로 이루어진 막부군은 '토살의 표(討薩の表: 사쓰마 토벌의 기)'를 내걸고는 자신들이 요시노부 상락의 선발대임을 강조하면서 길을 열라고 했지만, 이를 들어줄 리 만무했다. 이제 불씨만 있으면 언제든지 폭발할 형세였다.

1월 3일 해가 떨어질 무렵 먼저 사쓰마 번이 포격을 개시했고, 포격은 밤새 계속되었다. 사쓰마 번은 자신들이 가진 전력을 모두 쏟아부었다. 특히 사가 번에서 만든 암스트롱 포가 위력을 발휘했다. 1월 4일 의정(議定)직에 있던 요시아키 친왕(嘉彰親王)에게 '정토대장군(征討大將軍)'직이 내려졌고, '금기(錦旗)'와 '절도(節刀)'를 수여하는 의식도 치러졌다. '금기'는 천황의 군대임을 표상하는 장식이며, '절도'는 휘하 장병에 대한 제재의 권능을 상징하는 장식이었다. 즉, 이는 천황으로부터 전군 지휘권이 위임되었음을 의미하며, 이에 대응하는 자는 '조적(朝敵)'이 된다. 막부군은 전세가 불리해지자 본영으로 삼았던 요도 성으로 퇴각했지만 성문을 열어 주지 않았다. 다음 의지할 곳은 야마자키(山崎) 관문이었지만, 오히려 퇴각하는 막부군을 향해 포격을 하였다. 정세를 판단한 요도 번(淀藩)과 쓰 번(津藩)이 신정부 쪽으로 이미 돌아섰던 것이다. 신정부군은 야마자키 관문을 지나 이제 오사카 평야의 북단까지 진출했지만 더 이상 추격할 수는 없었다. 왜냐하면 오사카 성을 공략하기에는 자신들의 병력이 절대 부족하다는 것을 알고 있었기 때문인데, 이때가 6일 저녁 즈음이었다.

마지막 쇼군 요시노부

신정부군이 '금기'를 내걸었다는 이유만으로 막부군이 전투의지를 잃고 패주했다고는 볼 수 없다. 15,000명에 이르는 막부군이 그 반도 되지 않은 신정부군에 패주한 이유는 무장의 차이, 전투력의 차이도 있었겠지만, 막부의 정책 부재와 필승의지의 결여 때문이라는 측면도 없지 않았다. 그 단적인 예가 바로 6일 밤에 있었던 요시노부의 오사카 성 탈주 사건이었다. 6일 요시노부는 오사카 성 대회의장에 각료와 여러 장군들을 모아 놓고 친히 출정하겠다고 선언하였다. 그러나 요시노부는 바로 그날 밤 마쓰다이라 가타모리, 마쓰다이라 사다아키 등 '이치카이소' 제후들을 비롯해 몇몇 막부 각료를 데리고 오사카 성을 몰래 빠져나왔다. 총지휘관과 부지휘관이 아무 이유도 없이 전선에서 이탈한 것이었다.

이처럼 예측할 수 없는 행동을 일삼는 요시노부의 정신세계는 그의 이력에서 한 원인을 찾을 수 있다. 오사카 성을 장악하고 있던 '이치카이소' 정권의 핵심은 요시노부였다. 요시노부는 페리 내항을 전후로 존왕양이의 선봉에 선 미토 번주 도쿠가와 나리아키의 7남으로서 3경(三卿: 一橋, 田安, 淸水)의 하나인 히토쓰바시(一橋)가로 양자를 가서 가록을 이었다. 3경이란 도쿠가와 쇼군가의 일족으로서, 쇼군에게 후사가 없을 경우 후계자를 제공하는 역할을 했다. 10만 석의 영지가 주어지지만 실제 봉토는 없고, 관리는 막부가 대신하였다. 따라서 직속 가신도 없고, 일가와 관련된 일은 막부가 임명한 신하들이 담당하였다.

3경으로부터 다른 가문으로 양자를 가는 경우가 대부분인데, 요시노부처럼 그 반대는 흔치 않은 경우였다. 게다가 본래 미토 번은 쇼군 직계에서 아주 먼 방계였지만, 요시노부가 정치력이 있다는 이유로 조정이나 유지 다이묘의 후원 아래 쇼군 후보에도 올랐고, 또한 자기와 경쟁했던 쇼군 이에모치의 후견 직에도 오를 수 있었다. 당연히 후다이 다이묘나 막신으로부터 반대가 있을 수밖에 없었고, 쇼군이 된 이후에도 그들의 절대적 지지를 얻을 수 없었던 것이다. 따라서 스스로의 재정적·군사적 배경이 없었기에 막부 내부의 요구를 따를 수밖에 없었을 뿐만 아니라, 자신을 지지해 주고 있는 조정이나 유지 다이묘의 요구에 반할 수도 없었던 것이다. 이들 쌍방의 이해가 부딪치는 경우 그의 정치적 선택은 존왕과 좌막, 양이와 개국의 사이에서 번민할 수밖에 없었고, 개인 인격에서는 흥분 고양과 의기소침, 성심성의와 사기협잡 등 상반된 행동이 나타날 수밖에 없었던 것이다.

6일 오사카 성 군진회의에 해군총재(海軍総裁: 해군원수) 야타보리 고(矢田堀鴻)와 함께 에노모토도 참석했고, 그날 밤 그들은 향후 해군대책에 대해 논의했다. 하지만 요시노부는 6일 야밤을 이용해 성을 벗어나 오사카 만의 덴포잔(天保山: 산이라고 하지만 포대를 쌓기 위해 만든 보루에 불과하며, 높이는 4.53m로 일본에서 가장 낮은 산으로 불림) 앞바다에 정박하고 있던 가이요마루를 찾아 나섰다. 하지만 일행 중 가이요마루를 알고 있는 자가 없었고 밤이 어두워졌기에 전마선으로 도착한 배는 미국 함선이었다. 여기서 하루를 보낸 후 다음 날 아침 가이요마루를 찾아 에도행을 명령했다. 당시 부함장이었던 사와 다로자에몬(沢太郎左衛門: 해군전습소 3기, 에노모토와는 네덜란드 유학 동행)은 '함장 부재라 출동할 수 없다'고 주장했지만, 요시노부는 '이제부터 네가 가이요마루의 함장이다'라고 명령했다고 한다. 어쩔 수 없게 된 사와는 정박된 나머지 함선들을 그대로 둔 채 가이요마루만 이끌고 에도로 향했다.

아침이 되어 요시노부가 사라진 사실을 알게 된 오사카 성의 모든 이들이 망연자실 어찌할 바를 몰랐고, 이는 에노모토도 마찬가지였다. 쇼군이 사라진 막부의 가신단과 병사들, 그리고 번주들이 사라진 번의 번사와 병사들은 이제 삼삼오오 대오를 맞추어 각자의 영지를 향해 떠나기 시작했다. 8일부터는 신정부군의 공격이 개시되었다. 불바다가 된 오사카 성에 남아 있던 에노모토는 요시노부가 거주하던 처소에 들어가 서류, 가구, 도검 등을 꺼내와, 사와가 에노모토를 위해 정박해 둔 후지야마마루에 이것들을 실었다. 또한 간조부교와 함께 오사카 성에 있던 18만 냥의 금을 마차에 실어 같은 배로 옮겨 실었다. 12일 에노모토는 오사카 성 잔류병 일부를 이끌고 정박 중인 나머지 함선들에 이들을 승선시킨 후, 오사카 만을 떠나 15일 에도에 도착했다. 도착 후 오사카 성에서 가져온 금과 나머지 물품들을 요시노부에게 전했는데, 일설에 의하면 이 금의 일부가 나중에 에노모토의 에도 탈주 및 하코다테 전쟁 자금으로 사용되었다고 한다.

쇼군 요시노부의 에도 귀환 후 에도는 대혼란에 빠졌다. 이 와중에 어느 누구도 당시 네덜란드에 있던 하야시, 이토, 아카마쓰 등 유학생들의 체재 및 귀국 비용에 관심을 둘 만한 여유가 없었다. 하지만 인간적 매력이 부족하다던 우치다가 그들을 위해 나섰다. 그는 간조부교에게 사정해 일부 돈을 빌렸고, 또한 에노모토에게도 이 일을 상의했다. 에노모토는 요시노부를 만나 자신이 가져온 금 일부를 이들을 위해 사용해 주길 요청했고, 요시노부도 동의했다. 결국 유학생 3명은 우치다와 에노모토가 어렵게 마련해서 보낸 자금으로 무사히 귀국할 수 있었다. 우치다의 또 다른 면모를 확인할 수 있는 대목이다.

도바·후시미 전투에서 승리한 신정부군은 다음 날 요시노부 추토령(追討令)을 발표하면서 막부 타도의 입장을 분명하게 밝혔다. 이에 교토, 오사카 서쪽 대부분의 번들도 신정부 쪽으로 돌아서기 시작했다. 신정부군의 에도 총공격일이 3월 15일로 정해졌고, 산인도(山陰道), 도카이도(東海道), 도산도(東山道), 호쿠리쿠도(北陸道) 등 네 도로를 따라 신정부군이 에도를 향해 진격했다. 이에 일부 막부군의 저항도 있었지만 신정부군은 순조롭게 나아갔다. 한편 에도로 돌아온 요시노부는, 천하의 험지로 불리던 하코네(箱根) 고개에서 신정부군을 격퇴하자는 육군부교대우 오구리 다다마사(小栗忠順: 제6장에 언급한 요코스카제철소 건립 등 막부 말기 개혁을 주도한 인물), 보병부교 오토리 게이스케(大鳥圭介: 청일전쟁 직전의 재조선 일본 공사), 신센구미(新選組) 등의 육군파, 그리고 군함으로 오사카를 포격하자는 에노모토 등 해군파의 결사항전 기세에 잠시 응전하려는 모습도 보였다.

1월 23일 요시노부는 이제 막부의 관리가 아닌 도쿠가와가의 가신단으로서, 육군총재에 가쓰 가이슈, 해군총재에 야타보리 고, 해군부총재에 에노모토 등을 기용하면서 새로이 진용을 갖추었다. 물론 아이즈 번의 마쓰다이라 다카모리와 같은 주전파는 가신단에서 제외되었다. 하지만 33세에 불과한, 주전파인 에노모토를 최고위직인 해군부총재에 기용한 데는 나름의 이유가 있었다. 그의 뛰어난 능력이 기용의 이유일 수 있으나, 최강의 가이요마루와 함께 막강 해군을 실제로 통제하고 있던 에노모토를 도쿠가와가의 각의에 참여시켜 각의의 결론에서 벗어나는 돌출행동을 막아 보자는 것이 에노모토 기용의 주된 이유였던 것이다.

하지만 요시노부 특유의 이중 플레이는 이 시점에서도 어김없이 발휘되었다. 그는 천황가 출신인 14대 쇼군 이에모치의 부인 세이칸인노미야[静寬院宮: 이에모치의 사후 가즈노미야(和宮)에서 이름을 바꿈]와 시마즈 나리아키라의 양녀로 사쓰마 번 실세들과도 가까웠던 13대 쇼군 이에사다의 부인 덴쇼인(天璋院) 등을 통해 조정 대신들에게 자신의 은거, 공순, 근신, 하지만 도쿠가와가의 존속을 간청하였다. 2월 12일 요시노부는 가쓰 가이슈에게 전후 처리를 맡기고는 조정에 공순의 뜻을 알리기 위해 스스로 우에노에 있던 관영사(寛永寺)의 대자원(大慈院)으로 들어갔다. 하지만 이때를 같이해 영국을 비롯한 6개 조약국 공사들은 이제 두 진영 간의 전쟁이 불가피한 것으로 판단하고는 국외중립을 선언하였다.

국외중립이 선언된 것은 1868년 1월 25일로, 도바·후시미 전투 직후였다. 이로써 구막부는 조약 체결 주체로서 정당성을 잃었고, 반면에 신정부는 국제적으로 '신정권'으로 인정받기 이전에 이미 구막부와 동등한 지위를 얻을 수 있었다. 그뿐만 아니라 막부가 미국에 주문한 막강의 철갑함 고데쓰 함(甲鉄艦)이 구막부에 인도되지 않게 됨으로써 신정부 측은 대단히 유리한 입장에 서게 되었다.

구막부군의 저항

공순파의 대표적 인물이었던 가쓰 가이슈는 즉각 항복교섭에 착수했다. 우선 자신의 심복인 야마오카 데쓰타로(山岡鉄太郎)를 슨푸(駿府)에 있던 대총독부(大総督府) 참모 사이고 다카모리에게 보내 교섭을 진행케 했다. 에도 공격 개시일을 며칠 앞둔 3월 9일, 야마오카를 만난 사이고는 요시노부의 히젠 번(肥前藩) 위탁 근신, 에도 성 양도, 군함 및 무기 인도, 에도 성내 거주 가신의 무코지마(向島) 이주 근신 등 7개 항복조건을 제시했다. 이후 에도와 교토를 오가며 조정 측과도 교섭이 진행되면서 결국 신정부 측의 최종안은, 요시노부 미토 번 근신, 신정부 측 오와리 번에 에도 성 인도, 그리고 신정부군에 군함 및 무기 인도 등으로 결정되었다. 일부 신정부 요인들은 요시노부를 비롯한 막부 측에 보다 가혹한 처분을 내려야 한다고 주장하기도 했지만, 전반적인 여론은 관대한 처분 쪽이었다. 특히 전란이 장기화되어 통상에 지장을 줄 것을 염려한 영국 공사 파크스는 요시노부의 처분을 가급적 관대하게 할 것을 요청했고, 농민봉기도 계속 발생하고 있었다. 결국 민심의 안정을 위해 관대한 처분 쪽으로 낙착되었고, 마침내 4월 11일 에도 성이 신정부 측에 인도되었다. 소위 가쓰 가이슈의 빛나는 업적으로 칭송되는 '에도 성 무혈입성'이 그것이다.

하지만 구막부의 보병부교였던 오토리 게이스케, 신센구미 부장 히지카타 도시조(土方歳三)를 비롯한 막부 지지 번사들과 도쿠가와 가신들은 각자 부대를 이끌고 신정부군에 저항했다. 한편 에노모토는 에도 성 입성 다음 날 함대 인도를 거부하면서 가이요마루를 비롯한 8척의 군함을 에도 만 서쪽 시나가와에서 에도 만 동쪽 호소(房総) 반도 최남단 다테야마(館山)로 이동시켰고, 저항세력의 병력 이동에도 한몫 거들었다. 당시 해군총재는 야타보리 고였지만 그는 행방불명된 상태라 막부 해군의 전권은 에노모토에게 있었다. 신정부 측은 약속 위반이라며 요시노부의 가독을 잇게 될 다야스(田安)가의 도쿠가와 이에사도(德川家達)에게 책임추궁을 했고, 이는 다시 가쓰 가이슈에게로 전해졌다.

4월 16일 가쓰는 에노모토를 만나기 위해 혼자 다테야마로 향했다. 가쓰의 설득에 에노모토는 함대를 이끌고 다시 시나가와로 회항해서 함대 8척 모두를 막부에 인도했지만(4월 28일), 신정부는 이중 4척(조요마루, 후지야마마루, 쇼카쿠마루, 간코마루)만 남기고 나머지 4척(가이요마루, 반류마루, 가이텐마루, 지요다가타마루)은 도쿠가와가, 즉 에노모토에게 돌려주었다. 이 당시 후지야마마루에 탑재된 최신예 미국제 포 2문과 가이요마루에 탑재된 독일제 포 2문이 교체되었다고 한다. 이후 에노모토는 프랑스 군사고문단의 지원을 받아 승조원들에게 함대 운행 및 포술 훈련을 시키면서 후일을 도모하게 되었다.

당시 막부 지지 무장세력 대부분은 신정부군과의 전투에서 패퇴하여 도호쿠 지방으로 탈주했지만, 유독 우에노에 있던 쇼기타이(彰義隊)만은 그 세력을 유지하면서 신정부군에 맞서고 있었다. 쇼기타이는 신정부군에 대항했던 다른 반정부세력과는 출발부터 달랐다. 쇼기타이는 요시노부의 경호를 목적으로 주로 막신의 둘째와 셋째 자제들로 구성되어 있었다. 요시노부가 에도로 귀환한 직후인 2월 23일 창설되었으며, 대원들의 투표로 구막신이었던 시부자와 세이이치로(渋沢成一郎)가 대장으로 결정되었다. 따라서 신정부 측에서도 이들 세력을 처음에는 묵인하였다. 또한 구막부 측에서는 쇼기타이의 존재가 신정부에 군사조직으로 받아들여질까 두려웠고, 치안 개선을 원하는 에도 주민들을 회유하기 위해 이전 사나이 번이 맡았던 '에도 시중취제'직을 쇼기타이에 맡겼다.

이제 공식조직이 된 쇼기타이로 막부 패주병은 물론 시정잡배들도 모여들어 한때 대원이 3,000~4,000명을 헤아릴 정도였다고 한다. 쇼기타이 본부가 우에노에 있는 관영사에 설치된 것은 당시 요시노부가 그곳에서 근신하고 있었기 때문이다. 이들은 요시노부가 미토로 거처를 옮긴 이후에도 계속 관영사에 머물면서 신정부에 대한 적대적인 자세를 유지하였다. 쇼기타이와 신정부군 사이에 폭력행위가 이어지자 가쓰를 비롯한 구막부 인사들은 쇼기타이의 해산을 권고했지만, 그들이 이를 수락할 리 없었다.

신정부는 에도의 소요사태 원인이 쇼기타이에 있다고 판단하고는 쇼기타이 토벌 방침을 정했고, 토벌대장으로 오무라 마스지로(大村益次郎)를 파견하였다. 신정부는 5월 1일 쇼기타이의 '에도 시중취제'직 해임과 무장 해산을 통보했다. 5월 15일 군무국(軍務局) 판사(判事) 겸 에도 부(江戸府) 판사로 취임한 오무라는 이번에도 사가 번이 제작한 득의의 암스트롱 포를 앞세워 쇼기타이를 하루 만에 격파하였다(우에노 전쟁). 이곳에서 패주한 쇼기타이 병사 일부는 도호쿠 지방으로 탈주해 아이즈 번에서 싸웠고, 다시 에노모토 함대에 옮겨 타고 하코다테 전쟁에도 참가하였다.

이때 함께 탈출한 사람들 가운데 특별한 이가 있어 잠시 소개하고자 한다. 기타시라카와노미야(北白川宮)는 천황가의 한 사람이자 승려였는데, 1867년에 관영사에 들어와 우에노 전쟁 당시는 이 절의 주지였다. 그는 대총독이었던 같은 천황가 아리스가와노미야 다케히토 친왕(有栖川宮威仁親王)에게 요시노부의 구명과 정벌 중지를 탄원했지만 받아들여지지 않았고, 그 후 쇼기타이 맹주로 옹립되면서 우에노 전쟁에 휘말렸다. 패전 후 관영사를 탈주한 그는 정박 중이던 막부 해군의 조케이마루(長鯨丸)를 타고 도호쿠 지방으로 도주하였다. 이후 그의 인생은 파란만장했지만, 이때 맺은 에노모토와의 인연은 계속 이어졌다.

한편 우에노 전쟁 직후인 5월 24일, 도쿠가와가에 대한 슨푸(駿府)로의 이봉(移封) 처분이 결정되었다. 도쿠가와가 16대 당주이자 시즈오카 번(靜岡藩) 초대 번주가 된 도쿠가와 이에사토는 이제 700만 석의 쇼군에서 70만 석의 영주로 격하되었다. 어쩌면 이 수치는 77만 석의 사쓰마보다 적은 석고여야 한다는 사이고의 의중이 담긴 것으로 볼 수 있다. 마치 막부가 페리의 기함 배수량 2,450톤의 서스퀘해나(Susquehanna)호보다 조금이라도 더 큰 2,600톤의 가이요마루를 네덜란드에 주문했듯이. 이봉 처분에 따라 쇼군 시절 30만 명에 달했던 가신단은 이제 그 10% 수준으로 줄여야 했고, 따라서 나머지 90%는 무사의 신분을 내려놓아야 했다. 생계수단도 잃어버렸고 에도에서는 막부를 말아먹은 신하로 낙인찍히면서, 결국 이들이 갈 곳은 대의명분을 위해 신정부군과 함께 고독한 투쟁을 벌이게 될 도호쿠 지방뿐이었다.

사실 신정부군의 도호쿠 지방 정벌은 에도 진격과 별도로 도바·후시미 전투 이후 즉시 시작되었다. 우선 신정부는 도호쿠 지방에서 가장 큰 센다이 번(仙台藩)에게 요네자와(米沢), 아키타(秋田), 모리오카(盛岡) 번의 협력을 받아 조적 아이즈 번(교토수호직)과 사나이 번(에도 시중취제직)의 정벌을 명령하였다. 하지만 도호쿠 지방의 여러 번들은 모두 아이즈와 사나이 번에 동정적이었기에, 센다이 번은 신정부에 탄원서를 제출하면서 두 번에 대한 선처를 요청했다. 한편 요네자와 번은 오우에(奧羽越: 陸奧国, 出羽国, 越後国 등을 아우르는 율령국가 시절 행정단위로, 도호쿠 지방을 일컫는 또 다른 명칭) 제 번에게 아이즈 번 구원 동맹 결성을 제안하기도 했다. 이런 상황에서 신정부의 오우에 진무총독이 센다이 번으로 건너가 아이즈 번 공략을 독촉했고, 에와 국[出羽国: 현재 아키타(秋田), 야마가타(山形) 현 지역] 제 번에게는 사나이 번의 정벌을 명했다. 하지만 오히려 센다이 번과 요네자와 번은 신정부에 비판적이었고, 진무총독 참모 세라 슈조(世良修蔵)의 고압적인 자세에 반발해 그를 암살하였다. 결국 신정부의 진무군은 별 소득 없이 철수하고 말았다.

신정부군의 정벌이 언젠가 재개될 것을 염려한 도호쿠 지방의 제 번들은 4월 11일 14개 번으로 출발한 시로이시(白石) 열번회의를 확대해, 5월 3일 25개 번으로 이루어진 오우(奧羽) 열번동맹을 결성했고, 다시 5월 6일에는 31개 번으로 늘어난 오우에(奧羽越) 열번동맹을 다시 결성하였다. 에도 진격을 마무리한 신정부 측은 오우에 정벌에 본격적으로 나섰다. 육로를 통해 북상한 신정부군은 시라카와(白河)에서 격전을 벌였고, 동해와 태평양 쪽 해안에 상륙한 신정부군은 나가오카(長岡), 니혼(二本) 성 전투 등에서 혼전을 거듭했지만 결국 동맹군을 차례차례 제압하면서 아이즈 번의 와카마쓰 성(若松城) 함락을 향해 나아갔다. 아이즈 번은 백호대(白虎隊)와 같은 소년병까지 동원하면서 한 달여를 분전했지만, 결국 9월 22일 항복하고 말았다. 이 시기를 전후로 요네자와, 센다이, 모리오카 번이 항복하면서 결국 도호쿠 지방에서의 보신 전쟁은 막을 내렸다. 이 전쟁에서 근대적 군제 개편과 병참이 전개되었는데, 특히 밀집부대의 일제사격으로 탄막(彈幕)을 형성하던 재래식 전술에서 수백 미터 거리를 두고 산개해 은폐물에서 저격하는 전술로 바뀌었다. 또한 증기선을 이용한 상륙작전도 실시하면서 대규모 병력을 적진에 바로 투입시켰다.

에도 탈주

4월 28일 신정부로부터 군함 4척을 돌려받을 즈음 에노모토는 육군부교 가쓰 가이슈에게 홋카이도로 탈주할 계획을 알렸고, 가쓰 역시 에노모토의 결심을 돌려놓을 수 없음을 알고는 그의 계획을 묵인하기로 했다. 이때부터 에노모토는 구막부군에 대한 지원에 적극적으로 나섰다. 5월에는 나가사키마루(長崎丸), 오에마루(大江丸)가 막부 해군에 합류했고, 여기에 에도 탈주병들을 실어 도호쿠 지방으로 보냈다. 6월에는 나가사키마루에 140여 명의 탈주병을 실어 다시 도호쿠 지방으로 보냈다. 7월에 접어들면서 요시노부는 은거하고 있던 미토 번 주변에 불온한 분위기가 있음을 감지하고는 혹시 근신에 악영향을 미칠지 모른다는 판단에 미토 번을 떠나 이제 자신의 영지가 된 슨푸로 내려갔다. 사실 에노모토는 오우에 열번동맹으로부터 계속 지원 요청을 받고 있었지만, 도쿠가와가가 제대로 정착하기 전까지는 에도를 떠날 수 없었다. 이제 에노모토로서는 에도에서 해야 할 일이 더 이상 남아 있지 않았다. 8월이 되면서 에노모토는 탈주 준비를 시작했다. 연료와 식량을 적재하고 함선의 의장을 정비했으며, 승조원도 교체하였다. 그리고 과거 막부 함대를 위해 저장해 놓은 무기와 탄약도 찾아내 각 함선에 배분하였다.

탈주 전 에노모토가 해결해야만 하는 중요한 문제가 몇 가지 더 있었다. 하나는 탈주 이후의 군자금을 마련하는 일이었는데, 요시노부의 오사카 성 탈주 이후 후지야마마루에 싣고 온 금의 일부가 당시까지 군자금으로 사용되었고, 그 후에도 도쿠가와 막부가 보관하고 있던 금을 군자금으로 사용했을 것으로 판단되나 정확한 이야기는 남아 있지 않다. 다른 하나는 당시 시나가와 앞바다에 계류 중이던 고데쓰 함(甲鉄艦)의 향방이었다. 이 배는 막부가 미국으로부터 구입함 철갑선[스톤월(Stonewall) 호, 1872년 아즈마 함(東艦)으로 개명]으로, 공격력보다는 방어력이 탁월한 증기 함선이었다. 원래 미국 남북전쟁 당시 남군이 프랑스에 주문한 것이었지만, 전쟁이 끝나면서 무용지물이 된 것을 막부가 구입하였다.

이 배가 일본에 도착한 것은 1868년 4월로, 막부는 이미 사라졌고 내전에 돌입한 상태였다. 따라서 당시 일본과의 조약국 모두 전시중립을 선언한 상태라, 미국 역시 구막부나 신정부 어디에도 이 배를 인도할 수 없었다. 결국 이 배는 성조기를 단 채 시나가와 앞바다에 떠 있었다. 당시 신정부가 보유하고 있던 군함으로는 가이요마루의 상대가 될 만한 배는 한 척도 없었다. 고데쓰 함은 배수량과 무장에서는 가이요마루에 미치지 못했지만, 속도 면에서 그리고 방어력에서는 가이요마루를 능가했다. 따라서 신정부로서는 당연히 고데쓰 함이 필요했고, 마찬가지로 에노모토 역시 이를 신정부에 넘겨주고는 해군의 우세, 해전의 승리를 장담할 수 없었다. 에노모토는 백방으로 노력했지만 결국 고데쓰 함을 손에 넣지 못했고, 탈주하면서 이 배에 장착된 속사포[개틀링(Gatling)] 2문을 탈취해 가이요마루에 실었다는 이야기도 있으나 확실하지 않다.

또 다른 하나는 프랑스 군사고문단 문제였다. 앞서 언급했듯이 막부는 육군 근대화를 위해 프랑스로부터 군사고문단을 초빙하였다. 사관 5명, 부사관 9명 등 모두 14명으로 이루어진 프랑스 교관단이 도착한 것은 1867년 1월이었으며, 5월이 되면서 비로소 훈련이 시작되었다. 하지만 막부는 붕괴하고 신정부 역시 재정 부족으로 이들을 계속 고용할 수 없었다. 1868년 7월 해고가 결정되었고, 8월에 해고가 통보되어 일부는 귀국하기로 결정했다. 하지만 일부는 잔류를 결정하면서 자신들이 훈련시킨 막부군과 함께 싸우기로 결심했다. 이들은 이미 오우에 열번동맹의 누군가로부터 초빙을 받은 상태였고, 이들과 계속 연락을 하고 있던 에노모토 역시 프랑스 군사고문단의 잔류에 대해 인지하고 있었다.

잔류자 중에서 가장 계급이 높은 자는 포술교관을 담당하고 있던 줄 브뤼네(Jules Brunet) 대위였다. 그는 '군인의 훈련을 위해 초빙받은 자가 전쟁 도중에 해고되는 것은 군인의 수치'라고 주장하면서, 자신의 프랑스 군적이 박탈되는 한이 있더라도 일본의 내전에 참가하겠다는 결의를 프랑스 공사에게 전했다.

그림 7.1 구막부군과 함께한 프랑스 군사고문단(앞열 왼편 두 번째가 브뤼네)

결국 그는 부하 4명과 함께 8월 17일 탈영했고, 브뤼네와 1명만이 에노모토의 함대에 승선해 홋카이도로 향했다. 나머지 3명과 다시 합류한 5명은 이런저런 경로를 거쳐 홋카이도로 올라왔다. 브뤼네의 탈영 시기는 에노모토와의 조율이 있었겠지만, 어쨌든 외국인 병사를 함대에 승선시켰기에 더 이상 에도에 머물 수 없었다. 막간에 주제에서 잠시 벗어난 이야기를 하자면, 미국 영화 '라스트 사무라이(The Last Samurai)'에는 하코다테 전쟁(箱館戰爭: 1868~1869)에 마지막까지 참가한 줄 브뤼네와 세이난 전쟁(西南戰爭: 1877) 당시 사이고 다카모리의 최후가 마구 뒤섞여 있는데, 톰 크루즈가 맡았던 역할이 바로 줄 브뤼네였다.

당시 시나가와 앞바다에 정박 중이던 에노모토의 함대에는 막부로부터 되돌려 받았던 가이요마루, 반류마루, 가이텐마루, 지요다가타마루 등의 포함을 비롯해 운반선인 간린마루, 신소쿠마루(神速丸), 조데이마루(長鯨丸), 미가호마루(美加保丸) 등 총 8척이 있었다. 함대 총사령관에 에노모토, 함대 사령관에 아라이 이쿠노스케(荒井郁之助), 가이요마루 함장에 사와 다로자에몬(해군전습소 3기생), 반류마루 함장에 마쓰오카 한키치(松岡磐吉: 해군전습소 2기생) 등 대부분 해군전습소, 네덜란드 유학, 해군조련소 등지에서 에노모토와 함께한 동료이자 후배들로 목숨을 건 탈주에 이어 하코다테의 마지막 전투까지 의기투합했던 인물들이었다.

특히 함대 사령관 아라이는 에노모토와 동갑으로 쇼헤이자카학문소 동기이기도 했다. 그는 일찍이 서양포술을 배워 군함조련소 교수가 되었고, 1862년에는 군함조련소 소장으로 취임했을 정도로 막부로부터 인정을 받았다. 잠시 육군으로 옮겨 오토리 게이스케와 함께 프랑스 식 군사훈련을 받기도 했지만, 1868년 1월 다시 해군으로 복직하면서 에노모토 함대에 합류하였다. 탈주

준비가 완료되면서 에노모토는 각 함선의 함장과 에도 곳곳에 잠복해 있던 부대장들을 불러 모았다. 그리고는 이번 탈주의 목적을 공포하는「격문(檄文)」을 만들었고, 가쓰 가이슈를 통해 이를 조정에 보내면서 이번 탈주의 목적은 오로지 황국을 위한 것이며 다른 뜻은 없다고 전했다.

〈격문〉

　왕정일신(王政一新: 왕정복고령)은 황국의 행복, 우리들 역시 희망하는 바이다. 그럼에도 불구하고 지금의 정체(政体), 그 이름은 공명정대할지라도 그 현실은 그렇지 않다. 왕병(王兵)이 정벌에 나섰고, 우리 주군을 모함하면서 조적의 오명을 씌웠다. 그 처분은 이미 정도를 넘어섰고, 결국 영지를 몰수하고 창고를 빼앗고 조상의 분묘를 폐기하여 제사를 모실 수 없게 되었다. 구막신의 영지는 갑자기 관유물이 되었고, 따라서 우리 번사는 겨우 집만 갖는 사태가 빈발하였고, 이제 점점 더 심각해지고 있다. 그 이유의 하나는 강성한 번들의 사심에서 나온 것으로, 진정한 왕정이라 볼 수 없다. 우리가 읍소하면서 이를 어전에 상소한다 하더라도 언로 차단으로 정실로 흐를 수밖에 없다. 이제 이 땅을 떠나 멀리서 황국을 위한 화평의 위업을 열고자 한다. 전국 인민의 삼강오륜을 유지하고 수백 년 낡은 폐습을 일소하며, 의기를 고무하고, 황국으로서 사해만국에 필적하며 나아가는 일, 단지 그것만이 있을 뿐이다.
　이는 감히 우리 스스로 자임하는 일이다. 묘당 재위의 군자도, 수변 임하의 은자도, 혹은 세상인심에 뜻을 둔 자도 이 격문을 보아라.

왕정복고라고는 하지만 사쓰마, 조슈 등 웅번들의 사심에 의해 주군인 도쿠가와가의 영지가 몰수되고 막신과 가신단 등을 궁지에 빠뜨린 것은 진정한 왕정이 아니라고 비난하면서, 자신의 장거는 곤경에 처한 사람들을 모아 황국을 위해 화평의 대업을 이루겠다는 결기에 찬 선언문이었다. 격문과 함께 가쓰 가이슈에게 별도로 보낸 편지에서는 죽음을 각오한 자신의 결의를 나타냈지만, 막부 측에 서 있던 가쓰에 대한 원망은 담겨 있지 않았다. 한편 또 하나의 포고문인 「도쿠가와가신 대거고문(德川家臣大擧告文)」에서는 자신의 격정적인 감정을 거친 말투로 표출하였다. 여기서는 신정부의 인사들을 시정무뢰배에 불과하다고 비난하면서, 승리에 도취해 있는 그들에게 막부가 엄존하고 있음을 알렸다. 또한 도쿠가와 가신단에 의한 홋카이도 개척안을 신정부가 허락하지 않았지만 자신들은 이를 강행할 것이며, 방해할 경우 일전을 각오하고 있다는 소위 도전장을 내던졌던 것이다.

8월 19일 밤 에도 만에는 바람이 강하게 불었고 파도도 높았다. 신정부군의 눈을 피해 에도 곳곳에 잠복해 있던 탈주병들이 시나가와 해변으로 몰려들었다. 이들 중에는 도바·후시미 전투에서 패해 이곳까지 쫓겨 온 자도 있고, 에도에 상주하고 있던 막부 친병도 있었으며, 쇼기타이처럼 신정부군에 패퇴하여 도망 다니던 자도 있었다. 이제 작은 전마선으로 이들을 일일이 정박 중이던 함대에 옮겨 싣기 시작했다. 프랑스 군사고문단 소속의 브뤼네 외 1명을 포함해 2,000여 명에 달하는 탈주병 모두의 승선이 완료되었다. 이제 에노모토 탈주 함대는 시나가와 항을 떠나 잠시 건너편 다테야마 앞바다에서 정박하였다. 여기서 군사회의를 열고는 최종 목적지를 홋카이도 하코다테로 정했다. 8월 20일 새벽이 밝기 시작하자 에노모토 함대는 세찬 기적과 함께 출항하였다.

아카마쓰 노리요시와 니시 아마네

이제 두 사람의 이야기를 끝으로 에노모토 함대의 '에도 탈주' 이야기를 마감하려 한다. 그 한 인물은 아카마쓰 노리요시(赤松則良)이다. 아카마쓰는

1860년 19세의 나이에 간린마루에 승선해서 태평양을 횡단한 경험이 있는 정통 막부 해군사관으로, 에노모토와는 나가사키 해군전습소, 네덜란드 유학 동기생이다. 나이는 에노모토가 5살가량 많다. 아카마쓰 일행이 에노모토와 우치다가 어렵게 보낸 유학 및 귀국 경비로 에도에 도착한 것은 쇼기타이의 우에노 전투가 끝난 이틀 후인 1868년 5월 17일이었다. 5월 29일 아카마쓰는 시나가와 앞바다에 정박 중인 가이요마루로 에노모토를 방문했다. 그는 에노모토에게 동생과 함께 홋카이도행에 합류하겠다는 의사를 밝혔다. 하지만 에노모토는 "지금부터 일본 해군의 건설에는 신지식이 필요하네. 자네는 네덜란드에서 조선학을 배운 귀중한 인재야. 자네만이라도 장래 해군 건설을 위해 남아야 하고, 동생이 참가하는 것만으로도 자네의 체면은 유지될 것이네."라고 설득해 아카마쓰의 홋카이도행을 막았다는 일화가 있다.

이후 아카마쓰는 신정부에 출사하여 1870년(29세) 해군병학교 대교수, 1874년(33세) 해군소장 겸 해군부장, 1876년(35세) 요코스카조선소 소장, 1886년(45세) 해군중장 겸 사세보(佐世保) 진수부 사령장관으로 공직을 마감하였다. 그의 가장 빛나는 업적은 요코스카조선소 소장 시절에 외국의 기술을 빌리지 않고 일본의 독자적 힘으로 4척의 군함을 완성한 일이었다. 이 모두 네덜란드 유학 시절의 공부가 큰 도움이 되었음은 말할 필요도 없는데, 이런 면에서 아카마쓰는 일본 근대 조선술의 아버지로 불린다. 아카마쓰는 에노모토가 시나가와를 떠난 다음 날인 1868년 8월 20일, 유학 동기생 하야시 겐카이(林研海)의 두 번째 여동생 시키[軾: 나중에 사다(貞)로 개명와 결혼함으로써 에노모토와 동서 사이가 되었다.

또 한 사람은 니시 아마네(西周)이다. 니시 역시 에노모토와 네덜란드 유학 동기이지만, 같은 양학반이었던 쓰다(津田)와 함께 유학을 빨리 마치고 1866

374

년 초순 귀국하였다. 귀국 후 이전 근무처였던 개성소(開成所: 떠나기 전 반쇼시라베쇼)로 복직해 교수직을 다시 맡았다. 양학반 두 명에게 맡겨진 첫 번째 과제는 네덜란드로부터 가져온 피세링(S. Vissering)의 강의록 중에서 니시는 『만국공법(万国公法)』, 쓰다는 『태서국법론(泰西国法論)』을 번역 출판하는 것이었다. 이들은 그해 초고를 완결하고는 막부에 제출했다. 1866년 9월 어느 날, 교토의 막각으로부터 급히 교토로 올라오라는 전갈을 받았다. 당시는 14대 쇼군 이에모치가 급사한 지 두 달여가 지난 때로, 요시노부가 도쿠가와가의 당주는 이어받겠지만 쇼군직은 거부하고 있을 무렵이다. 막상 교토에 올라왔지만 특별한 업무 지시가 없어 소일하던 중 거처로 사용하고 있던 갱작사(更雀寺)에 사숙을 열고 네덜란드어, 영어, 게다가 자신의 전공인 서양 법학들을 가르치기 시작했다. 주로 교토에 나와 있던 좌막계인 아이즈, 구와나, 쓰, 후쿠이 번의 번사들을 가르쳤는데, 생도가 많을 적에는 500명이 넘었다고 한다.

이 생도 중 아이즈 번사 야마모토 가쿠마(山本覚馬)라는 자가 있었다. 아이즈 번주 마쓰다이라 가타모리가 교토수호직을 맡으면서 아이즈 번의 포병대장으로 교토에 온 그는 이미 사쿠마 쇼잔 밑에서 서양 학문을 배운 적이 있는 개명 번사였다. 당대 최고 선각자 중 하나인 니시가 교토에 사숙을 열었다는 소식에 한달음에 달려갔다고 한다. 니시는 오사카 성 철수 당시 자신의 강의록을 잃어버렸다. 하지만 야마모토는 자신이 옮겨 적었던 니시의 강의록을 간직하고 있었고, 9년 후인 1873년 에도에서 니시를 만나 그것을 전해 주었다고 한다. 야마모토는 그 강의록 서문에 『백일신서(百一新論)』라는 제목을 붙여 출판까지했을 정도였다.

야마모토는 교토에서 점점 시력을 잃어 갔고 아이즈 번병이 철수할 때 에도에 남겨졌다가 사쓰마 번저에 투옥되기도 했다. 하지만 그는 '긴몬의 변(禁門の変)' 당시 사쓰마 군과 연합해서 싸운 터라 사쓰마 군과도 가까웠기에 목숨만은 부지할 수 있었다. 2013년 NHK 대하드라마 '야에의 사쿠라(八重の桜)'에서 주인공인 야에의 친오빠가 바로 야마모토이며, 야에는 보신 전쟁 당시 와카마쓰 성(若松城) 공방전에서 아이즈 번의 소총부대를 지휘했던 여전사였다. 이 드라마는 2011년 동일본대지진으로 황폐화된 도호쿠 지방을 위무하기 위해, 아이즈 번의 충성심을 배경으로 급하게 만든 것이라는 이야기도 있다.

잠시 벗어났지만 니시의 『백일신서』는 일본에서 '철학'이라는 번역어로서 'philosophy'를 논하는 최초의 강의록이라, 일본 근대사상사 측면에서도 주목받는 책이다. 그가 네덜란드로 유학 가기 전에는 'philosophy'가 '성리지학'이라 번역되었다가, 이후 '희철학' 다시 '철학'으로 바뀌면서 정착되었다. 그는 '철학'뿐만 아니라 '예술', '이성', '과학', '기술', '학문', '귀납', '연역' 등 현재 우리가 사용하고 있는 수백 가지의 인문·사회과학 용어를 한자어로 번역한 인물이다.

다시 돌아가, 니시는 1867년 3월 요시노부로부터 등성을 명받고 그때부터 요시노부에게 '프랑스어'를 가르치기 시작했다. 당시 프랑스가 막부를 지지하고 있던 터라 요시노부로서는 프랑스어에 관심을 가질 수밖에 없었지만, 프랑스어 공부는 7월 하순경에 끝나고 말았다. 이제 니시는 요시노부를 가까이에서 모시는 비서 신분으로 바뀌었다.

그해 10월 13일은 대정봉환이 있던 날이었다. 대정봉환의 의식이 있은 후 요시노부는 니시를 불러 영국의 의회조직과 삼권분립에 대해 질문을 하였다. 니시는 간략히 대답한 후 그 내용을 자세히 적어 다음 날 제출하였는데, 그것이 『태서관제약설(泰西官制略說)』이다. 주요 골자는 정부 조직안인 「의제초안(議題草案)」인데, 여기서 그는 대군(쇼군) 아래 입법권을 가진 의정원(議政院)과 행정권 및 사법권을 지닌 공부(公府)를 두며, 의정원에는 1만 석 이상의 다이묘들로 이루어진 상원과 각 번 1명의 번사들로 이루어진 하원을 두는 양원제를 구상했다. 또한 천황은 공부의 사안에 대해 거부권 없이 단지 재가만 하도록 했다. 대정봉환을 둘러싸고 정계 개편이 한창 진행되고 있던 그 무렵, 요시노부와 니시 사이에 이런 식의 대화가 처음 오갔을 것이라고는 볼 수 없다. 어쩌면 둘 사이에 이런 식의 논의는 그간 지속되었고, 도사 번에서 제시한 대정봉환 구상에 대해 요시노부도 치밀하게 검토하고 있었음을 알 수 있다. 결국 자신의 구상과 도사 번의 제안이 별다르지 않았고, 또한 토막세력의 무서운 기세에 대응해 어떤 식으로든 대처하지 않으면 안 된다는 절박함이 대정봉환으로 이어진 것이 아닌가 생각된다.

니시는 그 후에도 계속 요시노부를 수행했다. 요시노부가 오사카 성을 떠난 이후, 니시는 아이즈 번 부상병을 치료하면서 도쿠가와 막부에서 보낸 수송함을 타고 에도로 돌아갔다. 니시는 요시노부가 우에노의 관영사에 머물던 2월 13일부터 4월 10일까지 57일간 요시노부 곁을 지켰으며, 다음 날인 4월 11일 에도 무혈입성이 있던 날 요시노부가 다시 미토 번의 홍도관(弘道館)으로 근신처를 옮기자 동행했다. 5월 24일 도쿠가와 이에사도에게 슨푸의 70만 석이 영지로 내려지던 때를 즈음해, 자신이 맡고 있던 도쿠가와 가신[메스케(目府)]직을 내려놓고 요시노부 곁을 떠났다. 에노모토가 에도를 떠나고 도호쿠 지방의 전쟁이 종료되던 즈음인 1868년 10월 24일, 슨푸의 누마즈(沼津)에 세워진 병학교의 교장에 취임하면서 또다시 도쿠가와가의 일에 관여하기 시작하였다. 이곳 병학교는 도쿠가와 가신단의 귀농을 위해 번교 아래 새로이 만든 학교였지만, 무사적 교육도 병행하였다. 이를 마지막으로 니시와 도쿠가와가의 관계는 끝난다.

니시는 1870년 신정부의 병부성에 출사하는 것을 계기로 줄곧 병부성, 문부성, 궁내성을 오가면서 신정부의 기틀을 마련하는 데 일조하였다. 1873년 모리 아리노리(森有札), 후쿠자와 유키치, 쓰다 마미치 등과 함께 메이로쿠사(明六社)를 결성했고, 그 이듬해 『명육잡지(明六雜誌)』를 간행하면서 서양 철학의 번역과 소개에 매진했다. 여기서 명육(明六)은 이 모임을 처음 결성한 해가 메이지 6년이라는 의미이다. 1880년 참모본부에 들어가 육군경 야마가타 아리토모(山県有朋) 아래서 일본 육군제도를 정비했고 '군인칙유(軍人勅諭)'의 초안을 마련하기도 했다. 여기서는 천황의 통수권과 절대적 상명하복을 명시하고 있는데, 군인의 충절, 예의, 무용, 신의, 검약을 강조하였다. 또한 초대 도쿄학사회원(東京学士会院: 이후 日本学士院) 회장이었던 후쿠자와 유키치에 이어 제2대, 제4대 회장을 역임하기도 했다.

그는 막말에 끝까지 도쿠가와가에 대한 의리를 지켰지만, 막부 붕괴 이후 변신해서 신정부 건설에 일익을 담당하였다. 또한 뛰어난 어학능력과 네덜란드 유학 경험을 바탕으로 초창기 유럽의 근대 과학, 그중에서도 논리학, 생리학, 심리학, 물리학, 철학, 미학, 법학, 정치학 등 다양한 방면의 저서를 번역하거나 집필하면서 학문 발달에 크게 기여하였다. 하지만 전형적인 관변학자로 특히 그가 기초한 '군인칙유'는 메이지 헌법에서의 천황관으로 이어졌고, 이는 다시 군국주의 일본의 정신적 기반이 되면서 일본을 전쟁의 도가니, 마침내 패전으로 이끌었다는 비난도 없지 않다.

제8장

1869 하코다테 전쟁

이미 언급했듯이 요시노부는 신정부에 의해 도쿠가와가 당주에서마저 강제 폐위되었고, 새롭게 도쿠가와가 16대 당주에 오른 도쿠가와 이에사도가 에도에서 도쿄로 그 이름이 바뀐 본래의 영지를 떠나 슨푸에 도착한 것이 1868년 8월 15일이었다. 영주가 무사히 슨푸에 안착했다는 소식을 들은 에노모토는 가신으로서 자신의 역할이 끝났음에 안도의 한숨을 내쉰 것도 잠시, 이제 미지의 땅을 향한 새로운 여정에 나서야만 했다. 비록 그가 신정부로서는 감히 범접할 수조차 없는 최강의 함대를 장악하고 있었지만, 이 새로운 여정에는 말 그대로 풍찬노숙이 기다리고 있을 뿐이었다. 9월 20일 새벽, 8척으로 구성된 에노모토의 함대는 에도 만을 떠나 태평양 연안을 따라 북으로 향했다. 항해 중 태풍을 만나 몇 척의 군함을 잃었고 기함 가이요마루마저 손상을 입었지만 결국 중간 기착지인 센다이에 도착할 수 있었고, 이어 구막부와 여러 번들의 패잔병을 다시 실어 이제 3,000명에 가까운 대병력을 이끌고 에조치(蝦夷地: 홋카이도)로 향했다. 그들이 7개월여 장악했던 에조치의 중심도시 하코다테는 이미 개항한 지 10년이 지난 국제 무역도시였다. 우선 하코다테의 개항과 개발, 그리고 군사시설 및 당시 정국 등에 대해 살펴보자.

하코다테

에조치의 남단 오시마(渡島) 반도를 장악하고 있던 가키자키[蠣崎: 나중에 마쓰마에(松前)로 개명]가는 도요토미 히데요시로부터 주인장을 교부받음으로써 에조치의 실제권력으로 인정받았다. 이후 도쿠가와 막부는 이를 하나의 번으로 인정해 마쓰마에 번을 설치하였고, 마쓰마에 번을 제외한 북쪽의 나머지 에조치에 대한 무역권을 마쓰마에 번에 넘겨주었다. 후쿠야마 성(福山城)이 있던 마쓰마에에 번청이 있었으며, 초기에는 역외무역 전부를 이곳에서 관장하였다. 하지만 정어리와 목재를 반출하던 동해 쪽의 에사시(江差)와 주로 다시마를 반출하던 태평양 쪽 하코다테(箱館)의 무역량이 증가하면서, 이 두 도시에도 무역을 담당하는 관청이 들어섰다.

한편 막부는 러시아의 남침에 대비하기 위해 1802년 마쓰마에 번을 제외한 에조치 전체를 막부 직할령으로 삼으면서 하코다테에 부교소를 설치했고, 1807년에는 마쓰마에 번을 지금의 후쿠시마 현(福島県) 쪽으로 옮기면서 에조치 전체를 막부 직할령으로 삼았다. 이에 따라 부교소는 하코다테에서 마쓰마에(松山)로 옮겨졌고, 마쓰마에 번이 맡고 있던 에조치 방비업무는 쓰루가 해협을 건너 에조치 맞은편에 있던 모리오카 번(盛岡藩)과 히로사키 번(弘前藩)에 이양되었다. 이후 나폴레옹의 러시아 침공 등으로 인해 에조치에 대한 러시아의 위협이 일시 사라지고 마쓰마에 번의 복권운동이 효과를 발휘하면서, 이번에는 이전 마쓰마에 번령 및 에조치 전체를 마쓰마에 번으로 귀속시켰다.

이때가 1821년의 일이었다.

마쓰마에 번의 정치중심은 여전히 마쓰마에에 있었지만, 무역중심인 하코다테에 부교가 설치되었다. 이런 상태에서 하코다테가 또다시 주목을 받게 되는데, 이번에도 그 주인공은 페리였다. 1854년 3월 막부는 미국과 미일화친조약을 맺으면서 시모다(下田)는 즉시, 그리고 하코다테는 1년 후인 1855년 3월에 개항하기로 약속했다. 하코다테는 미국의 포경선이 북태평양의 일본 근해에서 조업하다가 피난이나 보급을 위해 기항할 수 있는 최적지로 지목되었다. 미일화친조약을 성사시킨 후 페리는 4월 15일에 3척의 미국 함선을 하코다테로 보냈고, 다시 21일에는 스스로 포해튼호와 함께 하코다테에 나타났다. 페리는 조약에 규정하지 않았던 시중 상인과의 직접거래와 하코다테에서의 거류지 산책구역 설정을 요구하면서, 조약 내용을 모르던 마쓰마에 번 가신들을 압박했다. 당시 이와는 별도로 에조치와 가라후토(樺太: 사할린)를 조사하기 위해 파견되었던 막부 조사단 호리 도시히로(堀利熙) 일행이 쓰가루 해협 건너편에 도착해 있었음을 마쓰마에 번에서는 알고 있었다. 당시 사태 해결능력이 없었던 마쓰마에 번으로서는 호리 일행에게 도움을 청할 수밖에 없었고, 이에 일행 중 외교업무에 경험과 능력이 있는 일부 수행원을 페리와의 회담에 참석시켰다. 물론 호리의 시종으로서 이 조사단에 참가했던 에노모토는 나이, 능력 등 모든 면에서 이 회담에 참가할 계제가 아니었다.

페리와의 면담을 위해 파견된 이는 모두 5명으로 막부의 관리들이었다. 이들 중에서 다케다 아야사부로(武田斐三郎)는 하코다테와 관련해 특별히 언급할 필요가 있다. 호리 일행이 우리 동해 쪽의 서에조 해안을 돌아 에조 북단에서 가라후토로 건너갔다가 다시 에조로 귀환한 후, 태평양 쪽의 동에조 해안을 돌아 하코다테에 도착했을 때는 이미 페리 함대가 떠난 후였다. 막부는 에조치 방비의 중요성을 인정하고는 호리와 다케우치 야스노리(竹內保德), 무라가키 노리마사(村垣範正) 세 사람을 하코다테 부교로 발령을 냈고, 이들의 임무는 에도 근무, 하코다테 근무, 에조치 전역 순시를 순환 근무하는 것이었다.

호리는 다케다 아야사부로를 유심히 관찰하였다. 다케다는 오사카의 유명한 난학 사숙인 데키주쿠(適塾)에서 숙두를 할 만큼 뛰어난 실력을 갖추고 있었고, 사쿠마 쇼잔 밑에서 병학과 포학을 배웠으며, 그 사이 영어와 러시아어를 익혔다. 그는 1853년 미쓰구리 겐보(箕作阮甫)를 따라 러시아 푸탸틴과의 교섭에 참가했고, 이번에 페리와의 협상에도 참가함으로써 당시로서는 보기 드물게 국제적인 감각도 갖추고 있었다. 다케다라는 인물의 능력과 됨됨이를 확인한 호리는 그를 하코다테 부교소의 기계 및 탄약 담당 직원으로 채용했고, 그 후 다케다는 그곳에 10년간 머물면서 초기 하코다테의 근대화에 크게 기여하였다. 에도로 돌아온 다케다는 개성소 교수와 대포제조소 소장을 맡았고, 요코스카제철소의 철광산 조사에도 참여하였다. 메이지 유신 후 신정부에 출사하여 육군대좌까지 승진하였으며, 일본육군사관학교 설립에도 일익을 담당하였다.

한편, 그는 근대 지질학을 정식으로 배운 최초의 일본인이기도 했다. 막부는 에조치의 광물 조사 및 개발을 위해 1861년 미국으로부터 두 사람을 초청했는데, 펌펠리(R. Pumpelly)와 블레이크(W. Blake)가 그들이다. 비록 1년을 넘지 못한 짧은 체재 기간이었지만, 선발된 5명의 학생 겸 조수들은 이들로부터 근대적인 광산 조사와 채굴방법을 배우고 경험할 수 있었다. 당시 펌펠리와 블레이크는 캘리포니아와 애리조나 등지에서 광물 조사에 경험이 많던 전문가들로, 나중에 각각 하버드대학과 애리조나대학 교수로 재직할 정도로 뛰어난 자질을 갖추고 있었다.

일본을 떠난 펌펠리는 중국으로 건너가 남부에서 북부 그리고 서부까지 광범위한 지역의 지질조사를 수행하였다. 그는 광둥 지방에서 저우산(舟山) 열도 부근에 이르는 연안지대의 산지를 고기습곡운동에 의한 것으로 판단하고는, 그 북동쪽 연장이 한반도 남부로 이어질 것이라 생각했다. 우리나라의 중국방향 산맥(차령산맥, 노령산맥 등)에 대한 최초의 언급은 바로 펌펠리로부터 비롯된 것인데, 이것이 고토 분지로(小藤文次郎)에게 이어져 '한반도 산맥론'으로 발전하였다. 펌펠리는 근대 지형학의 핵심 이론인 '침식윤회설'을 제창한 데이비스(W. M. Davis)의 석사과정 지도교수였다. 고토의 아이디어는 지금도 우리나라 지리교육의 중요한 지식체계의 하나로 자리 잡고 있다.

다시 돌아가서, 다케다는 호리 등이 기획하여 막부로부터 인가를 받은 세 가지 사업에 전력을 다했다. 첫 번째는 '교육의 내실화'로, 1856년 호리의 제안으로 만든 '제술조소(諸術調所)'라는 연구교육 시설을 맡아서 에조치의 개척과 경비에 필요한 인재를 육성하였다. 다케다는 1인 교수 겸 교장 역할을 했는데, 난학뿐만 아니라 측량, 항해, 조선, 포술, 축성, 화학 등을 가르쳤다. 그는 소형 용광로와 난방용 스토브를 손수 제작했으며, 하코다테에서 일본인 스스로 만든 서양식 범선 하코다테마루(箱館丸)를 직접 조종해 학생들과 함께 일본 일주를 했고, 수학여행차 러시아의 아무르 강까지 다녀왔을 정도로 실무에도 뛰어났다.

두 번째는 외적의 침략에 대비하기 위한 포대의 건설 및 보완에 관한 것인데, 가장 대표적인 것이 벤텐다이바(弁天台場)의 축조로 그 설계와 감리를 다케다가 직접 담당하였다. 벤텐다이바는 하코다테 만 가장 깊숙한 곳에 만들어진 포대이다. 평면은 둘레 710m, 넓이 38,300㎡(축구장 5개 정도) 크기의 부등변 6각형으로, 성벽의 기반은 석축이고 그 위를 흙으로 쌓아 11.2m 높이의 옹벽으로 둘러싸여 있었다. 벤텐다이바는 1856년에 착공하여 1864년에 완공되었다. 이곳에는 모두 15문의 포가 설치되어 있었는데, 이 중에는 1854년 일러 화친조약을 체결하기 위해 푸탸틴이 타고 왔다 좌초된 디아나호에서 가져온 것도 있었다. 실제로 이 포대는 외국을 방어하기 위해 사용된 적은 없고, 나중에 에노모토 휘하의 구막부군이 신정부군 함대를 방어하기 위한 포대로 사용한 적은 있었다. 현재는 하코다테 오마치(大町) 전차 종점 부근에 그 흔적만 남아 있다.

세 번째는 하코다테 성의 축조와 부교소 이전에 관한 것으로, 그 결과는 지금도 그때의 모습을 유지하고 있는 하코다테 명물 고료카쿠(五稜郭)이다. 벤텐다이바나 고료카쿠 모두 다케다가 1855년 프랑스 군함의 부함장으로부터 배운 서양식 축성술에 기반한 것으로, 그 모습은 이전의 일본 성과는 달리 6각형, 5각형의 외양을 갖고 있다. 원래 하코다테 부교소는 하코다테 산록에 위치해 있어 바다로부터의 공격에 취약했고, 인구 조밀지역이라 부교소를 확장할 수도 없었다. 또한 외국인 거류지 산책구역 안에 하코다테 산이 있어 산책 중인 외국인이 부교소 안을 쉽게 들여다볼 수 있었기에 적절한 장소로 이전해야 한다는 요구는 당연한 것이었다. 1854년 막부로부터 이전을 승인받았다. 고료카쿠는 1857년에 축성이 시작되었고 벤텐다이바와 함께 1864년에 완공되었다. 5각형 별 모양의 토루(높이 7.5m, 상단 폭 8m, 하단 폭 30m) 가장자리를 따라 해자로 둘러싸여 있으며, 토루 내 면적은 12만㎡이고 그 안에 부교소 건물을 비롯해 모두 26개의 건물이 있었다. 고료카쿠는 평지에 세워진 토성이라, 요새로서 방어기능보다는 관청의 성격이 강하다고 볼 수 있다. 1964년 축성 100주년을 기념하여 고료카쿠 밖에 60m 높이의 고료카쿠타워가 만들어졌고, 2006년에는 106m 높이의 타워가 다시 만들어져 전망대 겸 전시관 기능을 하고 있다.

1854년 미일화친조약으로 하코다테를 비롯해 몇몇 항구가 개항되었다. 하지만 외국인과의 직거래는 할 수 없고, 모든 거래는 관의 허락을 받아 실시되는 제한적인 무역이었다. 그 후 1858년 일미수호통상조약이 체결되면서 자유무역이 실질적으로 가능해졌는데, 이는 하코다테도 마찬가지였다. 하코다테가 자유무역항으로 개항된 것은 이보다 1년 후인 1859년으로, 이때부터 미국, 러시아, 영국의 영사관이 설치되고 병원과 교회도 건설되었다. 그리고 1860년에는 프로이센과도 수호통상조약이 체결되면서, 하코다테에 프로이센 영사가 부임하였다. 하코다테의 지세는 전반적으로 아주 평탄한데, 지형학적 용어를 쓰자면 육계도(陸繫島)인 하코다테 산을 잇는 육계사주가 넓게 펼쳐지면서 하코다테 평야를 형성하고 있다. 평야의 서쪽과 가메다(亀田) 반도 동쪽의 내만이 하코다테 만인데, 하코다테 산에서 북쪽으로 이어진 해안을 따라 항구가 조성되어 있다.

1860년대 초반 하코다테의 시가지는 하코다테 산의 서쪽 산록과 해안을 따라 조성되어 있었다. 그리고 새로이 건설된 벤텐다이바는 시가지 서쪽 끝 해안에 있었기에, 하코다테 만으로 출입하는 모든 선박을 감시할 수 있었다. 개항과 함께 무역이 활발해지면서 많은 외국 선박들이 하코다테로 입항했다. 도시경제가 활성화되면서 소상인, 일용 노동자, 마부, 기술자 등 다양한 직업이 생겨났고, 에조치뿐만 아니라 본토로부터의 이주민이 늘어났다. 또한 하코다테 주변의 평야에서는 벼농사도 가능했는데, 농업, 어업, 임업 등이 발달한 촌락들도 들어서면서 도시민에게 필요한 일용품을 공급하기 시작했다. 1867년 당시 하코다테의 가옥 수는 3,000호가 넘었고 인구도 15,000명을 상회했을 정도였다.

하코다테는 에조치라는 이국적 풍광과 더불어 개항이 가져다준 자유와 풍요로 상징되는 당시 일본에서 가장 서구화된 도시 중 하나였다. 처음 하코다테에서는 나가사키의 데지마처럼 외국인 거류지를 제한하려 했으나 실패했고, 이후 외국인과 내국인이 함께 혼거하는 형태로 도시가 발달하기 시작했다. 그 결과 지금도 이국적 정서가 풍부한 시가지가 곳곳에 남아 있어, 내국인뿐만 아니라 많은 외국 관광객이 즐겨 찾는 일본의 대표적인 관광지가 되었다. 2016년 3월부터 도쿄에서 하코다테를 잇는 홋카이도 신칸센이 개통되면서, 이제 도쿄에서 하코다테까지는 5시간 거리로 단축되었다. 특히 하코다테산 정상에서 바라보는 하코다테 시의 야경은 뭇사람들의 탄성을 자아낼 정도로 아름답다.

구막부군, 하코다테 입성

요시노부가 오사카 성을 탈주해서 에도에 돌아온 1868년 1월부터 에노모토가 에도를 탈주한 그해 8월까지 7개월여 동안, 에도는 그야말로 소용돌이 속 대혼란 그 자체였다. 특히 도쿠가와 종가를 비롯해 도쿠가와 가신들은 자신들의 미래를 놓고 고심할 수밖에 없었다. 그 결과 공순파로부터 항쟁파까지 각자 입장이 다양했으며, 상황에 따라 자신들의 입장을 바꾸어 나갔다. 예를 들어 에노모토 함대에 올라타 나중에 에조치 정권의 부총재가 된 마쓰다이라 다로(松平太郎)도 초반에는 오토리 게이스케(大鳥圭介)를 찾아가 신정부에 대한 저항을 자제하라고 권고했지만, 나중에는 극렬항쟁 쪽으로 입장을 정리하였다. 물론 그 반대의 경우도 쉽게 찾아볼 수 있었다. 하지만 에노모토는 시종일관 결사항전을 주장하였다.

언제부터 에노모토가 홋카이도로의 탈주계획을 갖고 있었는지 알 수 없지만, 앞서 언급했듯이 에노모토는 이미 4월에 홋카이도를 향한 자신의 탈주계획을 가쓰 가이슈에게 밝힌 바가 있었다. 또한 에노모토와 도쿠가와 이에사도 사이에 어떤 교감이 있었는지 알 수 없으나, 이에사도 역시 6월이 되면서 거처를 잃은 도쿠가와 가신단에 대한 대책으로 홋카이도 개척을 신정부에 청원했지만 거절당하고 말았다. 요시노부와 이에사도 모두 슨푸에 안착을 했고, 도호쿠 지방의 전황이 점점 더 곤궁 속으로 빠져들고 있음을 알고 있었던 에노모토로서는 이제 더 이상 에도 앞바다에 함대를 띄우고만 있을 수 없었다.

앞서 언급했듯이 에노모토 함대는 8월 20일 에도를 탈주했다. 오우에 열번동맹의 중심세력인 센다이로부터 에노모토에게 계속해서 지원요청이 있었기에, 에노모토 함대는 출항 후 그곳에서 그들과 합류할 계획이었다. 하지만 에노모토 함대는 출항한 지 얼마 지나지 않아 태풍을 만났다. 항해 중 미가호마루(美加保丸)는 좌초되어 침몰했고, 간린마루(咸臨丸)는 반류마루(蟠竜丸)와 함께 서쪽으로 표류하다가 시미즈(淸水) 항에 들어갔다. 그곳에서 반류마루만 빠져나오고 간린마루는 신정부군에 포획되었다. 한편 기함 가이요마루 역시 마스트가 부러지고 방향타를 잃어버려 3일간 표류했는데, 가이요마루가 센다이에 도착한 것은 8월 26일이었다. 조데이마루(長鯨丸)는 가이요마루보다 이틀 전에 센다이에 도착했고, 반류마루가 마지막으로 도착한 것이 9월 18일이었다.

에노모토 함대는 태풍으로 2척의 배를 잃었다. 하지만 센다이에는 막부가 대여해 준 오에마루(大江丸), 호오마루(鳳凰丸) 2척이 있었고, 한때 오우에 열번동맹의 맹주가 된 기타시라카와노미야(北白川宮)를 태우고 떠났던 나가사키마루(長崎丸)도 센다이에 정박하고 있어 에노모토 함대는 이제 9척으로 늘어났다. 9월 15일 센다이 번이 항복하자 함대는 이제 이곳마저도 더 이상 머물 수 없게 되었다. 교토소사대를 맡았던 구와나(桑名) 번주 마쓰다이라 사다아키(松平定敬)를 비롯한 막부 중역들과 신정부의 아이즈 번 공략에 맞서 싸우던 보병부교 오토리 게이스케 및 신센구미 부장 히지카타 도시조(土方歲三)도 이 때 에노모토의 함대에 합류하였다. 게다가 이들이 이끌던 구막부군의 여러 부대들과 센다이 및 아이즈 번의 저항세력도 이때 합류하여, 당시 에노모토 함대에 승선한 병력은 모두 3,000명가량 되었다고 한다.

10월 12일 센다이 출항을 앞두고 아직 항복하지 않고 분투하고 있던 사나이 번을 지원하기 위해, 에노모토는 증기선 나가사키마루와 지요다가타마루(天代田形丸)를 병력과 함께 현지로 파견하였다. 이제 9척에서 2척이 줄어든 7척에 나머지 병력을 싣고 센다이를 출발해 하코다테로 향했다. 이번에도 센다이 현지에 있던 신정부군 총독에게 '자신들의 탈주는 구막신 구제를 위해 에조치를 개척하러 가는 것'임을 알리는 탄원서를 보냈다. 탄원서를 통한 자신들의 합리화 작업은 하코다테에 도착해서도 계속되었다. 하코다테로의 북상 도중 구막부 소유의 덴아키마루[天秋丸: 나중에 가이슌(回春)으로 개명]를 압수했고, 잠시 미야코(宮古) 항에 기항해서 장작, 물, 식량을 싣고는 10월 18일에 그곳을 출항했다.

그렇다면 왜 구막부군의 최종 목적지가 하코다테였을까? 에노모토의 속내를 알 수 없지만 대략 다음과 같은 이유를 들어 볼 수 있다. 에노모토가 어릴 적부터 이 지역을 잘 알고 있었다는 점, 막강한 해군력으로 쓰가루 해협의 재해권을 장악한다면 장기간 농성이 가능하다는 점, 개항장으로서 무역을 통해 경제적 이익을 확보할 수 있다는 점, 미국, 영국, 프랑스 등의 영사관이 들어서 있어 그들로부터 독립국 지위의 획득이 가능할 수 있다는 점, 최근 만들어진 벤텐다이바와 고료카쿠를 활용해 신정부군의 침공을 방어할 수 있다는 점, 마지막으로 하코다테를 경비하는 신정부군이 하나도 없다는 점이 그것이었다.

막부 시절부터 하코다테 경비는 마쓰마에 번의 몫이었지만, 그렇다고 많은 병력이 주둔하고 있었던 것은 아니다.

1854년 마쓰마에 번을 제외한 에조치 전체가 다시 막부 직할령이 되었고, 1859년 막부는 에조치의 지배와 방비를 견실히 하기 위해 막부 직할령인 하코다테를 제외한 에조 전역을 6개 번(센다이, 아이즈, 아키타, 사나이, 모리오카, 히로사키)에 분령으로 나누어 주었다. 또한 하코다테의 경비 역시 이들 여섯 번이 맡고 있었다. 하지만 아이즈 번은 교토수호직을 맡음으로써, 아키타 번은 에조치 분령을 막부에 반납함으로써 하코다테 경비에서 빠졌다. 나머지 번들도 에노모토 함대가 하코다테로 오기 직전 오우에 열번동맹에 참가하면서 신정부군과 대치하기 위해 하코다테 경비병을 자신들의 번으로 철수시켰다. 하지만 에노모토 함대가 센다이를 떠나기 전후로 도호쿠 지방의 모든 번들이 신정부군에 항복했다.

에노모토 함대가 하코다테에 도착하기 직전, 이를 알아차린 하코다테 지사는 정부에 원군을 요청했다. 이에 히로사키 번 4개 소대가 10월 19일에, 후쿠야마(福山) 번병 약 700명과 오노(大野) 번병 150명이 10월 20일에 하코다테에 도착했다. 이러한 방비상태에서 에노모토 함대는 10월 20일 하코다테 북쪽의 우치우라(內浦, 혹은 噴火) 만에 있는 와시노키(鷲ノ木) 앞바다에 닻을 내렸다. 오늘날 와시노키는 한적한 연안에 늘어선 작은 어촌 마을이다. 하지만 당시는 150호 가구에 800명이 살고 있던, 지금보다는 더 번성했던 요충지였으며 하코다테까지 길이 열려 있었다고 한다.

오늘날 이곳에 가려면 하코다테에서 특급열차로 모리(森) 역에 내려 그곳에서 다시 완행열차로 갈아타 다음 역인 가쓰라가와(桂川) 역에 내려야 한다. 역사도 없는 간이역을 빠져나와 대로변으로 나오면 멀리 '에노모토 상륙지(榎本武揚上陸の地)'라는 안내판이 세워져 있고, 가리키는 방향을 따라 들어가면 '와

시노키 사적공원(鷲ノ木史蹟公園)'이라는 입간판과 함께 조그마한 공원이 나온다. 거기에는 '에노모토군 상륙지 유적(榎本軍上陸地跡)'이라는 안내판과 '하코다테 전쟁 와시노키 전몰자비(箱館戦争鷲ノ木戦没者之碑)'가 세워져 있다. 그곳에서 바다 쪽으로 나 있는 길을 따라가면 실제 에노모토 함대가 내렸던 해안에 도달할 수 있는데, 거기에는 '에노모토군 와시노키 상륙지(榎本軍鷲ノ木上陸地)'라는 안내판이 세워져 있다. 이곳에서 바다를 왼편에 두고 남쪽을 바라다보면 멀리 해발 1,131m의 고마가타케(駒ヶ岳) 산이 보이는데, 5월에도 이 산 정상에는 잔설이 남아 있다.

와시노키는 하코다테 전쟁 중 부상자의 요양소로 그리고 전사자의 묘소로 사용되었으며, 지금도 이곳 묘지에는 구막부군 전사자가 묻혀 있다. 에노모토 함대가 하코다테 항으로 직접 가지 않고 이곳 와시노키에 상륙한 데는 몇 가지 이유가 있었다. 하나는 하코다테 만을 지키고 있던 벤텐다이바의 포격을 굳이 받으면서까지 하코다테로 입항할 이유가 없었고, 또한 교전이 일어난다면 외국 영사관을 비롯해 외국 선박에 피해를 줄 수 있었으며, 병력이나 장비 면에서 자신들이 우세했기에 오히려 야전에서 싸우는 것이 유리하다고 판단했기 때문이다.

상륙 다음 날인 21일 구막부군은 우선 구막부 육군의 '유격대(遊擊隊)' 대장이었던 히토미 가쓰타로(人見勝太郎)에게 30명을 붙여 신정부에 대한 '탄원서'와 함께 하코다테 지사에게 보냈다. 이처럼 계속해서 유사한 내용의 탄원서를 보냈던 것은, 실력행사로는 에조치 개척을 인정받을 가능성이 없을뿐더러 그렇다고 조정으로부터 탄원서에 대한 회답이 올 가능성도 없었지만 그것을 기다리고 있다는, 다시 말해 에조치 상륙과 점거의 정당성을 확보하고자 했던 것이다. 탄원서 선발대는 고마가타케 산 오른편(내륙 쪽)으로 나아가다가 고갯

390

마루에서 신정부군의 습격을 받았는데, 이것이 하코다테 전쟁의 시발이 되었다. 뒤이어 오토리 게이스케를 대장으로 한 본진은 선발대의 뒤를 따라 출발했다. 결국 선발대와 합류한 본진은 저항하던 신정부군을 가볍게 제치고 계속해서 하코다테로 향했다.

한편 히지카타 도시조를 대장으로 한 별진은 고마가타케 산 왼편 해안을 따라 하코다테로 나아가면서 신정부군과 교전했고, 모든 면에서 상대가 되지 않았던 신정부군은 패주했다. 10월 24일 당시 하코다테 부(府) 지사 시미즈다니 긴나루(淸水谷公考)는 신정부군이 이들 두 부대에게 패했다는 소식을 전해 듣고는 부 청사가 있던 고료카쿠를 버리고 다음 날 신정부군과 함께 배를 타고 쓰루가 해협을 건너 아오모리(靑林)로 퇴각하였다. 이후 구막부군은 상륙한 지 5일 만인 10월 26일에 하코다테를 점령했고, 에노모토는 함선을 거닐고 하코다테 만으로 입성하였다. 하지만 가이요마루는 수리 중이라 11월 1일이 되어서야 하코다테로 귀환할 수 있었다.

당시 시미즈다니 긴나루는 신정부가 파견한 하코다테 부 행정책임자였다. 하코다테 개항 이후인 1854년 12월 일로화친조약 체결과 함께 마쓰마에 번영지를 제외한 에조치 전체가 다시 막부의 직할령이 되었고, 이후 대정봉환을 거치면서 이미 신정부에서 행정책임자를 파견해 둔 상태였다. 직할령 반포 이후 호리를 비롯한 초기 3명의 부교와 함께 총 11명의 부교가 하코다테 부교로 취임했는데, 이 중 막부의 마지막 하코다테 부교이자 신정부에 부교소(고료카쿠)를 넘겨준 이가 스기우라 보고노카미(杉浦兵庫頭)였다. 신정부는 1868년 4월 하코다테 부교를 하코다테 재판소(裁判所)로 명칭을 바꿔 설치하기로 결정했고, 이전과 마찬가지로 하코다테 관리뿐만 아니라 에조치 개발까지 담당하도록 했다. 곧이어 하코다테는 그 명칭이 하코다테 부(府)로 바뀌었고, 부 지사로 부임한 이가 앞서 언급한 시미즈다니였던 것이다.

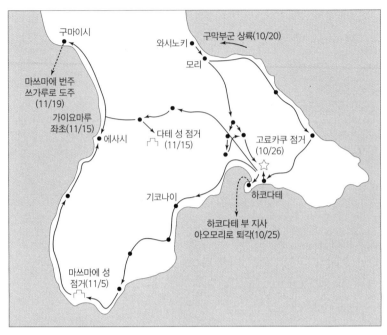

구마이시

구막부군 상륙(10/20)
와시노키

모리

마쓰마에 번주
쓰가루로 도주
(11/19)

가이요마루
좌초(11/15)

에사시

다테 성 점거
(11/15)

고료카쿠 점거
(10/26)

기코나이

하코다테

하코다테 부 지사
아오모리로 퇴각(10/25)

마쓰마에 성
점거(11/5)

그림 8.1 구막부군 진격 개략도

　하코다테를 점령한 구막부군은 시민들의 동요를 막기 위해 나가이 나오유키(永井尚志)를 새로이 하코다테 부교로 임명했고, 자신들의 정치적 입장과 하코다테 시정방침을 정리한 포고문도 발표하였다. 적과 아군의 구분 없이 전사자들 모두의 장례를 후하게 치러 주었고, 부상자들을 돌보았다. 10월 27일에는 위험을 알고도 입항한 아키타 번(秋田藩)의 군함 다카오마루(高雄丸)를 포획하고는 에노모토 함대에 편입시켰는데, 승조원은 나중에 모두 석방되었다.

가이요마루 침몰

10월 28일 히지카타 도시조를 총독으로 한 500여 명의 육군 병력이 마쓰마에 번을 진압하기 위해 출동하였다. 이 병력 뒤로 200명의 예비대가 따랐으며, 프랑스 군인 2명도 여기에 종군했다. 당시 육군부교 오토리 게이스케는 하코다테에 남아 있었다. 이 대목에서 잠시 당시 마쓰마에 번의 사정에 대해 알아보자.

마쓰마에 번 12대 당주 마쓰마에 다카히로(松前崇広: 1829~1866)는 서양 사정에도 밝았고 막부 권한의 확대와 적극적인 개국의 입장을 지녔던 이로, 1849년 20세에 번주가 되었다. 그는 1853년에 북방 방위를 위해 막부가 승인한 후쿠야마 성을 완공함으로써 마쓰마에 번주로서는 처음으로 성주가 되었다. 천수각(天守閣)을 갖춘 이 성은 전통적인 건축기법으로 도쿠가와 막부 시대 마지막으로 축조된 성이었다. 그는 도자마 소번 다이묘임에도 불구하고 1863년 지샤부교(寺社奉行)를 맡았다. 지샤부교는 간조부교(勘定奉行), 에도마치부교(江戸町奉行)와 함께 막부의 3부교에 해당되었지만, 보통 후다이 다이묘가 임명되어 3부교 중 가장 격이 높았다.

1864년에 다카히로는 파격적으로 로주로 발탁되었다. 덕분에 과거 마쓰마에 번 영지였지만 직할령이 되면서 잃어버렸던 동해 쪽의 오토베(乙部)부터 구마이시(熊石)까지를 되찾을 수 있었다. 하지만 1865년 조정의 칙허 없이 효고 개항을 결정했다는 이유로 당시 수석 로주 아베 마사토(阿部正外)와 함께 조정으로부터 관위를 삭탈당했고 영지에서 근신하라는 명이 내려졌다. 이에 쇼군 이에모치도 어쩔 수 없이 이 둘을 로주직에서 파면하고 영지 근신을 명했다. 그는 1866년 마쓰마에로 돌아왔으며, 얼마 되지 않아 사망했다. 그의 후임 노리히로(德広)는 병약했고, 1868년에는 이미 교토로부터 마쓰마에로 돌아와 있었다.

당시 마쓰마에 번의 실권은 좌막파가 쥐고 있었다. 이들은 실질적으로 오우에 열번동맹을 지지했지만 오우에 진무총독에게도 성의를 보이면서 신정부와도 척지지 않으려는 양다리 외교를 펼치고 있었다. 또한 하코다테 부에도 손을 써서 서에조치 반환을 요구하기도 했다. 하지만 근왕을 주장하면서 보수 세력에 반대했던 소위 '정의대(正義隊)' 세력도 번내에 잠복해 있었다. 이들은 시대가 바뀜에 따라 하코다테 부와 손을 잡고 좌막파를 처단하는 쿠데타에 성공했다. 이는 마쓰마에 번의 실세가 신정부 쪽으로 완전히 바뀌었음을 의미하는 것이었다. 이때가 바로 에노모토가 하코다테에 입성하기 3개월 전의 일이었다. 이 짧은 기간에 그들이 한 일이라고는 후쿠야마 성이 해안에 있어 방어가 어렵다는 이유를 들어, 새로운 성인 다테 성(官城)을 에사시(江差) 내륙에 지은 것뿐이었다. 이 성은 에노모토 함대가 상륙하기 직전에 완공되었고, 후쿠야마 성에서 다테 성으로 번주 일행의 이주가 완료된 것은 11월 3일이었다.

도시조 군이 진군하자 마쓰마에 번쪽 인사들로부터 회담 제의가 있었다. 그결과 구막부군과 마쓰마에 번 간에 잠시 휴전이 이루어졌으며, 어쩌면 이들 사이에 군사적 충돌이 일어나지 않을 가능성도 있었다. 하지만 숙영지에 있던 도시조 군은 마쓰마에 번병으로부터 야습을 받아 일시 퇴각했지만, 이내 전열을 가다듬어 11월 5일 후쿠야마 성을 공격하기 시작했다. 게다가 바다에서는 가이텐마루의 함포 지원사격이 있었다. 이에 견디지 못한 마쓰마에 번병은 시내에 불을 지르고는 에사시 쪽으로 도주하였다. 일주일가량 후쿠야마 성에서 머물면서 전열을 정비한 구막부군은 다시 도시조를 총독으로 삼아 에사시로 도주한 마쓰마에 번병 잔당을 소탕하기 위해 나섰다. 14일 에사시 입구에서 소규모 전투가 있었지만 쌍방 사상자는 얼마 되지 않았고, 이내 마쓰마에 번병이 물러났다.

이번에는 에노모토가 후쿠야마 성 서쪽, 다시 말해 우리의 동해 쪽 전황을 살펴보고 함포 지원을 위해 직접 가이요마루를 이끌고 하코다테를 출항했다. 1868년 11월 14일, 그날 밤 에노모토는 후쿠야마 성에서 군진회의를 열었으며, 다시 가이요마루를 이끌고 에사시 앞바다 가모메시마(鷗島) 부근에서 날이 밝기를 기다렸다. 날이 밝자 적병이 남아 있는지를 확인하기 위해 가모메시마 쪽으로 포 1발을 발사했다. 아무 인기척도 없자 이번에는 시내 인가 쪽을 피해 주변 산과 포대 쪽으로 7발을 발사했지만 응사가 없었다. 당시 에사시는 가구 수가 2,300호에 달하는 마쓰마에 번의 대표적인 경제중심지로서 주로 정어리 어업으로 번창했던 곳이다. 마쓰마에 번병은 그 전날 밤 이미 에사시를 빠져 나와 구마이시 쪽으로 도주한 후였다. 이후 육로로 진군하던 도시조 군 역시 아무런 저항도 받지 않고 에사시로 진입할 수 있었다.

하지만 그날 저녁부터 일기가 돌변했다. 거센 폭풍에 눈까지 내려 한 치 앞도 분간할 수 없는 상황에서 가이요마루가 요동치면서 닻이 뽑히고 말았다. 급히 엔진을 돌려 움직이려 했지만 소용이 없었다. 결국 가이요마루는 해안으로 밀려와 좌초되고 말았다. 이제 포를 발사하면서 그 반동으로 탈출해 보려 시도했지만 아무 소용 없었고, 배는 점점 더 뻘 속으로 빠져 들어갔다. 이틀 동안 폭풍우에 시달리면서 가이요마루를 구출해 보려 안간힘을 썼지만 소용없었고, 오히려 선창에 난 구멍으로부터 바닷물까지 함내로 밀려 들어왔다. 결국 바다가 잠시 잠잠해진 17일, 250명에 달하던 승조원은 개인 화기와 장비만 휴대한 채 배에서 탈출하였다.

가이요마루가 침몰했다는 소식을 듣고 하코다테에 정박 중이던 가이텐마루와 신소쿠마루가 에사시에 도착한 것은 22일 새벽이었다. 하지만 닻을 내릴 수 없을 정도로 풍랑은 거셌고, 그 과정에서 가이텐마루는 방향타에, 신소쿠마루는 스크루에 손상을 입었다. 다행히 가이텐마루는 하코다테로 회항할 수 있었지만, 육지로 떠밀려 온 신소쿠마루는 기관이 파괴되고 선창에 구멍이 났다. 그 며칠 후 가이요마루와 신소쿠마루는 침몰하면서 바다 아래로 사라지고 말았다. 에도 탈주 직후 태풍을 만난 에노모토 함대는 2척을 잃었고 기함 가이요마루마저 손상을 입은 적이 있었지만, 이번에는 예상치 못한 폭풍우에 기함마저 잃고 말았다. 물론 나중에 언급하겠지만 기상과 관련된 에노모토 함대의 참사는 이것이 마지막이 아니었다. 당시는 일기를 미리 예측할 수 있는 시대가 아니었기 때문에 가이요마루의 침몰을 단지 일기불순 탓으로 돌릴 수 있지만, 침몰의 원인은 그것만이 아니었다.

당시 가이요마루에는 26문의 포 이외에 9문이 더 적재되어 있었으며, 수천 발의 포탄도 함께 실려 있어 중량 초과가 배의 균형을 잃게 만든 하나의 원인이 되었다. 또 다른 원인으로 지적되는 것은 가이요마루가 목선임에도 불구하고 당시 철선에 탑재되던 최신의 보일러와 엔진이 장착되는 바람에 적정 중량을 이미 넘어섰을 것이라는 견해도 있다. 마지막으로 요즘 선박과는 달리 당시 대형 선박은 배의 균형을 잡기 위한 밸러스트(ballast)로 배 밑바닥에 구리를 적재하고 있었는데, 가이요마루도 마찬가지였다. 일설에 의하면, 구막부군이 센다이를 떠나 하코다테로 향하던 중 어느 외국 선박을 만났고, 그 배로부터 소총을 구매하고는 대가로 밸러스트로 싣고 있던 구리를 내주었다고 한다. 당시 에노모토 함대에 승선한 2,000 가까운 육군 중에서 개인 화기를 지참하고 있던 사람은 극히 소수였다. 따라서 에노모토로서는 배의 균형은 조금 잃더라도 개인 화기 문제를 해결하지 않을 수 없었던 것이다. 평상시에는 큰 문제가 없었겠지만, 무게중심이 조금이라도 올라간 상태에서 중량 초과였던 가이요마루는 폭풍우 앞에서 치명적인 약점을 드러내고 말았다.

구막부군 무력에서 가이요마루의 비중은 절대적이었다. 구막부군은, 본토와 에조치 사이를 가로막고 있는 쓰루가 해협을 방어선 삼아 적은 병력으로 농성해야만 하는 입장이었다. 따라서 쓰루가 해협의 제해권을 장악하느냐 못하느냐에 구막부군의 운명이 달렸으며, 그 요체가 바로 가이요마루였던 것이다. 가이요마루는 바다에 떠 있는 난공불락의 천수각인 동시에, 신정부군의 모든 함선을 격파할 수 있는 무적의 '아르마다(Armada)'였다. 물론 가이요마루가 건재했더라도 장기전이 펼쳐졌다면 신정부군의 에조치 상륙이 이루어질 수밖에 없었겠지만, 당시 가이요마루가 갖고 있던 상징적 위세는 구막부군의 정신적 지주 역할을 했음이 분명하다. 가이요마루의 상실로 구막부군 무력에 커다란 손실이 발생했을 뿐만 아니라 병사들의 사기에도 큰 영향을 주면서, 이후 구막부군의 퇴조를 알리는 신호탄이 되었다.

하지만 이 모든 이들의 낙담이나 패배감을 합쳐도 젊은 시절부터 이 배와 동고동락했던 에노모토의 그것만 했을까? 게다가 이 배의 군사적·정신적 상징성을 누구보다도 잘 알고 있던 그였기에, 3,000명 장병들의 생사를 책임진 총지휘관이라는 그 막중한 부담감이 이때만큼 그의 어깨를 강하게 짓누를 때가 있었을까? 당시 그의 나이는 32세에 불과했다. 바로 이즈음 구막부군이 사나이 번을 지원하기 위해 보냈던 2척 중 지요다가타마루가 하코다테로 귀환했는데, 다른 하나인 나가사키마루는 도중에 좌초해 파선되고 말았다. 이래저래 센다이에서 총 9척이던 에노모토 함대는 가이요마루, 신소쿠마루, 나가사키마루를 잃었고, 이제 6척만이 남게 되었다.

11월 11일 500명으로 이루어진 별동대[마쓰오카 시로지로(松岡四郎次郎)가 이끄는 구막부 일연대(一聯隊)]는 하코다테를 출발해 마쓰마에 번주와 그 가족, 가신들과 일부 번병이 머물고 있던 다테 성을 공략하러 출발했다. 15일 다테 성이 함락되었지만, 그들은 이미 성을 빠져나와 마쓰마에 번 최북단 구마이시로

도주한 뒤였다. 11월 22일 번주와 가신 60여 명은 작은 배를 타고 그곳을 떠나 히로사키 번으로 도주했고, 남아 있던 가신 및 번병 300여 명은 별동대에 항복했다. 이로써 구막부군은 에조치에 있는 신정부군과 마쓰마에 번 세력을 완전히 몰아냈고, 에조치의 군사적 평정을 완료하였다.

에조치 정권 총재, 에노모토 다케아키

에노모토 지휘하의 구막부군은 마쓰마에 번 진압에만 몰두하고 있었던 것은 아니다. 오히려 자신들의 에조치 무력점거를 대외적으로 정당화하고, 새로운 정복자로서 하코다테를 비롯한 에조치 현지인들을 위무하며, 또한 신정부군의 침입에 대비해 군사적 대비책도 마련하는 데 더 많은 신경을 써야 했다. 하코다테 점령 다음 날인 10월 26일, 가이텐마루와 반류마루를 타고 하코다테 항에 입항한 에노모토는 '가이텐마루 지휘관(回天艦指揮役)'의 자격으로 당시 하코다테에 영사관을 개설하고 있던 영국을 비롯해 9개국 공사(실제로는 겸임공사가 많아 5곳)들에게 통지문을 보내 하코다테의 외교업무를 자신들이 맡아 진행할 것임을 알렸다.

한편 10월 30일 요코하마에 있던 영국 공사 파크스와 프랑스 공사 우트레는 구막부군의 하코다테 점거에 대한 정보를 입수하고는 이에 대한 대책을 논의하기 위해 만났다. 그들은 자신들의 입장을 다음과 같이 정리했는데, 첫째, 도쿠가와 탈번 가신단에게는 교전단체에 관한 조건이 구비되지 않아 하코다테 항의 폐쇄를 인정할 수 없다. 둘째, 일본 내전에는 관여하지 않는다. 셋째, 하코다테가 신정부군의 공격을 받을 경우에 양국은 저항하지 않는다. 넷째, 하코다테가 도쿠가와 가신단의 손에 떨어질 경우, 거류민의 안전 확보에 한정하여 그 정권과의 관계를 유지한다고 합의했다. 여기서 분명한 것은, 양국의 입장이 전쟁에 대해 중립(neutrality)보다는 한 차원 낮은 불간섭(non-interference)에 머물렀고, 구막부군을 교전단체로 인정하지 않았다는 점이다.

11월 4일 자국민 보호와 상황 탐지를 위해 영국과 프랑스 양국의 군함이 하코다테로 입항했다. 이에 대해 구막부군은 예포를 쏘았지만, 이들은 이에 응대하지 않았다. 이는 양국이 결코 하코다테의 구막부군을 교전단체로 인정하지 않겠다는 의사표시였던 것이다. 사실 도바·후시미 전투 직후 일본의 조약국들은 신정부와 도쿠가와 정권 모두를 '교전단체'로 인정하고는 '엄정 중립'의 입장을 결의했으며, 이는 신정부와 오우에 열번동맹의 경우에도 마찬가지로 적용되었다. 하지만 에노모토의 하코다테 정권에 대해서는 미국과 프로이센 그리고 영국과 프랑스의 입장에 차이가 있었는데, 전자 두 나라는 하코다테 정권을 가급적 '교전단체'로 인정하고 후자들의 주장인 중립 해제를 되도록 연기하자는 쪽이었다.

11월 9일 에노모토와 만난 영국과 프랑스 함장 및 현지 영사들은 당연히 요코하마의 훈령에 따라 교전단체로 인정할 수 없다는 말만 되풀이했다. 이에 대해 에노모토는 양국의 입장을 우선 문서로 보내 달라고 통보했다. 어찌 되었든 하코다테의 양국 영사와 입항 함장들은 자신들의 현지 거류민들이 사실상 구막부군의 장악하에 있음을 인정하지 않을 수 없었다. 결국 이들은 요코하마 자국 공사들의 훈령과는 달리 하코다테 구막부군을 '사실상의 권력(authorities de facto)'으로 표현하면서 '엄중 중립'을 지키겠다고 통지할 수밖에 없었다. 이에 구막부군은 영국과 프랑스는 물론 나머지 서구 조약국들도 자신들을 '교전단체'로 인정하는 것으로 받아들였다.

한편 에노모토는 조정에 보내는 탄원서와 이 탄원서를 조정에 상신해 달라고 부탁하는 편지를 양국 함장에게 맡겼고, 그들은 요코하마에 있는 자국의 공사들에게 전달했다. 당시 요코하마 주재 영불 공사들의 입장과는 달리 하코다테 외교가에서는 구막부군을 하나의 정부로 인정하는 분위기였다. 물론 자국 거류민들이 구막부군의 지배하에 있었던 것도 하나의 원인이겠지만, 에노모토를 비롯한 구막부군 수뇌의 탁월한 외교능력과 정국 장악력이 그들에게 깊은 인상을 준 것만은 사실이었다. 일단 외교적 작업을 마감한 에노모토는 가이요마루를 이끌고 에사시로 갔지만, 불행히도 그곳에서 가이요마루의 처참한 최후를 맞이했던 것이다. 하지만 마쓰마에 번주가 도주하고 잔당 모두 투항함으로써, 이제 구막부군은 에조치의 '사실상의 권력'이 되었다.

12월 15일 정오 하코다테 만과 포대에서는 에조치 전체의 평정을 알리는 101발의 축포가 발사되었으며, 낮에는 모든 배에 오색기가 걸렸고 밤에는 가로등을 밝혔다. 또한 이날은 선거를 통한 일본 최초의 공화국이 탄생한 날이기도 했다. 전날 구막부군은 하코다테 주재 영사들에게 향후 자신들의 일정을 알리는 통지문을 보냈는데, 그중에서 '도쿠가와 혈통을 지닌 누군가가 이곳 하코다테 정권의 통치자로 올 때까지 자신들이 선거를 통해 뽑은 자가 통치한다'는 내용이 들어 있었다. 물론 선언적 의미에 불과하겠지만, 이번에 선거를 통해 만들어진 정권은 어디까지나 잠정적인 임시정권임을 스스로 천명한 것이었다. 현지인은 제외되었고 사관 이상의 간부들만 투표에 참가했다는 점에서 완벽한 민주주의 방식의 선거라고는 할 수 없다. 하지만 선거라는 방식을 통해 지도자를 뽑은 일본 최초의 사건임이 분명했다.

총 투표자 856명 중 가장 많은 표를 얻은 에노모토(156표)가 에조 국(蝦夷國: 그들은 자신들의 공화국을 이렇게 표현했음) 총재가 되었으며, 두 번째로 표가 많았던 마쓰다이라 다로(120표)가 부총재로 선임되었다. 그 외 나가이 나오유키 116표, 오토리 게이스케 86표, 마쓰오카 시로지로 82표, 히지카타 도시조 73표였다. 도시조를 제외한 나머지 5명 모두 구막부의 고위층이었다는 점에서 보면, 도시조에게 이처럼 많은 표가 몰렸던 것은 그의 전쟁수행 능력과 지도력 그리고 개인적 매력에서 비롯된 것이었다. 한편 이처럼 표가 분산된 이유는 하코다테의 구막부군이 연역과 기원을 달리하는 여러 부대의 연합체라는 성격이 반영되었기 때문인데, 투표자 각자가 자신들의 부대장이나 상관에게 일방적으로 표를 던진 결과였다. 선거 이후 결정된 주요 보직자는 다음과 같다.

- 총재   에노모토 다케아키(榎本武揚)
- 부총재   마쓰다이라 다로(松平太郎)
- 해군부교   아라이 이쿠노스케(荒井郁之助)
- 육군부교   오토리 게이스케(大鳥圭介)
  부교대우   히지카타 도시조(土方歳三)
- 하코다테 부교   나가이 나오유키(永井尙志)
  부교대우   나카지마 사부로스케(中島三郎助)
- 에사시 부교   마쓰오카 시로지로(松岡四郎次郎)
  부교대우   고스기 마사노신(小杉雅之進)
- 마쓰마에 부교   히토미 가쓰타로(人見勝太郎)
- 개척부교   사와 다로자에몬(沢太郎左衛門)
- 회계부교   에가무라 로쿠시로(川村録四郎)

총재, 부총재, 각 부교들은 대개 앞글에서 소개되었던 구막부 중신이나 구막부군 제대장 출신이었다. 이 중 개척부교로 임명된 사와는 에노모토와는 나가사키 전습소, 네덜란드 유학 동기이자 얼마 전 침몰한 가이요마루의 함장이었다. 이제 지휘할 배를 잃은 사와에게 개척부교라는 직책을 주면서 승조원과 함께 무로란(室蘭)으로 가서 현지 개척을 하도록 배려했다. 무로란은 에노모토 함대가 처음 에조치에 와서 입항했던 와시노키 항이 위치한 우치우라(內浦) 만의 북쪽 끝 돌출부에 있었기에, 현지 개척뿐만 아니라 하코다테 외곽에서 구막부군을 경호한다는 의미도 지니고 있었다. 이제 구막부군은 신정부군의 반격에 대비해 부대를 재편성하고 자신들이 장악하고 있던 주요 지점에 부교와 함께 병력을 파견하였다. 그렇다면 에노모토의 구막부군에 대한 현지 주민의 평가는 어떠했을까? 결론부터 말하면 그저 새로이 교체된 외부 권력에 불과할 뿐이었다. 아니 어쩌면 현지 주민들에게는 더 악랄하게 착취하는 집단으로 비쳐져 그다지 환영받지 못한 세력이었음에 분명하다.

에조치 특히 하코다테는 본국으로부터 수입되는 많은 생필품에 의존해 유지되고 있었으며, 또한 막부로부터 유입되는 현지 관리들의 소비와 각종 개발 사업의 자금이 하코다테 경제에서 큰 몫을 차지하고 있었다. 하지만 1868년 초반부터 시작된 동북전쟁의 여파로 생필품의 반입이 끊겨 물가는 폭등했고, 설상가상으로 임금이 거의 지급되지 않는 3,000여 명에 달하는 새로운 입(구막부군)이 도착하면서 겨울철 하코다테의 서민경제는 파탄상태에 이르렀다. 또한 곧 밀어닥칠 것으로 예상된 신정부군과의 전쟁 때문에 상인들은 영업하길 꺼렸지만, 하코다테 정부의 설득과 신정부군의 침공이 예상보다 지연될 것이라는 판단에 새해(1869년)가 되면서 상인들의 영업이 재개되었다.

예상할 수 있듯이 하코다테 정부의 아킬레스건은 군자금이었다. 몇 차례에 걸쳐 현지 호상(豪商)들로부터 꽤 많은 기부금을 받기도 했지만, 군자금이 바닥난 하코다테 정부는 세금을 부과할 수 있는 곳이라면 어디든지 과세의 손을 뻗쳤다. 심지어 하코다테를 출입하는 모든 사람에게 통행세까지 부과하기도 했다. 하지만 이것만으로는 부족한 군자금을 메울 수 없어 결국 최후의 수단이자 최악의 수단인 화폐 주조에까지 손을 댔다. 이러한 형편이다 보니 현지

주민들로부터 좋은 평판을 받기란 처음부터 불가능했다고 볼 수 있다.

이 당시 에노모토가 결정한 일로서, 하코다테 정권이 붕괴한 이후에도 계속 문제가 되었고 에노모토의 무모함과 무능함을 지적할 때 종종 언급되는 사건이 하나 있다. 일본에서는 보통 '가르토네르(ガルトネル) 개간조약사건'으로 불리는데, 필자가 조약문의 서명자를 확인해 본 결과 R. Gaertner와 하코다테 부교 나가이 나오유키 및 하코다테 부교대우 나카지마 사부로스케로 되어 있었다. '가르토네르'는 프로이센 사람이라 원래 성은 'Gärtner'일 것으로 생각되지만, 여기서는 그냥 일본식 발음대로 '가르토네르'라 부르기로 한다. 형인 R. 가르토네르는 1863년 하코다테에 와 무역업에 종사했으며, 동생 C. 가르토네르는 1865년 주하코다테 프로이센 부영사로 부임해 왔다. 당시 하코다테 부교였던 스기우라(杉浦)는 부영사의 간곡한 부탁에 외국인에게 거류지를 임대할 수 없다는 규정을 어기고 부영사의 형인 R. 가르토네르에게 하코다테 근교의 땅 1,500평의 임대를 허락했다. 개간 준비를 하던 중 대정봉환으로 개간사업은 일단 중단되었다가, 신정부의 하코다테 부(府) 지사 시미즈다니 긴나루가 부임해 오면서 다시 사업을 승인받아 개간이 시작되었다. 하지만 이내 구막부군이 들어오는 통에 사업은 다시 중단되었다.

그 후 하코다테 정부와 협상 끝에 1868년 2월 19일 다시 계약을 맺을 수 있었다. 조약 내용은 이전 것과는 달리 엄청난 규모로 확대되었는데, 현재의 하코다테 북쪽 20km 지점 나나에초(七飯町: 당시는 七重村이라 함) 부근 10㎢ 황무지를 99년간 임차해 지역 유지 12명과 농부 50명을 선발하여 3년간 서양의 농법을 지도한다는 것이었다. 재정난에 봉착한 하코다테 정권에 어떤 식의 반대급부가 주어졌는지는 알려진 바 없지만, 여하튼 거의 영구임대에 가까운 99년간의 임대라는 점 그리고 아주 넓은 토지를 넘겨주었다는 점에서 나중에 당시 총재였던 에노모토에게 비난의 화살이 쏟아졌다. 이후 하코다테 정권이 붕괴되고 농민들의 계속된 토지반환 요구에도 불구하고 하코다테 부는 R. 가르토네르와 새로운 계약을 맺어 토지의 조차를 다시 추인하였다. 하지만 계속되는 농민들의 요구를 무시할 수 없었던 신정부는 홋카이도 개척사(신정부가 1869년 7월 새로이 설립한 에조치와 가라후토의 개척을 담당하는 관청)로 하여금 R. 가르토네르에게 배상금을 지불하도록 명령했고, 이후 그 땅은 홋카이도 개척사가 관리하는 토지가 되었다.

R. 가르토네르는 물러갔지만, 개간지에서는 알팔파(alfalfa)와 클로버 같은 목초, 사과·체리·서양배 등의 과수, 그리고 소·말·돼지 등의 가축이 유럽으로부터 도입되었다. 그 외 각종 서양식 농기구도 들어왔는데, R. 가르토네르가 고국을 그리며 심었다는 너도밤나무[橅: 일본명 부나(ブナ)]는 이제 100년이 넘는 인공림으로 변해 '가르토네르의 ブナ보호림'으로 관리되고 있다. 지금도 홋카이도에는 당시의 과수농사 전통이 이어지고 있으며, 나나에초는 자기 마을을 '서양농업의 발상지'로 자랑하고 있다.

미야코 만 해전

영국과 프랑스 공사가 구막부군이 하코다테를 점령했다는 소식을 듣고 요코하마에서 회합을 가진 바로 그날, 신정부 역시 이 소식을 전해 들었다. 즉시 병력을 아오모리(青林)로 파견하기 시작했는데, 아오모리로 도주했던 하코다테 부 지사 시미즈다니 역시 신정부군에 합류하였다. 1869년 2월에 이르면 히로사키 번(2,207명)과 마쓰마에 번(1,684명)을 주축으로 한 신정부군 8,000명이 합류하였다. 이 두 번 이외에 300명 이상의 병력을 보낸 번은 사쓰마, 조슈, 후쿠야마, 오카야마, 구마모토 번이며, 그 외 7개 번을 합쳐 모두 12개 번이 병력을 파견하였다. 이미 11월 19일에 구막부군 추토령이 내려졌지만, 추토군은 하코다테의 혹독한 겨울에 병력을 움직이는 것은 무리라고 판단하고 눈이 녹기를 기다리며 아오모리 부근에서 전열을 가다듬고 있었다.

한편 하코다테에 입항했던 영국과 프랑스 함대 함장이 12월 1일 정부에 전달한 구막부군의 탄원서는 12월 14일에 각하되었다. 당시 이 탄원서는 최종적으로 신정부 실세인 이와쿠라 도모미에게 전해졌다고 한다. 이와쿠라로서는 에노모토의 탄원서에 일면 수긍 가는 바 없지 않았지만, 신센구미, 특히 히지카타 도시조가 그들 수중에 있다면 에노모토의 탄원서는 상황을 모면하려는 한낱 미봉책에 불과하다고 결론지었다. 특히 군부는 3,000명에 가까운 대군을 완벽하게 장악해 일사천리로 지휘하고 있는 도시조에게 두려움을 가지지 않을 수 없었다. 게다가 막말 교토에서 신센구미에게 일방적으로 당했던 신정부 고위층으로서는 신센구미에 대한 구원을 떨쳐 버릴 수가 없었다.

사실 에노모토는 하코다테 점령 기간 동안 아무런 기록을 남기지 않았다. 혹자는 너무나 다양한 구성원이 모인 구막부군이라, 이들 사이의 갈등을 일일이 글로 남길 수 없었던 것이 에노모토의 입장이 아니었을까 추측하기도 한다. 도시조 건도 마찬가지인데, 신정부 측 입장을 고려해 자신의 품으로 들어온 도시조를 버려야 할지, 아니면 구막부군의 전투력을 위해 끝까지 그와 함께해야 할지, 여하튼 어떻게 이런 것까지 기록으로 남길 수 있었겠는가? 젊은 반란군 총재의 당시 고민은 그저 독자의 상상에 맡길 뿐이다.

한편 미국 공사는 에노모토 탄원서의 향배에 주목할 수밖에 없는 처지였다. 왜냐하면 바로 자신들이 막부에 팔았지만 아직 구막부군과 신정부군 어디에서도 인계하지 않고 에도 만에 떠 있는 고데쓰 함(甲鉄艦)이 이 전쟁의 승패를

그림 8.2 고데쓰 함

좌우할 수 있다고 판단했기 때문이다. 미국 공사는, 신정부가 에노모토의 탄
원을 받아들이지 않자 이제 신정부의 토벌의지가 확고하다는 사실을 확인할
수 있었다. 물론 영국과 프랑스 역시 신정부를 지지하고 있었다. 이제 대세가
기울었음을 확신한 신정부는 국외중립 해제에 온 외교력을 집중했고, 영국 공
사 파크스의 중재 덕분에 12월 28일 조약국 전체로부터 국외중립 해제라는 희
소식을 얻어 낼 수 있었다. 그 결과 고데쓰 함 역시 이듬해인 1869년 2월 3일
에 신정부 측으로 인도되었다. 물론 막부가 이전에 지불했던 선박대금 일부를
제외한 잔금은 이번에는 신정부가 지불해야만 했다.

　이제 구막부군에게는 가이텐마루, 반류마루, 지요다가타마루, 다카오마루
등 4척의 군함과 4척의 운송선이 있었고, 마찬가지로 신정부군은 고데쓰 함,
요순마루(陽春丸), 가스가마루(春日丸), 데이보마루(丁卯丸) 등 4척의 군함과 4
척의 운송선을 갖추고 있었다. 막부군의 버팀목과 같았던 가이요마루가 사라
지면서 구막부군과 신정부군의 해군력은 함선 수로 보면 막상막하였지만, 문

406

제는 고데쓰 함이었다. 정확히 말하자면, 고데쓰 함이 신정부군에 넘어가면서 해군력은 신정부군 쪽으로 역전되었다. 이제 신정부군으로서는 속도가 빠르고 장갑함인 고데쓰 함에, 반대로 구막부군으로서는 체계적인 훈련과 해전 경험을 갖춘 사관과 수병들에 기대를 걸 수밖에 없었다. 결국 구막부군으로서는 고데쓰 함의 격파가 해전 승리의 요체일 수밖에 없었기에, 고데쓰 함의 장갑을 관통할 수 있는 포탄을 제작하여 가이텐마루에 탑재했다. 하지만 고데쓰 함을 포획할 수만 있다면 구막부군이 쓰루가 해협의 재해권을 다시 찾아올 수 있었고, 신정부군의 에조치 상륙도 저지할 수 있다고 판단했다. 이제 고데쓰 함 탈취를 위한 미야코(宮古) 해전으로 돌입하면서, 하코다테 전쟁은 본격적으로 시작되었다.

미야코 만은 태평양 쪽 센다이와 하코다테 중간 지점에 있으며, 센다이에서 출항한 에노모토 함대가 하코다테로 가기 전에 들른 항구였다. 따라서 구막부군은 이곳 미야코 만의 지세와 수심에 대한 정보를 갖고 있었다. 1869년 2월 25일 히젠 번(肥前藩) 출신의 마쓰다 도라노스케(増田虎之助)가 신정부군의 해군참모에 임명되었고, 8척으로 구성된 신정부군 함대가 시나가와 항을 출범하였다. 하코다테의 구막부 측은 도쿄(1868년 7월에 이미 에도가 도쿄로 바뀌었음)에 잠입해 있던 간첩으로부터 이들 함대가 3월 20일경 미야코 만에 입항할 것이라는 첩보를 입수하였다. 구막부군은 이 첩보를 놓고 오랜 논의 끝에 미야코 만을 습격해 고데쓰 함을 탈취한다는 계획을 확정하였다.

계획의 대강은 가이텐마루, 반류마루, 다카오마루 3척을 습격전대로 삼고, 여기에 육전대를 승선시켜 접현공격(aportage)을 시도하는 것이었다. 각 함선에 외국기를 걸고 미야코 만에 입항한 후 공격 직전에 일장기를 걸 계획이었는데, 이는 당시 국제법으로도 용인되는 것이었다고 한다. 3척의 배가 성공적으로 고데쓰 함에 접근하면, 반류마루와 다카오마루를 고데쓰 함의 우현과 좌

현에 붙이고 육전대가 갑판에 오른 후 적을 제압하고는 탈취한다는 계획이었다. 물론 가이텐마루는 주변의 적 함선에 포격을 가하면서 접현공격을 지원할 예정이었다. 탈취한 고데쓰 함은 미국에서 일본으로 이 배를 회항한 경험이 있는 오가사와라 겐조(小笠原賢三)가 맡을 계획이었다.

에노모토는 습격전대의 사령관으로 해군부교 아라이 이쿠노스케를 선임했으며, 육전대의 총지휘는 육군부교대우 도시조에게 맡겼다. 그리고 기함 가이텐마루의 함장은 에도 탈주 때부터 가이텐마루의 함장이었던 고가 겐고(甲賀源吾)가 맡았다. 막부군은 이 작전에 자신들이 보유한 4척의 군함 중에서 3척을 투입했고, 아라이와 도시조 같은 육해군 최고의 지휘관들에게 이 작전을 맡겼다. 이는 가이요마루가 침몰한 이후 고데쓰 함의 탈취 여부가 향후 전황에 얼마나 큰 영향을 미칠 것인지를 구막부군 모두 분명하게 인식하고 있었기 때문이다. 100명의 정예 육전대는 3척의 배에 나누어 탔고, 이들의 훈련과 지휘를 위해 프랑스 교관 3명도 3척의 배에 각각 분승하였다.

3월 20일 밤 12시, 3척의 습격전대는 하코다테를 출항해 미야코 만을 향해 나아갔다. 21일, 22일 모두 일기가 양호해 갑판에서는 프랑스군 교관의 지휘하에 접현공격 훈련이 계속되었다. 하지만 22일 밤에는 이번에도 갑자기 일기가 불순해지면서 3척 모두 헤어졌고, 23일에도 폭풍에 시달렸다. 24일 바람이 잠잠해지면서 가이텐마루와 다카오마루는 만날 수 있었다. 이제 작전을 변경해 다카오마루가 접현공격을 시도하고, 가이텐마루가 적함을 공격하면서 엄호하기로 했다. 그래도 24일 오후 내내 반류마루가 나타나길 기다렸다. 결국 24일 저녁에 출발한 2척 중 또다시 다카오마루가 기관고장을 일으켜 더 이상 나아가지 못하자, 결국 가이텐마루 단독으로 이번 작전에 돌입할 수밖에 없는 상황이 되고 말았다.

25일 새벽, 여명을 틈타 가이텐마루는 미야코 만으로 진입했다. 신정부군 함대 8척 모두가 접안해 있었다. 가이텐마루는 지금까지 걸어 놓았던 성조기를 내리고 일장기를 올렸다. 그리고는 주변의 적함들을 향해 발포하면서 결국 고데쓰 함에 접현하는 데는 성공했다. 하지만 가이텐마루의 갑판이 고데쓰 함의 그것보다 3m나 높아 육전대가 뛰어내리기 어려워 주저하는 사이에, 고데쓰 함의 승조원에게 대비할 시간을 준 셈이 되었다. 어렵게 뛰어내린 육전대는 갑판 위에서 적군과 격전을 벌였지만 곧 고데쓰 함의 기관포가 불을 뿜으면서 30분 만에 전투는 끝나고 말았다. 이 작전에서 가이텐마루에서 18명, 고데쓰 함에서 4명의 전사자가 발생했으며, 특히 가이텐마루의 함장 고가는 갑판에서 위험을 무릅쓰고 독전하다가 적탄에 맞아 전사하고 말았다. 전투 준비를 끝낸 미야코 만 내 다른 군함으로부터 포격이 개시되면서 전황은 삽시간에 불리해졌고, 총지휘관 아라이는 어쩔 수 없이 철수명령을 내렸다. 이제 아라이는 함장 고가 대신 스스로 키를 잡고는 필사적으로 미야코 만을 탈주해 다음 날인 26일에 하코다테에 도착했다. 가이텐마루가 회항하던 중 만난 반류마루는 함께 귀환할 수 있었다. 그러나 다카오마루는 신정부군의 가스가마루에 쫓겨 어느 해안에 접안한 후 승조원들은 내려 도망쳤지만, 배는 그곳에서 폐선되고 말았다. 이제 구막부군에게는 3척의 군함만 남았다.

다음은 나카지마 노보리(中島登)가 그린 『전우회자(戰友絵姿)』에 나오는 그림으로, 고데쓰 함으로 뛰어내리는 노무라 리사부로(野村利三郎)를 그린 것이다. 노무라는 당시 나이 25세로 고데쓰 함 갑판 위에서 전사했다. 나카지마와 노무라는 모두 신센구미 출신으로 동북전쟁과 하코다테 전쟁 모두 참전했다. 나카지마는 하코다테 전쟁에서 살아남아 신센구미 전우들을 그린 전국시대풍의 『전우회자』를 남겼는데, 여기에는 신센구미 총대장이었던 곤도 이사미

그림 8.3 나카지마 노보리가 그린 『전후회자』에 실린 노무라 리사부로

(近藤勇)를 비롯한 도시조의 그림 등 모두 29점이 담겨 있다. 비록 기습작전이라 할지라도 8척의 함대가 정박 중인 적 기지나 다름없는 곳을 배 한 척으로 잠입해 적 군함을 탈취한다는 것은 아무리 생각해도 무모한 작전이라 하지 않을 수 없다. 하지만 가이텐마루, 반류마루, 다카오마루 3척 모두가 미야코 만에 접근해 원래의 작전계획대로 실행할 수만 있었다면, 결과는 꼭 구막부 측의 참패였을 것이라 단정 지을 수 없다.

당시 신정부군 함정은 모두 시동이 꺼진 상태라 함정을 움직이려면 최소 15분이 필요했고, 또한 대부분이 잠을 자고 있을 새벽이었기에 해볼 만한 전투라고도 볼 수 있다. 게다가 전력이 밀리고 있는 상황에서 역전의 발판이 될 수 있는 것이라면 '전쟁에서 무엇을 못해 본단 말인가'라고 반문해 볼 수 있기 때문이다. 이번 사건을 계기로 신정부군 역시 전쟁결과를 낙관하면서 무사안일하게 운영하던 군령을 다시 한 번 가다듬는 계기가 되었다. 당시 고데쓰 함에 탑재된 다연장 기관총 개틀링(Gatling)에 구막부군 기습조가 참패를 당했다는 이야기도 있으나 확실하지 않다. 당시 고데쓰 함 승조원 중 한 명의 증언에 의하면 개틀링이 없었다고도 하고, 어느 문헌에는 에노모토가 에도를 탈주할 당시 스톤월(Stonewall, 고데쓰 함)에 장착된 개틀링을 탈취해 가이요마루에 실었다는 설도 있다.

이 전투는 함장이 직접 독전할 정도로 처절한 싸움이었다. 당시 미야코 항에 정박 중이던 가스가마루의 3등 사관이었던 도고 헤이하치로는 당시 전투에서의 경계 중요성에 대해 큰 교훈을 얻었다고, 그리고 함장 고가에 대해서는 "훌륭한 용사이자 어디서도 찾을 수 없는 지휘관"이라고 자신의 회고록에서 높이 평가하였다. 또 한 가지 지적해야 할 점은 불운이라고 해야 할지 아니면 당시 과학수준의 한계라 해야 할지, 구막부군의 에도 탈주 시 태풍과 가이요마루를 침몰시킨 폭풍, 그리고 이번 작전에서의 폭풍 등 모두 세 번에 걸쳐 기상상태가 구막부군의 앞길을 가로막았다. 유럽의 경우 1854년 크림 전쟁 당시 폭풍우에 프랑스 군함이 침몰하는 참변을 당했는데, 이로부터 9년이 지난 1863년에 처음으로 천기도(天氣圖)가 작성되어 폭풍을 예보하기 시작했다. 그러니 당시 일본에서 폭풍을 미리 예측해서 함선을 운용한다는 것은 시기상조였다.

일본에서 최초의 기상관측은 1872년 하코다테에서 실시되었는데, 하코다테 전쟁 3년 후의 일이다. 미야코 만 기습 당시 습격전대 사령관이었던 아라이는 전쟁 후 에노모토와 함께 투옥되었다가 사면을 받아 신정부에 출사하였다. 1876년 홋카이도 개척사의 개척사반학교와 여학교의 교장직을 맡았으며, 1890년에는 초대 중앙기상대장에 취임하였다. 에노모토의 여러 학회 회장 이력 중에서 1892년 일본기상학회 회장 이력도 있으니, 기상 때문에 패배했던 두 해군 지휘자들의 또 다른 기상 관련 이력은 재미있다기보다는 아이러니하다고 말하는 것이 좋을 것 같다. 한편 에노모토가 전쟁 후 1872년 개척사에 출사하면서 광물조사차 하코다테를 방문했을 때 기상대를 설립했다는 기록도 있지만, 그 진위를 확인하기 쉽지 않다.

하코다테 전쟁(I)

마침내 4월 4일, 아오모리(靑林) 주재 신정부군 육군참모였던 야마다 아키요시(山田顯義)에게 해군참모까지 겸임시키는 인사를 단행하면서 이제 신정부군은 출정 준비를 마쳤다. 4월 6일 오전 10시, 선봉에 선 조슈, 후쿠야마, 히로사키, 도쿠야마, 오야, 마쓰마에 여섯 번들로 구성된 1,500명의 제1진은 히류마루(飛竜丸), 호안마루(豊安丸), '오사카(영국 국적선)'에 분승했고, 각종 장비와 화물은 '얀시(Yancey: 미국 국적선)'에 싣고는 고데쓰 함을 비롯한 4척 군함의 호위를 받으면서 아오모리를 출발했다. 제1진은 4월 9일 에사시보다 북쪽에 위치한 동해 쪽 오토베(乙部)에 상륙했고, 계속해서 4월 12일 제2진 400명이 에사시로 상륙했다. 나머지 3,200명으로 이루어진 제3진은 4월 15일 출발했는데, 제3진의 참모 중 하나가 사쓰마 출신의 구로다 기요타카(黑田淸隆)였다. 당시 아오모리에서 병력과 장비를 수송하기 위해 신정부군이 용선한 외국 배는 앞서 '오사카', '얀시' 이외에 영국 국적선 '앨비언(Albion)' 등 모두 3척이었다.

작년 10월 구막부군은 태평양 쪽 와시노키에 상륙하고는 이어 하코다테, 마쓰마에, 에사시에서 마쓰마에 번병을 격퇴하고 마지막으로 구마이시를 장악함으로써 에조치를 평정한 바 있다. 즉, 하코다테를 정점으로 태평양 쪽에서 동해 쪽 해안을 따라 시계방향으로 진격했던 것이다. 이에 반해 신정부군은 동해 쪽 오토베와 에사시에 상륙하고는 반시계방향으로 에사시, 마쓰마에, 기코나이(木古內)를 점령하면서 하코다테로 향했다. 신정부군 역시 당시 구막부군과 마찬가지로 직접 하코다테로 진입하지 않았다. 이는 하코다테 만을 지키고 있던 구막부군 군함과 벤텐다이바 등 포대의 포격을 두려워했기 때문이며, 또한 신정부군이 병력에서 우세했기 때문에 지상전을 통해 점차 하코다테를

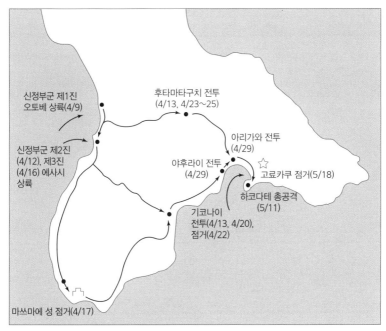

신정부군 제1진
오토베 상륙(4/9)

후타마타구치 전투
(4/13, 4/23~25)

아리가와 전투
(4/29)

신정부군 제2진
(4/12), 제3진
(4/16) 에사시
상륙

야후라이 전투
(4/29)

고료카쿠 점거(5/18)

하코다테 총공격
(5/11)

기코나이
전투(4/13, 4/20),
점거(4/22)

마쓰마에 성 점거(4/17)

그림 8.4 신정부군 진격 개략도

포위, 섬멸하는 쪽이 유리하다고 판단했기 때문이다.

한편 에조치의 구막부군 3,000명은 마쓰마에, 에사시, 하코다테, 와시노키 등지에 200~300명의 병력을 분산시키고 있었으며, 본진 500명은 에노모토 및 간부들과 함께 고료카쿠를 수비하고 있었다. 또한 가이텐마루, 반류마루, 지요다가타마루는 하코다테 만을 순시하면서 신정부군 함대의 침입에 대비하고 있었다. 이미 하코다테에는 조만간 신정부군의 공격이 있을 것이라는 소문이 파다했고, 주민과 거류 외국인들은 어찌할 바를 몰라 안절부절못했다. 신정부군 제1진이 아오모리를 출발한 그날, 신정부군 측은 하코다테로 선박 한 척을 보내 곧 공격이 개시될 것이라는 포고문을 이전 하코다테 부 지사의 이름으로 전달했다. 또한 신정부군은 상선 '앨비언'을 하코다테로 보내 외국 군함들과 함께 외국 영사 및 그 가족들의 피난을 도왔다.

4월 9일 신정부군 제1진이 상륙했던 오토베에는 구막부군의 수비병력이 없었다. 오토베에 신정부군이 상륙했다는 것을 알게 된 에사시의 구막부군은 150명의 병력을 오토베로 파견했지만 이미 그들이 상륙한 이후였고, 곧바로 격퇴당해 에사시로 후퇴하고 말았다. 이후 가스가마루를 비롯한 신정부군 함대의 함포가 에사시를 포격했고 이어 오토베로부터 신정부군이 밀려오자, 에사시에 있던 구막부군은 별로 싸워 보지도 못하고 곧장 마쓰마에로 퇴각하였다. 당시 구막부군이 에사시에 새로 만든 포대에서 발포한 구식 대포의 포탄은 신정부군 함대에는 전혀 미치지 못했지만, 에사시의 구막부군은 신정부군의 함포 사격에 견딜 수 없었다.

이제 신정부군은 세 방향으로 하코다테를 향해 진격했다. 하나는 에사시 북쪽 산악도로를 거쳐 하코다테로 가는 최단경로였지만, 후타마타구치(二股口)라는 천험의 계곡을 통과해야만 했다. 현재는 도로가 나서 하코다테에서 에사시로 갈 때 자동차로 이 길을 이용하면 쉽게 갈 수 있다. 다른 하나는 에사시 남쪽 산악도로를 통과해 태평양 쪽의 기코나이로 이어지는 경로인데, 여기부터는 해안을 따라 하코다테로 쉽게 접근할 수 있다. 현재는 폐선되었지만 기코나이에서 에사시까지의 에사시 선(姜差線)이 이 경로를 따라 나 있었다. 마지막은 멀리 해안을 돌아 마쓰마에를 거쳐 기코나이로 이어지는 해안도로이다. 아직 신정부군 제3진이 에사시에 상륙하기 전인 4월 13일, 후타마타구치와 기코나이구치에서 각각 치열한 전투가 벌어졌지만, 신정부군은 전선을 돌파하지 못했다. 후타마타구치는 육군부교대우 도시조가, 기코나이구치는 육군부교 오토리가 직접 지휘하고 있었다.

마쓰마에에 있던 구막부군은 일시 유리한 전황을 맞기도 했지만, 17일 고데쓰 함을 비롯한 함대의 함포 사격을 지원받은 신정부군이 마침내 후쿠야마 성을 탈환하였다. 마쓰마에에서 철수한 구막부군은 기코나이의 남쪽 시리우치(知內)까지 철수했다. 20일에는 기코나이를 수비하던 구막부군과 신정부군 사이에 일전이 벌어졌다. 구막부군은 패퇴하여 기코나이의 북쪽으로 도주했지만, 기코나이를 장악한 신정부군이 북쪽과 남쪽으로부터의 협공이 두려워 퇴각하면서 구막부군은 다시 기코나이를 탈환할 수 있었다. 하지만 구막부군은 방어에 불리한 기코나이를 버리고 하코다테에 가까운 야후라이(矢不來)까지 퇴각했고, 그곳에 포대와 흉벽을 쌓고 결전을 기다렸다.

한편 도시조가 이끌던 후타마타구치의 구막부군은 신정부군의 공격에 완강히 저항하였다. 4월 10일 후타마타구치에 도착한 도시조는 자연지세를 이용해 16곳에 흉벽을 설치했고, 이를 근거로 13일 700명의 신정부군 공격을 300명의 병력으로 막아 낼 수 있었다. 이 전투는 16시간 동안 계속되었고, 도시조의 부대는 모두 35,000발의 탄환을 소모하였다. 어떤 이는 혼자서 1,000발을 발사하였다고 한다. 총신이 뜨거워져 더 이상 발사할 수 없자 계곡에서 물을 길어 와 서너 발 발사하고는 그 물로 식혀 가면서 발사했다는 이야기가 전해지고 있다. 당시 구막부군 전상자는 30명에 불과했으나, 신정부군의 사상자는 수백 명에 달했을 정도로 당시로서는 처절했던 전투였다. 이후 23일부터 25일까지 계속된 전투에서도 신정부군은 도시조 군의 수비벽을 돌파할 수 없었다. 당시 구막부군의 사기는 상상할 수 없을 정도로 드높았는데, 여기에는 도시조의 뛰어난 통솔력과 전략 그리고 개인적 매력까지 한몫을 하였다. 물론 산악지대라 함포 사격이 불가능했기에 이같이 선전할 수 있었다.

하지만 야후라이를 지키던 오토리 휘하 구막부군의 상황은 달랐다. 이들은 4월 29일 제3진에서 보강된 1,600명의 신정부군과 고데쓰 함, 가스가마루 등의 함포 사격에 견디지 못하고 다시 아리카와(有川)로 물러났다. 이 전투에서 구막부군은 160여 명의 전사자를 낼 정도로 큰 타격을 입었다. 야후라이가 적군에 떨어졌다는 소식을 들은 도시조는 더 이상 머뭇거리다가는 퇴로가 막힐 수 있다고 판단해 병력을 물려 하코다테의 고료카쿠로 퇴각하였다. 이제 신정부군은 모든 병력을 집결시켜 하코다테 평정에 나설 준비를 하기 시작했다. 이후 에노모토와 오토리가 각각 부대를 직접 이끌고 신정부군 병영을 습격하는 일도 몇 차례 있었지만, 별 성과 없이 끝났다. 이제 하코다테 외곽을 방어하던 구막부군은 완전히 괴멸되었다. 하코다테로 퇴각한 구막부군은 그곳에 흩어져 있는 각 포대나 진지 등에서 5월 11일 시작될 신정부군의 하코다테 총공격을 기다릴 수밖에 없는 지경에 이르렀다.

그렇다면 구막부군의 해군은 어찌 되었을까? 신정부군의 상륙 이후 계속된 전투에서 신정부군의 함대는 계속 자신들의 육군을 지원했지만, 구막부군의 해군은 별다른 활동을 보이지 못했다. 이는 막강한 신정부군 함대에 대적할 전력이 아니었던 것도 그 한 가지 이유였지만, 하코다테 자체를 방어하기에도 급급했기 때문이다. 도시조와 오토리가 후타마타구치와 기코나이구치에서 싸우던 그즈음인 4월 24일, 처음으로 5척으로 된 신정부군 함대가 하코다테 만으로 들어왔다. 원래 고데쓰 함, 가스가마루, 요슌마루, 데이보마루 4척에 나중에 조요마루(朝陽丸)가 합류하면서 신정부군 함대는 5척으로 늘어났다. 이로써 신정부군 함대는 이제 3척만 남은 구막부군 함대보다 전력에서 우위에 서게 되었다. 여기서 조요마루는 네덜란드에서 구입한 간린마루의 쌍둥이 함으로, 이 배가 나가사키로 인도될 당시 에노모토는 나가사키 해군전습소에 있었다.

구막부군 측 포대의 포격과 함께 두 함대의 포격전이 하코다테 만에서 격렬하게 벌어졌다. 당시 발포된 포탄의 수는 570발가량 되었다고 한다. 이 중 하코다테 시가에 떨어진 것도 적지 않아 인명 및 재산 피해도 발생하였다. 이후에도 26일, 29일, 그리고 5월 1일, 4일, 7일에도 계속해서 양 함대 간에 포격전이 있었다. 5월 4일은 구막부군 함대에 치명적인 하루였다. 그 전날 밤 신정부군 스파이의 파괴공작으로 벤텐다이바의 포대는 무능상태에 빠졌고, 다음 날 양 함대 포격전에서 반류마루가 손상을 입어 운행이 잠시 중단되었다. 그러나 무엇보다도 치명적인 것은 지요다가타마루를 상실했다는 것이다. 야밤에 실수로 벤텐다이바 앞 해안에 좌초된 지요다가타마루의 함장은 일부 기관을 파괴하고는 이함했지만, 그 배는 다시 저절로 바다로 떠내려갔다가 신정부군에 나포되었다. 이제 구막부군에 남은 군함이라고는 수리 중인 반류마루와 가이텐마루뿐이었다. 이에 에노모토는 하코다테 만을 쇠사슬로 연결해 신정부군 함대의 진입을 막으려 했지만, 신정부군은 이 역시 잠수부를 동원해서 끊어버렸다.

양 함대의 포격전은 5월 7일 다시 시작되었다. 고데쓰 함, 가스가마루, 조요마루는 가이텐마루와 반류마루를 향해, 요순마루와 데이보마루는 벤텐다이바를 향해 포격을 퍼부었다. 아직 수리가 끝나지 않은 반류마루는 제자리에 떠 있는 상태로 마치 포대처럼 상대에게 함포를 쏘았고, 이에 육지에 있던 벤텐다이바 등이 가세하였다. 가이텐마루는 홀로 5척의 신정부군 함대에 맞서 분전하였지만 적탄 80발을 맞아 더 이상 움직이기 힘든 상태가 되고 말았다. 이에 가이텐마루는 스스로 육지 쪽에 좌초한 후 13개 포 전부를 한쪽으로 옮긴 뒤, 마치 해안포대처럼 신정부군 함대를 향해 맹렬하게 포를 쏘았다. 이 처절한 결사항전에 신정부군 함대는 결국 물러나고 말았지만, 이제 남은 구막부군 측 군함은 수리 중인 반류마루뿐이었다. 앞서 언급했듯이, 해군의 절대 열세를 만회하기 위해 에노모토가 오토리와 함께 700명의 병력을 이끌고 기습에 나섰던 것은 바로 이 해전 다음 날인 5월 8일이었다.

하코다테 전쟁(II)

　신정부군의 총공격은 5월 11일 개시되었지만, 그 전날 밤 먼저 움직인 쪽은 신정부군 육군참모 구로다 휘하의 육군 700명이었다. 그들은 호안마루과 히류마루 2척에 분승하고는 하코다테 산 남쪽 해안에 접안해 상륙했다. 일부는 바로 벤텐다이바 쪽으로 진격했고, 나머지는 구로다가 직접 지휘해 하코다테 산 정상을 장악했다. 이에 구막부군은 하코다테 부교 나가이 나오유키를 벤텐다이바로 보내 수비를 강화했고, 하코다테 산을 재탈환하기 위해 병력을 파견했다. 하지만 구로다의 응전이 압도적이었고, 바다로부터 요슌마루의 함포 사격이 있어 구막부군은 결국 고료카쿠로 패퇴하고 말았다. 이제 하코다테 시가지 쪽은 신정부군이 완전히 장악하였다.

　한편 나나에하마(七重浜)에 주둔하고 있던 4,000명에 달하는 신정부군은 일제히 고료카쿠를 향해 진격하기 시작했다. 오토리는 이에 맞서 분전했지만 결국 패퇴하여 고료카쿠로 철수하였다. 고료카쿠, 벤텐다이바 그리고 나중에 설명하겠지만 하코다테 부교대우인 나카지마 사부로스케가 항전하고 있던 지요가다이진야(千代ヶ岱陣屋: 1808년 에조치가 막부 직할령이 되면서 수비를 명받은 센다이 번의 거처)만이 남았다. 이제 이 전쟁의 마지막이라 할 수 있는 하코다테만 해전이 시작되었다. 구막부군 군함으로는 겨우 수리를 마친 반류마루 한 척만이 움직일 수 있었고, 이로써 5척의 신정부군 함대를 상대해야 했다.

　포격전 초반에 믿기 힘든 사건이 벌어졌다. 반류마루에서 쏜 포탄 한 발이 조요마루의 화약고에 명중하는 바람에 조요마루는 그 자리에서 폭발하여 침몰하고 말았다. 러일전쟁 당시 일본연합함대 사령관 도고 헤이하치로가 승선했던 전함 미카사(三笠)에서 쏜 우연의 한 방이 러시아 기함 체사레비치(Tsesarevich)의 함교에 명중하여 사령관 뷔트게프트와 항해장, 조타수까지 순

418

간적으로 전멸하는 사건이 있었다. 그 바람에 블라디보스토크로 탈주하던 러시아의 여순 함대가 곤경에 빠져 우왕좌왕한 적이 있었다. 이는 향후 러시아 해군전력에 큰 차질을 주었고, 결국 쓰시마 해전의 패배로 이어지는 하나의 원인이 되었다. 하지만 이런 행운은 구막부군에게 오지 않았다.

오히려 잠시 사기가 오르자 고료카쿠에 머물던 도시조가 일부 병력을 이끌고 고립된 벤텐다이바를 구출하겠다고 나섰다가 장렬하게 전사하고 말았다. 어쩌면 도시조로서는 더 이상 싸울 곳이 없음을 알고, 마지막 전장을 스스로 결정한 것이 아닌가 여겨진다. 해안포대나 다름없던 가이텐마루는 상대의 포격에 더 이상 버틸 수 없었다. 이에 해군부교이자 이 배의 함장이었던 아라이 이쿠노스케는 배에서 탈출해 고료카쿠로 도주하였다. 마찬가지로 잠시 기세가 올랐던 반류마루 역시 고데쓰 함의 집중적인 포격을 받아 기관 고장을 일으키면서 연안에 좌초하고 말았다. 승조원들은 탈출해 벤텐다이바로 도주했다. 반류마루와 가이텐마루 모두 소실되었고, 이로써 구막부군 해군은 완전히 사라졌다. 사실상 단 하루 만에 모든 것이 종결되었다.

고료카쿠를 외곽에서 지원하기 위해 구막부군이 임시로 만든 가미야마(神山) 포대[일명 시리요가쿠(四綾郭)]가 신정부군 손에 떨어졌다. 이제 구막부군은 고료카쿠, 벤텐다이바, 지요가다이진야 3곳에서 포위당한 채 농성하는 신세가 되고 말았다. 다음 날부터 하코다테 만을 장악한 신정부군 해군이 고료카쿠를 향해 함포 사격을 시작하면서 구막부군에서 많은 부상자가 발생했고, 몰래 도망가는 자도 생겨났다.

대세가 결정되자 신정부군은 은밀히 항복을 제안하기로 했다. 우선 신정부군 육군참모 구로다는 같은 사쓰마 출신인 이케다 지로벤(池田次郎兵衛)을 시켜 하코다테 병원에 입원 중인 스와 즈네키라(諏訪常吉)에게 병문안을 보냈다.

구막부군 아이즈 유격대(会津遊撃隊) 대장이었던 스와는 아이즈 번의 교토수호직 시절 다른 번과의 절충을 담당했으며, 이때 사쓰마 출신인 이케다와도 면식이 있었다. 물론 당시는 삿초동맹 이전이라 사쓰마와 아이즈 번의 관계는 좋은 편이었다. 면회를 갔던 신정부군 측 사람은 모두 4~5명 정도였는데, 이 중 알려진 인물은 스와와 또 한 사람뿐이라, 어쩌면 이들 중에 구로다가 끼어 있었을 것이라는 이야기도 있다. 중재를 부탁받은 이케다는 당시 중상이라 대신 병원장 다카마쓰 료운(高松凌雲)에게 중재를 부탁했고, 그는 흔쾌히 수락하였다. 이케다는 며칠 후 사망했다.

여기서 잠시 다카마쓰 료운에 대해 이야기해 보자. 그는 1837년생으로 당시 나이는 32세. 그는 교토에서 난방의학, 오사카 데키주쿠(適塾)에서 네덜란드어, 막부가 개설한 에이가쿠쇼(英学所)에서 영어를 배우면서 젊은 시절부터 뛰어난 재능을 보였고, 이어 히토쓰바시(一橋)가의 의사로 발탁되었다. 그 후 요시노부가 쇼군이 되면서 쇼군 직속의사가 되었고, 1867년 요시노부의 동생 아키타케(昭武)가 파리 만국박람회에 참가할 당시 대표단의 수행의사로 참가했다가 유학을 위해 파리에 남았다. 그의 유학비용은 막부가 지원했지만 막부가 사라진 이상 귀국할 수밖에 없었고, 돌아왔을 때는 이미 요시노부가 슨푸로 근신을 떠난 이후였다. 도쿠가와 막부에 은혜를 입었다고 생각한 그는 도쿠가와 가신들을 위해 에조치에 신천지를 건설하겠다는 에노모토의 뜻에 따라 함께 에도를 탈출해 이곳까지 왔던 것이다. 그러니 에노모토와는 절친한 관계였으며, 에노모토를 에조치 총재로 선출한 선거를 관리했던 사람도 다카마쓰였다. 그는 당시 부상자라면 적군, 아군 가리지 않고 치료했는데, 심지어 구막부군, 신정부군이라 하지 않고 동군, 서군이라 불렀을 정도였다. 5월 11일 사쓰마 번과 구루메 번(久留米藩) 출신 신정부군이 병원에 난입하자, "여기는 적군, 아군 가리지 않고 치료한 곳이다. 부상자를 습격하려 들다니, 도대체 무슨 짓인가?"라고 호통을 쳤다는 일화도 있다.

 다음 날인 5월 13일 다카마쓰의 서명이 담긴 항복 권유서가 고료카쿠로 보내졌고, 벤텐다이바에는 특별히 다지마 게이조(田島圭蔵)를 파견해서 항복을 권유하였다. 다지마는 하코다테 항으로 들어와 나포된 다카오마루의 선장으로 한 달 반 포로로 잡혔다가 석방되어 아오모리로 귀환하였다. 그 후 신정부군에 참여하여 구로다의 명을 받아 직접 에노모토에게 항복을 권유하는 사절의 임무를 맡게 되었다. 당시 신정부군 간부들과 안면이 있었고, 특히 자신을 관대히 석방해 준 에노모토에게 후의를 갖고 있었다. 다지마는 14일 다시 벤텐다이바로 가서 하코다테 부교 나가이 등에게 에노모토와의 회담을 요청했고, 결국 지요가다이진야에서 에노모토와 만났다. 여기서 다지마는 적극적으로 항복을 권유했지만 결사항전을 각오한 에노모토에게는 더 이상 소용이 없었다. 이날 항복 권유서에 대한 거절의 답신과 함께 자신이 네덜란드에서 가져와 늘 함께했던『해율전서(海律全書)』를 구로다에게 보냈다. 또한 에노모토는 부상자와 나이 어린 병사들을 신정부군 허락하에 밖으로 내보냈다.

 다음 날인 15일, 다지마는 지요가다이진야를 사수하고 있던 나카지마 사부로스케에게도 항복을 권유했으나 거절당했다. 하지만 벤텐다이바를 지키던 나가이 이하 구막부군은 항복을 했다. 포위되어 계속 공격당하는 것도 문제였지만, 벤텐다이바로 도주해 온 해군들로 인해 군량미가 바닥이 나 더 이상 버틸 수 없었기 때문이다. 물론 다지마의 항복 권유도 한몫했음은 말할 필요도 없다. 다음 날인 16일, 지요가다이진야에 대한 신정부군의 공격이 개시되었다. 1시간도 버티지 못하고 전투는 종결되었다. 지요가다이진야를 지키던 하코다테 부교대우 나카지마 사부로스케와 두 아들은 이곳에서 장렬하게 전사하였다. 나카지마는 1821년생이니 당시 나이 48세.

나카지마는 1853년 페리의 내항 당시 우라가 부교소(浦賀奉行所)의 여력(与力)이라는 낮은 신분의 막신이었지만 부부교(副奉行)라 속이고 서스쿼해나(Susquehanna)호에 승선했던 인물이다. 그는 당시 대포와 증기기관 등에 지나친 관심을 보여 스파이로 오해를 받을 정도였다. 그 후 막부 해군에 관여하게 되었고, 1855년에는 나가사키 해군전습소 1기생으로 입소하였다. 유곽을 즐겨 돌아다녔던 동기생 가쓰 가이슈와는 달리 성실하고 강골형의 나카지마는 조선학, 항해술, 기관학 등에 매진했고, 수료 후 해군조련소 교수로 재직했으며, 일본 최초로 건조 독(dock)을 직접 만들기도 했다. 에도 탈주 당시 나이가 많다는 이유로 승선을 거절당한 나카지마는 직접 에노모토와 담판을 짓고는 아들 둘과 함께 승선하면서, 가이요마루의 기관장이란 중책을 맡았다. 기관장으로서 가이요마루의 침몰에 심한 자책감을 느껴 괴로워했다고 한다. 그는 항복 여부에 관한 군진회의에서는 항복할 것을 주장했지만 스스로는 옥쇄로 침몰에 대한 책임을 대신한 것이 아닌가 생각된다. 지요가다이진야의 전투가 하코다테 전쟁 최후의 전투였다.

5월 16일 구로다는 사절을 보내 '지금 공격할까 아니면 조금 연기할까', '탄환과 양식이 부족하다면 보내 줄까'라고 물었다고 한다. 이 전쟁은 이미 끝났기에 더 이상의 희생은 무의미하며, 에노모토를 비롯한 뛰어난 인재들이 이렇게 사라져서는 안 된다는 구로다의 안타까움이 이런 식으로 전해진 것이 아닌가 판단된다. 하지만 에노모토는 당연히 '탄환과 양식은 충분하며 언제 공격해도 좋다'고 답변했다. 한편 그날 밤 구로다는 지난번 보내 준 『해율전서』에 대한 답례로 술과 안주를 보냈다. 당시 국제법 강의를 외국에서 직접 듣고 그것을 자기화하여 실전에 응용했던 이는 어쩌면 일본에서 에노모토가 유일했을 것으로 생각된다. 또한 국제법에 무지해 불평등조약을 맺을 수밖에 없었던 일본에 국제법의 중요성을 인지하고 있던 이도 그다지 많지 않았을 것이다. 에노모토는 이 귀중한 책이 이제 마지막 전투에서 사라진다면 향후 일본 해군뿐만 아니라 일본의 외교에도 손해일 수 있다는 생각에 구로다에게 보냈던 것이다.

목숨을 건 전장에서 이 젊은 두 지휘관(당시 에노모토 33세, 구로다 29세)이 보여 준 일화를 어떻게 이해해야 할지 판단이 서질 않는다. 특별한 사람들이 특별한 상황에서 특별한 사건을 벌였으니, 범인의 머리로는 상상조차 불가능하다. 그날 밤 에노모토는 보내 준 술을 마시고 있던 지친 병사들을 보고, 그리고 계속해서 탈영하는 장병들을 보고는 더 이상 전쟁은 무의미하다고 판단했다. 곧 구막부군 수뇌회담을 개최했고, 항복하기로 결정하였다. 다음 날 오전 7시까지 구막부군 총재가 직접 성곽을 나와 신정부군 쪽으로 갈 것이니 그때까지 휴전을 하자며 신정부군 측에 제의했다. 그런 직후 에노모토는 모든 책임을 지고 사무실에서 스스로 자결을 시도했지만, 이 역시 좌절되고 말았다. 이 모든 사실이 알려지자 병사들은 그간의 분투에도 불구하고 항복해야만 하는 현실에 눈물을 흘리면서 밤새 울분을 삼켰다고 한다.

항복

이제 모든 것이 끝났다. 5월 17일 아침 7시 총재 에노모토 다케아키, 부총재 마쓰다이라 다로, 해군부교 아라이 이쿠노스케, 육군부교 오토리 게이스케 등 4명은 성곽을 나왔고, 이들을 맞이하러 온 신정부군 병사들에 의해 호송되었다. 회견장에서 에노모토는 구막부군 간부들이 모든 죗값을 짊어지는 대신 병사들은 모두 관대히 처분해 달라고 요청했지만, 구로다는 이를 받아들이

제2부.. 막부 말기의 풍운아 423

지 않았다. 어쩌면 모든 책임을 일부 간부들이 질 경우, 에노모토의 구명이 불가능할 것이라 판단했을 수도 있다. 구로다는 이미 에노모토를 어떻게 해서든 살려 볼 작정이었다. 이에 에노모토는 무조건 항복에 동의했고, 자신이 가져온 항복 실행계획서를 제출하였다. 그리고는 일단 고료카쿠로 돌아왔다. 다음 날 아침 성곽을 나온 4명의 간부는 신정부군 본진이 있던 정현사(淨玄寺)로 옮겨졌고, 실행계획서에 따라 오후에는 1,000명에 가까운 병사들이 고료카쿠를 나와 항복했다. 이들은 일단 하코다테에 자리한 몇몇 절에 수용되었고 다음 해에 방면되었다. 그 후 성곽 내 병장기가 해체되거나 인도되었다. 이로써 하코다테 전쟁과 보신 전쟁이 사실상 종결되었다.

무로란에 있던 개척부교 사와에게 항복 사실을 전하려는 사자가 5월 18일 고료카쿠를 출발했으며, 일주일 후인 25일에 사와로부터 전원 항복하기로 했다는 전갈이 신정부군 측에 도착했다. 사와는 6월 11일이 되어서야 하코다테에 도착할 수 있었는데, 이때는 이미 에노모토가 하코다테를 떠난 이후였다. 하코다테 부교 나가이가 수비하던 벤텐다이바는 이미 15일에 항복했지만, 나가이 이하 수비병들이 벤텐다이바로부터 나온 것은 5월 20일이었다. 신정부군은 앞서 항복한 구막부군 간부 4명과 함께 벤텐다이바를 수비하고 있던 하코다테 부교 나가이 나오유키, 파괴된 반류마루를 버리고 벤텐다이바로 도주한 함장 마쓰오카 한키치(松岡磐吉), 그리고 신센구미 대장 소마 도노모(相馬主計) 등 모두 7명을 이 전쟁의 주요 전범으로 지목했다. 5월 21일 이들 7명은 호소가와(細川) 번병의 감시하에 앞서 언급했던 미국 국적선 얀시에 실려 아오모리로 향했다. 3,000명의 병력에 8척의 군함을 이끌고 하코다테로 탈주해 벌인 에노모토의 무장투쟁은 단 7개월 만에 그 막을 내리고 말았다.

마지막으로 이 전쟁과 관련해 세 사람을 언급하려 한다. 한 사람은 7명의 전범에 포함된 소마 도노모이다. 앞서 언급했듯이 신센구미는 1863년 쇼군 이에모치가 상락(上洛)할 당시 경호를 목적으로 편성된 여러 부대 중의 하나로 대부분 낭사들로 구성되어 있었다. 막상 교토에 도착해 보니 지도자였던 기요가와 하치로(淸下八郎)가 존왕양이파로 판명되었고, 그는 이들 낭사대를 쇼군의 경호가 아닌 존양양이의 선봉대로 활용할 계획임도 밝혀졌다. 이에 낭사대 대부분은 교토를 떠나 다시 에도로 돌아갔다. 하지만 곤도 이사미(近藤勇)를 비롯한 일부는 에도에 남아 아이즈 번 휘하의 독립 경찰조직인 신센구미가 되어, 존왕양이파 척결에 앞장서는 무장단체가 되었다.

신센구미는 뛰어난 검술실력과 충성심, 그리고 무자비한 처단으로 악명을 떨쳤지만 도바·후시미 전투 이후 각지에서 패주하고 대장 곤도 이사미가 체포되면서 거의 유명무실해졌다. 도바·후시미 전투 이전부터 신센구미에 가담했던 소마는 곤도의 구명을 위해 신정부군 총독부에 갔다가 신센구미 대원임이 밝혀져 체포되고 말았다. 하지만 곤도의 탄원으로 소마는 석방되었고, 이후 고향으로 돌아가 근신하고 있었다. 이후 쇼기타이(彰義隊)에 참가하여 신정부군과 전투를 벌였고 패잔병과 함께 도호쿠 지방으로 가서 전전하다가 센다이에서 도시조를 만나면서 에노모토 함대에 승선하게 된 것이었다.

당시 센다이에는 구와나 번주이자 교토소사대 마쓰다이라 사다아키(松平定敬), 마쓰야마(松山) 번주이자 로주였던 사카쿠라 가쓰기요(坂倉勝静), 가라쓰(唐津) 번주이자 로주였던 오가사와라 나가유키(小笠原長行) 등 다이묘급 이상의 인물들이 에노모토와 함께 에조치로 가길 원하고 있었다. 이들은 모두 막부 수호의 의지를 가지고 신정부군에 맞섰으나, 이제 그들에게 쫓겨 탈출구를 찾아야만 했다. 그들에게는 많은 가신들이 있어 모두 주인을 따라나서려 했지만, 에노모토는 각 다이묘에게 2명의 가신만 동승을 허락했다. 따라서 자신의 상전을 모시기 위한 가신들은 신센구미의 대원이 되어 에조치로 건너왔다. 교토 시절 신센구미는 처음 24명으로 시작했으나 전성기에는 200명이 넘었다. 하지만 하코다테 구막부군에 참가한 원 신센구미 대원은 25명이었는데, 이 중에서 교토 시절 고참 신센구미 대원은 그 절반에 지나지 않은 13명뿐이었다.

하코다테 전쟁에 참가한 신센구미 대원은 모두 115~120명 정도였으며, 이 중 살아남은 대원은 92명이었다고 한다. 따라서 하코다테의 신센구미는 이질적인 집단으로 구성되어 있었고, 도시조 역시 육군부교대우로 전체 병력을 관장해야 했기에, 당시 신센구미는 과거 신센구미와는 큰 연관성이 없었다고 볼 수 있다. 하지만 사쓰마·조슈를 중심으로 한 신정부군은 막말 자신들의 동지를 무참히 살해했던 신센구미에 대해 여전히 악감정을 지니고 있었음은 당연한 일이었다. 그 결과 소마가 7인의 전범에 속하게 된 것이다. 옥중에 갇힌 그는 한때 사카모토 료마의 암살범으로 지목되어 고초를 겪기도 했다. 하지만 그는 혐의를 벗고 다음 해인 1870년에 석방되어 이즈오시마(伊豆大島)의 니지마(新島)에 유배 처분을 받았다. 그 후 별다른 활동 없이 세상 사람들의 이목에서 사라졌다.

다른 한 사람은 앞 장에서 언급한 바 있는 하야시 다다스(林董: 1850~1913)이다. 그는 원래 에노모토의 처 다쓰의 외삼촌이었지만, 이제 다쓰의 오빠가 되면서 에노모토와는 처남매부 사이가 된 인물이다. 그는 1866년 막부 후원으로 영국 유학을 갔지만 막부의 붕괴로 1868년 귀국했고, 이어 바로 에노모토의 함대에 올라 에조치로 왔다. 당시 나이 18세. 미성년인 그의 참가에 에노모토는 반대했으나, 다다스 양친의 격려와 후원 덕분에 참가할 수 있었다. 그는 나중에 언급할 야마노우치 데이운(山內堤雲)과 함께 뛰어난 어학능력을 바탕으로 주로 에노모토 주변에서 외교문서를 작성하는 일을 담당했다. 이후 항복한 병사들과 함께 얼마간 옥고를 치렀으며, 이듬해인 1870년에 도쿄로 돌아왔다.

그후 신정부 외무성에 출사하여 이와쿠라 사절단의 일원으로 다시 해외로 나갈 기회를 얻었고, 이후 공부성(1873년 당시 공부대신은 이토 히로부미), 체신성 (1885년 당시 체신대신은 에노모토)에서도 활약했다. 1891년 다시 외무성(당시 외무대신은 에노모토)으로 돌아와 1895년 주청 특명전권공사로 부임하면서 청일전쟁 종전처리를 맡았고, 1900년 주영 공사로 취임해 러일전쟁을 승리로 이끈 결정적인 계기가 된 영일동맹(1902)을 성사시켰다. 그 후 1906년 외무대신, 1911년 체신대신을 맡기도 했다. 다다스의 인생경로에는 언제나 에노모토가 함께했으며, 하코다테 구막부군에서 2명의 외무대신이 나올 수 있었던 것이다. 만약 에노모토가 마지막까지 옥쇄를 주장했다면 자신뿐만 아니라 다다스와 같은 많은 인재들이 사라졌을 것이며, 이는 향후 일본 근대화에도 크나큰 손실이었을 것이다.

마지막은 일반적으로 협객들의 수령, 다시 말해 야쿠자 보스로 알려진 야나가와 구마키치(柳川熊吉)에 관한 이야기이다. 에도 출신인 야나가와는 고료카쿠 축성 시 노동자 동원을 위해 에도에서 부하 600여 명과 함께 하코다테로 건너왔다. 따라서 야나가와는 오늘날 식으로 이야기하면 건설 청부업자의 하나였다고 볼 수 있으며, 이러한 조직들이 발전해 현재 일본 야쿠자의 한 분파가 되었다고 한다. 야나가와는 고료카쿠 축성이 완료된 이후에도 계속 하코다테에 살면서 하코다테 전쟁을 맞이하였다.

전쟁이 끝난 뒤 시내 곳곳에는 구막부군 시체가 널려 있었다. 하지만 신정부군의 명령에 따라 시민들은 서로 눈치만 보면서 손도 대지 못했고, 그런 가운데 시체들은 썩어 가고 있었다. 하지만 야나가와는 실행사(実行寺) 주지와 의기투합해 자신의 부하들을 시켜 널려 있던 시체들을 실행사를 비롯한 칭명사(称名寺), 정현사(淨玄寺)에 가매장했는데, 실행사의 기록에 의하면 당시 총 796구나 되었다고 한다. 이 때문에 야나가와는 신정부군에 체포되어 사형선고를 받았으나, 신정부군 간부의 청원으로 목숨을 건질 수 있었다. 1872년에 에노모토는 출옥 후 홋카이도 개척사에 출사하면서 하코다테에 왔고, 이때 두 사람이 만나 당시 일을 이야기하며 회포를 풀었다고 한다.

한편, 1875년 하코다테 전쟁 7주기를 맞아 오토리 게이스케가 주동이 되어 구막부군 전몰자 위령비를 건립하기로 했다. 오토리는 현지에 있던 야나가와에게 부탁해 하코다테 산 산록에 있는 야치가시라(谷地頭)에 땅을 매입하도록 했다. 그리고 야나가와가 주동이 되어 실행사 등지에 가매장되어 있는 유체를 다시 화장해 매입한 토지에 매장하였다. 그리고 그곳에 세워진 비가 바로 벽혈비(碧血碑)인데, 비문은 오토리가 썼다. 당시 러시아 특명전권대사로 가 있던 에노모토는 부인 편으로 건립비 일부를 보냈다고 한다. 벽혈비의 벽혈이란 '의를 다하고 숨진 무사의 피는 3년이 지나면 녹색이 된다'는 중국 고사에서 따온 것으로, 어쩌면 지금도 벽혈비 동판에 핀 녹색의 녹이 장렬하게 전사한 장병들의 피를 말해 주고 있는 것 같다. 야나가와는 이후 죽을 때까지 벽혈비를 관리하였는데, 하코다테 시는 야나가와의 높은 뜻을 기려 벽혈비 옆에 '柳川熊吉翁之寿碑'를 세워 주었다.

하코다테에서 벽혈비로 가려면 전차 종점인 야치가시라에서 내려서 다시 언덕을 올라야 한다. 언덕길에 '야치가시라온센(谷地頭温泉)'이라는 온천이 하나 있지만, 이 온천은 1951년에 굴착한 것이라 그리 오래된 곳은 아니다. 원래 야치가시라 전차 종점 부근에는 가쓰다온센(勝田温泉)이라는 오래된 온천이 있었다고 한다. 이 온천은 1882년에 개업하였는데, 하코다테 부두 부근에도 같은 이름의 온천이 하나 더 있었다. 1884년 갑신정변으로 일본에 망명한 김옥균은 2년여 동안 오가사와라 제도에 유배되어 있다가 이번에는 홋카이도로

다시 보내졌다. 1888년 7월 29일 요코하마를 출발해 이틀 후인 8월 1일에 하코다테에 도착하고는 하루 머문 후 오타루를 거쳐 최종 목적지인 삿포로로 갔는데, 당시 홋카이도에 처음 머문 곳이 바로 현재 야치가시라 전차 종점 부근에 있던 가쓰다온센이었다고 한다. 가쓰다온센은 1990년 폐쇄되었고, 현재는 주택이 들어서 그 흔적도 없이 사라졌다. 당시 가쓰다온센이 있던 곳의 주소는 '函館市 谷地頭町 23-20'이다. 어쩌면 김옥균은 조선 사람으로서는 최초로 홋카이도 땅에 발을 디딘 인물이 되는 셈이다.

김옥균은 홋카이도에서 바둑과 시화로 지역 주민들과 교류하면서 소일했는데, 한때 홋카이도에 토지를 매입해 정주할 계획도 있었다고 한다. 기록에 의하면 김옥균이 매입한 땅은 에노모토가 삿포로 북쪽 현재 에베쓰 시(江別市)에 구입했던 토지 인근이었다고 한다. 당시 에노모토는 체신대신이던 시절이라, 신정부의 고민거리였던 김옥균의 유배지로 홋카이도를 추천했고, 자신의 홋카이도 네트워크를 통해 김옥균을 관리하려 했던 것이 아닌가 추측되지만, 이것은 어디까지나 추측일 뿐이다.

전쟁은 언제나 비극으로 끝나지만, 무모한 광기와 아집은 그 비극의 막장을 드러내고 만다. 하지만 이 전쟁이 이 정도로 끝날 수 있었던 것은 서로가 지향한 목표에서 그 무언가 공유하고 있던 것이 있었기 때문은 아닐까? 보신 전쟁에서 전사한 구막부군은 8,625명, 신정부군은 4,947명으로 총 사망자는 13,572명이었다. 이는 이때로부터 몇 년 전 미국에서 벌어진 내전(남북전쟁)에서 62만 명이 사망한 것에 비하면 5%에도 미치지 못할 정도였다. 또한 하코다테에서 사망한 구막부군은 511명, 신정부군은 324명, 총 835명으로 보신 전쟁 전체 사망자의 6%를 조금 넘을 정도였다.

이 전쟁은 다음 세 가지 점에서 주목할 만하다. 하나는 막대한 병참 보급을 바탕으로 함대 간 포격전은 물론 함포의 지원을 받는 지상전까지 문자 그대로 근대 전쟁이 지닌 다양한 요소를 한꺼번에 보여 준 전쟁으로, 이 당시 일본의 경험은 그 후 청일전쟁과 러일전쟁까지 이어졌다. 두 번째는 이 전쟁을 마지막으로 막부의 부활을 꿈꾸면서 신정부에 무장저항을 할 집단이 사라졌다는 점이다. 이제 신정부 담당자들은 자신들의 설계에 따라 일본의 미래를 마음껏 바꾸어 놓을 수 있게 되었다. 마지막으로 1만 명이 넘는 본토인이 처음으로 에조치 땅을 밟게 되었다. 그 결과 신정부 당국자는 물론 보통의 일본인들에게 막연하게만 여겨졌던 에조치가 이제 그 경제적·외교적 가치 때문에 주목받는 계기가 되었다. 이후 신정부는 에조치에 개척사를 설치해 개척과 국방 강화에 힘썼다.

제3부..
메이지 최고의 관료

제9장

1872 다시 홋카이도로

　하급무사 집단이 왕정복고라는 미명하에 막부를 뒤엎는 하극상을 연출하면서 정권을 장악하였고, 그 결과 탄생한 것이 바로 메이지 신정부이다. 따라서 그들의 권력기반은 미약할 수밖에 없었고, 이를 공고히 하기 위해 빠른 속도로 개혁을 단행할 수밖에 없었다. 우선 구막부와 적대 번들이 소유하고 있던 직할령을 접수하고 그곳에 행정 및 사법 기관으로서 진대(鎭台) 혹은 재판소를 설치했다. 예를 들어 오사카 진대, 교토 재판소 등이 그것이며, 이미 언급한 바 있는 하코다테 재판소도 같은 유형이다. 이후 그 명칭이 다시 부·현으로 바뀌었고, 이러한 지방조직은 동북전쟁이 진행되면서 점점 더 관동지방, 도호쿠 지방으로 확대되었다. 그리고 하급무사 출신인 유신관료(쿠데타 세력)들은 자신의 콤플렉스인 봉건적 신분관계를 해소하고 조정세력들의 속박에서 벗어나기 위해 교토에서 에도로 천도를 계획하였다. 우선 에도의 이름을 도쿄로 바꾸었고, 천황이 거주하게 될 에도 성은 도쿄 성이 되었다. 이 모두 메이지 원년인 1868년의 일이며, 천황이 거주지를 옮겨 완전한 의미의 천도는

1869년 3월에 이루어졌다.

왕정복고 직후 쇼군에게 관직과 봉토를 반납하라는 명령이 내려졌는데, 이 때부터 이미 유신관료들의 머릿속에는 다이묘들이 가지고 있던 모든 영지를 환속받을 것을 염두에 두고 있었다. 1868년 6월 다이묘들이 갖고 있던 영지를 번이라 부르고 다이묘들을 '번지사'에 임명하면서, 이제 신정부는 형식적으로나마 부·현·번 모두에 지방장관을 임명, 파견하였다. 하지만 번의 영토는 여전히 이전 다이묘가 장악하고 있었고, 이는 중앙집권을 구상하고 있던 유신관료들에게는 크나큰 장애요소였다. 우여곡절 끝에 1869년 6월 다이묘들이 가지고 있던 영지[판도(版圖)]와 영인[호적(戶籍)]을 천황에게 반환하는 판적봉환(版籍奉還)이 이루어졌는데, 이는 중앙집권을 향한 신정부의 첫걸음에 해당하는 것이었다.

그 후 1871년 7월 '번'이 폐지되고 '현'으로 바뀌었는데, 소위 폐번치현(廢藩置県)이 그것이다. 이로써 과거 번주가 맡았던 번지사는 모두 해직되었고, 중앙정부가 직접 현령을 파견하였다. 폐번치현은 왕정복고 이후 제2의 쿠데타이자, 지방권력까지 완전히 개혁하는 진정한 의미에서의 혁명의 완성으로 볼 수 있다. 그리고 그해 11월 불평등조약 개정을 위한 해외사절단인 이와쿠라 사절단(岩倉使節団)이 떠났다. 약 2년간의 일정으로 사절단 48명, 유학생 50여 명 등 무려 100명이 넘는 대규모 사절단이 꾸려졌는데, 여기에는 유신관료 중 실세인 이와쿠라 도모미(岩倉具視), 기도 다카요시(木戶孝允), 오쿠보 도시미치(大久保利通), 이토 히로부미(伊藤博文) 등도 포함되었다. 혁명세력 스스로 혁명의 완성을 자신하는 동시에 미래를 향한 국면 전환과 재충전의 기회를 모색했음을 이 사건을 통해 알 수 있다.

홋카이도

하코다테 전쟁 종식 이후 신정부는 에조치를 그대로 내버려둘 수 없었다. 우선 러시아의 침략도 문제이거니와 러시아와의 모호한 국경 때문에 생겨날 문제들을 사전에 해소하기 위해서라도 이곳이 자국 영토임을 선언할 필요가 있었다. 또한 신정부는 에조치의 경제적 가능성에도 눈을 돌려, 미국의 서부 개척을 염두에 두면서 에조치 개척을 근대국가로서 신정부의 의무이자 상징적 과업으로 삼고자 했다.

1869년 7월 8일 에조치를 관장하는 관청으로서 개척사(開拓使)가 설립되었는데, 이는 당시 중앙행정 부서인 성(省)과 같은 수준이었다. 개척사 장관에는 막말에 에조치에 대해 지대한 관심을 표명했던 이전 사가(佐賀) 번주 나베시마 나오마사(鍋島直正)가 임명되었지만, 곧바로 히가시쿠제 미치토미(東久世通禧)로 바뀌었다. 그사이인 8월 15일, 에조치는 홋카이도로, 북에조치(사할린)는 가라후토(樺太)로, 하코다테는 한자만 '箱館'에서 '函館'으로 바뀌었다. 히가시쿠제는 8·18정변 당시 산조 사네토미(三條実美)와 함께 후쿠오카 번의 다자이후(太宰府)에 은거했던 5명의 조정 신하 중 한 사람으로, 이후 메이지 시대에 들어 여러 방면에서 활약했던 정치가였다. 그가 부임하면서 개척사 차관에 임명되었던 이전 하코다테 부 지사이자 신정부 정벌군 총독 시미즈다니 긴나루(清水谷公考)는 사직하였다.

히가시쿠제는 판관들을 대동하고 홋카이도로 착임했는데, 가장 먼저 해야 했던 일은 개척사 본청을 건설하는 것이었다. 당시까지 홋카이도의 중심은 하코다테였지만, 너무 남쪽에 치우쳐 있어 홋카이도 전체의 개척사업을 추진하고 관리하기에는 불리했다. 대동한 판관 중에서 수석판관은 다름 아닌 사가 번사 시마 요시다케(島義勇)였다. 그는 이미 호리 도시히로(堀利熙)의 에조치·

가라후토 조사단에 참가한 경력이 있는 인물로, 동북전쟁 당시 신정부군에서 큰 활약을 했다. 그는 제니바코[錢函: 현재 오타루(小樽) 시내]에 개척사 임시사무소를 설치하였다. 그리고 개척사 본청이 들어설 삿포로(札幌)에서 시가지와 청사 공사에 매진했지만, 개척사 장관 히가시쿠제와의 갈등으로 해임되었다. 이후 잠시 중단되었던 삿포로 본청 건설이 다시 재개된 것은 1870년 후반이며, 1873년 10월이 되어서야 청사가 완공되었다. 완공과 더불어 개척사 본청은 제니바코에서 삿포로로 이주했지만, 그 이전에도 그 이후에도 홋카이도 전역에 있던 몇몇 개척사 출장소는 여전히 운영되었다.

한편 가라후토는 1855년 일러수호조약에 의해 러시아와 국경이 설정되지 않은 채 상호 잡거상태를 유지하고 있었다. 일본 정부에서는 오카모토 간스케(岡本監輔)라는 개척판관을 가라후토에 파견하여 그곳의 모든 사무를 관장하도록 했다. 하지만 러시아로부터 주민과 병력이 계속해서 파견되어 정착을 시도하고 있었기에, 일본 정부로서는 위기감을 느끼지 않을 수 없었다. 가라후토에 대한 신정부의 방침은 오락가락했다. 1869년 초 당시 신정부 실세들은 가라후토 문제를 놓고 영국 공사 파크스와 몇 차례 회의를 가졌으며, 대체로 당시 일본의 국력으로는 가라후토를 유지하기 어렵고, 가능하다면 매각하거나 영토 교환 쪽이 현실적이라는 결론에 도달하였다. 하지만 일부 강경파 인사들은 군대를 파견하고 사태에 따라서는 러시아와의 일전도 불사해야 한다고 주장하기도 했다. 결국 내정 안정을 우선시하는 신정부 방침에 따라 개척장관에 나베시마 대신 온건파인 히가시쿠제가 임명되었던 것이다. 이후 가라후토를 제외한 홋카이도에 대해서만 11국 86군으로 지방행정 조직을 개편하면서, 홋카이도가 일본 영토임을 선언하였다.

가라후토에서 러시아의 군사적 행동이 빈발해지고 병력과 무기 역시 증가

되고 있다는 보고에 따라, 신정부는 이후 몇 차례 조사단을 파견했다. 이들 조사단의 보고에서는 현재의 잡거상태를 개정해 국경을 획정하지 않는다면 홋카이도 개척의 성공도 장담할 수 없으니, 가라후토를 결코 포기해서는 안 된다는 의견이 계속해서 제기되었다. 그 바람에 신정부로서는 가라후토에 대한 논의를 다시 시작하지 않으면 안 되었다. 이에 1870년 2월 기존의 개척사를 홋카이도 개척사와 가라후토 개척사로 나누고, 5월에 가라후토 전담 개척차관에 구로다 기요타카를 임명하였다. 가라후토 전담 개척사가 설치되었다는 사실은 가라후토의 중요성을 다시 인식하기 시작했다는 의미로도 해석될 수 있다. 하지만 구로다는 내정 안정을 우선시하는 오쿠보 도시미치의 정책적 판단에 동의하는 쪽이었기에, 그가 개척차관에 임용됨으로써 궁극적으로는 가라후토의 현상 유지, 매각, 교환에 이어 결국 포기하는 쪽으로 결론이 날 공산이 커졌다.

구로다 기요타카는 1876년 조일수호조규(일명 강화도조약) 당시 일본 측 전권대사[부사는 이노우에 가오루(井上馨)]였기에 우리 역사에도 종종 등장하는 인물이다. 잠시 구로다의 이력을 살펴보자. 그는 1840년생으로 사쓰마의 하급 무사 출신인데, 1863년 사쓰에 전쟁 이후 에도로 가서 나중에 초기 일본 육군의 쌍벽을 이루는 오야마 이와오[大山巖: 반대편은 조슈 출신의 야마가타 아리토모(山縣有朋)]와 함께 에가와주쿠(江川塾)에서 포술을 배웠다. 당시 에가와주쿠의 포술 교관은 오토리 게이스케(大鳥圭助)였다. 따라서 오토리와 구로다는 한때 사제지간이었지만, 하코다테에서는 항복하는 그리고 항복을 받는 최고지휘관으로 그 역할이 달라지기도 했다. 또한 오토리의 투옥 후 에도에서는 신정부 고위 관리와 수감자 신분으로 만나게 되었다.

구로다는 20세 초반부터 이미 사이고 다카모리에게 발탁되어 그의 사자로서 활약했다. 특히 1866년 삿초동맹을 맺을 당시 사이고의 사자로서 조슈에

파견되어 동맹의 의의를 설명했고, 이어 기도 다카요시를 안내해 에도의 사쓰마 번저로 모셔 오는 역할을 하기도 했다. 그 며칠 후 기도는 사카모토 료마의 입회하에 고마쓰 다테와키(小松帶刀: 사쓰마의 가로)와 사이고 다카모리를 만나 삿초동맹을 성사시켰다. 당시 기도는 1863년 '긴몬의 변(禁門の変)'에 가담한 전적 때문에 마음대로 돌아다닐 수 있는 처지가 아니었다.

이후 구로다는 1868년 도바·후시미 전투 당시 사쓰마 번병의 소총 제1대장으로서 분전했고, 이후 동북전쟁에서 맹활약하면서 사쓰마 번의 대표적인 무장으로 성장하였다. 그리하여 아오모리에 주둔하고 있던 신정부 정벌군총독 시미즈다니 긴나루의 참모가 되었고, 특히 5월 11일 하코다테 해전을 총지휘함으로써 일약 유명해졌다. 보신 전쟁이 끝나면서 구로다는 사쓰마 번벌에서 사이고와 오쿠보 다음가는 중요한 인물로 부각되었다. 하지만 병부성 내의 갈등으로 그가 원했던 군인의 길을 갈 수 없었다. 따라서 당시 실세인 구로다가 가라후토 개척차관에 임용되었다는 것은, 가라후토를 포기하면서라도 홋카이도를 개척하겠다는 신정부의 강력한 의지의 표현으로 볼 수 있다.

구로다는 1870년 7월 가라후토에 부임해서 현지 러시아 관리들과 면담을 하였으며, 돌아오는 길에 홋카이도에 들러 개척 실상을 파악하였다. 그리고 10월에 그는 '이 상태라면 가라후토는 3년도 지나지 않아 러시아로 넘어갈 것이니, 이에 대항할 수 있는 힘을 키우기 위해 홋카이도 개척에 힘을 쏟아야 한다'는 요지의 조사보고서를 신정부에 제출하였다. 당시 홋카이도 개척은 재정난으로 지지부진한 상태였는데, 겨우 본청 건물 하나를 건축하고 있던 수준이었다. 또한 정부가 홋카이도 전체를 일관되게 개발하지 못하고, 본국의 번이나 사찰에 토지를 나누어 주면서 대신 개척하게 하는 분령제도를 실시하고 있었다. 그러니 개척사업은 더욱 미진할 수밖에 없었던 것이다.

이런 상황에서 구로다는 정부에 전문가 초빙, 청년 유학, 인재 양성 등 세 가지가 홋카이도 개척사업의 전제라 주장했고, 정부도 그의 의견을 받아들였다. 이제 구로다는 발 빠르게 움직이기 시작했다. 1871년 1월, 구로다는 20여 명의 유학생들과 함께 미국으로 떠났다. 출장의 목적은 개척사업에 필요한 각종 장비를 미국에 주문하고, 개척에 경험이 있는 유능한 외국인 기술자를 초빙하기 위해서였다. 미국 대통령 그랜트(S. Grant)의 도움을 받아, 당시 미국 농무성 장관이었던 호러스 캐프런(Horace Capron)을 개척사의 고문으로 초빙할 수 있었다. 그리고 화학 담당 기술자 토머스 앤티셀(Thomas Anticell)을 비롯한 3명의 실무진도 초빙하였다.

구로다가 미국을 협상상대로 정한 데는 서부 개척으로 상징되는 미국의 경험이 홋카이도에 가장 도움이 될 것이라 판단한 데 따른 것이다. 이는 후쿠자와 유키치와의 교류와 당시 주미 대리공사 모리 아리노리(森有礼)의 영향이 컸다. 모리는 사쓰마 번 출신으로 1865년 영국으로 밀항 유학을 떠난 '사쓰마 스튜던츠'의 일원이었다. 1870년 일본은 처음으로 영국, 미국, 프랑스, 독일에 해외주재 외교관을 파견했는데, 모리는 이때 미국에 파견된 외교관이었다. 그는 구로다가 미국에 왔을 당시 그의 순방에 적극 협조하였고, 그 결과 중 하나가 호러스 캐프런의 개척사 고문 취임이었다. 귀국 후 모리는 '메이로쿠사(明六社: 니시 아마네, 후쿠자와 유키치, 쓰다 마미치 등 당대 최고의 지성인들이 창립한 학술단체)'의 멤버가 될 정도로 당시 일본 지식인 사회에서는 탁월한 존재로 평가되었다. 1885년부터 시작된 제1대 이토 내각과 제2대 구로다 내각에서 문부대신을 맡기도 했다. 당시까지 일본의 외교가 영국에 일방적으로 의존했다면, 구로다의 방미는 이후 일본의 외교방향이 다변화되는 계기가 되었다.

1871년 6월 미국에서 귀국한 구로다는 홋카이도 개척사업을 본격적으로 추진하기 시작했다. 우선 가라후토 개척사를 폐지하였다. 정부로서는 당장 가라후토를 개척할 여력이 없다는 현실에다가, 그 남쪽에 있는 홋카이도조차 거의 미개발지 상태라는 점이 이러한 결정에 크게 작용했다. 더군다나 가라후토는 날씨가 너무 추워 실제 거주하고 있는 일본인은 거의 없고 대부분 아이누 족뿐이라 투자에 비해 효율이 극도로 낮다는 점도 한몫을 했다. 이에 8월 19일 '개척사 10년계획'이 발표되었는데, 이는 향후 10년간 일본 예산의 1년치를 투입하겠다는 방대하고도 과감한 장기계획이었다. 이에 따라 10월에는 지금까지 개척사 장관을 맡고 있던 히가시쿠제가 사임했고, 이 시기부터 개척사 고문 캐프런과 합작한 구로다의 홋카이도 개척사업이 본격적으로 추진되기 시작하였다.

구로다는 기존 장관이 해임되었는데도 장관직에 오르지 않았고, 1874년 8월 스스로 개척사 장관에 취임할 때까지 장관이 없는 차관직을 계속 맡았다. 캐프런 일행은 구로다와 함께 일본에 도착했다. 그들은 당시 정권 고위층뿐만 아니라 천황으로부터 환대를 받았으며, 캐프런의 연봉은 당시 국내 최고 연봉자인 산조 사네토미보다 더 많았다고 한다. 도착 즉시 9월에 도쿄 일대에 농업시험소 3곳을 설치하여 미국으로부터 수입해 온 가축, 작물, 과수 등이 일본의 풍토에 어떻게 적응할 것인가를 실험하기 시작했다. 또한 앤티셀과 또 한 명의 실무자를 도착 즉시 홋카이도로 파견해, 2개월에 걸쳐 삿포로 이하 남쪽 지역 일대를 조사하도록 했다. 이들로부터 의견을 청취한 캐프런은 구로다에게 다음 사항이 포함된 의견서를 제출하였다.

1. 홋카이도의 기후와 토양은 농업에 적당하며, 개발가능성이 높은 자원 역시 풍부하다.
2. 수도로서는 삿포로가 적당하다.
3. 기계를 이용한 농업이 절실하니, 이를 위한 공장들은 삿포로에 건설해야

한다.

4. 과수농업이 가능한 토지이니, 세계 각국으로부터 묘목을 가져와 실험재배를 해야 한다.

5. 도쿄와 삿포로의 농업시험소에 농학교를 설치하고 화학시험소를 병설한 다음, 전문교수를 초빙한다.

이 의견서는 향후 홋카이도 개발의 기본방침이 되었다. 캐프런이 홋카이도로 현지 조사를 떠난 것은 다음 해인 1872년부터였다. 이 장의 도입부에 구로다와 개척사 이야기를 길게 한 것은 바로 이런 일들이 에노모토의 구명과 직결되었기 때문이다.

투옥

1869년 5월 20일 하코다테를 떠난 7명의 1급 전범들이 쓰가루 해협을 건너 아오모리에 도착한 후, 육로로 도쿄에 도착한 것은 6월 30일이었다. 신정부군에 반발이 심했던 센다이, 아이즈 번을 피해 오느라 먼 거리를 돌아왔기에 40일가량 소요되었다. 도쿄에 도착하고는 즉시 다쓰노구치(辰の口)에 있던 병부성 군무국 규문소(糾問所: 군법회의소) 부설의 임시 감옥에 수감되었다. 늦게 출발한 개척부교 사와(沢)도 1급 전범으로 나중에 이곳에 투옥되었는데, 이들 이외에 하코다테 전쟁과 관련해 3명이 추가로 수감되어 수감된 자는 모두 11명이었다. 그 후 2년 반 동안 구금상태는 계속되었다. 1872년 1월 6일 에노모토를 비롯한 6명이 마지막으로 석방되었는데, 에노모토를 제외한 나머지 5명은 사면을 받았지만 에노모토는 여전히 근신상태였다. 에노모토가 근신 처분에서 벗어나 사면을 받은 것은 그로부터 2개월 후인 3월 6일이었다.

1급 전범이 아닌 3명과 1급 전범 중에서도 신센구미 대장 소마 도노모(相馬 主計)는 이미 사면, 석방되었고, 반류마루의 함장으로서 하코다테 해전에서 분전했던 마쓰오카 한키치(松岡磐吉)는 1871년 7월 5일 병으로 옥중에서 사망하였다. 이로써 하코다테 전쟁과 관련된 모든 것이 정리되었다.

　　그렇다면 신정부에 무장투쟁을 벌였던 이들이 어떻게 겨우 2년 반 만의 투옥 끝에 석방될 수 있었을까? 그 이전도 그렇지만 그 이후에 벌어진 각종 반정부 무장봉기에서 주모자는 어김없이 참수되었지만, 이들만은 극히 예외적인 은사를 입었던 것이다. 여기에는 신정부 토벌군 참모 구로다 기요타카의 결사적인 구명활동과 후쿠자와 유키치의 도움, 그리고 당시 사쓰마와 조슈 간의 알력, 마지막으로 이와쿠라 사절단의 출발 등이 크게 작용한 것으로 볼 수 있다.

　　에노모토가 감옥에 들어간 지 얼마 지나지 않아 병부성 권관사(權判事: 四等 직급: 당시 공무원 직급은 一等에서 十五等까지였음)로부터 취조라기보다는 심문이 한 번 있었다. "탈주는 도쿠가와가의 뜻에 따른 것인가? 왜 프랑스군이 함께 동행했는가?"라는 질문에 대해, 에노모토는 "탈주는 자신들의 생각에 따른 것이며, 도쿠가와가와는 무관하다. 프랑스 군인의 동행도 프랑스 정부와는 관계없다."라고 답했다. 이것이 2년 반가량 투옥된 동안 받은 취조나 심문의 전부였다고 한다. 왜냐하면 에노모토가 하코다테에서 벌인 사건은 양측 모두 명백하게 알고 있었기에, 더 이상의 심문이나 취조는 의미가 없었기 때문이다. 투옥 직후 에노모토가 쓴 '옥중시'와 '옥중장가'가 남아 있는데, 전자는 서정적인 시로 달빛 아래 벌레소리를 들으면서 자신의 심경을 돌이켜 보는 정도였다면, 후자는 신정부에 대한 비판적 논조라 전자와는 대비가 된다. 스스로 '없네, 없네 이야기(ないない節)'라 제목을 붙인 이 글을 옮겨 보면 다음과 같다.

당상(堂上)들에게는 배짱이 없고, 나베시마(鍋島) 전하에게는 야무진 데가 없고, 참의가 된 자들에게는 목표가 없으니 모두 흐리멍덩하다. 지금 이 조치는 사리분별이 없고, 관군 조적 차이가 없고, 죽은 자에게는 입이 없다. 양이, 양이 끝이 없고, 개항해도 끝이 없네. 대장성에는 돈이 없고, 경찰의 무모함에는 어이가 없네. 하는 일마다 모두 되는 게 없고, 사랑하는 여자도 부질없다. 도둑들 연중 묘책이 없고, 세상 안심할 틈이 없네. 그러니 만민에겐 목숨 보전할 길 없고 일본은 조용할 날이 없네.

여기서 '당상'이란 궁정에 출입하는 공경을 말하고, 나베시마 전하란 히젠(肥前) 전 번주이자 개척사 초대장관을 지낸 토막파 다이묘이며, '참의'란 신정부의 최고위직 중 하나로 여기서는 사이고 다카모리나 기도 다카요시 등을 말한다. 이 글이 세상에 나온 것은 에노모토가 감옥에서 나온 훨씬 이후의 일이었다. 만약 그 당시 이 글이 세상에 알려졌다면 그를 구명하려 했던 사람들이 과연 그토록 열심히 구명활동을 할 수 있었을까 의심될 정도로, 이 글은 신정부에 아주 비판적인 글이었다. 혹자는 에노모토가 자신의 구명 때문에 이 글을 세상에 공포하지 않았을 것이라 주장할 수 있다. 하지만 당시 에노모토는 자신이 구명될 수 없으리라는 사실을 충분히 인식하고 있어 이미 죽음을 각오하고 있었다.

그 시기 에노모토의 가족은 시즈오카에 있었는데, 어쩌면 도쿠가와가가 슨푸로 이주할 때 함께 간 것이 아닌가 생각되지만 확인할 길은 없다. 아들이 전쟁에 져서 항복하고 잡혀갔다는 소문만 들어 알고 있던 모친은 아들 소식을 알기 위해 사위에게 상황을 알아보라고 부탁했다. 그 사위는 에노모토 둘째 누나의 남편 에즈레 다카노리(江連堯則)인데, 한때 막부의 외국부교를 지냈으며 후쿠자와 유키치가 외국방에서 번역 일을 하고 있을 당시 상관이었다. 후쿠자와의 자서전에 있는 내용을 그대로 옮기면 다음과 같다.

에노모토는 요즈음 어떻게 지내고 있는지, 전혀 소식이 없으니 어머니도, 누나도, 아내도 밤낮으로 걱정하고 있다. 지금 에도에 가 있다는 소문은 어디선가 들었는데, 그것을 확인할 길이 없다. 그 사실을 에도의 친척 친지에게 문의했지만, 혐의를 받을까 봐 두려웠던지 단 한 명도 답변을 주는 자가 없다. 당신에게 물어보면 뭔가 사정을 알고 있지 않을까 생각하는데, 부디 알려주지 않겠는가?

이 편지는 1869년 8월 11일에 에즈레가 후쿠자와에게 보낸 것으로, 9월 2일에 쓴 후쿠자와의 답신에서는 감옥 내의 시시콜콜한 것까지 자세히 적어 보내면서도, 처벌에 대해서는 자세한 언급을 피하고 단지 그 당시 상황만 알리면서 가족들을 안심시키려 했다. 노모와 누나가 '도쿄로 상경해도 좋겠냐'고 후쿠자와에게 다시 편지로 물어 오자, 후쿠자와는 '언제든 오라'고 답신을 보냈다. 그 후 후쿠자와는 아들을 만나고 싶다는 모친의 염원을 듣고 모친 대신 탄원서 초고를 썼으며, 그것을 누나가 정서를 해 병부성에 제출하였다. 탄원서 원문은 매우 길지만, 후쿠자와 자서전에는 이를 짧게 정리해 놓았는데 옮겨 보면 이러하다.

이러저러한 일로 금번 아들 가마지로(釜次郎: 에노모토의 아명)의 범죄는 정말로 송구스럽습니다. 그러나 부친의 존명 중에는 아주 효성이 지극했던 아들로, 평소에는 부친을 잘 모셨고 또 병중에는 지극정성으로 간호했습니다. 저는 실제로 그것을 옆에서 지켜봤습니다. 그런 효자가 그렇게 무엄한 짓을 할 리가 없습니다. 자식은 절대로 본성이 나쁜 인간이 아닙니다. 부디 자비를 베풀어 살려 주시기 바랍니다. 저는 이제 여생도 얼마 남지 않았으니, 만약 자식을 처형시킬 거라면 이 어미를 대신 죽여 주십시오.

결국 이 편지가 효과를 발했는지 모자 상봉이 이루어졌는데, 이것이 소위 후쿠자와 유키치의 '에노모토 모친 대필사건'의 진상이다. 사실 에노모토의 어머니는 히토쓰바시(一橋)가의 승마 교관 집안으로, 일본 제일의 승마 명인인 하야시 다이지로(林代次郎)의 딸이었다. 따라서 에노모토의 무인 기질은 다름 아닌 외가로부터 받았고, 그의 테크노크라트(technocrat) 기질은 막부 천문방이었던 부친 쪽이 아니었을까 추측해 볼 수 있다. 그 하야시 집안과 후쿠자와의 처가가 먼 친척뻘로, 에노모토의 어머니와 후쿠자와의 부인 간에는 이미 서로 교제가 있던 사이였다. 어쩌면 그 인연 때문에 후쿠자와가 에노모토 구명에 나섰던 것으로 보는 것이 나을 것 같다. 예나 지금이나 부인 말 거역할 남자는 없을 테니까. 물론 정부군 앞에 굴하지 않고 마지막까지 목숨을 던지면서 싸운 무사로서, 반골로서의 에노모토 매력에 후쿠자와가 매료되었음은 말할 필요도 없다.

그 이후부터 에노모토는 옥중에서 가족과 친지들에게 편지를 보낼 수 있게 되었다. 1870년 8월 가족들에게 보낸 편지에서는, 이제는 간수들의 태도나 옥중 대우가 나아졌고 수감 중인 젊은이들을 모아 서양 지식을 가르치고 있을 정도로 자유스러워졌다고 전했다. 또한 아카마쓰 노리요시(赤松則良: 네덜란드 유학 동기생으로 유학을 연기했다가 막말 혼란 중에 귀국 여비가 없어 애태우자 이를 에노모토와 우치다가 보내 줘서 귀국했던 인물. 에도 탈주에 동승하려 했으나 미래 일본의 조선업을 위해 에노모토가 이를 막았음)에게 부탁해서, 요코하마의 외국 신문과 영어와 네덜란드어로 된 화학 전문서 3권을 차입해 달라고 부탁했다. 에노모토로서는 당시까지 자신이 사형에 처해질 것으로 판단하고 있었다. 하지만 죽음을 앞두고도 이토록 화학 공부에 욕심을 낸 것을 보면 그의 탐구정신이 남달랐다고 판단할 수 있다. 게다가 막신에서 실직한 형의 가계를 돕기 위해 비누와 양초의 제조법, 계란과 오리알의 부화기, 고구마로부터의 소주 제조법, 황산 제조법 등의 방법을 그림으로 그려 보내기도 했다.

한편 구로다는 에노모토의 구명을 위해 본격적으로 움직이기 시작했다. 가라후토 개척사 차관으로서 가라후토와 홋카이도 조사를 막 끝낸 구로다가 1870년 10월 신정부에 낸 조사보고서에는, "…… 광산과 화학의 일에 정통한 자로서 금은, 약품류를 살펴보게 해……"라는 문구가 나온다. 이는 구로다가 에노모토를 염두에 두고, 그의 인품뿐만 아니라 탁월한 과학 및 기술 능력을 높이 사서 장차 자신의 홋카이도 개척사업에 참가시킬 계획을 이때부터 하고 있었던 것이 아닌가 짐작해 볼 수 있다. 당시 구로다와 교분이 두텁고 에노모토의 구명운동에 동반했던 후쿠자와의 자서전에는 이와 관련된 당시 일화 중 하나를 소개하고 있다.

누군지는 잊었지만 어느 날 한 사람이 그 책을 내게 갖고 와, 무슨 책인지 모르겠으나 이 네덜란드어 문장을 번역해 달라고 했다. 보아하니 예전에 소문으로 들었던 에노모토의 강의필기임에 틀림없었다. 이거 재미있겠구나 하는 생각에, 네덜란드어 번역은 쉬운 일이지만 상대방의 애를 태우려고 일부러 손을 대지 않았다. 처음의 네댓 쪽만 정성스럽게 알기 쉽도록 번역해 원본을 첨부하여 돌려주면서, '이것은 정말 항해에 없어서는 안 될 유익한 책임에 틀림없다. 앞부분의 네댓 쪽만 봐도 알 수 있다. 그런데 관본 원서라면 번역도 할 수 있겠지만, 강의필기니 그 강의를 들은 본인이 아니면 아무래도 알아볼 수가 없다. 정말 아까운 보물이다.'라고 말했다. 나는 에노모토의 필기라는 사실을 알면서도 모르는 척하고, 단지 번역에 관해 운운하며 상대를 초조하게 만들었다. 자연스럽게 에노모토의 목숨을 살릴 수 있도록 소위 복선의 계략을 짠 것이다.

에노모토가 자신에게 극형이 가해지지 않을 것이라 직감한 것은 1870년 12월 14일 가족에게 보낸 편지에서 확인되는데, 이는 투옥된 지 거의 1년 반이 지난 때의 일이다. 1870년 12월 29일 누나에게 보낸 편지에서 자신에 대한 조치는 해를 넘길 것이며, 후쿠자와에게 부탁해서 화학책을 차입해 달라고 요청했다. 하지만 차입된 책이 너무 초보적이라 대학자로 알려진 후쿠자와의 식견에 실망했다고 한다. 하지만 후쿠자와로서는 에노모토가 군인일 뿐 화학 등 서구의 과학에 얼마나 뛰어난 능력을 가졌는지 알 수 없었기에 그런 책을 보낸 것이 아닌가 생각해 볼 수 있다. 그해 9월 에노모토의 모친이 세상을 떠났다. 이 시기 전후, 그러니까 구로다가 미국에서 캐프런과 함께 귀국한 이후 에노모토의 처분을 놓고 최고위층에서 본격적인 논의가 시작되었다.

　기도 다카요시를 비롯한 조슈 번벌과 당시 군부의 핵심인 오무라 마스지로(大村益次郎) 등의 강경파는 에노모토의 참수를 적극 주장한 반면, 구로다 등의 사쓰마 번벌은 에노모토의 사면을 주장하였다. 기도가 적극적으로 참수를 주장한 이유에 대해 두 가지 상반된 설명이 있다. 하나는 기도 역시 에노모토를 살려 둘 생각이었지만 당시 정국에서 자신들이 그러한 제안을 하는 것보다 신정부의 대세를 점하고 있던 사쓰마 쪽에서 그 제안을 쉽게 할 수 있도록 참수 쪽으로 강력하게 주장했다는 설명이 그것이다. 또 하나는 나카지마 사부로스케(中島三郎助)와 기도의 개인적 인연 때문이라는 설명이 그것인데, 나카지마는 하코다테 전쟁 당시 지요가다이진야에서 두 아들과 함께 장렬하게 전사한 하코다테 부교대우를 말한다. 기도 다카요시는 젊은 시절 요시다 쇼인(吉田松陰)의 소개로 나카지마의 집에 기거하면서 그에게서 조선학을 배운 적이 있다. 설령 구막부군의 항복에 나름의 이유가 있었다고 하더라고, 자신의 스승은 옥쇄하면서 산화했는데 비겁하게 항복해 목숨을 부지하고 있는 이들을 살려 둘 이유가 없다는 것이었다.

　이에 대해 구로다는, "에노모토가 에조치로 간 것은 나라를 위한 길이라고 생각했기 때문이며, 따라서 감형의 은혜를 베풀기 바란다. 만약 그를 참할 예정이라면 내 목을 치고 그를 참하라."라
고 강력하게 밀어붙이고는 자신의 머리
를 완전히 밀어 버렸다. 구로다의 사진
중에서 민머리를 쓰다듬으며 어색하게
서 있는 그 사진이 바로 그때의 일이다.
또한 당시는 이와쿠라 사절단이 미국을
시작으로 전 세계를 순회하기 직전이었
다. 구로다는 문명국을 지향한다는 일
본이 항복한 적장을 참수한 일이 세상에
알려진다면 그 행위가 얼마나 창피스러

그림 9.1 구로다 기요타카의 민머리 사진

운 일인가라는 점을 사절단의 부단장인 기도에게 적극 부각시켰다. 이후 기도
다카요시와 이토 히로부미 등 조슈 번벌의 핵심세력은 해외로 떠났고, 이제
정국은 사쓰마의 사이고 다카모리의 손에 놓였다. 결국 다음 해 1월 6일 에노
모토를 비롯한 전원이 석방되었고, 사면을 받지 못해 혼자 근신 중이던 에노
모토 역시 3월 6일에 근신이 해제되면서 하코다테 전쟁은 이렇게 완결되었다.

후쿠자와의 자서전에는 에노모토와 관련된 다른 일화가 하나 더 있다.

나는 사진 한 장을 건넸다. 미국 남북전쟁에서 남부가 패배할 당시 남부의
대통령인가 대장인가 하는 어느 유명인이 부인의 옷을 입고 도망치는 모습을
찍은 사진이었다. 나는 그전 해 미국에서 갖고 온 그 사진을 구로다에게 주면
서 말했다. '이것은 미국 남부의 아무개라는 사람으로, 도망칠 때 이런 모습이
었다고 한다. 굳이 목숨이 아까운 것도 아니겠지만, 또 한편으로 생각하면 목
숨은 소중한 것이다. 어떻게든 살아 보려 한다면, 이렇게 구차한 모습을 하더
라도 도망치는 것이 당연한 선택이다. 인간은 일단 목숨을 잃으면 나중에 아

무리 후회해도 소용없다. 에노모토는 큰 소란을 부린 사내지만, 목숨만큼은 살려 두는 게 좋지 않을까? 일단 이 사진을 진상할 테니 잘 봐라.' 하고 차분히 이야기한 적이 있다.

이 이야기는 후쿠자와가 사망하기 2년 전인 1899년 그의 나이 64세 때 병으로 누워 있으면서 속기사가 받아쓴 글이다. 원 제목은 『복옹자전(福翁自傳)』으로 후쿠자와의 내면세계를 가장 잘 알 수 있는 좋은 자료인 동시에, 당대 전기류의 백미라 할 수 있는 것이다. 하지만 에노모토의 석방과 관련된 당시 후쿠자와, 에노모토, 구로다의 나이는 각각 36세, 35세, 31세. 모두 그만그만한 젊은이들이라 패기만만했지만, 미숙함이나 치기도 없지 않던 시절이다. 더군다나 30년 전의 일이라 기억도 희미해졌겠지만, 이 당시 후쿠자와는 일본 지성계의 거두로 성장하였기에 이 글에는 자화자찬, 자만과 허풍이 적지 않게 담겨 있었을 것이라 판단된다. 따라서 에노모토에 관한 부분에서는 마치 구로다가 자신에게 설득을 당해 에노모토 구명에 적극 나선 것으로 이야기하고 있지만, 당시 에노모토에 대한 정확한 평가는, 따라서 목숨을 걸고서라도 그를 구출해야겠다는 각오는 구로다에 미치지 못했을 것이다. 물론 구로다가 그 사진을 어떻게 사용했는가에 대한 이야기는 남아 있지 않다.

홋카이도 개척사: 캐프런과 에노모토

함께 투옥되었던 동료들은 1872년 1월 6일에 모두 사면, 석방되었다. 하지만 에노모토만은 3월 6일이 되어서야 사면을 받았는데, 그사이에 친지의 집에서 근신하고 있었다. 에노모토가 주모자였던 점이 동료와 다른 처우를 받은 한 가지 원인일 수 있다. 그러나 다른 동료들 모두 출옥과 함께 개척사에 출사했다는 점에서 다른 생각도 해 볼 수 있다. 즉, 에노모토는 1월 6일까지 구로다의 신정부 출사 제안을 받아들이지 않았던 것이다. 이미 개척차관으로 홋카이도 개척의 전권을 장악하고 무엇보다도 이 사업의 성공을 갈망하던 구로다로서는 에노모토의 참여가 절대 필요했다. 뛰어난 지도력과 현장 장악력, 영어·독일어·네덜란드어·프랑스어 등을 구사하는 뛰어난 어학력, 그리고 화학 및 지질학과 같이 신천지 개척에 필수적인 지식을 갖춘 이를 당시 일본 국내에서 찾기란 불가능했다. 또한 새로이 도착한 노회한 캐프런을 상대로 토론하고 논쟁할 수 있는 능력을 갖춘 이도 구로다 주변에는 에노모토밖에 없었다. 게다가 지하자원 조사를 위해 캐프런이 데려온 앤티셀 역시 캐프런과의 불화로 개척사 임시학교(開拓使仮学校)의 교무책임자로 내정된 상태였기 때문이다.

하지만 에노모토로서는 하코다테 전쟁에서 많은 젊은이들을 희생시킨 책임의 무게 때문에 결코 신정부에 출사할 수 없었다. 또한 자신만이라도 무사의 길을 지키면서 두 임금을 섬기지 않겠다는 각오를 했을지도 모른다. 그래서 그는 구로다의 제안을 거절할 수밖에 없었던 것이다. 한편 구로다로서는 반정부 세력의 신정부 출사로 이 사건을 모양 좋게 종결하려 했지만, 최고 주모자인 에노모토가 빠진다면 지금까지 힘겹게 구명활동을 해 온 자신에게 비난이 쏟아질 수 있고, 향후 신정부 내 권력투쟁에서 흠결이 될 수 있었다. 이런 상황에서 구로다는 에노모토를 계속 설득해야 했고, 그러기 위해서는 에노모토를 사면시키지 않고 근신상태로 묶어 둘 수밖에 없었던 것이다.

에노모토가 결국 자신의 의지를 꺾었다. 자신과 동료들의 목숨을 구해 준 구로다의 간청을 뿌리칠 수 없었던 것이다. 또한 그는, 자신의 주가였던 도쿠가와 정부는 이제 사라졌고 새로이 들어선 신정부가 어찌 되었든 현재 일본의 유일한 정부라는 판단에 출사를 결심한 것으로 볼 수 있다. 에노모토가 자신의 결심을 전하자 바로 사면되었고, 이틀 후인 3월 8일 개척사 사등출사, 도쿄출장소 근무, 홋카이도 광산조사를 명받았다. 에노모토가 사면을 받고 신정부로부터 발령을 받은 지 2개월 반이 지난 5월 25일, 에노모토를 단장으로 한 조사단 일행이 홋카이도 광산조사를 위해 도쿄를 떠났다. 시나가와(品川)와 요코하마(横浜) 사이에 일본 최초의 철도가 개통된 것이 그해 5월 7일이라, 에노모토 일행 역시 그 기차를 이용했을 것으로 예상된다.

에노모토는 다음 날인 5월 26일 하코다테로 가는 배에 올랐는데, 예상대로 구로다가 항구까지 나와 에노모토를 전송하였다. 일행은 30일 하코다테에 도착했다. 이 항로는 그가 1868년 8월 에도를 탈주해 하코다테로 가던 그 항로였지만, 이제 그의 입장은 여러 모로 달라져 있었다. 당시 일본 최강의 함대와 함께 3,000명의 병력을 이끌고 신정부에 무장투쟁을 하겠다며 하코다테로 떠나던 구막부군 총대장 에노모토가 아니라, 개척사에 소속된 일개 관리로서 그 땅의 광산을 조사하러 떠나는 작은 조사단의 책임자에 불과했다. 에노모토는 5월 25일부터 6월 8일까지 보름간의 일정을 보통 『북해순유일기(北海島巡遊日記)』라 불리는 기록으로 남겼는데, 여기에는 요코하마에서 하코다테로 가던 배 안에서의 이야기뿐만 아니라 하코다테 부근에서의 석유, 점토, 아연광, 사철, 유황 등 광물조사에 대한 보고도 담겨 있다. 또한 하코다테에서 모리(森)까지의 도로 개설에 관한 이야기도 들어 있다. 모리에서 무로란(室蘭)까지는 뱃길로 이어지기에, 다음 해에 무로란에서 삿포로까지 도로가 개설되면서 소위 삿포로 본도(札幌本道)가 완성되었다. 당시 캐프런은 에노모토보다 보름 앞서 하코다테에 도착해 홋카이도 조사를 시작했으며, 무려 5개월간 홋카이도에 체재하였다. 하지만 당시 에노모토와 캐프런이 만났다는 기록은 없다.

에노모토는 개척사 소속이기는 하지만 캐프런과는 독립적으로 조사활동을 수행하고 있었다. 외국인 고용자들이 떠나면 어차피 홋카이도 개척은 일본인 손으로 주도해야 하기 때문에 구로다로서는 내심 현지 개척, 그중에서도 가장 중요한 자원인 석탄 개발의 총책임을 에노모토에게 맡길 심산이었다. 에노모토의 탄광조사는 계속되었다. 1872년 8월 그는 기타가키 구니미치(北垣国道)와 함께 삿포로 서쪽 동해에 연한 이와나이 군(岩內郡)의 석탄산을 조사하여 위치 및 개략, 석탄의 품위, 각 갱도의 위치와 높이, 채굴 및 운반 방법, 채굴된 석탄의 질 등에 대한 보고서를 작성해 개척사에 제출하였다. 또한 개척사 체재 당시 주민이 가져온 이시카리 강(石狩川) 상류 석탄에 대해서는, 앤티셀의 후임으로 1872년 11월에 부임한 지질기사 라이먼(B. S. Lyman)의 조수였던 먼로(H. S. Munroe)에게 의뢰해 정량분석을 시도하였다. 에노모토는 보고서에서 이 석탄에는 회분이 극히 미량 포함되어 있기 때문에 증기기관용 고급석탄으로 손색이 없다고 지적하였다.

이 무렵 홋카이도 개발방향을 두고 두 가지 사건이 전개되었다. 하나는 개척사 내부의 갈등을 해소하기 위해 구로다가 소집한 소위 삿포로 회의(札幌会議)이며, 다른 하나는 구로다·캐프런·에노모토의 연석회의이다. 삿포로 회의는 1872년 10월에 개최되었다. 회의가 개최되자 삿포로 주임관이던 이와무라 미치토시(岩村通俊)는 구로다가 홋카이도에 주재하지 않고 도쿄에서 원거리 통치하는 것에 대해 정면으로 반박했다. 마찬가지로 구로다 역시 삿포로 본청 건설에 있어 이와무라의 방만한 경영에 대해 질책하였다. 이외에도 일부 회의 참석자들에 의해 홋카이도 개발계획과 가라후토 포기방침 등이 소개되었다. 회의가 끝난 후 구로다는 자신에게 반기를 든 이와무라를 전격 해임하고는 대신 가라후토 포기방침에 호의적인 마쓰모토 주로(松本十郎)를 삿포로 주임관에 앉혔다. 또한 에노모토를 중판관에 임명함으로써 개척사의 권력을 완전히 장악하였다.

한편 도쿄의 개척사 본청에서는 1873년 1월부터 3월까지 5차례에 걸쳐 구로다·캐프런·에노모토 3자 연석회의가 개최되었다. 이 자리에서 에노모토는 경질된 앤티셀을 다시 등용해서 라이먼과 함께 탄광조사에 투입해야 한다고 주장했다. 하지만 캐프런은 이를 거절했으며, 오히려 에노모토가 탄광조사에 개입하는 것마저도 반대했다. 에노모토는 한정된 인력과 재원을 집중 투자하는 종합개발안을 제시하면서, 개발 가능한 것부터 시작해야 하고 가급적 외국자본에 의존하지 말아야 한다는 입장이었다. 하지만 캐프런은 꼼꼼히 홋카이도 전역을 조사한 후 개척에 착수해야 하고, 가능하다면 미국 자본을 도입해 미국의 이익을 유도하겠다는 생각이었다. 두 사람의 대립에 구로다로서는 머리가 아플 수밖에 없었다. 물론 구로다 역시 에노모토의 입장에 동의하였지만, 두 사람의 대립이 계속된다면 홋카이도 개척에 장애가 될 수 있겠다고 판단하였다. 때마침 구로다는 러시아와의 국경조약이 재개된다는 소식을 들었다. 그는 새로이 파견되는 러시아 전권공사에 에노모토를 적극 추천하기로 작정했는데, 이는 바로 캐프런과 에노모토의 대립을 해소할 수 있는 한 가지 방법이라 판단했던 것이다.

홋카이도청 아카렌가(赤煉瓦) 청사에는 개도 100년을 기념하여 제작된 개척 기록화 중에 〈개척 계획을 가다듬다(開拓計画を練る)〉라는 제목의 유화가 하나 걸려 있다. 테이블 위에는 커다란 홋카이도 지도가 펼쳐져 있고, 테이블 왼편에는 구로다가 서서 오른손으로 무언가를 지적하고 있다. 그리고 정면에 캐프런, 라이먼이 앉아 있으며, 오른편에 팔짱을 끼고 숙연한 모습으로 앉아 있는 이가 에노모토이다. 3자 연석회의 당시 수뇌부의 긴박한 대화를 엿볼 수 있는 것 같아 흥미롭다.

그림 9.2 구 홋카이도청사(아카렌가) 2층에 걸려 있는 유화 〈개척 계획을 가다듬다〉(왼편이 구로다 기요타카, 정면이 캐프런, 오른편에 팔짱을 낀 이가 에노모토, 그 사이가 라이먼)

에노모토는 이해 7월 탄광조사를 위해 다시 홋카이도로 향했다. 첫 번째 조사지는 보통 이쿠시베쓰(イクシベッ) 혹은 호로나이(幌內) 탄광이라 불리는 곳으로 이시카리 강 상류에 위치해 있었다. 에노모토보다 한 달 전쯤에 지질학자 라이먼이 캐프런과 함께 홋카이도로 와서 삿포로 인근의 탄광조사에 나섰는데, 이곳 역시 그의 조사지역 중 하나였다. 앞서 언급했듯이, 에노모토는 이곳 석탄 샘플의 정량분석을 시도했고 그 품질에 대해 이미 알고 있었다. 사실 라이먼은 개략적인 노두(路頭) 관찰로 그곳에 석탄이 부존되어 있을 것으로 예측했지만, 실제로 탄층 노두를 현장에서 확인하고 이를 보고서로 작성한 이는 에노모토였다. 에노모토는 호로나이 탄광 조사를 마치고 다시 내지로 들어가, 스스로도 자신이 가장 먼저 발견했다고 주장하는 소라치 강(空知川) 탄광을 발견했다. 그는 이 두 곳의 석탄 샘플을 가져와 직접 분석했고, 「북해도순회일기

(北海島巡廻日記抄)」라는 보고서를 작성해 개척사에 제출하였다.

이 보고서에서 에노모토는 이쿠시베쓰와 소라치의 석탄 맥이 서로 연결되어 있다고 보고했으며, 분석 결과 규슈의 가라쓰(唐津)나 다카시마(高島) 탄광의 석탄 못지않은 양질의 것임을 확인하였다. 잠시나마 이 지역의 총재(대통령)까지 역임했던 자가 원시림으로 뒤덮여 길도 없는 산지를 헤매면서 석탄 노두를 찾는 모습을 상상하기란 쉽지 않다. 하지만 그는 이 일을 묵묵히 해냈다. 개척사에서는 라이먼의 보고와 함께 에노모토의 보고도 중요하게 다루어졌고, 그 이듬해인 1874년에 라이먼을 다시 파견하여 본격적인 재조사를 실시하도록 했다.

이제 캐프런과 에노모토는 매장량에 있어서 일본 제일의 이 석탄을 어떻게 항구로 수송해서 본토로 운반할 것이냐를 놓고 다시 대립하게 되었다. 캐프런은 태평양 쪽 무로란까지 철도로 수송하자는 안이었고, 반대로 에노모토는 탄광철도와 이시카리 강의 수운 그리고 다시 선박을 이용해 오타루(小樽)로 보내자는 안을 제시하였다. 당시는 구로다가 정한론(征韓論) 정국의 질풍노도에 휘말려 있던 시기라, 석탄운송 노선에 대한 결론은 미루어져 1879년에 들어서야 확정되었다. 실제로 에노모토가 제안했던 이시카리 강에 의한 석탄수송 계획은 변경되어 삿포로를 거쳐 오타루까지 직접 철도로 수송하는 방안으로 결정되었다.

일본의 철도는 1872년 도쿄를 시작으로 그다음이 오사카인데 모두 대도시였다. 하지만 세 번째인 이 지역은 당시 인구가 1만 명도 채 되지 않은 곳이었다. 1880년 삿포로-데미야(手宮: 현재 오타루) 사이의 철도가 완공되었고, 이후 1882년에 호로나이-삿포로-데미야 간 철도가 완공되면서 호로나이 탄광의 채굴작업이 시작되었다. 이곳 탄광의 어마어마한 매장량 덕분에 지금도 일부에서는 채탄이 이루어지고 있다. 에노모토의 탄광 발견과 석탄운송 계획안 덕분에 오타루는 홋카이도 유일의 석탄적출항이 되었고, 이와 더불어 삿포로의 외항으로서 크게 번성하였다.

당시 데미야 선(手宮線)은 미나미오타루(南小樽) 역에서 데미야 역으로 이어졌는데, 노선이 연장되면서 미나미오타루 역에서 오타루 역으로 노선이 변경되었고, 그 결과 미나미오타루 역과 데미야 역 사이는 폐선이 되고 말았다. 오타루 시내 폐선된 데미야 선 일부 구간은 오늘날 오타루를 찾은 관광객들의 좋은 산책로로 이용되고 있다. 당시 데미야 선 종점인 데미야 역에는 오타루시 종합박물관의 철도박물관이 들어서 있어 철도발달사를 확인할 수 있으며, 박물관 야외에는 '홋카이도 철도개통기점'이라는 표지석이 서 있다. 하지만 박물관 어디에도 에노모토에 대한 언급은 없다.

오타루 개발

홋카이도 서부 내륙의 탄광조사가 끝나자, 이제 에노모토는 당시까지 조사된 적이 없었던 동부 해안으로 나아갔다. 그는 이시카리 강 유역을 벗어나 태평양 쪽 해안을 따라 히다카(日高), 도카치(十勝), 구시로(釧路), 네무로(根室)까지, 다시 말해 홋카이도의 동해안을 따라 쿠릴 열도 최남단 쿠나시르 섬[일본명 구나시리 섬(国後島)] 맞은편까지 올라가면서 지질조사에 임했다. 당시 조사 내용은 에노모토가 일기 형식으로 쓴 『명치6년북해순회일지(明治六年北海島巡廻日誌)』에 담겨 있는데, 1873년 9월 16일부터 12월 1일까지 두 달 반 동안의 기록이다. 여기에는 방문한 토지의 상태를 자세히 기술하였으며, 석탄을 비롯해 부존 광물의 현황, 품위, 개발가능성 등등, 현재의 어획량과 그 전망, 그리고 개간에 의한 대마, 담배, 각종 곡물 등 농작물 재배 가능성 및 예상 수확량 등에 대해서도 빠짐없이 기입하였다. 이 조사 결과는 이후 홋카이도 개척에 있어 중요한 자료로 반영되었음은 말할 필요도 없다. 특히 에노모토는 구시로 주변에서 석탄 맥을 발견했는데, 이 석탄층은 10° 정도의 경사를 지닌 채 해저로 들어가기 때문에 개발을 위해서는 대규모 펌프가 필요할 것이라 지적하였다. 이 탄전은 '태평양탄광'이라는 이름으로 1920년부터 개발되어 현재도 채굴되고 있는 홋카이도의 대표적인 탄광 중 하나이다.

에노모토는 이 조사를 마치고 돌아오는 길에 상관인 삿포로 주임관 마쓰모토 주로에게 편지형식으로 보고서를 제출하였다. 1873년 11월 19일자 이 보고서는 에노모토가 개척사 관리로서 개척사에 제출한 마지막 보고서로, 무려 6,000자로 된 장문의 보고서였다. 도입부에 실린 내용은 그의 지질학적 자질을 엿볼 수 있는 내용이라 그대로 옮겨 보면 다음과 같다.

> 동쪽의 땅은 서쪽의 그것과는 달리, 화성암이 사마니(樣似), 호로이즈미(幌泉) 등지에 일부 나타나지만 히로오(広尾)로부터 구시로, 네무로에 이르는 해안까지는 고원이 발달한 수성암으로 이루어진 땅이 대부분이다. 따라서 동쪽은 서쪽에 비해 수백만 년 이후의 해안이며, 화맥은 하코다테 부근의 사와라(砂原)부터 우스 산(有珠山), 다루마에 산(樽前山), 메아칸 산(雌阿寒山), 쿠나시르 섬(国後島)의 라우스 산(羅臼山), 치야치야노보리, 쿠릴 열도 러시아령까지, 다시 말해 홋카이도 중앙을 서남에서 동북 방향으로 달리고 있다. 동쪽은 광물이 적고, 시라누카(白糖)와 앗케시(厚岸) 사이에서 석탄이 발견될 뿐이다.

여기서의 화맥이란 화산대를 말한다. 우리는 이 글에서 에노모토가 홋카이도 중앙부를 동서로 달리는 화산대를 파악하고 있었고, 또한 화산대와 광물분포의 상관관계를 인식하고 있었음을 확인할 수 있다. 이는 에노모토가 지질현상에 대한 거시적·미시적 인식이 동시에 가능했음을 의미하는 것으로, 이를 통해 그가 지니고 있던 지질학적 지식의 진면목을 확인할 수 있다. 또한 수성암으로 된 고원을 파악했다는 사실은 해저에서의 토사 퇴적, 지면의 융기에 의한 육화, 마침내 고원(해안단구) 형성이라는 지각의 수직운동을 이해하고 있었다. 당시로는 지질학적 절대시간을 측정할 수 없는 시대였음에도 불구하고, 수백만 년이라는 긴 타임스케일로 지질학적 이벤트를 인식하고 있다는 점에서 그의 지질학 지식은 놀라울 뿐이다. 그는 이미 두 차례나 홋카이도를 다녀갔기에 홋카이도 전체 공간에 대한 지리적 인식이 가능했으며, 이를 바탕으로 나가사키 해군전습소 그리고 네덜란드 유학 시절에 익힌 지질학 및 화학 지식, 이후 탁월한 외국어능력을 기반으로 예비조사와 학습 덕분에 이 같은 경지에 오를 수 있었던 것이다. 당시 조사경로의 종착지점이었던 네무로에는 그의 개척정신을 계승한다는 의미로 에노모토의 이름을 따서 1906년 시립에노모토소학교(市立武揚小学校)가 개교되었으나, 2015년에 폐교되었다.

오타루 시 미야코도리(都通り: 구글 지도에는 센트럴타운미야코 거리로 되어 있음) 상점가에는 걸개그림이 걸려 있다. 아케이드 지붕 아래 걸린 이 그림을 자세히 보면 에노모토의 사진과 함께 '에노모토 다케아키의 꿈(榎本武揚の夢)'이라는 글도 확인할 수 있다. 그리고 상점가 거리 한가운데에는 '에노모토와 북두칠성의 로망'이라는 입간판과 '에노모토의 전설'이라는 또 다른 사각기둥 모양의 입간판도 볼 수 있다. 사실 에노모토의 동상이 세워진 곳은 여럿 되지만, 오타루 시는 무언가 특별하다. 실제로 오타루 역에서 2~3분 거리에 있는 가장 중심 상점가인 이곳 미야코도리가 온통 에노모토 이야기로 도배되어 있다. 도쿄에서도, 하코다테에서도, 나가사키에서도, 그리고 삿포로에서도 에노모토는 그 도시의 상징적 인물이 아니다. 하지만 오타루는 다르다. 이곳은 조사차 잠시 들렀을 뿐 장기간 거주하지도 않은 곳인데, 그는 이 도시의 전설이 되어

있었다. 또한 이곳에서 멀지 않은 류구신사(龍宮神社) 경내에는 에노모토의 동상이 세워져 있으며, 그가 썼다는 '북해진호(北海鎮護)'라는 현판과 그것을 바위에 새겨 놓은 기념비도 있다. 그리고 미야코도리 바로 옆 중심가에는 그의 호인 야나가와(梁川)를 따서 '야나가와도리(梁川通り)'라는 거리도 있다.

여기에는 사연이 있었다. 1873년, 그러니까 에노모토가 홋카이도에 머문 마지막 해에 개척사는 개인들에 의한 홋카이도 개발을 촉진하기 위해 토지불하 규칙을 반포하였다. 1인당 10만 평에 한정해 불하해서 10년 면세조건으로 개간하도록 했는데, 당시 오타루에 토지불하를 신청한 사람은 한 명도 없었다고 한다. 이런 상황에서 토지불하를 활성화시키기 위해서는 에노모토와 같은 고위관리들이 솔선수범해 불하를 받을 필요가 있었던 것이다. 에노모토와 기타가키 구니미치(北垣国道)는 공동으로 20만 평을 불하받았으나 낼 돈이 없어 이마저도 융자를 받았고, 이 융자금을 상환하느라 이후 두 사람의 고생이 이만저만이 아니었다고 한다. 그중 10만 평은 어찌 되었는지 모르게 사라졌지만 나머지 10만 평도 유지비용 때문에 두 사람은 골머리를 앓았다고 한다.

에노모토는 이 토지를 관리할 목적으로 북진사(北辰社)라는 조합을 설치해 오쓰카 가구지(大塚賀久治)를 지배인으로 뒀는데, 그는 하코다테 전쟁 이래 에노모토의 현지 측근으로 활약했던 인물이다. 하지만 앞서 언급했듯이 오타루가 홋카이도의 석탄적출항으로 선정되면서 1880년 오타루와 삿포로 사이에 철도가 개설되었고, 사할린과의 교역이 확대되면서 1889년에는 특별수송항으로 지정되었다. 이 모두 에노모토의 호로나이 및 소라치 탄광의 발견과 석탄적출항으로서 오타루의 제안과 결코 무관하다고 볼 수 없다. 에도 시대 청어잡이 어항으로 번영을 누리던 오타루는 이제 홋카이도 제일의 도시로 발전하기 시작했다. 많은 해운회사들이 들어서고 뒤이어 일본 각 은행들의 지점도 개설되었다. 국책은행이었던 일본은행의 지사가 홋카이도청이 있는 삿포로에는 개설되지 않았지만 오타루에는 개설되었을 정도였다. 지금도 해안에 가면 당시의 석조 건물과 물류창고들이 남아 있는데, 당시 바다와 창고를 이어 주던 운하는 지금도 그 일부가 남아 관광명소로 각광을 받고 있다. 경제가 활발해지면서 인구도 늘어났는데, 1877년 6,500명에 불과했던 오타루의 인구는 1893년에 34,000명으로 늘어났다. 그 후 매년 5,000명씩 늘어나면서 한때 일본 10대 도시의 하나로 성장하였다. 그 결과 황무지에 불과했던 에노모토 소유의 토지는 오타루의 중심지로 개발되면서 그 가치가 점점 높아졌다. 더군다나 그의 토지 부근에 새롭게 오타루 역이 들어섰다.

하지만 에노모토는 이 토지에서 나온 이익을 자기 호주머니에 넣지 않았다. 그는 하코다테 전쟁에서 사망하거나 다친 부하들, 그리고 막부 신하와 그 자제들의 후생복리 사업을 위해 아낌없이 지출하였다. 이에 대해서는 다음 기회에 자세히 이야기할 예정이다. 그는 1890년 중심 도로변에 있는 토지를 국가에 헌납했는데, 걸개그림이 걸려 있는 미야코도리 역시 이때 헌납했던 토지의 일부이다. 그러니 에노모토가 이 도시의 심벌이 된 것을 이제 납득할 수 있을 것 같다.

그는 삿포로의 북쪽 쓰이시카리[対雁: 지금의 에베쓰 시(江別市)]에도 본인 명의로 10만 평의 토지를 구입했다. 관리를 맡은 이가 일본 최초로 폭약을 사용하여 이곳 토지를 적극적으로 개간했지만, 그 덕분에 에노모토는 많은 부채를 지게 되어 고충을 겪었다고 전해지고 있다. 이렇게 만들어진 에노모토 농장은 에노모토 사후 10년 후인 1918년 즈음, 그의 장남과 소작인 9명 사이에 농장 해산 계약이 이루어져 토지가 소작인들에게 주어졌다. 현재 그곳에는 자그마한 에노모토 공원(榎本公園)이 조성되어 있고, 에노모토의 기마상이 높이 세워져 있다. 한편 오타루에 있는 류구신사 자리는 원래 에노모토가 자신의 조상을 모시던 작은 사당이었으나, 1876년 홋카이도 이민자들의 안녕을 기원한다는 의미로 '북해진호'가 새겨진 현판을 걸면서 신사의 모습을 갖추게 되었다. 다시 1886년 원래 에사시(江差: 에노모토의 기함 가이요마루가 침몰했던 항구)에 있던 류구신사를 오타루에 옮겨 이곳 신사와 합사함으로써, 현재의 류구신사라는 이름의 신사가 탄생하게 되었던 것이다. 현재 이 신사에 세워져 있는 에노모토의 동상은 에노모토 사후 100주년을 기념하면서 2008년에 세운 것이다.

지질학자 라이먼

1873년 12월 22일 에노모토는 구로다로부터 급히 도쿄로 오라는 지시를 받고 홋카이도를 떠났다. 자원조사를 담당하는 개척사 관리로서 1년 반 동안의 활동은, 에노모토가 홋카이도와 직접 관련되어 행한 공적 임무의 마지막이었다. 이제부터 그에게는 지금과는 차원이 다른 일들이 기다리고 있었다. 캐프런은 에노모토보다 1년 반가량 더 홋카이도 개척사업에 관여한 후 1875년 5월 4년간의 계약을 마치고 귀국하였다.

캐프런은 1871년 구로다에게 제출한 계획서에 따라 많은 사업을 추진했는데, 그가 떠난 직후인 1875년 8월에 개교한 삿포로농학교의 기틀을 마련한 것도 그 공적 중 하나이다. 캐프런은 도로 건설, 광업, 공업, 농업, 수산업 등 홋카이도 개척을 위해 전방위로 사업을 추진하였다. 그중 몇 가지 일화를 소개하면 다음과 같다. 당시 일본인 남자의 평균 신장이 145cm밖에 되지 않는 것은 밥과 무만 먹기 때문이라 판단하고는 오이·가지·피망 등의 야채와 소맥·대맥 등의 곡물, 사과·포도 등의 과일 그리고 축산물을 미국으로부터 도입해 일본의 식탁을 개선하려 노력했다. 또한 홋카이도의 기온이 낮아 벼 재배에는 불리하기 때문에 보리의 재배를 강조했고, 밥보다는 빵을 주식으로 하는 식단을 권유하기도 했다. 보리가 장려된 덕분에 나중에 개척사 맥주양조소가 설립되는 계기가 되었으며, 이 양조소는 이후 현재의 '삿포로맥주'로 바뀌었다. 또한 생선을 잡아 염장을 해서 해외에 수출하는 것도 추진했는데, 1877년에는 일본 최초의 통조림 공장이 건설되었고 그 후에도 해안을 따라 많은 통조림 가공공장이 세워졌다.

사실 하코다테가 개항장으로 주목받게 된 것은 미국 포경선단의 해난구조 기지이자 석탄보급 기지로서의 가치를 미국이 발견했기 때문이다. 하지만 당시 홋카이도에는 이들 선박에 보급할 석탄이 채굴되지 않고 있었다. 앞서 언급했듯이 1861년 홋카이도에서 지질조사를 실시했던 미국인 지질학자 펌펠리와 블레이크 역시 하코다테 항의 석탄문제를 해결하기 위해 막부가 초청했던 것이다. 포경선에 석탄을 공급하는 일도 중요했지만, 산업 전 분야의 근대화를 목표로 했던 홋카이도 개척사업에서 에너지 자원의 확보는 절대적이었다. 홋카이도의 석탄 채굴, 나아가 일본 에너지산업의 발달에서 짧은 기간이나마 활약했던 에노모토의 역할은 과소평가되어서는 안 될 것이다. 하지만 홋카이도에서의 맹활약에 비해 오늘날 그의 활약에 대한 평가는 전반적으로 인색하다.

필자가 최근 방문했던 미카사 시(三笠市) 박물관(미카사 시는 에노모토가 조사한 호로나이 탄광이 번창하면서 정주민이 늘어나 미카사 시로 승격한 것임)은 대형 암모나이트로 유명한 곳이다. 전시실 한구석에는 에노모토의 사진과 함께 그가 처음으로 이곳 석탄의 화학적 분석을 시도했다는 내용의 게시물 하나가 다른 것들과 함께 전시되어 있었다. 한편 오타루 시는 과거 데미야 선 종점이었던 곳에 철도박물관과 운하 옆 석조건물 하나에 운하관박물관을 별도로 운영하고 있다. 하지만 앞서 지적했듯이 어디에도 에노모토에 대한 언급은 없다. 아무리 반역을 주도했던 인물이라 해도 미야코도리의 상인들과 오타루 시 공무원의 생각이 어쩌면 이렇게 다를 수 있는 것인지 여러 가지 생각으로 머리가 복잡해진다.

메이지 시대 이래 1970년대 들어 석탄이 석유로 대체되기 전까지, 일본의 석탄은 그들이 부르짖던 부국강병과 식산흥업의 밑거름이 되었음은 말할 나위도 없다. 홋카이도의 지질조사를 본격적으로 실시해 일본 최초의 광역지질도『일본에조치 지질요약지도(日本蝦夷地質要略地図)』를 만든 이가 바로 앞서 언급한 바 있는 라이먼(B. S. Lyman)이다. 이 지질도가 출판된 날인 1876년 5월 10일을 기념하여 '일본 지질의 날'이 제정되었다고 하니, 일본 석탄 개발에서 라이먼이 차지하는 의미를 미루어 짐작할 수 있다.

라이먼은 1835년생으로 20세이던 1855년 하버드대학을 졸업했고, 잠시 중학교에서 교편을 잡았다. 그 후 1858년에 뉴욕 지질조사소에서 제임스 홀(James Hall)의 지도를 받으면서 아이오와 주 지질조사에 참가한 것이 지질학에 입문하게 된 계기가 되었다. 1859년 유럽으로 건너가 당시 최고의 광산학교인 파리광산학교와 프라이부르크광산학교에서 수학했다. 남북전쟁이 발발하자 그는 1862년에 귀국한 뒤 펜실베이니아 주 지질조사소에 근무하던 백부를 도와 지질측량 조사사업에 참가하였다. 이 당시는 전 세계적으로 석유 개발붐이 일던 시기로, 록펠러가 오하이오 주의 7개 정유회사를 합병해서 스탠더드석유회사를 설립한 것도 이 무렵인 1870년이었다. 이해 라이먼은 영국 정부의 위촉을 받아 인도 서부 펀자브 지역의 석유조사 사업에 참가하였다.

라이먼이 조수 먼로(H. S. Munroe)와 함께 일본에 온 것은 1872년 11월이었다. 앞서 언급했듯이 라이먼은 캐프런과의 알력 때문에 물러난 앤티셀의 후임 지질조사원 자격으로 일본에 온 것이었다. 먼로 역시 컬럼비아대학 출신으로, 화학과 광물학을 전공한 인재였다. 라이먼은 구로다와 3년간 계약을 맺었는데, 홋카이도의 지질 및 광산 조사와 조사작업에 참가한 학생들의 교육이 임무였다. 이미 도쿄에는 캐프런의 제의에 의해 개척사의 임시학교라는 의미의 개척사가학교(開拓社仮学校)가 개교해 있었는데, 보통과(초등교육)와 전문과로 나누어져 있었다. 전문과에서는 물리, 화학, 기계, 광물, 지질, 건축, 측량, 식물, 동물, 농업 등의 강의가 개설되어 있었다. 학과 내용은 이과계로서는 당시 일본 최고의 수준이었으며, 캐프런 역시 강의를 맡았다고 한다. 라이먼은 이들 중에서 15명의 학생을 선발해서 홋카이도 지질조사에 나섰다. 1873, 1874, 1875년 3차례에 걸쳐 홋카이도 지질조사에 나섰으며, 개척사와의 계약이 끝난 후 잠시 공부성 권업료(勸業寮)에서 근무했다. 이때 그간의 지질조사를 정리해 발간한 것이 바로 1876년의 『일본에조치 지질요약지도』였던 것이다. 그는 그해 일본을 떠나 귀국했다. 귀국 후 펜실베이니아 주 지질조사소에서 근무했고, 60세인 1895년에 퇴임하였다.

그는 1907년 72세의 나이에 미국 정부의 위촉을 받아 독립한 지 얼마 되지 않은 필리핀을 방문해 탄광을 시찰했는데, 귀국길에 일본을 다시 들렀다. 30년 만의 방문이었다. 메이지 유신 직후 어수선하기만 했던, 과연 이 나라가 근대화를 이룰 수 있을지 의문시되던 미개한 소국 일본이 청일전쟁, 러일전쟁을 거치면서 이제 어엿한 동양의 강국으로 성장해 있었던 것이다. 그가 일본에 머문 것은 단 이틀에 불과했지만, 그사이 지질 및 광산 조사 지도자로 성장하여 일본 전국에서 활약하고 있던 당시 제자들이 도쿄에 모여 은사와 회포를 나누었다고 한다. 라이먼은 개성이 강한 남자인 동시에 사람들을 끌어들이는 매력이 있다고 한다. 앞서 언급했듯이 일본을 떠난 지 30년이 지났는데도 그가 나타나자 제자들이 모두 모였을 정도이니, 라이먼이 지닌 인간적 매력도 미루어 짐작할 수 있다.

사실 라이먼은 3년이라는 적지 않은 기간 동안 일본에 근대적 지질학을 본

그림 9.3 라이먼과 제자들(앞열 왼편 세 번째가 라이먼)

격적으로 전수한 첫 번째 인물이다. 그리고 라이먼의 지도를 받고 지질학에 투신한 제자도 많았다. 하지만 이후 일본의 지질학계는 도쿄대학 출신자들로 채워졌다. 센크, 라이먼, 브라운, 곳체 등 독일계 도쿄대학 지질학과 외국인 교수들이 아카데미즘을 추구했던 것과는 달리, 라이먼은 현장에서의 탐사, 발굴을 중시하는 미국식 지질학자였다. 따라서 그의 제자들은 모두 일본 전국의 지하자원 개발을 위해 현장에 나섰던 데다가, 개척사가학교가 삿포로농학교로 바뀌면서 지질학의 전통이 사라졌던 것이 일본 지질학에서 라이먼의 전통이 사라진 가장 큰 이유가 되었다.

라이먼과 관련된 재미있는 에피소드가 있다. 개척사가학교가 개교한 같은 해 9월에 개척사여학교(開拓社女学校)가 병설되었다. 정원 50명의 여학생 모두 학비가 무료인 반면, 졸업 후에는 홋카이도 재적의 남성과 의무적으로 결혼해야 한다는 조건이 붙어 있었다. 라이먼은 어느 날 파티 석상에서 재색을 겸비한 여학교의 한 학생을 보고는 한눈에 반해 반드시 결혼해야겠다고 결심했다. 그 여학생은 19세의 히로세 쓰네(広瀬常)였다. 당연히 라이먼은 홋카이도 남자가 아니었기에 쓰네의 결혼상대가 될 수 없었고, 이를 안 라이먼은 개척사 책임자인 구로다에게 이 제도에 문제가 있다며 제도의 개정을 요구했다. 구로다는 라이먼의 요청을 받아 제도를 완화했지만, 쓰네의 나이가 19세일 뿐만 아니라 라이먼과의 나이 차이가 20세에 달해 결혼을 승낙할 수 없었다. 구로다는 라이먼에게 다른 여성을 소개했지만, 고집이 센 그는 쓰네가 아니면 어떤 여자와도 결혼하지 않겠다며 막무가내였다.

이 문제로 머리가 아플 수밖에 없었던 구로다는 꾀를 냈다. 당시 여학생들 사이에서 동경의 대상이었던 모리 아리노리(森有礼)에게 쓰네를 소개했고, 이들이 곧바로 결혼함으로써 문제를 해결할 수 있었다. 당시 이 결혼은 일본 최초로 혼인계약서에 서명한 '계약결혼'으로도 유명했는데, 결혼식은 막 완공한 로쿠메이칸(鹿鳴館: 국빈과 외교관을 접대하기 위해 메이지 정부가 건립한 서양식 사교장)에서 거행되었고 입회인은 후쿠자와 유키치였다. 당시로는 세기의 결혼이라 불렸을 정도였다. 하지만 둘은 얼마 지나지 않아 이혼했으며, 이혼 후 쓰네는 행방불명이 되고 말았다. 쓰네를 잃은 라이먼은 평생 독신으로 살았다고 한다. 한편 모리는 1885년 제1차 이토 내각(제1대 내각)에서 초대 문부대신으로 취임하면서, 초기 일본 교육의 터전을 마련하느라 분주했다. 1888년 제2대 내각인 구로다 내각에서도 유임되었으나, 1889년 2월 11일 대일본제국헌법 반포식 당일 한 국수주의자에 의해 암살당했다. 당시 체신대신을 맡고 있던 에노모토가 헌법 발포식의 의전을 총괄하고 있었다. 에노모토는 모리의 후임으로 체신대신에서 문교대신으로 자리를 옮겼다. 이에 대해서는 다시 언급할 기회가 있을 것이다.

한편 1875년 삿포로로 옮긴 개척사가학교는 삿포로학교로 개명했고, 다음 해인 1876년에 다시 삿포로농학교로 이름을 바꾸었다. 이해 삿포로로 이전한 여학교는 그 이듬해 폐교되었다. 삿포로농학교의 교장은 개척사의 고위 관리인 일본인이 겸하고 있었지만, 교육에 관한 실제적 책임은 교수 부장인 교두 (敎頭)가 맡고 있었다. 삿포로농학교 초대교두로 초빙된 이는 바로 'Boys be ambitious'라는 명구로 우리에게도 잘 알려진 클라크(W. S. Clark) 박사였다. 그는 당시 매사추세츠 농과대학 학장이었는데, 이 대학 최초의 일본인 유학생 니지마 조[新島襄: 도시샤대학(同志社大学) 창설재의 소개와 일본 정부의 적극적인 요구에 의해 1년간 그곳 학장직을 휴직하고는 삿포로농학교 교두로 취임하였다. 개척사 고문으로 현직 미국 농무성 장관을, 삿포로농학교의 교두로 현직 미국 대학 학장을 초빙할 정도로 당시 홋카이도 개척은 일본 근대화의 상징이었는데, 이 모든 것을 추진할 수 있었던 것은 개척사 장관으로 신정부 실세인 구로다가 있었기 때문이다. 사실 구로다는 당시 권력의 최정점에 있던 오쿠보 도시미치의 복심으로 해결사 역할을 자처하면서 신정부의 난제들을 풀어 냈다. 그 결과 구로다는 사쓰마 번벌의 핵심적 위치에 오를 수 있었고, 그에 따라 개척사 업무도 과감하게 추진할 수 있었던 것이다.

클라크는 삿포로농학교에는 8개월밖에 근무하지 않았지만, 그의 교육 이념은 이후 삿포로농학교, 나아가 홋카이도제국대학 교육의 근간이 되었다. 전문 인력 양성을 목표로 한 개척사가학교 시절과는 달리, 삿포로농학교에서는 농학을 기본으로 하면서 교양교육에 힘을 쏟았다. 클라크 스스로도 과학 및 기독교적 도덕교육을 담당했는데, 그가 떠난 뒤에도 그의 교육방침은 그대로 이어져 많은 인재들을 배출하였다. 그중에서도 삿포로농학교 제2기생인 우치무라 간조(內村鑑三)는 성서학자, 언론인, 사회운동가 및 지리학자 등으로 일본에서뿐만 아니라 우리에게도 잘 알려진 인물이다. 우치무라 간조를 특별히 주목하는 이유는, 우리나라 교회사에서 독특한 입지를 지니고 있는 무교회주의자이자 독립운동가였던 김교신(金敎臣: 1901~1945)과의 특별한 인연 때문이다. 우리는 이 두 사람의 일생에서 너무나 많은 공통점을 발견할 수 있다. 특히 근대화 과정에서 소외되거나 지배권력과 동화될 수 없었던 지식인의 또 다른 일면이 이들의 삶에 투영되어 있기 때문이다. 삿포로농학교 출신의 또 다른 지리학자 시가 시게타카(志賀重昂)에 대해서는 이 책 제12장에서 다룰 예정이다.

우치무라 간조와 김교신

잠시 에노모토에서 화제를 돌려 우치무라 간조 이야기를 해 보자. 우치무라는 고우쓰케 국(上野國) 다카사키 번(高崎藩) 번사의 아들로 에도에서 태어났다. 1868년 여덟 살 되던 때에 가족과 함께 다카사키[高崎: 현재 군마 현(群馬県) 다카사키 시로 돌아갔고, 그 후 아버지의 근무지였던 이시노마키(石卷)와 게센누마(氣仙沼), 나중에는 다시 다카사키에서 살았다. 1871년 폐번치현과 함께 부친이 해임되면서 우치무라는 13세에 다시 도쿄로 상경했다. 다음 해부터 도쿄외국어학교(이후 도쿄영어학교, 도쿄대학예비문으로 바뀜)에서 3년간 영어를 배웠다. 그리고는 1877년 삿포로농학교 제2기 관비생(官費生)으로 입학했다. 삿포로농학교의 교육과정은 내무성 관할의 고마바 농학교(駒場農学校: 도쿄 제국대학 농과대학의 전신)에 비해 영문학, 심리학, 영어 실전 등 일반교양 과목의 비중이 아주 높았고, 지리학과 관련된 강의도 제공되었다. 이때 우치무라는 기독교도가 되었고, 지리학자의 꿈도 갖게 되었다.

우치무라는 1881년 21세에 삿포로농학교를 수석으로 졸업했다. 졸업 직후 개척사 권농국 어수과에 근무할 당시, 북방 해역에서의 수산 조사 및 개발에 매진했다. 1883년 도쿄로 돌아와 농상무성 농무국 수산과에서 근무했다. 1884년 24세에 결혼했으나 곧 이혼했다. 같은 해 농상무성을 사직하고 샌프란시스코행 배를 탔는데, 그의 미국행은 취직이나 취학이 동반되지 않은 무작정 도미였던 셈이다. 다음 해 같은 고향의 니지마 조의 소개로 매사추세츠 주의 애머스트(Amherst)대학에 편입학해서 역사학과 지질학 등을 배우는 것과 동시에 신앙적 성장도 이루었다. 미국 체류 3년 후인 1888년(28세) 귀국해서 니가타(新潟)에 이어 도쿄에 있는 사립학교에서 세계사와 생물을 가르쳤다. 1890년 제일고등중학교(이후 제일고등학교, 도쿄대학으로 바뀜)의 위탁 교원이 되어 영어, 지리, 역사 등을 담당했다. 다음 해인 1891년 '불경사건(시무식에서 '교육칙어'를 암송하지 않았다는 죄. 교육칙어와 관련해 에노모토 역시 문교대신에서 사임함. 이에 대해서는 다음에 자세히 밝히기로 함)'으로 해직되었다. 이후 오사카, 구마모토의 사립학교에서 지리, 역사, 영어 등을 가르쳤다.

1893년 교육계를 떠나 세 번째 처의 처가가 있던 교토로 거처를 옮겼고, 그곳에서 빈궁한 삶이었지만 저술에 전념했다. 1894년 34세에 『지리학고(地理學考)』를 간행했는데, 그 책 서문에 지리학에 대한 자신의 입장을 다음과 같이 나타냈다.

이 창의는 선철의 유훈에서 나온 것이라 하더라도 그 자체 결론과 함께 세목에 이르면 많은 것이 저자 자신의 사고를 따랐다. …… 늘 무미건조하다고 간주하는 지리학도 그것을 연구하는 방법에 따라서는 우려미(優麗味)를 맛볼 수 있다는 것을 우리나라 사람에게 소개하고 싶다.

이 책 제1장에서는 지리학이 '건전한 세계 관념'과 '세계인'의 자각을 함양하기 때문에 존재하는 것이라 설명했다. 이에 더해 지리교육의 중요성을 강조하면서 지명과 산천의 방향 등에 '지대한 효용과 심원한 진리'가 존재하고 있음을 인정했다. 제2, 제3장에서는 산, 평원, 바다의 '역사에 미치는 감화력'을 구체적으로 그리고 상세하게 서술했다. 제4장 '지리학과 섭리'에서는 북극 중심의 정방위 세계지도를 게재한 후, 5대륙은 "북극을 중심으로 3대륙괴(아호육괴, 구아육괴, 아메리카육괴)로 되어 있고, 세 방향을 향해 방사상으로 펼쳐져 있다."라고 해석했다. 이후 제5장 '아시아론', 제6장 '구라파론', 제7장 '아메리카론'에 이어 제8장 '동양론'에서는 인도와 중국의 자연조건과 문명사를 논술한 이후 '세계 3대 문명'으로 구라파 문명, 중국 문명, 인도 문명 각각의 특색을 제시했다. 이 '3자의 조화일치'를 구하기 위해서 제9장 '일본의 지리와 그 천직'에서 '일본 국민이 세계에 이바지해야만 하는 천직'의 사정을 판단해 보고자 했다.

일본의 천직이란 대략 다음과 같다. 즉, 일본은 ① 대륙에 대한 위치, 대양에 면한 상태, 산맥의 방향에서 영국과 극히 유사하며, ② '대륙의 동쪽 변방에 우뚝 솟아 동문이 열리는 것을 막는 위치에 있다'는 점에서 영국과 대비되며, ③ 지세의 구조가 유럽 대륙의 그것과 유사하다고 주장하면서, 일본의 천직에 대해서는 다음과 같이 서술했다. ① '일본국의 위치는 美亞 사이에 있고' 그 천직은 이들 양 대륙을 태평양상에서 연결하고 있는 것이다. ② 일본의 아시아와 아메리카에 대한 위치는 영국의 구라파와 아메리카에 대한 위치에 해당된다. ③ 일본의 산맥이 남북 축선을 지닌 채, 곳곳에서 동서 선이 횡단한다는 사실은 '우리에게 아시아·구라파 양 주를 동화시키는 특징이 있다'는 것이다. 따라서 '일본국의 천직'은 동서양 간의 매개자가 되는 것이라고 다음과 같이 결론지었다.

동서양은 우리나라에서 만난다. 파미르 고원의 동서로 정반대 방향으로 향해 분기 유출된 양 문명이 태평양에서 서로 만나 이 둘의 배합으로 인해 배태된 신문명이 우리로부터 나오고, 다시 동서양에 그 영향을 미친다.

이 책은 세계의 자연적 조건이 세계사적 전개에 미친 영향을 기술하고, 그것에 내재된 발전의 법칙을 기독교적 목적론에 의거해 설명하였다. 이러한 기독교적 세계관을 근거로 세계지리를 구체적으로 기술하면서, 그중에서도 일본이 점유하고 있는 위치와 그에 따른 역할을 강조했다. 이에 덧붙여 박애적 세계관을 가진 세계시민을 육성하고자 했다. 우치무라는 자신의 저서를 '지리학적 종교론', '지리학의 정신', '지리학에 있어서 신', 다시 말해 '세계의 지리를 하나의 커다란 시편으로 보았던 저작' 등으로 불렀다. 이 책은 간행된 지 3년 후인 1897년에 『지인론(地人論)』이라는 이름으로 바꾸어 재판되었다. 이 책 서론에서 그는 "일청전쟁(1894~1895) 이후의 일본인은 내가 이 책에서 논구했던 것과 같이 대천직에 충실하는 민이 아니라는 것을 증명이나 하듯이"라고 부언하면서, 청일전쟁을 옹호했던 자신의 과오를 인정하였다.

1897년 37세에 일간지 『만조보(万朝報)』(1892년 창간) 영문란의 주필이 되어 도쿄로 거처를 옮긴 후 그곳에서 계속 살았다. 이후 우치무라는 기독교도로서 자신의 입지를 확실하게 천명하면서 사회평론에 매진했다. 1901년 아시오(足尾) 광독(鉱毒)문제해결기성동지회의 일원으로서 와타라세 강(渡良瀬川) 유역을 시찰하면서 광독 투쟁을 돕는 등(에노모토는 당시 이 문제의 주무장관인 농상무대신이었는데, 일본 최초로 광독조사위원회를 설치하고는 문제에 책임을 지고 사직하였음) 사회운동에도 적극 참여했다. 1900년 자신이 창간했던 『성서지연구(聖書之研究)』에서는 성서의 연구를 근간으로 하는 사회평론을 시도하면서 '무교회주의'를 선명하게 밝혔고, 러일전쟁(1904~1905)에 대해서는 철저하게 비전론을 주장했다. 게다가 제1차 세계대전 발발(1914)과 미국 참전(1917) 이후에는 지금까지의 세계사를 근본적으로 재평가해야 한다고 목소리를 높였다.

한편 김교신은 3·1운동 다음 해인 1920년 일본으로 건너갔다. 김교신이 우치무라를 만나 사숙했던 1920년대는 우치무라 인생의 후반기로(우치무라는 1930년에 사망함), 주로 성서 연구, 전도, 설교 등 기독교와 관련된 일에 몰두하던 시기였다. 김교신은 1920년 기독교에 귀의한 후 1921년부터 1927년까지 7년 동안 우치무라의 성서 강연에 참여했다. 김교신은 우치무라를 '세상에 둘도 없는 대선생'이며, 그의 기독교 이해를 '진정한 복음'의 이해라고 생각했을 정도로 우치무라의 인품과 종교관을 상찬했다고 한다. 김교신은 1925년 함석헌을 비롯한 우치무라의 제자들과 함께 '조선성서연구회'를 만들어 성서 연구에 전념하면서 기독교 진리의 근간을 습득해 나갔다.

도쿄고등사범학교 졸업과 함께 귀국한 김교신은 약 15년 동안 함흥의 영생여자고등보통학교, 서울의 양정고등보통학교와 경기중학교 등에서 지리를 가르쳤다. 그는 창씨개명을 거부했으며 학생들의 민족의식 각성에 힘을 쏟았는데, 그가 직접 가르친 제자로는 윤석중, 손기정, 유달영 등이 있다. 한편 1930년 함석헌, 송두용 등과 함께 『성서조선』을 발행했는데, 1942년 3월 폐간될 때까지 158호를 발간했다. 1942년 '성서조선 사건'으로 투옥된 그다음 해인 1943년 불기소처분으로 출옥했다. 이후 1944년 흥남질소비료공장에 취직하여 조선인 노동자의 복지와 인격 교육에 힘을 쏟기도 했다. 해방을 3개월 앞둔 1945년 4월, 발진티푸스에 감염된 조선인 노동자를 간호하다가 그 역시 감염되어 세상을 떠났다.

김교신은 1934년 3월 「조선지리소고」라는 글에서 이렇게 말했다. "조선은 극동의 중심이다. 심장이다"라고. 이어서 조선 역사에 편안한 날이 없었다함은 무엇보다도 이 반도가 동양 정국의 중심인 것을 여실히 증거하는 것이다. 물러나 은둔하기에는 불안한 곳이나 나아가 활약하기에는 이만한 데가 없다. 이 반도가 위험하다 할진대 차라리 캄차카 반도나 그린란드섬의 빙하에 냉장하여 두는 수밖에 없는 백성이다. 현세적으로, 물질적으로, 정치적으로 고찰할 때 조선반도에 지리적 결함, 선천적 결함은 없는 줄로 확신한다. 다만 문제는 그곳에 사는 백성의 소질, 담력 여하가 중요한 원인인가 한다.

여기서 그는 조국의 지리적 불비함만을 탓하지 말고 그것을 장점을 살려 조국을 누란에서 구출해야 한다는 조선인의 사명, 조선인의 분발과 결단을 촉구하고 있다. 이는 앞서 일본의 지리에 근거해 우치무라가 설파했던 '일본의 천직'과 유사한 논조임을 부인하기 어렵다. 한편 우치무라는 자신의 '애국심'에 대해 이렇게 말했다.

나에게도 애국심이 있다고 생각한다. 나는 청년 시절에 늘 외국 친구들에게 말하기를, 나에게는 사랑하는 두 개의 J가 있다. 그 하나는 예수(Jesus)이고, 다른 하나는 일본(Japan)이라고 했다. 어느 쪽을 더 사랑하는지 나로서는 모르겠다......내가 일본을 사랑하는 사랑은 보통 이 나라에서 볼 수 있는 애국의 사랑이 아니다. 나의 애국심은 군국주의로 나타나지 않는다.

바로 여기서 김교신의 '기독교'와 '조선'과의 관계를 파악할 수 있다. 우치무라의 'Japan'이 식민지 제자 김교신에게는 '조선'이 된 것이며, 자신이 배우고 가르치고 있는 지리학을 바탕으로 조선을 널리 깊게 연구하여 새롭고 영원한 조국 조선을 성서 위에 반석처럼 올려놓는 것을 자신의 사명으로 삼았던 것이다. 『성서조선』은 이러한 배경에서 발간된 것이다. 게다가 그는 철저한 무교회주의자라 기존 기독교 교단과는 비타협적일 수밖에 없었고, 내세보다는 조국이 처한 현실에 초점을 맞춘다는 점에서 지극히 이단적이라 평가를 피할 수도 없었다. 그는 지리학자이자 기독교도였으며, 조국의 독립을 염원하는 애국지사였던 것이다. 1927년 『성서조선』 창간사에는 그의 염원이 잘 드러나 있다.

> 『성서조선』아, 너는 소위 기독 신자보다는 조선혼을 소지한 조선 사람에게 가라. 시골로 가라. 산촌으로 가라. 거기에 나무꾼 한 사람을 위로함으로 너의 사명을 삼아라.

정한론 정국

다시 에노모토 이야기로 돌아간다. 구로다의 추천이 주효했던지 에노모토는 갑작스럽게 주러시아 특명전권공사로 발탁되어 러시아의 수도 상트페테르부르크로 갔다. 1873년 3월의 일이다. 이처럼 러시아와의 외교문제가 일본 정부 초미의 관심사로 대두된 데는 나름의 이유와 이력이 있다. 이를 잠시 정리하면서 이 장을 마무리하려 한다. 메이지 초기 정한론으로 대변되는 유수 정부 시절의 강경론이 당시 일본 외교정책의 전반적인 기조처럼 인식되고 있지만, 꼭 그런 것만은 아니다. 여기서 유수 정부란, 1871년 11월 이와쿠라 도모미를 단장으로 하고 기도 다카요시, 오쿠보 도시미치, 이토 히로부미 등 메이지 유신의 원훈(元勳)들이 참가한 일명 이와쿠라 사절단이 해외에 머물던 시기의 일본 정부를 말한다. 물론 이 유수 정부를 책임졌던 정치인은 사이고 다카모리였으며, 이 시기는 에노모토가 개척사 관리로 활약한 시기와 정확하게 일치한다.

유수 정부 이전 일본과 러시아의 국경은, 1855년 일러화친조약을 바탕으로 1867년 두 나라 사이에 체결된 국경조약에 의거하였다. 즉, 쿠릴 열도의 경우 북방 4개 도서(이투루프 섬과 우루프 섬 사이를 경계로 그 남쪽 섬들)를 일본의 영토로 하고, 가라후토(사할린)에 대해서는 '양국 공동의 영토로 양 국민의 자유왕래를 보장'하는 소위 '잡거' 상태를 유지하고 있었다. 물론 앞서 언급했듯이 개척사 일각에서는 무력으로 가라후토를 점유해야 한다는 강경론이 제기되기도 했지만, 구로다를 비롯한 정부 실세들은 홋카이도만이라도 제대로 개발하기 위해서는 가라후토를 포기하는 쪽이 낫다고 생각했고, 오히려 가라후토를 매각하는 방안까지 고려했다. 따라서 약소국 일본으로서는 선제적으로 러시아와의 국경문제를 해결할 의지도 능력도 없었기에, 당시로서는 상황을 방관하는 입장일 수밖에 없었다.

유수 정부가 들어서고 1872년 1월 소에지마 다네오미(副島種臣)가 외무경에 취임하면서, 러시아 및 조선과의 외교문제에 적극적으로 나서기 시작했다. 우선 1872년 4월 러시아가 주일본 초대 대리공사 뷰초프(E. K. Byutsov)를 도쿄에 파견하면서 가라후토 영유권에 대한 교섭이 본격적으로 추진되었다. 뷰초프가 가라후토 전체의 영유를 주장하면서 기존의 분할론을 폐기하겠다는 의향을 보이자, 일본 측은 이에 대해 가라후토 매각안을 제시하였다. 뷰초프가 매입자금이 없다며 매각안을 거부하자, 이번에는 일본 측이 가라후토를 매입하겠다고 역제안을 하였다. 뷰초프는 이 건에 대한 결정권이 자신에게 없다며 본국 정부의 지시를 기다리겠다고 답변했고, 이에 교섭은 중단되었다.

이듬해 초 뷰초프는 러시아가 가라후토를 유형지로 이용할 계획이라 일본에 매각할 의사가 없다는 본국의 훈령을 일본 측에 전달하였다. 이에 대해 소에지마 외무경이 '러시아의 가라후토 전체 영유 주장이나 매각 거부는 가라후토를 그냥 먹겠다는 심사냐'며 뷰초프를 힐난하자, 러시아 측은 가라후토를 넘겨줄 경우 그에 상당하는 대가를 지불할 용의가 있다고 답했다. 이제 가라후토 양도에 대한 대가 수준까지 논의가 진전되었고, 일본으로서는 그 대가로 일본의 조선 출병 시 러시아의 중립을 요구하는 안까지 가지고 있었다고 한다. 하지만 다음에 언급하겠으나 소에지마 외무경이 류큐(琉球) 어민 살해사건의 해결차 청국으로 출국하는 바람에 러시아와의 가라후토 양의 논의는 일시 중단되었다.

한편 일본은 1868년 12월 쓰시마 번을 통해 조선 정부에 신정부 수립을 알리는 외교문서를 보냈다. 조선 정부는 이 문서의 수취를 거부했다. 쓰시마 번주의 관위가 상승되었고 새로운 인장을 사용했다는 이유도 들었지만, 근본적으로는 종주국인 청국의 황제만 사용할 수 있는 '皇', '勅' 등의 문자를 일본의 천황이 사용했다는 이유에서였다. 조선 측의 수취 거부에 대해 일본은 세 가지 방안을 강구했다. 하나는 일본의 국력이 충실해질 때까지 국교를 단절하는 것, 둘째, 무력을 동반한 사절을 파견해 국교교섭을 요구하고 이를 거절할 경우 무력을 행사하는 것, 셋째, 청국과의 대등한 조약을 체결함으로써 이를 바탕으로 조선에 국교 수립을 요구하는 안이었다. 당연히 두 번째가 정한론의 기본방침이다. 세 번째는 무력 사용이라는 강경책을 피하고 청과의 우선 수교라는 외교적인 방식을 통해, 조선을 '한 급 아래'의 국가로 자리매김한 이후 조선과 관계를 수립하려는 방식이었다. 1871년 9월, 일본과 청국 사이에 대등한 관계의 일청수호조규가 체결되었다.

청국과의 조약이 체결되자 이제 '한 급 아래'의 조선에 대한 외교는 강경기조로 흐르기 시작하였다. 이 역시 소에지마가 외무경에 취임하면서 시작되었다. 1872년 5월 일본 외무성은 지금까지 쓰시마 번을 매개로 한 조선과의 외교를 폐지하고 외무성의 공문에 의한 외교로 전환한다고 조선 정부에 통보하였다. 만약 조선이 이를 거부할 경우 왜관을 철수하라고 파견 외교관에게 지시하였다. 이때 파견된 외교관은 구 쓰시마 번사 사카라 마사키(相良正樹)였는데, 그는 조선 측이 외교문서 접수를 거부하자 다시 접수를 요구하면서 집단적으로 동래부에 난입하였다. 동래부는 이를 일인이 왜관 밖을 나올 수 없다는 규정을 어긴 난출(亂出) 사건으로 규정하고 왜관에 숯과 땔감, 미곡을 지급하지 않고 새벽시장을 폐쇄하는 조치를 내렸다. 그 후 9월 외무경 소에지마는 외무성 고관인 하나부사 요시모토(花房義質)를 군함 2척과 함께 부산으로 파견하였다. 목적은 왜관을 외무성 관할로 하고 거류자들을 철수시키는 것이었다. 하나부사의 왜관 접수는 하루 만에 끝났고 다음 날 철수하였다. 조선 정부는 일본의 일방적인 접수에 항의했지만, 왜관은 이제 일본 정부 관할이 되었으며 이듬해 2월 '대일본공관'으로 개칭되었다.

유수 정부의 외교 강경론에 불을 지핀 것은 대만에서의 류큐 어민 살해사건이었다. 이와쿠라 사절단이 출발한 직후인 1871년 12월, 대만 남단에 표착한 류큐인 66명 중 54명이 현지 주민들에게 살해당한 사건이 그것이었다. 나머지 12명은 청국의 보호를 받아 1872년 7월에 류큐의 나하(那覇)로 돌아올 수 있었다. 이 사건이 정식으로 육군원사 겸 참의인 사이고 다카모리에게 보고된 것은 1872년 8월이며, 이후 대만 출병에 대한 건의서가 정부에 제출되었다. 정부 내에서는 군사적 점령계획이라는 강경론과 내치 우선론을 바탕으로 한 외교교섭이라는 온건론이 대립했으나, 결국 후자로 귀착되었다.

1873년 3월 외무경 소에지마는 청국과의 교섭을 위해 요코하마를 출발하였다. 소에지마 외무경의 청국 파견에 대한 형식적 이유는 일청수호조규의 비준서 교환과 어민 살해행위에 대한 보상 및 재발방지책을 요구하는 것이었다. 하지만 실질적인 이유는 류큐에 대한 일본의 주권을 확보하려는 것이었다. 일

476

본의 책임 추궁에 대해 청국 측은 '대만 원주민이 살고 있는 땅은 청국의 권력이 미치지 않는 곳이라 책임을 질 수 없으며, 실상을 조사해 후일 알려 주겠다'고 구두로 답했다. 그리고 속국 조선의 내정 관여에 대한 질문에 대해서도, 청국은 조선의 '외교권리'에 관여하지 않는다고 답했다. 결국 이러한 내용의 보고가 일본에 전해지자 일본 여론은 즉각 대만 출병론으로 이어졌고, 정부 책임자들도 이에 동조하기 시작하였다. 하지만 앞서 언급한 국서 수취 거부라는 조선 문제가 돌출하면서 대만 출병론은 뒤로 미루어졌고, 이제 본격적인 정한론 정국에 돌입하기 시작하였다.

발단은 1873년 5월 31일, 부산에 있던 대일본공관 주재 외교관 히로쓰 히로노부(広津弘信)가 보낸 한 통의 보고서에서 비롯되었다. 보고 내용은, 일본 상인들의 밀무역에 대해 동래 관헌들의 단속이 시작되었고 식량 공급이 중단되었으며, 조선 측의 게시물이 공관 벽에 붙었는데 그 게시문에는 일본을 '무법의 나라'라 칭하는 무례를 저질렀다는 것이다. 이러한 보고를 받은 일본 정부는 즉각 반응하기 시작했다. 7월 초순 각의가 개최되었다. 참석자는 산조 사네토미 태정대신 이하 사이고 다카모리, 이타가키 다이스케(板垣退助), 오쿠마 시게노부(大隈重信), 오키 다카토(大木喬任), 에토 신페이(江藤新平), 고토 쇼지로(後藤象二郎) 등 6명의 참의가 참석하였다.

외무성의 의안은 '금번 공관 게시물처럼 불의의 폭거를 받을 수 있으며, 국가의 명예에 관한 일이라 인민 보호를 위해 우선 군함과 육군을 파견하고 그 후 사절을 보내 담판을 해야만 한다'는 것이었다. 이에 대해 이타가키는 파병안에 찬성했지만, 사이고는 군대 대신 사절을 파견해 조선 정부를 질책해서 잘못을 뉘우치게 해야 한다고 주장하면서 자신이 직접 사절로 가겠다고 제안하였다. 여기에는 자신이 사절로 파견되면 조선 정부가 무례나 위해를 가할 것이 뻔하니 이를 빌미로 전쟁을 할 수 있으며, 이를 불만 사족들의 탈출구로

삼자는 사이고의 의도가 담겨 있었던 것이다. 이에 이타가키는 자기의 안을 철회하였고 나머지 참의들도 찬성했다. 하지만 당시 소에지마 외무경이 청국에 가 있던 이유로 결정은 외무경 귀국 후로 미루어졌다.

8월 17일 각의에서 사이고의 조선 사절 파견이 내정되었다. 하지만 이것은 어디까지나 내정이었기에, 이와쿠라 사절단이 귀국한 이후 재심의하기로 결정하였다. 이와쿠라 사절단의 귀국 직후부터 오쿠보와 사이고의 줄다리기가 시작되었다. 사이고의 사절론이 죽음을 전제로 한 것이라면 정부로서는 응당 전쟁을 전제하지 않을 수 없는 것이기에, 조일전쟁의 이해득실에 대한 검토가 없다면 사절을 파견할 수 없다는 것이 오쿠보의 판단이었다. 하지만 사이고의 강권을 누를 수 없었기 때문에 결국 사이고의 조선 사절 파견이 각의에서 결정되었다.

하지만 오쿠보는 이를 그대로 볼 수만은 없었다. 결국 오쿠보가 꼼수를 쓰고 말았다. 사이고의 즉시 파견론에서 파견 자체를 시비 걸기보다는 즉시라는 시점에 시비를 걸어 연기시킬 수만 있다면, 결국 사이고의 즉시 파견론은 폐기될 수밖에 없다는 결론에 이르렀던 것이다. 다행히 당시 태정대신 산조 사네토미가 병으로 집무가 불가능한 상황이었기에 태정대신 대리가 된 이가 바로 이와쿠라였다. 오쿠보의 꼼수는 이와쿠라로 하여금 두 가지 안을 천황에게 제시해 선택을 하도록 하는 것이었다. 즉 각의에서 결정한 사절 즉시 파견론과 이와쿠라 개인의 의견으로서 사절 파견 연기론이 그것이었다. 천황은 이와쿠라의 뜻에 따라 연기론을 선택했고, 그 결과 사이고의 사절 파견안은 좌초되고 말았다. 이때가 1873년 10월의 일이니, 사이고와 오쿠보 사이의 정한론 대치는 순식간에 종결되었다. 오쿠보를 필두로 한 온건파가 승리함에 따라 사이고를 필두로 한 강경파는 몰락하고 말았다. 이는 이후 일본 정국의 향방에 결정적 영향을 미치게 되었다.

가라후토 분쟁

앞서 언급했듯이, 러시아와의 가라후토 교환 문제는 류큐 어민 살해 문제로 소에지마 외무경이 청국으로 가는 바람에 잠시 수면 아래로 가라앉는 듯했다. 하지만 1873년 4월 가라후토 최남단 일본인 본거지였던 핫코토마리(函泊)에서 화재사건이 일어났다. 불기라고는 하나 없는 일본의 어구창고에서 불이 났는데, 이 창고는 이전부터 러시아 측이 철거를 요구했지만 일본 측이 이에 응하지 않았던 곳이다. 일본인 어부가 불을 끄려 하자 러시아 병사가 소화 작업을 방해했고 오히려 이들에게 폭행을 가하기도 했다. 이에 대해 가라후토 소재 개척사 관리가 러시아 측에 항의했지만 아무 소용이 없자, 이를 개척사 본청에 보고하면서 토지와 인민의 보호를 위한 정예병 파견을 요청했다. 하지만 구로다는 실상을 조사하기 위한 개척사 관원의 파견에는 동의하지만 정예병의 파견은 불가하다고 통보했다.

한편 구로다는 이 사건을 또 다른 쪽으로 활용하기도 했다. 즉, 사이고의 조선 사절단 파견이 결정되자 이를 번복하려는 오쿠보의 요구에 따라, 구로다는 '가라후토 화재사건을 조사한 결과 현지 사정이 어렵게 되어 즉시 정예병을 가라후토로 파견해야 한다'고 정부 측에 요청하였다. 즉, 조선 문제보다는 가라후토의 사정이 더 화급하다는 것이었다. 구로다로서는 사이고의 목숨이 위태로워지는 것도 참을 수 없었겠지만, 그 역시 독립된 정치인으로서 당시는 이미 내치를 우선시하는 오쿠보의 정책에 동조하는 입장이었다. 물론 구로다의 꼼수는 통하지 않았고, 사이고의 파견 건은 각의를 통과하였다. 정한론 정변 이후 사이고를 필두로 이타가키 다이스케, 소에지마 다네오미, 에토 신페이, 고토 쇼지로 등의 사표가 수리되었고, 대신 이토 히로부미와 가쓰 가이슈가 대신 참의로 취임하였다. 이제 오쿠보 정권은 오쿠보 도시미치, 오쿠마 시게노부, 이토 히로부미 3인 체제로 움직이기 시작했다. 또한 오쿠보는, 궁정 공작에 의한 각의결정 번복이라는 꼼수로써 맹우 사이고를 하야시키고 자신의 구상대로 신정부를 운영할 수 있게 되었다.

오쿠보로서는 자신의 정권 장악에 대한 정당성을 확보하기 위해 '실적'이 필요했다. 게다가 정한론 정국에서 오쿠보는 사이고의 조선 파견보다 가라후토의 일본인 문제, 나아가 러시아와의 국경교섭, 더 나아간다면 일본의 조선 진출에 러시아가 중립을 취하고 또한 러시아의 남하를 방어하는 것이 더 중요하다고 주장한 바 있었다. 따라서 이에 대한 응분의 조치도 필요했던 것이다. 오쿠보 정권의 선택은 러시아와의 국경교섭이었다. 정한론 정변으로 이제 조선과의 전쟁 가능성은 사라졌다고 판단했기에, 신정권의 실적 대상으로 가라후토의 분쟁 및 국경문제 해결이라는 카드가 떠오르게 되었던 것이다.

1873년 11월 2일 소에지마의 후임 외무경인 데라시마 무네노리(寺島宗則)와 러시아 대리공사 뷰초프 사이에 회담이 진행되었다. 회담 후 데라시마는 전임자 소에지마에게 이후 교섭을 맡기자는 안을 오쿠보에게 제시하였다. 이에 오쿠보는 소에지마의 재등용을 단호히 거부하면서 뷰초프를 상대로 한 교섭은 더 이상 진행할 필요가 없다고 주장하였다. 결국 11월 19일 각의에서 러시아로 사절을 파견해 핫코토마리의 분쟁과 국경문제를 직접 교섭한다는 안이 가결되었다.

그 이듬해인 1874년 1월 10일 오쿠보의 천거에 의해 에노모토가 러시아 사절로 결정되었고, 1월 18일 에노모토는 러시아 주재 특명전권공사에 임명되었다. 오쿠보에게 에노모토를 천거한 이는 당연히 구로다였다. 구로다는 에노모토의 뛰어난 어학능력과 하코다테 전쟁 당시 국제법을 무기로 교묘히 외교전을 펼쳤다는 점을 잘 알고 있었기에, 에노모토를 대러시아 교섭에서 최적의 인물로 평가했다. 사실 1873년 정한론 정변 이전만 하더라도 소에지마를 중심으로 한 가라후토 분할론과 구로다의 가라후토 방기론이 대립하였지만, 정변 이후 소에지마를 비롯한 정한론자들의 하야 덕분에 가라후토 방기론이 우위를 점하게 되었다. 이 역시 러시아와의 국경문제를 교섭으로 해결하겠다는 일본 정부의 정책 결정에 결정적인 역할을 했다.

이후 오쿠보 정권은 '민력 양성론'을 바탕으로 한 내치 우선정책을 추구하면서도, 1874년 대만 출병과 그 이후 1879년 류큐 복속, 1875년 사할린-쿠릴 열도 교환조약에 따른 러시아와의 국경 획정, 1875년 강화도사건과 1876년 조일수호조규(일명 강화도조약)에 따른 조청 간의 속국관계 청산 및 조일 국교 수립 등 주변국과의 관계를 정립하였다. 조선의 입장에서는 포함외교를 바탕으로 한 강압적이고도 불평등한 조약을 일본과 맺었기에 일본 외교정책의 폭압성을 탓할 수 있고, 당연히 그래야만 한다. 하지만 당시 오쿠보 정권으로서는 전쟁을 불사하고서라도 주변국과의 관계를 정립하고자 하는 강경론자를 제압해야 했고, 연이어 터져 나오는 사족들의 불만도 잠재워야만 했다. 비록 대만 출병이라는 무력도발은 있었지만 청, 러시아, 조선, 류큐 등 일본을 둘러싼 나라들과 전쟁을 회피하는 방식으로 국경 및 외교관계를 정립하였고, 그 여세를 몰아 산적한 국내 여러 문제들을 정리해 나갈 수 있었던 것이다.

제10장

1878 시베리아 일기

1874년 3월 10일 에노모토는 러시아를 향해 요코하마 항을 출발하였다. 그 직전 3월 5일에 훈령이 내려졌다. 하나는 막말 이래 일본의 가장 중요한 외교현안이었던 가라후토를 둘러싼 러시아와의 영토 교섭이었고, 다른 하나는 언젠가 맞닥뜨리게 될 러시아와의 일전을 위한 러시아, 특히 시베리아에 대한 조사였다. 훈령에는 직접 드러내지 않았지만, 일본의 조선 출병 시 러시아의 중립(불개입) 관철도 에노모토의 임무에 포함되었을 것으로 판단된다. 사실 이번 러시아 사절로 오쿠보 스스로 갈 계획도 있었다. 그러나 당시 사족 반란과 대만 출병 등 다급한 국내외 현안들이 산적해 있었기에, 국가 최고지도자가 장기간 외국에 파견되는 것에 대해 이와쿠라 등이 적극 반대하였다. 그 결과 외교에서도 공적을 세워 보려던 오쿠보의 의지는 좌절되고 말았다. 하지만 당시 러시아와의 당면 문제가 과연 실세 오쿠보가 나서야 할 정도로 중차대한 사안이었는지는 의문이다.

요코하마를 떠난 에노모토 일행은 홍콩에 잠시 정박했고, 인도양을 건너 수

에즈 운하를 통과했다. 그 후 베네치아에 상륙하고는 스위스를 거쳐 프랑스 파리에 도착하였다. 에노모토는 파리에서 러시아 황제 알현 시 입을 해군중장 대례복을 구입하였다. 사실 에노모토는 주러시아 특명전권공사에 임명되던 날인 1월 18일, 공사 임명 직전 우선 해군중장에 임명되었다. 당시 일본 해군에는 소장 이하만 있었지 그 이상의 계급이 없었기에 에노모토의 해군중장 임명은 그야말로 파격이었다. 일본 조정, 특히 이토 히로부미는 무관을 중시하는 러시아 궁정에 이 정도 무게감을 지닌 외교관을 파견하는 것이 교섭에 유리하다고 판단했던 것이다. 물론 이토는 이에 극력 반대하는 기도 다카요시를 설득해 그의 승낙을 얻어 낼 수 있었다.

주러시아 특명전권공사

파리를 떠난 에노모토는 우선 네덜란드로 가서 과거 스승과 지인들 그리고 유학 중인 후배 일본인들을 만났다. 그는 스승 폼페를 만나 주러시아 일본 공사의 고문직을 맡아 달라고 제의했는데, 폼페는 제자의 제의를 흔쾌히 수락하였다. 에노모토는 당시 일본 공사관 현황이나 현지 사정을 알 수 없었기에 폼페와 함께 러시아로 갈 수 없었다. 따라서 자신이 먼저 상트페테르부르크로 가서 현장을 확인한 이후 나중에 다시 연락하기로 하고 헤어졌다. 10여 일을 네덜란드에 머문 후 이번에는 독일로 건너갔다. 1870년 보불전쟁(프로이센·프랑스 전쟁)에서 승리한 프로이센은 다음 해인 1871년에 통일국가 독일을 수립하였다. 에노모토가 도착할 당시는 독일 통일 후 겨우 3년이 지난 시점이었지만, 신흥국가 독일은 엄청난 속도로 발전하고 있었다. 베를린은 모든 학문의 중심이었으며, 특히 군사학에서는 타의 추종을 불허할 정도였다. 따라서 이를 공부하기 위해 15명가량의 일본인이 독일에서 유학하고 있었는데, 기타시라 카와노미야(北白川宮)도 그중 한 사람이었다. 에노모토는 그와 만나 일본 요리를 대접받았다고 한다.

앞서 언급했듯이 천황가의 한 사람이자 승려였던 기타시라카와노미야는 1867년에 관영사(寛永寺)에 들어왔고, 우에노(上野) 전쟁 당시는 이 절의 주지였다. 동정군 대총독이자 같은 천황가 아리스가와노미야(有栖川宮)에게 요시노부의 구명과 구막부군 정벌 중지를 탄원했지만 받아들여지지 않았고, 그 후 쇼기타이 맹주로 옹립되면서 우에노 전쟁에 휘말리고 말았다. 패전 후 관영사를 탈주한 그는 에노모토의 주선으로 정박 중이던 막부 해군의 조케이마루(長鯨丸)를 타고 도호쿠 지방으로 도주하였다. 한때 오우에 열번동맹의 맹주로 추대되기도 했으나, 동북전쟁에서 패한 후 관군에 의해 교토로 압송되었고 나중에 칩거 처분을 받았다. 이후 신정부로부터 사면을 받았다. 1870년 12월 프로이센으로 유학을 가 독일 육군에서 직접 훈련을 받았으며, 에노모토와 만날 당시는 독일 육군대학교에서 군사학을 배우고 있었다. 에노모토는 베를린 체재 중이던 6월 초 일본 정부가 대만 정벌(5월 2일 선발대, 5월 17일 본진 출발)에 나선 것을 현지 독일 신문을 보고 알게 되었다. 6월 7일 베를린을 출발한 에노모토는 6월 10일 러시아의 상트페테르부르크에 도착하였다.

도착하자마자 6월 18일 당시 러시아 황제 알렉산드르 2세(Aleksandr II: 1818~1881)를 알현해 신임장을 건넸다. 20일에는 황제의 초대를 받아 상트페테르부르크의 외항이자 발트 해 최대의 군항 크론시타트(Kronstadt)로 가서 군함과 포대를 둘러보고는 배 안에서 황제와 함께 식사를 했다. 이처럼 에노모토가 환대를 받은 것은, 그가 러시아에 부임하기 전부터 이미 이번에 일본 공사로 올 인물이 '하코다테의 에노모토'라고 러시아 정가에 널리 알려져 있었기 때문이다. 이에 관한 자세한 이야기는 뒤로 미루지만, 어쨌든 에노모토에 대해서

484

는 포시예트, 푸탸틴을 비롯한 당시 러시아 정가의 지일파들이 이미 알고 있었고, 에노모토는 이러한 인연을 기반으로 러시아 정가 및 궁정 요인들과 밀접한 관계를 구축해 나갈 수 있었다.

알렉산드르 2세가 취임한 것은 1855년인데, 세바스토폴(Sevastopol)에서 크림 전쟁 최대의 격전이 벌어지고 있던 와중에 전임 황제 니콜라이 1세가 사망함으로써 황제자리를 계승하였다. 그는 이듬해인 1856년에 굴욕적인 파리 강화조약을 맺어야만 했다. 패전 결과 러시아에서는 전제주의 수구파 세력이 몰락했고, 이를 계기로 서유럽의 자본주의 및 공업화를 통한 경제발전 그리고 자유주의적 사회개혁을 추진할 수 있었다. 하지만 황제의 구상은 기본적으로 전통적인 전제정치를 바탕으로 한 자본주의 및 자유주의의 도입이었기에, 자유주의자들이 추구해 온 개혁의 비전과는 처음부터 달랐다.

알렉산드르 2세의 획기적인 개혁으로 손꼽히는 것이 바로 1861년의 농노해방이다. 이를 통해 토지를 갖게 된 농민들의 삶은 점차 개선되었고, 공업화를 추진함으로써 농촌의 유휴 노동자가 도시 노동자로 흡수됨에 따라 농업 역시 근대화로의 첫발을 내디딜 수 있었다. 게다가 사법제도를 정비하고 교육, 철도, 광산 등 근대화의 기초도 마련하였다. 하지만 1863년 폴란드에서 반란이 일어나면서 러시아 황제는 러시아의 서유럽화에 대한 불안과 위기를 감지하게 되었다. 이후 1865년부터 다시 전제정치로 돌아가 국정 비판자나 개혁론자 그리고 무정부주의자들을 투옥하거나 시베리아로 추방하면서 다시 반동적 국가로 돌아서 버렸다.

1873년 러시아 황제는 독일, 오스트리아 황제와 함께 삼제동맹(三帝同盟)을 체결하면서 대륙으로 진출하려는 영국 세력의 차단에 노력하였다. 그 후 러시아는 발칸 반도로의 진출을 기도하면서 1877년에는 오스만튀르크와 전쟁을 벌였다. 에노모토가 러시아에 착임할 당시인 1874년 이후부터는, 발칸 반도

뿐만 아니라 이제 아프가니스탄을 벗어나 인도의 북방 파미르 고원을 사이에 두고 러시아와 영국이 대치하였다. 다시 말해 '그레이트 게임(The Great Game)' 이 종착역을 향해 달리기 시작할 무렵이었다.

  사실 1855년 일러화친조약 이래 일본은 러시아와의 불평등조약을 해소하기 위해 이미 두 차례에 걸쳐 러시아에 사절을 파견한 바 있었다. 1862년 막부는 다케우치 야스노리(竹內保德)를 정사로 하는 제1차 유럽사절단(文久遣欧使節 혹은 第1次遣欧使節)을 유럽에 파견하였다. 이들 일행은 프랑스, 영국, 프로이센, 러시아, 포르투갈, 네덜란드를 1년 동안 순방하고는 1863년 1월에 귀국하였다. 당시 사절단은 영국과의 협상을 통해, 일미수호통상조약에 따른 개항지 중에서 효고(兵庫) 및 니가타(新潟)의 개항과 에도 및 오사카의 개시 기한을 기존의 1863년 1월 1일에서 5년 후인 1868년 1월 1일로 연기하는 쪽으로 합의했다. 1862년 6월에 맺은 소위 런던각서가 그것인데, 이에 근거해 유럽의 다른 조약국들과도 같은 조약을 맺을 수 있었다. 이때 러시아로 들어간 사절단은 조약 개정과 함께 국경문제를 다루었다. 일본 측은 가라후토에 대해 위도 50° 선을, 러시아 측은 전토 점유를 주장하다가 위도 48°로 수정했다. 하지만 일본 측이 이를 받아들이지 않자 회담은 결렬되었다. 그 이후 가라후토에서 러시아인과 일본의 잡거는 계속되었다.

  1866년 일본은 고이데 호즈미(小出秀実)를 단장으로 하는 제2차 국경획정 사절단을 러시아로 파견했다. 하지만 그 이듬해인 1867년 이전과 마찬가지로 가라후토의 잡거를 유지하는 선에서 회담이 종결되면서 두 나라의 협상은 별소득 없이 끝나고 말았다. 그 후 1869년부터 러시아는 가라후토를 유형지로 정하고 3~4만 명의 정치범과 형사범을 이곳으로 보냈다. 이들이 형기를 마친 후에는 가라후토에 농업이민 형식으로 정착했는데, 그 결과 가라후토에서 러시아와 일본의 갈등은 더욱 고조되기 시작하였다. 러시아의 적극적인 가라후토 진출에 따라 그곳에 거주하는 일본인 이주자의 수는 점차 줄어들었다. 일본 정부는 1874년 3월경 가라후토에 남아 있던 이주민 500여 명을 홋카이도의 적당한 곳으로 이주시키기로 결정했고, 그 후 대부분이 이주하였다. 따라서 에노모토가 러시아 당국과 영토문제에 대해 담판하기 시작할 즈음에는 이미 일본이 가라후토를 사실상 포기한 상태나 마찬가지였다. 게다가 1874년 1월부터 일본과 러시아 사이에는 가라후토와 쿠릴 열도 교환 논의가 시작되고 있었다.

앞에서 언급했듯이, 1872년 당시 외무경이었던 소에지마와 주일 러시아 대리공사 뷰초프 간에 가라후토 국경문제가 논의되기 시작했지만 정한론 정국에 휩쓸려 뒤로 미뤄지고 말았다. 그 와중에 외무경은 소에지마에서 데라시마로, 러시아 측 공사도 뷰초프에서 스트루베(K. V. Struve)로 바뀌면서 가라후토 국경문제 논의는 소강상태에 빠졌던 것이다. 이후 1874년 1월 22일, 스트루베가 요코하마 러시아영사관에서 데라시마 외무경을 만나 처음으로 러시아가 가라후토의 대토로서 쿠릴 열도를 제공할 의사가 있음을 밝혔다. 따라서 에노모토의 임무는 우선 교환을 성사시키고, 가능하면 쿠릴 열도의 많은 부분을 가라후토의 대토(일본 영토)로 획정하는 것이었다.

러시아-일본 국경획정회담

일본과 러시아 간의 국경획정에 관한 담판이 상트페테르부르크에서 시작되었다. 전권공사 에노모토와 상대인 러시아 외무성 아시아 국장인 스트레모호프(Stremauhov) 사이에 첫 번째 만남은 1874년 6월 22일에 이루어졌고, 8월

20일에는 가라후토에서 빈번히 벌어지고 있는 양 국민 간의 폭행사건에 대한 협의가 시작되었다. 이는 양국 간의 영토문제에 대한 본격적인 회담 이전에 해결되어야만 하는 과제였다. 하지만 이 역시 영토문제(국경획정)와 연관된 것이라 그것만을 우선적으로 해결할 수는 없었다. 이 문제에 관해 2차, 3차 회담이 계속되었다. 영토문제에 대한 본격적인 논의는 11월 14일 제4차 회담부터 이루어졌는데, 이 회담에서 비로소 양국은 자신들의 입장을 구체적으로 내놓았다.

제4차 회담에서 에노모토는 조금 엉뚱하게 가라후토에 국경을 설정해야 한다고 제안했고, 이에 러시아 측 역시 유형지로서 가라후토 전체를 차지하겠다는 뜻을 밝혔다. 러시아 측은, 만약 가라후토 내에 국경이 획정된다면 분쟁이 계속 발생해 일본인에게 위해를 가할 수 있기에 전체 영유를 양보할 수 없다고 주장했다. 하지만 에노모토는 자연경계를 이용한다면 꼭 분쟁이 일어난다는 보장이 없을 뿐만 아니라, 분쟁을 이유로 가라후토 전체를 완전히 영유하려는 러시아의 의도에 동의할 수 없다고 반박하였다. 이후 러시아 측에서는 가라후토에 상응하는 영토를 양보할 의사가 있음을 내비쳤다. 하지만 에노모토는, 러시아 측의 생각은 우루프 섬과 그 주변 몇 개에 불과할 것이기 때문에 수용할 수 없으며, 자신에게 내려진 훈령은 오로지 가라후토 분할이라 주장하였다. 회담은 당연히 결렬되었다.

에노모토는 이 회담에서 러시아가 가라후토 전체를 차지하겠다는 기본방침과 그 목적을 알아챌 수 있었다. 즉, 가라후토에서 채굴되고 있는 석탄을 이 근방을 지나는 러시아 군함에 보급하기 위해서, 또한 아무르 강 하구를 통해 러시아로 침입하려는 적을 방어하기 위한 전략적 요새를 구축하기 위해서 가라후토가 절대적으로 필요하다는 사실을 간파하였다. 하지만 그는 시종일관 가라후토 분할을 주장하면서 대체 영토 제안을 거부했는데, 어쩌면 자신의 요구가 운 좋게 받아들여져 막말, 메이지 초반 일본이 그토록 바라던 바(가라후토 분할 점유)를 이룰 수 있을지도 모른다고 생각했을 수 있다. 하지만 상대가 초강대국 러시아라는 점을 고려한다면, 우선 요구치를 최대한 올려놓고 교섭과정에서 그것을 하향조정함으로써 최종목표에 도달하려는 외교적 전략이 에노모토에게 있었다고 보는 것이 올바른 판단일 것이다. 한편 러시아 측은 일본 현지의 러시아 공사에게 에노모토가 일본 정부로부터 받은 훈령의 실체가 무엇인지 파악하라는 극비명령을 보냈다. 하지만 이러한 첩보공작이 에노모토의 고문 폼페에게 포착되면서 수포로 돌아가고 말았다.

해를 넘겨 1875년 1월 2일 제5차 회담이 열렸다. 에노모토는 방향을 수정해 가라후토의 대체 영토로 우루프 섬과 그 주변 3개 부속도서, 그리고 러시아 군함을 요구했다. 그리고는 이 정도의 요구를 받아들일 수 없다면 본국에 다시 훈령을 요구하기 어렵다고 말했다. 러시아 측은 대체 몇 척을 원하느냐고 되물었다. 이에 대해 에노모토는 아직 가라후토의 경제적 가치를 정산해 보지 않아 당장 답하기 어렵다며 즉답을 회피했다. 에노모토로서는 우루프 섬 주변에서는 경제적 가치가 높은 담비가 생산되지만, 그 이북은 너무 춥고 물산도 풍부하지 않아 영토보다는 군함 획득으로 해군력을 증강하는 쪽이 국익에 도움이 되리라 판단했던 것이다.

물론 이런 기상천외한 제안을 러시아 측은 당연히 거부하였다. 이에 러시아 측은 제4 쿠릴 해협(Fourth Kuril Strait: 일본명 溫祢古丹海峽) 이남, 다시 말해 오네코탄(Onekotan, 일본명 溫祢古丹) 섬부터 우루프 섬까지를 가라후토의 대체 영토로 제안했다. 이에 대해 에노모토는 자신이 지질전문가임을 밝히고 가라후토의 지질조사 자료까지 제시하면서, 러시아 측의 제안은 가라후토의 경제적 가치에 미치지 못한다며 이의를 제기했다. 그리고는 이 해협 북쪽의 파라 무시르(Paramushir: 일본명 幌筵島) 섬 이남의 쿠릴 열도와 가라후토의 최남단 코르사코프(Korsakov: 일본명 久春古丹) 항의 무관세화를 요구하였다. 러시아 측은 제4 쿠릴 해협은 러시아의 주요 항로이기 때문에 해군성과 그 외 기관으로부터 승인이 있어야 한다면서 거부하였다.

한편 에노모토는, 러시아인과의 분쟁을 참지 못한 일본인이 일본 정부의 명령에 의해 가라후토로부터 철수하고 있다는 내용의 기사가 서방의 신문지상에 보도되고 있음을 외무성에 알렸다. '자신은 가라후토 분할이라는 위계를 써 가면서 가능하면 많은 대체 영토를 확보하려 노력하고 있다. 그런데 일본 정부가 가라후토를 포기하는 모습을 계속 보인다면 이러한 노력에도 불구하고 일본이 획득할 수 있는 대체 영토가 줄어들 수 있다'고 지적하면서, 가급적 경솔한 태도를 지양해 달라고 외무성에 촉구했다.

3월 4일 제6차 회담에서 처음으로, 에노모토는 자신이 받은 훈령대로 가라후토의 대체 영토로 쿠릴 열도 전체, 다시 말해 캄차카 반도 이남 전 쿠릴 열도를 요구했다. 여기에다가 코르사코프 항의 무관세화와 영사관 설치, 그리고 러시아 연해지방에서의 포경 허가까지 요구했다. 이처럼 요구조건이 확대된 데는 에노모토의 정보력이 바탕이 되었다. 즉, 당시 중앙아시아와 유럽에서 처한 국제적 상황 때문에 더 이상 일본과의 협상를 지체할 수 없다는 러시아 측의 초조감을 현지 교섭과정에서 확인할 수 있었기 때문이다. 이는 에노모토가 유럽 정세에 관한 해박한 지식과 러시아 지인들로부터 수집한 정보에 바탕을 둔 것으로 결코 무모하거나 당돌한 요구는 아니었다.

이제 에노모토는 러시아가 양보하리라는 확신을 갖고 3월 24일 제7차 회담에 돌입했다. 왜냐하면 회담이 장기화될 경우 영국이 이 회담에 개입하게 될 것이며, 그럴 경우 사태는 더욱 복잡하게 전개될 수 있었다. 따라서 이를 러시아 측이 우려한다면 당연히 양보할 것이라는 판단이 에노모토에게 있었기 때

문이다. 결국 일본의 원안대로 러시아 측은 양보하고 말았다. 약소국의 바람
대로 되는 외교교섭이란 처음부터 있을 수 없기에, 이번 교섭은 당연히 강대
국 러시아의 통 큰 양보로 볼 수 있다. 따라서 결과만을 본다면 러시아로서는
'예상 밖의 양보'라 할 수 있었지만, 에노모토의 입장에서는 적시적소, 임기응
변의 교섭에 따른 '예상대로의 양보'를 받아낸 것이었다. 에노모토 외교의 승
리였다. 특히 일본으로서 러시아의 태평양 진출로를 차단했다는 점에서 전략
적 가치가 컸고, 이는 향후 일러 관계에서도 크게 영향을 미쳤다.

  1875년 5월 7일 상트페테르부르크에서 일본 전권공사 에노모토 다케아키
와 러시아 외무상 고르차코프(A. M. Gorchakov) 사이에 가라후토-쿠릴 열도
교환조약이 성사되었다. 에노모토 외교의 승리이자, 일본 외교의 승리였다.
그가 제7차 회담에서 제시한 내용 모두가 수용되었는데, 여기에는 코르사코
프 항의 무관세화, 영사관 설치라는 본국 훈령 이상의 소득도 올렸다. 또한 러
시아 측은 조약문을 러시아어와 일본어로 작성할 예정이었으나, 에노모토는
두 나라 언어의 미묘한 차이에 따른 외교적 분란을 막기 위해 프랑스어로 기
안된 조약문을 정식 외교문서로 확정하자고 제안했다. 물론 그의 요구대로 받
아들여졌다.
  당시 일본은 메이지 유신 직후의 소국이라 강대국 러시아와는 국력에서 절
대적 열세였다. 하지만 이 조약은 일본이 맺은 근대적 국가조약으로는 처음으
로 대등한 입장에서 맺은 것이었다. 물론 러시아 측으로서도 원하던 가라후토
를 획득함으로써 비교적 만족하는 분위기였다. 하지만 일본 국내에서는 이 결
과에 대해 냉담하기만 했다. 일본어 지명으로 된 가라후토라는 커다란 섬을
쿠릴 열도 부속 섬 몇 개와 교환했기 때문이었다. 하지만 러시아 정계, 심지어
유럽의 외교가와 미디어에서는 대국 러시아를 상대로 한 일본 외교의 승리와

그 당사자인 에노모토의 외교수완에 대해 높이 평가하였다.

러시아와의 교섭과정에서 돋보이는 것은 에노모토의 교섭술 그 자체만이 아니다. 적재적소에 활용된 그의 어학능력, 인맥 관리, 국제법, 군사학, 정보수집 능력, 지질학 등의 재능이 제너럴리스트 외교관으로서의 진면목을 보여 주었던 것이다. 기본적으로 국가 간의 세력에 의해 외교가 결정되지만, 그 역시 사람이 하는 것이라 인간관계도 무시할 수 없다. 당시 러시아 궁정 파티장은 외교전쟁의 본무대였기에 그곳에서의 외교와 사교는 외교관의 임무 중 으뜸가는 것이었다. 뛰어난 어학능력, 반듯한 품성, 올바른 사교 매너를 갖춘 데다가 다양한 독서를 통한 국제적 감각까지 겸비하고 있었기에, 러시아 당국자는 물론 러시아 외교가에서도 에노모토는 환영을 받았던 것이다. 더군다나 러시아 사람들은 과학자, 지리학자, 탐험가 등에게 존경심을 갖고 있었다. 따라서 그가 경험한 탐험과 장기 항해는 대화거리를 더욱 풍부하게 만들었기에 그들로부터 환영을 받지 못했다면 도리어 이상한 일이었다. 여하튼 일본과 러시아는 가라후토-쿠릴 열도 교환조약에 의해 일본 스스로가 그것을 파기한 러일전쟁 직전까지 30년간, 적어도 국경문제만이라도 서로 평화롭게 관리할 수 있었다. 이러한 점에서 이 조약의 가치는 결코 적다고 할 수 없다.

마리아루스호 사건

에노모토가 러시아에 공사로 부임할 당시, 러시아와 일본의 외교현안은 영토문제 이외에 하나 더 있었다. 소위 '마리아루스(Maria Luz)호 사건'이 그것이다. 1872년 6월 5일 중국 아오먼(澳門)을 출발해 페루로 향하던 페루 국적의 마리아루스호가 태풍을 만나 선체가 손상을 입어 수리를 위해 요코하마에 입항했다. 이 배에는 청국인 쿠리(古力, coolie: 제2차 세계대전 전의 중국과 인도의 노동자) 231명이 타고 있었는데, 항해 도중 학대를 받은 한 청국인이 바다로 뛰어내려 탈출했다. 탈출자는 항구 내에 있던 영국 군함에 의해 구조되었다. 영국 영사로부터 통보를 받은 가나가와 현(神奈川県)은 탈주자 신병을 인계받았고, 마리아루스호의 선장을 불러 탈주자에게 문책을 하지 않는다는 조건으로 탈주자를 넘겨주었다.

하지만 선장은 약속과는 달리 탈주자를 선내에서 처벌했다. 이에 영국 영사는 마리아루스호가 '노예 운반선'이라 판단하고는 일본 정부에 대해 청국인의 구조를 요청했다. 당시 외무상 소에지마는, 이 사건은 일본에 그 관할권이 있다고 판단하고는 외무부 서기관인 하나부사 요시모토(化房義質)에게 사실조사를 지시했다. 여기서 하나부사는 1880년 재조선 초대 일본 공사로 부임한 바로 그 하나부사인데, 당시 23세였던 그는 1867년부터 유럽 여러 나라와 미국에 유학한 경험을 가지고 있었다. 귀국 후 1870년부터 외무성에 출사했고, 일청수호조규의 사전조율을 위해 청국에 파견되기도 했다.

이후 가나가와 현령(지사)을 재판관으로 해 현청에 법정을 열었다. 동시에 마리아루스호의 출항을 정지시키고, 중국인 모두를 하선시켰다. 7월 27일 재판에서 청국인의 학대는 불법이라 판단하고 모든 청국인을 방면시키는 한편, 선장은 정상을 참작해 무죄로 판결했다. 이에 선장은 이민계약 불이행 소송을 제기하였다. 하지만 8월 14일 재판에서 계약무효 판결이 내려졌고, 그 결과 선장은 마리아루스호를 버려둔 채 본국으로 귀국하지 않을 수 없게 되었다. 또한 일본 정부는 일청수호조규 제9조에 따라 청국인 모두를 청국 측에 인도했다. 이로써 마리아루스호 사건은 일단락되는 것처럼 보였다.

하지만 이듬해인 1873년 6월 3일 페루의 전권공사가 일본으로 왔고, 마리아루스호 사건 재판의 불법성을 제기하면서 일본 정부의 사과와 손해배상을 요구했다. 일본 측은 당연히 재판이 국제법에 따라 적법하게 이루어졌다고 항변하였다. 일본으로서는 재판 결과가 번복된다면 일본 사법권의 신뢰가 추락할 것이며 조약개정 교섭에도 불리하게 작용할 것이라 판단했기 때문에, 사건 처리가 정당했음을 밝히지 않을 수 없었다. 주일 미국 공사의 조언에 따라, 두 나라가 함께 러시아 황제 알렉산드르 2세에게 이 사건의 재판을 의뢰하자는 데 합의했다. 러시아가 중재국으로 선정된 이유는 일본과 페루 두 나라 모두와 이해관계가 비교적 적은 나라였기 때문이다. 하지만 당시 일본과 러시아 사이에는 가라후토의 영토문제가 있었고 그곳에서 두 나라 국민들이 빈번히 충돌하고 있었기에, 러시아가 중재국이 된 것이 일본으로서는 결코 유리한 것만은 아니었다. 6월 25일, 러시아가 중재재판을 맡을 것이라는 전제하에 양국 당국자는 중재재판을 진행하기로 합의하였다.

1873년 11월 27일 하나부사가 임시대리공사로 임명되었고, 1874년 3월 23일 상트페테르부르크에 일본공사관을 개설하였다. 이즈음 에노모토는 일본을 떠나 러시아로 가고 있었다. 그는 이미 마리아루스호 사건 역시 자신의 몫임을 인지하고 있었기에, 스승 폼페의 고문직 수락은 천군만마를 얻은 것이나 마찬가지였다. 폼페는 자신의 주전공인 의학과 화학뿐만 아니라 중재재판에 없어서는 안 되는 국제법, 페루의 국어인 에스파냐어, 19세기 국제공용어인 프랑스어에 정통했기 때문이다. 에노모토가 황제를 알현하고 신임장을 제출하기 전까지는 하나부사가 중재재판을 맡아 진행하고 있었다. 4월 6일 러시아 황제가 중재를 맡겠다는 의사를 정식으로 양국에 통보하면서 이제 재판은 본격화되었다.

에노모토가 신임장을 제출한 이후부터 하나부사 대리공사는 일등서기관으로 직이 낮아졌고, 대신에 에노모토 특명전권공사가 정식으로 국제중재재판을 진행하였다. 8월 13일 폼페가 일본공사관 외교고문으로 상트페테르부르크에 부임하였다. 에노모토는 하나부사와 폼페의 도움을 받으면서 그리고 자신이 구축한 현지 정보원을 활용하면서 러시아 외무성이 요청하는 문서 작성에 진력을 다했다. 10월 5일, 양측은 질문서를 교환했고, 이때부터 양국 외무성은 상대방의 질문서에 답변서를 작성하기 시작하였다. 그 이듬해인 1875년 2월 15일, 페루 측이 손해배상을 요구하는 새로운 문건을 제출하면서 중재재판은 장기전으로 돌입하는 형국이었다. 하지만 에노모토는 이와는 무관하게 정해진 일정에 따라 임무를 수행하였다. 3월 9일, 에노모토는 일본 외무성에서 보내 온 답변서를 보고 일부 수정한 후, 4월 5일 러시아 외무성에 최종서류를 제출하였다. 물론 페루 측도 같은 날 최종서류를 제출하였다. 마리아루스호에 관한 양국 공사관의 업무는 이로써 종결되었다.

5월 8일 가라후토-쿠릴 열도 교환조약이 체결되었고, 그로부터 얼마 지나지 않은 6월 13일 러시아 외무성으로부터 중재판결문이 일본공사관에 도착했다. 일본 측의 완전 승소였다. 승소 그 자체도 중요했지만, 재판 결과는 일본 국내 재판의 공정성이 세계에 알려지는 계기가 되었기에 재판을 담당한 공사관 직원들은 물론 일본 국민 모두가 만족하는 쾌거였던 것이다. 인도적인 입장에서 본다면 이 재판은 처음부터 일본에 유리했다고 볼 수도 있으나, 영토문제와 동시에 진행하면서 두 건 모두 일본이 원하는 방향으로 결말을 낸 에노모토의 외교력을 우선 높이 평가하지 않을 수 없다. 러시아 측에서도 가라후토 양도에 만족하면서, 교류가 적은 지구 반대편 페루보다는 국경을 맞대고 있는 일본과의 이해를 우선시할 수밖에 없었다고 볼 수 있다. 또한 두 건 모두 러시아 외무성 관할 업무였기에 에노모토의 인간관계가 여기서도 크게 작용했던 것이다. 만약 영토문제가 결렬되었다면 중재재판의 결과 역시 보장할 수 없었기에, 재판 결과는 에노모토 나아가 일본 외교의 승리였다.

7월 11일 에노모토는 러시아 황궁에 들어가 알렉산드르 2세를 알현하고 중재에 대한 감사의 뜻을 표명했다. 상트페테르부르크에서 일본은 에노모토를 지휘관으로 한 외교전쟁에서 두 차례 모두 승리를 거두었다. 더군다나 약소국 일본이 초강대국 러시아를 상대로 대등한 외교를 펼쳤다는 점에서 그 승리의 가치는 높다고 말할 수 있다. 이 시점부터 러시아와 일본 잡거의 땅 가라후토가 러시아 영토가 된 이상 가라후토보다는 사할린으로 부르는 것이 적절하다고 생각되어, 본문 여기서부터는 사할린으로 사용하고자 한다. 당시 일본의 경제적·군사적 능력으로는 사할린을 보유할 수도 개발할 수도 없는 형편이었다. 앞서 언급했듯이 에노모토가 교섭을 할 당시 사할린에 거주하는 일본인은 거의 없었고, 일본 정부도 포기하고 있는 입장이었다. 따라서 당시 일본으로서는 사할린 대신 쿠릴 열도 전체를 확보하는 것이 보다 유리했다고 볼 수 있다.

어쩌면 러시아로서는 발칸 반도와 중앙아시아의 화급한 문제로 인해 서둘러 조약을 체결함으로써 전략적으로 소중한 태평양 진출로를 잃어버린 것이었다. 당시 러시아의 해군력으로 태평양에 진출하는 것은 시기상조였을 수 있으며, 더군다나 알래스카를 미국에 팔아 버릴 정도로 동아시아 경영에서 재정능력의 한계에 봉착해 있었기에 쿠릴 열도를 포기할 수밖에 없었는지 모른다. 일본과 러시아의 영토교섭에 당시 패권국가인 영국이 간여했다는 이야기는 발견하지 못했다. 어쩌면 영국으로서는 일본이 쿠릴 열도를 확보함으로써 러시아 해군이 태평양으로 진입하지 못하게 되었다는 사실에 나름대로 만족했는지도 모르겠다. 하지만 러시아로서는 쿠릴 열도를 잃은 대가를 톡톡히 지불해야만 했다. 30년 후 러일전쟁 때 뤼순(旅順) 함대가 블라디보스토크를 향하던 당시, 그리고 발트 함대가 블라디보스토크를 향하던 당시 모두 쿠릴 열도가 일본의 수중에 있었기에 그들은 동해를 지날 수밖에 없었던 것이다. 두 차례 모두 일본의 앞마당이나 마찬가지였던 동해에서 러시아 해군은 괴멸되고 말았다.

제2차 세계대전 종전 후 샌프란시스코 조약에 따라 일본은 러시아로부터 잠시 탈취했던 사할린 남부와 에노모토의 교섭으로 확보한 쿠릴 열도 전체를 내놓게 되었다. 교섭 이전부터 갖고 있던 이투루프 이하 4개 섬(러일 현안인 북방 4개 도서 문제가 바로 이것임)마저 내놓았다. 러시아의 태평양 진출을 막는 데 쿠릴 열도의 확보가 얼마나 기여했는지 알 수 없지만, 이번에는 자신들의 태평양 진출의 교두보로 쿠릴 열도가 활용되었다. 1941년 1월 26일 오전 8시 나구모 주이치(南雲忠一) 중장이 지휘하는 일본해군항모기동부대가 하와이 진주만을 향해 출발했는데, 출발항은 바로 이투루프 섬의 히토캇푸 만(単冠湾)이었다.

『조선교회사 서론』

에노모토는 1872년 개척사 관리로 신정부에 출사한 이후 1897년 농상무대신을 사임할 때까지 공직에 있으면서 여러 다양한 직책을 맡았다. 하지만 실제로 조선과 직접 관련되는 일을 실질적으로 추진한 적은 거의 없었다. 따라서 에노모토가 우리 근대사에 등장하는 경우는 거의 없었으며, 에노모토를 아는 우리나라 사람도 많지 않다. 에노모토의 러시아 전권공사 시절(1874~1878)에 조일수호조규가 맺어졌고, 청국 전권공사 시절(1882~1884)에 갑신정변이 일어났기에 배후에서 적지 않은 역할을 했던 것만은 분명하지만, 사건사건마다 직접 거명되는 인물은 아니었다. 하지만 1876년 러시아 전권공사 시절 파리외방전교회 소속 신부 샤를 달레(Charles Dallet)의 『조선교회사 서론』을 발췌·번역해서 『조선사정(朝鮮事情)』을 펴낸 것만은 당시 일본의 조선 정책과 결코 무관하다고 볼 수 없다. 또한 상관이었던 구로다가 조일수호조규의 특명 전권변리대신으로 조선에 파견된 것 역시, 그가 조선 문제에 관심을 갖는 계기가 되었을 것이라 예상해 볼 수 있다. 이 이야기와 다음 이야기는 조선과 관련된 일이라 필자로서는 조심스런 대목이지만 피해 갈 수 없기에, 그저 담담하게 기술할 생각이다.

앞서 언급했듯이 정한론 정변으로 권력을 잡은 오쿠보 정권은 내치 우선 정책과 더불어 주변국과의 관계를 하나하나 정리해 나갔다. 일본은 1874년 대만 정벌 이후 청과의 교섭으로 류큐를 완전히 자신들의 영토로 확정하였으며, 러시아와의 현안이었던 북방영토 문제마저 정리된 마당에 이제 남은 것은 조선밖에 없었다. 또한 신정부로서는 막 싹트기 시작한 '자유민권운동'의 예봉을 피하고 국민들의 관심을 밖으로 돌리기 위해서라도 조선과의 분쟁이 필요했을 수도 있었다.

정한론 정변에 의해 하야한 참의들 중에서 사이고 다카모리를 제외한 나머지 4명이 서명한 '국회 설립에 관한 건의서'가 정부에 제출된 것이 1874년 1월 17일이었고, 이를 계기로 일본에서는 국회 설립을 목적으로 하는 '자유민권운동'이 본격적으로 개시되었다. 사쓰마·조슈 번벌의 지배에 대한 비판, 인권 보장과 정부 견제를 위한 국회 설립의 정당성, 조세부담자에 대한 참정권 부여 등이 '건의서'의 골자였지만, 실상은 '자유', '민권'을 내세우면서 새로운 방식으로 권력에 재도전하려는 것이 이타가키 다이스케를 비롯한 초기 민권운동가의 실제 모습이었다. 한편 조선에서는 쇄국양이 정책을 고수하고 있던 대원군이 실각한 1873년 12월부터 고종의 친정이 시작되었다. 이후 일본은 물론 조선 역시 상호 관계 개선에 의지를 보이기 시작했는데, 이로써 조선과 일본 사이의 외교가 새로운 국면을 맞게 되었다.

조선과 일본의 외교는 1872년 조선 측의 일본 외교문서 접수 거부를 계기로 단절되었다가, 1874년 8월 일본 외무성 관원인 모리야마 시게루(森山茂)가 부산에 들어와 조선의 암행어사 수행원과 만나면서부터 다시 재개되었다. 이어 9월 3일 모리야마가 조선 훈도(訓導) 현석운과 회담하면서 양국 간 국교 수립에 관한 논의가 시작되었다. 그 이듬해인 1875년 2월 다시 조선을 찾은 모리야마는 현석운과 교섭을 재개했지만, 사소한 외교상 시빗거리 때문에 회담은 한 발도 나아가지 못했다. 예를 들자면 일본 측의 '대일본' 호칭이나 조선 측의 '청국연호' 사용과 같은 서계의 형식 문제, 그리고 연회 시 일본 측의 서양식 복장 등 그런저런 사소한 것들이었다. 하지만 외교에서 명분과 속내가 다를 경우, 항상 그런 사소한 것에서부터 시비가 초래되는 것이 상식이다. 가급적 문을 열고 싶지 않은 조선과, 국교 정상화라는 명분 뒤에 조선을 속국으로 만들어 보겠다는 의도를 감춘 일본 사이의 교섭이라면 충분히 가능한 형국이었다.

4월 1일 모리야마는 교섭이 교착상태에 빠지자 군함 파견이라는 군사적 위압책을 일본 외무성에 건의했고, 외무성과 해군성이 협의 끝에 군함 파견이 결정되었다. '해로(海路) 연구'의 명목으로 운요(雲揚)호가 부산에 입항한 것은 5월 25일이며, 뒤이어 6월 12일에 다이니테이(第二丁卯)호가 부산에 입항하였다. 일본으로서는 조선과 중국의 관계를 어떻게 받아들일 것인가가 늘 조선 정책에서의 선결과제였다. 청과 주변 국가와의 조공체계는 류큐 어민 살해사건에서 보듯이 유동적이기 때문에, 조선을 청의 '속국', '반속국', '독립국' 어느 것으로 정의하느냐에 따라 일본의 조선 정책 역시 달라질 수밖에 없었다. 심지어 당시 교섭 담당자였던 모리야마는 청국에 조청 관계를 구체적으로 문의해 보자는 안까지 제시할 정도였다. 하지만 일본 정부는 조청 관계는 잠시 뒤로하고 우선 '다른 나라보다 먼저' 조선과 국교를 맺어야만 한다는 입장을 정리하였다. 그리하여 운요호의 함장 이노우에 요시카(井上良馨)가 강화도에서 도발하였다. 1875년 9월 20일에 시작된 전투는 9월 23일까지 계속되었다. 당시 사망자는 일본 측 1명, 조선 측 35명이었지만, 무엇보다도 조선 방어의 요체이며 병인양요(1866), 신미양요(1871)에도 견뎠던 강화도 진지가 일본 군함 1척에 유린당했던 것이다.

에노모토가 상트페테르부르크에서 강화도사건을 알게 된 것은 1875년 10월 10일이었다. 그리고 파리에 주문한 달레의 『조선교회사 서론』이 공사관에 도착한 것이 12월 하순이었다. 에노모토가 조선에 대한 일본 정국의 추이를 모르고 있을 리 없었겠지만, 이 책의 번역에 착수한 것이 본국의 지시였는지 아니면 스스로 한 것인지는 확실하지 않다. 하지만 강화도사건 직후 이 책을 구입하여 아주 짧은 시일 내에 번역을 완료한 것으로 보아, 일본 외무성으로부터의 화급한 요구보다는 일본의 외교관으로서 본국에 도움이 될 만한 무언가를 스스로 했다고 보는 것이 옳지 않을까 판단된다. 여하튼 그는 이 책을 구입하자마자 폼페에게 부탁해 우선 네덜란드어로 요약했는데, 폼페는 이 작업을 14일 만에 완료했다고 한다. 그사이에 에노모토가 각 장이 끝나는 대로 곧장 일본어로 읽으면, 서기관 하나부사가 그것을 바로 일본어로 옮겨 적었다. 이들은 오후에 4시간 이상씩 이 작업에 매달렸는데, 1월 15일에 초고가 완성되었다고 한다. 『조선사정』이란 제목을 붙인 것은 그 이후이며, 교정작업을 완료한 즉시 본국으로 번역본을 보냈다.

에노모토의 역서 『조선사정』은 『조선교회사 서론』 전체를 거의 5~6분의 1로 압축한 것에 '1866년 프랑스 정한출사(병인양요)의 근원(1866年佛國征韓出師 ノ根源)', '프랑스 정한출사(佛國征韓出師)', '미국 정한출사(米國征韓出師: 신미양요)', '영불동맹 북경함락 보고(英佛同盟北京ヲ陷ルノ報: 제2차 아편전쟁)' 등의 기

사를 부록으로 합체해 놓았다. 따라서 원서와 에노모토 역서 사이에는 커다란 차이가 있다. 요컨대 원서는 지리와 제도 등에 대한 구체적인 정보와 문화론적 서술이 주를 이루고 있다면, 에노모토는 후자를 싹둑 잘라 버리고 오로지 전자만을 선택하였다. 이는 강화도사건 이후 전개될 조선과의 외교, 심지어 교전상태를 예상하면서 침략을 전제로 한 소위 병용지지적(兵用地誌的) 성격의 정보만을 선택한 것으로 볼 수 있다. 또한 일본은 당시 조선 내륙부의 초보적인 지리지식마저도 극히 부족한 터라 그 공백을 메우는 것을 간절히 바라고 있었고, 이에 에노모토가 호응한 것으로 볼 수 있다. 당시 에노모토는, 대의만을 논하면서 매사 비분강개하는 막말 지사형의 메이지 초기 일본 정치지도자들과는 완전히 달랐다. 에노모토는 자료를 수집해 정보를 만들어 내고 그것을 기반으로 판단하는 전형적인 테크노크라트였는데, 그의 진면모를 여기서 확인할 수 있다.

1831년 가톨릭 교단이 조선 교구를 로마교황 직할 형태로 신설하면서 파리외방전교회에 조선 포교를 위임했고, 그 후 파리외방전교회는 조선 정부의 계속된 탄압에도 불구하고 베이징 등을 거점으로 해서 계속 조선에 선교사를 보낼 수 있었다. 이들 선교사에 대한 박해와 처형의 책임을 묻겠다며, 프랑스는 1846년에 이어 1866년에도 함대를 파견하였다. 우리 교회사에서 가장 많은 희생자를 낸 1866년 병인박해 때는 파리외방전교회 소속 9명의 선교사와 8,000명 이상의 조선 가톨릭 교인들이 순교하였다.

이 책의 본론인 『조선교회사』는 1784년부터 시작된 조선 천주교회사, 특히 순교에 관한 상세한 연대기적 서술인데, 에노모토가 번역한 『조선교회사 서론』의 약 5배가량 된다. 원저자인 샤를 달레(1829~1878)는 조선이 당시 유럽 사람들에게 완전히 미지의 나라였던 점을 고려해 본론에 앞서 거의 독립적인 책으로 『조선교회사 서론』을 저술하면서 조선 사정 전반을 계통적으로 기술했던 것이다. 따라서 『조선교회사 서론』은 단지 종교사적 의미에 머물지 않고 사료적 희소가치도 지니고 있다. 왜냐하면 파리외방전교회 소속 프랑스인 선교사들은 1876년 개국 이전 엄중한 쇄국체제하의 조선에 과감히 잠입해서 현지 생활을 체험한 거의 유일한 유럽인 집단이었기 때문이다. 또한 이들의 본국과의 통신이 『조선교회사 서론』의 소재가 되었고, 이 책에서는 그것을 충실하게 요약·소개하고 있기 때문이다.

달레는 1852년에 파리외방전교회 부속 신학교를 졸업한 후 인도를 시작으로 아시아 각지를 임지로 부임했지만, 조선에는 입국하지 않았다. 그 후 파리 본부로 돌아가 1872년부터 제5대 조선 교구의 주교 다블뤼(M. Daveluy: 1866년 병인박해 시 서울에서 처형됨)가 수집·정리한 자료에 기초하여 본서의 편술에 착수했고, 1874년에 완성, 간행하였다. 그 후 달레는 1877년에 다시 아시아로 부임했는데 베트남을 거쳐 통킹까지 가서 그곳에서 사망했다.

물론 이들 선교사보다 먼저 조선에 입국한 외국인 선교사는 아마 임진왜란 당시 왜군과 함께 온 서양 선교사들일 것이다. 또한 17세기 중엽에 제주도에 표착했던 네덜란드인 헨드릭 하멜(Hendrik Hamel)의 『견문록』, 그리고 1840년대 지볼트의 NIPPON에 실린 『조선편』과 같이, 조선 표류민의 전언이나 간접적인 전문 등에 근거해 기술된 것이 없었던 것은 아니다. 하지만 서양인이 직접 조선 내지를 돌아다니게 된 것이 1883년 11월 조독, 조영 수호통상조약 이후였기 때문에, 개국 전 직접 체험에 기초한 구미인의 계통적인 조선 서술은 이 책이 거의 유일무이한 것이라고 말할 수 있다. 우리나라에서도 일찍부터 『조선교회사 서론』이 번역되었는데, 2015년에 『벽안에 비친 조선국의 모든 것: 조선교회사 서론』이라는 이름으로 재간행되었다. 삼가 일독을 권한다.

조일수호조규

　강화도사건을 계기로 일본 정가에서는 조선 문제에 관해 다양한 의견이 제시되었다. 사절을 보내 사과를 받지만 사과하지 않을 경우 전쟁도 불사한다는 의견, 보상 요구를 국교 수립 교섭을 위한 수단으로 강구해야 한다는 의견, 해난방지를 위한 연안 측량, 필요 물자의 공급, 표류민 보호를 위한 2개항 개항 정도에 그쳐야지 국교 수립이나 강화도사건 사죄 요구는 부당하다는 의견 등등. 조선 사절의 임무가 정해지지 않은 채 오락가락하던 차에 조선 파견 사절로 내정되어 있던 기도 다카요시는 지병이 악화되어 보행조차 불가능한 상태가 되고 말았다. 이때가 1875년 11월 10일경이며, 오쿠보의 복심인 구로다 기요타카가 특명전권변리대신으로 내정된 것도 이즈음이라 판단된다. 따라서 에노모토가 『조선사정』을 번역하기로 작정한 것도 조만간 조선에 파견될 구로다에게 도움을 주려는 개인적 의도나 배려에서 비롯된 것이 아닌지 의심해 볼 수 있다.

　구로다는 강화도사건에 대한 배상 요구와 국교 수립이라는 두 가지 훈령을 받고, 1876년 1월 6일 군함 3척과 수송함 3척, 병력 400명을 이끌고 시나가와를 출발했다. 그리고는 8일에 고베(神戸)에서 부사 이노우에 가오루(井上馨)가 합류하였다. 이후 1876년 2월 27일, 조선 전권대신 신헌(申櫶)과 일본 특명전권변리대신 구로다 기요타카 사이에 역사적인 조일수호조규가 체결되었다. 총 12개조로 된 조약에는 조선이 종전의 청나라와의 종속관계를 벗어나 국제적으로 자주국임이 명시되었지만, 일본의 요구대로 부산, 원산, 제물포를 개항하고 치외법권을 인정하며, 일본 화폐의 통용과 무관세 무역을 보장하는 그야말로 전형적인 불평등조약이었다. 20여 년 전 일본이 페리의 함대에 당했던 바로 그것을 그대로 조선에 되돌려 주었다. 전년 12월 9일에 일본 정부는 영국, 러시아, 이탈리아, 미국 공사에, 13일에는 독일, 프랑스, 오스트리아에 조선과의 무역 확대 및 운요호에 대한 조선의 폭거와 관련해 담판을 짓기 위해 조선으로 자신들의 사절을 파견한다고 통지했었다.

다른 나라와 마찬가지로 러시아로서도 조선이 청국의 보호에서 벗어나 문호를 개방하게 된다면 향후 자신들의 조선 정책 추진에 이 조약 체결이 나쁘지만은 않을 것이라 판단했을 수 있다. 하지만 대조선 외교에서 일본이 선점하는 모습에 대해 동북아시아의 일원이기도 한 러시아가 과연 불만이 없었을까? 하지만 러시아는 침묵했다. 당시 에노모토는 무엇을 하고 있었을까? 1875년 5월 16일자 야마노우치 데이운(山內堤雲)에게 보낸 편지에 조일수호조규에 대한 에노모토의 생각이 잘 드러나 있다. 에노모토가 상트페테르부르크에서 야마노우치에게 보낸 편지는 이외에도 몇 통 더 있으나, 조일 간 조약에 관해서는 이것이 유일하다.

이 조약에 있어서 일본이 조선의 독립을 인정하는 것은 명분을 버리고 실익을 취하는 것이고, 조선을 일본의 영토로 만들지 못하는 한 독립시키는 것이 최상이다. 그러나 조선은 힘과 지혜와 부에서 일본보다 못하기 때문에 조선을 동맹국으로 하는 것은 착각이다. 따라서 일본은 조선에게는 이웃 형님의 나라이기 때문에 일본의 지도에 따라 그 야만의 모습을 점점 떨쳐 내고, 게다가 일본의 모럴 인플런스(도의적 영향)가 조선 국민의 마음속으로 들어간다면 정치적으로 만에 하나의 일이 일어나도 일본은 그 목적을 쉽게 달성할 수 있을 것이다. …… 한편 조선과 일본의 상업상 거래에 있어 일본에 중요한 사항은 일본과 부산포 사이에 해저전선을 부설하는 권리를 갖는 것이다. …… 나중에 시기를 보아 조선과 청국 사이 경계의 적당한 장소까지 같은 권리를 획득해 두어야 한다. 이는 장차 청국이 톈진에 전신선을 부설할 때, 여기서부터 해저전선을 부설해 앞서 말한 조선 서쪽 경계 해안의 해저전선과 연결하게 되고, 러시아가 캬크타로부터 베이징까지 전선을 연결한다면 이것으로 동아시아는 하나의 전선으로 새로운 하나의 선로로 연결되는 것이다. 따라서 이 선로는 일본 전선회사에게는 이익이 될 것이다. 이러한 생각이 현재에는 막연하게 들릴지 모르나 현재 그레토·노잔·텔레그라프·콘파니가 블라디보스토크에서 나가사키까지 해저선을 이중으로 설치하기 위해 허가를 얻으려 담판 중이며, 이것은 시베리아 선 쪽이 인도 선보다 매년 통화횟수가 많아지고 있기 때문이다.

조선에 대한 일본 본국의 방침에 기본적으로 동의하면서도, 당시 전 세계적으로 급속히 발달하기 시작한 해저통신망에 대한 정확한 이해를 바탕으로 일본의 국익을 위한 제안도 빠뜨리지 않았다. 이제 주러시아 특명전권공사로서 에노모토의 임무는 끝났다. 그는 일본 정부의 원안대로 사할린−쿠릴 열도 교환조약을 성사시켰으며, 마리아루스호의 국제중재재판도 일본 측 완승으로 종결지었다. 그는 러시아인 폴론스키(A. S. Polonsky)가 쓴 쿠릴 열도에 관한 지리서를 공사관 직원들과 함께 번역해 『지시마 지리(千島誌)』를 펴냈고, 앞서 언급한 『조선사정』을 번역해 본국에 보냈다. 이제 중요한 일들이 마무리되었다. 그 후 러시아 궁정을 중심으로 하는 외교가에서 러시아뿐만 아니라 유럽 각국의 정보를 수집해 본국에 보내는 일상적인 일을 수행하면서 또 한 해를 보냈다.

야마노우치 데이운은 에노모토보다 두 살 아래인 1838년생이며, 막신의 자제로 어릴 적부터 의학과 난학을 공부했다. 1863년 막부는 이케다 나가오키(池田長発)를 정사로 하는 제2차 유럽사절단(第2次遣欧使節, 横浜鎖港談判使節)을 유럽에 파견하였는데, 야마노우치는 이때 이케다를 수행해 파리를 다녀왔다. 또한 1867년에는 파리 만국박람회에 파견된 도쿠가와 아키타케(德川茂昭: 당시 쇼군 요시노부의 동생)의 통역으로 그를 수행하기도 했다. 하코다테 전쟁 당시에는 주로 하야시 다다스(林董)와 함께 에노모토의 비서관으로서 통역과 문서 작성 등을 담당했고, 전쟁 후 구로다에게 발탁되어 개척사에 출사하였다. 그 후 공부성, 농상무성, 체신성 등에서 일했으며, 1890년 민선 가고시마(鹿兒島) 지사에 취임했고, 1896년에는 초대 야하타제철소(八幡製鉄所) 소장을 역임했다.

그의 이력을 살펴보면 마지막 야하타제철소 소장까지 에노모토와 관련되지 않은 것이 거의 없다. 1896년 당시 에노모토는 야하타제철소의 주무 대신인 농상무대신을 지내고 있었기에 가장 신뢰하던 야마노우치를 그 자리에 앉힐 수 있었다. 한편 고데쓰 함(甲鉄艦)에 탑재되었던 속사포 개틀링(Gatling)에 관한 이야기는 야마노우치의 자서전에도 나온다. 에도 탈출 직전 자신이 고데쓰 함에 올라 뛰어난 영어로 고데쓰 함에 있던 개틀링 1문을 가이요마루에 옮겨 실었다는 이야기가 그것이다. 가이요마루 침몰과 함께 개틀링도 사라졌기에 얼마나 신빙성 있는 이야기인지는 확인할 수 없다. 하지만 개틀링이 당시 최강의 무기였던 것만은 사실이며, 이것에 무릎을 꿇고 만 구막부군 일원으로서는 이 사실이 못내 아쉬웠던 모양이다.

귀국

1876년 후반 에노모토는 본국에 귀국원을 제출하였고, 11월경 아내에게 보낸 편지에 의하면 1877년 4월 하순 혹은 5월 초순에 귀국할 예정이었다. 그리고 이즈음 가족에게 보낸 편지에서 통상적인 해로를 이용한 귀국이 아니라 시베리아 횡단여행에 관한 이야기를 처음으로 꺼냈다. 당시 일본에는 이 지역에 관한 정보가 전무했기 때문에 현지조사를 통해 이 지역의 실상을 파악하고,

또한 이를 통해 일본인들이 통상적으로 지니고 있던 공로병(恐露病: 러시아 공포증)을 불식시키기 위해 그 스스로 시베리아를 횡단해서 본국으로 돌아가겠다는 것이었다. 하지만 귀국 예정일이 다가오면서 러시아와 오스만튀르크 사이에 전운이 감돌기 시작했고, 마침내 1877년 4월 24일 두 나라 간 전쟁이 발발하였다. 본국 외무성은 에노모토에게 전쟁이 종결될 때까지 러시아에 계속 머물라는 훈령을 내렸다.

18세기 후반부터 19세기 후반까지 1세기 이상 러시아와 오스만튀르크 사이에 6번의 전쟁이 발발했는데, 보통 이를 러시아—투르크 전쟁이라 부른다. 이 모두 흑해를 통해 지중해로 나아가려는 러시아와 이를 막으려는 투르크 및 그 지지세력과의 전쟁이었다. 앞서 언급한 크림 전쟁(1853~1856)은 5번째 전쟁이었고, 에노모토의 귀국을 지연시킨 것은 마지막 제6차 전쟁(1877~1878)이었다. 1875년 보스니아, 헤르체고비나, 불가리아 등지에서 그리스정교도들의 반란이 일어났다. 이에 대해 오스만튀르크가 무력으로 진압하자, 러시아는 범슬라브주의를 표방하면서 그리스정교도를 보호한다는 명분으로 오스만튀르크에 선전포고를 했던 것이다. 러시아는 전쟁 도중 고전하기도 했지만, 결국 아드리아노플(Adrianople)을 점령하고 이스탄불을 압박하면서 휴전을 이끌어낼 수 있었다. 이스탄불 근교인 산스테파노(San Stefano)에서 양국은 조약을 맺고 루마니아, 세르비아, 몬테네그로의 독립과 불가리아의 자치를 인정하였다. 그 결과 발칸 반도에서의 러시아 영향력은 현저하게 강화되었고, 이에 더해 러시아는 캅카스(Kavkaz)를 손에 넣을 수 있었다.

서유럽의 열강들은 러시아의 팽창을 가만히 바라다보고 있을 수 없었다. 덴마크, 오스트리아, 프랑스를 차례차례로 제압하며 서유럽의 새로운 맹주로 떠오른 독일의 비스마르크(O. von Bismarck)가 중재자로 나서면서, 러시아, 영국,

오스만튀르크, 오스트리아, 독일, 프랑스, 이탈리아 등 7개국이 모인 베를린회의가 개최되었다. 이 회의 결과 영국과 오스트리아의 의도대로 발칸 반도에서 러시아의 영향력은 현저히 줄어들었다. 또한 오스만튀르크 영토 내에서 많은 독립국이 탄생함으로써 향후 이 지역에서 민족주의가 대두될 토양이 만들어졌다. 당시 러시아는 독일의 호의를 기대하고 있었지만, 독일은 전혀 딴 꿈을 꾸고 있었다. 독일은 폴란드를 사이에 두고 러시아와 대치하고 있었기에, 가급적 러시아의 발칸 반도 및 서유럽으로의 군사적 팽창을 좌절시켜 그 방향을 아시아로 돌리려는 것이 비스마르크의 속셈이었다. 러시아가 아시아로 눈을 돌린다면 그 목표는 청, 조선 나아가 일본이니, 일본 정부나 에노모토가 자신들과는 전혀 관계없을 것 같은 이 전쟁에 관심을 쏟는 것은 어쩌면 당연한 일이라 할 수 있다. 또한 에노모토가 귀국길을 통상적인 해로가 아닌 시베리아 횡단을 선택한 것도 향후 일어날 일에 대한 대비로도 볼 수 있다.

에노모토는 전쟁이 끝나고 귀국할 때까지 본국의 훈령에 따라 러시아와의 조약개정 교섭을 진행했지만, 일본의 기대와는 달리 교섭은 지지부진했다. 일본 정부는 후임자로 언어능력과 품격에서 에노모토에 필적할 인물을 찾으려 했으나 찾지 못해, 한때 그를 유임시킬 생각까지 했다. 하지만 에노모토의 강력한 귀임 요구에 귀국을 허락할 수밖에 없었다. 이즈음 러시아와 영국의 관계가 험악해져 전쟁이 발발한 것이라는 소문도 있었고, 전쟁이 나면 시베리아 횡단 종착지인 블라디보스토크가 폐쇄될지 몰라 에노모토는 횡단여행 경로를 중앙아시아 사막을 경유해 중국 쪽으로 바꿀 생각까지 했었다. 결국 1878년 7월 26일, 4년 2개월간의 러시아 공사직을 성공리에 마치고 마침내 귀국길에 오를 수 있었다.

에노모토의 후원자들

에노모토가 러시아 공사직을 성공적으로 수행할 수 있었던 데는 그 자신의 탁월한 외교능력도 있었겠지만 무엇보다도 많은 사람들로부터 도움을 받을 수 있었기 때문이다. 그중 가장 대표적인 이가 러시아 정치계의 거물인 푸탸틴과 포시예트(K. Posyet)이며, 나가사키 전습생 시절과 네덜란드 유학 시절의 스승이었던 폼페도 큰 역할을 했다. 러시아 당국은 귀임 전부터 이미 에노모토에 대한 정보를 갖고 있었다. 러시아 황제는 물론 조정 및 정가에서도, 구막부의 해군부총재였으며 게다가 반란군의 수괴였던 이를 국가의 대표로 기용해서 러시아로 파견한 것에 대해 매우 흥미롭게 생각했다. 또한 이는 일본 정부의 관대함을 나타내는 좋은 이야깃거리가 되기도 했다. 이러한 것들이 계기가 되어 황제는 에노모토에게 이례적인 관심을 보였는데, 앞서 언급했듯이 알현 이틀 후 황제와 함께 군항을 방문하는 극히 이례적인 환대를 받을 수 있었던 것이다.

에노모토에 대한 정보를 러시아 측에 제공한 데는 당시 해군중장이자 교통대신을 맡고 있던 포시예트가 큰 역할을 했다. 포시예트와 에노모토가 직접 만날 기회가 있었다면, 그것은 에노모토가 18세 그리고 포시예트가 35세이던 1854년의 하코다테였을 것이다. 이야기를 잠시 거꾸로 돌려 보자. 푸탸틴이 러시아 전권사절로 일본에 파견된 것은 1853년이며, 페리가 다녀간 지 한 달이 조금 지난 7월이었다. 그는 페리와는 달리 막부의 외교창구였던 나가사키로 가서 나가사키 부교에게 국서를 전한 후 에도로부터 전권사신이 오길 기다리고 있었다. 하지만 당시는 크림 전쟁 중이라 언제 영국과 프랑스 함대가 닥칠지 몰라 나가사키를 떠났다가, 다시 나가사키로 입항해 막부 전권사신인 가와지 도시아키라(川路聖謨) 등을 만났다. 푸탸틴은 일본과 정식 조약은 맺지 못했으나 다른 나라와 통상조약을 맺을 경우 러시아도 동일한 조건으로 우대해 줄 것을 약속받고 나가사키를 떠났다. 이때가 1854년 1월이었다.

푸탸틴이 일본을 떠난 후 도착한 페리와 미일화친조약이 맺어졌고, 이에 러시아도 일본과 조약을 맺기 위해 푸탸틴이 다시 일본을 방문했다. 이때가 푸탸틴의 3번째 일본 방문이었다. 이때 푸탸틴이 타고 온 배가 티아나호였으며, 이 배의 함장이 바로 포시예트였던 것이다. 이들이 처음 도착했던 곳이 바로 하코다테였고, 당시 하코다테 부교는 호리 도시히로(堀利熙)였다. 푸탸틴을 대신해 배에서 내린 포시예트는 호리와 회견을 가졌는데, 에노모토는 호리의 시종으로 홋카이도와 사할린을 조사한 이후 하코다테에 머물러 있던 시절이라 포시예트와 에노모토의 만남이 이루어졌다면 이때 이루어졌을 수도 있다. 참고로 포시예트는 이 당시 항해하면서 동해안을 측량하였는데, 현재 북한과 러시아 국경 부근의 포시예트 만은 그의 이름을 딴 것이다.

이후 시모다에서 일러 간 교섭이 진행되던 중 태풍으로 티아나호가 좌초되었고, 새롭게 배를 다시 제작하는 과정에서 일본은 러시아로부터 근대 조선술을 배울 수 있었다. 그 배를 제작하던 조선공 중 하나인 우에다 도라기치(上田寅吉)는 이후 해군전습소에 입교했고, 에노모토와 함께 네덜란드로 유학을 갔으며 하코다테 전쟁에도 참가하였다. 새롭게 만든 배 이름은 '헤다'였는데, 푸탸틴과 포시예트는 1855년 일러화친조약이 체결된 이후 새로이 건조된 '헤다'를 타고 러시아로 돌아갔다. 에노모토가 사할린-쿠릴 열도 교환을 위해 러시아로 교섭하러 가기 전까지의 러시아-일본 국경은 당시 이 조약으로 결정되었다. 이후 푸탸틴은 1857년에 나가사키로 와서 일러 추가조약을 체결한 바 있으며, 1858년에 가나가와로 입항하여 일러수호통상조약을 체결하였다.

푸탸틴은 러시아의 대표적인 지일파로서 일본과의 조약 체결의 공적이 인정되어 1859년 백작에 추서되었고, 해군대장, 원수로 영전하였다. 이후 그는 1861년에 교육대신으로 임명되었다. 당시는 알렉산드르 2세가 농노해방을 선언한 직후라 자유를 요구하는 학생운동 역시 극도로 고양되던 시기였다. 하지만 푸탸틴은 학생집회를 금지하고 상트페테르부르크대학을 일시 폐쇄하는 등 보수적인 정책으로 일관하였다. 사태가 더욱 악화되자 그는 재임 6개월 만에 자진 사퇴하고 말았다. 이후 국가평의회 의원이라는 명예직만 갖고 있었다. 에노모토가 상트페테르부르크에 도착했을 당시 푸탸틴은 이미 정계를 은퇴했지만 여전히 러시아 정가의 원로 중 한 명이었다. 에노모토는 푸탸틴의 자택에 종종 초대받으면서 러시아 정가의 소식을 듣기도 했다. 실제로 러시아–투르크 전쟁이 휴전되기 두 달 전에 이미 푸탸틴으로부터 오스만튀르크가 휴전을 제의했다는 사실을 전해 들었을 정도였으니, 에노모토와 푸탸틴의 인간적인 신뢰관계를 충분히 예상해 볼 수 있다. 또한 푸탸틴은 당시 일 년에 3번 일본공사관에서 러시아 정부요인과 외국 공관장을 초청하는 연회에 모습을 드러내면서 막후에서 에노모토를 도왔다.

1872년 10월 포시예트가 황제의 4남 알렉세이 대공을 수행해서 일본을 방문했던 것이, 러시아에 '하코다테의 에노모토'가 알려지게 된 계기가 되었다. 대공은 한 달여를 일본에 머물면서 천황을 알현하고 만찬을 가지기도 했다. 일행의 귀로는 당시 러시아의 태평양함대 기지였던 블라디보스토크로 가서 시베리아를 횡단해 상트페테르부르크로 돌아가는 것이었다. 어쩌면 에노모토가 자신의 귀로로 시베리아 횡단여행을 선택한 데는 알렉세이 대공의 그것이 영향을 미쳤을 수도 있다. 포시예트는 요코하마를 출항해 블라디보스토크로 가는 도중 10여 년 전에 들렀던 하코다테에 정박했고, 여기서 개척사에 출사해 하코다테에서 근무하고 있던 마쓰다이라 다로(松平太郎)를 만날 수 있었다. 마쓰다이라 다로는 하코다테 정권의 부총재로서 에노모토와 함께 고료카쿠에서 신정부군과 싸웠던 인물이라, 에노모토뿐만 아니라 당시 하코다테에서 벌어진 사건 전모를 누구보다 소상히 알고 있었다. 따라서 포시예트는 새로 러시아로 착임하게 될 에노모토와 당시 하코다테의 사정을 정확하게 알게 되었고, 귀국 후 이 정보를 러시아 황제에게 전했던 것이다.

포시예트가 해군중장으로서 교통대신을 맡고 있었던 것이 의외라 생각될 수 있다. 그러나 러시아에는 큰 하천이 많아 선박을 이용한 수운을 관리해야 하고 이와 연계된 철도망을 관리하는 것이 중요한 일이었기에, 어쩌면 해군장성이 교통대신을 맡는 것이 효율적일 수도 있었다. 그는 1874년부터 1888년까지 교통대신을 맡았는데, 시베리아 횡단철도를 가장 먼저 제안한 것도 포시예트였다고 한다. 따라서 에노모토는 착임하기 전부터 이미 러시아 정부에 자신의 지인을 갖고 있었던 것이다. 포시예트 이외에 또 한 명의 지일파 정계 거물이 있었다. 푸탸틴의 후임 문교대신이었던 고로브닌이 바로 그였다. 그의 부친(제4장 참조) 고로브닌 역시 해군사관으로 1811년 쿠릴 열도 쿠나시르 섬에 좌초되었다가 마쓰마에에서 2년 정도 투옥되어 있기도 했지만 무사히 러시아로 돌아갔다. 그는 이후 해군제독이 되어 러시아 해군에 큰 공적을 남겼다. 그의 아들 고로브닌 역시 푸탸틴과 마찬가지로 국가평의회 의원으로 활동하면서 포시예트와 함께 상트페테르부르크에서 에노모토의 울타리가 되어주었다.

한편 에노모토에게는 나가사키 해군전습소 시절과 네덜란드 유학생 시절, 두 사람의 스승이 있었다. 그중 해군전습소 제2대 교관단 단장이었던 카텐데이커는 당시 에노모토라는 청년을 유심히 보고 그의 자질을 자신의 저서 『나가사키 해군전습소의 나날들』에 남기기도 했다. 본국으로 돌아가 해군대신이 된 카텐데이커는 에노모토 일행의 유학을 주선했고, 일본이 네덜란드 조선소에 가이요마루를 발주할 수 있도록 막후에서 도와주었다. 하지만 그는 에노모토가 유학하고 있던 1866년에 병으로 사망하였다. 향년 50세. 따라서 카텐데이커는 유학 이후 에노모토의 활약을 볼 수 없었다.

에노모토는 평생 화학을 공부한 사람이라 할 수 있다. 해군전습소, 네덜란드 유학, 투옥, 개척사, 시베리아 횡단여행, 농상무대신 시절, 공업화학회 회장 역임 등등, 그의 일생에서 화학 지식과 연구는 늘 함께했다. 화학에 관련된 에노모토의 일화는 이 책 곳곳에서 발견할 수 있다. 화학에 대한 에노모토의 관심에 가장 큰 영향을 끼친 이는 바로 해군전습소 제2대 교관단에서 화학과 의학 강의를 담당했던 폼페였다. 그는 서구 과학에 대한 기초가 부족했던 학생들에게 의학 강의 이전에 우선 필요한 것이 화학이라고 판단해 화학 강의를 개설했고, 에노모토는 이 강의에 매료되었다. 1862년 일본을 떠날 때까지 폼페는 일본에 서양 의학을 전수하는 데 온 정열을 바쳤는데, 일본 최초의 서양식 병원인 나가사키 양생소(長崎養生所)를 설립한 것도 그였다. 지금도 그 전통은 나가사키대학 의학부로 이어지고 있다. 귀국 후 폼페는 계속해서 해군군의관으로서 근무했다. 그는 해군대신 카텐데이커의 명령에 따라 유학생들의 정착을 보살폈고, 그들에게 강의도 하였다.

1864년에 폼페는 15년간의 해군군의관 생활을 청산한 뒤 1866년부터 개업의가 되면서 적십자 활동도 병행하기 시작했다. 보불전쟁(1870~1871) 때에는 네덜란드 의료진과 함께 야전병원을 운영하면서 의료봉사를 하기도 했다. 그리고 1873년 2월 24일부터 3월 7일까지 11일 동안 네덜란드에 들른 이와쿠라 사절단의 일정을 도우면서 젊은 시절 일본과 맺었던 우의를 다시 한 번 과시했다. 한편 1867년과 1868년에 폼페는 자신의 일본 회상록인 『일본에서의 5

년간-일본제국과 그 국민의 지혜를 위한 기여』상·하권을 간행하였다.

폼페는 1874년 상트페테르부르크 착임길에 네덜란드에 들른 에노모토로 부터 일본공사관 고문직을 제안받았지만, 공식적으로는 우대신 이와쿠라 도모미로부터 수락 제의를 받았던 것이다. 이러한 제안에 대해 폼페는 네덜란드 국왕 빌럼 3세에게 청원서를 제출했고, 국왕으로부터 칙명을 받아 일본 정부의 고문으로 취임하였다. 러시아 외무성에 대해서는 일본 정부가 직접 폼페의 임명을 통지하였다. 폼페가 상트페테르부르크에 도착한 것은 1874년 8월이고 그곳을 떠난 것이 1876년 여름이었으니, 일본영사관 고문직을 2년간 수행한 것이었다. 사할린-쿠릴 열도 교환조약이 체결되고 마리아루스호 재판건이 완결되면서 폼페의 역할이 더 이상 필요치 않아서인지, 아니면 폼페의 일본영사관 근무가 처음부터 2년 계약이었는지는 알 수 없다.

폼페는 러시아에서 네덜란드로 돌아와서는 다시 의원을 개업하였다. 1883년 그는 칙령으로 네덜란드 적십자협회 중앙위원회 위원으로 선발되었다. 그후 1884년 스위스 제네바에서 열린 제3차 국제적십자회의 네덜란드 대표로 참가했고, 1887년 독일 카를스루에(Karlsruhe)에서 열린 제4차 국제적십자회의에도 참가하였다. 일본이 국제적십자조약에 가입한 것은 1886년이라 제4회 회의에 처음으로 대표단을 파견했는데, 대표단의 통역으로 당시 유학 중이던 모리 오가이(森鷗外)가 발탁되었다. 그곳에서 모리 오가이와 폼페 사이에 대화가 이루어졌는데, 폼페가 모리에게 자신이 알고 있던 하야시 겐카이(林研海)와 모리가 너무나 많이 닮았다면서, 네덜란드에 있을 당시 하야시가 여자 문제를 일으켜 그 위기를 넘기느라 어려움이 많았다고 말했다 한다. 사실 하야시는 모리 첫 부인의 외삼촌이자, 에노모토의 처남이 된다. 모리가 폼페에게 일본에 있을 당시의 인상을 묻자, "정말로 꿈만 같았다"고 일본 체류 당시를 회상했다고 한다.

폼페는 1870년대 말부터 시작한 굴양식사업 때문에 1890년부터는 의원을 접고 사업에 몰두하였다. 하지만 사업에 실패하면서 네덜란드, 독일 등지를 전전했다. 그 후 어렵게 노후를 보내다가, 1908년 10월 3일 벨기에 브뤼셀에서 79세로 생을 마감하였다. 일본에서 처음으로 서양 근대의학을 체계적으로 가르쳤던 폼페는 귀국 후 개업의와 적십자 활동 그리고 에노모토의 외교고문으로 활동하면서 나름대로 보람찬 장년을 보냈지만, 인생 후반에 양식업에 손을 대면서 결국 오랜 기간 동안 경제적으로 어려운 생을 보냈다. 하지만 에노모토가 1908년 10월 27일에 사망했으니 같은 해, 같은 달에 세상을 떠났기에, 에노모토와 폼페의 인연도 보통이 아니었던 모양이다.

『시베리아 일기』(I)

에노모토는 전향자이다. 그렇다고 자신의 기록을 남기지 말라는 법은 없다. 하지만 그는 생전에 전기는커녕 사상서나 회상록, 심지어 자서전도 남기지 않았다. 막말 최초의 막부 유학생이자 해군부총재, 하코다테 전쟁, 메이지 시대의 외교관이자 대신 등 정말로 다채로운 삶을 살다 간 이가 이토록 자신에 관한 글을 남기지 않은 것은 메이지 초기 분위기로는 대단히 예외적인 일이다. 그가 남긴 기록 중 탐험보고서, 여행기, 기행 문학의 측면에서 가장 높게 평가받는 『시베리아 일기』역시 에노모토 스스로 세상에 내놓지 않았다. 그것이 세상이 나온 것은 정말 우연한 일이었다.

에노모토는 러시아 주재 특명전권공사직을 마감하고 귀국길에 올랐다. 1878년 7월 26일 상트페테르부르크를 출발해 그해 9월 29일 블라디보스토크에 도착할 때까지의 66일간 시베리아 횡단여행 이야기를 두 권의 수첩에 기록하였다. 그는 당시 쓴 『시베리아 일기』를 귀국 후 출판할 계획이었다. 하지만 그가 러시아에서 귀국했을 당시 일본인이 지니고 있던 러시아에 대한 공포심과 그 감정적 반발은 여전했으며, 무엇보다도 사할린-쿠릴 열도 교환조약에 대한 반감이 예상외로 거셌기 때문에 스스로 출판하는 것을 주저했을 수도 있다. 게다가 자신을 믿고 함께 하코다테로 탈주해 막부 중흥을 위해 산화한 수많은 젊은 생명들의 희생 앞에서, 자신이 뭔가를 이루었다고 자랑할 정도의 뻔뻔함이 그에겐 없었던 것이다. 에노모토가 시베리아 횡단여행을 했다는 사실도, 그가 『시베리아 일기』를 썼다는 사실도, 그가 사망할 때까지 아니 그보다 훨씬 더 세월이 흘러 그에 대한 기억이 가물가물해질 때까지 세상에 알려지지 않았다.

그가 사망하고 15년이 지난 1923년, 간토대지진으로 장남 다케노리(武憲)의 집이 붕괴되면서 에노모토가 쓴 수첩 2권이 우연히 발견되었다. 하지만 집안사람들은 에노모토가 세상에 내놓지 않으려 했던 유지를 받들어 이 사실을 세상에 공포하지 않았다. 이후 장남 부처가 사망하고 가재도구를 정리하면서 다시 발견되었다. 이제는 공포해도 좋을 것이라는 차남 하루노스케(春之助)의 뜻에 따라 1935년 해군유종회(海軍有終会)에서 사진판으로 출판함으로써 『시베리아 일기』가 세상에 처음으로 그 모습을 드러내게 되었다. 그 후 1939년 남만주철도주식회사가 사진판을 바탕으로 활자판을 출판했지만 비매품이고 부수도 얼마 되지 않아 세상에 널리 알려지지는 않았다. 이후 1943년 『시베리아 일기』와 『도란일기(渡蘭日記: 네덜란드 유학 출발 시 항해일기)』가 하나로 합본되어 처음으로 동조서원(東兆書院)이라는 출판사에서 발간되었지만, 당시는 태평양전쟁이 한창인 때라 별다른 반응이 없었다. 에노모토의 『시베리아 일기』가 세상에 널리 알려지게 된 것은 태평양전쟁 이후의 일이었다.

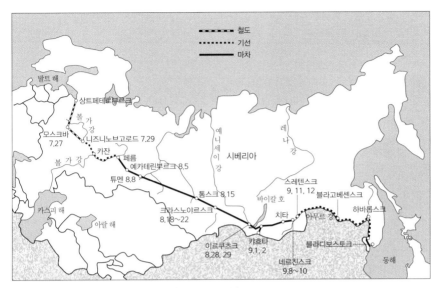

그림 10.1 에노모토의 시베리아 횡단경로(1878년 7〜9월)

2권의 수첩에 기록된 『시베리아 일기』 원본은 현재 일본국립국회도서관 헌정자료실에 소장되어 있다. 7월 26일부터 8월 9일 전반까지는 큰 수첩(22(세로)×18(가로)×2.5(두께)cm)에, 8월 9일 후반부터 9월 13일 전반까지는 작은 수첩(11×6×1.2cm)에, 9월 13일 후반부터 9월 28일까지는 다시 큰 수첩에 기록되어 있으며, 9월 29일 마지막 날 블라디보스토크에서의 기록은 없다. 이 여행에 참가한 이는 모두 4명인데, 그중 러시아공사관 2등서기관 이치카와 분키치(市川文吉)는 당시 31세로 이미 러시아에 유학한 경험이 있던 메이지 초기 최고의 러시아통 외교관이었다. 이치카와는 에노모토가 러시아에 부임하면서부터 그를 수행하였다. 또한 에노모토 재임기에 상트페테르부르크에서 동관인쇄를 배우고 있던 오오카 긴타로(大岡金太郎, 당시 34세)는 마쓰다이라 다로의 시종으로 하코다테 전쟁에 참전한 경력이 있으며, 에노모토의 시종으로 러시아로 출발할 때부터 에노모토를 수행하였다. 데라미 기이치(寺見機一, 당시 30세)

는 1873년 상트페테르부르크대학에 유학을 와 있던 유학생으로 귀국 후 외교관과 실업가로 활동하였다.

　이들의 일정을 살펴보면 다음과 같다. 7월 26일 상트페테르부르크를 기차로 출발한 일행은 다음 날 모스크바에 도착했고, 29일에 기차로 모스크바를 출발해 그날 니즈니노브고로드에 도착했다. 여기까지가 기차 여행의 마지막이었다. 30일 배로 볼가 강을 따라 내려가 31일 카잔에 도착했고, 여기서 볼가 강 지류인 카마 강을 거슬러 올라가 8월 2일 페름에 도착했다. 8월 3일 페름을 출발해 이제부터 마차를 타고 우랄 산맥을 넘어 5일에 예카테린부르크, 8일에 튜멘, 15일에는 당시 인구 35,000명의 톰스크에 도착했다. 다음 날 출발해 18일에 크라스노야르스크에 도착해 며칠 휴식을 취한 후, 23일 이곳을 출발해 시베리아의 상트페테르부르크라 불리던 이르쿠츠크에 도착한 것이 28일이었다. 이곳 인구는 35,000명으로, 사금채취장 및 그 밖의 장소에 대해 조사하고는 30일 이르쿠츠크를 출발해 바이칼 호반 선착장에 도착했고, 호수를 건너 계속 동으로 나아가 결국 중소 국경도시인 캬흐타에 도착한 것이 9월 1일이었다. 이곳은 중국차의 유명한 교역지인데, 9월 3일 이곳을 출발해 치타에 도착한 것은 9월 7일이었다. 다시 출발해 8일 네르친스크에 도착해 사금채취장을 견학했고, 11일 이곳을 출발해 스레텐스크에 도착했다. 다시 13일 배를 타고 시르카 강을 따라 내려가 본류인 아무르 강에 들어섰고, 여기서 사금채취장을 견학한 후 17일 블라고베셴스크에 도착하였다. 다음 날 육지로 상륙해 러시아군 진지와 중국의 아이훈 성을 방문하고는 19일 블라고베셴스크를 출발해 21일에 하바롭스크에 도착했고, 이후 배와 마차를 이용해 블라디보스토크에 도착한 것이 9월 29일이었다.
　철도와 배를 이용하기도 했지만, 1만km가 넘는 일정의 60~70%를 마차로 달렸는데, 일행이 이용했던 마차는 '타란타스'라 불리는 러시아제 반유개 마차였다. 유형지 시베리아에 제대로 된 길이 있을 리 없었고, 요철이 극심한 도로에서 마차가 얼마나 튀었던지 에노모토는 이 마차를 '고문도구'라 불렀다. 밤에 마차를 모는 경우도 적지 않았는데, 이때 남만충이라 불리는 해충이 달려들어 일행의 고생이 이만저만이 아니었다고 한다. 그렇다면 왜 에노모토는 이런 고생을 하면서 시베리아 횡단여행을 단행하였을까? 첫 번째는 앞서 밝혔듯이 당시 일본 국민들이 가지고 있던 공로병을 불식시키기 위함이라 볼 수 있다. 1877년 1월 1일 아내에게 보낸 편지에 다음과 같은 구절이 실려 있었다.

원래 일본인은 러시아를 아주 두려워해 지금이라도 홋카이도로 공격해 들어오리라 생각하는 사람들이 많지만, 그것은 지나칠 정도의 추정일 뿐 ……
지금 나에게 더 없이 좋은 기회이기 때문에 러시아 영지를 여행해서 일본인의 두려움을 없애고, 한편으론 장래의 이익을 생각해 실지를 답사해서 한 권의 책으로 만들고자 합니다. 일본 정부도 오로지 이 일을 원하고 있으며, 야마가타 아리토모 육군경 역시 이 일에 매우 주목하고 있는 것은 지당하신 것 …….

그렇다면 과연 에노모토는 자신의 목적을 이루었을까? 그는 『시베리아 일기』를 출판하지 않았을 뿐만 아니라 가족들에게 이 수첩이 있다는 사실조차 알리지 않았다. 게다가 만약 출판되어 이 책을 일본 국민들이 읽는다고 해도 그의 목적이 실현되었으리라는 보장이 없다. 왜냐하면 그는 객관적 기술을 통해 러시아의 실태를 그저 담담하게 그려 냈을 뿐 공로병을 없애겠다며 설교식으로 국민들을 가르치려 들지 않았기 때문이다. 한편 이 구절에서 말하는 "장래의 이익"이란 시베리아가 지니고 있는 경제적·자원적 가치를 말하는 것이라 볼 수 있다. 특히 홋카이도에 그 기술을 원용할 생각으로 사금채취장을 자주 방문했으며, 홋카이도에 유익한 식물을 찾는 데도 많은 시간을 할애하였다. 또한 러시아와 중국의 차 무역실태를 통해 일본에서 러시아로의 차 수출 길도 모색하였다. 어쩌면 그는 귀국 후 정치계보다는 실업계 쪽으로 가리라고 예상하고 있었던 것이 아닐까 생각되지만, 1878년 당시 그의 인생경로는 자신뿐만 아니라 그 누구도 예측할 수 없었던 시기였다.

한편 러시아는 어째서 에노모토의 횡단여행을 허락했을까? 당시는 시베리아 횡단철도의 구상이 막 시작되려던 시기였으며, 이 철도의 종착지 바로 앞에는 다름 아닌 섬나라 일본이 기다리고 있었기에 러시아로서 일본은 경계해야 할 상대이기도 했다. 하지만 아직 러시아의 눈에는 일본이 들어오지 않을 때였다. 게다가 에노모토와 맺은 조약에 대해 러시아 역시 만족하고 있었고, 에노모토에 대해 좋게 평가하고 있었기에 그러한 허락이 가능하지 않았나 생각된다. 당시 러시아 정부는 시베리아 각 현령, 군사시설 책임자, 경찰서장 등에게 에노모토 중장이 각자의 임지를 통과할 때 정중히 영접하라고 지시했으며, 실제로 행선지에서는 그들의 출영을 받기도 했다. 러시아 내무성의 배려 덕분에 항상 특별객차가 제공되었고, 마차로 달릴 때는 경찰관이 선도하였다. 이것은 경호인 동시에 감시의 목적도 없지 않았을 것이라 생각한다. 러시아 정부가 에노모토에게 얼마나 각별하게 배려했는지는 『시베리아 일기』 첫 페이지에 잘 나와 있다.

1878년 7월 23일, 알렉산드르 2세의 이궁이 있던 사르스코예 세로(현재 상 트페테르부르크 내의 푸시킨 시)에서 귀국 작별인사를 위한 알현을 마치고 26일 오후 7시 15분 기차로 페테르부르크를 출발했다. 출발 전에 보고서 1통(외무 경 데라시마 무네노리), 구로다와 가족에게 각각 편지를 보냈다. 고용인들에게 는 모두 260루블의 사례금을 주었다. 기차 역에는 포시예트의 명을 받아 철 도계 사관이 출영했고, 특별열차 1량이 우리에게 나왔다. 거기에 오오카 군도

520

함께 있을 수 있었다. 출발 전 오후 2시 우시레프스키 씨가 여권과 내무대신이 각 현령에게 보낸 공문 1통을 가지고 와서, '내무대신이 오늘 모스크바를 비롯해 시베리아의 각 현 지사와 진대에 에노모토 공사의 시베리아 여행을 전신으로 알리고 모든 일을 주선하라고 통보했습니다'라고 전했다. 부룻세 씨 또한 작별을 고하러 와서는 내 사진을 달라고 했다. 여기서 부룻세 씨 이외에 우시레프스키 씨에게도 주었다. 기차 역에선 육군대좌 코와코, 라모찬도라, 페루샤, 오카(岡) 씨도 전송하러 나왔다. 공사관 제군들 중에서 다카기(高木), 안도(安藤) 두 사람은 병환으로 나오지 못했다. 이윽고 기차는 출발했다. 객차 안에서 미리 준비한 일본 술 1병을 따서 마셨다. 입맛에 딱 맞지는 않았다. 냉기가 몸으로 들어오는 초겨울 같았다. 온도계를 보니 11도(이 온도 시스템은 빙점 0도, 비등점 80도). 밤 12시에 잠이 들었다 …….

『시베리아 일기』(II)

그는 매일 보고 듣고 느낀 점을 일기형식으로 기록하였는데, 그 대상은 그의 관심 폭만큼이나 다양했다. 지리, 지질, 기상, 식물, 광물(특히 사금)에 대해서 비교적 상세히 기술하였으며, 산업, 무역, 정치, 군사, 인심, 풍속, 물가, 언어, 종교, 민족 등 미치지 않는 범위가 없었다. 그는 매일 기온을 하루에 2~3회 측정하여 일변화를 관측하였으며, 각 진대의 구성, 군량, 동원가능 병력 등을 조사했고, 아무르 강에서는 대안에 있는 청국의 군대 배치까지 조사했다. 국가가 필요로 하는 이 같은 정보 이외에 이 지역의 사회현상에도 관심을 가졌다. 그의 마차가 나아가는 방향과 같은 방향으로 호송되고 있던 일단의 유형수(流刑囚)에도 관심을 가졌다. 그들 중에는 러시아인도 있고 비러시아인도 있었는데, 러시아—투르크 전쟁 포로였던 '바시브즈크'라 불린 투르크 비정규 기병대가 그들 속에 있음도 확인할 수 있었다. 그들은 용맹과감하고 잔혹하기가 러시아의 카자크(Kazak)에 버금갈 정도의 부대였다고 한다. 에노모토는 도시와 같은 자치체에서 수장과 임원을 선출하는 방식과 임기 등에 대해서도 관심을 가졌고, 토지소유 방식이나 정부에 납부하는 세금의 양에도 관심을 가졌다. 그뿐만 아니라 자신이 통과하는 토지의 토양, 작물, 그 작물의 경작법까지 기술하였고, 늘 화학 실습기구 일습을 지니고 다니면서 필요할 때면 토양분석도 빠뜨리지 않았다.

『시베리아 일기』에는 2개의 스케치가 실려 있는데, 그중 하나가 다음 그림이다. 8월 6일 사금채취장을 방문하고 그곳의 토양단면을 스케치한 것이다. 이 스케치를 설명하는 당시의 일기 기록을 옮겨 보자.

 …… 이곳은 적색토가 혼재된 저기복의 평지지만 곳곳에 소택지와 같은 물이 고인 곳이 나타난다. 지면에서 아래로 굴착하면 3~4척 두께의 석영이 혼재된 사력층이 나온다. 바로 이 토양에 금이 포함되어 있다고 한다. 그 두께는 균등하지 않고 두꺼운 경우 6척까지 된다고 한다. 그 밑에는 다시 다른 토양이 나오는데, 금은 포함되어 있지 않다. 그 증거로는 석영 입자가 나오지 않기 때문이다. 사금광 주인이 말하길, '우리는 2개월 전부터 이 같은 장소에서 굴착을 시도하고 있는데, 대체로 그림과 같이 4개 층으로 이루어져 있다. 따라서 세 번째 층에 금이 많이 포함되어 있다.'고 한다.

 땅을 팔 때는 곡괭이를 사용한다. 그 흙을 쇠로 된 반원형의 용기에 넣고 마차를 끌던 말을 이용해 그것을 세척장으로 끌고 간다. 세척방법은 우리나라 세금사들의 방식과 전혀 다르지 않았고, 대단히 숙련되어 있었다. 나는 그것을 보면서 지난날 군누이(国縫), 도카치(十勝) 등지에서 보았던 사금 세척의 일이 생각난다.

 사금광 주인의 말로 지금까지는 흙 100푸도에서 사금 30도랴를 얻을 수 있

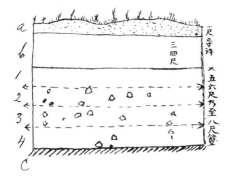

그림 10.2 사금채취장 토양단면도(a는 표토, b는 사력이 혼재된 적색토. 1~4는 석영입자가 다량 포함된 적색토로 여기에 사금이 포함되어 있다. c는 사금을 포함하지 않은 적색토이다.)

었다고 한다. 이 정도로는 이익을 얻을 수 없다. 희망하는 바는 100푸도에서 40~50도랴를 얻는 것이다. 1푸도는 40훈토, 1훈토는 96조로토니크, 1조로토니크는 96도랴이다. 따라서 100푸도에서 30도랴의 사금을 얻는다면 그것은 368만 6400분의 3이니, 다시 말해 흙의 100만분의 1(혹은 그 이하)이 사금인 것이다 ·······.

이 그림은 토양의 물리적·화학적 특성에 따라 토양층을 나누는 당시 러시아 토양학의 전통을 그대로 보여 주고 있다. 이것만으로도 에노모토가 갖고 있던 자연과학의 폭과 깊이를 미루어 짐작할 수 있다. 게다가 사금의 채취, 세척 그리고 경제성까지 파악해 보는 그의 실무적 감각도 엿볼 수 있다.

한편 에노모토는 8월 30일 시베리아의 중심도시인 이르쿠츠크(Irkutsk)를 뒤로하고 계속 동쪽으로 가다가 갑자기 행로를 바꾸어 러시아와 청국의 국경도시로 남하하였다. 9월 1일 러시아 측 캬흐타(Kyakhta)에 들렀고, 9월 2일에는 국경을 넘어 청국 측의 마이마이성(賣買城)을 방문했다. 에노모토는 캬흐타에 도착하자마자 현지 검역사무관을 방문했는데, 그에게 들은 이야기를 다음과 같이 정리하였다.

- 캬흐타에는 차 상인들의 창고가 있을 뿐, 인구는 300명 정도에 지나지 않는다. 바로 앞에 있는 토로이츠크 사프스크 마을에는 3,000명이 살고 있다.
- 캬흐타에서 1725년(1727년의 오류) 중국과의 국경이 결정되었고, 바로 이곳을 무역장소로 정하게 되었다. 이는 예카테리나 1세 시절로, 러시아 사절은 사바 라그친스키였다. 이 때문에 캬흐타 앞에 있는 마을 역시 토로이츠크 사프스크(사프스크는 '사바의'를 의미함)라는 이름이 붙여졌다. 이 두 곳 모두 당시에 만들어졌다. 이 조약 이전에는 러시아인과 중국인이 국경 이곳저곳에서 불규칙한 무역을 해 왔지만, 이때부터 캬흐타와 츠르하이뒤이 두 곳 이외에는 무역이 금지되었다.
- 츠르하이뒤이는 캬흐타보다 동쪽에 치우쳐 있고 중국에 접해 있는 러시아 영토이다. 그런데 이그나테프 씨가 맺었던 베이징 조약(1860년) 이후 츠르하이뒤이는 차츰 쇠퇴하였다.
- 이그나테프의 조약으로 중국과의 무역은 서시베리아에서는 세미파라첸스크령의 경계에서, 동시베리아에서는 캬흐타로 정해졌다. 하지만 가끔 다른 곳에 중국 상인이 오는 경우도 있다.
- 칼간[현재 중국 허베이 성(河北省) 장자커우(張家口)]에서 캬흐타로 운반되는 차는 지금까지 매년 20만 상자 정도라고 한다. 칼간에서 캬흐타까지 전차(磚茶)를 운반하는 데 드는 운송료는 원가의 3배가량 되고, 소요 기간은 30일에서 40일가량 된다고 한다(이 시기 사용된 수첩은 작은 수첩이지만, 이 내용은 큰 수첩에 수록된 것을 채록한 것임).

1689년 아무르 강 방면의 러시아−청국 국경조약인 네르친스크 조약에 이어, 그 서쪽 연장선상인 몽골 방면으로의 러시아−청국 국경은 1727년 캬흐타 조약으로 획정되었다. 에노모토는 이곳 캬흐타에 도착한 이후 러시아의 모피와 청국의 차로 대표되는 러청 무역의 실태를 관찰하면서, 향후 일러 무역의 가능성을 모색하였다. 이뿐만 아니라 양국에 귀속된 소수민족에 대해서도 관심을 가졌는데, 러시아의 경우 브리야트 족, 청국의 경우 몽골 족이 그것이다. 이 당시 몽골 족은 이미 러청 양국에 병합되어 분리된 채 살고 있었다. 에노모토는 인종, 언어, 종교 등에서 이 두 민족의 차이점을 살펴보았다. 그 과정에서 브리야트 족은 러시아화가 진전되어 머리 모양이나 가옥 등의 생활관습이 몽골 족의 그것과 완전히 달라져 있었지만, 기본적으로 이 둘은 같은 민족이어서 말하는 언어가 거의 동일하다는 사실을 확인하였다. 동시에 러청 양국에서 힘든 생활을 강요당하는 이들을 보면서 나라 잃은 민족의 말로를 체감하기도 했다. 그는 러청 무역의 실상을 보다 자세히 살펴보기 위해 국경을 넘어 중국 측의 마이마이성으로 들어가서 현지 주민들과 이야기를 나누기도 했다.

한편 그는 현지 언어에도 관심을 가졌는데, 아주 조악하지만 몽골어와 일본어의 간단한 단어대비표를 만들기도 했다. 언어에 다재다능했던 에노모토의 언어에 대한 관심을 엿볼 수 있는 대목이다. 달리는 마차에서 러시아인 탐험가가 쓴 몽골 관련 서적을 미리 예습하면서 사전 지식과 현지 조사를 비교해 보는 장면이 『시베리아 일기』 속 여러 곳에서 발견된다. 에노모토는 시베리아 횡단여행에서 유독 소수민족, 특히 몽골 족에 큰 관심을 나타내면서 많은 지면을 할애하였다. 어쩌면 두 강대국 사이에 끼어 점차 소멸되어가는 몽골과 열강의 관계 속에서 고난의 연속인 자신의 조국 일본이 오버랩되었던 것은 아니었는지. 그는 러청 관계뿐만 아니라 몽골 족의 과거와 현재, 미래에 대해 서적에만 의존하지 않고 직접 현지에서 확인하려 했다. 이처럼 『시베리아 일기』는 에노모토가 메이지 정부 최일선의 '외교관'이자 박학다재의 '학자', 그리고 매우 실무적인 '실업가'의 일면을 여지없이 보여 준다는 점에서 그 의미가 남다르다.

요약하면 에노모토는 군사, 산업 등 국가적 의미를 지닌 것들에 대한 관심과 개인적인 지적 호기심이 결합되어 시베리아의 무궁무진한 정보의 세계에 빠져들었던 것이다. 당시 큰 도시에서는 그 도시의 상징적 경관을 담은 화보나 그림 엽서를 판매하고 있었다. 앞서 네덜란드 유학단의 단장이었던 우치다의 수집품 대부분은 그러한 화보나 그림엽서였고, 이것들이 자신의 세계지리 저작물의 편집에 큰 도움이 되었다. 하지만 에노모토가 지나가는 도시는 아주 작은 도시로 그곳에는 상업적 목적으로 제작된 그런 사진이나 화보가 없었다. 그는 통과하는 마을마다 그곳 사진관을 들렀고, 거기서 일일이 그 마을을 찍은 사진을 구입하였다. 사실 시베리아 횡단여행의 경비로 사용된 국비에 대해서는 하나도 빠짐없이 기록했지만, 사진 구입만은 사비를 썼다. 아쉽게도 이 당시 수집한 사진은 관동대지진으로 대부분 소실되어 남은 것이 거의 없다. 정보 획득에 대해 그만의 독특한 아이디어를 확인할 수 있다.

9월 29일 에노모토가 블라디보스토크에 도착할 당시 구로다가 그곳에 마중을 나와 있었다. 그는 10월 2일 구로다가 타고 온 하코다테마루(箱館丸)를 타고 블라디보스토크를 떠나 4일 오타루에 도착했다. 그리고 잠시 삿포로에 머문 후 다시 오타루를 떠나 하코다테로 왔으며, 그곳을 떠난 것은 10월 19일이었다. 10월 21일 요코하마에 도착하고는 바로 도쿄 자택으로 돌아갔다. 실로 4년 7개월 만의 귀향이었다.

제11장

1885 톈진 조약

외무대보, 해군경, 황궁건설사업 부총재

1879년 2월 12일, 시베리아 횡단여행을 마치고 귀국한 에노모토에게 조약 개정 담당관(条約改正取調御用掛)이라는 외무성 특별직책이 주어졌다. 사실 러시아와의 사할린−쿠릴 열도 교환조약에 대한 일반 여론은 극히 부정적이었고, 각종 언론은 에노모토의 굴종적 외교를 신랄하게 비난하기도 했다. 정작담당 부서인 외무성은 사할린의 대체 영토로 쿠릴 열도 전체 중에서 얼마만큼을 얻을 수 있을까 노심초사했지만, 조약 결과가 쿠릴 열도 전부 획득이라는 놀랄 만한 성과에 대만족하는 분위기였다. 따라서 에노모토의 외무성 발탁은그의 업적에 대한 당연한 결과라고도 볼 수 있으나, 그 스스로 이 발탁에 얼마나 만족스러웠는지는 알 수 없다.

당시 외무경은 데라시마 무네노리(寺島宗則)였고, 그해 9월 10일 이노우에 가오루(井上馨)가 새 외무경으로 취임하였다. 같은 날 에노모토 역시 외무성 2등, 그러니까 각 성의 대보(大輔: 차관)급에 해당하는 칙임관에 오르면서, 11월

6일에는 외무성 대보에 임명되었다. 이노우에 외무경의 첫 번째 대보로 에노모토가 발탁되었던 것이다. 당시 태정관(太政官) 직제에서 칙임관 2등급은 각 성의 대보나 육해군의 경우 중장에 해당되며, 칙임관 1등급은 각 성의 경(대신)이나 육해군의 대장에 해당되어 천황이 직접 임명장을 수여하는 최고위 직급이었다. 일본의 정국은 에노모토가 러시아로 출국할 때와는 완전히 달라져 있었다. 세이난 전쟁(西南戰爭)을 전후로 기도 다카요시, 사이고 다카모리, 오쿠보 도시미치는 이미 이 세상 사람이 아니었다. 이들 유신 3걸 대신에 이토 히로부미, 오쿠마 시게노부, 이노우에 가오루, 구로다 기요타카라는 새로운 인물들이 메이지 정부를 좌지우지하고 있었다. 또한 자유민권운동이라는 비정치권에서의 새로운 정치운동이 예상외로 거셌고, 이와 함께 치외법권 폐지와 조세자유권 확보를 위한 조약개정, 다시 말해 외국 열강과의 대외적 문제도 주요 정치현안으로 등장해 있었다. 이 모든 것들은 정한론 정변으로 오쿠보 정권이 들어서고부터, 다시 말해 그가 일본을 떠났을 때부터 본격화되었다.

조약개정 담당관으로서 에노모토의 업적은 별로 확인된 바 없다. 사실 1년 남짓 외무성에 있다가 1880년 2월 28일 해군경(海軍卿)에 취임하면서 외무성을 떠났기 때문이다. 그 후 주청 특명전권공사직을 맡으면서 다시 외무성과 인연을 맺기도 했으며, 1891년 5월부터 시작된 제1차 마쓰카타(松方) 내각에서는 외무대신을 맡기도 했다. 그렇다면 당시 일본이 해결해야 할 가장 중요한 대외적 문제였던 조약개정에 대해 잠시 살펴보자.

조약개정은 조약 상대국으로부터 두 가지 권리(사법권과 조세권)를 회복하는 것이 목적이었는데, 구체적으로는 영사재판권의 철폐와 관세자주권의 회복이 그것이었다. 당시 재야의 자유민권운동 측에서는 명분상 영사재판권의 철폐를 강력히 주장했지만, 메이지 정부로서는 그것보다 관세자주권의 회복 주장이 조약국들을 논리적으로 설득할 수 있으며 또한 부족한 세원을 확보하는 데도 도움이 된다고 판단했다. 조약개정은 이미 1871년 이와쿠라 사절단에 의해 시작되었다. 천황의 위임장을 가져오지 않아 다시 본국을 다녀오는 촌극을 벌였지만, 5개 추가 개항장과 내지 개방을 요구한 미국과의 교섭이 순조롭게 진행되면서 일단락되는 듯했다. 하지만 일본과 미국의 단독교섭은 편무적 최혜국대우 조약에 위배된다는 다른 조약국들의 지적에 따라 이후 교섭은 흐지부지되고 말았다.

　에노모토의 러시아 공사 재임 시기와 거의 같은 기간 동안 외무성을 책임졌던 데라지마(재임 1873~1879) 외무상 역시 조약개정 문제에 매달렸다. 이 시기 외교교섭의 1차 대상은 늘 미국이었다. 1878년 7월 다른 조약국들의 승인을 전제로 관세자주권을 인정하는 미국과의 개정조약에 합의가 이루어졌고, 1879년 4월 비준서까지 교환하였다. 에노모토가 외무성의 훈령에 따라 러시아와 조약개정 문제를 교섭하기 시작한 것이 1878년 2월부터이니, 이 역시 미국과의 관세개정 조약을 추진하기 위한 전제로 다른 조약국과의 개별적 교섭 차원에서 진행되었던 것이다.

　미국과 맺은 관세조약 개정에 대해 일본 주재 외교단, 특히 영국이 적극적으로 반대했다. 일본에 대한 미국 주도권의 성립, 기존 불평등 무역 시스템의 붕괴에 따른 자국 이익의 감소, 마지막으로 본국과의 직접 교섭에 따른 현지 공관장의 존립근거 박약 등이 그 이유였다. 게다가 일본에서는 아편밀수, 검역 거부에 따른 콜레라 유행 등으로 인해 관세자주권 못지않게 영사재판권의 중요성이 대두되었다. 이에 대해 자유민권운동가들이나 여론에서도 국가의 위신, 국민의 안전과 생명 보호, 심지어 경제적 불이익 해소를 위해서라도 치외법권을 폐지하고 모든 사법권을 회복하라는 요구가 빗발쳤다. 결국 미국과의 조약개정은 무산되고 말았다. 이에 책임을 지고 데라지마가 사임했고 신임 외무상으로 등장한 이가 이노우에 가오루(재임 1879~1888)였다. 이후 조약개정 노력은 지속되었고, 1894년 청일전쟁을 계기로 일본이 서양과 맺었던 불평등조약은 서서히 개정되기 시작하였다.

에노모토는 이노우에 외무상의 외무대보로 취임한 지 4개월도 되지 않은 1880년 2월 28일, 해군경으로 자리를 옮겼다. 구막부군 해군부총재였던 점이나 그간의 경력과 능력을 감안한다고 해도 에노모토의 해군경 취임은 그야말로 파격적인 영전이라 말할 수 있다. 하지만 그의 취임은 그저 사쓰마·조슈 번벌 정치의 틈새를 메우는 핀치히터의 역할에 불과했을 뿐이었다. 당시 일본 해군은 사쓰마 번벌이 완전히 장악하고 있던 시기였는데, 이는 에노모토(3대 해군경)의 전임(2대)과 후임(4대) 해군경이 사쓰마 출신의 가와무라 스미요시(川村純義)였다는 점에서 확인할 수 있다. 가와무라는 메이지 초기 해군 건설의 핵심적 인물로 1875년 운요호 사건 당시 조선으로의 군함 파견을 막후에서 지휘했던 해군성 대보였으며, 1877년 세이난 전쟁에서는 육군참군(총지휘관) 야마가타 아리토모(山縣有朋)와 함께 해군참군으로 참전해서 활약하기도 했다. 운요호 사건 당시는 명목뿐이지만 해군경이던 가쓰 가이슈가 막 사임해서 해군경이 없던 시절이었으며 그가 해군경에 취임한 것이 1878년이니, 세이난 전쟁 당시에도 해군경이 없는 해군대보로서 해군의 전권을 장악하고 있었다.

사실 가와무라는 사이고의 외사촌 여동생 남편으로 일찍부터 사이고의 후광에 힘입어 군문에 발을 들여놓았고, 보신 전쟁 당시 아이즈 성 전투에서 맹활약하였다. 이후 세이난 전쟁 직전 가고시마사학교 무리들의 화약고 습격 등 가고시마의 불온한 분위기를 감지하고 사쓰마 현령을 만나 중재하려 했으나 실패한 경험도 있다. 해군경에 취임하고는 해군 대보도 소보도 두지 않고 독단으로 사쓰마계 해군을 중용하고 무리한 해군 증설계획을 세우는 등 해군업

530

무를 전횡함으로써 조슈 출신의 이토 히로부미, 야마가타 아리토모 등의 견제를 받기도 했다. 1880년 2월 이토에 의해 제기된 참의·대신 분리안이 채택되면서, 당시 참의 겸 해군대신이던 가와무라로서는 둘 중 하나를 선택해야 했다. 이 안은 사가 번(佐賀藩) 출신이지만 참의 겸 대장경으로서 독주하던 오쿠마 시게노부를 견제하기 위해 조슈 측에서 만든 것이었기에, 가와무라로서는 유탄을 맞은 격이었다. 이러한 정치적 공백에 에노모토가 우연히 발탁되었던 것이다.

에노모토가 1년 남짓 해군경에 재직하면서 이룬 업적으로는 '일본해령초안(日本海令草案)'을 완성해서 정부에 제출한 것 정도가 전부였다. 당시는 해군뿐만 아니라 해운업도 기지개를 켜 든 시절이었지만 근대적인 해사 관련 법규는 전혀 갖추어져 있지 않았는데, 이는 다른 법률도 마찬가지였다. '해령초안'은 단순히 해양상법과 같은 사법뿐만 아니라 영해 및 국제해사 문제와 같은 국제법적 요소도 포함되어 있었기 때문에, 어쩌면 이 같은 이유에서 당시 일본의 국제법 전문가 중 한 명이었던 에노모토가 선발된 것일 수 있다. 하지만 '일본해령초안'은 에노모토가 해군경에 취임하기 전부터 진행되어 오던 사업이라, 그가 취임하면서 이 사업이 완결되었다고 보는 것이 타당할 것이다. 사실 그가 해군경으로서 할 수 있었던 일은 아무것도 없었다. 왜냐하면 앞서 언급했듯이 메이지 초기의 해군은 사쓰마 번벌이 완전히 장악하고 있었기 때문이다. 그는 관직에 연연하는 인물은 아니었다. 어느 누구에게 관직을 달라고 '로비'한 적도 없었고, 설령 자신에게 관직이 주어진다고 해도 최선을 다할 뿐 물러서라면 두말 않고 물러설 줄 알았다. 이러니 과연 그가 '사쓰마·조슈 번벌 정부에서 관료직을 맡기를 원했을까' 하는 의문도 있다.

그가 해군경 재임시 에피소드로 남아 있는 것이 하나 있어 소개해 보면 다음과 같다. 당시 해군 소위에 불과했지만 어린 나이(12세) 때부터 사쓰에(薩英)

전쟁과 보신 전쟁에 참여한 경력을 믿고 거들먹거리는 한 기고만장한 젊은 장교가 있었다. 바로 그를 에노모토가 직위 해임시킨 사건이 바로 그것이다. 그 장교는 나중에 총리대신에까지 오르고, 청일전쟁과 러일전쟁 당시 일본 해군을 총지휘했던 야마모토 곤노효에(山本權兵衛)였다. 에노모토가 그를 직위 해임시키자, 사쓰마계가 장악하고 있던 당시 해군에서는 '에노모토가 반역자인 주제에 건방을 떤다'면서 해군경의 업무지시에 태업을 단행했다. 결국 에노모토는 물러나지 않을 수 없었다. 하지만 이 사건으로 인해 에노모토가 예정보다 일찍 사임했을 수는 있지만, 결코 이 자리를 오래도록 지킬 입장도 능력도 의지도 그에겐 없었다고 보는 것이 정확한 판단일 것이다.

외무성 대보직과 마찬가지로 해군경 역시 겨우 1년을 넘긴 1881년 4월 7일 사임하였다. 곧바로 5월에는 황궁건설 담당관(皇居造營御用掛), 그 이듬해 5월에는 황궁건설사업 부총재(皇居造營事務副総裁)에 임명되었다. 에노모토가 러시아 황실과 밀접한 관계를 맺고 황제의 신임을 받아 황실 출입도 잦았기에 서양의 황궁에 대해 잘 알고 있으리라는 것이 그가 발탁된 배경이었다. 덕분에 에노모토는 천황을 비롯해 황실의 인물들과 좋은 관계를 맺을 수 있었으며, 황실 나인들은 에노모토가 지나갈 때면 '저 사람이 하코다테의 에노모토'라면서 수군거렸다는 이야기도 전해지고 있다. 그의 다채로운 경력, 그로부터 배어 나오는 품격과 예절은 당시 그 누구에게라도 환영받을 정도였다고 한다. 1882년 8월 12일 주청국 특명전권공사에 임명되면서 황궁건설사업 부총재직을 사임하였다. 조선에서 일어난 임오군란을 계기로 일본과 청국의 관계가 복잡해지면서, 메이지 정부 당국자들은 이를 해결할 만한 인물을 찾았다. 하지만 결국 그들의 선택은 에노모토였던 것이다.

러시아에서 귀국한 후 다시 외교관으로서 청국에 가기 전까지 4년이 채 못

되는 기간 동안 에노모토의 이력은 다채로웠지만, 권력의 핵심에 끼어들지도, 당시 정국의 주요 과제에 끼어들지도 못했다. 그의 능력은 이미 검증되었지만 그 능력을 발휘할 수 있느냐 없느냐는 그에 대한 최고권력자의 의지나 상황에 따라 달라질 수밖에 없었기 때문이다. 결국 러시아 귀국 후 다시 청국으로 건너가기 전까지, 에노모토는 권력실세였던 구로다의 전폭적인 지지를 받았기에 이럭저럭 관직을 유지할 수 있었다고 보는 것이 타당할 것이다. 왜냐하면 그가 아무리 뛰어난 능력을 가졌다고 하더라도 사쓰마·조슈 번벌 출신이 아닌 다음에야 출세가 불가능한 시대였고, 게다가 그는 이 정권에 반발하여 무장봉기를 일으킨 '하코다테의 에노모토'였기 때문이다. 따라서 일단 메이지 정부에 출사한 이상 에노모토 스스로 결정할 수 있는 다른 선택지가 없었다. 심하게 이야기하면 찬밥 더운밥 가릴 처지가 아니었다. 게다가 현실정치의 영역은 그의 몫이 아니었다. 자신의 입지를 정확하게 인지하고 있던 그로서는 국정의 추세에 대해 특별한 의견을 갖거나 그 어떤 대안을 제시해서는 안 된다는 사실을 명심하고 있었다. 그저 반식(伴食) 대신일 뿐이었다. [기존의 이 같은 견해와는 달리 최근 메이지 10년대(1877~1887) 이노우에 가오루와 에노모토 사이의 관계에 대해 새로운 아이디어가 제기되었는데, 이에 대해서는 '에필로그'에서 밝히고자 한다.]

사족 반란과 자유민권운동

오쿠보 정권이 들어선 1874년부터 대일본제국헌법이 반포되었던 1889년까지 15년간은 혼돈과 좌절, 하지만 그 속에서 일본이라는 국가의 미래를 위해 각계각층이 경쟁·갈등·충돌하던 혼돈의 시기였다. 이 시기 에노모토는 러시아와 청국의 특명전권공사로 활약하면서, 메이지 정부의 외교적 난제를 해결하는 데 일익을 담당하였다. 어쩌면 이러한 정치적 변혁기에 그 현장에서 한 발짝 떨어져 있었기에 스스로를 지킬 수 있었던 것인지도 모르겠다. 막말 대혼란기에 특별한 교양이나 교육을 갖추지 못했던 메이지 1세대 정치지도자들은 비분강개하면서 대의명분은 내세울 수 있을지언정, 서구식 근대화를 위한 정교한 정책 제시나 집행은 불가능했다. 또한 서구에서 새로운 지식과 문물을 배우고 온 메이지 2세대 정치지도자들은 아직 국가를 경영할 능력이나 경험도 없고 그것을 담당할 위치에 있지도 않았다. 하지만 막말부터 국내적으로, 국제적으로 다양한 경험을 해 온 에노모토로서는 메이지 정부의 이러한 빈틈을 충분히 메울 수 있는 능력을 갖추고 있었다. 이제 에노모토의 청국 주재 시절 이야기로 들어가기에 앞서, 1874년부터 1885년까지 이 시기를 대표하는 일본의 새로운 정치운동인 자유민권운동에 대해 언급하고자 한다.

이 시기의 자유민권운동은 민주주의가 일본에 정착하게 된 시발점인 동시에 메이지 초기 일본의 혼돈과 갈등을 이해할 수 있는 단초를 제공해 준다는 점에서 그 의미가 남다르다. 실제로 지방 하급무사 계급의 봉기로 성립된 메이지 정부는 '식산흥업', '부국강병'이라는 국가적 목표를 달성하기 위해 결국 무사계급의 희생을 요구할 수밖에 없었다. 이에 대한 몰락한 무사들의 저항은 초기 무장투쟁에서 국회개설이라는 입헌운동으로 그 양태가 점차 달라졌다. 그 결과 아래로부터 생겨난 새로운 형태의 정치운동이 메이지 정부의 근간을 뒤흔들기 시작했다. 앞서 언급한 것처럼 메이지 정부는 봉건폐습을 타파하고 중앙집권적 서구식 근대국가를 만드는 것을 목표로, 판적봉환(1869), 폐번치현(1871)을 실시하였다. 그 결과 다이묘들이 기존의 지방 정치권력에서 밀려난 것은 사실이지만, 이들이 경제적으로 몰락한 것은 아니었다.

하지만 다이묘들로부터 녹봉을 받는 봉급쟁이에 불과했던 사무라이들은 졸지에 직업을 잃고 경제적으로 곤궁상태에 빠졌다. 더군다나 1873년 징병령이 반포되면서 당시까지 군인이라는 신분을 독점하던 사무라이로서는 신분상 특권마저 빼앗겼고, 1876년 폐도령(廢刀令)이 반포되면서 이제 사무라이의 신분적 상징이었던 '칼'마저 휴대할 수 없게 되었다. 결국 메이지 시대를 새롭게 여는 데 결정적 역할을 한 토막파 지사들은 말할 것도 없고, 구막부나 신정부 어느 쪽에 줄을 섰건 간에 도쿠가와 막부의 기득권자였던 사무라이들이 몰락하면서 메이지 정부에 대한 이들의 불만은 점점 팽만해 갔다. 이제 누군가가 이 몰락한 사무라이들을 향해 불씨를 던진다면 그들은 언제라도 그 불씨와 함께 분사할 각오가 되어 있었다.

1873년 정한론 정변에서 하야한 5명의 참의 중에서 사이고 다카모리를 제외한 이타가키 다이스케(板垣退助), 소에지마 다네오미(副島種臣), 에토 신페이(江藤新平), 고토 쇼지로(後藤象次郞) 등이 '애국공당'을 결성했다. 이들은 오쿠보의 전제정치를 비판하면서 '민선의원 설립을 위한 건의서'를 정부에 제출하였다. 이에 대해 당시 지식인들은 '시기상조론'과 '즉시개설론'으로 나뉘어 신문지상을 통해 논쟁을 벌였고, 이와 함께 의회제도 창설에도 큰 관심을 보였다. 하지만 오쿠보 정권에서 이를 쉽사리 받아들일 리 없었기에 권력에서 밀려난 이들은 이제 '자유', '민주'를 내걸고 새로운 정치투쟁에 나서거나, 아니면 몰락한 사족의 '부흥'을 내걸고 무장봉기를 시도하였다.

전자에 해당하는 이타가키는 고향인 고치(高知)로 돌아가 '입지사(立志社)'를 설립하고 이를 전국화하면서 '애국사'를 결성하는 등, 밑으로부터의 새로운 정치세력을 만들면서 오쿠보 정권에 대항하였다. 사실 이타가키가 정치의 본무대인 도쿄를 떠나 고향으로 돌아가 '입지사'를 만든 데는 나름의 이유가 있었다. 그것은 함께 '건의서'에 서명했던 에토 신페이(江藤新平)가 1874년 고향 사가(仕賀)에서 벌어진 사족들의 난에 연루되어 처형되면서 '애국공당' 사업이 흐지부지되었기 때문이다. 보통 '사가의 난'이라 불리는 최초의 이 사족 반란은 징병제로 모병하였지만 근대식 무기와 훈련을 받은 정부군에 의해 쉽게 제압되었다.

오쿠보는 대만 정벌 이후 청국과의 교섭을 직접 해결했다. 이제 이 기세를 몰아 자유민권운동을 잠재울 묘책을 마련하기 시작했다. 1874년 말이 되면서 그는 자신과 가까운 조슈 출신의 이토 히로부미를 매개로 정치공작을 시작했다. 우선 정한론 정변으로 멀어진 기도 다카요시와 자유민권운동에 매진하던 이타가키 다이스케를 설득하여 새롭게 참의로 복귀시키는 것이 그것이었다. 오쿠보 입장에서는 재야에서 벌어지고 있는 자유민권운동을 약화시키기 위해 이타가키가 필요했고, 자신의 정권을 안정시키기 위해 번벌정치의 두 축 중 하나인 조슈 번의 최고지도자 기도가 필요했던 것이다. 한편 기도로서는 정부 내 사쓰마 번벌을 견제할 유력한 정치지도자로서 이타가키가 필요했던 것이고, 물론 이타가키로서는 '자유민권'도 좋지만 풍찬노숙의 재야 정치인보다는 참의가 더 매력적일 수 있었다. 소위 1875년 오사카 회의가 그것이다. 이렇게 이타가키가 다시 참의직에 복귀했지만 또다시 사직하면서, 자유당이라는 정치결사체를 기반으로 하는 민권운동은 점차 그 힘을 잃어 갔다. 이후 정당정치를 기반으로 하는 새로운 형태의 '자유민권운동'은 1881년 국회개설을 약속하는 천황의 칙서가 반포되면서 재개되었다.

한편 봉건적 신분제 철폐는 왕정복고를 근간으로 하는 메이지 정부의 주요 정치적 과제였지만, 거기에는 서구 자본주의를 도입하기 위한 노동력 확보라는 부차적인 목적도 있었다. 따라서 무사계급의 불만에는 이러한 계급적 박탈에 뒤이은 경제적 몰락이 결정적인 역할을 하였다. 1873년 신정부는 토지소유권을 명백히 규정하고 그 토지에 대한 지가를 획정하면서, 매년 지가의 3%를 현금으로 납부하는 조세제도를 마련하였다. 정부로서는 안정된 조세원을 확보했다는 점에서 큰 도움이 되었지만, 현금으로 납부해야 하는 농민으로서는 막부 시절과 비슷하거나 더 큰 부담을 지게 되었다. 한편 막부에 속했든 번에 속했든, 무사들이 이전부터 받아 오던 가록(家祿)에 대해서는 메이지 정부가 그 책임을 졌다. 그 액수는 정부 재정의 30%를 넘었고, 이 때문에 정부의 재정 부담은 가중되었다.

이를 해결하고자 1876년에 새로운 제도가 마련되었는데, 바로 '질록처분(秩祿處分)'이 그것이다. 즉, 몇 년에 해당하는 봉급을 일시 지급하고 나머지는 채권으로 지불하는 방식인데, 정부로서는 재정 부담도 덜고 지급된 일부 자금이 산업에 재투자되기를 바라기도 했다. 실제로 무사들은 일시불로 지급된 봉급과 채권을 매각한 자금으로 기업을 일으키려 투자했지만 대부분 실패하면서, 그들의 가계는 더욱 빈곤해질 수밖에 없었다. 그 결과 무사계급의 불만은 하늘을 찌를 기세였다. 이에 폐도령이 사족 반란의 도화선이 되면서 1876년에만도 구마모토(熊本)의 '신푸렌(神風連)의 난', 후쿠오카(福岡)의 '아키쓰키(秋月)의 난', 야마구치(山口)의 '하기(萩)의 난'이 계속해서 일어났다. 하지만 이 역시 쉽게 진압되고 말았다. 1877년에 발생한 사쓰마 사족들의 반란, 즉 세이난 전쟁은 메이지 정부 최대의 내전이자 마지막 내전으로, 이를 계기로 사족들의 반란은 종식되었다.

세이난 전쟁은 사족의 몰락과 함께, 어떤 면에서 신정부가 사무라이에 대한 부담을 덜어 내는 계기가 되기도 했다. 1873년 정한론 정변으로 하야한 사이고를 따라 수백 명에 달하는 사쓰마 출신 근위병도 함께 사표를 제출하고는 가고시마로 돌아갔다. 이들은 '사학교'라는 교육기관을 만들고 그 지부를 가고시마 전역으로 확대하였다. 사학교는 불평사족들을 통제한다는 목적과 함께 현내의 젊은이들을 교육시키고, 우수한 젊은이를 외국으로 유학 보내 서구 문물을 조속히 받아들이게 하며, 유사시에 필요한 강한 군대를 육성하는 것이 그 목적이었다. 하지만 오쿠보 정부로서는 사학교가 언제 폭발할지 모르는 화약고와 같아 늘 경계하고 있었으며, 이에 대해 만반의 대비도 갖추고 있었다. 오쿠보는 정한론 정변 당시 유학 중인 아들에게 유서를 보냈으며, 가고시마에 있던 자신의 가족을 도쿄로 불러올리면서 언젠가 있을 사이고와의 일전 그리고 가고시마와의 결별을 각오하고 있었다.

한편 당시 군부를 총지휘하던 육군경 야마가타 아리토모는 구마모토 진대 사령장관으로 다니 다테키(谷干城)를 임명하였다. 그리고 참모장으로 가바야마 스케노리(樺山資紀)를, 참모로 가와카미 소로쿠(川上操六)와 고다마 겐타로(児玉源太郎)를 임명하는 등, 당시 육군 최고의 중견 간부들을 구마모토로 파견하여 만약의 사태에 대비하였다. 이들은 이후 일본의 육군과 해군의 중추로 성장하였고, 청일전쟁과 러일전쟁에서 맹활약하였다.

가고시마를 출발한 반란군은 거칠 것 없는 양 구마모토까지 진격했다. 하지만 지나친 자신감에 구마모토 성을 포위하고 이를 기어코 함락시키겠다는 무모한 전략이 이후 반란군 패배의 빌미가 되었다. 구마모토 성에서 농성하던 정부군이 의외로 분전하는 사이에 원군이 도착하였다. 반란군은 구마모토 성을 함락시키지도 못하고 계속 증파된 정부군 사이에 협공을 받게 되었고, 구마모토 성 외곽에 있는 다바루자카(田原坂)에서 정부군과 일전을 벌였으나 대패하고 말았다. 반란군은 화력, 병력, 조직, 훈련의 측면에서 정규 일본군의 상대가 되지 못했다. 정부군은 다바루자카 전투 이후 다시 구마모토 남쪽 야쓰시로(八代)에 대규모 병력을 상륙시켰다. 이들이 구마모토 성을 포위하고 있던 반란군을 협공하자 전황이 불리해진 반란군은 후퇴하기 시작했고, 패전을 거듭하면서 후퇴할 수밖에 없었다. 결국 사이고와 함께 가고시마로 돌아가 농성하였지만, 사이고의 자결로 반란군은 진압되고 말았다.

한편 야쓰시로 상륙군을 총지휘한 이가 사쓰마 출신의 구로다 기요타카인데, 그는 사이고와 사쓰마 사람들을 볼 면목이 없다면서 구마모토 성 포위가 풀리면서 이내 도쿄로 귀환하였다. 이후 한 번도 가고시마를 방문하지 않았다고 한다. 현재 다바루자카에는 당시 전황을 상세히 보여 주는 기념관이 들어서 있다. 2014년 필자가 이곳을 방문했을 때 거의 중대 병력쯤 되는 육상자위대 군인들이 견학하러 와 있었다.

세이난 전쟁에 참전한 7만 명에 달하는 정부군 대부분은 징병제로 모병하여 각 진대에 배속된 정규군이었다. 그리고 도쿄경시본서 소속의 경찰들로 구성된 별동 여단과 도호쿠 지방의 사족, 특히 아이즈 번의 사족들을 경찰관으로 등용해 급조한 신센(新選) 여단도 규슈에 파견되었다. 전쟁 초기 실전경험이 없던 정부군은 칼을 휘두르면서 막무가내로 돌진하는 사쓰마 무사들에게 겁을 먹고 후퇴하였다. 이에 무사들로 구성된 별동 여단과 신센 여단이 투입되면서 사쓰마 무사들을 진압하는 데 큰 역할을 하였다. 신센 여단의 구성원은 막부 말기의 '신센구미(新選組)'와는 직접 관련이 없다. '신센구미'는 막부 말기 아이즈 번이 맡았던 교토수호직 휘하의 무사단에게 부여된 명칭이지만, 그 이전 아이즈 번에 있었던 '신센구미'라는 무사단에서 그 이름만 물려 온 것이다. 하지만 구 아이즈 번 무사들은 보신 전쟁 때 사쓰마 신정부군에 당했던 복수를 한다며, 많은 이들이 신센 여단에 참가했다고 한다. 정부로서는 사쓰마 반란군이 신센 여단의 '신센'이라는 이름만 들어도 과거 용맹무쌍했던 '신센구미'를 떠올리면서 두려움에 떨 것이라 예상했던 것이다.

사쓰마 반란군의 총 병력 수는 3만이 넘었다. 이 중 6,000여 명이 전사했고

1만 명 가까이 부상을 입었으며, 정부군의 전사자와 부상자 수도 반란군의 그 것과 비슷하다. 많은 병력과 우수한 화력에도 불구하고 예상외로 정부군에 많은 희생자가 나왔다. 신정부 측은 병력과 장비뿐만 아니라 전장에서는 '사기' 라는 제3의 요소가 중요한 역할을 한다는 사실을 확인할 수 있었다. 이후 군인 에게 정신교육을 강조하는 풍토가 일본군에 만연하게 되었고, '군인칙유'도 이 같은 배경에서 마련되었다. 이와 함께 과거 전쟁 전문집단이던 무사계급은 이 제 완전히 자취를 감추었고, 징병제에 의한 국민개병제(国民皆兵制)가 확고하 게 자리 잡게 되었다.

세이난 전쟁을 치르느라 메이지 정부는 엄청난 전비를 지출하였는데, 이로 인해 인플레이션이 발생하였다. 이를 해결하기 위해 증세, 관영기업 불하, 태 환지폐 발행 등으로 대응한 결과, 이번에는 디플레이션이 발생하였다. 메이지 정부 초창기 갈팡질팡하는 경제정책의 폐해는 고스란히 서민들에게 돌아갔 다. 이제 많은 농민들이 소작농으로 바뀌고 일부는 대지주가 되었으며, 한계 에 이른 농민들은 도시로 몰려가 관영기업을 불하받은 재벌의 임금노동자로 전락하였다. 어떤 의미에서 세이난 전쟁은 농업을 기반으로 한 구체제가 사족 과 함께 몰락하면서, 이제 근대화라는 미명하에 도시화와 산업화라는 신체제 로 나아가는 출발점이 되었던 것이다.

국회개설 칙유

1877년 5월 세이난 전쟁 도중 기도 다카요시가 병사했고, 1877년 9월 사이 고 다카모리가 자결했으며, 1878년 5월 오쿠보 도시미치가 암살당했다. 이제 번벌 정부의 지도자는 이토 히로부미, 오쿠마 시게노부, 야마가타 아리토모,

540

구로다 기요타카 등으로 교체되었다. 새 번벌 정부의 첫 번째 과제는 국내 혼란을 수습하고 국가질서를 재건하는 일이었다. 하지만 정치권에서는 일본 근대화 구상을 놓고 두 가지 노선이 첨예하게 대립하기 시작했다. 천황에게 절대적 권위와 권력을 집중시켜 중앙집권적 절대주의 국가를 구축하려는 기득권 세력의 움직임이 그 하나이며, 국민주권 및 책임내각제를 기조로 하는 근대민주주의 국가를 건설하려는 재야세력의 시도가 또 다른 하나였다.

이타가키의 참의 복귀로 잠시 활동이 주춤해진 도사 번의 입지사 회원들은 1878년 들어 기존의 전국조직인 '애국사'를 부활시키려는 노력을 시작했다. 이들은 1880년 들어 애국사 제4회 대회 때 그 명칭을 '국회기성동맹(国会期成同盟)'으로 바꾸고 자유민권운동의 모든 전력을 '국회개설'로 집중시키기 시작했다. 또한 자유민권운동에 가담하는 층도 이제 사족층뿐만 아니라 경제적 여유가 있는 부농층 민권파, 그리고 언론인과 지식인을 중심으로 하는 도시 민권파 등으로 확산되었다. 그들은 절대주의적 천황제 국가를 목표로 하는 번벌 정부 지도자들에게 완강하게 저항하기 시작했다. 이에 정부는 입헌정체의 조기 수용이 불가피하다고 판단하여 1880년 12월 원로원에 헌법초안을 제출하라고 지시했다. 하지만 제출된 헌법초안은 너무나 자유주의적인 내용을 담고 있었기에 채택될 수 없었다. 이후 구로다, 이노우에, 이토, 오쿠마 등 각 참의에게도 입헌정체에 관한 각자의 의견서를 제출하라고 또다시 지시했다.

다른 이들이 제출한 의견서는 추상적인 데 반해, 입헌정체에 관한 오쿠마의 구상만은 구체적이면서도 급진적이었다. 그는 1881년 중에 헌법을 제정하여, 그해 말이나 다음 해 초에 공포하고, 같은 해 이를 바탕으로 선거를 치러 의원을 소집해, 1883년에 의회를 연다는 구상이었다. 또한 그는 영국 식의 의원내각제(책임내각제)를 주장했는데, 이는 자유민권파의 주장과 별반 다르지 않았다. 다른 참의들, 특히 이토는 이에 강력하게 반발하면서 흠정헌법, 대권주의를 기반으로 하는 프로이센 식 헌법을 주장하였다.

한편 이 시기 경제문제에 관해서도 참의들 사이에 혼선이 빚어졌다. 대장경 오쿠마는 인플레이션 대책으로 외자를 도입해 신용이 불투명한 불환지폐를 일시에 소거해서 경제를 안정시키자는 정책을 제안하였다. 개척사에 많은 예산이 필요했던 구로다를 비롯한 사쓰마 번벌은 이 안에 찬성했지만, 이와쿠라를 비롯한 조슈 번벌은 이에 반대했다. 이제 정치구조에서도 경제정책에서도 이토와 오쿠마의 생각은 완전히 달랐고, 그 결과 둘 사이의 권력투쟁은 피할 수 없게 되었다. 긴축재정을 둘러싸고 사쓰마와 조슈 사이에 첨예한 대립이 발생하자, 1880년 6월 천황이 직접 나서서 외채 모집을 중단하라는 조칙과 함께 긴축재정을 실시하라는 명령을 내렸다. 오쿠마의 긴축정책은 곧바로 개척사와 해군의 예산 삭감으로 반영되었고, 이에 직접 영향을 받는 구로다를 비롯한 사쓰마 번벌은 즉각 저항하였다.

하지만 일은 엉뚱한 곳에서 발생하였다. 구로다의 간청에도 불구하고 긴축재정에 대한 천황의 의지가 강해 개척사 폐지 쪽으로 가닥이 잡혀 나갔는데, 이해는 마침 '개척사 10개년계획'이 끝나는 해이기도 했다. 조정회의에서 개척사 관유물 불하에 대한 구로다의 보고가 있은 다음 날인 1881년 7월 26일(정부 발표는 8월 1일 예정), 민권파 신문인 『도쿄 · 요코하마 매일신문(東京橫浜每日新聞)』에 정국을 뒤흔드는 내용의 기사가 폭로되었다. 폭로기사의 내용은, 지난 10년간 1,500만 엔이라는 거금이 투입된 개척사의 재산을 사쓰마 출신 기업가 고다이 도모아쓰(五代友厚)에게 단돈 38만 엔에, 그것도 30년 무이자 연부로 불하한다는 것이었다. 민권파뿐만 아니라 대도시 지식인, 그중에서 저널리스트들이 집단적으로 반발했다. 그들은 연설이나 토론회를 통해 여론을 주도했고, 그 결과 정치에 관심이 없던 일반 주민들까지도 이 사건에 관심을 갖게 되었다.

이 사건이 폭로되자 일반인보다 먼저 반발한 이는 오쿠마였다. 일설에 의하면 오쿠마가 미쓰비시(三菱)와 유착관계를 유지하고 있었기에 개척사 재산이 미쓰비시로 불하되기를 원했는데 불발되자 크게 반발하였다는 것이다. 물론 개척사 불하 내용을 언론에 발설한 것이 오쿠마였는지 아닌지는 불분명하다. 조슈 일파와 이와쿠라는 이 사안에 대해 발 빠르게 대응하였다. 그들은 그간 경제정책과 정치현안에서 차이를 보이며 감정의 골이 깊어 가던 오쿠마에게 정부정책을 누설한 책임을 덮어씌우고는 그를 파면시키고 말았다. 소위 '메이지 14년의 정변'이 그것이다. 한때 오쿠마의 정책에 동조했던 구로다 역시 자신의 과오를 폭로한 오쿠마에게 더 이상 호의를 베풀 입장이 아니었다. 오쿠마의 파면은 일사천리로 진행되었다. 하지만 정부로서는 오쿠마 1인만을 해임하는 것으로 국민적 지탄을 벗어날 수 없다고 판단하여, 개척사 관유물 불하 중지와 '국회개설 칙유'를 반포하였다. 즉, 10년 후인 1890년에 헌법제정과 국회개설을 약속하는 구체적인 스케줄이 정부로부터 나왔던 것이다. 정말 뜻하지 않은 사건으로 일본의 민주주의가 한 발짝을 내디딜 수 있게 된 것이다. 결국 1879년부터 1882년 사이 에노모토가 이 일 저 일 주어지는 대로 맡을 수밖에 없었던 데는 정변의 한가운데에 자신의 보스인 구로다가 얽혀 있었던 것도 한 가지 이유라 생각된다. 하지만 이 둘 사이에 어떤 이야기가 오갔는지 그 구체적인 내용은 알 길이 없다.

'국회개설 칙유'를 계기로 국회를 향한 정당들이 탄생하기 시작했다. 1881년 기존의 '국회기성동맹'이 '자유당'으로 결성되면서 이타가키 다이스케가 당수에 취임하였다. 그 결과 이타가키는 민권운동의 상징이 되면서 일약 국민적 영웅으로 떠올랐고, 당세도 순조롭게 신장되었다. 1882년 6월에는 기관지

『자유신문(自由新聞)』이 창간되었다. 한편 1882년 4월에는 정변으로 하야한 오쿠마를 당수로 하는 '입헌개진당'이 창당되었다. 프랑스 식 민권사상에 기반을 둔 자유당과는 달리, 입헌개진당은 여전히 영국식 2원제 정당내각제를 근간으로 하였다. 또한 급진주의와 보수주의 모두를 비판하면서 점진주의를 표방했고, 『우편보지신문(郵便報知新聞)』과 『도쿄·요코하마 매일신문』이 입헌개진당의 기관지 역할을 하였다. 이외에 '입헌정당', '구주개진당' 등 민권파 정당들이 창당되었고, 이와는 반대로 천황 주권을 표방하는 '입헌제정당'도 만들어졌다.

하지만 정부는 이들 정당에 대해 집회·결사 및 언론 탄압으로 맞섰고, 민권파의 내부 분열을 유도하는 정치공작도 마다하지 않았다. 또한 정당이 생기면 당연히 그렇듯 언론을 통한 상대 비방이 극에 달하면서 '자유당'과 '입헌개진당'은 점차 국민들로부터 외면당하기 시작했다. 이타가키 다이스케가 정부의 회유를 받아 나랏돈으로 외유에 나서기로 결정하자, 자유당은 이의 찬반을 놓고 내분에 빠졌다. 1882년에는 이타가키가 보수주의 테러리스트에게 습격을 받았고, 이것이 계기가 되어 결국 1884년에 자유당은 해산되고 말았다. 같은 해 오쿠마도 '입헌개진당'을 탈당하면서 사실상 주요 정당들이 모두 해산되는 새로운 정국을 맞게 되었다.

한편 이타가키 다이스케처럼 자유당의 보수파는 가급적 정부와 좋은 관계를 유지하고자 했지만, 이와는 달리 자유당의 진보파는 정부의 가혹한 탄압에 테러와 봉기로 맞섰다. 여기에 디플레이션으로 곤경에 빠진 농민들이 가담함으로써 전국 곳곳에서 농민 무장반란이 발생하였는데, 소위 '격화사건'이 그것이다. 1881년 아키타(秋田) 사건, 1882년 후쿠시마(福島) 사건, 1883년 다케다(高田) 사건, 1884년 군마(群馬) 사건, 가바산(加波山) 사건, 지치부(秩父) 사건, 이다(飯田) 사건, 나고야(名古屋) 사건, 1886년 시즈오카(靜岡) 사건 등이 발생하였다. 그중 자유당이 해산되었지만 이를 알지 못했던 지역 자유당 간부들과 농민들이 일으킨 1884년 지치부 사건은 '격화사건'의 대표적인 사례로, 참가자 14,000여 명이 처벌을 받았던 대규모 사건이기도 했다.

우리나라에 많은 일본 만화가 번역되어 소개되고 있다. 그중에는 일본의 메이지, 다이쇼(大正), 쇼화(昭和) 시대를 다룬 가볍지 않은 만화도 여럿 있는데, 그 대표적인 저자 중 하나가 야스히코 요시카즈(安彦良和)이다. 그의 작품은 여럿 있지만, 국내에 소개된 것 중에는 1938년 노몬한(Nomonhan) 사건을 배경으로 한 『무지갯빛 트로츠키』와 1884년 지치부 사건을 다룬 『왕도의 개』가 있다. 각 4권으로 되어 있으며 그 내용도 만만치 않고, 만화로서의 재미도 있다. 특히 『왕도의 개』는 일본의 자유민권운동에 투신했던 한 젊은이가 동학농민운동에까지 참여하는 것으로 끝을 맺는데, 저자는 서구의 제국주의가 아닌 또 다른 시각으로 당시 조선, 일본, 청국의 혼돈기를 바라보았다. 이 만화에서는 1884년의 지치부 사건과 1885년에 일어난 오사카 사건(조선으로 건너가 개화파인 김옥균을 지원해 조선에 입헌체제를 구축하고자 자유당 급진파가 추진한 격화사건의 하나. 실제로는 일본 정부의 탄압으로 국내 운동이 폐쇄되자, 그 대안으로 해외로 진출해 민권운동의 돌파구를 찾겠다는 의도) 그리고 일본에서의 김옥균 행적에 대해서도 아주 자세히 다루고 있다. 또한 당시 홋카이도의 개척 상황과 아이누의 인종적 박해에 대해서도 비교적 솔직하게 다루고 있다. 특히 일본인의 시선으로 본 김옥균은 아주 인상적이고 구체적이라 감히 일독을 권해 본다. 에노모토도 이 만화에 잠시 얼굴을 드러내지만, 몇 마디 대사밖에 없는 단역에 불과했다.

임오군란

이제 에노모토가 청국으로 떠나는 1882년으로 다시 돌아가자. 이해 7월 19일 경성에서는 우리가 익히 알고 있는 임오군란(壬午軍亂)이 발생하였다. 이제부터의 한국사, 특히 일본과의 관계사는 매우 민감한 문제라 필자로서는 선뜻 나서는 것이 두렵지만, 이 책 전개를 위해서는 어쩔 수 없기에 둘러 갈 수는 없다. 하지만 일제강점기를 다루는 요즘 국내 영화처럼 민족주의에 빠져 비분강개할 생각은 전혀 없다. 그저 '두산백과'나 '한국민족문화대백과' 수준에서 담담하게 기술할 생각이다.

1876년 2월 체결한 조일수호조규를 계기로 조선은 그간의 쇄국정책에서 벗어나 외국과 근대적 외교관계를 맺기 시작했다. 그해 4월 김기수를 대표로 76명으로 이루어진 수신사(修信使)가 일본을 방문하여 환대를 받았다. 이들은 서구식 근대화를 향해 막 달려 나가기 시작한 일본을 둘러보면서 당시까지 막연하게 갖고 있던 일본에 대한 인식에서 점차 벗어나기 시작했다. 1880년 4월 일본 정부는 조선에 공사를 상주시키기로 결정했고, 이에 따라 당시까지 대리공사였던 하나부사 요시모토가 초대공사로 부임하였다. 물론 하나부사가 조선과 관계를 맺은 것은 이보다 훨씬 전부터였다. 하나부사는 1872년 부산 왜관을 일본국 공관으로 접수하기 위해 군함과 함께 파견된 바 있었으며, 1876년 러시아공사관 주재 시에 『조선사정』의 번역에도 관여했고, 1878년에는 조선 정부의 '두모진 세관 설치'에 항의하러 부산을 방문한 적이 있다. 또한 1879년에는 대리공사 자격으로 일본공사관 개설을 논의하기 위해 경성을 방문하기도 했다.

일본공사관이 개설된 이후인 1880년 5월, 조선 정부는 김홍집을 대표로 하는 수신사를 다시 일본에 파견했다. 김홍집 등 수신사 일행은 당시 일본 외무경이던 이노우에를 통해 주일 미국 공사로부터 조미수호통상조약 체결을 제안받기도 했다. 귀국길에 김홍집은 청국 외교관 황준헌이 쓴 『조선책략』을 가져왔는데, 이는 향후 조선의 대외정책에 큰 영향을 미쳤다. 이 책의 핵심은 조선을 러시아로부터 지켜 내기 위해서는 '친중국(親中國)', '결일본(結日國)', '연미국(聯美國)'이 요구된다는 것인데, 중국으로서는 러시아의 침투도 침투이거니와 조선에서 일본의 독주를 차단한다는 의미에서 미국과의 수호통상조약 체결을 권유하는 측면도 있었다. 여하튼 이 책의 내용이 세상에 알려지면서 위정척사운동이 다시 고개를 들었는데, 1881년 영남 유생 이만손을 소두로 한 '영남만인소'가 그 대표적인 예이다. 하지만 조선 정부는 수구파의 반대에도 불구하고 문호를 개방하고 외국의 문물을 보다 적극적으로 받아들이기로 결정했다. 일본으로는 양반 자제들로 이루어진 조사시찰단을, 청국으로는 김윤식을 대표로 한 유학생단인 영선사(領選使)를 파견하였다. 1882년 5월에는 이홍장(李鴻章)의 주선으로 조미수호통상조약이 체결되면서, 향후 서구 열강과의 문호 개방은 더욱 확대되기 시작하였다.

임오군란은 일본의 지원을 받는 신식군대 별기군과 구식군대에서 축소 개편된 무위영과 장어경과의 차별대우가 직접적인 발단이 되었다. 하지만 그 배후에는 고종과 민씨 척족이 추진하던 개화정책뿐만 아니라 인사 문란, 매관매직, 부채, 낭비, 독단 등에 대한 수구파의 극단적인 불만이 내재되어 있었다. 7월 19일 구식군대가 폭동을 일으켰지만, 주모자들이 체포되고 그중 2명이 처형되면서 소요는 잠잠해지는 듯했다. 하지만 이 소식을 접한 군인들이 다시 봉기하면서 나흘 후인 7월 23일 대규모 폭동으로 전개되었다. 폭도로 변한 군인들은 무기고를 습격하고 포도청에 난입해 구금된 동료들을 구했으며, 민씨 척족들을 살해하였다. 이때부터 폭도들은 대원군과 연계되었고, 계속해서 일본공사관을 습격해 일본 군인 수 명을 살해했다. 별기군을 조련하기 위해 일본에서 초빙된 호리모토 미타(堀本禮造) 소위도 이때 살해되었다. 공사관을 겨우 탈출한 하나부사 일행은 인천도호부에 몸을 의탁했으나 여기서도 조선 병사들의 습격을 받았고, 이후 제물포로 달아나 그곳에 있던 영국 측량선의 도움으로 탈주해 나가사키에 도착한 것은 7월 29일이었다.

일본 정부는 이에 즉각 대응하였다. 하나부사를 필두로 4척의 군함, 3척의 수송선에 나누어 탄 1,500명의 일본 육군이 8월 13일부터 16일까지 제물포에 속속 도착했다. 8월 20일 일부 병력을 거느리고 고종을 알현한 하나부사는 주모자 처벌, 손해 배상, 개항장 확대, 일본군 주둔 등을 요구하였다. 일본 측의 일방적인 요구에 조선 정부는 격렬하게 반발했다. 또한 같은 날 대원군이 서해의 남양부에 도착한 청군에게 조속히 경성으로 진군할 것을 촉구하면서, 일본과의 교섭은 더욱 교착상태에 빠졌다. 8월 25일이 청국 군대 3,000명이 경성에 입성하였다. 청국으로서는 일본과의 마찰을 원하지 않았고, 가급적 조선과 일본 간에 원만한 합의를 원했다. 하지만 이에 걸림돌은 대원군이었다. 청은 26일 대원군을 납치해 톈진(天津)으로 압송했으며, 청의 거중조정 속에 조선은 일본의 요구를 들어주지 않을 수 없었다.

8월 30일 조선과 일본은 '제물포조약'을 체결하였다. 하지만 임오군란을 계기로 조선에 대한 청국의 간섭은 노골화되었고, 일본의 영향력은 급속히 줄어들었다. 임오군란 이후 조선의 정국은 청에 의해 주도되었는데, 그 매개로 활약한 이가 바로 김윤식이다. 그는 1881년 영선사로 청에 파견된 이후 1887년 귀양을 떠날 때까지, 김윤식─원세개─주복─이홍장으로 이어지는 네트워크를 바탕으로 친청 노선을 고수하였다. 특히 임오군란 직후 사대외교의 극치라 할 수 있는 조청상민수륙무역장정(朝淸商民水陸貿易章程, 1882년)이 체결되면서 조선의 자주권과 많은 이권들이 침탈당했다. 임오군란이 일어나기 전에도 조선 정부에 대한 청의 영향력은 절대적이었는데, 앞서 언급했듯이 임오군란 직전에 체결된 조미수호통상조약 역시 이홍장의 적극적인 관여로 이루어졌다. 이후 조영, 조독, 조이, 조프 등 서구 열강들과의 수호통상조약 역시 청국의 권유와 압력에 의해 이루어졌던 것이다.

조선 정부는 미국과의 조약이 체결되면서 향후 닥치게 될 외교 및 해관 업무를 담당할 관리가 필요했다. 1882년 이 일을 맡기 위해 조선의 통리협관아문에 묄렌도르프(P. G. von Möllendorff)가 임명되었는데, 이 역시 이홍장의 추천이 있었음은 당연한 일이다. 결국 조선은 임오군란 이전은 물론 이후에도 일본의 예상이나 바람과는 달리 여전히 청국의 속방(屬邦)이라는 그늘에서 벗어나지 못하고 있었다. 일본 정부로서는 조선 정책에서 대대적인 전환이 요구되었고, 이를 위해서는 청국과의 새로운 관계를 모색할 필요가 있었다. 또한 이를 위해 청국에 대한 보다 깊은 정보 탐색도 필요했기에, 일본 정부로서는 이러한 임무를 담당할 수 있는 베테랑 외교관을 찾아야만 했다. 그 결과 무슨 일을 맡겨도 척척 해내는 '안전판' 에노모토가 이번에도 발탁되었던 것이다(이 것이 일반적 통설이나, 최근 연구에서는 이에 대해 이의를 제기하고 있다).

1882년은 구로다가 전년도의 '홋카이도 관유물 불하사건'으로 낙마해 관직에서 물러나 있던 시기였지만, 여전히 사쓰마 번벌의 막후 실세로 건재해 있었다. 임오군란이 일어나자 조선 문제에 관한 한 구로다 자신도 전문가라고 주장하면서, 스스로 조선과의 담판을 성공적으로 이끌어 다시 정계에 복귀하려는 꿈을 꾸기도 했다. 하지만 일본 정부는 이를 허락하지 않았다. 오히려 청국의 군사력에 밀려 어쩔 수 없이 물러났던 하나부사에게 군사력을 제공하고 임지로의 복귀라는 형식으로 임오군란 뒤처리를 맡겼다.

에노모토가 구로다의 추천만으로 다시 외교관이 되었다고는 볼 수 없다. 여기에는 또 다른 이야기가 숨어 있다. 에노모토가 주청국 특명전권공사에 임명되기 직전까지 황궁건설사업 부총재였음은 이미 언급한 바 있다. 해군경에서 불명예스럽게 물러난 이후 구로다의 적극 추천으로 1881년 5월 황궁건설사업 담당자로 궁내성에 출사했지만 뚜렷한 역할이 있었던 것은 아니었다. 그저 황궁을 양식으로 할 것인지 화식으로 할 것인지를 탐구하는 정도였다. 하지만 에노모토에게는 행운 아닌 행운이 늘 따라다녔다.

그해 8월 천황의 홋카이도 행신이 있었고, 홋카이도에서 천황의 숙소는 호헤이칸(豊平館)이라는 양식 호텔이었다. 지금은 삿포로 시내 나카지마고엔(中島公園)으로 옮겨져 결혼식장이나 연회장으로 사용되고 있지만, 당시 오토리고엔(大通リ公園)에 있던 이 건물은 현존하는 메이지 시대 건물로는 가장 오래되고 가장 아름다운 건물 중의 하나이다. 이 건물은 구로다가 개척사 장관 재임 기간에 완공되었음은 물론이다. 1875년 호텔 신축계획이 마련된 이후 구로다가 러시아에 있던 에노모토에게 도면을 부탁했고, 이를 공부성에 근무하던 오토리를 시켜 당시 공부대학교(工部大学校)에 근무하던 영국인 건축가 조사이어 콘더(Josiah Conder)의 수정을 거쳤다. 결국 그 도면에 의거해 개척사 일꾼들이 호헤이칸을 완성하였던 것이다.

천황을 수행하면서 호헤이칸의 이력을 알게 된 산조 사네토미는, 황궁 건설계획을 에노모토에게 일임하면서 박차를 가하기 시작했다. 이에 에노모토는 혼신의 힘을 다해 양식건축을 기본으로 한 보고서를 정부에 제출하였다. 1882년 5월 실무를 담당할 황궁건설사무국(皇居御造營事務局)이 설치되었다. 총재는 다름 아닌 메이지 정부의 영원한 실세인 산조 사네토미 태정대신이었고, 부총재로서 에노모토가 발탁된 것이다. 이제 조정에서도 에노모토의 실력을 인정하기 시작했고, 그 직후 에노모토가 주청국 특명전권공사로 임명되었다. 이 황궁은 1888년 10월 10일에 완공되었고, 황궁의 정전(正殿)은 1889년 2

월 대일본제국헌법 반포식 때 처음 사용되었다. 당시 천황으로부터 흠정헌법을 받은 이는 내각총리인 구로다였고, 이 행사의 진행위원장은 당시 체신대신이었던 에노모토였다. 이 정전은 주변 건물과 함께 1945년 미군의 도쿄 대공습 당시 소실되었다.

주청국 특명전권공사

에노모토는 1882년 8월 12일 황궁건설사업 부총재직을 사임하고 청국 주재 특명전권공사에 임명되었다. 이 시기는 하나부사가 임오군란의 책임을 묻기 위해 군대를 이끌고 조선으로 떠나기 직전이었다. 일본 정부가 이 시기에 이처럼 신속하게 에노모토의 청국 파견을 결정한 것으로 보아, 당시 조선에서의 사건이 향후 동아시아 정국에 미칠 파장에 대해 얼마나 지대한 관심을 가졌는가를 알 수 있다. 에노모토는 9월 22일 처 다쓰(多津)와 차남 하루노스케(春之助)와 함께 요코하마를 떠나 베이징에 부임하였다. 그 이듬해인 1883년 중반까지 베이징에서 에노모토의 특별한 활동은 확인된 바 없다. 당시로서는 일본과 프랑스가 연합하여 청국을 공격할 수 있다는 풍문이 청국 외교가에 떠돌고 있었지만, 일청 관계는 비교적 평온한 시기였다. 에노모토로서도 총리아문(總理衙門) 수반 경군왕 혁광(慶郡王 奕劻)을 비롯한 청국 정부 요인들과 친밀하게 교제하면서 두 나라의 우호관계 구축에 전념하던 시기였다.

부임 1년이 지난 즈음 에노모토는 몸이 좋지 않아 일시 귀국원을 외무성에 제출하였는데, 그 무렵 외무경 이노우에로부터 '내년 3월에 귀국해 영국 공사로 부임했으면 좋겠다'는 편지 한 통을 받았다. 이노우에로서는 열강과의 불평등조약 개정에서 최대 걸림돌이던 영국과의 교섭에 에노모토를 파견하려 했던 것이다. 하지만 당시는 베트남의 종주권을 놓고 프랑스와 청국이 전쟁 발발 직전이라 일본으로서도 청국에 관심을 가질 수밖에 없는 상황이었고, 게다가 다쓰의 셋째 출산이 임박했기에 에노모토는 청국 주재 연장을 본국에 요청하였다. 또한 에노모토로서도 이제 막 청국에서의 인적 네트워크가 구축되던 시기라, 이를 버리고 귀임해 영국으로 가는 것은 외교상 결례라고 생각했다.

에노모토는 귀국 직전인 1883년 12월 11일 톈진 근교에 있는 타이구(太沽)에서 이홍장을 처음으로 만났다. 착임 1년이 지나고도 아직까지 청국의 동아시아 외교를 실제로 총지휘하던 이홍장과 면담이 이루어지지 않았던 데는 나름의 사정이 있었다. 사실 청국의 외교부에 해당하는 총리아문과 직예총독(直隸総督) 겸 북양통상대신(北洋通商大臣)이었던 이홍장 사이에 외교 및 통상 문제의 실권을 놓고 갈등이 빚어지고 있었다. 에노모토로서는 베이징의 공식 외교라인과의 접촉이 우선이라고 판단했던 것이다. 하지만 주무 실세인 이홍장과의 면담을 더 이상 미룰 수 없었기에 에노모토는 귀국길에 톈진을 방문하였다.

그 후 에노모토는 1884년 1월에, 처와 아들도 2월에 각각 귀국하였다. 그해 7월 다시 출국하여 상하이에 도착해서는 막 개전된 청불전쟁의 실태를 파악했고, 그 후 톈진으로 가서 8월 26일과 27일에 이홍장과 회담을 가졌다. 프랑스의 베트남 공격은 이미 1883년 8월에 시작되었으며, 이제 베트남의 종주국인 청국과 프랑스 사이에 전쟁이 발발했던 것이다. 당시 두 사람 사이에 어떤 대화가 오고 갔는지는 공식문서에서는 알 수 없다. 하지만 1883년 12월에 한차례, 그리고 1884년 8월에 두 차례 면담 직후 에노모토가 가족들에게 보낸 편지에 이홍장과의 대화 내용이 담겨 있다. 후자의 편지 중 일부를 소개하면 다음과 같다.

552

어제 이홍장을 방문하여 1시간 반가량 긴 이야기를 나누었고, 오늘도 그를 만나 2시간 반가량 긴 이야기를 나누었다. 그는 나의 후의에 감사했고, 심지어 눈물을 흘리면서 아무것도 숨기지 않고 솔직하게 대화하였다. 베이징에 도착하면 (총리대신) 혁광에게 잘 이야기해 달라고 부탁하기도 했다. 그리고 자신에게는 조정에 사람이 없어 건의를 할 수 없기에, 프랑스 함대가 마구 돌아다녀도 실제로는 조치를 취할 수 없고, …… 사실 안타까운 마음 이를 데 없었다.

이 책 저 책 읽어 보아도 에노모토의 주청 공사 시절에 대해서는 모두 비슷비슷한 이야기뿐이다. 즉, 에노모토가 가족에게 보낸 편지 내용을 근거로 당시 두 사람 사이에 돈독한 신뢰관계가 형성되었고, 이것이 이후 이홍장과 이토 히로부미 사이의 톈진 조약 체결에 결정적 역할을 했다는 것이다. 그렇다면 '이홍장과 에노모토, 둘 다 자국의 명운을 놓고 벌이는 건곤일척의 외교전장에서, 특히 임오군란 직후의 일청 정국에서 한두 차례 의례적 만남으로 과연 둘 사이에 깊은 신뢰관계가 이루어질 수 있었을까?', '설령 그런 신뢰관계가 구축되었다고 하더라도, 갑신정변의 사후 처리라는 막중한 외교현안에서 둘 사이의 개인적 친분관계가 일본에 얼마나 유리하게 작용했을까?', '그렇다면 편지 속 감상적 이야기는 그저 가족들에게 보낸 에노모토의 레토릭에 불과하지 않을까?' 이런저런 의문이 필자를 괴롭히고 있던 와중에, 뜻밖의 논문 한 편이 이러한 의문을 말끔하게 해소시켜 주었다. 규한(邱帆)의 "榎本武揚の甲申政变後の日淸交渉"(2016, 『駿台史学』, 第157号, 1-22)인데, 이 논문의 저자 역시 필자와 같은 의문에서 출발했던 것으로 생각된다.

갑신정변은 구한말 역사에서 대표적인 사건이라 서적이나 포털사이트 등에서 자세히 알 수 있고, 김옥균이나 갑신정변은 드라마나 역사 다큐멘터리에서도 즐겨 다루는 소재이다. 따라서 사족에 불과할 수 있겠지만, 이야기 전개상 갑신정변에 대한 언급이 조금은 필요하다고 판단해 잠시 에노모토 이야기를 접고 소개하고자 한다.

갑신정변은 1884년 12월 4일 청불전쟁 와중에 일어났는데, 조선이 개국한 이후 일본의 식민지로 이어지는 과정에서 일어난 매우 중요한 사건이다. 개화당과 사대당의 갈등, 일본의 역할과 개입, 실패 원인, 고종의 역할, 한성조약, 김옥균의 일본 행적과 홍종우의 암살 등등 많은 이야기가 담긴 우리의 최근세사인 동시에, 만약 이 쿠데타가 성공했더라면 조선의 미래는 어땠을까 하는 아쉬움이 남는 사건이기도 하다. 우정국 개관 축하 연회장에서 시작된 쿠데타는 고종의 묵인하에 사대당 민씨 척족들을 척결하면서 성공하는 듯했다. 하지만 민비 등의 구원 요청에 의해 원세개(袁世凱) 휘하 1,500명의 청군이 출동해 반란군을 제압함으로써 쿠데타는 3일천하로 끝나고 말았다. 개화당 측으로서는 청불전쟁 발발 직전에 청군 1,500명이 철수하였기에 조선 주둔 청군이 자신들의 쿠데타에 관여하지 않을 것이라는 막연한 기대도 있었다고 한다. 하지만 개화파 행동대원 100여 명, 일본군 100여 명 그리고 고종의 명으로 동원된 2,000명의 조선군은 청군 1,500명의 상대가 되지 않았다.

김옥균을 비롯한 개화당 9명 그리고 쿠데타에 적극 가담한 다케조에 신이치로(竹添進一郎) 일본 공사 및 공사관 직원, 일본군, 민간인 등등이 제물포를 탈출한 것은 1884년 12월 11일이었다. 사건 이후 일본공사관은 불탔고 많은 일본 민간인이 살해되었다. 일본은 조선 정부에 대해 강력한 자세로 대응했다. 여기에는 청불전쟁 와중이라 청국이 더 이상 군사적 분쟁을 원하지 않을 것이라는 일본 측의 판단이 크게 작용하였다. 일본은 전권대신으로 외무경 이노우에 가오루를 파견해 조선 측에 이 사건에 대한 책임을 물었다. 이에 조선 측은 적반하장도 유분수라며 크게 반발했지만, 이노우에 가오루에 동반된 막강한 무력 앞에 굴복할 수밖에 없었다. 조선 측의 사과와 손해배상, 일본인 살해사건의 범인 처벌, 일본공사관 신축부지 제공 및 신축비 지불 등을 약속하면서 굴욕적인 '한성조약'을 맺고 말았다.

조약이 체결된 것이 다케조에 공사 도주 후 1개월도 채 되지 않은 1885년 1월 9일이니, 당시 조선 측에 외교적 대응이라는 것이 있기나 했던 것인지 씁쓸하기만 하다. 이로써 갑신정변으로 인한 조선과 일본의 문제는 일단락되었다. 하지만 일본과 청국의 관계는 여전히 남아 있었고, 만약 빠른 시일 내에 해결되지 않으면 두 나라 사이에 전쟁이 발발할 가능성도 높았다. 이에 일본 정부는 전권대사로서 이토 히로부미를 청국으로 파견하였다.

다시 청국에 있던 에노모토 이야기로 돌아가자. 갑신정변 직후인 1884년 12월 12일 청국의 총리아문 관리가 베이징의 일본공사관을 방문해 갑신정변에 관해 알려 주었고, 일본 정부와 이 문제를 평화적으로 해결하고 싶다는 의사를 전했다. 이틀 전인 12월 10일 에노모토가 외무경 이노우에게 보낸 서한에서 갑신정변에 대한 언급이 없었다는 점으로 미루어 보아, 에노모토가 갑신정변의 발발을 알게 된 것은 사건이 사실상 종료된 이후였다. 실제로 에노모토는 16일에 일본 정부로부터 이 사건에 대한 정보를 받았다. 이를 요약하면, 첫째, 반란자들이 쿠데타를 일으켰고 조선 국왕을 납치했으며 여러 명의 대신들을 살해했다. 둘째, 다케조에 공사는 국왕을 보호하기 위해 주둔군을 이끌고 왕궁에 진입했고, 나중에 온 청국군 사이에 마찰이 일어났다. 셋째, 쿠데타는 실패로 돌아갔고, 반란군은 일본공사관에 불을 질렀으며, 청국군은 일본 거류민 약 30명을 살해하였다.

여기서 문제가 되는 것은, 에노모토로서는 다케조에 공사가 이 쿠데타에 관여했다는 사실을 알 수 없었으며, 당시 청국 외교가에서도 이 사실을 몰랐다는 점이다. 따라서 에노모토로서는 이 사건에서 일본 측이 전적으로 피해자라고 간주할 수밖에 없었다. 이러한 잘못된 정보를 바탕으로 에노모토는 이제 자신의 역할을 수행해야 했다. 사실 일본에서도 다케조에 공사의 갑신정변 관여 사실을 알고 있는 사람은 극히 일부였다. 당시 일본 정국을 주도하고 있던 궁내경 이토 히로부미와 외무경 이노우에 가오루 등 최고위 조슈 번벌 정도만이 이 사실을 알고 있었다. 만약 이들이 갑신정변에 적극적으로 관여한 사실이 드러난다면 향후 정권 유지에도 문제가 될 수 있었다. 따라서 자신들이 직접 담판에 나서서 가급적 빨리 사건을 종결지으려 했던 것으로 볼 수 있다.

12월 19일 에노모토는 외무경에게 전보를 보내 이 사건에 대한 자신의 의견을 제시했다. 즉, '조선에 정예병력을 파견해 한성부 남쪽 요충지에 주둔한 후, 나중에 서해 어느 도서를 일시 점거해 군영을 설치해야 한다'고. 그 후 한성조약이 체결되고 그 내용을 일본 정부로부터 받은 에노모토는 '조선 정부에 사죄를 요구해야 할 뿐만 아니라 유사사건 방지를 위해 요충지인 거문도 등을 점유해야 한다'고 주장하였다. 지금까지와는 달리 에노모토로서는 보기 드문 강경론이었다. 하지만 한성조약이 체결되기 하루 전인 1885년 1월 8일, 당시 주청국 영국 공사(겸 주조선 영국 공사)였던 파크스로부터 다케조에 공사가 이 쿠데타에 적극 가담했다는 사실을 전해 들었다. 하지만 다케조에 공사가 반란군의 농간에 빠져 가담할 수밖에 없었다는 잘못된 인식은 여전했다. 2월 13일 본국으로부터 받은 보고서에서는 다케조에가 정부의 허락 없이 자신의 판단으로 쿠데타에 참여했는데, 여기에는 조선 국왕으로부터의 구원 요청이 있었다는 내용이 담겨 있었다.

2월이 되면서 에노모토는 이 사건의 전말을 어느 정도 알게 되었다. 하지만 그의 인식은 여전히 편향되어 있었다. 만일 다케조에 공사가 일본 정부의 묵인 혹은 지시로 이 쿠데타에 적극 가담했다는 사실을 에노모토가 미리 알았다면 과연 그토록 강경한 정책을 제시했을까는 의문이다. 하지만 그런 강경책이 나온 데는 당시 청불 간의 전쟁이 조속히 타결될 전망이 낮고, 청국 정부로서는 일본과의 교섭이 결렬되길 원하지 않을 것이라는 에노모토의 판단이 일부 작용했음에 틀림없다. 또한 당시 에노모토와 가깝게 지내던 영국 공사 파크스의 입장에서는 이를 계기로 일본이 조선에 출병한다면 조선의 내정 개혁에 관여할 수 있으며, 이를 통해 러시아의 남하를 막을 수 있을 것이라는 계산도 가능했다. 게다가 파병하지 않고 이 사건을 평화적으로 수습하기로 한 청국 정부가 실제로는 조선에 군대를 파병했고, 회담에서 계속해서 조선을 속방으로 주장했다. 이 모든 것들이 에노모토의 판단에 영향을 미쳤다고 볼 수 있다. 따라서 에노모토는 그간 원만한 관계를 유지해 오던 청국에 대해 강경한 태도를 갖게 되었던 것이다.

이제 일본 전권대사로 이토가 확정되었고, 일본 정부로서는 교섭장소를 어디로 할 것이며, 교섭상대는 누구인지가 관심의 초점이 되었다. 일본 정부는, 교섭이 길어지면 청불전쟁이 타결될 것이고 그럴 경우 일청 간 교섭에서 청국이 강경자세로 전환할 것이 걱정되었다. 따라서 가급적 교섭을 빨리 끝낼 수 있는 상대를 선호했다. 일본이 원했던 교섭상대는 이홍장이었고, 만약 그가 선발된다면 교섭장소는 굳이 베이징이 아니라도 관계없다는 자세였다. 하지만 에노모토는 달랐다. 국가 체면상 수도 베이징에서 회담이 개최되어야 하며, 톈진이 교섭장소가 되고 만약 교섭이 길어진다면 이를 견제할 방법이 없다고 판단했던 것이다. 하지만 청국의 원안대로 이홍장이 교섭담당자로 나섰고, 교섭장소는 톈진으로 결정되었다.

텐진 조약

1885년 3월 11일 청국 정부는 전권대신에 이홍장, 교섭장소로 텐진이 선정되었다고 일본 정부에 정식으로 통보했다. 다음 날 텐진에 도착한 에노모토는 이홍장과 만나 교섭장소 이전에 대해 다시 이야기했으며, 이토에게도 교섭장소 이전을 권유했다. 하지만 이토는 자신에게 주어진 일본 정부의 명령을 거역할 수 없다며 에노모토의 교섭장소 변경 제안을 거부했다. 하지만 14일 텐진에 도착한 이토는 일본 정부의 반대에도 불구하고(에노모토의 설득에 의해), 17일 베이징으로 가서 23일과 25일에 총리아문을 방문했다. 이 당시 이토도 교섭장소 이전을 총리아문에 요구했지만, 두 번 모두 거절당했다. 이처럼 에노모토가 이토의 베이징행을 이토록 강하게 주장했던 것은 전권대신으로서 이홍장의 권한을 총리아문에 확인시킬 필요가 있었으며, 교섭 개시 전에 일본 측의 요구를 총리아문에 알릴 필요가 있었기 때문이다. 사실 1884년 5월 텐진에서 맺은 이홍장과 푸르니에 사이의 청불전쟁 정전협정이 청국 주전파의 비판으로 사문화된 바 있었기에, 에노모토로서는 베이징으로의 장소 이전을 계속 주장했던 것이다.

이토 역시 에노모토 설득 이외에 주변 사람들로부터 교섭장소로서 베이징의 타당성을 전해 들은 바 있었기에 계속해서 장소 이전을 주장했다고 한다. 하지만 청국 정부가 계속 거부한 데는 나름의 이유가 있었다. 그것은 다름 아닌 교섭단에 정탐임무를 맡은 인물이 포함되어 있다는 첩보를 주일본 청국 공사로부터 받았기 때문이다.

1885년 4월 3일, 일청 간 교섭이 이홍장과 이토 사이에 개시되었다. 예상대로 이토와 에노모토 앞에 나타난 이홍장은 처에게 보낸 편지 속의 이홍장이 아니었다. 이홍장은 영리하고 기지가 있었으며, 절묘하게 사안의 이해득실을 살펴보고 취사선택, 출처진퇴를 능수능란하게 구사하는 재기를 지닌 청국의 직예총독이었다. 모두 6차례의 회담이 있었는데, 전반 3회에서 이토의 요구는 양국 철병, 관계자 처벌, 피해 보상 세 가지였다. 이에 대해 이홍장은 철병건은 받아들일 수 있으나 나머지 두 가지 사안에 대해서는 조금도 양보하지 않았다. 왜냐하면 청일 간 교섭이 시작된 직후인 4월 5일 이홍장은 청불전쟁 타결을 위한 교섭이 거의 성사되었다는 보고를 받았으며, 그 결과 청일 간의 교섭에서 이제 청국이 유리한 입장에 섰음을 인지하였기 때문이다.

교섭이 난항에 빠지자 에노모토는 3차 교섭 직후인 4월 8일 이홍장의 자택으로 찾아가서 이토가 제시한 세 가지 조건에 대한 견해를 물었다. 이홍장의 대답은 마찬가지였다. 이에 에노모토는 만약 세 가지 요구가 받아들여지지 않는다면 회담은 결렬될 것이고, 이토는 귀국할 수밖에 없다고 압박을 가했다. 하지만 이홍장은 '그렇다면 나는 전쟁 준비 이외에 다른 방법이 없네요'라고 답했다고 한다. 에노모토가 직접 찾아가서 이홍장에게 강경한 태도를 보인 이유는, 일본 측의 세 가지 요구에 대한 이홍장의 진의를 파악하려는 것이 그 하나이고, 다른 하나는 청불전쟁 타결이라는 풍문의 진위를 판단하기 위함이었다.

대부분의 에노모토 관련 서적에서 지적한 것과는 달리, 에노모토에 대한 이홍장의 신뢰는 그다지 높지 않았다. 1892년 이홍장이 이경방(李經方)에게 보낸 편지에서 에노모토를 '외화내교(外和內狡)', 즉 '겉으로는 온화한 인물이지만 속은 교활하기 짝이 없다'라고 평가한 바 있다. 이경방은 원래 이홍장의 조카였으나 양자가 되었고, 1890년부터는 주일 청국 공사로 부임했었다. 1895년 시모노세키 조약(下關條約)에 이홍장과 함께 참가했고, 이후 대만 할양의 전권위원이 되었던 인물이다.

4차 교섭에서 이홍장은 에노모토에 대한 속내를 여지없이 드러냈다. 갑신정변 발생 직후 에노모토가 외무경 이노우에게 보낸 편지에 담긴 '대조선 강경정책'에 관해 지적했으며, 러시아 공사 시절에 번역한『조선책략』에 대해서도 이미 알고 있다면서 에노모토의 정한정책을 힐난했다. 하지만 이홍장도 이토도 결코 전쟁을 원하지 않았기에 4차 교섭에서 파국은 면할 수 있었다. 이후 교섭에서 난항을 거듭했지만, 결국 4월 18일 6차 교섭에서 톈진 조약이 체결되었다. 양국은 세 가지 사항을 합의했는데 양국 철병, 양국 군사고문 파견 금지, 출병 시 상호 통보 등이 그것이라, 처음 일본 측이 요구했던 세 가지 조건에서 약간 후퇴한 감이 있다. 이처럼 에노모토와 이토가 처음 강경한 자세를 보이다가 갑자기 후퇴한 데는 또 다른 이유가 있었다. 실제로는 회담 중인 4월 15일 영국이 거문도를 점령했지만, 당시로는 그것이 외교가에 풍문으로 떠돌던 시기였다. 영국이 거문도를 점령하면 결국 러시아의 남진이 있을 것이고, 그럴 경우 일본은 조선에서의 분쟁에 휘말려들 것이 분명했기에 가급적 청국과의 교섭을 신속하게 끝맺어야 했던 것이다.

이토는 조약이 체결된 직후 귀국하였다. 일본 조야에서는 조약 결과가 굴종적이라 맹비난했고, 실제로 이후에도 조선은 청국의 영향에서 완전히 벗어나지 못했다. 하지만 이제 일본이 조선에 관한 한 청국과 같은 반열에 올랐다는 사실만으로도 이 조약의 의미는 결코 적지 않았다. 한편 이홍장과 이토는 청일전쟁 직후 열린 시모노세키 조약에서 다시 만났다. 청일전쟁 개전 시 일본은 톈진 조약에서의 '출병 시 상호 통보'라는 조약을 근거로 조선에 출병했고, 이후 이홍장이 이끌던 동아시아 최강의 북양함대를 궤멸시켰다. 톈진 조약 당시 수세에 몰렸던 이토는 시모노세키 조약에서 승전국 대표자로 이홍장을 만나면서 당시의 한을 풀 수 있었다.

에노모토는 톈진 조약이 체결된 후 7개월가량 더 머물다가 1885년 10월 11일에 귀국하였다. 주지하다시피 이 시기 조선에는 묄렌도르프라는 독일인 관리가 채용되어 있었다. 그는 1885년 10월경 이홍장의 소환으로 조선에서의 모든 요직을 사임하였는데, 여기에 에노모토가 관여되었다는 풍문이 있다. 이 이야기의 진위는 분명하지 않으나, 그의 퇴임과 에노모토의 귀국 시기가 일치한 점에서 무언가 연관이 있을 것으로도 예상된다. 묄렌도르프가 조선의 외교 및 각종 개혁정책에 관여했다는 사실 이외에 갑신정변 직후 동아시아 외교에서도 한 축을 담당했다는 점에서, 이 시기 묄렌도르프라는 인물을 언급하는 것은 나름대로 충분한 가치가 있다고 생각된다. 게다가 도쿄대학 지질학과 곳체 교수의 조선 초빙도 묄렌도르프에 의해 이루어졌다는 점에서 관심을 끈다. 사실 곳체 교수는 최초로 조선의 근대적 지질도를 작성한 인물이며, 지구과학자의 입장에서 조선 지질과 지리에 관한 3편의 논문도 발표한 바 있었다. 여기서 잠시 에노모토 이야기에서 벗어나 묄렌도르프와 곳체 교수 이야기로 넘어가 보자.

묄렌도르프와 곳체

아래 글은 저자의 마지막 학술논문 중 하나인 손일, 2016 "1884년 곳체(C. Gottsche)의 조선 기행과 그 지리적 의미," 대한지리학회 51(6), 739−759의 내용을 일부 발췌·정리한 것이다.

1848년 프로이센에서 태어난 묄렌도르프는 대학에서 법학, 동양학, 언어학을 공부했고, 특히 외국어에 뛰어난 재능을 보였다고 한다. 1869년 상하이의 해관(관세청)에 첫발을 디딘 이후, 1874년 톈진의 독일 영사관 부영사로 취임하면서 이홍장과 인연을 맺게 되었다. 1882년 조선이 조미수호통상조약을 맺은 직후 이홍장의 추천으로 조선의 통리아문협판(차관급)이 되어 조선의 해관 업무를 담당하였다. 그는 고종의 비호를 받으면서 해관업무 이외에 외교업무도 맡았는데, 조독수호통상조약, 조영통상조약, 조로수호통상조약, 조이수호통상조약 모두 그가 재직 당시 맺은 것들이다. 이뿐만 아니라 그는 농업, 수공업, 법제, 군사, 학교 제도까지 관여하면서 조선의 근대화에 기여하였다. 1883년 묄렌도르프는 임오군란 사후 처리와 개화정책 추진에 따른 재정 수요를 충당하기 위해 '당오전(當五錢)'이라는 화폐 주조를 주장하였다. 이에 대해 김옥균 등 개화파는 '당오전'과 같은 악화를 주조하면 재정파탄이 올 것이라 주장하면서 오히려 외국으로부터의 차관 도입을 주장하였다. 고종은 이 둘 모두를 허가했는데 자신만만해하던 김옥균은 일본으로부터의 차관 도입에 실패했고, 묄렌도르프의 '당오전'은 인플레이션을 유발시키면서 갑신정변의 빌미가 되었다.

묄렌도르프의 맹활약으로 조선 내 일본의 입지가 위협을 받자, 일본 정부로서는 당황하지 않을 수 없었다. 이에 1883년 후쿠자와 유키치의 명을 받은 경응의숙(慶應義塾) 졸업생인 이노우에 가쿠고로(井上角五郎)가 조선에 와서 통리아문 고문이 되면서 일본의 입장을 대변하기 시작했다. 이노우에 가쿠고로는 1860년생으로 당시 나이 23세였다. 이처럼 무명의 어린 자가 그런 지위에 오른 것으로 보아 배후에 일본 정부와 조선의 개화당이 있었을 것이라 판단된다. 당연히 묄렌도르프의 대항마로 보낸 것인데, 그는 조선의 근대적 관보신문인 『한성순보』의 창간에 적극 관여하기도 했고, 갑신정변 당시 다케조에 공사와 함께 조선을 탈주하였다. 이노우에 가쿠고로는 귀국 후 정치가 및 사업가로 활약했다. 에노모토가 1890년대 후반 농상무대신 시절 관영제철소 창업에 관여할 때, 이노우에 가쿠고로는 다시 등장하게 된다.

갑신정변 당시 묄렌도르프가 사대당에 협조하면서 고종의 신뢰는 계속 이어졌다. 그리고 그는 한성조약에 따른 사죄 사절단의 부사로 임명되면서 정사 서상우와 함께 일본에 파견되었다. 묄렌도르프로서는 조선이 정치적 안정과 근대화를 이루려면 청과 일본의 영향력에서 벗어나야 하고, 이를 위해서는 가급적 서구 여러 나라들과 돈독한 관계를 맺어야 한다고 판단했다. 하지만 이에 응해 줄 나라가 많지 않았다. 그는 러시아를 교섭상대로 정했고, 고종을 설득해 일본 주재 러시아 공사와 협상할 전권을 위임받았다. 소위 '제1차 조러밀약'이 그것인데, 조만간 일본과 청국 군대가 철수하면 러시아로부터 군사훈련교관을 받아들이고 그 대가로 함경도의 영흥만을 조차하겠다는 것이 밀약의 구체적인 내용이었다. 때는 대략 이홍장과 이토 간의 톈진 조약이 체결될 그 무렵이었다. 하지만 이 사실이 폭로되면서 조선 정부는 영국, 청국, 일본 등의 압력을 받게 되었고, 결국 러시아와는 없는 일이 되고 말았다. 그 후 이들 국가의 신문에서는 연일 '묄렌도르프가 러시아에 매수되었고, 해관을 방만하게 운영하고 있으며, 상거래에서 독일인만 우대한다'고 맹비난하였다.

묄렌도르프에 대한 국내 평가는 다양하다. 물론 그가 진정 조선의 독립만을 원했다고는 볼 수 없다. 하지만 청국의 속방에서 벗어난 조선을 나중에 자신들의 지배하에 두려던 일본이나 묄렌도르프를 통해 조선에 대한 영향력을 강화하려던 청국의 입장에서, 이제 묄렌도르프는 성가신 존재가 되고 말았다. 묄렌도르프의 모국인 독일로서는 러시아가 아시아로 진출하기를 바랐지만, 그렇다고 조선이 러시아의 속방이 되거나 독립되기를 원하지는 않았다. 당시 주청국 독일 공사 브란트(M. A. S. von Brandt)는 1862년 프로이센 왕국의 주일 초대 영사, 1868년 프로이센 왕국 주일 대리공사, 1872년 주일 독일 전권공사 등을 지낸 베이징 외교가에서 장로적인 존재이자 손꼽히는 친일파 외교관이었다. 따라서 이러한 맥락에서 일본, 청국, 독일의 이해관계가 결국 묄렌도르프의 소환으로 가닥이 잡힌 것이 아닌가 생각해 볼 수도 있다.

브란트는 1875년 청국 공사로 부임하면서 일본을 떠났지만, 에노모토와는 인연이 있던 사이였다. 도바·후시미 전투 직전 요시노부는 자신의 건재를 과시하기 위해 서방 외교단을 오사카 성으로 초치했고, 전쟁 직후 혼란에 빠진 외교단의 철수를 브란트가 맡았다. 한편 요시노부가 오사카 성을 빠져나갔는지도 모르고 오사카 성으로 가기 위해 항구에 내린 에노모토와 브란트가 당시 조우했는데, 먼저 와 있던 브란트가 에노모토에게 주변에 있던 막부군 부상자들의 치료를 부탁했다고 한다. 어쩌면 1868년 오사카 성의 대혼란 와중에 만났던 두 사람이 이번에는 베이징에서 묄렌도르프 제거라는 같은 목적을 위해 협력해야만 하는 입장이 되었던 것은 아닌가? 그 둘 사이에 어떤 일이 벌어졌는지는 알 수 없다. 다만 묄렌도르프가 소환된 시기와 에노모토의 귀국 시기가 일치한다는 점에서, 묄렌도르프를 둘러싼 물밑 작업에 에노모토도 관여한 것이 아닌가 추측해 볼 뿐이다.

한편 1883년 조독수호통상조약 당시, 전권대신으로 한성에 온 요코하마 주재 독일 총영사 자페(E. Zappe)와 동행했던 사람들 중에 카를 곳체(Carl Christian Gottsche: 1855~1909)라는 인물이 있었다. 이들 일행이 쓰시마 섬을 거쳐 제물포에 도착한 것은 1883년 10월 26일이며, 다음 날 한성에 도착했다. 그리고는 11월 26일 조독수호통상조약이 조인되었다. 묄렌도르프는 조선이 다른 것은 몰라도 적어도 지하자원 개발권만은 외국인에게 양여해서는 안 된다고 생각했다고 한다. 묄렌도르프는 당시 도쿄대학 지질학과의 외국인 초빙교수였던 곳체를 자페 일행과 함께 초빙해 조선의 광물 및 지하자원 조사 의향을 물었다. 당시로서는 그가 도쿄대학과 계약기간 중이라 기간이 만료되는 내년에 다시 오기로 하고 자페 일행과 함께 조선을 떠났다. 도쿄대학은 당시 외국인 초빙교수를 내국인으로 교체하던 시기라, 곳체 역시 계약이 만료되면서 귀국해야만 했다. 도쿄대학 지질학과로서는 곳체가 4번째 외국인 교수였지만, 독일에서 하빌리타치온(Habilitation)까지 획득하여 교수로서 정식 자격을 갖춘 이는 곳체가 처음이었다.

1884년 3월 만기 해약된 곳체는 곧바로 조선으로 건너왔고, 1884년 6월 11일부터 8월 15일까지 남부지방(제물포-서울-부산-목포-서울: 1,328km), 1884년 9월 18일부터 11월 28일까지 북부지방(서울-평양-위원-함흥-원산-서울: 1,224km)을 답사하였다. 138일에 걸쳐 총 2,552km 여정을 주파하였다. 그는 당시 답사자료를 바탕으로 『조선의 지리(Über Land und Leute in Korea』(1886), 『조선의 지질구조(Geologische Skizze von Korea』(1886), 『조선의 광물(Über den Mineralreichtum von Korea)』(1889)을 집필하였다. 『조선의 지질구조』는 1889년 일본의 『지학잡지(地学雜誌)』에 소개되었으며, 1987년에 우리 원로 지질학자 김항묵에 의해 번역·발표된 바 있다. 이는 우리나라를 실제 답사한 지리·지질학자가 쓴 최초의 한반도 지질에 관한 연구물로, 여기에는 우리나라 최초의 근대식 지질도가 실려 있어 눈길을 끈다.

『조선의 지질구조』에는 지하자원과 광물의 분포에 대한 논의가 대부분이지만, 한반도의 산맥에 대한 언급도 있다. 다음에 인용한 부분은 그 일부로서 태백산맥과 소백산맥 그리고 낭림산맥 등 남북방향의 한국방향 산맥을 지적하고 있으며, 이에 직각으로 놓여 있는 중국방향 및 랴오둥방향의 산맥도 시사하고 있다. 현재 우리가 사용하고 있는 한반도 산맥체계는 도쿄대학 지질학과 교수 고토 분지로(小藤文次郎)가 이전에 일본에 초청된 바 있는 펌펠리와 리히트호펜, 곳체 등의 아이디어를 참고로 해서 1903년에 완성한 것이다. 산맥체계와 관련된 곳체의 아이디어 중 일부를 소개하면 다음과 같다.

그 나라의 산계는 재래의 지도에서 보는 것보다 더 복잡하다. 주산맥은 북위 37도선까지 동해안에 평행하게 나가다가 남서방향으로 둔각을 이루며 방향을 바꾼다. 평안도의 북동단에는 또 하나의 두드러진 산맥의 지맥이 그와 같은 방향으로 달린다.

소산맥은 그 지역에서 황해도를 남북으로 멀리까지 경계 짓는다. 즉 이것은 그 국토의 지축에 거의 직각으로 놓여 있다. 그 기원은 적어도 두 습곡체계를 가지는 이 산맥에 있는 것인데, 더욱이 주산맥을 융기부라고 하는 것은 결코 전체를 표현하는 것이 못 되며, 그곳 북위 37도와 40도 사이에 놓인 중추 방향은 NNW-SSE이고, 그러나 북부 및 남부에 있어서는 NE-SW로 달린다.

여기서 재래의 지도란 김정호의 『대동여지도』를 말한다. 당시 조선의 차관이던 묄렌도르프가 곳체의 답사를 위해 『대동여지도』 한 벌을 제공했으며, 곳체는 귀국하면서 이를 가지고 갔다. 이 지도는 현재 함부르크 민속박물관에 소장되어 있다. 한편 『조선의 지리』는 필자가 번역하여 아직 원고 상태로 가지고 있지만, 이 역시 우리나라를 실제 답사한 지리·지질학자가 쓴 최초의 한국지리 연구물이다. 당시 외국인에게 조선의 내지여행이 극히 제한되던 시절임을 감안하더라도, 야외지구과학자의 눈에 비친 조선의 모습은 여러 가지로 시사하는 바가 크다. 여기에는 '진구 황후(神功皇后)의 삼한정벌' 등 왜곡된 우리 역사 서술도 있지만 인종, 언어, 문자, 복장, 주택, 건축양식, 행정조직, 종교, 인구, 예술, 공예품, 도로, 무역 등 다양한 내용을 다루고 있다. 그중 일부를 소개하면 다음과 같다.

• 언문에 대해: 학교에 다니는 소년들은 제일 먼저 1,000개의 문자(한자)가 있는 고전 책(천자문)으로 수업을 받고, 모든 편지와 나중에 성인이 되었을 때 받는 모든 문서들은 한문으로 쓰여 있다. 또한 후손들이 헌정하는 기념비 자체에도 언문은 없다. 언문의 철자는 오늘날 하층 평민과 여성만 사용한다. 그

리고 나는 여러 차례 관료들을 만나 보았는데, 실제로 그들은 언문을 읽을 줄 몰랐다.

• 종교에 대해: 실제로 오늘날에도 불교가 큰 영향력을 가지고 있지 않기 때문에 조선인들은 점차 비종교적인 태도를 견지해 나간다고 생각된다. 괜찮은 사회라면 조상숭배나 중국 윤리학의 가르침에서 작은 근거라도 가지고 있을 것이다. 하지만 이 민족은 단순히 미신을 믿고, 고갯길의 나무나 혼자 서 있는 나무를 산신이나 숲의 신이라고 하여 들판에서 첫 번째로 수확한 작물을 바친다.

• 공예품에 대해: 현재 조선 전체에서 사기그릇이라고 말할 수 있는 것은 한 조각도 굽지 않고 있다. 회화와 조각 예술은 사라졌고, 검증된 관련 영업활동은 말할 것도 없다. 여기서 공예품의 흔적으로 언급될 수 있는 유일한 것은 잘 만들어진 캐비닛, 은으로 세공된 작은 직사각형 공예품, 그리고 부드러운 대나무발이다. 그러나 이 소규모 산업은 한두 장소에 제한되어 있기에 국가적으로는 의미가 없다.

곳체의 이야기는 이 책의 주제에서 한참 벗어나 있다. 하지만 에노모토에 대한 이야기 역시 우리를 뒤돌아보기 위한 하나의 도구라 생각한다면, 별문제 없으리라 생각된다. 곳체는 조선의 미래에 대해 그리고 연구대상으로서의 조선에 대해 언급하면서 자신의 고민을 토로했다.

"개항 이후로 조선이 분투해 왔던 정치적인 어려움과 최근 도입된 정부 내의 시스템 및 인사 교체는 무역에 불리하게 작용할 수 있다. 한편, 방해를 받지 않고 일정 기간 평온하게 합리적인 경제 개혁을 한다면 조선은 세계 교역에서 소박할지라도 확실한 위치를 획득하는 것이 가능할지도 모른다."

"나는 독일로 귀환한 이후, 거의 매일같이 제기해 온 '과연 조선 여행이 정말로 보람 있었는가?'라는 질문에 대한 답변으로 이 글을 마무리하고자 한다. 돈이 많고 풍족하며, 낯선 것을 경험하면서 고향집의 단조로움을 잊고자 여기저기 유랑하는 세계 여행객이나 사람들에게는 '아니다'일 것이다. 그러나 한 나라에 깊은 관심을 가지는 모든 이들, 특히 아직 전공학문의 모든 영역에서 우리가 성과를 낼 가능성이 있는 자연과학자에게는 당연히 '그렇다'일 것이다."

도쿄지학협회

이제 이 장을 마무리하면서, 에노모토가 학술단체와 처음으로 인연을 맺게 되는 '도쿄지학협회(東京地学協会)'의 창립 과정과 초기 활동에 대해 소개하고자 한다. 도쿄지학협회 창립에 에노모토가 적극 관여한 것은 사실이지만, 읽다가 독자의 관심 밖이라면 건너뛰어도 무방하다. 에노모토는 지금도 일본 지질학계의 초창기 대선배로서 대접을 받고 있다. 이는 그가 홋카이도 개척사 시절 광물탐사에 관여했고 시베리아 횡단여행을 했다는 사실 못지않게, '도쿄지학협회'의 창립에 결정적 기여를 했던 데서도 그 이유를 찾을 수 있다. 사실 도쿄지학협회의 창립은 에노모토의 인생 후반기에 끊임없이 계속되는 수많은 학회 창립 및 회장 취임의 출발점이기도 했다. 게다가 교류 수준의 외교행사에서 자신의 발군의 기량을 보여 준 첫 번째 무대이기도 하다.

처음 창설될 당시의 도쿄지학협회는 요즘 우리가 알고 있는 의미의 '학술단체'라기보다는, 정부의 비호와 재정적 지원하에 유명인사의 해외 여행담이나 탐험기 그리고 해외 사정을 소개하는 등 노변정담을 나누던 살롱과 같은 분위기였다. 이는 당시 유럽 각국에서 창립된 왕립지리학회, 특히 영국의 왕립지리협회(Royal Geographical Society: 1830년 창립 당시는 런던지리학회였고, 1859년 빅토리아 여왕의 인가하에 명칭이 바뀜)의 역할과 기능을 모방한 데서 출발하였기 때문이다. 다시 말해 학술단체라는 미명하에 탐험가나 여행가를 파견해 해외 정보를 수집하고 이를 자국의 외교 및 통상 정책에 반영하는, 제국주의 첨병 학문으로서의 19세기 지리학의 역할을 일본에서 구현하려 했던 것이다. 하지만 정보가 완전히 공개될 수밖에 없는 학술단체가 이 같은 역할과 기능을 수행하기에는 한계가 있었다. 이런 역할은 점차 국가 정보기관이나 기업 등의 몫이 되면서, 서구의 왕립지리협회는 처음 의도와는 달리 순수 학술단체로 변모해 나갔다. 도쿄지학협회 역시 순수 학문 발전에 기여하는 학술공간으로 바뀌기 시작했는데, 이는 1889년부터 발간된 『지학잡지』에 게재되었던 순수 지구과학 논문의 증가에서도 확인할 수 있다.

'도쿄지학협회'는 오스트리아 주재 서기관이었던 와타나베 히로모토(渡辺洪基)가 1878년 귀국하면서 시작되었다. 와타나베는 오스트리아 체재 당시 빈 지리학회 회원으로 가입한 바 있으며, 국가 발전을 위해 이러한 조직이 일본에도 필요하다는 사실에 통감했다. 와타나베를 비롯해 그의 뜻에 공감한 5명의 발기인이 회합을 가져 대표로 추대한 이가 바로 기타시라카와노미야 요시히사 친왕(北白川宮能久親王), 줄여서 요시히사(能久) 친왕이다. 초대사장(1883년부터는 회장으로 명칭이 바뀜)에 취임한 요시히사 친왕은 1879년 4월 22일 도쿄지학협회 창립 개회연설에서 학회 창립에 기여한 5명을 소개하면서, 에노모토 다케아키와 나베시마 나오히로(鍋島直大)를 부사장, 나가오카 모리요시(長岡護美)를 간사장, 와타나베 히로모토를 간사, 하나부사 요시모토(花房義質)를 사원(일반 회원)으로 위촉하였다. 여기서도 에노모토와 하나부사 콤비가 다시 등장하였다.

이미 알고 있듯이, 사장으로 취임한 요시히사 친왕은 1868년 신정부군의 퇴거 요청에도 불구하고 도쿄의 관영사(寛永寺)에 남아 신정부군과 구막부 쇼기타이 사이에 벌어진 우에노 전쟁에 휘말렸다가 에노모토의 주선으로 도호쿠 지방으로 탈주할 수 있었다. 도호쿠 지방에서는 아이즈, 요나자와, 센다이 번 등을 전전하면서 그들에게 몸을 의탁했다. 한때는 오우에 열번동맹의 맹주로 옹립된 바 있었지만 실권은 없었다. 센다이 번의 투항으로 동북전쟁이 실질적으로 끝나면서 그는 교토로 돌아와 칩거·근신해야만 했다. 그 후 근신이 해제되면서 1870년 프로이센으로 유학을 떠날 수 있었다. 유학 중인 1872년에 기타시라가와노미야(北白川宮) 가문을 상속받으면서 요시히사 친왕의 칭호를 받았다. 1875년 에노모토가 러시아 공사로 부임하러 가면서 베를린에 유학 중인 그를 방문했다는 사실도 이미 언급한 바 있다. 그는 당시 독일육군대학교에서 군사학을 배우고 있었다. 1876년 독일 귀족 미망인과 약혼을 했고 다음 해인 1877년 메이지 정부에 자신의 약혼을 인정해 달라고 요청했지만 거절당했다. 귀국해서는 이 때문에 근신 처분을 받기도 했다. 1879년 협회 창립 시에는 이미 복권이 되어 육군대좌(준장)로 근무하고 있었다.

에노모토와 함께 부사장에 취임한 나베시마 나오히로는 신정부에서 의정(議定)을 지낸 사가 번주이자 초기 홋카이도 개척장관에 잠시 올랐던 나베시마 나오마사(鍋島直正)의 장남이었다. 나오히로는 부친으로부터 번주 자리를 이어받았고 폐번치현 후에는 사가 현 지번사(현령)가 되었지만 사퇴하였다. 이후 이와쿠라 사절단의 일원이 되어 미국에서 유학을 하였고, 다시 1873년부터 1878년까지 영국에서 유학을 하였다. 귀국해서는 외무성에 출사하였는데, 학회 창립 이듬해인 1880년에 이탈리아왕국 특명전권공사로 임명되었다. 협회 간사장에 취임한 나가오카 모리요시는 구마모토 번주 호소가와 모리히사(細川護久)의 친동생으로 신정부의 참여(参与)직에 취임한 바 있었으며, 1872년부터 1879년까지 미국과 영국 등에서 유학하였다. 귀국 후 외무성에 출사하여 1880년에는 벨기에 및 네덜란드 특명전권공사에 임명되었다.

한편 간사에 임명된 와타나베 히로모토는 협회의 산파역을 맡았는데, 그는 유학 당시 빈 지리협회 회원으로 가입한 바 있어 '도쿄지학협회'가 어떤 사람들이 모여 무슨 일을 어떻게 해야 하는지를 알고 있던 몇 안 되는 사람 중 하나였다. 1867년 막부 의학소(医学所)에 출사하여 보신 전쟁 당시 막부 군의로 활약한 기록을 확인할 수 있으나, 당시 에노모토와의 인연은 불확실하다. 하지만 1870년 외무성에 출사하였고 이와쿠라 사절단의 일원으로 참가한 바 있으며, 1874년에는 오스트리아 임시대리공사로 부임하였다. 1885년에는 도쿄 부지사, 1886년에 도쿄대학 초대총장을 역임하였다.

마지막으로 하나부사는 에노모토의 러시아 공사 시절 수하였는데, 1879년 당시 조선 대리공사였으며 그 이듬해인 1880년 조선 변리공사로 취임하였다. 나중에는 에노모토와 마찬가지로 러시아 공사를 맡기도 했다. 이들의 공통점은 모두 외국에서 유학했고, 귀국 후 대부분 외무성 관리로 출사하였으며, 외국 공사에 임명될 정도로 외국어나 서구에 대한 견식이 뛰어났다는 점이다. 또한 이런저런 인연으로 사장 요시히사 친왕을 비롯한 나머지 4명은 에노모토와 밀접한 관계를 맺고 있었다. 어쩌면 신정부 속에서 에노모토가 구축한 새로운 네트워크라 볼 수 있다.

협회의 창립회원 구성은 이 단체의 성격을 명확하게 보여 준다. 1879년 4월 18일 창립 당시 총 회원은 96명이었다. 좀 더 자세히 살펴보면 황족 2명, 화족 20명, 참의 및 성경(대신) 8명, 군인 27명, 관리 24명, 공사 2명, 편수관·교수·판검사 6명, 민간인 7명 등으로 구성되어 있었는데, 학문연구자보다는 고위층에 속하는 인물들이 주류를 이루고 있음을 알 수 있다. 이는 당시 이 협회가 목표로 하는 지리학과 지구과학이 어떤 성격임을 여실히 보여 주고 있다. 참의 및 대신 중에는 에노모토를 비롯해 오쿠마 시게노부, 이노우에 가오루, 야마가타 아리토모, 오야마 이와오 등의 이름이 눈에 띠며, 민간인 중에는 후쿠자와 유키치도 포함되어 있었다. 다음 해에 56명이 더 입사했는데, 그 성격이나 비율에서 창립회원과 별반 다르지 않았다. 새로이 입사한 사원 중에는 이토 히로부미가 눈에 띠며, 외국인 회원이 11명 입사한 것이 창립 당시와 다르다면 다르다고 할 수 있다.

학회회원으로 외국인이 증가한 데는 나름의 이유가 있었다. 1878년 7월 4일 스웨덴의 지리학자 겸 탐험가인 노르덴시욀드(N. A. E. Nordenskiöld)가 전인미답의 북동항로를 개척하기 위해 증기선 베가(Vega)호를 타고 스톡홀름을 출발하였다. 잠시 북극해의 유빙에 갇히기도 했으나 베링 해협을 무사히 통과하고는 그 이듬해인 1879년 9월 2일 요코하마 항에 도착하였다. 9월 15일 환영파티가 공부(工部)대학교에서 개최되었는데, 여기에 도쿄지학협회 사장을 비롯해 회원 46명, 영-아시아협회 회원 60명, 독-아시아협회 28명 등 모두 100여 명이 참석해 성황을 이루었다. 노르덴시욀드는 연설에서 일본이 지학의 발전과 세계지리의 발견에 공헌하기를 바란다는 언급도 있었다. 물론 이 모임에 영국, 미국, 러시아 등의 대사도 참석했는데, 이는 도쿄지학협회가 일본 주재 외국인들에게 알려지는 계기가 되었고 이후 외국인의 가입도 계속 늘어났다고 한다. 노르덴시욀드는 천황을 알현한 이후 고베, 교토 등을 여행하였고, 10월 21일 나가사키를 출발해 수에즈 운하를 통과하고는 1880년 4월 24일 귀국하였다. 이처럼 창립 당시 '도쿄지학협회'는 학문을 빙자한 정부 고위층의 교양적 사교모임이라 볼 수 있는데, 여기서 이루어진 인적 네트워크가 러시아 공사 귀국 후의 에노모토 활약에 밑거름이 되었음은 너무나도 자명한 일이다.

도쿄지학협회는 현재도 그 이름을 유지하면서 창립 이래 지금까지 꾸준

하게 학술지 『지학잡지』를 간행하고 있다. 19세기 후반 유럽에서 여러 다양한 학회가 생겨나면서 다양한 학회 명칭이 붙여졌지만, 그중에서도 '베를린 지리학회'처럼 주로 본부가 있는 도시명을 앞에 붙이는 것이 관행이었다. 특히 독일의 경우처럼 학문이 발달해 있으나 아직 국민국가를 이루지 못했기에 그런 전통이 생겼던 것이 아닌가 유추해 볼 수 있다. 따라서 '도쿄지학협회'의 경우도 그런 전통을 따라 협회 이름 앞에 '일본'이 아닌 '도쿄'가 붙었던 것이다. 그 이후 대부분의 학회는 도시명 대신 '일본지질학회'처럼 '일본'이 붙어 현재에 이르고 있지만, 유독 '도쿄지학협회'만은 도시명을 고집하고 있다. 여기서 한 가지 의문은 창립 당시나 지금도 '도쿄지학협회'를 영어로 'Tokyo Geographical Society'라고 부르면서, 왜 그들은 'Geography'를 '지리'가 아닌 '지학'으로 번역한 것일까? 그 사정은 다음과 같다.

1870년대 및 1880년대 일본에서 '지리'라는 말은 중국 전통의 『국군지(国郡誌)』를 떠올리기 때문에 기피했다고 한다. 사실 당시 태정관 지지과(地誌課)에 이어 내무성 지리국(地理局)에서 『황국지지(皇國地誌)』를 편찬하고 있었다. 서양의 'Geography'를 '지리'라고 번역할 경우, 서양의 'Geography'를 특정 지방(国郡)의 연혁을 넓고 얕게 조사해서 기술하는 것으로 오해할 공산이 컸기 때문이다. 또한 막말에 서양 전통의 '지오그라피'는 오대주의 형상, 인종, 각국의 정체, 도시, 군비 등 '제국지(諸国誌)'를 의미했고, 메이지 초기에는 교육용 소재로서의 세계지식 정도로 인식했기에, '지리'라는 단어로는 당시 급속히 학문체계를 갖추기 시작한 서양의 'Geography'를 제대로 인식시키기에 부족하다고 판단했던 것이다. 또한 당시 독일에서는 근대적 범지구과학에 대한 학술용어로 'Erdkunde(지학)'라는 단어가 사용되고 있었기에, '지리학협회'가 아닌 '지학협회'로 결정된 것이 아니었나 생각해 볼 수 있다. 왜냐하면 당시 일본 지구과학자들의 유학 행선지는 대부분 독일이었기 때문이다.

일본인들이 지구과학과 관련해 독자적으로 설립한 학회 및 협회로 최초의 것은 도쿄지학협회가 아닌 '지질학사(地質學社)'였다. 사실 이 단체의 설립시기는 명확하지 않은데 기관지인 『지학잡지』의 창간호가 1879년에 발간된 것으로 판단해 보면, 아마 그 전해인 1878년에 '지질학사'가 설립되었을 것으로 사료된다. 이 잡지는 월간으로 1880년 4월에 발간된 16호를 끝으로 폐간되었다. 지질학사를 주도한 사람들은 개척사에 초빙되었던 미국의 지질학자 라이먼(B. S. Lyman)의 제자들이다. '지질학사'의 『지학잡지』는 현재 '도쿄지학협회'에서 발간하고 있는 『지학잡지』와는 별개의 것이다. 한편 현재의 『지학잡지』는 1883년 창립된 '도쿄지학회(東京地学会)'가 1885년부터 발간한 『지학회지(地学会誌)』가 그 모체로, 1889년 명칭을 『지학잡지』로 바꾸었다. 그 후 1893년 '도쿄지학회'가 '도쿄지학협회'로 흡수·합병되면서 이제는 『지학잡지』가 도쿄지학협회의 기관지가 되었고, 1892년까지 도쿄지학협회에서 발간하던 『도쿄지학협회보고』는 제18권으로 폐간되었다.

한편, '도쿄지학회'의 '도쿄지학협회'로의 통합에 반발한 도쿄대학 지질학과 교수[주로 고토 분지로(小藤文次郎)]와 학생들은 새로이 '동경지질학회(東京地質学会)'를 창립해 그 기간지로 『지질학회지(地質学会誌)』를 창간하였는데, 그것들이 현재 '일본지질학회'와 『일본지질학회지』의 전신이다. 현재 『지학잡지』는 격월간으로 1년에 6번 발행되고 있는데, 초기의 전통 그대로 지구과학 내 특정 학문에 치우치지 않고 일본을 중심으로 아시아를 대상으로 한 자연지리, 인문지리, 지구과학 등의 기초과학에 초점을 맞추고 있다. '도쿄지학협회'는 현재 일본에서 가장 오래된 학회 중 하나로, 학회지는 태평양전쟁 당시 일시 휴간하였지만 1991년 창간 100권을 맞았고, 2017년 6월에 제126권 3호가 발간되었다. 에노모토는 요시히사 친왕, 간인노미야 고토히토(閑院宮載仁) 친왕에 이어 3대 '도쿄지학협회' 회장직을 역임하였다.

제12장

1891 오쓰 사건

1881년 정변으로 오쿠마 시게노부가 제거됨으로써 이제 이토 히로부미를 정점으로 하는 사쓰마·조슈 번벌이 일본 정국을 확실히 주도할 수 있게 되었다. 어찌 보면 목숨을 걸고 혁명을 주도한 사쓰마·조슈 번벌로서는 메이지 정부 초기에 부족한 인재를 보완하고 정권의 정당성을 확보하기 위해 일부 세력과의 연합이 불가피했지만, 이제 자신들이 구상하는 국가 목표(자주독립과 식산흥업)로 나아가는 데에 걸림돌이 되는 집단은 제거되어야만 했다. 그리고 10년 후로 약속한 헌법제정과 국회개설을 위해 총력을 기울이면서 정치, 경제, 국방, 외교 등등 근대국가로서의 체계도 갖추어 나아가야만 했다. 현재 일본인들이 긍지를 갖고 있는 독자적인 근대국가의 완성, 다시 말해 메이지 황금기는 이 시점부터 출발하였다.

우선 1884년 화족령(華族令)을 실시해 유신에 기여한 조정의 공경과 구 다이묘 그리고 여러 공훈자들에게 공작, 후작, 백작, 자작, 남작 등 작위를 수여함으로써 향후 양당제의 귀족원을 대비했고, 폐번치현으로 사실상 모든 특권을 내려놓게 된 다이묘들의 불만을 잠재웠다. 한편 국회개설에 대비해 제도권 밖에서 추진되던 자유민권운동 역시 그 방향을 바꾸어, 자유당(당수: 이타가키 다이스케) 및 입헌개진당(당수: 오쿠마 시게노부)을 비롯한 여러 제도권 정당들이 창당되었다. 하지만 메이지 정부는 이들 정당과 막 생겨난 언론들에 대응하기 위해 1882년에 집회조례, 1883년에 신문지조례 등을 제정하면서 자유민권운동과 언론을 통제하기 시작했다. 게다가 정당 간 그리고 정당 내부 갈등으로 정당들은 점차 보수화되었고, 이에 반발한 정당 내 급진파는 농민들과 연합하여 폭동(격화사건)을 일으켰지만 모두 진압되고 말았다.

초대 총리대신 이토 히로부미

이런 와중에도 이토 히로부미는 발 빠르게 움직였다. 외무는 이노우에 가오루, 국방과 치안은 야마가타 아리토모, 재정은 마쓰카타 마사요시(松方正義)에게 맡겨 놓고 자신은 새로운 국가 목표로 등장한 국회개설과 헌법제정에 몰두했다. 당시 일본에는 민주주의에 관한 한 그 역사나 전통이 없었다. 유럽 사회의 정신적 지주라 할 수 있는 기독교와 같은 종교적 일체감마저 부족했다. 게다가 당시 정권을 장악한 이들은 얼마 전까지만 해도 번의 하급무사에 불과한 이들이었다. 그들로서는 역사와 전통 그리고 종교와 정당성을 어디선가로부터 가져오지 않으면 안 되었는데, 그것은 다름 아닌 천황이었다. 실제로 1889년 제정 공포된 제국헌법에서는 천황의 대권, 신성불가침, 통치권의 총람, 입법권, 의회해산권, 통수권, 전쟁선포권, 조약체결권 등 거의 절대군주에 가까운 권한을 천황에게 부여하였다. 이처럼 천황에게 절대권을 부여하기 위해서는, 오쿠마가 주장했던 영국식 정당내각제나 미국식의 대통령제 헌법이 고려

576

될 여지가 없었다.

결국 이토는 독일로 향했다. 9명의 수행원 중에는 헌법제정 작업에 마지막까지 참여하는 이토 미요지(伊藤己代治)도 포함되어 있었다. 당시 독일 주재 일본 공사인 아오키 슈조(靑木周藏)의 안내로 비스마르크를 비롯한 독일 수뇌들과 면담했고, 헌법과 행정법의 권위자였던 그나이스트(R. von Gneist)도 만났다. 하지만 그나이스트는 일본이라는 나라에서 입헌정치를 시도하는 것 자체를 회의적으로 평가하였다. 이에 이토는 낙담했지만 다시 용기를 내어 오스트리아를 방문했는데, 여기서 자신의 평소 생각과 거의 일치하는 빈대학 법학교수 슈타인(L. von Stein)을 만날 수 있었다.

이제 이토는, 입법부가 행정부를 규제하는 의회민주주의나 정당정치는 동양적 정치문화 속에서 천황이라는 독특한 존재를 인정해야 하고 더군다나 새롭게 근대국가로 발돋움하려는 일본에게는 적절하지 않다는 판단에 이르게 되었다. 그는 천황 대권과 행정부의 분리를 전제로 하는 입헌군주제가 당시 일본에 가장 적절한 것으로 판단했으며, 의회에 대해서는 행정부가 책임을 지는 내각제를 구상했다. 이러한 기본골격을 바탕으로 그는 행정제도, 지방자치제도, 선거제도, 입헌제도 등에 대해서도 착실하게 조사하였다. 이 시기 이토의 경험이 향후 일본 민주주의 제도의 골격을 이루었음은 말할 필요도 없다.

이토는 18개월이라는 장기간의 외유 끝에 1883년 8월 귀국하였다. 귀국 직전 이와쿠라가 사망하였다. 어떤 면에서 메이지 유신의 구상, 기획, 실행 그리고 메이지 신정부를 주도하는 최정점에는 언제나 이와쿠라가 있었다. 정한론 정변, 1881년 정변(오쿠마 제거)에서도 그의 협조가 없었다면 사쓰마·조슈 번벌은 아무것도 이룰 수 없었다. 게다가 오쿠보의 사망 이후 이토가 부상할 수 있었던 것도 이와쿠라의 후광이 크게 작용하였다. 하지만 이와쿠라는 항상 사쓰마·조슈 번벌의 독주를 견제하면서 행정부 내 공경들의 주도권을 견지해 나갔다. 이제 이토는 이와쿠라의 견제마저도 받지 않고 자신의 구상대로 정국을 주도해 나갈 수 있게 되었다. 가장 대표적인 것이 앞서 말한 화족령으로, 이와쿠라는 막부 시대에 신분이 낮았던 유신 공훈자들을 화족에 포함시키는 것을 기본적으로 반대했다. 게다가 이와쿠라는 공경 주도의 태정관 체제에서 자신들이 배제되는 내각제로의 전환도 반대했다. 하지만 이제 이와쿠라라는 걸림돌이 사라졌기에, 이토는 자신이 구상하고 있던 일들을 차례차례 진행하기 시작했다.

1884년 3월 헌법제정 예비조사와 궁중제도 정비를 위해 궁중에 제도취조국(制度取調局)을 설치했고, 그 책임자로 이토 자신이 취임하였다. 이어 이토는 참의 겸 궁내경을 맡음으로써 본격적으로 화족제도 정비작업에 착수할 수 있었고, 7월에는 화족령을 반포하였다. 화족이라는 귀족계급이 탄생함으로써 천황과 평민 사이를 공식적으로 구분할 수 있게 되었고, 이전까지는 격이 달랐던 궁정세력과 신흥 정치세력이 이제 '화족'이라는 동등한 신분이 되었다. 이는 대중적 급진주의로부터 천황제를 보호한다는 명분과 함께 궁정세력을 견제하고 권력구조에서 자신들의 지위를 확보하기 위함이었다. 한편 당시 제도취조국에 참여한 이는 이토 미요지, 이노우에 고와시(井上毅), 가네코 겐타로(金子堅太郎) 등 모두 서구에서 법학과 사회과학을 공부하거나 경험한 쟁쟁한 인물들이었다. 이들은 이후 헌법이 제정되어 반포될 때까지 이토의 수하에서 헌법제정 작업에 참여하였으며, 이후 메이지 정부 도처에서 큰 역할을 하였다.

1884년 조선에서 갑신정변이 일어나 당시 외무경 이노우에가 조선으로 파견되어 한성조약을 맺었고, 이토 자신은 전권대신으로 청국에 파견되어 에노모토와 함께 톈진 조약을 맺었음은 이미 언급한 바 있다. 귀국하자마자 1885

년 5월 기존의 태정관제 대신 내각제를 추진하였다. 내각제 구상은 나름의 이유가 있었다. 즉, 5년 후 국회가 개설된다면 국정 수행에 대한 국회로부터의 책임 추궁은 이제 피할 수 없게 되었다. 그럴 경우 입법부에 대해 무한책임을 지게 될 기존의 태정관제에서는 결국 천황이 공적 책임을 질 가능성이 높아졌기 때문이다. 다시 말해 각 성의 대신 수준에서 책임을 마무리 짓는 책임내각제 쪽이 향후 정국 주도 및 국정파행 방지에 유리할 것으로 판단했던 것이다. 이토가 제안한 내각제는 천황이 대신을 임명하는 관료내각제로, 각 대신은 천황의 행정부를 보필하는 자로 각자 천황에 대해 책임을 지며, 총리대신은 이들의 우두머리였다. 새로운 제도에서 수장은 당연히 총리대신인지라, 누가 초대 총리대신으로 임명될 것인가에 따라 정국의 향방은 언제든 달라질 수 있었다. 형식적으로든 실질적으로든 정국의 꼭짓점에 있던 궁정세력으로서는 이를 받아들일 수 없었다. 이럴 경우 기존의 문벌제도(궁정 내 서열)가 완전히 붕괴될 수 있었기 때문이다.

이와쿠라가 사라진 뒤 당시 궁정의 실세는 태정대신 산조 사네토미였다. 당연히 그는 내각제에 반대했다. 오히려 이토에게 기존의 우대신에 취임하라고 권했지만, 내각제에 대한 확신을 가지고 있던 이토로서는 그 제안을 거부했다. 오히려 이토가 역으로 구로다를 우대신에 추천함으로써 산조의 공세에 맞섰다. 이토의 제안에 구로다가 동의하면서 우대신에 추천되었지만, 이번에는 천황이 주벽이 심한 구로다에 대해 극구 반대함으로써 이 역시 무산되고 말았다. 산조로서는 더 이상 대안이 없었고, 결국 이토가 제안하는 내각제를 받아들이지 않을 수 없었다. 물론 이토도 궁정세력에 대한 배려로 정치에서 안전하게 격리된 궁내성과 내대신(內大臣)이라는 별도의 관료조직을 신설함으로써, 궁정은 이들로부터 보좌를 받게 되었다. 결국 총리대신 이토, 우대신 산조로 낙착되었고, 이제 구로다의 권세는 사양길에 접어드는 듯했다.

체신대신 에노모토

　우대신에 탈락한 구로다에게 이토는 내각에 입각할 것을 제안했으나 거부했다. 다시 입각을 권유하기 위해 방문한 이노우에에게 구로다가 권총을 들이대며 난동을 피운 일화는 유명하지만, 구로다는 결코 입각하지 않았다. 이토로서는 구로다를 달래야만 했다. 그 대안이 바로 에노모토의 입각이었다.

　에노모토는 구로다가 목숨을 걸고 구명한 인물이며, 이후 구로다의 배려로 메이지 정부에 출사했다는 사실을 모르는 사람은 아무도 없었다. 에노모토는 그야말로 구로다의 복심이었다. 게다가 에노모토의 능력에 대해서는 이미 사쓰마·조슈 번벌에서도 익히 알고 있었고, 특히 이토로서는 톈진 조약 당시 그가 보여 준 뛰어난 처세술과 어학능력 그리고 과학지식을 확인한 바 있었다. 이토가 조각한 내각을 살펴보면, 4명의 사쓰마 출신, 4명의 조슈 출신, 그리고 도사 출신 1명으로 구성되어 있어서 그야말로 사쓰마·조슈 번벌의 독점체제였다. 구로다를 배려함도 있었겠지만 무엇보다도 독점체제에 대한 비난의 무마용으로 누군가가 필요했는데, 그 적임이 바로 에노모토였던 것이다. 그는 막부 출신이자 신정부에 마지막까지 저항했던 막부군의 수장이었고, 러시아 공사, 해군경, 청국 공사 등으로 메이지 정부에서 나름의 이력을 쌓은 인물이었기에 이보다 더 나은 적임자도 없었다고 볼 수 있다.

　1885년 12월 22일 이토는 일본 초대 내각총리대신으로 취임했으며, 에노모토는 신설 체신성의 대신에 임명되었다. 당시 이토 나이 44세 2개월로 지금까지 일본의 총리대신 중 최연소 기록을 가지고 있으며, 이후 3번 더 총리대신을 맡았다. 당시 대신들을 살펴보면, 총리대신 이토 히로부미(伊藤博文), 외무대신 이노우에 가오루(井上馨), 내무대신 야마가타 아리토모(山縣有朋), 사법대신 야마다 아키요시(山田顯義) 등 4명이 조슈 출신이고, 대장대신 마쓰카타 마사요시(松方正義), 육군대신 오야마 이와오(大山巖), 해군대신 사이고 쓰구미치(西鄉從道), 문부대신 모리 아리노리(森有札) 등 4명이 사쓰마 출신이며, 그리고 도사 번 출신 농상무대신 다니 다테키(谷干城)와 에노모토 다케아키 모두 10명이었다. 따라서 신설된 대신은 총리대신과 체신대신 둘이었는데, 그중에서 총리대신이 태정대신을 대신한 것이라 한다면 실제로 신설된 것은 체신대신 하나뿐이었다.

체신성의 '체신'은 이전 농상무성에서 우편업무를 담당하던 역체국(驛遞局)의 '遞'와 공부성에서 전신업무를 당담하던 전신국(電信局)의 '信'이 합쳐져서 '체신'이 된 것으로, 우리나라에서도 같은 한자로 되어 같은 업무를 담당했던 체신청(현재 지방우정청으로 개칭)이 있었다. 당시 체신성에는 이외에도 선박 및 항로, 해사문제를 담당하던 농상무성의 관선국(管船局)과 등대를 관리하던 공부성의 등대국(燈台局)의 업무를 승계하였다. 사실 공부성이 해체되면서 그 업무 중 상당 부분이 농상무성과 내무성으로 이관되고 일부만 체신성에 남았기에, 어찌 보면 체신성은 가장 권한이 적은 부서인 동시에 가장 전문성을 요하는 부서이기도 했다.

하지만 당시는 정치의 시대였고, 막 자본주의가 싹트면서 재벌이 탄생함과 더불어 정경유착도 본격화되기 시작한 때였다. 따라서 신설된 체신성의 대신은 그야말로 대신으로서는 최하급이었다. 더군다나 에노모토는 사쓰마·조슈 번벌도 아니었기 때문이다. 이때부터 계속해서 에노모토 이름 앞에는 '반쇼쿠다이신(伴食大臣)', '핀치히터 대신'이라는 별명이 붙기 시작했는데, 여기서 '반쇼쿠다이신'이란 가진 지위에 상당하는 실력이나 실권이 없는 대신을 일컫는 것으로 에노모토는 전자라기보다는 후자에 가까울 것이다. 하지만 에노모토는 기본적 강골이라 '반쇼쿠다이신'에 머물지만은 않았다. 겉으로 온화하지만 내면은 교활하다는 이홍장의 평가처럼 만만한 인물이 아니었다.

우선 에노모토는 체신대신이 되면서 자신의 측근 두사람을 체신성으로 불러들였다. 둘 모두 하코다테에서 자신을 보좌했던 젊은이들로 하나는 체신성 역체국장(驛遞局長)에서 나중에 내신국장(內信局長)이 된 에노모토의 처남 하야시 다다스(林董)이고, 다른 하나는 홋카이도에서 호로나이(幌內) 탄광 개발에 전념하고 있던 야마노우치 데이운(山內堤雲)인데 체신성 회계국장(會計局長)으로 불러들였다. 체신성의 가장 노른자위 직책인 회계와 우편사업부터 장악하고 나선 것이었다. 이들은 계속 에노모토와 밀접한 관계를 유지하면서 그 복심으로 활약했고, 나중에 메이지 정부에서 큰 역할을 맡았다.

에노모토는 기본적으로 이과형 인간이며 엔지니어였기에 당시 권모술수와 담력으로만 정치를 일삼던 다른 대신들과는 달랐고, 과학과 기술에 대한 지식이 요구되는 체신성 업무에 결코 문외한이 아니었다. 그는 네덜란드 유학 시절부터 이미 전신기에 대해 알고 있었고, 그것을 직접 사용하기도 했다. 특히 프로이센–덴마크 전쟁 참전무관 당시, 근대 전쟁에서 통신의 중요성을 누구보다도 먼저 인식하였다. 따라서 유학 시절 전신기를 구입하여 자신의 침실과 거실에 각각 설치했고, 스스로 모스 부호를 이용한 송수신에 익숙해지려고 극구 노력하였다. 귀국할 때 당시 사용하던 전신기 그리고 요코하마와 가나가와 사이에 부설할 전신선과 애자까지 가이요마루에 싣고 왔다고 한다.

그때 가져온 전신기를 하코다테 전쟁 도중에 분실했지만 나중에 찾았다는 일화도 남겼다. 여기에는 두 가지 설이 있다. 가이요마루에 실어 두었던 것이 가이요마루가 에사시에서 좌초되면서 바다에 수장되어 나중에 잠수부가 건져 올렸다는 설이 그 하나이다. 한편 하코다테로 탈주하면서 전신기를 쓰기지 해군조련소에 두고 가져가지 않았고, 그것을 어느 프랑스인이 가져갔는데 이후 소식을 알지 못했다. 하지만 에노모토가 시베리아 횡단여행을 마치고 블라디보스토크에 있던 중 우연히 그 프랑스인을 만나면서 전신기가 다시 어느 일본인에게 건네졌다는 소식을 전해 들었다는 것이 또 다른 설이다. 이 책 저 책 읽어 본 결과 필자로서는 후자가 아닐까 판단해 본다. 이후 골동품상에서 오래된 전신기가 발견되어 그것이 '전기학회'에서 보고되었는데, 당시 전기학회 회장이었던 에노모토가 자신이 네덜란드에서 가져온 것임을 확인해 주었다고 한다. 1888년 제3회 전기학회 당시의 일이었으니, 그가 체신대신을 맡은 때 일이기도 했다. 현재 이 전신기는 일본 체신종합박물관에 소장되어 있다.

에노모토는 체신성 업무와 관련해 두 가지 중요한 업적을 남겼다. 하나는 당시 외국인 회사에 발주했던 혼슈와 홋카이도 사이의 해저전신선 부설공사를 어떤 일이 있어도 스스로의 기술로 해결해야 한다고 주장하면서 기존의 계획을 바꾸었던 일이다. 결국 부설에 성공하면서 많은 비용을 줄일 수 있었을 뿐만 아니라, 이후 일본의 해저전신선 부설공사는 모두 일본인의 손으로 이룰 수 있었다.

다른 하나는 전화사업 민영화에 관한 건이다. 당시는 대장상 마쓰카타가 인플레이션을 막기 위해 재정지출을 줄이고 관영사업을 민간에 불하했던 시기였다. 하지만 체신성 설립 이전 농상무성 시절부터 전화사업은 관영화를 전제로 추진되고 있었다. 이에 에노모토는 내각 전체의 정책기조에 따라 기존의 관영화 대신 민영화를 주장했고, 당시 관영화를 추진하던 체신차관과 갈등을 빚으면서 차관을 해임하였다. 하지만 당시 전화사업은 전 세계적으로 민영으로 시작되었지만, 다시 바뀌어 미국을 제외하고는 관영이 대세였다. 결국 하야시 내신국장과 후임 마에시마 히소가(前島密) 차관의 설득을 받아들여 관영으로 바꾸었다. 나중에 언급하겠지만 1890년대 민영화로 추진되던 제철소 사업을 관영으로 바꾼 것도 바로 당시 농상무상 에노모토였는데, 그는 기본적으로 국가 기간사업은 관영으로 해야 한다는 '관영주의자'였다.

체신성과 관련된 에노모토의 이야기는 하나 더 있다. 우리는 지도에서 우체국을 의미하는 색인기호로 '〒'라는 기호를 사용하고 있다. 원래 체신성이 신설되고 자신들의 엠블럼으로 영문 대문자 'T'를 고시했는데, 이것이 요금부족을 나타내는 만국공통의 기호 'T'와 구분되지 않는다는 사실을 알게 되었다. 이에 'T' 위에 1획을 더해 '〒'로 정한 사람이 에노모토였다는 사실이다.

이토의 첫 번째 내각, 즉 제1차 이토 내각은 1888년 4월 30일 해산되면서 2년 4개월가량 지속되었다. 에노모토는 이토 내각을 이어받은 구로다 내각 (1888년 4월 30일~1891년 12월 24일)에서도 유임되어 1889년 3월 22일까지 체신대신을 맡았는데, 재임기간은 총 3년 3개월가량 되었다.

자유민권운동과 조약개정

제1차 이토 내각 당시 많은 일이 이루어졌다. 특히 5년 후 다가올 국회개설에 대비해 국가기구, 특히 행정부의 조직을 대대적으로 개편하였고, 시(市)·정(町)·촌(村)제를 확립함으로써 지방행정 조직도 가다듬었다. 교육제도도 획기적으로 바뀌었는데, 제국대학령(帝国大学令)이 공포됨으로써 교원 양성 기관에 불과했던 도쿄대학이 법학부, 의학부, 공학부, 문학부, 이학부를 갖춘 종합대학으로 승격하였다. 여기에 소학교령과 중학교령이 반포됨으로써, 이제 소학교–심상중학교–고등중학교–제국대학으로 이어지는 학제가 완성되었다. 물론 이토는 이노우에 고와시, 가네코 겐타로, 이토 미요지 등과 함께 헌법 초안을 마련하는 데도 박차를 가했다. 하지만 외국과 상대로 벌여야 하는 조약개정 작업은 여전히 답보상태였다.

외무대신은 1879년부터 외무성을 맡았던 이노우에 가오루가 계속 담당했다. 전임 데라시마 외무경은 미국과의 개별 접촉으로 조약개정을 이루려 했으나 최혜국조항에 밀려 조약개정에 실패한 적이 있었다. 이와는 달리 이노우에 외무경은 조약 당사국들과의 공동회의를 통해 난국을 돌파하려 했다. 1882년 1월 제1회 예비회담을 시작으로 1883년 4월 제9회 예비회담까지 개최되었는데, 일본 측 안은 관세 인상, 치외법권 폐지, 12년 후 대등한 조약 체결 제의를 요구한 반면, 외국인에 대해 토지소유권, 영업권, 내지 잡거권을 부여하겠다는 것이었다. 일본 측 안에 대한 각국의 반응은 달랐지만 이제 본회의를 열어 조약개정 작업을 본격적으로 추진해도 되겠다는 판단에, 1884년 8월 조약개정 기본방침을 각국에 통보하고는 본회의 개최를 제안했다. 하지만 그해 12월 조선에서 갑신정변이 일어났고 이듬해 영국 해군이 거문도를 점령하는 등 급박한 외교현안이 등장하는 바람에 본회의는 결국 1886년으로 연기되지 않을 수 없었다. 이어 1886년 5월에 처음 개최된 본회의는 1887년 4월 제26차 회의로 종료되었는데, 회의 결과가 외부로 알려지면서 정부 내외에서 비판이 쏟아지기 시작했다.

비판의 주요 골자는 재판소에 외국인 판사를 고용하는 것과 외국인의 내지 잡거권에 관한 것이었다. 우선 가쓰 가이슈를 비롯한 원로들의 반대가 제기되었고, 당시 사법대신 야마다 아키요시와 농상무대신 다니 다테키 역시 강경하게 반대했다. 특히 다니는 반대 의견서와 함께 이토 총리대신에게 사표를 제출했다. 그는 의견서에서 '개정 교섭을 비밀리에 진행한 것을 비롯해 새로운 조약안은 현행 조약 이상으로 일본의 국익에 반하고, 내지 잡거는 시기상조이며, 조약개정은 헌법제정 후 공론에 붙여 실시해야 한다'고 주장했다. 이에 대해 이노우에는 자신의 안이 시한부 조약안이기 때문에 외국인이 수용할 수 있는 법규를 일본이 완비할 때까지만 외국인 법관의 재판을 받게 된다고 주장했

다. 또한 '지금 조선의 법률과 재판에 우리 일본 국민이 따르는 것이 가능하냐'
고 반문하면서, 현시점에서 영사재판권을 완전히 철폐할 수는 없다고 주장하
였다. 결국 정부는 조약개정 회의의 무기한 연기를 상대국에 통보했고, 1887
년 9월 이노우에는 이에 대한 책임을 지고 사직했다. 후임 외무대신이 정해지
기 전까지 이토 총리대신이 외무대신을 겸직했다.

정부 예상과는 달리 이노우에의 사직만으로 일이 마무리되지 않았다. 국가
주의를 표방하는 극우단체는 물론 유명무실해진 자유민권파도 조약개정 문
제가 본격화되면서 활력을 되찾기 시작했다. 1881년 국회개설 약속과 더불어
창당된 '자유당'과 '입헌개진당'이 1884년 무렵부터 보수화·유명무실화되었
고, 이에 자유당 강경파들이 무력항쟁을 일으켰지만 모두 무산되었음은 이미
언급한 바 있다. 하지만 자유민권파는 1886년이 되면서 정당의 재조직화를
위해 움직이기 시작했고, 10월에는 도쿄에서 '전국유지대간친회(全国有志大懇
親会)'를 열어 '작은 차이는 버리고 대동단결해야 한다'고 주장하면서 소위 자
유민권파의 '대동단결운동(大同団結運動)'이 개시되었다. 같은 취지의 '전국유
지대간친회'는 1887년 5월에 다시 열렸고, 10월에는 고토 쇼지로(後藤象二郎)
의 주도로 '대동'에 찬동하는 사람들을 규합해 '정해구락부(丁亥倶楽部)'를 결
성함으로써 대동단결운동은 정점이 이르렀다.

이 시기부터 조약개정을 포함해 정부 정책에 반대하는 '건백서'가 제출되기
시작했는데, 그중에서 '살아서 노예가 되기보다는 죽어서 자유의 혼이 되자'
는 슬로건 아래 '언론자유의 확립', '지조경감에 의한 민생의 안정', '불평등조
약 개정'을 목표로 하는 '3대사건건백서(三大事件建白書)'가 대표적이다. '건백
서' 제출과 함께 군중집회도 곳곳에서 열리면서 반정부운동은 극도로 고조되
기 시작하였다. 이에 일본 정부는 질서회복을 추구한다는 명분을 내세우면서

'안보조례(安保條例)'를 공포하여 반정부운동을 압살하였다.

이토 총리대신으로서는 개각을 통해 사태를 무마하려 했다. 사임한 다니 대신 농상무대신에 구로다를 앉혔고, 민권파의 대동단결운동에 대처하기 위해 정적인 입헌개진당의 오쿠마 시게노부를 외무대신에 입각시키려 했다. 정당내각제를 주장하다가 실각된 오쿠마로서는 자신의 소신과 다른 내각체제에 입각하라는 제안을 받아들일 수 없었고, 민권파의 반정부운동이 최고조에 이른 시기라 눈치를 볼 수밖에 없었다. 하지만 '안보조례'의 강력한 탄압에 민권파는 굴복할 수밖에 없었고, 이후 1888년 2월에 오쿠마는 제1차 이토 내각의 외무대신으로 취임하였다. 5월에는 오쿠마, 이타가키, 고토 등에게 백작 작위를 수여하면서 민권파의 와해를 기도하기도 했다.

이제 국회개원까지 2년도 남지 않았다. 이토로서는 그 이전에 헌법제정 작업을 마무리해야만 했기에 총리대신을 사임하고 새로 신설한 추밀원 의장에 취임하였다. 당초 추밀원은 헌법 초안의 심사를 위해 만들어졌으나 이후 천황의 고문기구로 바뀌면서 점차 정치화되기 시작해 한때 번벌 정치, 관료제 정치의 아성이 되기도 했다. 이제 두 번째 내각이 탄생하였다. 조슈 다음에는 사쓰마였기에, 이번 총리대신은 사쓰마 출신이어야 했다. 떠오르는 인물은 당연히 당시 농상무대신 구로다와 해군대신 사이고 쓰구미치였다. 모두들 사이고로 낙착되기를 원했으나, 사이고가 극구 사양하는 바람에 모든 이들의 우려 속에 구로다가 제2대 총리대신으로 등극하게 되었다. 이때가 1888년 4월 30일이니 구로다의 나이 47세 6개월이었다. 총리대신이 된 구로다는 맡고 있던 농상무대신을 잠시 에노모토에게 겸직시킨 것 이외에 나머지 대신 모두를 유임시켰다. 그리고 3개월이 지난 1888년 7월 25일, 외무대신에서 밀려난 이노우에 가오루를 농상무대신에 불러들였다. 요즘 식으로 말하면 '끼리끼리', '회전문' 인사였던 셈이다.

이 시기 모든 국민들의 관심은 다가올 국회개원과 함께 아직도 해결되지 않고 있는 조약개정 문제였다. 한편 자유민권운동은 국회개원에 대한 기대, 지도자의 보수화와 공작정치에 의한 입각, 그리고 '안보조례'와 같은 정부의 무자비한 탄압과 함께 점점 무색해졌다. 하지만 자주독립에 대한 기대와 그 가능성에서 촉발된 국가주의가 점차 고조됨에 따라, '조약개정' 문제는 언제나 폭발할 수 있는 정국의 뇌관과도 같았다. 이제 '조약개정'은 외무대신인 오쿠마에게 넘겨졌다. 오쿠마로서는 조약개정에 성공함으로써 자신의 명예 회복은 물론, 향후 개설될 국회에서 주도권을 장악하는 데도 도움이 될 수 있을 것으로 내다보았다. 오쿠마는 이노우에 식의 조약국들과의 공동회의 방식에서 벗어나 다시 개별 교섭에 착수하였다. 나중에 에노모토의 멕시코 이민에서 자세히 소개하겠지만 이 무렵 일본은 예상 밖의 외교성과를 거두게 되었는데, 바로 1888년 11월 30일 멕시코합중국과 맺은 일·멕시코수호통상조약이 그것이다. 이 조약은 일본이 아시아 국가 이외의 국가와 맺은 대등한 조약이며, 특히 멕시코 국민에 대해 일본의 국법을 따른다는 조건으로 내지 개방의 특권을 부여하였다.

이에 대해 기존의 조약국들은 최혜국조항에 따라 자신들에게도 무조건 내지 개방을 허용하라고 요구했지만, 오쿠마는 최혜국조항에 대한 기존의 해석을 무시하고 조건부 해석을 천명하였다. 이 조약 체결에는 당시 주미 공사 겸 멕시코 공사였던 무쓰 무네미쓰(陸奧宗光)의 역할이 컸으며, 기존 조약국들과의 본격적인 조약개정의 실마리도 1894년 무쓰가 외무대신에 취임하면서 풀리기 시작하였다.

오쿠마의 조약안이라고 해 보아야 이전 이노우에의 그것과 별반 차이가 없었다. 하지만 이 시기에 이르면 각 조약국들은 자신의 이해관계에 따라 처신하기 시작했는데, 1889년 2월에 미국이 처음으로 일본과 새로운 화친통상항해조약을 체결하였다. 물론 조약 내용을 비밀에 부치면서 다른 나라와도 교섭을 진행하고 있던 중, 1889년 4월에 조약 내용이 영국의 『타임스』에 게재되면서 조약개정 문제를 둘러싼 혼란은 다시 격발되었다. 문제가 된 것은 1889년 2월 구로다 내각하에서 새로이 반포된 헌법과 조약개정안이 충돌된다는 점이었다. 여기에 대해서는 다시 소개할 예정이다. 물론 이런 와중에도 6월에는 독일, 8월에는 러시아와 화친통상항해조약을 체결하기도 했다.

구로다 내각

1888년 4월 30일 구로다 내각이 출범하였다. 구로다 내각에서 유임되어 계속 체신대신을 맡고 있던 에노모토는 구로다가 맡았던 농상무대신을 잠시 겸무하다가 이노우에게 넘겨주었다. 그 후 체신대신에 전념하면서 총리대신직에 오른 구로다를 안팎에서 보좌하였다. 구로다 내각에서 가장 돋보이는 업적이라면 메이지 헌법의 반포를 들 수 있다. 정식명칭이 '대일본제국헌법'인 메이지 헌법은 동아시아 최초의 근대식 헌법으로, 이토라는 인물을 평가함에 있어 가장 먼저 언급되는, 다시 말해 그의 정치역정을 상징하는 대표적인 업적이었다. 사실 이토는 4번의 총리대신을 거쳤고, 메이지 일본인에게 '이제는 우리를 넘볼 수 없다'는 자신감을 불러일으킨 청일전쟁 승리의 주역이었다. 하지만 이보다는 이토가 주도한 메이지 헌법을 계기로 자주독립과 부국강병의 기치를 걸고 일으킨 쿠데타가 메이지 유신이라는 아름다운 이름으로 정당화될 수 있었고, 그 후 일본이 번영과 민주주의를 향해 나아갈 수 있는 출발점이 마련되었다고 평가되기 때문이다.

1884년 이토가 신설한 제도취조국에서는 정부 법률고문인 독일인 카를 뢰슬러(Karl Rösler)와 알베르트 모세(Arbert Mosse)의 도움을 받으면서 앞서 언급한 이노우에, 이토, 가네코 등이 헌법초안 마련에 착수하였다. 1887년 헌법초안이 마련되었고, 이후 수정과 편집 작업을 거쳐 1888년 4월 27일 비로소 헌법초안이 완전한 모습을 갖추게 되었다. 이토는 3일 후인 4월 30일 총리직에서 사임하고는 자신이 미리 신설해 놓은 추밀원 의장에 취임하였다. 곧바로 제도취조국 헌법재정 담당관 3인방을 다시 불러들여 추밀원 서기관으로 임용하고 헌법 심의작업에 가담시켰다. 추밀원 심의는 이듬해 1월에야 종료되었고, 마침내 1889년 2월 11일 메이지 천황의 '대일본헌법발포의 칙어'와 함께 메이지 헌법이 반포되고 국민에게 공표되었다.

메이지 헌법 반포식은 흠정헌법이라는 격식에 맞추어 메이지 천황이 구로다 총리대신에게 헌법을 넘겨주는 형식으로 진행되었다. 반포식 진행위원장은 당시 체신대신인 에노모토였고, 반포식이 행해진 황궁의 정전(正殿)은 이때 처음 사용되었다. 한때 이 황궁 조성에 에노모토가 관여했다는 사실은 이미 언급한 바 있다. 같은 날 헌법 반포와 함께 황실전범, 의원법, 귀족원령, 중의원의원선거법, 회계법 등이 동시에 제정되었다.

'호사다마'라 할까, 헌법 반포식이 있던 날 아침, 문부대신이었던 모리 아리노리가 방문객을 가장한 괴한에 피습당해 사망하는 사건이 발생하였다. 이토 내각의 최대 업적 중 하나인 교육제도 개혁은 바로 모리에 의해 주도되었는데, 이 제도의 기본틀은 태평양전쟁 직전까지 유지되어 일본 근대교육의 근간을 이루었다. 모리는 이 책 앞부분에서 몇 차례 단편적으로 언급된 바 있는데, 쓰네라는 19세 여인을 사이에 두고 개척사에 초빙된 미국인 지질학자 라이먼과의 삼각관계 에피소드도 그중 하나이다. 모리는 여러 모로 개성이 강한 특이한 인물이었지만, 메이지 시대 대부분의 인물들처럼 다방면에서 재능을 보인 만능인이기도 했다. 그는 기독교에 귀의한 서구주의자인 동시에, 교육이란 기본적으로 국가에 봉사할 엘리트를 양성하는 것이라는 신념을 가진 국가주의자이기도 했다. 예를 들어, 교육이 정치에 물들지 않고 일정 수준의 교육성과를 달성하기 위해서는 양질의 교사가 보급되어야 한다면서 중등교원을 양성하는 고등사범학교 제도를 도입했고, '현모양처 교육'이 여학교 교육의 근간이라면서 그 시행방안을 전국의 여학교에 배포하기도 했다. 또한 도쿄대학을 '도쿄제국대학'으로 명명하고 무시험으로 관직에 오를 수 있는 특혜를 주면서 특권적 귀족대학으로 자리 잡게 했다.

하지만 아이러니하게도 한 국수주의 청년의 칼에 목숨을 잃고 말았다. 피살당하기 2년 전 한 신문에, "어느 대신이 이세신궁[伊勢神宮: 태양의 신 아마테라스(天照大神)를 모시는 신궁]에 가서 안을 들여다보기 위해 옥렴을 지팡이로 걷어 올렸고, 신발을 벗지 않고 신전 계단에 올라서는 금기를 범했으며, 관례에 따른 예조차 올리지 않고 내려왔다."라는 보도가 나온 적이 있었다. 이 기사를 읽은 그 청년은 그 대신이 서구주의자인 모리일 수밖에 없다고 단정하고는 암살을 시도했던 것이다. 물론 그 대신이 모리인지 아닌지 밝혀진 바는 없다.

구로다는 우선 사태 수습을 위해 당시 육군대신이던 오야마 이와오에게 문부대신을 겸직시키고는 후임 대신을 찾아 나섰다. 이 와중에 등장한 인물이 바로 천황의 궁정 최측근으로 천황의 친정 실현과 도덕교육을 바탕으로 국교 선포를 도모하고 있던 모토다 나가자네(元田永孚)라는 극단적 보수주의자였다. 1818년에 구마모토의 번사 아들로 태어난 모토다는 1871년 오쿠보의 추천으로 궁내성에 출사하여 천황의 측근이 된 인물이었다. 1886년 궁중 고문관, 1888년에 추밀원 고문관이 되면서 천황의 신임하에 정치적 사안까지 간여하는, 당시 이토도 무시할 수 없는 인물이었다.

이토와 모토다 사이에는 몇 차례 공방이 오고 갔었다. 1881년 의회 설립이라는 사안을 두고 이토와 오쿠마의 정쟁이 벌어졌을 때, 천황은 모토다가 마련한 '교학성지(敎學聖旨)'를 근거로 유교적 도덕교육을 강조하면서 지나친 서구화에 대해 반대하였다. 이에 이토는 시대착오적인 '교학성지'를 극구 비난하면서, 모토다가 가지고 있던 천황에 대한 '시강(侍講)'직을 몰수하였다. 두 번째는 1885년 이토가 조각을 할 당시 모토다는 모리 아리노리가 기독교도라는 이유로 모리의 입각을 극구 반대하였다. 대신 모토다는 천황에게 부탁해 강골의 무인정치가 다니 다테키를 문교대신에 입각시키려 했다. 하지만 일본의 근대화에 교육개혁이 절대적이라는 인식을 갖고 있던 이토로서는 모리를 포기할 수 없었고, 대신 다니를 비교적 한직인 농상무대신에 임명하였다.

그럼에도 불구하고 천황의 신임을 잃지 않았던 모토다는 계속해서 천황을 통해 그 담당부서인 문부대신에게 압력을 행사하면서 유교적 도덕교육이라는 자신의 교육구상을 실현시키려 했다. 하지만 모리는 요지부동이었다. 비록 모리가 국가주의자이기는 했으나, 서구의 교육에 영향을 받아 지·덕·체의 균형 잡힌 성장을 강조하는 전인교육이나 국가에 봉사할 엘리트를 양성하는 다원적 교육제도에 더 많은 관심을 갖고 있었다. 따라서 모토다가 요구하는 유교적 도덕교육 강화에는 동의할 수 없었다.

이제 모리가 사라지자 모토다는 다시 한 번 다니를 문부대신에 임명하기 위해 공작을 시작하였다. 하지만 구로다로서는 그 자리를 다른 곳에 활용해야 할 이유가 있었다. 그것은 당시 조약개정 작업에 극구 반대하면서 한껏 달아오른 대동단결운동의 열기를 고토 쇼지로의 입각을 통해 불식시키려는 것이었다. 결국 구로다는 다니의 입각을 차단하고 고토의 입각을 실현시키기 위해 에노모토에게 손을 내밀었다. 그렇다고 정치인 고토를 문부대신에 기용할 수는 없었다. 구로다로부터 문부대신을 제안받은 에노모토로서는 자신의 능력이나 관심 밖의 자리라 선뜻 내키지는 않았으나, 위기에 몰린 구로다의 부탁을 뿌리칠 수 없었다. 그는 모리가 사망한 지 한 달이 조금 지난 3월 22일 체신대신을 사임하고 곧바로 문부대신에 취임하였다. 교육업무가 자신의 주전공이 아님에도 불구하고 에노모토는 행정관료로서 무엇을 해야 하는지 정확히 알고 있었다. 그는 모리가 의욕적으로 벌여 놓은 학제개혁의 미비점을 보완하고, 실제 현장에서 어떻게 진행되고 있는가를 확인하기 위해 동분서주했다.

앞서 언급했듯이 조약개정 문제가 또다시 구로다 내각의 발목을 잡았다. 오쿠마의 조약개정안에서는 '외국인 법관 임용'을 조건으로 영사재판권 문제를 해결하려 했지만, 이는 헌법 제19조 '문무관 임용조항'과 동 제24조 '재판관에 의한 재판을 받을 권리'에 대한 침해에 해당된다는 것이었다. 이러한 문제가 헌법 반포 뒤에 제기된 것은, 오쿠마는 오쿠마대로 이토는 이토대로 각기 조약개정과 헌법제정을 아무런 협조나 상의 없이 진행한 데 따른 것이었다. 이 또한 구로다의 무능과 이토에 대한 반발에서 비롯되었음은 말할 것도 없다.

구로다의 묵인하에 오쿠마 외무상의 주도로 외국과의 조약개정이 막바지에 이르렀지만, 이 둘을 제외한 대부분의 동료 대신들, 모토다를 비롯한 궁중 집단, 이토와 이노우에 등의 조슈 번벌, 게다가 재야 민권파와 국권파 등 모두 조약개정에 반대하였다. 하지만 구로다는 1889년 8월 2일 각의를 열어 '외국인 판사의 일본 귀화'를 전제로 한 '귀화법' 제정을 조건으로 조약개정을 단행하기로 결정하였다. 이에 조약개정 반대운동이 본격화되었고 천황마저 정치적 조정에 나섰지만 별 소득이 없었다. 이후 조약개정 문제로 각의는 계속 열렸지만, 일사부재리의 원칙을 주장하는 구로다의 뜻을 꺾지는 못했다. 10월 15일 이번에는 천황마저 각의에 참석하여 다시 조약개정 중지를 호소하였지만, 아무런 결의도 하지 못한 채 산회되고 말았다.

10월 18일 열린 각의에서도 결론에 이르지 못했지만, 이 모든 논의를 한꺼번에 역전시킬 대사건이 발생하였다. 당시 조약안에 반대하는 현양사(玄洋社)라는 국수주의 단체가 있었는데, 이 단체의 사원이었던 구로시마 쓰네기(來島恒喜)가 던진 폭탄에 오쿠마의 오른발이 잘려 나간 것이었다. 다음 날 구로다와 야마가타 내무대신이 천황을 알현하고는 조약개정 연기를 전달했다. 그리고 21일 각의는 오쿠마의 부재 속에 조약개정 중지를 결의했으며, 이미 조인된 미국, 독일, 러시아와의 조약에 대해서도 연기를 통보했다. 결국 구로다와 오쿠마는 사임을 표명했다. 야마가타의 고사로 일시 산조 사네토미가 총리대신직을 맡았지만, 결국 1889년 12월 24일 야마가타 아리토모가 구로다에 이어 제3대 내각의 총리대신에 취임하였다. 물론 나머지 대신들은 모두 유임되는 바람에 에노모토 역시 문부대신직을 유지하였다.

문부대신 에노모토

이런 와중에도 1889년 7월 1일 역사적인 제1회 중의원 총선거가 실시되었다. 선거권은 국세 15엔 이상을 납부한 25세 이상의 남성에게만 주어졌는데, 총 45만 365명이었고 전체 인구의 1%에 지나지 않았다. 하지만 전 국민의 관심 속에 투표율 94%를 기록하면서 별 사고 없이 진행되었다. 선거에 이르자 유명무실하다시피 괴멸되었던 자유당과 입헌개진당 소속 의원이 전체 과반수 이상을 차지함으로써, 향후 국회 운영이 정부의 뜻대로 움직이지 않을 것임을 미리 예견할 수 있었다. 당시 자유민권운동의 전통을 이은 이 두 당을 합쳐 '민당'이라 불렀다. 제1회 제국의회가 11월 29일 소집되었고, 우선 미비한 국회법의 시행세칙을 마련하는 데 힘썼다. 그리고 12월 6일 야마가타가 의회에 출석해 시정방침 연설을 했는데, 여기서 그는 '일본의 독립과 자위를 위해서는 주권선(主權線)의 수호와 함께 이익선(利益線)의 보호도 필요하다'라는 그 유명한 주권선·이익선에 관한 연설을 하였다. 이는 본격적이고도 노골적인 대조선 침탈 의도를 만천하에 공포한 것이었고, 이러한 입장이 청일전쟁과 러일전쟁으로 이어지면서 일본을 반세기 이상 전쟁만 하는 나라로 몰고 갔다.

야마가타가 의회에 출석해 연설할 당시는 구로다가 물러난 후 산조의 잠정내각 시절이었지만, 국회 시정연설을 한 것으로 보아 차기 총리로 거의 확정된 상태로 볼 수 있다. 야마가타는 구로다와 마찬가지로 초연주의(超然主義: 정부는 당파나 정당에 대해 초연한 태도로 정책을 추진하며 오로지 천황에 대해서만 책임을 진다는 입장)를 내세우면서 군비 확장을 위한 대폭적인 군사비 예산 증액을 의회에 요청하였다. 이러한 요청은 '민력체양·정비절감(民力体養·政費節減)'을 내세우는 민당으로부터 동의를 얻을 수 없었다. 결국 정부는 민권파와 친교가 있는 체신대신 고토 쇼지로를 앞세워, 선거 후 자유당을 기반으로 새로이 결성된 '입헌자유당'을 매수해 예산안을 통과시켰다. 고토를 불러들인 것은 구로다였지만, 고토를 적절하게 가장 잘 이용한 것은 오히려 야마가타였던 것이다.

야마가타 내각의 치적 중 대표적인 것을 내세우자면 바로 '교육칙어(教育勅語)'를 반포한 것이었다. 예상과는 달리 '교육칙어'가 본격적으로 이슈화된 것은 1890년 2월 도쿄에서 열린 한 지방관회의 석상에서 '지방교육의 위기'가 의제로 다루어지면서부터였다. 2월 26일 지사 일동은 문부대신 에노모토를 방문하여 '도덕교육 함양의 뜻을 담은 건의서'를 전달하였다. 그 건의서에서는, '현재 학제는 지식교육을 우선시하고 도덕교육을 등한시하기 때문에 도의가 날로 쇠퇴하고 있으며, 이에 대응하기 위해 수신(修身) 커리큘럼이 강화된 국정 수신교과서를 편찬할 필요가 있다'고 지적하였다. 이는 유교적 도덕교육을 주장하는 모토다의 견해와 정확히 일치하였다. 지방관회의에서 난데없이 '도덕교육'이 제기된 데에 모토다가 나가자네가 어느 정도까지 개입하였는지는 알 수 없다. 하지만 모토다도 천황도, 헌법제정과 더불어 국민교화의 근원을 주자학적 대의명분을 바탕으로 한 황실에 대한 충성에서 찾아 '정교일치'의 천황제 국가를 꿈꾸고 있었다. 따라서 유교적 도덕교육을 강조하는 '교육칙어'의 제정에 천황이 직간접으로 관여되었을 것으로 판단된다. 또한 지방관회의가 내무성 관할이라 내무상을 겸하고 있던 야마가타 총리대신의 입김이 나름대로 작용했을 것으로 의심해 볼 수도 있다.

이 사안에 대해 에노모토가 지사들에게 개진한 의견의 요지가 3월 4일 『도쿄매일신문』에 게재되었다.

문부대신은 문부성이 도덕교육 함양에 노력하지 않았다고 하는 비판을 부드럽게 받아넘기면서, 헌법이 종교의 자유를 인정하고 있는 한 특정 종교에 의한 도덕교육 방침을 정할 수는 없으며, 따라서 건국 이래 민심에 스며들어 있는 오륜의 도, 다시 말해 공맹의 가르침을 도덕교육의 기반으로 삼아 수신교과서를 조만간 편찬하겠다고 전했다.

하지만 여기에 덧붙여 실업교육을 강조하는 마지막 언급에서는 테크노크라트로서 합리주의를 중시하는 에노모토의 진면목을 볼 수 있다. 교육업무가 자신의 주전공이 아님에도 불구하고 에노모토는 맡은 바 최선을 다했다. 도쿄사립소학교조합(東京私立小學校組合) 총회에 참석해, "나는 문부대신, 당신들은 소학교원, 인위적 계급 차는 있을지 몰라도 무릇 교육에 대해서는 공히 책임을 지는 사람으로서 우리는 한솥밥을 먹는 사람이다."라고 연설하였다. 마찬가지로 대일본교육회(大日本教育會)에 참석해 연설할 당시에는 종교와 교육의 관계, 대학의 독립, 여성교육에 대해 강조하였고, 특히 실업교육의 중요성을 역설하기도 했다.

한편 지방관회의에서 결의된 '도덕교육 함양의 뜻을 담은 건의서'는 내무경 시절부터 지방제도 강화에 역점을 두고 있던 야마가타로서는 솔깃한 제안이었다. 특히 '도덕교육 함양'은 징병제도의 기반인 지방과 중앙의 연대를 위해서도 필요한 것이었다. 야마가타의 뜻을 받든 모토다의 노력이 결실을 맺었는지, 천황은 에노모토에게 '도덕교육에 관한 칙어'를 만들라는 명령을 내렸다. 하지만 에노모토는 귓등으로 흘려들었다. 시대착오적인 유교교육 강화와 천황의 신성화에 대해서는 찬동할 수 없다는 것이었다. 이에 모토다가 만나자는 제안을 했지만, 학교령 법안 작성에 바쁘다면서 쌀쌀맞게 거절하고 말았다. 결국 야마가타는 에노모토에게 사표를 요구했다.

5월 17일 문부대신 에노모토와 농상무대신 이와무라 미치토시(岩村通俊)가 사표를 제출했고, 각각의 후임으로 요시가와 아키마사(芳川顕正)와 무쓰 무네미쓰가 임용되었다. 또한 같은 날 야마가타가 맡고 있던 내무대신 자리에 해군대신 사이고 쓰구미치가 옮겼고, 후임으로 같은 사쓰마 출신의 해군차관 가바야마 스케노리(樺山資紀)가 승진하였다. 이날 대대적인 개각이 이루어진 것으로 미루어 교육칙어 제정이 늦어지는 데 대한 문책과 더불어, 예산안을 둘러싸고 국회와의 일전에 대비하기 위한 포석으로도 볼 수 있다. 1885년 12월 24일 제1차 이토 내각과 함께 시작된 에노모토의 대신 경력은 1890년 5월 17일로 막을 내렸다. 무려 4년 6개월가량 체신대신, 농상무대신, 문부대신을 경험했으며, 이 시기 대신에 임명된 자 중에서 사쓰마·조슈 번벌이 아니거나 메이지 정권 창출에 공헌하지 않은 자로는 막신 출신 에노모토밖에 없었다. 퇴임과 함께 에노모토는 추밀원 고문관에 임명되었다.

새로이 문교대신에 임명된 요시가와는, 야마가타에 의해 발탁되어 1882년 도쿄부 지사에 임용되었고, 1886년부터는 야마가타 밑에서 내부차관을 맡고 있던 그야말로 야마가타의 복심 중 하나였다. 천황은 새로 부임하는 요시가와에게 '요즘 일본인은 외국의 사상에 쉽게 혹해서 길을 잃고 방황하기 때문에 그들을 위해 국가의 도덕적 근본을 정의하는 것이 필수적'이라며, '교육칙어' 제정에 협조할 것을 당부했다고 한다. 요시가와는 이토의 헌법제정 작업을 처음부터 도왔던 번벌정부의 법률고문이자 당시 법제국 장관이었던 이노우에고와시에게 '교육칙어' 초안 마련을 지시했다. 또한 유교적 도덕교육의 맹신자였던 천황 측근의 모토다 나가자네 역시 이 사업에 관여함으로써 결국 자신의 오랜 뜻을 관철시킬 수 있었다.

'군인칙유'와 함께 메이지 이데올로기의 초석이 된 '교육칙어'는 천황이 작성해 총리대신과 문부대신에게 내리는 칙어형식으로 만들어졌으며, 1890년 10월 30일 제정·반포되었다. 반포되자마자 이듬해 1월 우상숭배라는 이유로 우치무라 간조(内村鑑三)의 예배거부 사건이 터졌고, 이로 인해 우치무라는 불경죄로 자신이 근무하던 제1고등학교로부터 파면당했다. 하지만 그것은 어디까지나 에피소드에 불과했다. 1945년 패전 직전까지 일본의 모든 학교 교실에는 천황의 사진과 함께 교육칙어가 걸려 있었고, 모든 학생들은 그것을 암송해야만 했다. 이는 마치 사이비 종교처럼 군국주의 일본의 모든 국민들을 정신적으로 지배하였다. 이후 교육칙어는 1911년 조선교육령과 1919년 대만교육령에서도 그 준거가 되어, 식민지 백성들의 황민화사업에 적극 개입하였다.

이제 야마가타로서는 더 이상 총리대신직에 있을 이유가 없었다. 야마가타는 기본적으로 남 앞에 나서기보다는 막후에서 조정하고 음모를 꾸미는 일이 더 편한 성격이었다. 그렇기도 하지만 군사비 예산 증액도 달성되었고, 어찌 되었든 교육칙어도 제정되었으며, 나중에 언급하겠지만 아오키 슈조 외무대신의 주도로 진행되고 있던 조약개정도 거의 마무리 단계에 이르렀다. 1년 5

개월 남짓의 비교적 짧은 재임기간이었지만, 야마가타는 미련 없이 1891년 5월 6일에 총리대신직에서 사임하였다. 후임으로는 제1차 이토 내각부터 대장대신을 맡고 있던 사쓰마 출신의 마쓰카타 마사요시가 내정되었다. 그는 야마가타가 내무대신을 겸직했듯이 자신도 대장대신을 겸임하는 총리대신으로 취임하였다. 에노모토의 대신 재임기는 1대(제1차 이토 내각: 조슈)부터 2대(구로다 내각: 사쓰마), 3대(제1차 야마가타 내각: 조슈), 4대(제1차 마쓰카타 내각: 사쓰마), 5대(제2차 이토 내각: 조슈)를 거쳐 6대(제2차 마쓰카타 내각: 사쓰마)까지인데, 이 시기는 조슈와 사쓰마가 번갈아 총리대신을 맡고 있던 시기였다.

도쿄농학교

문부대신을 사임하면서 이제 에노모토에게 대신으로 임용될 기회는 더 이상 찾아올 것 같지 않았다. 물론 에노모토 스스로도 번벌정권하에서 자신의 의지대로 할 수 있는 일은 아무것도 없다는 것을 누구보다 잘 알고 있었기에 자리에 연연하지 않았다. 그러나 형식적인 한직에 불과했지만 여전히 추밀원 고문으로서 번벌정권과 연을 맺고 있었다. 이번에도 정말로 우연한 사건을 계기로 1891년 5월 6일 발족한 제1차 마쓰카타 내각(4대)에서 내각이 발족한 지 23일 만에 외무대신에 발탁되는 이변이 발생하였다. 또다시 에노모토는 핀치히터 대신으로 마쓰카타 내각에 참여하게 되었다.

이 이야기는 잠시 뒤로 미루고, 1890년 5월 야마가타 내각에서 문부대신을 사임하고 다시 1891년 5월 마쓰카타 내각에서 외무대신을 맡게 될 때까지 1년간 에노모토와 관련해 특기할 만한 일로 두 가지를 들 수 있다. 하나는 1890년 8월 6일 추밀원 고문 자격으로 내각회의에 멕시코 이민을 제의한 것이었다. 무쓰 무네미쓰가 주미 겸 주멕시코 공사를 겸임할 당시 멕시코와 평등조약을 맺었음은 이미 언급한 바 있다. 일본은 이미 1868년부터 하와이를 비롯해 미국 본토에 노동이민 형태로 이민사업을 시작하였다. 하지만 에노모토는 남미에 정착형 이민을 처음으로 제안했는데, 이후 외무대신이 되면서 본격적으로 이를 추진하게 된다. 하지만 에노모토의 멕시코 이민사업은 여러 가지 준비 부족으로 실패하고 말았으며, 이 사업은 하코다테 전쟁 이후 승승장구하던 에노모토에게 참담한 패배를 안겨 주게 된다. 여기에는 당시 번벌정권의 대외정책이 무력을 기반으로 한 북진론으로 조선, 청국, 러시아로 향하던 시절이라, 정주형 농업이민을 기반으로 한 에노모토의 남진론은 당시 정권 차원에서 강력한 추동력을 얻지 못한 측면도 있었다.

한편 에노모토는 1891년 3월 6일 육영횡(育英黌)이라는 학교를 도쿄에 개설하면서 이사장으로 취임하였다. 이 학교는 1885년 에노모토를 중심으로 조직된 구막부 가신의 자제들을 위한 덕천육영회(德川育英会)가 모태가 되어 만들어졌다. 육영횡은 농업과, 상업과, 보통과 3과로 이루어졌는데, 그 이듬해 학교부지가 새로 부설되는 철도에 편입된다는 이야기가 나오자 농학과를 변두리로 옮겼다. 왜냐하면 농학과의 특성상 실습부지가 필요했기 때문이다. 장소를 옮기면서 육영횡 부속농업과로, 1893년에는 다시 사립도쿄농학교(私立東京農学校)로 개명했지만, 입학생을 모집하는 데 실패하고 말았다. 당시는 에노모토가 외무대신직을 사임하고 오로지 멕시코 이민에 몰두하고 있던 때였다. 에노모토는 폐교를 결정했고, 원하는 학생 모두를 당시 농상무성 산하의 고마바농학교(駒場農学校)로 전학시킬 예정이었다. 하지만 당시 이 학교의 평의원이었던 요코이 도시요시(橫井時敬)가 폐교를 반대하면서 자신이 이 학교를 맡아 보겠다고 제안했다. 고마바농학교는 삿포로농학교에 대응해 도쿄에 설치되었던 농학교로, 나중에 도쿄제국대학 농과대학으로 재편되면서 초기 고마바농학교 출신들이 일본의 농업을 주도하게 되었다.

요코이 역시 고마바농학교 출신으로 후쿠오카 권업시험장(福岡勧業試驗場) 재직 시 염수선종법(塩水選種法: 소금물에 볍씨를 띄워 볍씨의 좋고 나쁨을 판단하는 방법)을 고안하면서 일약 유명해진 인물이었다. 그는 1890년 당시 농상무대신 이노우에게 발탁되어 농상무성 농무국 제1과장이 되었고, 1894년 도쿄제국대학 농과대학 교수로 부임했다. 도쿄농학교를 맡은 요코이는 대일본농회(大日本農会)와 제휴하면서 학교 경영을 호전시켰고, 이 학교는 1897년에 대일본농회로 이관되면서 대일본농회부속 동경농학교가 되었다. 당연히 에노모토가 가지고 있던 지분은 대일본농회로 넘겨졌고, 1903년 도쿄농업대학으로 개칭되면서 현재까지 이어져 오고 있다. 현재 이 학교의 본부는 여전히 도쿄에 있으며, 개교한 지 120년이 넘은 일본에서도 보기 힘든 사립 농업전문 교육기관이다.

에노모토의 본심은 알 수 없지만, 그가 하코다테로 탈주해 봉기를 일으킨 대의명분은 대정봉환으로 잃게 된 도쿠가와 가신들의 재활을 위해서였다. 이후 신정부에 출사해 요직을 거치면서도 항상 과거 전우나 부하, 심지어 자신과 직접 관련이 없는 구막신이나 그 자제들의 복지를 위해 헌신하였는데, 여기 도쿄농학교의 일화도 그 하나이다.

오쓰 사건

다시 당시의 정치이야기로 돌아가 보자. 조약개정을 둘러싸고 구로다 총리대신과 오쿠마 외무대신의 독주에 대해 민권파뿐만 아니라 동료 대신들마저 등을 돌리면서, 구로다 내각이 몰락하고 대신 제1차 야마가타 내각(3대: 1889년 12월 24일~1891년 5월 6일)이 들어섰다. 이 내각의 외무대신으로 임명된 이는 아오키 슈조(靑木周藏)였다. 그는 일본에 최초로 종두(種痘)를 시행한 아오키 슈스케(靑木周弼)의 동생이자 나중에 궁정 대전의가 된 아오키 겐조(靑木硏藏)의 양자가 되면서, 두 사람의 이름에서 한 자씩 따와 슈조(周藏)로 개명하였다고 한다. 그는 10대 후반 폼페의 나가사키 의학소에서 수련한 바 있는 의사로 1868년 조슈 번 유학생으로 독일 유학을 갔지만, 유학 가서는 의학에서 경제학으로 전공을 바꾸었다. 귀국 후 1873년부터 외무성에 출사하였고, 주독공사를 수차례 거치면서 메이지 정부 초기 최고의 독일 외교전문가가 되었다. 1879년 에노모토가 러시아에서 귀국한 후 처음 맡았던 조약개정 담당관직의 후임이 바로 아오키였다. 이후 제1차 이토 내각과 구로다 내각에서 외무차관을 맡아 실제 조약개정 작업의 실무자로서 활약했다가, 제1차 야마가타 내각에서 외무대신으로 발탁된 것이었다.

앞서 언급했듯이 이전까지 일본의 조약개정 작업은 영국의 몽니로 번번이 좌절되었지만, 이 시기를 즈음해 국제정세가 바뀌면서 영국으로서는 더 이상 일본의 요구를 무시할 수 없는 상황이 되었다. 즉, 1870년 보불(프로이센-프랑스) 전쟁에서 승리한 후 독일은 프랑스 고립을 위해 삼제동맹(독일, 오스트리아, 러시아)을 체결했고 이를 유지하기 위해 노력했다. 하지만 삼제동맹은 발칸 반도에서 러시아와 오스트리아의 이해관계 때문에 1887년에 붕괴되고 말았다. 독일은 러시아가 프랑스와 접근하는 것을 막기 위해 다시 러시아와 비밀리 재보장조약을 체결하면서 목적을 이루는 듯했다. 하지만 1890년 비스마르크가 물러나고 외교권을 장악한 빌헬름 2세(Wilhelm II)는 복잡하고 지키기 힘든 재보장조약의 연기를 거절하였다. 당시 독일로서는 러시아가 오스트리아-헝가리를 침공할 경우 오스트리아—헝가리를 지원하고, 반대로 오스트리아—헝가리가 러시아를 침공할 경우 중립을 지켜야만 했다. 결국 시베리아 횡단철도 등을 건설하기 위해 차관이 필요했던 러시아로서는 프랑스에 손을 벌렸고, 고립무원이던 프랑스도 이에 화답해 1891년 프랑스—러시아 정치협정, 1892년 프랑스—러시아 군사협정이 체결됨으로써 유럽에 새로운 질서가 생겨나기 시작했다.

러시아는 프랑스로부터 받은 차관을 바탕으로 1891년 시베리아 횡단철도를 건설하기 시작했으며, 이에 놀란 것은 당연히 영국이었다. 영국으로서는 지난 100년 동안 러시아의 해양 진출을 막기 위해 저 멀리 흑해로부터 캅카스, 이란, 아프가니스탄, 인도 북부, 중국 서부에서 벌였던 '그레이트게임'이, 이제 마지막 종착지인 극동에서 수포로 끝날 공산이 커졌기 때문이었다. 왜냐하면 영국의 해군력이 미치지 않은 내륙을 통해 러시아의 대규모 군사력이 극동으로 쏟아져 들어온다면, 자신들의 해군으로는 이를 저지하는 것이 불가능하기 때문이었다. 결국 '그레이트게임'의 극동 방파제로서 일본이 급부상하게 되었고, 이를 간파한 일본으로서도 이제 영국에 당당하게 자신의 요구를 하게 된 것이었다.

아오키 외무대신은 '아오키 각서(靑木覚書)'라는 형식으로 조약 교섭에 임하는 자신의 입장을 각의에 제출했고, 1890년 2월 승인을 받았다. 핵심은 영사재판권에 관해 지금까지의 부분적 조약개정이 아니라, '외국인 판사를 임용하지 않는다', '영사재판권을 인정하는 한 외국인의 부동산 소유권을 인정하지 않는다', '치외법권 철폐 후 외국인은 일본의 국법에 따른다' 등 사법권에 관한 완전한 평등을 목표로 정했다. 이때부터 일본과 영국의 새로운 교섭이 시작되었고, 일본 의회 역시 서구의 사법제도에 걸맞은 여러 법제들(민법, 민사소송법, 형법, 형사소송법, 상법 등)을 공포하면서 교섭이 성공리에 이루어지도록 호응하였다. 1891년 4월에는 영국의 개정안에 대한 일본 측의 대안도 각의에서 통과될 정도로 이제 교섭이 성사되는 것은 시간문제처럼 보였다. 1891년 5월 6일 야마가타의 사임으로 이제 마쓰카타를 총리대신으로 하는 4번째 내각이 들어섰으며, 외무대신은 당연히 아오키로 유임되었다.

마쓰카타 내각이 들어서기 직전, 나중에 니콜라이 2세(Nicholas II)가 되는 러시아 황태자 니콜라이가 일본에 도착했다. 그는 시베리아 횡단철도의 기공식에 참석하기 위해 블라디보스토크로 가던 도중 일본에 들렀던 것이다. 나가사키, 가고시마[당시 지사는 야마노우치 데이운(山内堤雲)]를 거쳐 교토에 들렀다. 황태자는 5월 11일 비와 호(琵琶湖) 관광에 나섰다가 교토로 돌아오는 길에 시가현(滋賀県) 오쓰(大津)에서 경비 중인 순사로부터 습격을 받아 부상을 입었다. 니콜라이는 교토로 후송되어 치료를 받았는데, 내각은 어전회의를 열어 '통석의 염(痛惜の念)'을 표명하는 칙어를 발표하면서 의료진을 급구 교토로 파견하였다. '통석의 염'이 우리에게 익숙한 것은 1990년 노태우 대통령이 일본을 방문했을 때 천황이 언급했고, 1995년 무라야마 도미이치(村山富市) 총리가 종전 50주년 담화에서 했던 발언이기 때문이다. 식민지 침탈에 대한 사과로서 언급될 정도인 '통렬한 사죄와 반성'이 당시 황태자 피습사건의 사죄에 언급되었으니, 당시 이 사건이 몰고 올 파장에 대해 일본 정가에서 얼마나 노심초사했던가를 알 수 있는 대목이다.

왜 살해하려 했는지는 분명하지 않았다. 일본을 염탐하러 온 니콜라이 황태자가 살아서 돌아가고 이후 시베리아 횡단철도가 완성되면 결국 일본에 러시아의 위협이 닥칠 것이라는 두려움에서 비롯되었다는 설도 있다. 하지만 이것이 한 개인의 살인동기로 이어질 수 있다고 보기는 힘든다. 한편 세이난 전쟁에서 자결한 사이고가 실제로는 러시아에 망명하여 이번 니콜라이 방일 때 함께 올 것이라는 소문이 있었다. 칼을 휘둘렀던 이는 현직 경관으로, 사이고가 살아 돌아와 다시 요직에 오른다면 자신이 세이난 전쟁에서 받았던 훈장을 박탈당하는 것이 아닐까 하는 두려움에 그랬다는 설도 있지만, 어느 것도 시원한 해답은 아닌 것 같다.

사건이 일어나자 황태자 일행을 안내하던 다케히토(威仁) 친왕은 즉시 이 사실을 도쿄에 알렸고, 정부도 천황도 신속하게 대처했다. 천황은 우선 요시히사(能久) 친왕을 파견했고, 자신도 다루히토(熾仁) 친왕과 함께 교토로 가서 황태자를 위로했다. 러시아 정부는 이 소식을 듣고는 도쿄 방문을 취소하고 즉시 블라디보스토크로 귀환하라고 지시했다. 천황은 다케히토, 다루히토 친왕과 함께 러시아 함선이 정박해 있던 고베까지 황태자와 함께 갔으며, 주변의 반대를 무릅쓰고 또다시 함선으로 들어가 황태자를 위무했다고 한다. 정부 역시 내무대신 사이고 쓰구미치, 외무대신 아오키 슈조를 급히 교토로 파견하였다. 이 모두 이 사태로 인해 러시아와 일전을 벌일 수도 있다는 두려움 때문이었는데, 이는 정부나 천황뿐만 아니라 국민들 사이에서도 만연해 있었다. 소학교는 근신한다는 명목으로 임시휴교를 했고, 태어나는 아이에게 범인의 이름을 붙이는 것을 금지한다고 결의한 지자체도 나타났으며, 황태자를 태운 러시아 함대가 고베를 떠날 때 죽음으로써 사죄한다고 자살하는 부인까지 나타날 정도였다. 가히 이 당시 일본 국민들이 가졌던 불안과 공포를 미루어 짐작할 수 있다.

정부는 사죄사절단을 파견하기로 결정하고 정사에 다케히토 친왕, 부사에 에노모토로 결정하였다. 당시 상황에서 이 문제를 처리할 수 있는 인물은 에노모토밖에 없었다. 러시아어가 가능했고 러시아 정부와 궁정에서의 인맥으로 보아도 에노모토 이외에 다른 선택은 없었다. 에노모토가 급할 때만 자신을 찾는다고 불만을 표시하면서 한사코 부사 제의를 거절하자, 이번에는 천황이 직접 나서서 에노모토에게 부탁하였다. 사실 천황은 황궁 건설 때부터 에노모토와 가까워졌고, 그의 인품과 재주를 인정해 간혹 불러서 이야기를 들으며 함께 술도 마셨다고 한다. 이번에도 어쩔 수 없이 핀치히터로 나서게 되었다. 하지만 황태자의 병에 차도가 있고 러시아로서도 이 문제를 더 이상 질질 끄는 것이 대국 체면에 걸맞지 않은 것이라 판단하고는, 사죄사절단의 방러를 중단할 것을 일본 정부에 요청하였다. 이렇게 하여 에노모토의 사절단 파견은 싱겁게 끝나고 말았다.

이 사건에 책임을 지고 외무대신 아오키가 사임하였다. 처음부터 외무·사법·내무 대신이 사의를 표명했는데, 실제로는 해군·농상무·체신 대신을 제외한 모든 대신이 새 내각이 들어선 지 한 달도 되지 않은 시점에 교체되었다. 아오키 외무대신의 후임에 오른 것은 다름 아닌 에노모토였다. 이번에는 땜빵대신이라기보다는 완벽한 핀치히터로서 대신 자리에 앉았는데, 다행인 것은 외무차관으로 있던 처남 하야시 다다스(林董)가 유임된 것이었다. 1891년 5월 29일 외무대신에 취임한 에노모토는 이번 내각에서도 유일한 구막부 출신이었다. 에노모토가 다시 외무대신에 임명된 것을 세간에서는 어떻게 평가하였을까? 당시 그의 임용에 대해 『요미우리신문(読売新聞)』 기사는 비교적 호의적이었으며, 오히려 사쓰마·조슈 번벌 내각에서 그의 소신과 능력이 제대로 발휘될 수 있을까를 염려하면서 그의 분발을 기대한다고 마무리하였다. 그 원문을 살펴보면 다음과 같다.

○ 에노모토 외무대신

(중략: 에노모토 외무대신 취임에 "털끝만큼도 이의를 달지 아니한다."라고 전제한 후)

그러나 그가 훌륭한 한 사람의 무장이라는 것은 인정하겠다. 그가 담백하고

도량이 넓으며 편협하지 않다는 것, 그리고 일에 대처할 때 일신의 안전과 영달만을 좇지 않는 것 역시 나를 비롯한 천하의 지사들이 모두 인정하는 바이다. 그러나 시대가 매우 급박하게 변하는 19세기 외교에서 신출귀몰하게 이에 대처하기에는, 그는 너무나 독실하고 지나치게 온후한 것은 아닐까? 그가 출생의 한계에도 불구하고, 삿초 파벌이 내각 대부분을 차지하고 있는 가운데 훌륭히 그 기량을 발휘하고 있음은 의심할 길 없는 사실이다.

(중략: 에노모토가 지금까지 내각에 들어가더라도 바로 사임했던 경위를 설명하며)

삿초의 분위기가 내각 안에 넘쳐나 자연히 그를 쫓아냈다는 말을 여러 사람들도 공언하는 바가 아니겠는가. 그가 내각에서 대처하기란 또 어렵다고 하겠다. 이토와 구로다 두 백작의 도움이 있다고는 하나, 우리는 그의 장래를 심히 불안하게 여기고 있다. 그러나 에노모토는 또한 한 사람의 대장부이다. 자신이 믿는 천하를 다스릴 방책도 없이 덧없이 이런 큰 임무를 맡기야 하겠는가? 그에게 바란다, 부디 분투하기를.

1891년 6월 1일

한편 오쓰 사건의 또 다른 의미는 일본의 사법권 독립이라는 측면에서 획기적인 사건이었다는 점이다. 정부는 살인미수범에 대해 사형에 처하라는 압력을 사법부에 행사하였지만, 당시 대심원장은 이에 굴하지 않고 무기징역에 처했다. 당시는 아직 삼권분립과 사법권의 독립이 미성숙한 단계였는데, 이 사건을 계기로 이들 사안에 대한 논의가 활발해졌다. 또한 이 사안을 어떻게 처리할지 외국 언론이나 정부도 지대한 관심을 가지고 있었다. 나름의 법률에 따라 공정한 판결이 이루어지자 일본의 사법관에 대한 신뢰와 위상이 국제적으로 높아졌다. 그 결과 일본은 근대법의 원리와 정신을 제대로 수행하고 있는 법치국가로 당당히 인정받게 되었고, 이는 향후 외국과의 조약개정에도 긍정적인 영향을 미쳤다. 하지만 단기적으로는 아오키 외무대신이 사임함으로써 그가 주도해 이제 막바지에 이르렀던 조약개정이 다시 뒤로 미루어지는 손해를 보기도 했다.

외무대신 에노모토

외무대신에 취임한 에노모토는 새로운 개혁안을 내놓기보다는 문부대신 시절과 마찬가지로 전임자가 벌여 놓은 일들을 처리하기에도 바빴다. 왜냐하면 전임 문부대신 모리나 전임 외무대신 아오키 모두 의욕적으로 일을 벌여 놓고는 불의의 사건으로 살해되거나 사임하였기 때문이다. 물론 에노모토는 전임 아오키의 '아오키 각서'를 높이 평가했으며, 여기에 더해 '조약폐기'라는 극단적 방법도 포함시키면서 보다 강력하게 조약개정 작업에 임했다. 이 같은 강경책은, 앞서 언급했듯이 시베리아 횡단철도가 착공됨에 따라 러시아의 극동 진출이 본격화되었고, 영국으로서는 이를 견제하기 위해 일본과의 외교적 강화가 요구되는 시점이었기에 가능했던 것이다. 하지만 에노모토의 조약개정 작업은 의회의 예상 밖 결정과 뒤이어 있었던 마쓰카타 내각의 총사직에 의해 좌절되고 말았다. 이 내용을 잠시 살펴보자. 우선 여당이 없는 국회인지라 정부에 대한 의회의 강력한 견제는 충분히 예상되던 바였다.

1891년 11월 26일 개회된 제2회 제국회의(제1회 제국회의는 1890년 12월 29일 개최)에서 의회와 정부가 충돌하는 사태가 발생했다. 정부는 해군 예산이 대폭 증액된 예산안을 의회에 제출하였다. 이에 맞서 민당 측에서는 경비 절감을 약속했던 전임 내각의 약속을 지키지 않는다면서, 해군 예산을 포함한 정부 측 요구를 대폭 삭감한 예산개정안을 내놓았다. 이에 격분한 가바야마 스케노리(樺山資紀) 해군대신은 의회 연설에서 사쓰마·조슈 번벌 정권의 정당성과 민당 전횡에 대한 비판을 쏟아냈고, 이에 의회는 대혼란에 빠졌다. 소위 만용연설(蠻勇演說) 사건이 그것이다. 하지만 의회가 뜻을 굽히지 않고 예산개정안을 통과시키자, 마쓰카타 내각은 이에 맞서 1891년 12월 25일 중의원을 해산시켰다.

헌법에 따라 최초로 만들어진 의회는 정확하게 2년 만에 그 명을 다하고 말았다. 이에 1892년 2월 15일 제2회 중의원총선거가 실시되었는데, 정부의 선거 개입과 이에 항거하는 민당 후보자들과 경찰의 충돌로 무려 25명에 달하는 사망자가 발생하였다. 이에 대한 책임을 지고 유혈선거 개입을 지휘했던 내무대신 시나가와 야지로(品川彌二郎)가 3월에 사임하였다. 하지만 곧 있을 제3회 제국회의에서 유혈선거 개입에 대한 의회와 정부의 대립은 불가피했다. 5월 2일 제국회의가 개최되었고, 의회와 정부의 대립은 물론 의회 내부 파벌의 이합집산으로 정국은 한치 앞도 내다보지 못하는 형국이 되고 말았다. 게다가 친정부 성향의 귀족원마저 마쓰카타 내각에 등을 돌렸다. 결국 이러한 대치정국은 조약개정이 가능할 것으로 예상되었던 에노모토에게 유탄으로 작용하고 말았다.

의회가 개회되자 민당이 주동이 되어 이전 의회에서 통과되었던 민법, 상법 등 제 법전의 실시를 연기해야 한다는 안이 제출되었다. 기존 법전들이 개정조약을 위해 급조되었기에 미비한 점을 보완한 후 실시해야 한다는 것이 그 이유였다. 중의원뿐만 아니라 귀족원에서도 이 안이 가결됨으로써 순조롭게 진행되던 조약개정 작업은 암초를 만나게 되었다. 물론 에노모토는 이 안이 가결되어서는 안 된다고 격렬하게 반대했지만 소용이 없었다. 6월 초 의회가 폐회되었지만 정부 내 선거 개입에 대한 책임 추궁은 계속되었고, 이에 정국이 불안해지자 대신들의 사표가 줄을 이었다. 결국 정국 수습에 실패한 마쓰카타 총리대신마저 사임함으로써, 1892년 8월 8일자로 마쓰카타 내각은 해산되었다. 물론 에노모토도 내각에서 떠났고, 조약개정 작업은 마쓰카타 내각을 이어받은 제2차 이토 내각(5대)의 외무대신 무쓰 무네미쓰에게 건네졌다. 그는 청일전쟁 발발 직전인 1894년 7월 16일에 역사적인 일영통상항해조약을 체결함으로써 메이지 정부 탄생 이후 일본이 그토록 원했던 조약개정에 한 발짝 다가서게 되었다.

짧은 재임기간이었지만 에노모토 외무대신 시절 특기할 사항으로 두 가지를 들 수 있다. 하나는 일본이 1860년 포르투갈과 맺었던 수호통상조약 중 영사재판권을 1892년 7월 14일자로 철폐하기로 합의한 것인데, 이는 향후 일본이 전개할 조약개정 작업의 출발점이 되었다는 점에서 그 의의가 크다. 또 다른 하나는 에노모토가 인생 말기에 온 힘을 다해 추진했지만 결국 실패로 끝나고 만 멕시코 이민사업이다. 이미 언급했듯이, 멕시코와 일본의 최초 접촉은 16세기 말 아카풀코에서 출발한 에스파냐의 칼레온선이 태평양을 건너 마닐라에 왔다가 회항하는 길에 폭풍우에 밀려 일본 동해안에 좌초되면서 시작되었다. 회항길은 편서풍을 받아야 했기에 중위도까지 북상해야 했고, 그러다 보면 일본 해안과 가까운 곳까지 접근할 수밖에 없었다. 물론 당시의 멕시코는 에스파냐의 지배를 받던 식민지라 멕시코라고 할 수도 없다. 멕시코가 300년 가까이 에스파냐의 식민지로 있다가 독립한 것은 19세기 초엽이었다.

1810년 미겔 이달고(Miguel Hidalgo) 신부를 주축으로 한 멕시코 독립전쟁이 시작되었고, 1821년 해방군과 싸우던 왕당파 사령관 아구스틴 데 이투르비데(Agustin de Iturbide)가 본국을 배신하면서 멕시코에서 에스파냐 세력을 축출하는 데 성공하였다. 이투르비데는 스스로 황제가 되어 멕시코 제1제국을 발족시켰다. 이후 멕시코는 미국과의 영토분쟁에서 패해 지금의 텍사스, 뉴멕시코, 캘리포니아, 애리조나를 내놓으면서 현재와 같이 리오그란데 강을 경계로

하는 국경이 완성되었다. 그사이 연방제 공화국과 중앙집권적 공화제를 반복하다가, 1861년 미국의 남북전쟁을 틈타 나폴레옹 3세가 내세운 오스트리아 합스부르크가의 막시밀리안(Maximilian)이 멕시코 왕에 등극하면서 멕시코 제2제국이 세워졌다. 하지만 1857년 대통령에 당선된 원주민 출신 베니토 후아레스(Benito Juárez)를 중심으로 미국의 지원을 받아 프랑스 군에 항쟁했는데, 결국 1867년 막시밀리안 황제를 축출하면서 멕시코는 다시 주권을 되찾았다. 1867년은 일본이 대정봉환으로 메이지 시대를 맞이한 해이다. 독립과 신정부의 탄생이라는 점은 양국이 다르지만, 같은 시기에 근대화를 향해 나아가게 되었다는 공통점도 있다.

　근세에 들어 멕시코와 일본이 만나게 된 계기는 특별하다. 세계 과학계에서는 1874년 12월 9일에 금성이 태양을 가리면서 지나가는 천문학적으로 매우 중요한 현상이 일어날 것으로 예상하였다. 특히 중국과 일본이 관측하기 최적지인 것으로 알려지면서 미국과 프랑스의 관측대가 일본에 파견되었다. 만약 날씨가 맑아 정확하게 관측된다면 지구와 태양의 거리 추정치를 획기적으로 개선할 수 있는 좋은 기회였다.

　미국과 프랑스 관측대는 나가사키와 고베에 관측소를 설치하였는데, 당시는 아직 개항지의 외국인 거류지 이외는 외국인의 거주나 주둔이 허용되지 않던 시절이라 그곳이 선정될 수밖에 없었다. 멕시코는 관측일 한 달 전에야 일본으로 관측대를 파견하였다. 시간 부족에다가 멕시코와는 정식 국교가 없었기에 통관 수속, 관측소 선정, 기지 건설, 송신시설 부설 등 일본이 협조하지 않으면 관측 자체가 불가능한 상황이었다. 일본 정부는 탐사사업이 순수 학문적 동기로 시작된 일이라는 판단에 모든 면에서 파격적인 협조를 아끼지 않았다. 심지어 외국인의 거주가 불가능한 요코하마에 관측지를 제공할 정도였다.

다행히 날씨가 맑아 멕시코 관측대의 관측은 성공리에 끝났으며, 관측대는 입국한 지 2개월 만에 멕시코로 돌아갔다.

관측대 대장이었던 프란시스코 디아스 코바루비아스(F. D. Covarrubias)는 당시 토목성 차관으로 지형학과 천문학에 조예가 깊은 인물이었다. 그는 체류 기간 일본에 대한 여러 가지 인상을 기록한 『일본여행기』를 남겼는데, 특히 '근면한 일본인을 중국인 대신 멕시코로 이주시키고 멕시코와 일본이 하루라도 빨리 국교를 열어 통상관계를 맺는다면 양국에 유익할 것'이라고 제안하기도 했다. 당시 통역을 담당했던 야스 고헤이(屋須弘平)는 디아스와 함께 일본을 떠났다. 그는 나중에 과테말라로 이주해 그곳에 정착한 최초의 일본인이 되었으며, 현지에서 사진가로 활약하였다.

멕시코와 일본의 통상조약 교섭은 1882년에 시작되었다. 당시 워싱턴에 파견되어 있던 데라시마 무네노리(寺島宗則) 특명공사와 멕시코의 마티아스 로메로 특명전권공사 사이에 진행되었지만, 이미 일본과 조약을 체결했던 나라들과의 편무적 최혜국조항이 문제가 되었다. 만약 멕시코인에게 일본에서의 자유로운 이동을 허용한다면 당연히 기존 조약국들도 최혜국대우를 해 주어야 했기에 더 이상 교섭은 진전되지 못하고 중단되었다. 그러나 이미 언급한 것처럼 일본 정부는 교착상태에 빠진 조약개정을 타개하기 위해 멕시코와의 평등조약 체결을 기존의 불평등조약 개정을 위한 돌파구로 이용하기로 했다. 즉, 당시 외무대신 오쿠마는 최혜국대우를 무조건적으로 적용하지 않고 조건부로 적용한다는 전제하에 1888년 11월 30일 멕시코와 수호통상조약을 전격적으로 체결하였다. 이후 일본은 멕시코에 라틴아메리카 최초의 영사관을 설치하였다.

에노모토는 신설된 이민과로 하여금 뉴기니를 비롯해 남양군도(南洋群島)

와 말레이 반도 등으로 외무성 관리와 이주 전문가들을 파견해 현지의 식민지 건설 가능성을 조사하도록 했다. 여기서 식민이란 정치적·경제적 지배를 전제로 한 제국주의적 식민이 아니라, 신천지를 찾아 떠나는 이주형 식민을 말한다. 일본에서는 후자의 경우 '植民' 대신 '殖民'이라는 한자를 사용한다. 향후 이 책에서는 '식민협회'와 '식민지'를 제외하고는 모두 '이민'이라는 용어를 사용한다. 그즈음해서 주샌프란시스코 일본 총영사관의 후지타 도시로(藤田敏郎)라는 직원으로부터 흥미 있는 보고서 한 통이 에노모토에게 도착하였다. 그 내용은 멕시코 정부가 국내 개발을 위한 외국 투자와 이민을 크게 환영하고 있다는 것이며, 멕시코가 장래 유망하며 일본인의 이민에 좋은 기회라는 것이었다.

초기 일본의 해외이민은 유휴 노동력의 해소와 임금노동자로부터의 해외송금이 그 목적이었다. 이후 일본이 자본주의를 바탕으로 근대화 산업화에 뛰어들면서 노사문제와 빈곤 및 노동문제가 자연스럽게 제기되었고, 이를 해결하기 위한 한 방편으로 해외팽창론과 정주이민정책이 제기되었다. 결국 에노모토의 이민구상도 이와 무관하지 않지만, 에노모토가 기존의 미국 본토, 캐나다, 하와이 등에 이어 이민선을 중남미로 전환하고자 했던 데는 다른 이유가 하나 있었다.

미국에서 중국인 노동자 배척운동이 일본에 처음 보고된 것은 1888년의 일이며, 미국에서 범죄자와 매춘부의 입국이 제한되는 이민법이 제정된 것은 1891년이었다. 실제로 그해 일본인 이민자 중에서 처음으로 미국으로의 입국이 거절되어 송환되는 사태가 발생하였는데, 이로써 일본 당국도 미국에서 일본인 배척문제가 실제로 나타나기 시작했음을 인지하기 시작했다. 바로 이즈음에 에노모토가 외무대신에 입각했던 것이다. 이에 대응하기 위해 에노모토는 이민선의 다변화를 위해 그 대상으로 남아메리카, 그중에서도 개발이 본격적으로 개시된 멕시코를 선택했으며, 이민의 질을 개선하기 위해 임금노동자 이민이 아니라 정주이민을 주장하였다. 또한 이민 전담부서로 이민과를 신설하고는, 자신의 복심 중 하나였던 하와이 총영사 출신이자 외무성 통상국장이던 안도 타로(安藤太郞)에게 겸임을 시켰다.

에노모토는 즉시 재미 특명전권공사 다테노 고조(建野鄕三)에게 일본인의 멕시코 식민 가능성을 상세히 조사하라고 지시했다. 지시를 받은 다테노 공사는 직접 현지조사에 착수했고, 후지타의 보고와 마찬가지로 외국인 이민을 환영하고 있는데 지가도 싸고 일본 농민을 보내 사업을 일으킨다면 막대한 이익을 얻을 수 있을 것이라 보고하였다. 이 보고서를 근거로 에노모토는 중남미 최초의 영사관을 멕시코에 개설하면서, 초대 영사사무대리로 후지타 도시로를 임명하였다. 당시 멕시코의 농상무식민대신은 금성관측대로 일본을 방문했던 마누엘 페르난데스(Manuel Femandez)였다. 이제 멕시코 이민계획은 순풍에 돛 단 듯 순조롭게 진행되었다.

에노모토의 외무대신 재임 중에 일본인의 멕시코 이민 가능성에 대한 조사가 또 한 번 이루어졌다. 후지타 도시로를 단장으로 한 5명의 조사단은 멕시코 태평양 연안을 따라 말과 기차를 이용해 무려 5,000km를 여행하고는 그 조사 결과를 『흑국태평양안제주순회보고(黑国太平洋岸諸州巡廻報告)』로 정리해 에노모토에게 보고하였다. 이 보고서는 멕시코 정부 자료와 현지 관찰을 바탕으로 작성되었는데, 농업의 상태, 토양, 기후, 지형, 특산품 등이 아주 상세하게 기술되어 있었다. 특히 현지 농업의 유치함과 후진성을 언급하면서 멕시코 농업이 일본인에 의해 개선된다면 50배, 100배의 생산량 증가가 기대된다고 결론지었다. 또한 태평양과 대서양을 잇는 철도공사가 완료되어 향후 멕시코 경제가 크게 도약할 것으로 예상되기 때문에, 작금의 멕시코 이민은 적절한 시기라 덧붙였다.

후지타의 보고서를 바탕으로 에노모토는 멕시코에 식민단을 보내기로 결정했고, 주일 멕시코 공사에게 일본인 식민에 적당한 후보지의 양도를 주선해 달라고 요청하였다. 또한 후지타 영사를 통해 마누엘 페르난데스 대신에게도 같은 요청을 하도록 지시했다. 페르난데스 대신은 치아파스(Chiapas) 주의 8군데와 게레로(Guerrero) 주의 2곳 관유지를 일본인 식민을 위해 불하할 용의가 있다고 후지타 영사를 통해 답신을 보냈다. 그중 치아파스 주 소코누스코 군내의 17,500정보의 관유지가 일본인 이주자들에게 최적의 커피 경작지라는 추천도 포함되어 있었다. 이를 계기로 치아파스로의 식민계획에 가속도가 붙기 시작했으며, 이곳의 경제적 유망성과 관련된 정보가 현지 영사관으로부터 본국으로 계속 보내졌다. 하지만 멕시코 측에서 추천한 문제의 치아파스 후보지는 후지타 조사단이 방문하지 않았던 곳이다.

여기까지가 에노모토가 외무대신 시절 멕시코 이민과 관련된 전부이다. 이후 멕시코 이민사업은 일본 정부와 상관없는 민간사업으로 바뀌면서 부침을 거듭하게 되었다. 당시 일본 정부의 대외정책 핵심은 조선의 패권을 둘러싼 청국 및 러시아와의 대결이었기에, 에노모토의 실각 후 멕시코 이민사업은 더 이상 정부의 협조를 받을 수 없다. 하지만 에노모토는 외무대신 퇴임 후에도 멕시코 이민에 대한 정열의 끈을 놓지 않았고, 퇴임 이듬해인 1893년 스스로 회장이 되면서 민간단체인 '식민협회(殖民協会)'를 조직하였다.

시가 시게타카

식민지 개척에 관한 에노모토의 아이디어는 이미 에도 탈주 때 명분이었던, 구막신들의 에조치 식민계획부터 시작되었다고 볼 수 있다. 그 후 주러시아

공사 시절인 1876년, 오가사와라 제도가 그 직전 1875년에 일본으로 귀속된 것을 알고는 당시 실세인 이와쿠라에게 편지를 보내 오가사와라 제도에 대한 식민계획을 건의한 바 있었다. 물론 당시 일본의 정세가 안정되지 않아 그럴 여유가 없었다. 하지만 이듬해인 1877년 에노모토는 다시 이와쿠라에게 편지를 보내, 에스파냐령 마리아나(Mariana) 제도와 팔라우(Palau) 제도를 매입하고 그 외 태평양 섬들을 점령해 일본의 영토로 삼아야 한다고 주장했다. 또한 죄수들을 그곳에 보내 정주시켜 커피나 담배 등을 재배하도록 하고, 이를 거점으로 해서 인도와 오스트레일리아와의 무역도 확대하자고 제의한 바 있었다. 물론 이 역시 받아들여지지 않았지만, 어쩌면 에노모토의 이 같은 구상은 일본이 제1차 세계대전 이후 태평양 도서들을 장악하면서 태평양의 새로운 지배자로 떠오르는 남진정책의 효시라고도 볼 수 있다.

멕시코와의 조약 체결 직전인 1887년 일본인으로 하여금 오스트레일리아를 비롯해 태평양 도서들에 관심을 갖게 만든 기념비적 저서가 발간되었는데, 그것은 다름 아닌 시가 시게타카(志賀重昻)의 『남양시사(南洋時事)』였다. 이 책에서는 소위 '남양(일본을 기준으로 한 태평양 군도)'에서 구미 열강들의 제국주의적 침탈 상황을 자세히 묘사하면서, 일본의 독립 유지에 대한 위기감과 함께 일본인의 해외진출 가능성과 필요성을 역설하였다. 이 책은 발간과 동시에 폭발적인 인기를 얻게 되었고, 그의 명성도 높아져 일약 도쿄지학협회 명예회원이 되는 영예도 누리게 되었다.

시가는 1880년 삿포로농학교 5기생으로 입학해 21세이던 1884년에 졸업한 뒤, 몇몇 학교에서 식물학과 지리학을 가르치기도 했다. 이후 퇴직하고는 1885년부터 출판사에 취직하여 번역관계 업무를 보고 있었다. 어떤 계기였는지 알 수 없으나 그해 11월 시가는 해군병학교 생도들의 졸업 항해에 편승해 쓰시마 섬을 둘러보는 기회를 얻었다. 당시는 영국이 거문도를 점령하고 있을 때라 동북아시아의 해역에서 긴강이 극도로 고조되던 시기였다. 그리고는 그 이듬해 다시 10개월에 걸쳐 캐롤라인 제도, 오스트레일리아, 뉴질랜드, 피지, 사모아, 하와이를 순방하고는 24세이던 1887년에 항해관찰기인 『남양시사』를 간행했던 것이다.

시가는 『남양시사』를 발간한 이후 '정교사(政敎社)'라는 출판사를 창립하고 『일본인』이라는 잡지를 창간했는데, 이를 통해 국수보존주의를 제창하고 서구화정책에 반대하면서 번벌정부에 대한 반대진영에 서게 되었다. 또한 도쿄 영어학교에서 지리학 교수가 되면서 지리학 연구에 몰두하였고, 1889년에는 『지리학강의(地理學講義)』라는 책을 펴냈다. 1894년 32세 때 『일본풍경론(日本風景論)』이라는 저서를 펴내면서 일약 저명인사가 되었다. 이 책은 메이지 초반 새로이 탄생한 메이지 일본에 공간적 아이덴티티를 제공했다는 점에서 의미가 크다. 분권화된, 어쩌면 각각의 번이 하나의 나라였던 도쿠가와 막부 시절과는 달리, 당시는 새 국가에 새 국민을 정립시키기 위해서 국사로서의 역사뿐만 아니라 국민이 존재하는 지리적 공간으로서의 국토를 명확하게 규정하지 않으면 안 되었다. 이 새로운 국가, 즉 일본이라는 지리적 공간을 선명하게 명시해 보여 준 것이 바로 시가의 『일본풍경론』이라 할 수 있다.

이 책은 당시까지의 전근대적인 음풍영월식 풍경관이 아니라, 일본에 막 도입되기 시작한 자연지리학적 지식을 배경으로 일본의 경관을 이해하려 했다. 기후와 해류가 다양하고, 수증기가 많으며, 화산암이 많고 유수에 의한 침식이 탁월하다는 등의 자연지리학적 근거를 내세우면서 일본 풍경의 특수함과 그것을 인식하고 이해해 온 일본인의 심미안에 초점을 맞추었다. 이러한 국수주의적·국가주의적 인식은 당시 청일전쟁이라는 국가 위기상황과 맞물려서 베스트셀러가 되었고, 지금도 서점에서 판매되고 있는 일본 최고의 스테디셀러 중 하나이다. 하지만 시가는 일본 풍경 속에서 황야, 고산, 화산과 같은 특별한 경관을 강조함으로써 무리하게 변경적·서구적 풍경과 진취적 기상을 도출해 보려 했던 서구주의자라는 지적도 없지 않다. 이후 시가는 30대 후반 중의원에 당선되어 잠시 정치에도 관여했지만, 그 뒤부터는 지리학에 전념하면서 메이지 초기 대표적인 지리학자로서 많은 저술을 남겼다.

시가의 『남양시사』가 가져다준 남방에 대한 관심과 진출의 열기가 에노모토의 멕시코 이민 추진에 직간접적인 영향을 주었다고 볼 수 있다. 그러나 에노모토는 기본적으로 이주를 통한 식민주의자였으며, 외무대신이 되기 전에도 이미 멕시코 이민을 제안한 바 있었다. 혹자는 에노모토가 제국주의적 팽창을 거부하고 영토 매입과 이민이라는 평화적인 방법으로 국토 및 교역 확대를 추구했다는 점에서 그를 높게 평가하기도 한다. 어쩌면 서구 제국주의, 특히 일본이 맞닥뜨려야 할 러시아의 막강한 국력과 남진 의욕을 누구보다 잘 알고 있었던 그로서는, 청국 나아가 러시아와의 일전도 불사할 태세였던 당시 번벌정부(특히 군부)의 관심을 가능하다면 '남양' 쪽으로 돌리려 했던 것이 아닐까 추측해 볼 수 있다. 에노모토의 '식민협회' 창설 후 멕시코 이민 이야기는 다음 장에서 계속 이어질 예정이다.

제13장

1897 아시오 광독사건

1892년 8월 8일 제1차 마쓰카타 내각(4대)이 무너지고 제2차 이토 내각(5대)이 들어섰으며, 이때 에노모토도 외무대신에서 물러났다. 하지만 재임 시 추진하던 멕시코 이민사업에 대한 열의는 식지 않았고, 오히려 이듬해 3월 식민협회라는 민간단체를 창립하고 회장에 오르는 등 이민사업에 더욱 박차를 가했다. 이후 이 사업은 여러 차례 고비를 넘기면서 식민협회를 만든 지 4년 만인 1897년 3월 24일, 36명의 이민단이 멕시코를 향해 요코하마 항을 떠났다. 그 사이에 에노모토는 제2차 이토 내각의 농상무대신에 다시 취임했고, 이민단이 떠난 지 닷새 후인 3월 29일 농상무대신을 사임하였다. 에노모토가 또다시 핀치히터로 농상무대신에 취임한 것은 청일전쟁 직전인 1894년 1월 22일이었으며, 이후 제2차 마쓰카타 내각(6대)에서 유임되면서 3년 2개월간 재임하였다.

농상무대신 에노모토

　에노모토의 농상무대신 취임에 대해 언급한 『요미우리신문』 기사에서는, 자신에 대한 칭찬이나 비방 모두 뒤로하고 자신이 맡은 바에 일로매진할 것을 주문하고 있다. 여기에는 그의 능력에 대한 신뢰가 바탕이 되었음은 두말할 것도 없다. 원문을 살펴보면 이러하다.

　○ 에노모토 대신에 대한 비방과 칭찬

　(중략: 체신대신을 비롯하여 문부대신, 외무대신을 역임하면서도 모두 내각 사정으로 해임된 경위를 설명하고)

　에노모토 씨 역시 내심 유쾌하지만은 않으리라는 풍문이 당시 신문에 드러나고, 어찌 되었든 사람의 몸을 가난한 자가 전당포에 맡긴 물건처럼 넣었다 뺐다 하는 것이 너무나 빈번하여 이게 무슨 일인가 싶어 수상쩍게 여기는 사람들이 생기기에 이르렀는데, 에노모토 씨 역시 어느 정도 장래를 스스로 조심할 결심을 굳혔는지, 이때부터 주로 식산흥업을 하고자 해외이주 등에 힘을 쏟고 더 이상 내각에 들어가려는 기미를 보이지 않았다. 어떤 때에는 식민협회에 임하고, 어떤 때에는 홋카이도를 유람하는 등 일종의 탈속과 같은 느낌을 풍기면서 이를 축하하는 이마저 등장할 정도였으나, 이 무슨 의외의 일인지 에노모토 씨는 또다시 이전의 역사를 되풀이하여 결국 농상무장관에 취임하였으니 시정 사람들의 구설수에 오르게 되더라도 어쩔 수가 없다.

　그러나 제대로 씨를 아는 사람은 씨를 위해 변호하여 이렇게 말한다.

　에노모토 씨가 일신의 진퇴를 중시하지 않는다고 하여 악평을 내뱉는 것은 여전히 에노모토 씨를 모르고 하는 말이다. 씨가 나이를 먹었다고는 하나 이러한 도리를 분간하지 못할 정도는 아니다. 다만 그럼에도 불구하고 이러한 진퇴를 중시할 수밖에 없는 깊은 연유가 있음에 틀림없다. 즉 에노모토 씨가 도쿠가와 씨를 생각하는 충심으로 한때 왕사에 저항하여 국적이라는 이름을 얻은 것은 그 진실한 마음에 한 점 부끄러움 없다고는 하나, 국가의 신하라는 자의 명분상 실로 무거운 형을 받아 마땅했다. 무거운 형벌은 다행히 면했으나, 먼 섬으로 종신 유배형을 받는 것쯤은 당연한 일이다. 그런데 커다란 황은을 입어 사형에 처하기는커녕 겨우 2~3년의 금고형을 받았을 뿐, 게다가 그 재능을 인정받아 출옥한 지 얼마 지나지 않아 특명전권공사라는 국가의 중직에 등용되기에 이르렀다.

이리하여 에노모토 다케아키가 감격하여 더없이 분발해, 오늘날과 같이 천황의 명령이 내려지면 국가를 위해서라면 실로 자신의 몸을 돌보지 않고 반드시 온 힘을 다해 전생의 대죄를 속죄하려고 했다. 다시 말해 일신의 진퇴를 전혀 돌보지 않고 목숨이 있는 한 나가고 목숨이 있는 한 물러서며 진퇴 거취 모두 명령을 따를 뿐, 흉중에는 그 무엇도 존재하지 않는다.

그가 반식재상이냐 아니냐 하는 문제는 물론 관계가 없을 것이니, 비방과 칭찬은 남자가 피해 갈 수 없는 것이므로 에노모토 씨에게 청하노라. 분골쇄신하여 그저 국가에 충성하기를.

1894년 1월 28일

기사 중에 "에노모토 씨가 일신의 진퇴를 중시하지 않는다고 하여 악평을 내뱉는 것은 여전히 에노모토 씨를 모르고 하는 말이다."라는 구절이 나온다. 이는 나중에 언급하게 될 후쿠자와 유키치의 '야세가만 이야기(瘦我慢の說)'와 관련이 있는 것으로 생각된다. 하지만 기사에서는 그러한 비방에 의기소침하지 말고 자신의 책무를 다해 주길 권하고 있다. 이 모두 메이지 초기 최고의 관료에 대한 세간의 기대가 깔려 있음을 암시해 주는 대목이다. 당시 농상무대신은 부국강병과 식산흥업이라는 초기 메이지 정부의 기본강령과 맞물려 실무를 추진해야 하는 자리였지만, 번벌정부의 특성상 지금까지 취임한 대부분의 대신들은 실무형 기술관료라기보다는 정치적 배려에 의한 정치관료였다.

따라서 그들의 농상무대신 재임 기간은 아주 짧았고, 농상무성 역시 정책 추진에 있어 일관성이나 지속성이 부족할 수밖에 없었다. 하지만 에노모토는 마치 물을 만난 고기처럼 자신의 이공학적 능력과 관심을 마음껏 발휘할 수 있었다. 이 장에서는 우선 농상무성 재임 시 에노모토가 적극 추진했던 두 가지 사안, 즉 제철소 건설사업과 아시오 광독사건에 대해 살펴보고, 뒤이어 개인적 차원에서 추진했던 멕시코 이민사업에 대해 살펴보고자 한다.

야하타제철소

메이지 초기 정부와 의회의 대립은 항상 정부 측의 군사예산 확대 요구와 의회 측의 정부비용 축소 요구가 맞물리면서 빚어졌는데, 이는 제2차 이토 내각에서도 마찬가지였다. 1892년 8월부터 1896년 9월까지 4년여 지속된 제2차 이토 내각은 1894년 8월 1일 시작된 청일전쟁을 기점으로 전기와 후기로 나누어진다. 특히 전반기는 이러한 대립이 극에 달했던 시기였다. 이토 내각이 처음으로 맞은 1892년 11월의 제4회 제국의회에서도 해군예산 확대와 정부비용 감축을 둘러싸고 정부와 의회가 격렬하게 대립하였다. 그 결과 제국의회는 정회와 개회를 거듭하면서 정국은 더욱 혼미해졌고, 이를 타개하기 위해 천황까지 개입하면서 겨우 타협안을 마련할 수 있었다.

한편 계속해서 조약개정에 실패한 일본 정부는 1893년에 들어서면서부터 가장 부담스런 영국을 상대로 본격적인 조약개정 교섭을 개시하였다. 이 당시 외무대신은 무쓰 무네미쓰였고, 실무는 당시 주독 공사이자 전임 외무대신이었던 아오키 슈조가 맡았다. 하지만 의회의 반대는 이번에도 계속되었다. 외국인의 일본 내지 잡거에 반대하는 의회 내 6개 파벌[경육파(硬六派)]이 뭉치면서 정국은 정부·자유당 대 경육파로 대치되는 상황으로 전개되었다. 그해 11월 28일 제5회 제국의회가 열리면서 경육파(硬六派)는 독직과 수뢰 혐의로 호시 도호루(星亨) 중의원 의장의 불신임 결의안을 발의했고, 투표 결과 과반수를 얻어 불신임안이 가결되었다. 하지만 중의원 의장의 임면권이 천황에게 있었기에 불신임안이 받아들여지지 않자, 이번에는 호시의 의원직 제명안을 가결시켰다. 이 시기 경육파가 외국인의 내지 잡거에 반대하는 기존 조약 준수안을 발의하자, 정부로서는 이를 저지하기 위해 정회와 개회를 반복하였다. 하지만 이 역시 소용이 없자 1893년 12월 30일을 기해 국회를 해산시키고 말았다.

호시의 수뢰혐의는 상품거래소 개설과 관련된 사건으로, 여기에는 당시 농상무대신 고토 쇼지로도 관련되어 있었다. 이 일로 고토 쇼지로 역시 사임할 수밖에 없었는데, 급히 후임자를 찾아야 했던 이토 총리대신으로서는 무슨 일이든 믿고 맡길 수 있는 안전판 대신, 핀치히터 대신 에노모토를 다시 불러들였던 것이다. 에노모토의 능력도 능력이거니와, 자기 정치를 하지 않는 에노모토가 새로이 입각하더라도 기존의 정치판도에 큰 영향을 미치지 않을 것이라는 점도 매력적이었다. 제국의회 해산에 따라 1894년 3월 1일 제3회 중의원 총선거가 치러졌다. 이에 의해 제6회 특별제국의회가 5월 12일 개회되었지만 정국 혼미 상황은 이전 의회와 마찬가지라, 정부는 6월 2일에 또다시 의회를 해산시켰다. 그리고는 7월 16일, 일본 정부는 영국과 일영통상항해조약을 전격적으로 체결하였는데, 이때는 이미 내부적으로 청국과의 일전이 결정된 이후였다.

1894년 1월 22일 에노모토가 농상무대신에 취임할 당시, 국가 주도의 제철소 건설은 이미 민영화로 결론이 난 상태였다. 네덜란드 유학 시절부터 제철사업에 많은 관심을 보였던 에노모토는 프로이센의 크루프(Krupp)사를 방문한 적이 있으며, 이후 영국 방문 시에도 제철소 견학을 빠뜨리지 않았다. 또한 러시아 공사 시절에도 독일의 크루프사를 다시 방문했음은 이미 언급한 바 있다. 그가 홋카이도 탄광 조사 시에도, 시베리아 횡단 시에도, 석탄과 사철 개발에 관심을 보인 것은 결국 일본의 근대화에 필수불가결한 일관제철소(一貫製鉄所: 제선, 제강, 압연의 3공정을 모두 갖춘 제철소) 건설과 무관하지 않았다. 에노모토는 당시 일본의 민간자본이나 기술로는 서구의 일관제철소와 경쟁할 수 있는 제철소를 만들 수 없다고 판단하고 있었다. 또한 그는 기본적으로 국가 기간산업은 관영이어야 한다는 생각을 갖고 있기도 했다.

일본에서 일관제철소 건설에 관한 논의는 1880년 육군성, 해군성, 공부성이 함께 국영제철소 건립안을 공동으로 발의한 것에서 처음 시작되었다. 그러나 당시 자본이나 기술 수준으로는 불가능한 일이라 제철소 논의는 수면 아래로 가라앉고 말았다. 이후에도 육·해군은 군비확대 기운에 편승해 기회가 있을 때마다 제철소 설립을 정부와 의회에 요청했다. 1891년 일본 정부는 해군성 소속의 제철소 설립안을 기획하고는 노루 가게요시(野呂景義), 오하나 후유키치(小花冬吉) 등의 전문가에게 설립계획안을 마련하도록 했다. 이미 언급했듯이 제2국회에서 해군대신 가바야마 스케노리(樺山資紀)가 행했던 '만용연설' 역시 해군예산 증액과 함께 제철소 건립 예산과도 관련이 있었다. 정부의 설립계획안은 중의원에서 부결되고 말았다.

이에 좌절하지 않고 정부는 1892년 6월 농상무성 산하에 '제강사업조사위원회'를 설치했다. 육·해군성 및 농상무성 광산국으로부터 선발되거나 추천된 관리 및 학자로 구성된 37명의 위원으로 하여금 제철 원료, 제선 및 제강의 실험, 제철소 조직 등에 대해서 검토하게 했다. 이 시기에 일본 전역에 대해 본격적인 철광 조사사업이 개시되기도 했다. 제강사업조사위원회는 9월 30일 당시 농상무대신이었던 고토 쇼지로 앞으로 보고서를 제출했고, 이를 근거로 11월 제4회 제국의회에 '제철사업조사국 설립안'이 상정되었지만, 이번에도 부결되었다.

이에 정부는 방침을 바꾸어 우선 1893년 4월 농상무성 광산국에 '임시제철사업조사위원회'를 설치하고 전국적으로 철광산과 사철광을 조사했으며, 그해 말 '제철소설립건의안'을 제5회 제국의회에 제의했지만 또다시 부결되었다. 이에 농상무대신 고토 쇼지로는 각의에서 제철소 사업 민영화 방안을 통과시키면서, 이제 제철소 건설사업은 농상무성 소관업무에서 제외되고 말았다.

하지만 에노모토의 생각은 달랐다. 그는 1894년 1월 농상무대신에 취임하면서 제철소 민영화 방침에 손을 대기 시작했다. 우선 그해 5월 귀족원에 제출된 '제철소설립건의안'에 대한 답변에서, '국가 기반시설인 제철소는 관영이어야 하며, 다음 해 예산에 설계비용이 반드시 포함되어야 한다'고 주장했다. 그리고는 8월 1일 청일전쟁이 발발하였다. 전승 보도에 조야가 흥분했고, 무기 및 탄약의 생산이 급증하면서 철강재에 대한 수요도 덩달아 늘어났다. 결국 이러한 분위기에 편승하여 지금까지 난항을 거듭해 왔던 '제철소설립건의안'이 1895년 2월 4일 제8회 제국의회 중의원회의에서 예상 밖으로 통과되었다. 여기에는 청일전쟁의 승리를 위해 의회에서 정쟁을 자제하고 거국일치 체제로 나아가야 한다는 정치적·사회적 분위기도 한몫을 하였다.

5월에는 농상무성 차관 가네코 겐타로(金子堅太郎)를 위원장으로 하는 '제철사업조사회'가 설치되었으며, 1896년 3월 29일 제9회 제국의회에서 제철소건설 예산안이 가결되었다. 여기에는 청일전쟁 승리로 청국으로부터 받은 전쟁배상금이 큰 역할을 하였음은 말할 필요도 없다. 5월에는 제철소 초대장관에 하코나이 탄광 기계화의 주역, 체신성 회계담당관 그리고 당시 가고시마 지사

야마노우치 데이운(山內提雲) 바로 에노모토의 복심이 임명되었다. 에노모토는 제철소를 홋카이도에 건설할 복안을 가지고 있었지만, 다른 정치적 변수가 작용하면서 1897년에 제철소의 위치가 규슈의 야하타(八幡)로 결정되었고 6월 1일부로 착공되었다. 이 시기가 되면 이미 에노모토가 농상무대신에서 사임한 이후이다. 야마노우치 역시 끈 떨어진 연처럼 그해 10월 사임할 수밖에 없었다.

1900년 11월 제1용광로가 완성되고 1901년 2월 성대한 점화식이 개최되었다. 그러나 그 후 선철 생산이 뜻대로 되지 않으면서 제철소가 정쟁의 대상이 되었고, 결국 조업한 지 2년도 채 되지 않은 1902년 7월 조업정지 명령이 내려지고 말았다. 여기에는 기술적 어려움이 있었던 것은 사실이지만 정치적 배경도 있었다. 우선 러시아와의 대결을 예상하고 군비 확장에 열을 올리고 있던 육·해군성으로서는 제철소가 농상무성 관할에 있는 것에 불만을 가지고 있었다. 그럴 경우 제철소를 자신들의 병기창으로 마음대로 운용할 수 없었기 때문이다. 육·해군성은 제철소에서의 병기 제조를 강력하게 요구하였다. 이에 반해 제철소 측은 '강재(鋼材)의 생산이 제철소의 제1임무이며, 양질의 강재를 생산할 수 있어야 병기 제조도 가능하다'고 주장하면서 일반산업용 강재 생산을 우선시하는 입장에서 한발도 양보하지 않았다. 이러한 태도는 결국 육·해군성의 반발을 사게 되었고, 기술 문제와 그에 동반된 예산 확충 등과 관련되면서 제철소는 육·해군성은 물론 의회의 공격까지 받게 되었다.

이 밖에 초기 설비계획이 변경된 것도 체철소가 처음부터 어려움을 겪게 된 원인의 하나였다. 에노모토의 '제철소설립건의안' 중 요점은 선철과 강철을 한 곳에서 생산하는 선강일관공장을 신설하는 것이었다. 당시 미국은 소품종 대량생산, 독일은 다품종 소량생산 기술이 주류였고, 일본은 독일의 다품종 소량생산 방식의 기술 이전을 기대했다. 하지만 야마노우치에 이은 후임 제철소 장관은 에노모토의 '제철소설립건의안'과는 역으로 대규모 설비계획으로 변경하였다.

에노모토는 '제철소설립건의서'에서 일본에는 충분한 경험을 가진 기술자와 숙련공이 없기 때문에 창업 시에는 소규모 설비 혹은 스케일 모델로 제철소를 만들어야 낮은 가동률이나 그 밖의 사업 리스크를 피할 수 있다고 판단하였다. 또한 일본인 숙련공이 육성되어야 하고, 집약된 네거티브 데이터를 활용해서 창업 시의 결점을 개선한 설비가 적시에 도입되어야 하며, 나중에 경영환경에 따라 적절하게 설비 투자를 해야 하고, 현재는 민영으로 되어 있지만 제철사업은 국가의 급무이기 때문에 관영으로 시작해야 한다고 제안하였다. 하지만 당시 선철 생산기술을 확보하고 있던 노루 가게요시(野呂景義)가 도쿄 시 수도철관 납입사건에 휘말리면서 사직하였고, 에노모토마저 1897년에 사임하면서 초기 제철소 건설을 추진하던 주요 인물이 사라지고 말았던 것이다. 결국 이런 일들이 모두 이후 제철소 건설의 혼란과 지연에 직접적인 원인이 되었다. 청일전쟁에 의해 탄생된 관영제철소는 이 같은 이유로 초창기에 어려움을 겪었지만, 러일전쟁과 함께 전쟁 특수가 살아나면서 다시 활발하게 조업할 수 있었다.

1934년 민영화조치로 전국의 많은 제철소를 '일본제철'이라는 이름으로 통합했는데, 이때까지 관영제철소라 불리던 이곳 제철소가 처음으로 현지 지명을 따서 야하타(八幡)제철소라는 명칭을 얻게 되었다. 제2차 세계대전 중인 1941년에는 이곳에서 항공기용 강재가 대량생산되었고. 1942년에는 전시 중요 산업시설로 인정받으면서 일본 철강업계의 중심으로 떠올랐다. 결국 야하타제철소는 연합국의 폭격을 집중적으로 받았지만 제철소 고로의 불은 계속

타올랐다. 그러나 종전이 임박해 오면서 연료 부족으로 일부 고로의 가동이 중단되기도 했다. 이후 신일본제철 등으로 여러 번 이름이 바뀌면서 제철소의 역할과 위상도 달라졌다. 1970년대 들어 기타큐슈(北九州) 근교에 도요타 자동차, 닛산자동차, 다이하쓰 등 자동차 공장이 집중적으로 입지하면서 고급, 다품종 생산거점으로서 규슈 북부의 자동차 산업을 견인하고 있다.

현재 회사 명칭은 신닛데쓰스미킨(新日鐵住金)으로 바뀌었다. 2015년 유네스코 세계문화유산에 등재된 '메이지 일본의 산업혁명 유산 제철, 제강, 조선, 석탄산업(明治日本の産業革命遺産 製鉄, 製鋼, 造船, 石炭産業)' 중에는 요즘 영화화되면서 유명해진 '군칸지마(軍艦島: 군함도)'와 함께 '관영 야하타제철소'도 포함되어 있다. 후쿠오카 현(福岡県) 기타큐슈 시 야하타히가시 구(八幡東区)에 있는 현장에 가면 이전 관영제철소 당시의 본사 사무소, 구 수선공장, 구 단연공장 등을 볼 수 있다.

아시오 광독사건

제철소 건설사업과 함께 에노모토가 농상무대신 시절에 맞이한 또 다른 특별한 업무는 아시오(足尾) 광독(鉱毒)사건의 해결이었다. 아시오 광독사건이란 1880년대 일본 최초로 광산오염 문제가 공개적으로 제기되면서 사회문제가 된 사건으로, 결국 국가가 개입하면서 공해로 인정했던 것이 바로 그것이다. 문제가 된 아시오 동광산은 현재 도쿄 북쪽 도치기 현(栃木県) 닛코 시(日光市)에 있었으며, 에도 시대 전기에는 채굴량이 최대였으나 말기에 이르러 생산량이 급감하면서 폐광상태로 방치되어 있었다.

메이지 시대에 들어서면서 후루카와 이치베(古河市兵衛)라는 인물이 메이지 정부로부터 이 동광산을 불하받아 다시 개발하기 시작한 것은 1877년부터였다. 개업 이후 아시오 동광산에서 흘러나온 폐수에 오염되어 와타라세 강(渡良瀬川)의 은어가 집단 폐사하였지만, 당시는 아직 광산오염과 은어 폐사를 직접 연결 지을 정도로 공해문제에 대한 인식이 높았던 시절은 아니었다. 하지만 아시오 동광산 주변의 나무들이 말라죽어 가고 있는 것이 동광산에서 뿜어져 나오는 매연에 의한 것이 아닐까 하는 추측 기사가 처음으로 나온 것은 1885년의 일이었다. 그 후 와타라세 강물로 관개한 논이나 1890년 홍수로 토사가 퇴적된 논에서 벼가 말라죽는 현상이 나타났다. 결국 그해 도치기 현 아시오 군 아즈마(吾妻) 의회에서 아시오 동광산의 조업정지를 요구하는 결의안이 채택되었고, 이것이 아시오 광독사건에 대한 공식적인 반대운동의 출발이었다. 1891년 아즈마 회의에서 간행된 『아시오 광산 광독·와타라세 연안사정』은 발생 직후 정부로부터 발매 금지 처분을 받았다.

이후 반대운동은 도치키 현 출신 중의원 다나카 슈조(田中正造)에 의해 주도되었다. 그는 1891년 개회된 제1회 제국의회부터 광독문제에 대한 대정부 질의를 계속했고, 그 결과 아시오 동광산의 광독피해가 전국적으로 알려지게 되었다. 하지만 당시 농상무대신이었던 무쓰 무네미쓰는 다나카의 질문 취지가 무엇인지 알 수 없다는 답변만을 계속하였을 뿐, 농민들이 농상무성 지질조사소에 의뢰한 토양 분석마저 개인기업의 일에 정부가 개입할 수 없다며 거절했다. 여기에는 무쓰와 후루카와 사이의 정경유착 관계가 크게 작용했던 것이다. 사실 광독사건이 발생하기 이전에 이미 무쓰의 차남이 후루카와의 양자로 들어가 있었고, 나중에 후루카와의 사업을 이어받아 후루카와가의 2대 당주가 된 후루카와 준기치(古河潤吉)가 바로 그 사람이다. 3대 당주는 이치베가 만년에 얻은 자식인 후루카와 도라노스케(古河虎之助)인데, 그의 처는 사이고 쓰구미치의 딸이며, 4대 당주는 쓰구미치의 손자를 데릴사위로 들여온 후루카와와 주준(古河從純)이었다. 재벌과 번벌의 결합에 힘입어 1875년 창립된 후루카와 본점(古河本店)은 아시오 동광산을 바탕으로 한때 일본 동 생산의 40%를 차지할 정도의 기업으로 발전하였고, 이후 주로 기계, 금속, 전기를 주 종목으로 해 승승장구하면서 현재 일본 재계 15위의 후루카와 재벌로 발전하였다.

농상무성으로부터 외압을 받아 분석을 거부했던 지질조사소와는 달리, 1892년 도쿄대학 농과대학 교수로 농예화학이 전공이었던 고자이 요시나오(古在由直)는 와타라세 강 유역의 퇴적물을 분석하였다. 그 결과 위험치를 초과하는 동화합물, 아산화철, 규산 등이 퇴적물 속에 포함되어 있음이 밝혀졌다. 이제 아시오 동광산 회사 측도 더 버텨 내지 못하고 도치기 현이 만든 광독중재회(鑛毒仲裁会)와 협상하지 않을 수 없게 되었다. 회사 측은 1893년에 피해농민들에게 합의금을 지불하면서 1896년까지 피해방지 대책을 마련하겠다고 약속했다. 하지만 1896년 7월, 8월, 9월에 관동지방에 집중 호우가 내리면서 와타라세 강 유역뿐만 아니라 그 하류에도 홍수가 발생하였다. 이후 토사로 덮인 논에서는 벼가 말라죽는 극심한 피해가 발생하였다. 회사 측의 피해방지 대책이 제대로 이루어지지 않았음이 판명됨으로써 교섭은 다시 진행되었다. 회사 측은 향후 이 문제에 관한 한 어떤 교섭도 없다는 조건으로 합의금을 다시 지불했다. 하지만 합의금을 받지 않은 농민들이 있었기에 농민들의 반대운동은 계속되었다.

무쓰 무네미쓰 이래 4명의 농상무대신이 에노모토 이전에 거쳐 갔지만, 아시오 광독사건에 대한 농상무성이나 정부의 대응은 변하지 않았다. 물론 에노모토도 마찬가지였다. 1897년 3월 2일 다나카의 지휘하에 4,000명에 달하는 성난 농민들이 농상무대신에게 직접 호소하겠다며 도쿄로 몰려왔다. 다음 날 시위 농민들과 만난 에노모토는 죽음을 각오하고 청원하는 그들의 이야기에 공감할 수밖에 없었다. 하지만 그에게도 별다른 선택지가 없었다.

3월 18일 계속된 다나카의 질의에 대한 의회 답변에서 정부는, '아시오의 광독이 과연 공익에 반하는 것인지 아닌지 단정하기 어렵다. 이는 광업의 발전과 함께 각 지방에서 발생할 수밖에 없는 사건이며, 국가경제상 매우 중대한 문제이지만 아시오 동광산의 문제만은 아니다'라는 기존의 입장을 고수하였다.

농민들의 분노가 극단으로 치달았기에 에노모토는 이를 더 이상 방치해서는 안 된다고 판단하였다. 그는 3월 23일 현직 대신으로서는 최초로 아시오 동광산을 직접 찾아 현지를 시찰하면서 피해상황에 대한 설명을 들었다. 그리고는 이틀 후인 3월 25일 제1회 아시오 광독사건조사위원회를 개최하였다. 이는 정부가 처음으로 아시오 광독사건을 공해로 인정하고 공식적으로 대응하기 위해 마련한 조치였다. 국가가 조업정지를 요구하는 농민들과 민사적 조정으로만 이 문제를 해결하려는 회사 측 사이에 직접 나서서 과학기술적 방법으로 해결책을 제시했다는 점에서 그 의미를 찾을 수 있다.

기존의 대신들과는 달리 실물 관료였던 에노모토는 다음과 같은 결론을 내렸다. 즉, '새로이 등장한 문제는 이전의 법률이나 방법으로는 해결할 수 없다. 이를 해결하기 위해서는 새로운 과학기술로 현상을 파악하여야 하고 그에 걸맞은 해결수단을 모색하는 것이 중요하다'는 것이었다. 다시 말해 에노모토는 자신이 농상무대신으로 부임하기 전부터 문제시되어 왔던 '아시오 광독사건'을 현장주의, 현물주의, 현실주의라는 자신의 3현주의로 접근했던 것이다. 그리고 일본 정부는 1897년 5월 27일 세계 최초라고도 할 수 있는 '광독예방명령(鉱毒豫防命令)'을 농민들에게 제안했지만, 농민들은 이에 만족하지 못해 다음 날 다시 대규모 폭동을 일으켰다.

에노모토는 아시오 광독사건에 대한 책임을 지고 이틀 후인 5월 29일 농상무대신직을 사임하였으며, 이후 어떠한 공직도 맡지 않았다. 아시오 광독사건에 대한 농민, 정부, 회사 사이의 공방은 끊임없이 이어지면서 오늘에 이르렀고, 그 결과 메이지 정부 이래 일본에서 가장 오랫동안 그리고 가장 격렬하게 지속되어 온 공해반대운동으로 자리매김하였다. 1973년 아시오 동광산의 동이 바닥나면서 광산은 폐광 조치되었고, 1989년 JR 아시오 선이 폐선되면서 동제련소로의 원료 공급이 줄어들자 동제련소 조업도 감소하였다. 그 결과 아시오 동광산에서 유출되는 오염된 폐수의 양은 급격히 줄어들었다. 하지만 2011년 동일본 대지진의 여파로 와타라세 강 하류에서 기준치를 초과하는 납이 검출되면서, 아시오 광독사건은 21세기에 들어서도 여전히 진행형이다.

멕시코 식민협회

우선 여기서 에노모토의 식민(殖民)이란 임금노동자 이민을 말하는 것이 아니라, 현지에서 자산을 축적해 그곳에 뼈를 묻을 각오로 이주한 자발적 정주 이민을 말한다. 일반적으로 말하는 식민(植民)이란 국가 무력으로 장악한 토지에 강제로 자국민을 보내는 행위를 말하는 것으로, 이는 에노모토가 추구하려던 식민과는 구분된다. 앞서 언급했듯이 이 책에서는 혼돈을 피하기 위해 에노모토의 식민협회(殖民協会)와 같은 고유명사를 제외하고는, 모두 이민이라는 표현을 사용하고자 한다.

이제 다시 에노모토가 벌여 놓았던 멕시코 이민사업으로 돌아가 보자. 현재 브라질에는 이민 4세와 5세를 포함하여 약 150만 명의 일본계가 살고 있으며, 1990년 페루에서는 일본계 후지모리가 대통령에 당선될 정도로 일본인의 남아메리카 이민의 역사는 오래되었고, 또한 나름의 성공을 거두었다고 볼 수 있다. 일본은 1868년 메이지 신정부가 들어서자마자 해외이민을 시작하였는데, 그 대상은 하와이가 가장 많았으며 미국, 캐나다의 순이었다. 1900년까지 북아메리카로의 해외이민자 수는 129,593명이었고, 1901년부터 1920년까지 206,698명으로 정점을 이루다가, 1921년부터 1941년까지 37,919명으로 급격히 줄어들었다. 반면에 중남미로의 집단적 대규모 해외이민은 1899년 페루로 간 790명이 최초라고 보통 이야기하지만, 실제로는 그 이전에 멕시코로의 이민자가 121명이 있어 1900년까지 중남미 이민자는 911명에 달했다. 하지만 1901년부터 1920년까지 60,731명으로 증가하였고, 1921년부터 1941년까지 183,304명으로 급격히 증가하였다. 이 같은 경향은 아시아(식민지였던 만주, 조선, 대만 제외) 및 남태평양으로의 이민자 수 변화와 일치하는데, 1900년까지 5,202명이던 것이 1901년부터 1920년까지 32,369명이었고, 1921년부터 1941년까지 54,796명으로 증가하였다.

정리를 하면, 메이지 유신 이래 20세기 전반까지 일본의 해외이민은 전반기에 북아메리카에 집중되다가 후반기에는 중남미와 아시아 및 남태평양에 집중되었음을 알 수 있다. 또한 전반기에는 일본 내 중개업자가 해당국 기업이나 조합 등과 계약을 맺어 해외근로자 형태로 송출하는 이민이 주를 이루었는데, 당시 일본보다 생활수준이나 임금수준이 높은 나라가 주 대상이었다. 하지만 후반기에는 국책이민이 주를 이루었는데, 일본보다 못한 나라들의 오지, 정글, 변경지로도 송출되어 혹독한 노동에 시달리기도 했다.

1892년 외무대신에서 물러난 에노모토는 그 이듬해 3월 식민협회를 만들었다. 창립 시 회원 수는 450명을 상회했으며, 이후에도 계속 증가하였다. 외무성도 에노모토의 식민협회를 후원하기 위해 주일 멕시코 공사에게 이민 후보지를 조사해 달라는 공문을 보냈으며, 답신에서 멕시코 공사는 치아파스

(Chiapas) 주를 제안하였다. 이에 따라 식민협회의 간사인 네모토 슈(根本正)가 1893년 7월 멕시코로 출발해서 치아파스 주 이외에 한 곳을 더 조사한 뒤, 1894년 2월에 귀국하였다. 네모토는 귀국 후 치아파스 주 소코누스코 군 에스쿠인틀라(Escuintla)가 최적지라고 식민협회에 보고하였다. 외무성도 에노모토의 이민사업에 지대한 관심을 보이면서 네모토의 멕시코 현지조사 비용을 직접 부담하기도 했다.

한편 외무성이 직접 보스턴대학 및 매사추세츠농학교 출신인 하시구치 분조(橋口文蔵)를 멕시코로 다시 파견했는데, 그는 1894년 8월에 출발해 이듬해 1월에 귀국하였다. 그 역시 네모토와 마찬가지로 에스쿠인틀라가 최적지라 보고하였다. 또한 하시구치를 만난 마누엘 페르난데스(Manuel Fermandez) 대신은 일본인이 그곳에 입식해 커피를 재배할 경우 6년 만에 큰 이익을 얻을 것이라는 계획안을 제시하기도 했다. 사실 치아파스 주는 이웃한 과테말라와의 국경지대로, 국경이 획정되기 전에는 멕시코인과 과테말라인이 혼거하고 있던 곳이다. 따라서 멕시코 정부로서는 인구가 희박한 이곳 변경지역에 외국 이민과 자본을 적극적으로 유치해서 국경지대를 안정시키려는 변경정책이 일본에 이민을 권유한 한 가지 이유였다. 하지만 멕시코로 파견된 네모토나 하시구치 모두 이 사실을 알아차릴 수 없었다.

이제 문제가 되는 것은 자금이었다. 생각했던 것에 비해 자금이 모이지 않자, 식민협회는 자금을 확보할 요량으로 1895년 6월 '흑국이주조합(黑国移住組合)'이라는 조합을 만들었다. 조합의 회장은 여전히 에노모토였고, 식민협회의 유력인사들이 대거 조합원에 가입했다. 이 시기만 해도 아직 농상무대신으로 재직하고 있을 때였기에 에노모토의 위세가 어느 정도 통할 때였다. 또한 투자자 대부분은 그를 믿고 이 사업에 투자하는 사람들이었다.

1895년 12월경 조합 측은 주요코하마 멕시코 공사로부터 '일본이 관심을 갖고 있는 토지를 빨리 계약하지 않으면 영국인 손에 넘어갈 수 있다'는 재촉을 받았다. 이에 조합 측은 네모토 슈와 가스카도 도라지(草鹿砥寅二)를 멕시코로 파견해 현지 주멕시코 일본 총영사 무로타 요시아야(室田義文)와 함께 토지매매 계약에 임하도록 했다. 멕시코 측과는 소코누스코 군 내 토지 65,000정보를 15년 연부로 구입하고 3년 내에 일본인의 이민을 실행하기로 개략적인 합의를 보았다. 1896년 1월의 일이었다.

하지만 자금난은 여전했다. 5만 원을 목표로 조합원으로부터 자금을 모았지만, 23명의 회원으로부터 모집된 돈은 17,000원, 그것도 1만 원은 에노모토가 출현한 것이었다. 자금 모집에 더 이상 진전이 없자 이번에는 소액출자가 가능하도록 주식회사를 설립하기도 했다. 이렇게 해서 1896년 12월에 만든 것이 '일흑척식주식회사(日黑拓殖株式会社)'로 1주당 50원으로 4,000주를 발행해 20만 원을 모집할 예정이었다. 에노모토는 1,000주를 구입했고 나머지 조합원 22명이 648주 그리고 일반투자자 16명이 271주를 구입했다. 총 1,919주가 매각되었는데, 이는 목표액의 절반도 채 되지 않은 금액이었다. 그리고는 1897년 1월 29일 멕시코 에스쿠인틀라의 토지매입 계약이 에노모토의 대리인 자격으로 무로타 총영사와 페르난데스 대신 사이에 이루어졌다. 실제 계약 내용은 이미 합의한 것과 별반 다르지 않았다.

이제 가스카도 도라지를 이민단 감독으로 지명하고는 자유이민 6명, 계약이민 29명 등 모두 36명으로 된 멕시코 이민단이 꾸려졌다. 여기서 한 가지 언급해야 할 사항이 있다. 자유이민단이란 회사가 구입한 토지의 일부를 재구입해서 자영하는 이민단으로, 이는 에노모토가 처음부터 구상했던 식민지 건설을 위한 독립이민이었던 것이다. 하지만 자유이민을 지원하는 자가 거의 없었기에 나머지는 계약이민으로 충당하였다. 계약이민이란 일본 측 회사가 임금을 지불하는 해외근로자 형식의 이민을 말하는 것으로, 에노모토의 초기 계획과는 상반되는 것이었다. 하지만 5년간 식민지에서 노동을 제공할 경우 무상으로 토지를 할양받아 정주할 수 있기에 이 역시 에노모토의 식민지 건설 구상과 일맥상통하는 바가 없지 않았다.

36명의 에노모토 이민단이 1897년 3월 24일 요코하마를 출항하였다. 이후 몇 번 배를 갈아타면서 샌프란시스코, 파나마, 아카풀코를 거쳐 최종 치아파스 주 산베니토 항에 도착한 것은 1897년 5월 10일이었다. 47일간의 항해 끝에 일본인으로서는 최초인 중남미 이민단이 이곳 멕시코 현지에 도착한 것이다. 그리고 도보로 100km 이상을 걸어서 최종 목적지인 에스쿠인틀라에 도착한 것은 5월 19일이었다. 하지만 그곳에는 집 한 칸 없는 열대 정글이었기에, 현지에 도착한 직후부터 숙소를 마련하고 경지를 개간하느라 밤낮이 없었다. 하지만 계속 내리는 비에 찌는 듯한 더위는 말할 것도 없고, 부실한 음식에 비위생적인 환경으로 나날이 환자가 늘어났고, 겨우 마련한 숙소는 이제 병동이 되고 말았다.

하지만 그보다 더 심각한 문제는 이들이 이곳의 농사법을 전혀 모른 채 5월 말에 도착했다는 사실이었다. 이곳은 건기인 12월부터 이듬해 3월까지 경작 예정지의 초목을 잘라 우기 직전에 불을 지르고 그 재 위에 씨를 파종하는 것이 상식이었다. 하지만 이들이 도착한 시점은 이미 우기가 시작되었기에 초목은 잘라도 잘라도 계속 자라났고, 잘라 낸 초목은 물을 머금어 불에 타지도 않았으며, 설령 운이 좋아 파종을 했다고 하더라도 폭우에 씻겨 내려가니 어쩔 도리가 없었다. 게다가 파종할 커피 묘목도 쉽게 얻을 수 없었고, 본국에서 보내 주기로 한 자금도 도착하지 않았다. 이제 절망적이었다.

8월 18일 아침, 멕시코시티 일본공사관(1897년 총영사관에서 승격) 앞에 거지나 다름없는 물색을 한 일본인 청년 4명이 나타났고, 뒤이어 3명이 더 나타났다. 열악한 환경을 도저히 견디지 못해 결국 탈주자가 발생하였던 것이다. 처음 도착한 4명은 7월 13일 정착지를 출발해 36일 동안 1,200km를 걸어서 멕시코시티에 도착하였다. 무로다 대리공사는 본국 회사에 상황을 보고했으나, 돌아온 답신은 '도주한 사람들은 계약을 위반한 자라고 감독도 인정하고 있으니, 정착촌으로 송환할 필요가 없고 각자 자기가 원하는 대로 적당히 취업을 하라'였다. 하지만 대리공사로서는 외교문제, 국가신용, 향후 이민정책 등을 고려해 본국 회사 방침대로 따를 수가 없었다. 결국 대리공사는 사비를 들여 이들을 정착촌으로 돌려보냈다.

한편 감독은 커피묘목을 구하러 과테말라로 갔으나 입국마저 거부당하자, 돌아오는 길에 혼자 일본으로 돌아가고 말았다. 돌아온다던 감독도 돌아오지 않고 본국으로부터 급료도 오지 않자 에노모토의 멕시코 이민단은 완전히 붕괴되고 말았다. 이들은 뿔뿔이 멕시코 전역에 흩어져 철도인부, 광부, 농업노동자 등으로 전락하였고, 일부는 미국 밀입국을 기도하면서 정글과 사막을 횡단하기도 했다. 본국의 회사 측에서 2명의 감독관을 다시 보냈으나 정착촌은 이미 황폐화되었고, 남아 있던 일부 이민자도 근로의욕을 완전히 잃어 재기가 불가능한 상태였다.

결국 정주형 식민지 구상이라는 에노모토의 이상은 겨우 1년도 견디지 못하고 완전히 붕괴되고 말았다. 첫 번째 실패의 원인으로 사전조사의 불비를 들 수 있는데, 몇 차례 현지조사를 했다고는 하지만 일본으로서는 최초의 열대지방 이민이었기에 보다 장기적인 세밀한 조사가 이루어졌어야 했다. 그리고 최초 정착시기를 잘못 판단한 것도 실패의 결정적인 이유인데, 이 역시 열대지방 농업에 대한 무지의 소산이었다. 하지만 자금이라도 충분했다면 제법 긴 기간을 버티면서 현지 농법과 환경에 적응할 수 있었을 텐데 본국에서 월급마저 보내 오지 않자 이민자들의 공포는 극으로 치달았다. 마지막으로 월급

지급에다가 5년 후면 토지가 무상으로 제공된다는 계약조건도 있었지만, 에노모토 이민자들 역시 여타 이민과 마찬가지로 돈이 모아지면 귀국할 생각이었기에 정주형 이민을 구상했던 에노모토의 생각과는 근본적으로 달랐던 것이다.

한편 자유이민으로 같은 지역에 정착했던 6명 중 3명과 계약이민으로 갔다가 남은 3명, 모두 6명은 갖은 고생을 극복하면서 현지에 성공적으로 정착하였다. 이들은 목적의식이 분명했으며 나름 자금도 풍부했기에 온갖 어려움을 견뎌 낼 수 있었던 것이다. 결국 에노모토의 이민구상은 완전히 실패로 끝났으며, 1898년을 기점으로 학회회장 및 협회회장과 같은 민간 명예직을 제외하고는 모든 공직에서 물러나고 말았다. 하지만 그가 꿈꾸었던 중남미, 태평양 도서를 향한 식민구상은 이후 100만 명이 넘는 이민자들의 꿈에 초석이 되었음은 부인할 수 없다. 이제 그의 나이 62세, 20세부터 40여 년간 불꽃처럼 살아온 그의 인생도 서서히 종착점을 향해 달리고 있었다.

야세가만 이야기(I)

에노모토를 이야기할 때 빠지지 않고 등장하는 것이 바로 후쿠자와 유키치의 '야세가만 이야기(瘠我慢の説)'이다. 이는 후쿠자와가 1891년 겨울에 쓴 장문의 편지로, 가쓰 가이슈와 에노모토 다케아키의 메이지 유신 전후의 삶에 대해 비판한 것이다. 후쿠자와는 이 편지를 1892년 2월 5일 가쓰와 에노모토에 보내면서 추신으로 "이 편지는 극비리에 간직하고 있으며, 아직 가까운 친구 2~3인 이외에는 보여 주지 않았다."라고 써 놓았다. 이 편지를 받았을 당시 에노모토는 외무대신 재직 시였으며 이미 자작의 작위를 받은 뒤였다. 가쓰 또한

백작의 작위를 받았으며, 당시는 모든 실무에서 벗어나 명예직인 추밀원 고문을 맡고 있었다. 후쿠자와가 말하는 '야세가만'이란 다음과 같은 내용이다.

보통은 부모가 빈사상태의 병자가 되면 모르핀을 투여하면서 안락사시키는 쪽이 좋다고 생각하지만, 자식으로서는 부모의 죽음을 재촉시키는 그 자체가 인정상 참을 수 없는 것이 아닌가 한다. 마찬가지로 자신의 나라가 쇠퇴할 당시 적에 대해서 처음부터 승산이 없는 경우라 할지라도 천신만고, 힘이 있는 한 진력을 다하는 것이, 마치 자식이 부모에게 보답하는 의무라고 말할 수 있는 것이 아닌가 한다. 이것을 속되게 말하면 바로 '야세가만(瘦我慢)'인 것이다.

이는 가쓰 가이슈가 도쿠가와 막부 말기에 신정부군 측에 저항하지 않고 그저 화해를 위해 에도 성을 열어 준 것에 대한 비판이었던 것이다. 따라서 가쓰의 에도 무혈 개성이 '일시 일본 경제에 이익이 되었을지 모르나, 수백 년 가꾸어 온 일본 무사의 기풍을 손상시켰기에 이는 이익보다는 실이 더 많다. 270년이나 지속된 정부가 2~3개의 웅번 병력에 대해 아무런 대적도 하지 않고 그저 화해를 구한 것은 동서고금 어디에서도 볼 수 없다'라고 비판하였다. 따라서 지금이라도 관작을 버리고 녹봉을 반납하여야 하며, 몸을 낮춰 청빈하게 지내야 한다고 충고했던 것이다.

서구문명 만능주의자였던 후쿠자와를 생각한다면, 유교적 도덕관에 입각한 이러한 비판이 약간 의외이기도 하다. 일본 역시 1880년대를 지나면서 물질주의의 폐해와 도의의 쇠퇴가 날로 극심해졌다. 이에 후쿠자와마저 심경의 변화를 일으켜, 이제 과거 무가사회의 교육과 정치에 취할 점이 있는 것이 아닌가 생각하기에 이르렀던 것으로 볼 수 있다. 게다가 그도 사람인지라 가쓰 가이슈나 에노모토의 출세에 배가 아팠을 수도 있다. 사실 그 역시 한때 오쿠마의 영국식 '입헌군주론'을 지지하면서 나름 정치적 구상도 했지만, 1881년 오쿠마가 실각하면서 자신이 품고 있던 현실정치에 대한 기대나 야망을 포기했어야 했다.

가쓰의 경우와는 달리 에노모토에게 보내는 편지에서는, 우선 에노모토가 자신의 주군을 위해 일전을 벌인 것에 대해 상찬하였다. 하지만 패전 후 사면되자 '청운의 뜻'을 품고 신정부에 출사한 것에 대해 비난하였다. 또한 에노모토를 위해 싸우다 죽은 자들은 대장이 항복하면서 자신들을 내팽개치는 듯한 모습에 낙담·실망했을 것은 말할 것도 없고, 죽은 자에게 만약 혼이 있다면 지하에서 대성통곡했을 것이라 맹비난하였다. 거병해서 실패한 이상, 이는 정치적 사망과 마찬가지이므로 더 이상 명리를 좇지 말고 부디 몸을 낮추어 전사자의 영혼을 달래고 유족들을 위로하는 일에 몰두하라고 충고하기도 했다.

후쿠자와의 화살이 과연 가쓰와 에노모토 양자 모두에게, 아니면 특정 누군가를 향해 발사되었는가는 정확히 알 수 없다. 에노모토의 전기 혹은 평전 집필자들은 후쿠자와의 '야세가만 이야기'는 가쓰를 목적으로 했으며, 에노모토는 그 유탄을 맞은 것이라 설명하고 있다. 하지만 과연 그럴까? 가쓰는 후쿠자와의 비판에 대해, "자신의 출처, 거취, 삶은 자신의 몫이지만 그것을 칭찬하거나 비판하는 것은 남이 하는 것. 따라서 자신에게 여지가 없는 것은 자신과 관계없다."라고 변명을 했지만, 에노모토는 그저 바쁘니 나중에 답신을 보내겠다는 짧은 글을 보냈을 뿐이다. 에노모토는 이후 이 문제에 대해 한 번도 언급한 적이 없다. 메이지 유신은 현재 일본의 출발이며 역사는 승자의 기록인지라, 대체로 메이지 유신에 찬동하면서 협조한 가쓰에 대한 역사적 평가는 비교적 관대하다. 특히 그의 정치적 판단으로 요시노부가 목숨을 부지했으며, 많지는 않지만 도쿠가와 가문이 70만 석으로 전봉된 것, 그리고 도쿄가 전화에 휩쓸리지 않은 것에 대해 높이 평가하고 있다.

하지만 일본 최고의 근대 지식인이라는 후쿠자와 유키치가 일본인뿐만 아니라 세인들마저 금기사항인 '불사이군(不事二君)' 운운하면서 에노모토를 '전향자'로 비난했는데, 이에 대해 에노모토는 아무런 변명도 하지 않았다. 결국 '야세가만 이야기'는 이후 에노모토에 대한 평가에 부정적인 요인으로 작용했다. 결국 후쿠자와의 '야세가만 이야기'의 최대 피해자는 가쓰가 아니라 에노모토였다고 볼 수 있다. 어쩌면 에노모토는 입이 있어도 말할 수 없는 자신의 입장을 충분히 인지하고 있었거나, 아니면 신정부에 출사하면서 자신의 과거 행적에 대해 어떠한 변명도 하지 않겠다는 각오를 이미 했던 것이 아닌가 추측해 볼 뿐이다. 에노모토 평가에 족쇄가 된 '야세가만 이야기'의 마지막 문단을 옮기면 다음과 같다.

이상의 이야기는 내가 가쓰나 에노모토 두 사람을 향해 공격을 시도한 것이 아니며, 삼가 필봉을 관대하게 휘두르면서 가혹한 문자를 쓰지 않고, 따라서 이 사람들의 명예를 보호할 뿐만 아니라 실제로도 그들의 지모충용의 공명을 인정하는데, 무릇 인생의 행로에서 부귀를 좇으면 공명을 잃고, 공명을 완수하지 못한 경우는 부귀를 버리지 못한 경우이다. 이 두 사람 모두 정확하게 이 국면에 해당하는 자로서, 가쓰 씨는 화의를 주장하면서 막부를 해체시킨 것이 진정 수완이 뛰어난 지모의 공명이지만, 막부를 해체해 주가를 파멸시킨 그 파멸의 인연이 우연히 어느 일개 막신을 위해 부귀를 얻을 수 있는 방편이 된 것에 대해서는, 비록 그 부귀가 자신이 구한 것이 아니라 다른 세계로부터 받은 것이라 할지라도 도쿠가와 마지막 가신의 몸이라 생각해 본다면 모처럼의 공명·공훈 역시 세간의 눈에서 빛을 잃는 것은 어쩔 수 없다. 에노모토 씨는 주전론을 고집하면서 탈주해 마침내 진력을 다하다가 항복한 것까지는 막신의 본분에 위배되지 않는 충용의 공명이 아름답다고 말할 수 있지만, 항복·사면 이후 다시 청운의 뜻을 품고 신정부에서 부귀를 구한 것은 앞서 그

충용을 함께했던 전사자·부상자부터 그 이후 유랑자·빈곤자에 이르기까지 동고동락한 모든 사람들에 대해 조금도 참회의 뜻을 볼 수 없다. 또한 그 공명의 가치를 손상시키는 것으로서, 요컨대 두 사람의 부귀와 그들의 공명을 지울 수 있는 방법이라면 지금이라도 늦지 않았는데, 두 사람 모두 결단코 세상을 벗어나 유신 이래 잘못을 개선하고 그리고 이미 얻은 공명을 버리지 않기를 기원할 뿐이다. 천하 후세에 이름을 떨치기도 오명을 뒤집어쓰기도 모두 마음의 결단 여하에 달려 있기에 힘쓰지 않을 수 없는 것이다. 당연한 이야기지만 마음이 약하거나 내 말을 따르지 못할 사정도 있을 수 있다. 또한 부득이 어쩔 수 없다 하더라도, 어쨌든 메이지 연간에 이 글을 써 두 사람을 평론했던 사람이 있었다는 것이 전해진다면, 이 또한 후세 선비의 품격을 유지하는 것이기도 하니 졸필 역시 헛된 수고는 아닐지라.

아주 교만하고 대단히 도발적인 글이라 아니할 수 없다. 당시 후쿠자와는 자신이 세운 『시사신보(時事新報)』 주필이자 최고의 지성으로 존경받던 인물이라지만, 그의 편지는 거의 인신공격에 가까운 글임이 분명하다. 자신 스스로 가까운 친구 2~3명에게 이 글을 보여 주었다고 했는데, 해군부교와 외국부교를 지냈던 구리모토 조운(栗本鋤雲)과 나가사키 해군전습소 초대 교장이자 간린마루 미국 도항 시 제독이었던 기무라 가이슈(木村芥舟)가 그들이었다. 이 글이 밖으로 유포되어서는 안 된다는 후쿠자와의 간곡한 부탁도 있었겠지만 결국 1893년 전후로 『오익일일신문(奧羽日日新聞)』에 게재되었고, 1900년 12월 10일에는 『일본인(日本人)』이라는 잡지에 전문이 게재되었다. 여기에는 가쓰와 에노모토의 이름은 나와 있지만 후쿠자와의 이름은 지워져 있었다.

12월 28일자 『일본(日本)』이라는 신문에 저자가 후쿠자와임이 밝혀지자, 더이상 미룰 수 없음을 인지한 『시사신보』의 주필 이시카와 간메이(石河幹明)가 후쿠자와의 승낙을 받아 1901년 1월 1일부터 3일까지 『시사신보』에 '야세가

만 이야기'를 연재함으로써 마침내 세상에 공포되었다. 이때는 후쿠자와가 사망하기 1개월 전이며, 가쓰는 이미 2년 전 고인이 되었고 에노모토는 학회나 협회의 회장으로서 여기저기 분주하게 돌아다니고 있을 때였다.

그렇다면 왜 후쿠자와는 가쓰 가이슈에 대해 이런 식의 글을 쓰지 않으면 안 되었을까? 후쿠자와가 가쓰를 처음 만난 것은 미국 도항 시 간린마루에서 였는데, 후쿠자와는 당시 기무라 제독의 천거로 이 배에 탈 수 있었다. 이 여행을 계기로 후쿠자와는 이듬해 유럽사절단에도 참가할 수 있었으며, 이후 서양의 합리주의에 매료된 그는 당시 경험과 피나는 학습을 바탕으로 메이지 최고 베스트셀러인 『서양사정(西洋事情)』을 펴냄으로써 일약 당대 최고 지성인 반열에 오를 수 있었다. 후쿠자와는 미국 도항 시 함장이었던 가쓰의 부실하고 무능한 모습에 크게 실망한 바 있었다. 가쓰는 이후 막신이면서 자기 정치를 하느라 이중적인 면모를 보인 결과 막부 요직에 등용되었다가는 이내 실각하는 모습을 반복하였기에, 후쿠자와는 그에 대한 믿음이 전혀 없었다. 한편 가쓰는 막부의 육군총재 자격으로 요시노부의 전권을 위임받아 사이고 다카모리와 협상을 벌였고, 그 결과 도쿄를 무혈 개성함으로써 메이지 정권 창출에 크게 기여하였다. 이후 메이지 정부의 원로로 대접받으면서 부귀와 영예를 한몸에 누린 인물이었다. 이런 연유로 가쓰에 대한 후쿠자와의 불신은 증오의 수준에까지 이르게 된 것이라 볼 수 있다.

한편 후쿠자와의 인생가도에서 결정적인 도움을 준 기무라 제독은 메이지 유신 후 신정부 출사의 권유를 뿌리치고 초야에서 청빈하게 생을 보내고 있었다. 간린마루에서 가쓰의 방약무도한 행동으로 승조원과 마찰을 빚어 일촉즉발의 위기에서 가쓰를 구해 준 이도 기무라 제독이었다. 하지만 승자의 역사에서는 가쓰가 태평양을 최초로 건넌 일본 군함 간린마루의 함장이라고 가르치고 있고, 그것은 지금도 마찬가지이다. 가쓰는 당시 해군차관 가바야마의 권유로 『해군역사(海軍歷史)』라는 책을 1889년에 간행했는데, 여기서 그는 막부 해군 창건에서 기무라 제독의 공로를 거의 다루지 않은 채 자신의 업적만을 침소봉대하였다. 결국 이를 읽은 후쿠자와는 지금까지의 가쓰에 대한 불만이 일시에 폭발하면서 '야세가만 이야기'를 쓰게 된 하나의 원인이 되었던 것이다.

야세가만 이야기(II)

그렇다면 본인 스스로 구명운동까지 한 에노모토에게 왜 그 같은 힘구를 쏟아냈을까? 가쓰가 육군총재일 당시 에노모토는 해군부총재였지만, 해군총재였던 야타보리 고(矢田堀鴻)가 칭병하면서 잠적하자 당시 막부 해군은 에노모토 휘하에 있었다. 막부가 붕괴될 위기 때, 가쓰와 에노모토 두 사람의 행태는 극과 극일 정도로 달랐다. 하나는 항복, 다른 하나는 극렬투쟁. 이에 감복해 후쿠자와가 구로다를 도와 처형 직전인 에노모토의 구명을 위해 적극 협조했던 것은 이미 언급한 바 있다. 사실 후쿠자와에게 그 일은 그저 지나가는 일 정도였을 것이며, 특별한 계기가 없었다면 에노모토에게 그 같은 인신공격성 글을 쓰지도 않았을지 모른다. 하지만 후쿠자와 유키치가 1899년 죽기 2년 전에 쓴 자서전 『복옹자전(福翁自傳)』에 이런 글이 있다.

나는 아내에게 이렇게 말했다. "에노모토를 위해 오늘은 이렇게 고생했지만, 이것은 단지 한 사람의 생명을 구하려는 것일 뿐 다른 속셈은 전혀 없다. 애당초 에노모토란 사내를 잘 아는 것은 아니지만 뭔가 도움이 될 인물임에 틀림없다. 다소 별난 데는 있어도 일단은 막부의 고케닌 출신이니 권위주의적인 면이 있을 거다. 지금은 감옥에 들어가 있지만, 만약 풀려나서 목숨을 건지게 되면 훗날 높은 지위에 오를지도 모른다. 그때는 도노사마 식으로 거들먹거릴지도 모른다. 그때가 되어 도노사마 식으로 거들먹거리는 모습을 직접 보거나 전해 듣고는, 옛날 일을 잊고 너무하는 게 아니냐는 생각이 티끌만큼이라도 가슴속에 생긴다면, 그것은 에노모토가 나쁜 게 아니라 이쪽이 비열한 셈이 된다. 그럴 바에야 차라리 내가 오늘 당장 모든 조력을 그만두겠다. 어떤가?" 그러자 아내도 나와 같은 생각이라 "그런 속되고 비열한 마음은 전혀 없습니다." 하고 대답하여, 부부가 굳게 약속한 적이 있다. 그런데 훗날 내가 말한 대로 된 것이 참으로 신기하다. 에노모토가 점차 출세해 공사가 되고 대신이 되어 훌륭한 도노사마가 되니, 내 점괘가 용케 들어맞은 셈이다. 하지만 내 쪽에서는 이미 입장이 분명히 정해져 있었고 또 모든 내막을 아는 사람은 나와 아내 둘뿐이었으므로, 에노모토가 얼마나 출세를 하건 내 집에서 그 이야기를 입에 담는 사람은 없었다. 자식들의 경우는 이번에 속기록을 보고 처음으로 알게 될 것이다.

뭔가 아귀가 맞지 않는다. '가슴속에 새긴다면' 정도가 아니라 직접 장문의 편지를 보냈고, 그것을 나중에 신문에 게재했으며, 그리고 그것은 다시 1901년 5월에 책으로도 출간되었다. 여기서 두 가지 해석이 가능하다. 하나는, 사실 이 자서전은 후쿠자와가 병상에 있을 때 구술한 것을 받아 적은 것이라 몽롱한 정신에 자신이 이미 8년 전에 에노모토에게 편지를 보낸 사실조차 잊고 있었기 때문일 수 있다. 아니면 자신이 이런 약속을 부인에게 했음에도 불구하고 에노모토의 출세에 배가 아파 편지를 보낸 사실을 숨기고 오히려 자신이 그의 사면에 적극 관여했다는 사실을 강조하고 싶어 그랬을 수도 있다. 어느 쪽이든 '야세가만 이야기'를 보낸 것은 메이지 대지성인이라 칭송받고 있던 후쿠자와로서는 해서는 안 될 일임에 분명하다.

후쿠자와가 에노모토에게 '야세가만 이야기'를 보낸 것 역시 가쓰와 마찬가지로 간린마루와 관련이 있다. 물론 이 배는 가쓰나 에노모토가 나가사키 해군전습소 시절 네덜란드로부터 구입한 것으로 자신들의 연습함으로도 사용한 바 있다. 그리고 막부 소속 군함이었던 간린마루는 1868년 에노모토의 에도 탈주 시 그의 함대에 속해 있었다. 하지만 탈주 직후 이내 기관고장을 일으켜 가까운 시미즈(淸水) 항에 피항했고, 그곳에서 신정부군 군함의 공격을 받아 많은 승조원이 피살되었다. 신정부군의 후환이 두려워 시미즈 항 앞바다에 떠다니던 막부군 시체를 그 누구도 건사하지 않고 내버려 두었으나, 의협심이 강했던 시미즈노 지로초(淸水次郎長)라는 자가 그 시신들을 거두어 장래를 치러 주었다고 한다. 시미즈노는 1871년 3주기 때 시미즈 항 가까운 곳에 장사묘(壯士墓)를 세워 다시금 영령들을 위로하였다. 한편 1887년 4월, 당시 간린마루 피격에서 살아남은 전우들이 함께 모여 청견사(淸見寺) 경내에 '간린마루 승조원간난비(咸臨丸乘組員艱難碑)'를 세웠다.

물론 여기까지는 문제가 없다. 하지만 1890년 11월경 후쿠자와가 가족과 함께 청견사를 방문하여 이 비석을 보았다. 자신도 한때 이 배를 타고 미국으로 건너갔기 때문에 일부러 방문했으며, 감회 또한 남달랐다. 하지만 문제는 그 비에 새겨진 에노모토가 쓴 비문이 문제였다. 그 비문에는 '食人之食者死人之事 從二位榎本武揚'라는 글귀가 새겨져 있었다. 이는 사마천의 『사기(史記)』에 나오는 글로, 여기서는 '도쿠가와가의 녹을 먹은 것은 도쿠가와가의 대사 때 죽기 위함이다'라고 해석될 수 있다. 이 글을 보고 후쿠자와가 흥분한 이유는 어느 쪽일까? 이 글의 내용이 일본이 문명사회로 진입함에 있어 방해가 되는 봉건사회의 습속을 상징적으로 보여 주는 것이기 때문일까, 아니면 부하들은 도쿠가와가에 대한 의리 때문에 목숨을 바쳤는데 대장이라는 자는 죽지 않고 살아남아 '적'에게 빌붙어 호의호식하고 있는 것에 대한 불만일까? 물론

646

후자일 것이다.

후쿠자와의 자서전이나 '야세가만 이야기'에서 후쿠자와는 자신이 에노모토에 비해 대단한 선배나 되는 양 업신여기듯, 아니면 훈계조로 에노모토를 대하거나 평가하고 있다. 사실 이 정도의 인물이라면 둘 사이의 나이 차가 큰 문제가 될 수 없지만, 사실 두 사람은 한 살밖에 차이가 나지 않는다. 둘은 부류가 다를 뿐 지성이라는 측면에서도 우열을 가리기 힘들 정도라고 판단된다. 따라서 둘 사이에 경쟁심이 없었다면 오히려 이상할 정도가 아니었을까 하는 것이 필자의 생각이다. 실제로 후쿠자와가 자신의 자서전에서 지나칠 정도로 길게 에노모토에 대해 언급하고 있는 것도 그러한 경쟁심이 발로된 것이 아닌가 여겨진다.

「유성도 기사」

1897년 외무대신을 끝으로 공직에서는 물러났지만 에노모토는 여전히 바빴다. 그의 이과적 전문성과 경험을 높이 산 학회나 협회에서 그를 회장으로 모셔 갔다. 도쿄지학협회는 물론 일본전기학회, 일본기상학회, 일본화학공업학회, 가금협회, 식민협회, 요공회 등의 회장직을 맡으면서, 이름뿐인 회장이 아니라 회의에는 꼭 참석했다. 그뿐만 아니라 며칠씩 간격을 두고 학회와 협회 사무실을 들러 학회나 협회의 상황을 확인하는 것도 잊지 않았다. 그는 기본적으로 부지런한 남자였다. 비록 당시는 은퇴한 노인이었지만, 학문, 특히 화학과 지질학에 대한 관심과 열정은 식지 않았다. 이를 실증해 주는 사례가 하나 있었으니, 바로 '유성도(流星刀)' 제작에 관한 에피소드이다. '유성도'란 운석으로 만든 칼을 말하는 것으로, 에노모토는 퇴임한 후인 1898년 12월에「유성도기사(流星刀記事)」라는 논문을 집필하였다. 여기에는 운석의 의미, 일본과 세계 각국에 떨어진 운석의 사례, 자신의 운석 표본에 대한 정량 분석, 그리고 '유성도'의 제작과정이 수록되어 있다.

이 논문은 처음에는 미발간 상태였다. 하지만 1902년 『지학잡지(地学雑志)』에 게재되면서 세상에 알려지게 되었는데, 논문의 저자는 당연히 에노모토였다. 흔히들 에노모토 평전에서는 에노모토의「유성도기사」를 일본 최초의 운석에 대한 과학적 논문이라 치켜세우지만 이는 사실이 아니다. 또한 그가 인용한 문헌에는 16세기 라틴어로 된 문헌도 있지만, 직접 인용한 것도 아니다. 하지만 대신직을 막 사임한 노정치가가 지질조사소 연구원들과 교류하면서 과학적 분석에 기반해 논문을 집필할 수 있었고, 그것이 당시 최고의 지구과학 학술지에 게재되었다는 것만으로도 충분한 가치를 찾을 수 있다. 또한 그의 분석 결과가 세계적 운석목록에 실렸다는 점에서도 일본은 물론 세계 운석학에 기여한 것으로 보아야 할 것이다.

이 이야기의 출발은 1895년 에노모토가 농상무대신을 맡고 있을 당시였다. 에노모토는 농상무성 지질조사소에 근무하고 있던 곤도 가이지로(近藤会次郎)라는 연구원으로부터 국내 운석 하나가 요코하마의 외국인 상인에게 팔릴 것이라는 이야기를 들었다. 이 운석은 1890년 도야마 현(富山県), 나카니시카와 군(中新川郡), 시라하기 촌(白萩村) 하상에서 발견된 것으로, 보통 시라하기 운석(白萩隕石)이라 불리는 것이다. 이를 발견한 고바야시 잇세이(小林一生)는 이 돌이 다른 돌에 비해 무겁기에 처음에는 '백금'이 아닐까 생각해서 오사카 조폐국에 성분 분석을 의뢰했으나, 철광석의 일종으로 판명되어 실망했다고 한다. 이후 이 돌은 야채를 절일 때 올려놓는 돌로 사용되었다. 그 후 고바야시의 동생이 1895년 농상무성 지질조사소에 이 돌의 감정을 의뢰한 결과 갈철광석으로 판명되었다.

고바야시의 동생은 다시 자신이 근무하고 있던 공업학교의 교사이자 지질조사소 기사를 겸하고 있던 곤도 가이지로에게 재감정을 요구했고, 여러 다양한 분석을 거치면서 결국 이 돌이 운석임이 판명되었다. 분석에 따르면 이 돌의 비중은 7.88이며, 철 89.467%, 니켈 9.303%, 주석 0.011%, 코발트 0.827%, 유황 0.001%, 탄소 0.219%, 나머지 불용물 0.027%였다. 이를 안 고바야시는 이 운석의 매수자를 찾아 나섰고, 요코하마의 한 외국인 상인으로부터 매입 의사가 있음이 전해졌다. 이를 알게 된 에노모토는 곤도 가이지로의 소개로 거금을 들여 이 운석을 매입했던 것이다. 「유성도 기사」를 작성하기 시작한 것은 그가 농상무대신 자리에서 물러나고부터였다. 그는 과학적 논문을 쓰는 것에 머물지 않고 이 운석을 이용해 칼을 제작함으로써 자신의 실용적 기질까지 유감없이 발휘하였다.

사실 일본에서 최초의 운석 연구는 1881년 지질조사소에 근무하고 있던 독일인 코르셸트(O. Korscheldt)에 의해 처음 시도되었고, 일본인으로서는 1885년 도쿄대학 지질학교수 고토 분지로(小藤文次郎)에 의해 이루어졌다. 그 외에 1894년, 1895년에도 다른 운석들에 대한 분석이 이루어졌기에, 에노모토의 운석 연구가 최초인 것은 아니다. 하지만 운석 분석에서 한 걸음 더 나아가 그 것으로 칼을 제작한 것은 또 다른 의미이다. 이는 실사구시, 즉 실용성을 중시하는 에노모토의 진면목을 알 수 있는 대목이라 할 수 있다.

에노모토 평전의 대표작이라 할 수 있으며, 또한 이 글을 쓰면서 많이 참조한 가모 기이치(加茂儀一)의 『에노모토 다케아키(榎本武揚)』에서는 에노모토가 '유성도'를 만들게 된 배경과 계기에 대해 자세히 설명하고 있다. 에노모토가 운석의 철을 담금질해서 칼을 만들 수 있다는 사실을 알게 된 것은 자신이 상트페테르부르크에서 머물던 시절이었다고 한다. 프로이센은 나폴레옹 1세의 공격을 격파한 러시아 황제 알렉산드르 1세(Aleksandr I)의 노고를 상찬하기 위해 '유성도'를 헌상했는데, 에노모토가 이 '유성도'를 러시아 궁정에서 보았던 것이다. 에노모토는 당시 그 칼에 대한 기억을 살려서 도검제작 장인과 상의하며 도검을 제작하기 시작하였다. 물론 일본에서도 초유의 시도라 애로가 많았으나 결국 그것으로부터 2개의 장검과 3개의 단검을 제작하였다. 1889년은 나중에 다이쇼(大正) 천황이 된 황태자의 20세 성년식이 있던 해라, 제작된 장검 중 하나를 황태자에게 헌상하였다. 나머지 장검은 에노모토의 장남 다케노리(武憲)에 의해 야쓰쿠니 신사(靖国神社)에 기탁되었고, 단검 하나는 에노모토의 관 속에, 또 하나는 현재 증손 다카미시(隆充) 씨가 소유하고 있으며, 나머지 하나는 마찬가지로 야쓰쿠니 신사에 소장되어 있다. 한편 칼을 만들다가 남은 운석은 현재 도쿄 우에노 공원 안에 있는 국립과학박물관 운석전시실에 전시되어 있다.

타계

1889년 구로다 기요타카의 딸과 에노모토의 장남이 결혼하면서 두 사람의 20년 우정은 이제 한 가족으로 발전했으며, 1900년 구로다가 사망할 때는 에노모토가 장례위원장을 맡기도 했다. 이후 에노모토는 비교적 건강하게 여생을 보냈는데, 1908년 1월 13일 전기학회 개회 연설에서 "서구의 기술을 카피하는 데 만족하지 말고 일본인 스스로 오리지널리티를 찾아야 한다."라고 주장하면서, 무엇보다도 발명의 중요성을 강조했다고 한다. 하지만 얼마 있지 않아 1908년 7월 13일 병상에 누웠고, 10월 27일 향년 72세로 생을 마감하였다.

만년에 에노모토는 도쿄 스미다 구(墨田区) 무코지마(向島)에 거주하면서, 집 근처 공원인 햣카엔(百花園)을 거닐며 꽃과 술과 한시를 즐기면서 여생을 보냈다. 간혹 말에 올라 스미다 강(隅田川)을 따라 나 있는 제방(墨堤: 보쿠테이) 위를 달리는 모습을 보았다는 이야기도 전해지며, 폐쇄되었다가 다시 문을 연 목모사(木母寺)에도 자주 들렀다고 한다.

그는 술을 좋아했고, 술도 셌다. 구로다와는 달리 그가 술에 취해 흐트러진 모습을 보였다는 기록은 어디에도 없다. 안주는 거의 입에 대지 않고 술만 벌컥벌컥 들이켰다고 한다. 주변에서 몸에 이롭지 않으니 안주로 뭔가 먹는 것이 좋지 않느냐고 권하면, 술맛 떨어진다면 역정을 냈다고 한다. "나는 지난 10년간 밥을 먹지 않았다. 술은 쌀로 만든 스프다."라면서 거의 하루에 한 되가량 마셨다고 한다. 몸에 좋지 않다며 술을 마시지 않는 지인에게는, "누가 더 오래 사는지 내기해 보자"고 농담할 정도였으니, 술 없는 인생 무슨 재미로 사느냐고 말하던 주당, 아니 애주가였던 모양이다. 하지만 정해 놓은 양 이상을 결코 마시는 일이 없었고, "술이란 기분이 좋을 정도면 충분하다"고 했다. 그는 노래도 바둑도 한시도 좋아했던 풍류가이기도 했기에, 병이 깊어졌던 1908년 10월 10일자 『요미우리신문』에서는 햣카엔을 거닐던 그의 모습을 기억하면서 '에돗코(江戶の子)'와 같은 면모였다고 회상하였다. 여기서 '에돗코'란 풍류도 알지만 담백하고 결기가 있으며 불의를 참지 못하는 남자를 일컫는 말이며, 우리 식으로 말하면 '도쿄 토박이' 혹은 '서울내기'와 같은 의미이다.

1908년 10월 27일 자택에서 영면했으며, 장례는 해군장으로 치러졌다. 그의 장례식을 보도한 『요미우리신문』 기사 내용은 이러하다.

○ 에노모토 자작 장례식 기사, 입관식

27일은 아침부터 비가 내려 무코지마(向島) 스사키 촌(須崎村)에 있는 에노모토 자택은 한층 더 적막에 쌓여 있었다. 집안은 쥐 죽은 듯 고요했지만, 부인네들의 애써 참는 울음소리만 이어지고 있었다. 관 속에는 삿갓, 지팡이, 애지중지했던 칼 국종(國宗)이 들어졌다. 특히 이 칼은 이전 자작이 홋카이도 훈카 만(噴火湾) 부근에서 주웠던 소위 운석이라 불리는 철로 만든 것인데, 다른 하나는 황공하게도 전하에게 헌납했던 인연이 깊은 이름난 칼이다(1908. 10. 28).

또한 『도쿄조일신문(東京朝日新聞)』에서는 "장례는 시다마치(下町)에 사는 '에돗코' 에노모토에 어울리게 많은 사람들이 운집한 가운데 행해졌고, 수천 명의 시민들이 긴 장례행렬을 이루었다."라고 사망기사를 보도하였다. 장례행렬의 선두는 장지인 길상사(吉祥寺)에 이미 도착했는데 아직 그의 저택에서 떠나지 못한 무리도 있었다고 할 정도였으니, 그의 장례에 얼마나 많은 사람들이 조문했는지 알 수 있다.

이외에도 대부분의 신문에서는 에노모토의 장례를 '에돗코의 장례(江戶の子葬)'라며 나름의 의미를 부여했다. 이는 그가 메이지 정부의 고관대작으로서 맹활약했던 점을 높이 샀다기보다는, 도쿄에 무단으로 침입한 사쓰마·조슈에게 최후까지 항쟁한 '에돗코'로서 영웅적인 면모를 도쿄 사람들이 기렸던 것이 아닌가 생각된다. 그의 묘지는 도쿄 북쪽 분쿄 구(文京区) 고마고메(駒込)의 길상사에 있으며, 그곳에는 다른 사람들 묘와 함께 '해군중장·자작 에노모토 다케아키의 묘(海軍中將子爵榎本武揚墓)'라고 새겨진 커다란 비석이 세워져 있다.

한편 그가 살았던 무코지마(向島)의 우메와카 공원(梅若公園)에는 해군중장

예복 차림의 에노모토 동상이 하나 서 있다. 아파트의 정원이라 할 정도의 작은 공원이라 찾기 힘들 뿐만 아니라, 아파트 숲으로 둘러싸여 있어 어느 방향으로 사진을 찍어도 온전한 모습의 사진을 얻기 힘들다. 하지만 이런 것들이 그의 늠름한 자태를 손상시키지는 못한다. 이 동상은 1913년 자신이 즐겨 다니던 목모사 경내에 설치된 것이었다. 하지만 주변에 다른 시설들이 들어서면서 절은 다른 곳으로 이전되었고, 동상만 남아 이 동상을 중심으로 우메와카 공원이라는 아주 작은 공원이 현재 유지되고 있다. 사실 태평양전쟁이 끝나고 1947년 1월 동상철거심사위원회가 설치되면서 거의 대부분의 메이지, 다이쇼, 쇼와 시대 거물들의 동상이 철거대상이 되었다. 그러나 에노모토의 것만은 철거대상에서 제외되었는데, 이는 에노모토가 해외침략 행위에 관여하지 않았다는 것이 가장 큰 이유였다고 한다. 이후 세월이 변하면서 고향 사람들의 요구에 의해 하나둘씩 다시 세워지면서 철거대상이었던 인물의 동상들은 거의 대부분 복원되었다.

2017 도쿄

역사가 흐르듯 내 인생시계도 어김없이 흘러 어느덧 2017년 2월 말을 맞았고, 지난 5년 동안 하루도 빠짐없이 머릿속에서 되뇌던 조기 퇴임이 현실이 되고 말았다. 혹시나 마음이 변할까 두려워 만나는 사람마다 자신의 퇴임 이야기를 꺼냈는데, 마침내 그날을 맞이한 것이다. 32년 반이라는 짧지만은 않은 나의 교수생활이 마감되었다. 국립대학 교수 정년을 5년 앞두고 조기 퇴임을 하는 통에, 혹시 내가 캠퍼스에서 흔히 일어나고 있는 불미스러운 일에 휘말리지 않았나 하는 의심의 눈초리도 주변에 있었던 모양이다. 그러나 나는 그럴 위인이 못 된다. 조기 퇴임을 한 이유는 100가지도 넘지만, 그런 것은 절대로 아니다. 가장 큰 이유는 캠퍼스에 더 이상 정 둘 곳이 없고 허깨비 같은 노교수 놀음할 자신이 없었던 것이다. 퇴임을 맞아 제자들과 몇 차례 여행을 다녀온 것을 제외하고는 공식적인 행사 없이 교수 하나가 그냥 홀쩍 사라진 것이다. 하지만 아쉬움은 없다. 60대 노교수보다는 새로운 일을 찾아 나선 60대 초반이 더 매력적일 수 있다고 확신하기 때문이다. 책이 나오면 출판기념회 겸, 나의 진갑잔치 겸, 서울 재입성 기념 겸 자그마한 모임을 꾸며 그간 신세진 사람들과 앞으로 신세 질 사람들을 초청할 계획이다. 물론 공염불로 그칠 공산도 없지 않지만.

여행

그간 제법 길었던 에노모토 이야기를 끝내면서 이 책을 위한 마지막 일본 여행을 떠나기로 진작부터 마음먹고 있었다. 대통령선거로 온 나라가 들끓던 어느 날, 나는 아내와 친구 부부 동반으로 광기의 공간을 벗어나 슬며시 홋카이도행 비행기에 몸을 실었다. 하코다테의 봄 구경을 하자는 것이 내가 내세운 여행의 목적이었지만, 내심 아내와 친구 부부에게 지난 2년간 매달려 온 현장을 구경시켜 주고, 한편으론 나의 마지막 열정을 자랑하고 또 한편으론 그간의 소원함에 대해 양해를 구하고자 했던 것이다. 처음 며칠은 삿포로에 머물렀는데, 친구의 전공이 지질학이라 삿포로 북쪽에 있는 미카사(三笠) 시립박물관에서 여행을 시작했다. 그곳에 있는 세계적인 거대 암모나이트 컬렉션을 함께 보면서, 이곳 탄광 개발에 내 주인공 에노모토가 크게 기여했음도 전시장 한 켠에 붙여진 설명문을 통해 알려 주었다.

오타루(小樽)에 가서는 여느 관광객들처럼 오타루 운하, 오르골도(オルゴール堂), Le TAO(제과점), 스시거리도 보았지만, 미야코도리에 걸려 있는 에노모토의 커다란 걸개그림을 보여 주는 것도 잊지 않았다. 삿포로 시내에서는 JR 타워전망대, 오도리 공원(大通公園), 홋카이도대학의 클라크 동상도 보았지만, 아카렌가(赤レンガ)라 불리는 붉은 벽돌의 홋카이도 구청사를 방문해 2층 벽에 걸린 '〈개척 계획을 가다듬다(開拓計画を練る)〉'라는 유화를 보는 것도 빠뜨리지 않았다. 거기에는 홋카이도 개척장관 구로다 기요타카, 개척사 고문 캐

프런, 지질학자 라이먼 그리고 에노모토가 한자리에 모여 홋카이도 개척 방향을 두고 설전을 벌이는 모습이 그려져 있다. 이 모두를 통해 내가 선정한 주인공이 홋카이도 개발에 결정적인 역할을 하였으며, 나의 선택과 그간의 노력이 결코 허무하지 않았음을 일행에게, 특히 아내에게 인지시켜 주고 싶었다.

이후 우리 일행은 하코다테로 왔다. 우선 렌터카를 빌려 에사시(江差)로 가서 그곳 청소년센터에 복원된 가이요마루를 구경했고, 가이요마루가 침몰하는 것을 에노모토와 히치카타 도시조가 망연자실하여 함께 바라보았다고 전해지는 소나무 밑에서 사진도 찍었다. 여느 관광객들처럼 로프웨이를 타고 하코다테 산 정상에 올라 하코다테 시를 조망했고, 쇼핑몰로 변신한 아카렌가 창고로 가서는 북적이는 젊은이와 관광객들 사이로 슬쩍 스며들기도 했다. 하지만 하코다테 여행의 백미는 무어라 해도 고료카쿠이다. 고료카쿠가 한눈에 내려다보이는 고료카쿠 타워로 올라가려면 승강기를 타야 하는데, 승강기 안쪽 벽에는 3명의 인물이 빔프로젝터로 비춰진다. 고료카쿠를 축성한 다케다 아야사부로, 불꽃같은 인생을 산 과거 신센구미 부장이자 하코다테 정권 육군 부교대우 히치가타 도시조, 그리고 내 주인공 에노모토가 그들이었다. 타워 내부에 마련된 전시실에는 페리의 내항부터 하코다테 전쟁 종전까지를 아주 상세히 소개하는 각종 자료들이 펼쳐져 있었는데, 여기서도 내 이야기는 끊이지 않았다.

하지만 제법 긴 여행에 지쳐 있던 일행에게 그간 계속된 내 이야기보다는 고료카쿠 성채 안에 만발한 벚꽃이 큰 위안이 되었다. 아침부터 비가 내리면서 바람도 불어 흩날리는 꽃잎은 꽃비가 되었고, 바닥은 하얀 꽃잎으로 덮여 마치 설원이 연상될 정도로 환상적인 풍광을 만들어 냈다. 마지막 날 저녁식사를 할 곳은 여행을 떠나기 전에 미리 예약을 해 두었다. 이 식당은 고토켄(五島軒)에서 운영하는 셋카테이(雪河亭)라는 양식당인데, 지금으로부터 130년도 더 된 1879년에 개관하였다. 스푼, 나이프, 포크 등 모두 14개가 배열된 9개 코스의 정찬이었는데, 여행 다니면서 나는 이런 식의 호사를 누린 적이 없다. 하지만 그날은 우리 일행에게도 나에게도 특별한 날이니 떠나기 전부터 이 식당에 가리라 마음먹었던 것이다. 포도주도 시키고 음식이 하나씩 나올 때마다 웨이터와 웨이트리스에게 어떻게 먹는지 물어보았다. 사실 이 식당도 에노모토와 관련이 있다. 하코다테 전쟁 막바지에 고료카쿠에서 도망친 와카야마 소타로(若山惣太郞)가 당시 하코다테에 있던 러시아 식당에 숨어들어 12년간 서양요리를 배운 후 개업한 식당이 바로 고토켄이라는 설명도 이미 책자에서 읽고 갔다. 이런저런 이야기와 함께 우리 일행은 그간의 여행을 정리하면서 마지막 일정을 즐겁게 보냈다.

이튿날 친구 부부는 하코다테에서 우리와 헤어져 귀국했지만, 아내와 나의 여행은 계속되었다. 7일짜리 JR 패스를 사서 간 덕에 1주일간의 여행이 다시 시작된 것이다. 우리는 작년에 개통된 홋카이도 신칸센을 타고 도쿄에 도착해서 5일간을 보냈다. 관광책자에 있는 유명한 곳도 찾았지만, 도쿄에 남아 있는 에노모토의 흔적을 찾아 여기저기 다녔다. 그중에는 지난번 여행에서 이미 확인한 것을 아내에게 보여 줄 요량으로 다시 찾아 나선 곳도 있었는데, 에노모토의 동상이 있는 스미다 구(墨田区) 우메와카 공원(梅若公園)과 거기서 얼마 떨어지지 않은 곳에 자리한, 그가 만년에 즐겨 찾았다는 무코지마 햣카엔(向島百花園)에도 갔다. 또한 에노모토의 묘비가 세워져 있는 분쿄 구(文京区) 고마고메(駒込)에 있는 길상사(吉祥寺)도 찾았는데, 이번엔 나가사키 해군전습소 동기이자 네덜란드 유학동기이며 동서지간이기도 한 아카마쓰 노리요시의 가족묘가 에노모토의 묘비에서 20여m밖에 떨어지지 않은 곳에 있음도 확인하였다. 게다가 우에노 공원(上野公園) 안에 있는 국립과학박물관에 들러 에노모토가 노년에 구입해 유성도를 만들었다는 시라하기 운석(白萩隕石)도 찾아보았다.

물론 지난번 여행에서 가지 못한 곳도 여럿 방문하였다. 특히 요코스카 시(橫須賀市) 우라가(浦賀)에 있는 아타고야마 공원(愛宕山公園)이 인상적이었다. 이곳 산정에는 일미수호통상조약 100주년을 기념하여 1960년에 세워진 '간린마루 출항 기념비(咸臨丸出港の碑)'도 있었지만 그것은 덤이고, 원래 목적은 나카지마 사부로스케(中島三郎助)의 초혼비를 보는 것이었다. 1891년 이 비가 세워지면서 공원이 마련되었기에, 아타고야마 공원은 우라가에서 가장 오래된 공원이다. 초혼비의 비명은 에노모토가 썼는데, 하코다테 전쟁 종전 이틀 전에 장렬하게 전사한 나카지마 사부로스케 3부자를 추모하기 위한 것이었다. 당시 외무대신이었고 이후 농상무대신을 역임한 에노모토는 제막 당일 초대 중앙기상대장이던 아라이 이쿠노스케(荒井郁之助: 하코다테 정권 해군부교)의 제안을 받아들여 우라가에 근대식 조선소를 건설하기로 결정하였다. 나카지마 사부로스케는 1853년 페리가 내항할 당시 우라가 부교소의 여력(與力) 신분으로 페리의 사스쿼해나호에 올라 페리 일행을 접대하는 역할을 맡았으며, 1854년에는 막부의 명을 받아 우라가 조선소에서 일본 최초의 서양식 군함 호오마루(鳳凰丸)를 건조하는 데 혁혁한 공을 세웠다. 따라서 새롭게 건설될 조선소는 바로 나카지마의 유지를 이어받은 것으로, 보통 '우라가 독(dock)'이라 불리던 이 조선소는 2003년 폐쇄될 때까지 무려 1,000여 척의 함선을 건조하면서 일본 조선산업에 커다란 족적을 남겼다.

한편 우라가 옆 구리하마(久里浜)는 페리가 처음 상륙한 곳으로, 이곳에는 이토 히로부미가 휘호를 쓴 거대한 '페리 내항 기념비'가 세워져 있다. 이외에 일본 근대 조선산업, 나아가 중공업의 출발점이라 할 수 있는 이시카와지마(石川島) 조선소의 후신인 '주식회사 IHI'의 이시카와지마 자료관(石川島資料

館)도 방문했다. 이곳은 도쿄 만 내 하중도에 자리 잡고 있었고, 도쿄 지하철 오에도(大江戶) 선과 유라쿠초(有楽町) 선이 만나는 쓰키시마(月島) 역에서 얼마 떨어지지 않은 곳에 있다. 페리의 내항과 함께 '대선건조론'이 폐지되면서 당시 해방괘(海防掛)를 맡았던 미토 번(水戶蕃)의 번주 도쿠가와 나리아키의 주도로 조선소가 설립된 것이 그 시작이었다. 1853년 이곳에서 일본 최초의 양식 범선 군함 아사히마루(旭日丸)가, 1864년에는 일본 최초의 증기 군함 지요다가타(千代田形)가 건조되었다. 이 조선소는 메이지 시대가 되면서 민간에 이양되었고, 1877년 민간조선소 최초의 증기선 쓰운마루(通運丸)가 완성되면서 본격적으로 조선산업에 뛰어들었다. 좁은 공간에 기업홍보관 형식으로 마련된 전시실이지만 내용이 충실해, 근대 초기 일본의 산업화 및 근대화 과정을 이해하는 데 도움이 되었다.

한편 이들 방문지를 오가는 도중 지하철 속 광고에서 특별한 이벤트를 확인하는 행운을 맞기도 했다. 다름 아닌 '사카모토 료마 서거 150주년 기념 특별전시회'가 에도도쿄박물관(江戶東京博物館)에서 열리고 있다는 사실을 우연히 알게 되었고, 마침 숙소에서 얼마 떨어지지 않은 곳이라 료마의 매력에 빠져 몰려든 관람객들 중 하나가 될 수 있었다. 프롤로그에서 밝혔듯이 나는 마리우스 잰슨 교수의 『사카모토 료마와 메이지 유신』을 우리말로 번역한 바 있다. 여행 중 이러한 행운에도 불구하고 나에겐 여전히 아쉬움 하나가 남아 있었다. 왜냐하면 그 흔한 기념관이나 자서전 하나 남기지 않았던 에노모토였기에, 정작 자신이 태어나고 자란 그리고 메이지 관료로 활약하다 생을 마감한 도쿄에서 동상 몇몇을 제외하고는 그의 흔적을 찾을 수 없었기 때문이다. 그러니 그가 태어난 도쿄를 아무리 열심히 돌아다녀도 내 여행을 마무리 지을 수 없었던 것이다.

결국 타협점으로 안도타로 기념교회(安藤太郎記念教会)가 떠올랐다. 에노모토와 안도 타로 두 사람의 인연은 하코다테 전쟁부터 시작되었고 신정부 출사도 같은 시기에 시작했는데, 신정부 관료로서의 퇴임도 동시에 이루어졌다. 물론 안도는 에노모토의 복심 중의 복심이었다. 이곳 교회 어디에도 에노모토에 관한 언급은 없지만, 어쩌면 안도타로 기념교회가 풍운아 에노모토의 삶을 조용히 음미해 볼 수 있는 가장 적절한 장소가 아닐까 생각하면서 마지막 방문지를 이 교회로 결정하였다. 이제 마지막 장 에필로그는 마지막 여행이야기 그리고 안도 타로의 이야기로 이어지고, 이후 지금까지 글의 흐름에 영향을 줄까 봐 본문에 담지 못한 몇몇 이야기, 본문을 쓰고 난 이후에 찾았거나 새로이 간행된 논문에 소개된 이야기, 그 밖에 여러 이야기로 이 책을 마감하려 한다.

안도타로 기념교회

이 교회는 안도 타로(安藤太郞: 1846~1924) 스스로 세운 교회이다. 정확히 100년 전인 1917년에 건축된 교회라 낡고 자그마하지만, 도쿄 도심을 약간 벗어난 주택가에 포근하게 자리 잡고 있었다. 교회를 건립한 안도 타로는, 막부가 세운 해군조련소와 육군전습소를 거쳐 보신 전쟁 초기에는 구막부군 기병사관으로 복무했고, 하코다테 전쟁에서는 해군사관으로 에노모토 밑에서 활약했다. 특히 그는 갑철함 탈취를 위한 미야코 만(宮古湾) 해전에도 참가했던 역전의 용사였다. 하코다테 전쟁에서 항복한 이후 벤텐다이바(弁天台場)에서 1년간 금고형을 치렀고, 뛰어난 어학력(영어) 덕분에 신정부에 출사하여 1871년 이와쿠라 사절단의 일원으로 참가하였다. 그 후 외무성으로 자리를 옮겨 외교관의 길을 걸었다.

에노모토가 주청 전권공사 재임 시인 1884년에 상하이 총영사를 역임했고, 에노모토가 외무대신이던 1891년에 외무성 통상국장, 농상무대신이던 1895년에는 상공국장을 맡으면서 에노모토를 측근에서 보필하였다. 그리고 에노모토가 1897년 농상무대신을 끝으로 공직에서 사직하자 그 역시 공직에서 사직하였다. 에노모토보다 열 살 아래인 안도 타로는 야마노우치 데이운(山内堤雲), 하야시 다다스(林董)와 함께 하코다테 전쟁은 물론 이후 에노모토의 관직 생활을 음으로 양으로 보좌했던 3명의 복심 중 하나였다. 그는 하코다테 정권 해군부교였던 아라이 이쿠노스케(荒井郁之助)의 여동생과 결혼했고, 아라이 역시 안도의 누이와 결혼했으니 둘은 겹사돈이 되는 셈이다. 아라이는 나가사키 해군전습소 2기생으로 에노모토와는 동기였으며, 해군전습소 1기생이자 막부 최후의 해군총재(당시 부총재가 에노모토)였던 야타보리 고(矢田堀鴻)는 안도의 작은아버지가 된다. 이처럼 에노모토와 안도 타로는 이런저런 인연으로 밀접하게 엮여 있었음을 알 수 있다.

안도 타로는 메이지 초기 뛰어난 외교관이었지만, 그보다는 기독교인이며 금주운동가로 이름이 더 알려진 인물이다. 안도가 기독교인이 되는 과정에도 에노모토와 무관하지 않은 일화가있다. 1885년 안도는 상하이 총영사에서 하와이 총영사로 자리를 옮겼다. 당시 하와이에는 많은 일본인들이 계약이민의 형태로 사탕수수 밭에서 힘든 노역을 하고 있었다. 이들이 힘들게 번 돈을 술과 노름으로 탕진하고 심지어 폭력행위가 난무하는 등 물의를 일으키자, 백인 고용주는 이들을 송환하는 길 이외는 다른 방법이 없다고 판단할 정도였다. 이런 상황이 멀리 미국 본토까지 전해졌고, 이런 사태를 직접 확인하고 기독교의 전도와 금주를 권유하기 위해 샌프란시스코에서 목회를 하고 있던 미야마 간이치(美山貫一)라는 전도사가 하와이를 방문하였다. 1887년 9월의 일이었다. 미야마의 헌신적인 노력 덕분에 많은 일본인 이민자들이 기독교인으로 귀화하고 금주운동에도 동참하면서, 하와이 일본인 이민사회는 점차 안정을 찾아 나갔다. 여기에는 안도 타로 총영사를 비롯한 하와이 총영사관 직원과 그들 가족의 헌신적인 노력도 큰 몫을 차지하였다.

그해 12월 새 이민자 1,000여 명을 태운 일본 기선이 호놀룰루에 도착하였다. 이 배에는 술을 좋아하는 안도 타로를 위해 일본 술 2통이 실려 있었는데, 기선회사 사장과 당시 체신대신이던 에노모토가 각각 1통씩 보낸 것이었다. 이 술 2통은 기선에서 옮겨져 하와이 총영사관에 보관되었고, 말술로 소문난 안도는 이 술을 마시게 될 날을 손꼽아 기다렸다고 한다. 사실 이런 기회가 아니면 당시 하와이에서 일본 술을 마시기란 거의 불가능했기 때문이다. 하지만 안도 타로가 출장을 떠난 직후 하와이 총영사관 창고에 보관되어 있던 술통 2개를 안도의 부인인 아야코(文子) 여사가 부숴 버리고 말았다. 아야코 여사는 금주운동이 본격적으로 이루어지던 하와이에서 현지 책임자인 총영사가 영사관에 술통을 보관하고 있다는 자체가 언어도단이라고 판단했던 것이다. 출장에서 돌아온 안도는 이 사태를 보고는 크게 상심했지만, 이것이 자신이 술을 끊을 수 있는 절호의 기회라 생각하고 일생 금주하기로 결심했다고 한다. 이후 기독교인으로 세례를 받았고 죽을 때까지 한 방울의 술도 마시지 않았다. 1897년 공직을 마감하고는 도쿄금주회를 창립했고, 1920년에는 일본 금주동맹을 창립해 회장을 맡는 등 일생 후반 내내 금주운동을 전개하였는데, 당시는 물론 지금도 '금주의 사도', '일본 금주운동의 아버지' 등으로 칭송받고 있다.

안도타로 기념교회는 롯폰기(六本木) 남쪽 도쿄 도(東京都) 미나토 구(港区) 모토아자부(元麻布)에 있다. 롯폰기는 도쿄의 대표적인 번화가로, 여기서 얼마 떨어지지 않은 주택가 한 켠에 담쟁이덩굴로 둘러싸인 한 석조건물이 자리 잡고 있는데 그곳이 바로 안도타로 기념교회이다. 내가 방문했을 때 교회 출입문은 물론 안도타로 유치원으로 통하는 문마저 닫혀 있어 사진만 찍고 돌아서려는 순간, 마침 유치원 교사가 문을 열고 나왔다. 그녀에게 이 교회를 방문한 자초지종을 이야기했더니 잠시 기다리라며 교회 옆 건물로 돌아갔고, 머지않아 교회를 관리하는 여성 한 분이 나와 반갑게 맞아 주었다. 현재 에노모토의 평전을 쓰고 있다는 내 소개와 함께 내가 알고 있는 이 교회의 역사에 대해 짧은 일본어와 영어를 섞어 이야기했다. 혹시 교회 입장을 거절하면 어쩌나 하는 염려와는 달리, 그녀는 아주 밝은 얼굴로 당연하다는 듯 교회 안 방문을 허락했다.

그녀는 교회 문을 열고 내부의 전등을 모두 밝히고는 천천히 구경하라면서 자리를 비워 주었다. 100명 정도가 겨우 앉을 만한 작은 공간이었지만 포근했고, 기독교인인 아내는 오랜 여행으로 지쳐 있다가 오랜만에 생기를 찾아 편안한 모습으로 연단의 십자가를 바라보고 있었다. 이 교회는 건립된 지 6년 후에 일어난 1923년 관동대지진 때 큰 피해를 입지 않아 오늘날까지 건립 당시의 모습을 고스란히 유지하고 있다고 한다. 안도 타로가 먼저 세상을 하직한 부인 아야코의 뜻을 받들어 자신의 집 부지에 세운 교회로, 교회를 둘러싼 담쟁이덩굴뿐만 아니라 벽면에 세워진 스테인드글라스가 인상적이었다. 교회 입구 쪽 벽에 하나, 그 반대편에 3개의 스테인드글라스가 있었는데, 창이 작고 오래된 건물이라 교회 안은 어두웠지만 스테인드글라스에 투영된 햇빛은 건립 초기에 그랬을 것처럼 여전히 영롱했다. 이 교회는 현재 '도쿄 도(東京都) 역사적 건물' 제65호에 지정되어 있다. 이 교회에는 한 가지 보물이 있는데, 이 책 마지막 페이지의 사진 속에 있는 나무로 된 작은 탁자가 바로 그것이다. 교회 연단 한구석에 수줍은 듯 자리 잡고 있는 이 탁자의 상판은 아야코 여사가 하와이에서 부숴 버렸던 술통 2개 중 하나의 밑판이라고 한다.

교회 주변에는 외국 대사관이 많이 입지해 있었는데, 대한민국대사관도 여기에서 멀지 않은 곳에 있었다. 대사관저라 하면 떠오르는 철제 대문과 경비원, 넓은 정원과 바로크 식 건물이 아니라, 초현대식 건물 외관과 생각보다 큰 건물 규모가 아주 낯설었다. 한편 이 교회에서 서쪽으로 얼마 떨어지지 않은 곳에 아리스가와노미야(有栖川宮) 다루히토(熾仁) 친왕을 기념하는 아리스가와노미야 기념공원이 있으며, 그 안에 도쿄도 중앙도서관이 있다. 다루히토 친왕은 막부 말기 공무합체의 대세에 밀려 당시 자신의 약혼녀이자 고메이 천황의 이복 여동생 가즈노미야(和宮)를 14대 쇼군 이에모치에게 빼앗긴 바 있는 비운의 인물이다. 물론 보신 전쟁 당시 동정군 총독이 되어 그때 자신의 울분을 갚기도 했지만.

구로다 기요타카냐, 이노우에 가오루냐?

이 책을 쓰면서 여러 책을 참고하였으나, 그중 기반이 되었던 책 몇 권을 밝히면 赤木駿介 외(1983)의 『現代視点 榎本武揚 戦国·幕末の群像』, 加茂儀一(1988)의 『榎本武揚』, 加藤寛 외(2008)의 『現代日本万能人·榎本武揚 1836-1908』, 望田武司(2013)의 『敗軍の將, 輝く: 榎本武揚 "生きざま"の検証』 등이다. 그중 하나를 고르라면 당연히 에노모토 연구의 고전이라 할 수 있는 가모 기이치(加茂儀一)의 『에노모토 다케아키(榎本武揚)』이며, 지금까지 에노모토에 대한 기본적인 아이디어는 이 책에 기원하는 경우가 대부분이다. 최근 들어 武藤三代平(2007, 2015, 2016), 醍醐龍馬(2010, 2012a, 2012b, 2015a, 2015b), 邱帆(2016a, 2016b) 등의 학자들에 의해 에노모토의 외교정책, 특히 이민정책, 사할린-쿠릴열도 교환조약, 마리아루스호 사건, 베이징 조약 등이 재조명되면서 그의 경력과 활약에 대한 새로운 내용이 밝혀지고 있다. 가급적 이들 논문의 내용을 이 책에 반영하려고 노력했는데, 의도대로 되었는지는 의문이다.

이 논문들 중에서 무토 미요헤이의 논문 武藤三代平, 2016, "明治政府にあける榎本武揚の位置づけ-明治十年代の井上馨との関係から-," 北海島大学大学院文学研究科 研究論集 16, 15~32는 메이지 10년대(1877~1887)에 노모토의 신정부 활약 배경에 대해 기존의 연구와 다른 아이디어를 제공하고 있다. 이 논문이 간행된 것은 2016년 12월이며, 필자가 이 논문을 확인한 것은 원고가 탈고된 이후라 그 내용을 적극적으로 반영할 수 없었다. 왜냐하면 무토의 주장 중 일부는 독단적인 부분도 있었고, 그의 주장을 반영해 원고를 수정할 경우 기존 에노모토에 대한 아이디어와 배치될 뿐만 아니라 어디까지 원고를 수정해야 할지 확신이 없었기 때문이다. 실제로 가모 기이치(1988)의 『에노모토 다케아키(榎本武揚)』의 기본 아이디어가 내 책 전체를 관류하고 있기에 에필로그에서 무토의 아이디어를 소개하는 편이 좋겠다는 나름의 판단도 있었다.

무토는 다음 세 가지 관점, 다시 말해 에노모토의 정치적 행보에서 구로다의 영향이 상존했다는 점, 에노모토를 최고의 관료로 보는 유능론, 마지막으로 내각 내에서의 핀치히터 역할론 등 기존의 주장에 대해 의문을 제기하였다. 무토는 두 번째, 세 번째 관점에 대해 반박하면서 '오쓰 사건' 당시를 제외하면 결정적으로 핀치히터 역할을 한 적이 없었고, 에노모토 정도의 관료 아니 그 이상의 관료도 메이지 10년대 당시는 많았다고 주장했다. 따라서 에노모토 역시 번벌 및 궁정 세력의 정치 소용돌이 속에서 활약한 한 명의 정치인으로 보아야 한다는 것이 무토의 주장이다. 에노모토가 과연 가모 기이치가 주장하는 정도로 메이지 최고의 관료였는지, 그리고 정국의 위기 때마다 핀치히터의 역할을 했는지에 대한 판단은 주관적일 수밖에 없다. 이 글을 쓰고 있는 필자의 입장에서는 무토의 주장보다는 가모의 주장에 손을 들어 주고 싶다. 하지만 가모의 첫 번째 관점, 다시 말해 주러시아 특명전권공사를 마치고 귀국한 이후 외무대보, 해군경, 궁내성 출사, 주청 전권공사를 거쳐 체신대신을 역임하는 메이지 10년대 에노모토의 정치적 행보를 생명의 은인인 구로다와의 맹우관계로 무조건적으로 설명하는 것은 무리라는 것이다. 실제로 이 시기 정국의 주도권은 이토 히로부미, 이노우에 가오루, 오쿠마 시게노부가 장악했으며, 오쿠보 도시미치의 암살 이후 사쓰마, 특히 구로다의 정치력은 미미했기 때문이다. 따라서 무토의 첫 번째 관점은 충분히 시사하는 바가 있기 때문에 그의 주장 일부를 다음에서 소개하고자 한다.

1876년 2월 이노우에 가오루는 부사 자격으로 정사 구로다와 함께 조일수호조규를 체결하기 위해 조선을 방문했다. 이후 6월에 구미 경제를 배우기 위해 가족과 함께 미국, 영국, 독일, 프랑스를 외유하였고, 1877년 세이난 전쟁의 발발과 이듬해 오쿠보의 암살로 일본 정국이 불안해지자 이토 히로부미의 권유로 1878년 6월 2년간의 외유를 중단하고 귀국하였다. 귀국하자마자 참의 겸 공부경에 취임하였고, 다음 해인 1879년에 외무경으로 자리를 옮겼다. 그 이후 1887년까지 외무경, 외무대신을 역임하면서 메이지 10년대 일본 외교를 주도하였다. 에노모토와 이노우에의 첫 번째 만남은 1878년 1월 베를린에서 이루어졌다. 에노모토는 주러시아 특명전권공사로 러시아에 체재하고 있었고, 제6차 러시아-투르크 전쟁 발발로 귀국이 지연되고 있던 시기였다. 이노우에의 요청으로 에노모토는 베를린으로 갔는데, 당시 주독일 공사는 일본 외교의 또 다른 주역 아오키 슈조(靑木周蔵)였다. 타향에서 모인 세 사람은 세이난 전쟁 이후의 정국에 대해 이야기했을 것이며, 일본의 미래에 헌신하기로 의기투합했을 것으로 예상할 수 있다.

에노모토가 귀국(1878년 7월) 후 외무성의 조약개정 담당역(條約改正取調御用掛)이라는 한직에 있던 1879년 9월, 이노우에는 외무성으로 자리를 옮겼고 같은 날 에노모토를 외무성 2등으로 승진시키고는 두 달 후인 11월에 외무대보로 임명하였다. 또한 에노모토가 맡고 있던 조약개정 담당역은 막 귀국한 아오키 슈조가 맡았으니, 1878년 1월의 베를린 3자회동은 이렇게 하나의 정치그룹으로 발전하였던 것이다. 이노우에가 에노모토를 발탁한 데는 또 다른 이유가 있었다. 그것은 에노모토가 귀국 후 도쿄지학협회를 창립했고 외국과의 학술교류 모임 등에서 보여 준 탁월한 주재 및 운영 능력 때문이었다. 당시 일본 외교의 최대 현안은 조약개정이었는데, 이를 뒷받침하기 위해서는 당사국과의 치열한 외교전 이외에도 재일 외국인과의 교류 수준의 모임도 활성화시켜야 했다. 이를 위해서는 에노모토만한 적임자가 없었고, 이노우에는 그의 이러한 점을 높이 샀던 것이다. 예를 들어 1879년 9월 15일 북동항로를 개척한 노르덴시욀드를 환영하는 축하파티가 공부(工部)대학교에서 열렸는데, 이 모임은 도쿄지학협회가 주관하고 에노모토가 그 조직위원회 위원장을 맡았다. 물론 많은 외국인이 참가했는데, 이 모임에서 에노모토는 발군의 능력을 보여 주었다. 네덜란드와 러시아에서 익힌 외교관례와 의전 능력은 당시로는 에노모토를 능가할 인물이 없었던 것이다.

외무대보 취임 넉 달 만에 이번에는 제3대 해군경에 취임하였는데, 이 역시 이토 히로부미와 이노우에 가오루의 정치개혁과 관련이 있다. 국정심의관으로서의 참의(參議)와 행정장관으로서의 성경(省卿)을 분리하여 내각회의의 주도권을 전임참의가 장악함으로써, 당시 태정관제도에서 내각제도를 현실화하고 궁정세력을 견제할 의도였다. 당시 참의 겸 해군경이던 가와무라 스미요시(川村純義)가 전임참의를 선택하면서 해군경이 결원되었고, 이에 에노모토가 발탁되었던 것이다. 물론 에노모토는 당시 해군중장의 계급을 유지하고 있었다. 가와무라는 육군참모본부에서 분리된 해군참모본부 설립을 의도하고 있었기에 내각회의 참여권이 있는 전임참의를 선택하였던 것이다. 따라서 해군경은 내각회의에 참여할 수 없는 참의 아래의 지위로, 해군경 에노모토는 참의인 가와무라 지휘하에 있었다고 볼 수 있다. 물론 에노모토를 해군경으로 발탁한 것은 당시 실세인 이토와 이노우에의 합작품으로 봐야 할 것이다. 당시 조슈 번벌의 입장에서는 사쓰마 쪽도 견제할 필요가 있었지만 궁정 쪽도 마찬가지였다. 이때 동원되는 인물 중 하나가 바로 에노모토라고 볼 수 있다. 이후 궁내성 출사에 이어 주청 전권공사로 발탁되는 과정에서도 당시 외무경인 이노우에의 역할이 적지 않았을 것이며, 톈진 조약 당시 이토와의 협력도 같은 배경에서 이루어진 것으로 볼 수 있다. 더군다나 1885년 12월 22일 이토가 일본 초대 내각총리대신으로 취임하면서, 에노모토는 신설 체신성의 대신에 임명되었다. 에노모토가 10명의 대신 중 유일한 막부 출신임을 감안할 때, 이 역시 조슈 번벌의 배려가 절대적이었음을 예상할 수 있다.

앞서 언급했듯이 세이난 전쟁을 전후로 사이고 다카모리, 오쿠보 도시미치, 기도 다카요시가 사라진 정치적 공백 상태에서 새로운 정치지도자로 등장한 이토 히로부미와 이노우에 가오루가 메이지 10년대(1877~1887) 정국을 주도하였다. 따라서 지금까지 메이지 10년대 에노모토의 정치행보를 단지 구로다-에노모토의 맹우관계로만 설명하던 기존 해석에 대한 무토의 비판은 에노모토의 인생 후반기를 이해하는 데 나름의 의미를 가진다고 판단된다. 구로다와 에노모토의 관계가 회복되는 것은 대체로 제1차 이토 내각 말기부터 구로다 내각 발족 전후인 1888년부터이며, 이후 에노모토는 이토, 이노우에 등 조슈 번벌과는 일정 거리를 유지하게 된다. 특히 에노모토가 이노우에의 후임 외무대신인 오쿠마 시게노부의 조약개정안을 적극적으로 지지하면서 이를 반대하는 이노우에와는 점차 소원해지기 시작하였다.

제3의 길

에노모토 일생에서 가장 다이내믹한 시기는 무어라 해도 탈주군의 총지휘관이자 하코다테 정권의 총재로서 하코다테 전쟁을 주도했던 시기라 볼 수 있다. 하코다테 전쟁을 보신 전쟁의 최후 전투로 볼 것이냐, 아니면 보신 전쟁 기간 동안 일어난 사건들을 그 특성에 따라 분리해 에노모토가 주도한 하코다테 전쟁을 개별 전쟁으로 볼 것이냐 하는 점은 역사학자들 개인의 판단일 수 있다. 전자의 경우는 일본의 통일을 둘러싸고 '개별 영유권의 연합방식'과 이를 부정하는 '천황으로의 통합' 사이의 쟁투로 보는 시각이다. 이는 아이즈 번을 중심으로 도호쿠(東北) 지방에서 전개된 전쟁에서 나름 정치결사체이자 군사동맹적 실체로 떠오른 오우에 열번동맹(奧羽越列藩同盟)의 역할과 위상을 강조하는 입장으로 볼 수 있다.

한편 후자의 경우는 일반적으로 보신 전쟁이라 부르는 1년 반 동안의 기간을 전쟁 당사자들의 성격에 따라 세 시기로 구분하여 각각에 대해 그 성격과 의미를 부여하는 방식이다. 제1단계는 도바·후시미 전투부터 에도 개성(開城)까지로, 미래 절대주의적 전국 정권을 향한 도쿠가와 정부와 천황 정부의 대결로 규정할 수 있다. 어쩌면 도바·후시미 전투 단 한 번의 전투로 쇼군 요시노부가 공순(恭順)의 자세로 돌아섰다는 점에서 미래 일본의 정국 향배는 이미 결정되었다고 볼 수 있다. 따라서 이후 도호쿠 전쟁 그리고 하코다테 전쟁은 부차적인 것으로 볼 수 있다. 제2단계는 도호쿠 지방으로 패주한 막부군과 막부를 지지하던 도호쿠 지방의 여러 번 그리고 이를 진압하기 위한 신정부군 사이에 치열한 전투가 벌어진 시기를 말한다. 오우에 열번동맹은 정치결사체이자 군사동맹적 성격이 있으나 어디까지나 봉건영주들 사이의 느슨한 연합체였기에, 도호쿠 전쟁은 이미 구체화된 중앙정권에 대한 지방정권의 저항으로 볼 수 있다. 마지막 제3단계인 하코다테 전쟁은 봉록을 잃은 구막신 구제를 위한 사족반란의 선구적 형태로 보는 것이다. 하지만 에노모토의 하코다테 탈주군에는 구막부 사족뿐만 아니라 막부와 동북 제번의 패주군까지 포함하고 있었고, 하코다테에서 펼쳐질 새로운 세상에 대한 탈주군 각 개인의 기대 역시 다양했기에 이 전쟁의 목적을 단지 구막신의 구제로만 볼 수 없다.

그렇다면 에노모토는 에도 탈주 이후의 미래, 다시 말해 하코다테 전쟁의 결과를 어떻게 예측했을까?, 그리고 자신이 내세운 명분인 구막신 구제만이 종국적 목적이었을까? 물론 알 수 없다. 그가 이런 의문에 대해 아무런 글을 남긴 바 없기에 어쩌면 이런 주제에 대한 관심은 소설가의 대상이라 볼 수 있다. 그렇기 때문에 에노모토에 관련한 소설이 지금까지 여럿 나왔던 것은 아닐까. 가장 대표적인 소설인 安部公房(2008)의『[改版] 榎本武揚』에서는, "비록 에노모토가 좌막파 병사들과 입장과 행동을 같이했지만, 스스로 도쿠가와가에 대한 충절을 관철시키기보다는 충성심을 버릴 수 없는 자들을 제거하기 위해 패배할 수밖에 없었던 전쟁터인 하코다테로 향했다."라고 묘사하고 있다. 에노모토는 이들이 근대국가를 향한 자신의 꿈에 걸림돌이 될 수 있다고 판단한 것이다. 막신인 에노모토로서는 왕도(王道)인 좌막(佐幕)이나 패도(覇道)인 근황(勤皇)이 아니라, 자신만의 '제3의 길'을 걸었다고 보는 것이다. 즉, 번들 간의 파벌항쟁을 진정시키고 내전을 종식시키며 나아가 일본을 유학 시절 자신이 보았던 당당한 근대국가로 이행시키기 위해서는, 군주에 대한 충성이란 절대적 가치가 아니며 단지 무언가를 이루기 위한 수단에 불과하다고 본

것이다. 이러한 입장은 어쩌면 에노모토가 항복한 이후 신정부에 출사한 것을 비난한 후쿠자와 유키치류의 비판('야세가만 이야기')과는 반대입장인 동시에, 아무런 반박 없이 묵묵히 자신의 길을 걸었던 에노모토에 대한 변호라고도 볼 수 있다.

드라마나 만화에서 에노모토가 주인공인 경우는 내가 찾아본 바로는 없다. 그나마 조연의 입장에서, 그리고 그의 하코다테행에 대한 의도를 나름 설명한 만화가 있어 잠시 소개하고자 한다. 가와구치 가이지의 『효마의 깃발(兵馬の旗)』이라는 일본 만화가 그것인데, 보신 전쟁을 소재로 2011년에 나온 10권짜리 만화이다. 영어 제목은 'HYOUMA no HATA: Revolutionary Wars'라, 저자는 보신 전쟁을 혁명전쟁으로 이해하려 했던 것 같다. 사실 가와구치 가이지의 만화는 우리나라에서도 번역되어 선풍을 일으켰는데, 대표적인 것이 『지팡구』, 『침묵의 함대』, 『이글』, 『태양의 묵시록』 등등이다. 43권으로 된 『지팡구』와 32권으로 된 『침묵의 함대』는 일본 군국주의 부활을 의도한 것이라는 비판에도 불구하고 일본 만화 마니아들 사이에선 지금도 화제의 대상이다. 사실 메이지 유신 150주년을 맞아 발간하려는 내 책 『에노모토 다케아키와 메이지 유신』과 더불어 『효마의 깃발』 번역본도 내어 볼 생각으로 출판사(푸른길)에 문의했지만, 출판사는 일본 군국주의를 이유로 단호히 거절했다. 과연 『지팡구』와 『침묵의 함대』에 어느 정도로 일본 군국주의가 배어 있는지 확인해 보기 위해 75권의 만화 모두를 며칠 밤을 새워 가면서 읽었다. 한마디로 말하면 그런 평도 가능하다는 것이다. 하지만 작가의 방대한 스케일과 치밀한 구성 그리고 그런 소재와 상상력을 만들어 낼 수 있는 일본의 위상이 내심 부러웠다.

『효마의 깃발』에서 주인공 효마는 막부 러시아 유학생 출신으로 귀국과 함께 막부 육군전습대 사관이 되어 도바·후시미 전투부터 보신 전쟁에 참가한다. 그는 이 전쟁에서 막부의 패전을 예감하고 있었지만, 자신의 이상인 '천황 아래 만민평등의 공화국'을 위해 마지막 하코다테 전쟁에까지 참전한다. 오우에 열번동맹에서 보여 준 민주적 연대방식이 자신의 이상을 위한 표상, 다시 말해 깃발이 될 것으로 확신하면서 하코다테행 패주군 일행에 몸을 담는다. 하지만 효마의 구상에 대한 에노모토의 입장은 다르다. 번들 간의 견제와 내분 그리고 삿초 신정부와 오우에 열번동맹의 갈등은 이미 세키가하라 전투부터 시작된 것이라 이들을 통합해 공화정체를 수립하는 것은 불가능하다는 것이다. 따라서 저자 가와구치는 신천지인 홋카이도에 자신들만의 새로운 공화정을 구축하는 것을 에노모토가 꿈꾸었던 제3의 길로 그려 냈다. 하지만 실제로는 에노모토 군의 패배로 홋카이도만의 독립된 공화정은 이루어지지 않았지만, 이러한 깃발이 하나의 맹아가 되어 결국 일본은 근대식 헌법을 만들어 내고 효마나 에노모토가 꿈꾸었던 만민평등의 공화제, 당당한 근대국가를 이루어 냈다는 식의 이야기로 마감한다. 과연 에노모토가 꿈꾸었던 제3의 길이 있었을까, 있었다면 어떤 것이었을까, 150년이 지난 지금의 일본이 과연 그가 바랐던 모습일까?

내년 2018년은 메이지 유신 150주년인 해이다. 현재 일본의 원류, 다시 말해 하나의 통일국가로서 일본 특유의 정체성이 만들어진 것은 메이지 유신 이후로 보아야 할 것이다. 메이지 유신에 대해 비판적인 입장을 취하는 사람은, 메이지 유신을 정치적 야망을 가진 사무라이들과 국정에서 제외된 일부 지방 세력이 일으킨 쿠데타로 평가한다. 그 결과 정치와 문화는 권위주의적이고 천황 중심적이 되었으며, 해외의존적 경제정책 때문에 결국 국내시장은 위축되고 농민층은 도탄에 빠졌으며, 이를 돌파하기 위한 해외팽창 정책은 결국 50

년 넘게 전쟁만 해대는 고약한 나라로 가는 발판이 되었다는 것이다. 하지만 메이지 유신이 지닌 진보적 측면에 높은 점수를 주는 긍정적인 입장을 취하는 이가 더 많다. 즉, 비서양 세계 대부분이 서구 제국주의 국가의 팽창적 헤게모니 아래 정치적으로나 경제적으로 반식민지 혹은 식민지로 전락했지만, 일본은 비서양 국가로는 최초로 1889년에 근대적 헌법을 채택했으며, 산업자본주의 경제로 변모하면서 획기적 경제발전을 이루었다는 것이다. 어느 쪽을 선택한다고 해도 메이지 유신이 지닌 시대사적 전환의 의미만은 변치 않을 것이며, 동아시아 근대역사 나아가 우리의 근대를 이해하기 위해서라도 반드시 거쳐 가야 할 주제임에 틀림없다. 에노모토를 주인공으로 메이지 유신의 시대사적 의미를 전하기 위해 여기까지 달려온 내 이야기가 독자들에게 어떤 의미로 다가설지 무척이나 궁금하지만, 이제 나의 에노모토 이야기는 여기서 막을 내린다.

글을 마치며

10년도 더 전의 어느 날 오후 우연히 서점 서가에서 끄집어 든 김호동 교수의 『근대 중앙아시아의 혁명과 좌절』이라는 책이 생각난다. 태평천국의 난의 여파로 청국의 영향력이 줄어들고 러시아와 영국이 반목하고 있던 틈을 타 지금의 신장웨이우얼 지역에 카슈가르 정권을 세운 야쿱 벡의 일생, 그리고 그가 꿈꾼 혁명과 좌절이 이 책의 주제였다. 그보다 몇 년 전 우연한 기회에 카슈가르를 여행했던 것이 서점의 수많은 책 가운데 특별하게 이 책이 눈에 들어온 것이 아닌가 생각되지만 정확한 기억은 없다. 물론 야쿱 벡의 활약 시기는 일본의 막말 대혼란기와 메이지 초창기에 해당된다. 김호동 교수 자신의 박사학위 논문이 그 책의 바탕이 되었겠지만, 잘 짜인 한 편의 드라마 같은 단행본을 펴낼 수 있었던 그의 기획력, 독서력, 문장력, 어학력에 감탄하면서 쉽지만은 않은 책을 읽었던 기억이 난다. 그 후 이 책을 나의 권장도서 목록에 올려놓고 대학원생들에게 읽혔다.

작년 겨울 어느 일간신문의 토요일판 신간도서 소개에 김호동 교수의 책 하나가 나와 있었다. 그 책은 그간 김호동 교수의 주제와는 상반된 것이었으니, 『한 역사학자가 쓴 성경이야기: 구약편』이었다. 신학자들이 쓴 성경 해설서를 탐독하는 아내에게 또 다른 시각의 성경 해설서가 있음을, 그것도 내가 신뢰하는 역사학자의 그것을 소개하고 싶은 생각에 신문을 펴 놓은 채 인터넷으로 책을 주문했다. 며칠 후 도착한 책을 펴 보니, 맨 처음 눈에 들어온 것은 김호동 교수의 나이였다. 그는 54년생이었다. 나보다 겨우 두 살 많은 사람이었다. 그렇다면 『근대 중앙아시아의 혁명과 좌절』이란 책에서 나를 압도했던 그 지적 세계가 나와 거의 같은 학창시절을 보낸 이의 작품이었다는 사실에 잠시 정신이 혼미해졌다. 마치 커다란 뿅망치를 맞은 느낌이랄까. 나는 늘 그를 내가 범접할 수 없는, 그래서 아무런 경쟁심도 가질 필요가 없는 대학자, 노학자로 잘못 알고 있었던 것이다. 어떻게 그분이 내 연배지? 학자로서 탄탄한 기본을 갖춘 채 출발할 수 있었던 그분이 마냥 부럽기만 했고, 그렇지 못한 채 매일매일 전전긍긍하면서 교수 코스프레를 해 왔던 나 자신이 부끄러워졌다. 무작정 연락해 그분을 한번 만나 볼까 생각도 했지만, 혹시 그분 역시 학문세계의 고난함을 고백할까 두려워 포기하고 말았다. 그냥 대학자, 노학자로 내 기억 속에 남겨 두고 싶었다.

책 말미에 자신과 무관한 그리고 책 내용과 무관한 어느 대학자를 언급하는 것은, 내가 지리학자에서 일본 근대를 이야기할 수 있는 역사학자로 성공적으로 변신했다거나, 그분처럼 능수능란하게 주제를 바꾸어 가면서 글을 쓸 수 있을 정도라고 말하자는 것이 아니다. 나는 분명히 그분 정도의 수준이 아닌데, 지금 내가 하고 있는 작업은 어쩌다 그분 겉모습만 흉내 내고 있는 것이 아닌지 염려되기 때문이다. 다시 말해 끝까지 임기도 채우지 못한 지리학자가 과연 이런 식의 글을 써도 되는 것인지 아직 확신이 없고, 이제 엎질러진 물과 같은 이 책을 세상에 내놓는 것이 과연 괜찮은 것인지 두렵기 때문이다. 하지만 모든 작업이 천재의 것일 순 없다. 고등학교 동기이자 어느 지방대학 물리학과 교수의 이야기가 생각난다. "지금 내가 하고 있는 공부는 물리학의 첨단과는 상관이 없다. 하지만 물리학의 발전속도가 너무 빨라 위대한 업적들 사이의 빈 공간만 채워도 물리학자로서 충분한 역할을 할 수 있다."면서 자신을 다그치며 연구에 몰두하던 모습이 떠오른다. 내가 그간 했던 작업 역시 그 정도라도 평가되었으면 좋겠다.

참고문헌은 〈에노모토 다케아키를 주인공으로 한 평전 혹은 소설〉, 〈에노모토 관련 논문〉, 〈일본어 참고문헌〉, 〈한국어 참고문헌〉, 〈서양 참고문헌〉, 〈일본 위키피디아에서 참고한 항목들〉로 정리하였다. 프롤로그에서 이미 언급했듯이 본문에는 가급적 주석을 붙이지 않았다. 글의 흐름을 끊을 수 있다는 핑계도 있었지만, 지금까지 내가 써 놓은 거의 모든 내용이 짧은 기간 동안 읽었던 책이나 논문에서 비롯된 것이라 특별하게 주석이라고 달기도 부끄러웠기 때문이다. 한편 이 글을 쓰면서 우리글로 된 그리고 일본어로 된 학술논문을 제법 많이 읽었지만 가급적 참고문헌에 포함시키지 않았다. 기본적으로 이 책은 학술서적이 아니기 때문에 학술논문을 참고문헌에 포함시킬 필요가 없다고 생각했고, 게다가 어느 논문이 학계에서 인정받는 논문인지 구분할 자신도 없었다는 것이 어쩌면 정확한 표현일 것이다. 하지만 내가 쓰려는 내용과 관련이 있는 국내 및 일본 단행본만은 가급적 구입해서 참고했다는 것만은 밝히고자 한다.

일본에 대해 우리나라 사람들이 쓴 글이나 책을 보면 몇 가지 공통점이 있다. 그중 가장 두드러지는 것은 일본 그 자체의 이야기보다는 대한민국에 대한 일본인들의 생각이라면서 전해 주는 이야기가 많다는 점이다. 이는 당연한 일일 수 있으나, 문제는 그것이 일본 주류의 대한국관인지 아니면 우리가 듣고 싶어 하는 이야기만 담은 것인지 알 수 없다는 사실이다. 또한 그런 글은 우리가 일본의 절대 이해당사자인 양 착각하게 만들거나, 주류에 반대하는 소수가 마치 일본의 양심적인 세력이며 이에 반대하는 일본 정치권 모두가 모리배인 양 오해하게끔 만든다는 사실이다. 프롤로그에서 언급했듯이 사실 우리가 그들을 어떻게 생각하고 있느냐는 별로 중요하지 않다. 그들 스스로 자신들을 어떻게 생각하고 있고, 또 그들이 우리를 어떻게 생각하고 있느냐를 정확히 아는 것이 중요하다. 다시 말해 우리는 그들이 자신의 역사를 경험하고 이해하는 방식에 대해 좀 더 객관적인 관심을 보일 필요가 있다는 것이다. 그래야만 지금부터라도 역사적 실수를 되풀이하지 않을 수 있고, 그들과 보다 건강한 관계를 만들어 낼 수도 있기 때문이다. 어쩌면 이것이 21세기를 사는 우리가 일본은 이해하는 한 가지 방법이 될 수 있을 것이다.

어쩌다 일본에 관한, 그것도 당장에 써먹을 수 있는 현재 일본의 정치, 경제, 사회, 문화에 대한 이야기가 아니라 150년 아니 400년 전 일본에 관한 이야기를 길게 썼다. 그러다 보니 독자들에게 얼마나 어필할 수 있을지 솔직히 자신이 없다. 하지만 메이지 유신에 대한 국내 신문기사를 보면, 조슈 번벌의 연장선상에 아베 신조가 있으며 그 밑바닥을 흐르는 제국주의적 군국주의적 기조의 원류를 요시다 쇼인에서 찾는 천편일률적 접근으로 일관하고 있는데, 이런 식으로는 일본을 이해할 수 없다는 것이 내 생각이다. 일본의 중등학교 지리교과서에서 독도를 자국의 영토라 주장하는 것에 우리는 거국적으로 성토한다. 하지만 삿초동맹에 의한 메이지 유신의 성공과 그에 기여한 승자들만의

676

역사를 일본의 관찬 역사책에 있는 대로 받아들인다면 일본의 한쪽 면만 아니 그들이 보여 주고 싶어 하는 역사만을 보는 것이 아닐까? 어쩌면 몇 년 전 내가 번역한 『사카모토 료마와 메이지 유신』도 그런 부류의 책일지 모르겠다. 사실 몇몇 일본인 친구에게 그 책을 번역했다는 이야기를 했더니, '뭐 그리 엉뚱한 일을 벌였냐'는 식의 냉담한 반응이었다. 당시로서는 그들이 왜 그러는지 알 수 없었는데, 왜냐하면 승자 뒤에 숨겨진 패자의 이야기를 전혀 모르고 있었기 때문이다.

하지만 2015년 쓰와노 여행을 계기로, 일본의 근대화를 이끈 메이지 유신은 쿠데타로 정치권에 화려하게 등장한 삿초 번벌세력 뒤에 도쿠가와 막부 출신 테크노크라트들의 절대적 기여와 협력이 밑받침되었다는 사실을 비로소 알게 된 것이다. 본문에도 나오듯이 와세다대학 창설자이자 초대 총장이었으며 두 번(8대, 17대)에 걸쳐 총리대신을 역임했던 오쿠마 시게노부(大隈重信)는 '메이지 정부의 근대화 정책은 오구리의 것을 모방한 데 지나지 않는다'라고 말했고, 일본의 국민작가 시바 료타로(司馬遼太郎)는 '오구리는 메이지의 아버지'라고 칭송했으며, 러시아 발틱 함대를 동해에서 격침시켜 결국 러일전쟁을 승리로 이끈 일본 연합함대 사령관 도고 헤이하치로(東郷平八郎)는 '동해에서 승리한 것은 제철소, 조선소를 건설한 오구리의 공이 지대하다'라고 상찬했다. 오구리는 다름 아닌 막부의 마지막 개혁을 이끈 오구리 다다마사(小栗忠順: 1827~1868)를 말한다. 결국 편향되고 조악한 내 지식과 그 지식을 과시해 보려던 나의 협량한 태도에 대한 반성으로, 260년 '도쿠가와 평화'를 이끌어 왔던 또 다른 집단, 다시 말해 패자의 역사를 통해 메이지 유신의 또 다른 면을 보고 싶고 전하고 싶었던 것이다.

최근 일본의 서점가에는 메이지 유신에 대한 기존의 평가와 다른 책들이 출간되고 있다. 『메이지 유신이라는 과오』, 『'대 사이고'라는 허상』, 『삼류의 유신, 일류의 에도』, 『막신들은 메이지 유신을 어떻게 만들어 냈는가』, 『메이지를 만들어 낸 막부의 천재들』, 『관적과 막신들: 열강의 일본 침략을 막아 낸 도쿠가와의 테크노크라트들』, 『허구의 메이지 유신』, 『또 하나의 막말사』, 『메이지 유신이라는 이름의 세뇌』, 『삿초의 기회주의와 아이즈의 대의』 등등이 그것이다. 이들 책에서는 메이지 유신은 허구이며, 일본 근대화는 막부가 주도한 개혁과 막부가 배출한 테크노크라트들이 만들어 낸 것이라고 주장한다. 하지만 이것 역시 역사의 일면만을 강조하는 태도라 볼 수 있다. 왜냐하면 우리의 경험에서도 알 수 있듯이, 해방 이후 우리의 근대화 과정 역시 정치집단의 리더십만이나 관료집단의 전문성만으로 설명할 수 없으며, 이 두 집단의 견제와 협력이 필수불가결했다고 판단되기 때문이다. 따라서 이 책『에노모토 다케아키와 메이지 유신』은 일본 근대화의 이면에는 막부 주도의 개혁과 막부 출신 테크노크라트들의 역할이 자못 컸다는 쪽의 생각에 근거한 것이다. 물론 에노모토의 개인적 매력도 이 이야기에 빠져드는 데 큰 몫을 했다

이제 이런 작업의 마무리로 감사의 인사를 전할 차례이다. 우선 말없이 지켜봐 준 가족들, 특히 아내에게 고맙다는 말을 전한다. 나는 음식 만드는 것을 좋아해 퇴직 후 작은 식당을 여는 꿈을 아직도 버리지 못하고 있다. 하지만 아내가 집에 없는 날에는 자신을 위해 도마를 펴지 않는다. 그냥 라면을 끓이고 만다. 대부분의 사람들은 누군가 옆에서 지켜봐 주지 않는다면 하던 일을 지속적으로 끌고 나갈 힘을 잃게 된다. 더군다나 그다지 뛰어나지 않은 사람이 글을 쓰는 작업의 고통을 스스로 이겨 나가기란 쉽지 않기 때문이다. 다음으론 손자 녀석이다. 나는 그 녀석을 늘 '제3의 인류'라 부르고 있다. 나의 애정을 너무 과하게도 너무 소원하게도 표현할 수 없는 대상일 뿐만 아니라, 그의 성장과 나의 소멸은 비례하기 때문이다. 하지만 그간 써 놓은 나의 책들이 그 녀

석의 책장 한구석을 언제까지나 차지했으면 좋겠다. 그리고 무언가에 몰두할 수 있는 건강과 성실함의 유전자를 물려주신 부모님께도 감사의 마음을 전하고 싶다. 덕분에 아직도 이 나이에 무언가 새로운 것을 찾아 나설 욕망을 가질 수 있다.

이야기를 엮어 글로 쓰려면 중간중간 내 이야기를 들어줄 사람이 필요하다. 그런 소소한 이야기들이 하나둘씩 모여 긴 글이 되고 책이 된다. 더군다나 사람들이 별 관심을 가지지 않는 이번과 같은 소재일 경우, 계속해서 이야기했다가는 사람 잃기 십상이다. 리액션도 넣어 가며 내 이야기를 진지하게 들어준 나의 일본 여행 파트너이자 맹렬한 독서가인 신라대 김성환 교수와 지금은 어엿한 학자로서의 길을 걷고 있는 나의 유일한 박사학위 지도학생 탁한명 군의 인내에 감사의 말을 전한다. 만약 그들마저 내 이야기를 들어주지 않았다면, 맞장구쳐 주지 않았다면 진즉에 포기하고 말았을 것이다. 그리고 간혹 점심을 같이하면서 '하고 있는 작업, 잘 진행되느냐'며 격려해 주던 허영재, 전홍찬, 이철순 교수에게도 고맙다는 말을 전한다. 그리고 일본어 판독에 애를 먹을 때 귀찮은 내색 않고 도와준 신라대 정상미 교수에게도 감사의 말 전한다. 한편 다음에 책을 내면 꼭 고맙다는 말을 책에 담아야겠다고 작정한 이들이 있다. 책을 낼 때마다 조촐한 파티를 마련해 준 고교 동창 김부근, 김용채 그리고 나의 주치의 이중희, 늘 편한 친구 정승환이 그들이다. 아마 이들은 내가 이제 백수가 되었어도 편하게 대해 줄 것이라 믿고 있다.

원고가 출판사에 전해지는 순간 그 원고는 내 것이 아니라고 생각해야 한다는 것이 내 지론이다. 왜냐하면 일단 자비로 출판하는 것이 아니기 때문이며, 출판사로서는 잘 팔려 봐야 손익분기점을 겨우 넘는 경우가 다반사이기 때문이다. 사실 출판사가 책을 내기로 결정하고 원고를 받고 나서 그때부터 투자되는 돈은 고스란히 출판사의 몫이다. 이렇게 저렇게 수정해 달라, 분량이 많으니 줄여 달라, 이 부분은 모자라니 늘려 달라는 등의 요구에 저자는 무조건 응해야 하며, 제목을 정하고 표지를 디자인하는 것도 당연히 그들의 결정에 따라야 한다. 그러니 푸른길 편집자의 능력에 내 책의 운명이 달려 있다고 해도 과언이 아니다. 물론 베스트셀러 작가의 경우는 그 반대일 수 있겠지만. 부실한 원고였음에도 이나마 모양을 갖춘 책이 나올 수 있었던 것은 모두 편집자 김란 씨 덕분이다. 그녀에게 신세를 질 기회가 또다시 오길 빌어 보지만, 책쓰는 일의 고단함에 벌써 머리가 아파 온다. 그리고 감사해야 할 사람이 한 분더 있다. 출판사 김선기 사장이다. 그간의 친분 때문에 마지못해 책을 내주고 있었던 것인지 어떤지 잘 모르겠지만 내 책 대부분은 ㈜푸른길에서 출간되었다. 손해를 끼친 책도 몇 권 되지만, 이번에는 그녀 회사의 수입에 이 책이 기여할 수 있기를 간절히 바란다. 마지막으로 이 책을 구입해 끝까지 읽어 주신 독자들에게 머리 숙여 감사의 마음을 전한다.

2017년 8월
오금공원을 내려다볼 수 있는 서재에서

참고문헌

■ 에노모토 다케아키를 주인공으로 한 평전 혹은 소설

赤木駿介 外, 1983, 現代視点 榎本武揚 戦国・幕末の群像(中山行雄 編), 旺文社, 192pp.

赤木駿介, 1990, 榎本武揚: 物語と史蹟をたずねて, 成美堂出版, 240pp.

秋岡伸彦, 2003, ドキュメント 榎本武揚: 明治の「読売」記事て検証, 東京農業大学出版会, 108pp.

東秀紀, 2005, 陽が開くとき: 幕末オランダ留学生伝, 日本放送出版協会, 409pp.

安部公房, 2008, 〔改版〕榎本武揚, 中公文庫, 中央公論新社, 355pp.

榎本隆充(編), 2003, 榎本武揚未公開書簡集, 新人物往来社, 244pp.

榎本武揚, 2010, 〔現代語訳〕榎本武揚 シベリア日記(諏訪部揚子・中村喜和 編注), 平凡社, 333pp.

井黒弥太浪, 1868, 榎本武揚伝, みやま書房, 418pp.

井黒弥太浪, 1975, 榎本武揚, 新人物往来社, 264pp.

上野久, 1994, メキシコ榎本殖民, 中公新書 1180, 中央公論社, 168pp.

臼井隆一郎, 2005, 榎本武揚から世界史が見える, PHP新書, PHP研究所, 293pp.

子母澤寛, 1995, 行きゆきて峠あり(上, 下), 講談社, 326pp, 201pp.

加藤寛 外, 2008, 現代日本万能人・榎本武揚 1836−1908(榎本隆充・高成田亨 編), 藤原書店, 338pp.

門井慶喜, 2016, がまさん: 榎本武揚と箱館共和国, 祥伝社, 564pp.

加茂儀一, 1988, 榎本武揚, 中央公論社, 623pp.

合田一道, 2014, 古文書にみる 榎本武揚: 思想と生涯, 藤原書店, 329pp.

綱淵謙錠, 1986, 航: 榎本武揚と軍艦開陽丸の生涯, 新潮社, 321pp.

角山幸洋, 1986, 榎本武揚とメキシコ殖民移住, 同文館出版株式会社, 243pp.

東京農大榎本・横井研究会(編), 2008, 榎本武揚と横井時敬: 東京農大二人の学祖, 東京農大出版会, 359pp.

童門冬二, 1997, 小説 榎本武揚: 二君に仕えた奇跡の人材, 祥伝社, 402pp.

童門冬二, 2000, 小説 榎本武揚: 人生を二度生きる, 祥伝社, 481pp.

中薗英助, 2000, 榎本武揚: シベリア外伝, 文藝春秋, 350pp.

樋口雄彦, 2012, 箱館戦争と榎本武揚, 吉川弘文館, 261pp.

松田藤四郎, 2012, 榎本武揚と東京農大, 東京農大出版会, 218pp.

満坂太郎, 1997, 榎本武揚: 幕末·明治, 二度輝いた男, PHP文庫, PHP研究所, 359pp.

望田武司, 2013, 敗軍の将, 輝く: 榎本武揚"生きざま"の検証, 中西出版, 346pp.

山本厚子, 1997, 時代を疾走した国際人 榎本武揚: ラテンアメホカ移住の道を拓く, 信
　　山社出版株式会社, 285pp.

講談社, 2006, 榎本武揚と箱館戦争, 週刊 ビジュアル 日本の合戦, No. 28, 34pp.

DeAGOSTINI, 2013, 榎本武揚, 週刊 歴史をつくった先人たち 日本の100人, No. 075,
　　31pp.

■ 에노모토 관련 논문

신영언, 2012, "Claude Charles Dallet 著『韓国天主教会史』의 일본에서의 수용–榎本武
　　揚의『朝鮮事情』(1876) 번역의도–," 日本言語文化 21, 341–362.

이선윤, 2015, "동아시아의 근대와 노예선의 표상–『에노모토 다케아키(榎本武揚)』를 중심
　　으로 본 제국의 월경(越境)과 법 제정의 문제–, 日語日文學 65, 237–252.

榎本隆充, 2003, "榎本武揚の流星刀製作と「流星刀記事」/シベリア横断旅行と『シベリ
　　ア日記』," 地学雑誌 112(3), 453–457.

榎本隆充, 2013, "榎本武揚と旧幕府軍: あえで幕府を離れる決断をした旧幕府軍総大
　　将," 歴史読本 3, 60–65.

梶原英之, 2016, "「北の明治維新」と戊辰戦争," 週刊 日本主義 36, 12–25.

木田元, 2009, "榎本武揚: 역사のにかでも自由ぬ生きる," 文藝春秋 季刊秋号, 16–18.

邱帆, 2016a, "榎本武揚と甲申政変後の日清交渉," 駿台史學 157, 1–21.

邱帆, 2016b, "榎本武揚と李鴻章との「親交関係」に関する一考察," 東アジア近代史 20,
　　148–165.

佐々木敏二, 1989, "榎本武揚の移民奨励策とそれを支えた人脈," キリスト教社会問題
　　研究 37, 535–549.

醍醐龍馬, 2010, "外交官榎本武揚と樺太千島交換条約 –交渉とその評価–," 大阪大学
　　法学部同窓会(靑雲会) 平成22年度 懸賞論文 受賞論文, 14pp.

醍醐龍馬, 2012a, "榎本武揚が見た露清関係とモンゴル–『シベリア日記』を中心にして

682

-,"名古屋大学博物館報告 28, 213-219.

醍醐龍馬, 2012b, "マリア・ルス号事件をめぐる国際仲裁裁判 −日本初勝訴への道−,"まちかね法政ジャーナル(大阪大学法学会) 2, 1-31.

醍醐龍馬, 2015a, "榎本武揚と樺太千島交換条約(1) −大久保外交における「釣合フヘキ」条約の模索−,"阪大法学 65(2), 605-638.

醍醐龍馬, 2015b, "榎本武揚と樺太千島交換条約(2・完) −大久保外交における「釣合フヘキ」条約の模索−,"阪大法学 65(3), 835-860.

高村聰史, 1999, "榎本武揚の殖民構想と南洋郡島買収建議,"國史學 167, 77-106.

時田正樹, 2003, "壮大なる幻影 −榎本武揚と蝦夷共和国,"2001年 3 月卒 谷口ゼミ 卒業論文集(名城大学 法学部 谷口昭教授ゼミ), 第四部 迷える近現代.

中野和典, 2002, "「蝦夷共和国」の顛末 −安部公房『榎本武揚』と独立論−,"文学批評 絃説II 4(2008/08), 236-46.

西川治, 2003, 榎本武揚と開陽丸のルネサンス, 地学雑誌 112(3), 450-452.

兵藤二十八, 2009, "榎本武揚に勝算はあったか?"週刊日本主義 5, 42-49.

町田明広, 2013, " 列強たちが果たした役割,"歴史読本 3, 182-187.

三浦信行, 1980, "樺太, 千島交換条約に関する歴史的展開,"日本政教研究所紀要 4, 113-129.

武藤三代平, 2007, "小樽をめぐる榎本武揚とその人脈網 −「人的資源」の視座にみる中央から地方への人脈網−,"史観(早稲田大学史学会) 157, 130-133.

武藤三代平, 2015, "榎本武揚による日本人移民排斥問題への対策と社会事業の展開 −禁酒運動・労働運動・移民奨励の人脈を中心に−,"北大史学 55, 61-87.

武藤三代平, 2016, "明治政府にあける榎本武揚の位置づけ −明治十年代の井上馨との関係から−,"北海島大学大学院文学研究科 研究論集 16, 15-32.

吉岡学・本間久英, 2001, "榎本武揚の日本地質学史上に占める位置 −その一科学者としての出発−,"東京学芸大学紀要4部門 53, 75-134.

若村国夫, E. Pauer, 中川洋, 2008, "浦賀船渠および東京石川造船所川間工場の乾ドックにレンガ積みが採用された経緯(榎本武揚のオランダの技術への信頼性と先見性),"産業考古学 129, 16-26.

■ 일본어 참고문헌

相川忠臣(編), 2007, 蘭学のフロンティア: 志筑忠雄の世界, 長崎文献社, 151pp.

新井勝紘(編), 2004, 自由民権と近代社会(日本の時代史 22), 吉川弘文館, 278pp.

荒野泰典(編), 2003, 江戸幕府と東アジア(日本の時代史 14), 吉川弘文館, 435pp.

犬塚孝明, 2011, 海国日本の明治維新, 新人物往来社, 286pp.

井上勲(編), 2004, 開国と幕末の動乱(日本の時代史 20), 吉川弘文館, 328pp.

鵜崎熊吉, 1986, 人物評論 薩の海軍長の陸軍, 今日の話題社, 286pp.

榎本洋介, 2009, 開拓使と北海道, 北海道出版企画センター, 208pp.

遠藤十亜希, 2016, 南米「棄民」政策の実像, 岩波書店, 247pp.

遠藤浩巳, 2013, 銀鉱山王国・石見銀山, 新泉社, 93pp.

岡田俊裕, 2011, 日本地理学 人物事典(近世編), 原書房, 341pp.

岡田俊裕, 2011, 日本地理学 人物事典(近代編 1), 原書房, 482pp.

大石学(編), 2003, 亨保改革と社会変容(日本の時代史 16), 吉川弘文館, 346pp.

大石学, 2012, 徳川吉宗: 日本社会の文明化を進めた将軍, 山川出版社, 95pp.

鹿毛敏夫, 2012, 月に名前を残した男: 江戸の天文学者 麻田剛立, 角川学芸出版,
　　　189pp.

片棟一男, 1997, 阿蘭陀通詞の研究, 吉川弘文館, 626pp.

片棟一男, 2004, 平成蘭学事始: 江戸・長崎の日蘭交流史話, 社智書房, 314pp.

片棟一男, 2008, それでも江戸は鎖国だったのか: オランダ宿 日本橋長崎屋, 吉川弘文
　　　館, 196pp.

勝田政治, 2016, 大久保利通と東アジア: 国家構想と外交戦略, 吉川弘文館, 200pp.

川添昭二, 1977, 九州の風土と歴史, 山川出版社, 349pp.

川村博忠, 2005, 近世日本の世界像, ぺりかん社, 286pp.

菊池明・横田淳, 1999, 箱館戦争写真集, 新人物往来社, 199pp.

菊池勇夫(編), 2003, 蝦夷島と北方世界(日本の時代史 19), 吉川弘文館, 314pp.

工藤平助(井上隆明 訳), 1980, 赤蝦夷風説考, 294pp.

国松俊英, 2011, 伊能忠敬: はじめて日本地図をつくった男, 岩崎書店, 158pp.

小風秀雅(編), 2004, アジアの帝国国家((日本の時代史 23), 吉川弘文館, 307pp.

児玉幸多, 2016, 日本史年表・地図, 吉川弘文館, 56pp.

塩出浩之, 2015, 越境者の政治史, 名古屋大学出版会, 503pp.

司馬遼太郎, 2013, 大盗禅師, 文藝春秋, 525pp.

シーボルト(尾崎賢治 訳), 2001, 日本 第5券, 雄松堂出版, 292pp.

鈴木由紀子, 2006, 開国前夜: 田沼時代の輝き, 新潮社, 217pp.

諏訪兼位, 2015, 地球科学の開拓者たち: 幕末から東日本大震災まで, 岩波書店, 264pp.

瀬野精一郎 外, 1998, 長崎県の歴史, 山川出版社, 326pp.

田中健夫, 2015, 倭歴: 海の歴史, 講談社, 260pp.

ダレ(金容権 訳), 朝鮮事情: 朝鮮教会史序論 その歴史, 言語, 風俗および習慣について, 平凡社, 350pp.

千早正隆, 2009, 海軍経営者 山本権兵衛, プレジデント社, 269pp.

辻善之助, 2009, 田沼時代, 岩波書店, 357pp.

辻本嘉明, 2005, 山本権兵衛, 叢文社, 153pp.

豊見山和行(編), 2003, 琉球・沖縄史(日本の時代史 18), 吉川弘文館, 305pp.

童門冬二, 2014, 伊能忠敬: 日本を測量した男, 河出文庫, 270pp.

中村彰彦, 2010, 軍艦「甲鉄」始末, 新人物往来社, 430pp.

中村士, 2012, 江戸の天文学: 渋川春海と江戸時代の科学者たち, 角川学芸出版, 221pp.

中村士, 2012, 江戸の天文学者 星空を翔ける: 幕府天文方, 渋川春海から伊能忠敬まで, 技術評論社, 255pp.

二宮陸雄, 2005, 幕府天文方書物奉行 高橋景保一件, 愛育社, 285pp.

林陸朗, 2010, 長崎唐通事: 大通事林道栄とその周辺, 長崎文献社, 353pp.

深谷克己, 2010, 田沼意次:「商業革命」と江戸城政治家, 山川出版社, 94pp.

富士田金輔, 2006, ケプロンの教えと現術生徒: 北海道農業の近代化をめざして, 北海道出版企画センター, 306pp.

藤田覚(編), 2003, 近代の胎動(日本の時代史 17), 吉川弘文館, 282pp.

藤田覚(編), 2013, 近世の三大改革, 山川出版社, 101pp.

童文冬二, 2000, 田沼意次と松平定信, 時事通信社, 252pp.

北国諒星, 2016, 歴史探訪 北海道移民史を知る!, 北海道出版企画センター, 297pp.

ヴォルフガング・ミヒェル・鳥井裕美子・川嶌眞人, 2011, 九州の蘭学: 越境と交流, 思文閣出版, 359pp.

松方冬子(編), 2015, 日蘭関係史を読みとく: 上巻 つなぐ人々, 臨川書店, 336pp.

松尾正人(編), 2004, 明治維新と文明開化(日本の時代史 21), 吉川弘文館, 321pp.

松尾龍之介, 2007, 長崎蘭学の巨人: 志筑忠雄とその時代, 弦書房, 258pp.

松尾龍之介, 2011, 長崎を識らずして江戸を語るなかれ, 平凡社, 210pp.

松方冬子, 2010, オランダ風説書, 中央公論新社, 216pp.

松下芳南, 2001, 日本軍閥興亡史〈上〉, 芙蓉書房出版, 278pp.

宮崎正勝, 2016, 「海国」日本の歴史: 世界の海から見る日本, 原書房, 265pp.

森本繁, 2014, 台湾の開祖 国姓爺鄭成功, 国書刊行会, 355pp.

山岡光治, 2012, 地図をつくった男たち: 明治の地図の物語, 原書房, 263pp.

若林滋, 2016, 箱館戦争再考, 中西出版, 324pp.

渡辺一郎・鈴木純子, 2010, 図説 伊能忠敬の地図をよむ, 河出書房新社, 135pp.

〈만화〉

石川寿彦, 1985, はんが北海道の歴史(上: 古代∽箱館戦争), みやま書房, 174pp.

かわぐちかいじ, 2011, 兵馬の旗, 1-10, 小学館.

木ノ花さくや, 2008, 漫画 メキシコ榎本殖民史, サムライのメキシコ(原作 上野久, 1994,
　　　　メキシコ榎本殖民), 223pp.

■ 한국어 참고문헌

가일스 밀턴(손원재 역), 2002, 향료전쟁, 생각의 나무, 560pp.

가일스 밀턴(조성숙 역), 2003, 사무라이 윌리엄, 생각의 나무, 464pp.

가타기리 요시오·기무라 하지메 외(이건상 역), 2011, 일본 교육의 역사: 사회사적 시각에
　　　　서, 논형, 334pp.

강덕상(김광열·박순애 역), 2010, 우키요에 속의 조선과 중국: 다색판화에 투영된 근대 일
　　　　본의 시선, 일조각, 208pp.

강명관, 2015, 조선에 온 서양의 물건, 휴머니스트, 348pp.

강상규, 2007, 19세기 동아시아의 패러다임 변환과 제국 일본, 논형, 207pp.

경기문화재단 실학박물관(편), 2012, 마테오 리치의 곤여만국전도와 조선후기의 세계관, 경
　　　　인문화사, 256pp.

고바야시 다카시(이진복 역), 2004, 상업의 세계사, 황금가지, 270pp.

고바야시 데이이치(손일·김성환·탁한명 역), 2015, 한반도 지형론: 고바야시의 이윤회성
　　　　지형, 푸른길, 144pp.

고영근, 1989, 지볼트(Fr. von Siebold)의 한국기록 연구, 동양학 19(1), 1-64.

고토 분지로(손일 역), 2011, 조선기행록, 푸른길, 428pp.

구만옥, 2015, 영조 대 과학의 발전, 한국학중앙연구원 출판부, 244pp.

구태훈, 2008, 일본근세·근현대사, 저팬리서치21, 604pp.

김시덕, 2015, 동아시아, 해양과 대륙이 맞서다, 메디치미디어, 384pp.

김호동, 1999, 근대 중앙아시아의 혁명과 좌절, 사계절, 388pp.

나가이 미치오·M. 우르티아(서병국 역), 2003, 세계 석학들의 명치유신 논문집, 한국학술
정보, 302pp.

다나카 아키라(현명철 역), 2006, 메이지 유신과 서양 문명: 이와쿠라 사절단은 무엇을 보았
는가, 소화, 204pp.

노구평(편), 2001, 김교신을 말한다, 부키, 404pp.

다테이와 이와오(양승영 역), 1996, 한반도 지질학의 초기연구사: 조선-일본열도지대지질
구조론고, 경북대학교출판부, 656pp.

로널드 토비(허은주 역), 2013, 일본 근세의 '쇄국'이라는 외교, 창해, 400pp.

마리우스 B. 잰슨(지명관 역), 2002, 일본과 동아시아 이웃 나라들: 과거에서 미래로, 소화,
134pp.

마리우스 B. 잰슨(장화경 역), 1999, 일본과 세계의 만남, 소화, 192pp.

마리우스 B. 잰슨(김우영·강인황·허형주·이정 역), 2006, 현대일본을 찾아서(1·2), 이산,
1208pp.

마리우스 B. 잰슨(손일·이동민 역), 2014, 사카모토 료마와 메이지 유신, 푸른길, 632pp.

마이클 애셔(최필영 역), 2013, 카르툼: 대영제국 최후의 모험, 일조각, 640pp.

모리 오가이(손순옥 역), 2012, 모리 오가이 단편집, 지식을만드는지식, 186pp.

묄렌도르트(신복룡·김운경 역), 1999, 묄렌도르프 자전(외), 집문당, 172pp.

문소영, 2010, 못난 조선: 16~18세기 조선·일본 비교, 전략과문화, 438pp.

미야지마 히로시(배향섭 역), 2015, 동아시아는 몇 시인가?, 너머북스, 628pp.

박삼현, 2012, 근대 일본 형성기의 국가체제: 지방관회의·태정관·천황, 소명출판, 336pp.

박영준, 2014, 해군의 탄생과 일본 근대: 메이지유신을 향한 부국강병의 길, 그물, 628pp.

박은숙, 2011, 김옥균, 역사의 혁명가 시대의 이단아, 너머북스, 303pp.

박훈, 2014, 메이지 유신은 어떻게 가능했는가, 민음사, 248pp.

백영서 외, 2005, 동아시아의 지역질서: 제국을 넘어 공동체로, 창비, 424pp.

샤를 달레(정기수 역), 2015, 벽안에 비친 조선국의 모든 것, 탐구당, 296pp.

성희엽, 2016, 조용한 혁명: 메이지유신과 일본의 건국, 소명출판, 793pp.

손 일, 2011, 앵글 속 지리학_하, 푸른길, 252pp.

손 일, 2015, 네모에 담은 지구: 메르카토르 1569년 세계지도의 인문학, 푸른길, 416pp.

손 일·김다원·김성환·윤경철, 2015, 하늘에서 읽는 대한민국, 푸른길, 232pp.

손 일, 2016, 앵글 속 지리학_상, 푸른길, 232pp.

신동준, 2004, 근대일본론: 군국 일본의 국가제도와 그 운용자들, 지식산업사, 476pp.

신복룡, 2002, 신복룡 교수의 이방인이 본 조선 다시 읽기, 풀빛, 256pp.

심명호, 2014, 고종과 메이지의 시대: 무엇이 조선과 일본의 운명을 결정했나, 역사의아침 (위즈덤하우스), 544pp.

스즈키 노리히사(김진만 역), 1995, 무교회주의자 우치무라 간조, 소화, 166pp.

아담 호크쉴드(이종인 역), 2003, 레오폴드왕의 유령, 무우수, 488pp.

아사다 미노루(이하준 역), 2001, 동인도회사, 파피에, 238pp.

아사히신문 취재반(백영서 · 김향 역), 2014, 동아시아를 만든 열가지 사건: 한국 일본 중국 대만이 함께 읽는 근현대사, 창비, 383pp.

앤드루 고든(김우영 역), 2010, 현대일본의 역사, 이산, 656pp.

야마구치 게이지(김현영 역), 2001, 일본 근세의 쇄국과 개국, 혜안, 350pp.

야스카와 주노스케(이향철 역), 2015, 마루야마 마사오가 만들어낸 '후쿠자와 유키치'라는 신화, 역사비평사, 564pp.

양현혜, 2009, 윤치호와 김교신, 한울, 256pp.

와타나베 히로시(박홍규 역), 2007, 주자학과 근세일본사회, 예문서원, 298pp.

유모토 고이치(연구공간 수유 + 너머 동아시아 근대 세미나팀 역), 2010, 일본 근대의 풍경, 그린비, 646pp.

유용태 · 박진우 · 박태균, 2014, 함께 읽는 동아시아 근현대사1, 창비, 416pp.

윤병남, 2007, 구리와 사무라이: 아키타번을 통해 본 일본의 근세, 소나무, 359pp.

이건상 · 김대용 · 이명실 · 정혜경 · 정혜정 · 조진, 2013, 일본의 근대화와 조선의 근대, 도서 출판 모시는사람들, 488pp.

이기섭, 2008, 모리 오가이의 삶과 문학, 시간의물레, 280pp.

이로카와 다이키치(박진우 역), 2015, 메이지의 문화, 삼천리, 352pp.

이재갑, 2012, 한국사 100년의 기억을 찾아 일본을 걷다, 살림, 344pp.

이종각, 2013, 일본 난학의 개척자 스기타 겐파쿠, 서해문집, 280pp.

이종찬, 2014, 난학의 세계사, 알마, 320pp.

이화여대 한국문화연구원, 2006, 근대계몽기 지식의 발견과 사유 지평의 확대, 소명출판, 366pp.

정우봉, 2015, 日本通信使(일본통신사) 朴安期(박안기)의 생애와 에도 지식인과의 교류에 대해서, 고전문학연구, 47, 383-415.

정혜선, 2015, 일본사: 다이제스트100, 도서출판 가람기획, 456pp.

조경달(최덕수 역), 2015, 근대 조선과 일본, 열린책들, 320pp.

조너선 클레멘츠(허강 역), 2008, 해적왕 정성공, 삼우반, 504pp.

주경철, 2011, 대항해시대: 해상 팽창과 근대 세계의 형성, 서울대학교출판문화원, 608pp.

채수도, 2011, 일본 제국주의의 첨병, 동아동문회, 경북대학교출판부, 266pp.

한영호·이은희, 2011, 려말선초(麗末鮮초) 본국력(本國歷) 완성의 도정(道程), 동방학지 155, 31-75.

최소자교수정년기념논총 간행위원회, 2005, 동아시아 역사 속의 중국과 한국, 서해문집, 520pp.

최승표, 2007, 메이지 이야기 1, 북갤러리, 408pp.

최승표, 2012, 메이지 이야기 2, 북갤러리, 421pp.

최승표, 2015, 메이지 이야기 3, 북갤러리, 391pp.

카를로 M. 치폴라(최파일 역), 2012, 대포, 범선, 제국, 미지북스, 236pp.

카를로 M. 치폴라(장문석 역), 2015, 스페인 은의 세계사: 1500~1800년, 아메리카의 은은 역사를 어떻게 바꾸었는가?, 미지북스, 156pp.

콘스탄틴 플레샤코프(표완수·황의방 역), 2003, 짜르의 마지막 함대: 20세기 역사를 바꾼 쓰시마 해전의 대서사극, 도서출판 중심, 452pp.

파리 외방전교회(김승옥 역), 2015, 조선 천주교: 그 기원과 발전, 살림, 232pp.

폴 발리(박규태 역), 2011, 일본문화사, 경당, 576pp.

피터 홉커크(정영목 역), 2015, 그레이트 게임: 중앙아시아를 둘러싼 숨겨진 전쟁, 사계절, 692pp.

하네다 마사시(이수열·구지영 역), 2012, 동인도회사와 아시아의 바다, 선인, 360pp.

하라다 게이이치(최석완 역), 2013, 청일 러일전쟁, 어문학사, 334pp.

하우봉 외, 2005, 에도시대의 실학과 문화, 경기문화재단, 307pp.

후쿠자와 유키치(허호 역), 2006, 후쿠자와 유키치 자서전, 이산, 376pp.

황호덕, 2005, 근대 네이션과 그 표상들, 소명출판, 525pp.

히라카와 스케히로(노영희 역), 2002, 마테오 리치: 동서문명교류의 인문학 서사시, 동아시아, 925pp.

A. M. 폴리(신복룡·나홍주 역), 2007, 하야시 다다스(임동) 비밀회고록: 1900~1910년 일본 외교의 내막, 건국대학교출판부, 315pp.

W. G. 비즐리(장인성 역), 1996, 일본 근현대사, 을유문화사, 361pp.

■ 서양 참고문헌

R. Pumpelly, 1870, *America and Asia: Notes of a five years journey around the world and of residence in Arizona, Japan and China*, Leypoldt & Holt, 454pp.

R. P. Beckinsale and R. J. Chorley, 1991, *The History of the Study of Landforms or the Development of Geomorphology*, Vol. 3, Routledge, 496pp.

■ 일본 위키피디아에서 참고한 항목들

ガルトネル開墾条約事件/榎本武揚/姜コウ/ゴローニン事件/工藤平助/寛政の改革/
金子堅太郎/今村英生/吉雄耕牛/吉田松陰/蘭学/南蛮貿易/内田正雄/
大日本沿海輿地全図/大日本帝国憲法/徳川家斉/徳川綱吉/徳川吉宗/徳川斉昭/
島津斉彬/島原の乱/藤原惺窩/レオン・ロッシュ/レオンス・ヴェルニー/蛮社の獄/
モーリツ・ベニョヴスキー/モリゾン号事件/木本良永/木下順庵/武家諸法度/
文化露寇/民法典論争/本多利明/森鴎外/杉田玄白/箱館戦争/西川如見/小栗忠順/
松平定信/水野忠成/水野忠邦/新井白石/シーボルト事件/阿部正弘/糸割符/
アーダム・ヨハン・フォン・クルーゼンシュテルン/野呂元丈/オランダ東インド会社/
ウィリアム・アダムス/楢林鎮山/日蘭関係/日露関係史/日本キリスト教史/林羅山/
林子平/自由民権運動/荻生徂徠/田沼時代/田沼意次/前野良沢/田中正造/鄭成功/
井伊直弼/鄭芝龍/第1次伊藤内閣/第2次松方内閣/第2次伊藤内閣/条約改正/
足尾鉱毒事件/佐久間象山/佐藤一斎/朱印船/朱子学/志賀重昂/秩父事件/
昌平坂学問所/瘠我慢の説/天文方/天保の改革/青木昆陽/出島/板垣退助/八幡製鐵所/
平山常陳事件/平賀源内/フィリップ・フランツ・フォン・シーボルト/蝦夷共和国/
亨保の改革/横須賀造船所/横須賀海軍施設/厚生新編/

幕末の風雲兒
榎本武揚と明治維新

・目次・
（日本語）

인명색인

62

에노모토 다케아키의 발자취를 따라

이 글을 쓰는 사이(2015~2017년) 세 차례에 걸쳐 도쿄와 홋카이도를 방문했는데, 그때마다 도쿄와 홋카이도 사이는 신설된 홋카이도 신칸센을 이용하였다. 필자는 공간과 계절 감각을 익히고 즐기기 위해 가급적 기차나 자동차를 이용하는데, 그래서 국내에서나 해외에서도 비행기 이용은 삼가고 있다. 여기에 담은 홋카이도 사진들은 그 당시 필자가 촬영한 것이다. 한편 그 외 사진들은 지난 20년간 수십 차례 규슈와 혼슈 남서부를 여행하면서 찍었던 것 중에서 이 책 내용과 부합되는 것들을 선별해 수록하였다.

고토 분지로(小藤文次郎: 1856~1935) 탄생지 기념비

일본 근대 지질학의 태두이자 태백산맥, 소백산맥 등 현재 우리가 사용하고 있는 '한반도 산맥론' 의 제창자인 고토 분지로의 탄생지 기념비. 시마네 현(島根県) 스와노초(津和野町) 우와진조(上新 丁)에 있으며, 봄철 주말에는 신야마구치(新山口)와 스와노초 사이에 증기기관차 'SL 야마구치호' 가 다닌다. 스와노초는 메이지 시대 소설가 모리 오가이(森鴎外), 일본 근대 철학의 아버지 니시 아마네(西周)의 고향으로도 유명하다. (pp.9-18 참조)

미우라 안진(三浦按針) 묘지

1600년 네덜란드 무역선 리프데를 타고 일본에 최초로 도착한 영국인 항해사의 묘지. 그의 본명 은 윌리엄 애덤스(William Adams)로, 도쿠가와 이에야스의 외교정책 상담역으로 활약하면서 하 타모토(旗本)의 신분이 주어진 백인 최초의 사무라이이다. 이에야스의 이어 쇼군이 된 히데타다와 이에미쓰가 쇄국을 강화하면서 그의 역할이 줄어들었고, 쓸쓸하게 노년을 보내다가 히라도에서 사망하였다. 묘지는 히라도 네덜란드 상관 바로 위 언덕에 있으며, 사진의 오른편에 있는 것은 부 인의 묘지이다. (pp.65-69 참조)

군칸지마(軍艦島)

2015년 유네스코 세계문화유산에 등재된 '메이지 일본의 산업혁명 유산: 제철, 제강, 조선, 석탄산업'에 속한 일제 시대 대표적인 해저탄광 유적으로, 보통 하시마(端島) 탄광이라 불린다. 섬의 형상과 섬에 세워진 건물들이 마치 바다에 떠 있는 군함과 같다고 해서 군함도라는 이름이 붙여졌다. 최근 나가사키에서 출발하는 관광선이 다니고 있으며, 이곳으로 징용된 조선인을 배경으로 2017년 여름에 '군함도'라는 제목의 국내 영화가 개봉되었다. (p.22, p.628 참조)

히라도(平戶) 항

히라도는 나가사키와 더불어 일본 근세 해외무역을 관장하던 중요한 항구로, 규슈 서북단에 있는 섬이다. 16세기 동아시아 바다를 주름잡았던 해적왕 왕직(王直)의 해상기지와 거처가 있던 곳이며, 1641년 나가사키의 데지마(出島)로 옮기기 전까지 네덜란드의 상관이 이곳에 있었다. 이 사진은 히라도 성에서 히라도 항을 바라보고 찍은 사진인데, 물길 건너 오른편 흰색 서양식 건물이 과거 네덜란드 상관을 복원해 놓은 것이다. (pp.77-85 참조)

시마바라 성(島原城) 천수각

1637~1638년에 일어난 아마쿠사·시마바라 난은 지나친 과세에 항거하면서 과거 영주의 가신과 농민들이 합세하여 일으킨 농민전쟁이었고, 여기 시마바라 성은 당시 막부 토벌군이 수세에 몰려 농성하던 곳인데 함락당하지는 않았다. 막부는 반란군이 가톨릭 세력과 연대했다는 혐의를 들어 반란군 37,000여 명을 몰살시켰는데, 이 사건은 도쿠가와 막부 초기 최대의 내란이었다. 이후 막부는 포르투갈과의 외교 및 통상을 완전히 차단하였다. 시마바라는 아리아케 해(有明海)를 사이에 두고 구마모토(熊本)와 마주하고 있으며, 서쪽에는 1991년에 대폭발을 일으킨 운젠(雲仙) 화산이 있다. (pp.85-87)

이노 다다타카(伊能忠敬) 동상

1821년 완성된 『대일본연해여지전도(大日本沿海輿地全図)』의 제작을 지휘한 일본 최고의 지도학자. 그는 일본 전역을 실측하여 대도(1:36,000) 214매, 중도(1:216,000) 8매, 소도(1:432,000) 3매로 제작하였는데, 그 정밀함 덕분에 20세기 초반까지 일본 국내 지도 수요에 대처할 수 있었다. 이 동상은 이노 다다타카 기념관(伊能忠敬記念館)과 함께 이노의 고향인 치바 현(千県) 가토리 시(香取市) 사와라이(佐原イ) 시내에 있으며, 도쿄에서 가자면 하네다 선(成田線) 사와라(佐原) 역에 내리면 된다. (pp.164~178 참조)

마미야 린조(間宮林蔵) 동상과 일본최북단기념비

이곳은 일본 최북단에 위치한 소야 곶(宗谷岬)이다. 삿포로(札幌)에서 급행열차를 타고 북쪽으로 5시간 반가량 달리면 종착역 왓카나이(稚內)에 도착하고, 거기서 다시 버스로 1시간을 달리면 일본 최북단 소야 곶에 도착할 수 있다. 이곳에는 19세기 초반 일본 최고의 북방 탐험가인 마미야 린조의 동상이 세워져 있는데, 그는 사할린이 연해주와 분리된 섬임을 처음으로 확인하였다. 왓카나이는 러시아와의 교역이 활발한 도시이기 때문에, 시가지 도로표지판에는 러시아어가 병기되어 있다. (p.183, pp.187~188 참조)

샤크샤인(クシャイン) 동상

7세기 야마토(大和) 시대부터 북방으로 영역을 확대하기 시작한 일본이 13세기에 이르면 혼슈 북방까지 영토를 확대하였고, 15세기 홋카이도로 그 영역을 넓히면서 현지인과의 마찰이 불가피해졌다. 1457년 코샤마인(コシャマイン) 봉기에 이어 1669년에는 아이누 최대 봉기인 샤크샤인 전투가 벌어졌다. 이 동상은 히다카 군(日高郡) 신히다카초(新ひだか町) 마우타 공원(眞歌公園)에 있으며, 현창비와 함께 샤크샤인 기념관도 세워져 있다. 삿포로에서 이곳까지의 거리는 얼마 되지 않으나, 교통편이 나빠 기차, 버스, 택시를 갈아타면 하루 일정이 된다. (pp.193-197, p.210 참조)

페리내항기념비

가나가와 현(神奈川県) 요코스카 시(横須賀市) 구리하마초(久里浜町) 페리 공원에 있는 페리 내항 기념비이다. 1853년 미국 제독 페리가 처음 입항한 곳을 일반적으로 우라가(浦賀)라고 하는데, 당시 이곳은 우라가 부교(奉行)의 관할 지역이었다. 공원 내 페리 기념관도 있으며, 도쿄에서 기차로 1시간 이내에 있어 쉽게 접근할 수 있는 곳이다. 이 기념비는 1901년 제막되었는데, 휘호는 이토 히로부미가 썼다. (pp.232-235, pp.247-250 참조)

고료카쿠(五稜郭)

고료카쿠는 서양식 축성술을 기반으로 1857년에 축성되기 시작하였고 하코다테 만 방어용 포대인 벤텐다이바(弁天台場)와 함께 1864년에 완공되었다. 5각형 별 모양의 토루(높이 7.5m, 상단 폭 8m, 하단 폭 30m) 가장자리를 따라 해자가 둘러싸여 있으며, 토루 내 면적은 12만㎡이고 그 안에 부교소 건물을 비롯해 모두 26개의 건물이 있었다. 1964년 축성 100주년을 기념하여 60m 높이의 고료카쿠타워가 만들어졌고, 2006년에는 106m 높이의 타워가 다시 만들어져 전망대 겸 전시관 기능을 하고 있다. 고료카쿠는 에노모토가 하코다테 전쟁에서 마지막까지 저항하다가 항복한 곳이다. (p.384, pp.416~422)

구막부군 상륙지 와시노키(鷲ノ木)

1868년 9월 20일 에도를 탈출한 에노모토 함대는 정확하게 한 달 후인 10월 20일 하코다테 북쪽 우치우라 만(內浦湾)에 있는 와시노키 앞바다에 닻을 내렸다. 당시는 150호 가구에 800명이 살고 있던 곳으로 하코다테로 가는 길이 열려 있었다. 오늘날 이곳에 가려면 하코다테 역에서 특급열차로 모리(森) 역에 내려 완행열차로 갈아타, 다음 역인 가쓰라가와(桂川) 역에 내려야 한다. 남쪽을 바라다보면 멀리 해발 1,131m의 고마가타케(駒ヶ岳) 산이 보이는데, 5월에도 이 산 정상에는 잔설이 남아 있다. (pp.389-390 참조)

복원된 가이요마루(開陽丸)

이 군함은 1868년 11월 15일 에사시(江差) 앞바다에서 좌초된 가이요마루를 복원한 것이다. 막부는 해군력 강화를 위해 네덜란드에 이 군함을 주문했고, 에노모토 일행은 이 군함의 건조를 감독하고 다양한 서구 학문을 배우기 위해 네덜란드로 유학을 떠났다. 이 배는 당시 일본 최강의 함대였기에, 가이요마루의 좌초로 신정부군에 대한 구막부군의 해군력 우위는 사라져버렸다. 주황색 지붕의 건물이 에사시 청소년센터로 복원된 가이요마루를 관리하고 있으며, 군함 안은 해저에서 발굴된 가이요마루의 각종 병기들을 모아 박물관으로 활용하고 있다. (pp.393-396 참조)

벽혈비(碧血碑)

하코다테 전쟁 마지막 전투에서 전사한 구막부군 시신들이 시내 곳곳에 널려 있던 것을 협객 야나가와 구마키치(柳川熊吉)가 가매장을 하였다. 이후 1875년 전쟁 7주기를 맞아 오토리 게이스케(大鳥圭介)의 주도로 하코다테 산록에 있는 아치가시라(谷地頭)에 다시 매장을 한 후 그곳에 세운 비가 바로 벽혈비이다. 비명 '벽혈'은 "의를 다하고 숨진 무사의 피는 3년이 지나면 녹색이 된다"는 중국 고사에서 따온 것으로, 에노모토는 당시 주러시아 특명전권공사 시절이라 건축비 일부를 보냈다고 한다. (pp.427-428 참조)

데미야 선(手宮線)

1880년 삿포로와 오타루(小樽) 사이에 일본 세 번째 철도 데미야 선이 개설되었다. 이어 1882년에 호로나이(幌內) 탄광과 삿포로를 잇는 철도가 완성됨으로써, 오타루는 명실공히 홋카이도 최대의 석탄 적출항이 되었고, 이후 일본 10대 도시로까지 성장하였다. 에노모토는 호로나이 탄광 개발과 데미야 선 철도노선 선정에 결정적인 역할을 하였고, 그 결과 오타루 번영에도 크게 기여하였다. 미나미오타루 역에서 현재의 오타루 역 쪽으로 철로가 연장되면서 미나미오타루 역과 데미야 역 사이가 폐선되었다. 현재는 오타루를 찾는 많은 관광객들의 산책로로 이용되고 있다. (pp. 454-455 참조)

미야코도리(都通リ)

오타루 역에서 해안 쪽으로 내려가다 보면 오른편에 오타루에서 가장 큰 아케이드인 미야코도리가 나온다. 아케이드 안에는 '에노모토 다케아키의 꿈'이라는 글과 함께 에노모토의 사진이 그려진 커다란 걸개그림을 확인할 수 있다. 또한 아케이드 안에는 '에노모토와 북두칠성의 로망' 그리고 '에노모토의 전설'이라는 사각형의 입간판도 서 있다. 원래 황무지였던 이곳은 에노모토가 개척사 관리 시절 불하받은 땅인데, 오타루 역이 들어서고 오타루가 번성하면서 이곳 역시 도심의 중심가가 되었다. 물론 에노모토는 이 땅을 국가에 헌납하였다. (pp.457-459 참조)

에노모토 공원(榎本公園)

에노모토는 삿포로 북쪽 에베쓰 시(江別市)에 토지를 구입해 농장을 개발하였다. 이렇게 조성된 에노모토 농장은 그의 사후 10년이 지난 1918년에 장남 다케노리(武憲)와 소작인 9명 사이에 농장 해산계약이 체결되면서 토지는 소작인들에게 무상으로 주어졌다. 소작인들은 이에 대한 감사의 표시로 농장 한편에 자그마한 에노모토 공원을 조성하였고, 그곳에 에노모토의 기마상을 높이 세웠다. 이곳으로 가려면 대중교통편이 없어, 승용차를 이용해야만 한다. (p.459 참조)

야하타제철소(八幡製鉄所)

농상무대신이던 시절(1894~1897) 에노모토는 제철소 관영화 정책을 적극 추진하였고, 그 결과 국회에서 예산안이 가결되었으며 제철소 입지로 기타큐슈가 결정되었다. 1901년 '관영제철소'라는 이름으로 조업이 시작되었고, 1934년 민영화 조치로 전국의 제철소가 '일본제철'로 통합되면서 현지 지명에 따라 야하타 제철소로 불리게 되었다. 과거 제철소 시설들이 2015년 유네스코 세계문화유산에 등재된 '메이지 일본의 산업혁명 유산: 제철, 제강, 조선, 석탄산업'의 하나로 지정되면서 일반인의 관람이 가능해졌는데, 이 사진은 그곳에 전시된 안내판을 필자가 촬영한 것이다. 안내판 속 사진은 개업 1년 전인 1900년 4월 이토 히로부미가 공사 현장을 방문한 것을 기념하여 찍었던 사진이다. (pp. 622~627 참조)

류구신사(龍宮神社)

오타루 역에서 얼마 떨어지지 않은 곳에 류구신사가 있는데, 이곳은 원래 에노모토가 자신의 조상들을 모시는 자그마한 사당이었다. 1876년 홋카이도 이민자들의 안녕을 기원한다는 의미에서 '북해진호(北海鎮護)'라는 현판이 걸리면서 신사의 모습을 갖추게 되었다. 이후 에사시에 있던 류구신사를 이곳으로 옮겨 합사함으로써, 현재의 류구신사가 탄생하게 되었다. 이 신사 앞뜰에는 에노모토의 동상이 세워져 있는데, 이는 에노모토 사후 100주년을 기념하기 위해 마련된 것이다. (p.458-459 참조)

시라하기 운석(白萩隕石)

에노모토가 농상무장관 시절 구입한 운석으로, 이를 이용해 2자루의 장검과 3자루의 단검을 제작하였다. 이 중 장검 하나는 1889년 성인식을 맞은 나중에 다이쇼(大正) 천황이 된 황태자에게 헌상하였다. 에노모토는 운석의 성분 분석과 유성도(流星刀: 운석으로 만든 칼) 제작과정을 논문(「流星刀記事」)으로 써, 1902년 자신의 이름으로 『지학잡지(地学雜誌)』에 게재하였다. 이 운석은 칼을 만들고 난 이후 남은 것으로, 현재 우에노 공원(上野公園) 안에 있는 국립과학박물관 운석전시실에 전시되어 있다. (pp.647-650 참조)

에노모토 다케아키(榎本武揚) 묘지

1908년 10월 27일 향년 72세로 생을 마감한 에노모토는 도쿄 북쪽 분쿄 구(文京区) 고마고메(駒込)에 있는 길상사(吉祥寺)에 묻혔다. 그의 묘에는 '해군중장 자작 에노모토 다케아키의 묘'라 새겨진 커다란 비석이 세워져 있다. 한편 그와는 해군전습소 및 네덜란드 유학 동기생이며 동서지간이기도 한 아카마쓰 노리요시(赤松則良)의 가족묘도 길상사 묘역에 함께 있는데, 에노모토 묘와는 20m 정도 떨어져 있다. (pp.650-652 참조)

우메와카 공원(梅若公園)에 있는 에노모토 동상

에노모토가 말년에 살았던 쓰미다 구(墨田区) 무코지마(向島)의 우메와카 공원에는 해군중장 예복 차림의 에노모토 동상이 서 있다. 이 동상은 1913년 그가 즐겨 다니던 목모사(木母寺) 경내에 설치된 것이었다. 하지만 주변에 다른 시설들이 들어서면서 절은 이전되었고, 동상만 남아 이 동상을 중심으로 우메와카 공원이라는 아주 작은 공원이 현재 유지되고 있다. 아파트 숲으로 둘러싸여 있어 어느 방향으로 사진을 찍어도 온전한 모습의 사진을 얻기 힘들다. 하지만 이런 것들이 그의 늠름한 자태를 손상시키지는 못한다. (pp.652-653 참조)

나카지마 사부로스케(中島三郎助) 초혼비

요코스카 시(橫須賀市) 우라가(浦賀)에 있는 아타고야
마 공원(愛宕山公園) 꼭대기에는 일미수호통상조약
100주년을 기념하여 1960년에 건립된 '간린마루 출항
기념비'와 함께 나카지마 사부로스케의 초혼비가 세워
져 있다. 이 초혼비는 하코다테 전쟁 종전 이틀 전에 장
렬하게 전사한 나카지마 사부로스케 3부자를 추모하기
위해 1891년에 건립되었고, 비명은 에노모토가 직접
썼다. 나카지마는 1853년 페리가 내항할 당시 페리의
사스퀘해나호에 올라 페리 일행을 접대하는 역할을 맡
았으며, 1854년에는 막부의 명을 받아 일본 최초의 서
양식 군함 호오마루(鳳凰丸)를 건조하는 데 공을 세운
바 있다. (p.658 참조)

안도타로 기념교회(安藤太郎記念教会)

이 교회는 지금부터 정확히 100년 전인 1917년에 안도 타로(安藤太郎: 1846~1924)가 세운 교회로, 롯
폰기 남쪽 도쿄 도(東京都) 미나토 구(港区) 모토아자부(元麻布)에 있다. 안도 타로는 막부가 세운 해군조
련소와 육군전습소를 거쳐 보신 전쟁 초기에는 구막부군 기병사관으로 복무했고, 하코다테 전쟁에서는
해군사관으로 에노모토 밑에서 활약했다. 특히 그는 고데쓰 함(甲鉄艦) 탈취를 위한 미야코 만 해전에도
참가했던 역전의 용사였다. 전쟁 후 신정부에 출사하여 1871년 이와쿠라 사절단의 일원으로 참가했으며,
그 이후 외무성으로 자리를 옮겨 외교관의 길을 걸었다. 에노모토가 1897년 농상무대신을 끝으로 공직에
서 사직하자 그 역시 공직에서 사직하였다. (pp.660~664 참조)

안도타로 기념교회에 있는 탁자

안도 타로가 하와이 총영사 시절, 당시 체신대신이던 에노모토와 기선회사 사장이 각각 일본술 1통씩을 안도에게 보낸 적이 있었다. 당시 하와이에서는 금주운동이 본격적으로 이루어지던 때라 안도의 부인 아야코(文子) 여사가 이 술통을 부숴 버리고 말았다. 이후 안도는 일생 금주를 결심했고, 1897년 공직을 마감하고는 인생 후반 내내 금주운동을 전개하여 '금주의 사도', '일본 금주운동의 아버지' 등으로 칭송받았다. 교회 연단 한구석에 있는 이 탁자의 상판은 아야코 여사가 하와이에서 부숴버렸던 술통 2개 중 하나의 밑판이라고 한다. (p.663–664 참조)

『효마의 깃발(兵馬の旗)』

보신 전쟁을 소재로 가와구치 가이지가 2011년에 내놓은 만화로, *HYOUMA no HATA: Revolutionary Wars*라는 영어 제목에서 보듯 저자는 보신전쟁을 혁명 전쟁으로 이해하려 했다. 주인공 효마는 막부 육군전습대 사관이 되어 '천황 아래 만민평등의 공화국'을 꿈꾸며 도바·후시미 전투부터 마지막 하코다테 전쟁까지 참전을 한다. 오우에 열번동맹에서 보여 준 민주적 연대방식이 자신의 이상을 위한 표상, 다시 말해 '깃발'이 될 것으로 확신했지만, 여기서 에노모토의 입장은 다르다. 가와구치는 신천지인 홋카이도에 자신들만의 새로운 공화정을 구축하는 것을 에노모토가 꿈꾸었던 제3의 길로 그려내었다. (p.671 참조)